Oz Clarke / Steven Spurrier

CLARKE'S EDELSTE WEINE DER WELT

Droemer

Erläuterungen zur Benützung des Buchs

Glassymbole

Rotwein Weißwein Rosé

Sterne

★ Sehr guter Wein ★★ Hervorragender Wein ★★★ Ausnahmewein von Weltklasse

Erzeugernamen in Versalien verweisen auf den Abschnitt »Erzeuger von A bis Z« im jeweiligen Länder- bzw. Regionalkapitel.

Telefon- und Faxnummern Angegeben sind Telefon- und Faxnummern in dieser Reihenfolge, vorangestellt ist – sofern vorhanden – die Ortsvorwahl. In Frankreich ist die Ortsvorwahl in die Teilnehmernummer integriert. Wo nur eine Nummer angegeben ist, handelt es sich um eine kombinierte Telefon-und-Fax-Nummer.

Jahrgangsbewertung In jedem Länder- bzw. Regionalkapitel werden detaillierte Angaben zu den einzelnen Jahrgängen und zu ihrer Lagerfähigkeit gemacht. In den Tabellen »Jahrgangsübersicht« steht neben dem Symbol für den Entwicklungsstand eine Ziffer von 1 bis 10, die in aufsteigender Reihenfolge die Qualität des Jahrgangs ausdrückt.

Danksagung

Wir danken folgenden Personen, die als fachkundige Berater an der Entstehung dieses Weinführers mitgewirkt haben:
Nicholas Belfrage MW, Andrew Caillard MW, Bob Campbell MW, Anthony Gismondi, Dan Mac Carthy, Stuart Pigott, Norm Roby, Victor de la Serna, Phillip Williamson.

Originaltitel: Fine Wine Guide
Originalverlag: Websters International Publishers Limited
Übersetzt aus dem Englischen von Pia Mattes-Krissmayr und Bernhard Abend
Die Folie des Schutzumschlags sowie die Einschweißfolie sind PE-Folien und biologisch abbaubar.
Dieses Buch wurde auf chlor- und säurefreiem Papier gedruckt.

Umschlaggestaltung: Agentur ZERO, München
Satz: Buch & Grafik Design, Günther Herdin GmbH, München

Printed in Spain

ISBN 3-426-27169-9

5 4 3 2 1

INHALT

DIE WELT DES GUTEN WEINS

LÄNDER UND REGIONEN

Die folgenden Kapitel enthalten für jedes Land bzw. für jede Region Angaben zu den produzierten Weintypen, den verwendeten Rebsorten und den Klassifikationssystemen, eine persönliche Auswahl der besten Weine von Oz Clarke und Steven Spurrier, eine Liste der besten Appellationen, eine Liste der interessantesten Erzeuger mit ihren hervorragenden Weinen sowie Angaben zu den Jahrgängen.

DIE WELT DES GUTEN WEINS

Ein Blick in die Zukunft
von OZ CLARKE

Ich träume nicht mehr davon, wie viele Flaschen guten Weines ich in meinem kleinen Keller unter der Treppe gestapelt habe. Ich träume nicht mehr davon, welche Wunderwerke ich kaufen würde, wenn ich alle Sechse im Lotto hätte.

Heute denke ich darüber nach, wie ich so viele Flaschen wie möglich »befreien« kann. Ich bin verschwenderisch und leichtfertig geworden. Freunde schauen rein, um mit mir Fußball zu sehen. Eine wunderbare Gelegenheit, um ein paar Flaschen in die Freiheit zu entlassen. Wie viele kann ich dieses Mal wegschaffen? Acht? Wieder acht nette freie Plätze. Wenn ich einzuschlafen versuche, zähle ich die leeren Fächer, die ich in meinem Regal geschaffen habe. Wie viele habe ich diese Woche zustande bekommen? Zehn? Zwanzig? Herrlich. Und welche waren das? Indem ich mir eine Flasche nach der andern vor Augen rufe und mich erinnere, wie sie geschmeckt haben, schlummere ich zufrieden ein.

Das ist so, weil sich die Dinge geändert haben. Die Welt des Weins hat sich verändert. Als ich mit meiner Sammlung begann, kam guter Wein aus einer Handvoll Regionen – fast ausschließlich aus Frankreich –, und zwar von nicht vielen Gütern. Die Weine brauchten lange, um reif zu werden. Sie zu horten mit dem Wissen, daß 20 Jahre vergehen würden, bevor ich den Korken ziehen könnte, war plausibel, und ich hatte sogar ein merkwürdiges Vergnügen daran, zu verfolgen, wie quälend langsam sie sich entwickelten.

Wie anders ist dies heute! Der Grund für das unwiderstehliche Verlangen, Flasche auf Flasche aus meinem Keller zu holen, ist: Wenn ich meinen Wein nicht zügig wegtrinke, werde ich den Zug verpassen. Heute kommt guter Wein aus jedem einigermaßen passablen Weinbaugebiet, und das in wachsenden Mengen. Ich möchte diese neuen, aufregenden Kreationen haben. Ich möchte Neues probieren und Freude an der sich ständig vergrößernden Palette von Aromen und Weintypen haben, die jeder neue Jahrgang bringt. Also muß ich mehr von dem Wein trinken, den ich schon habe – wo soll ich sonst die neuen Flaschen stapeln?

Zum Glück müssen die neuen Weine bei weitem nicht so lange gelagert werden, denn in der letzten Generation ist die Kunst des Weinmachens so gewaltige fortgeschritten, daß sogar die größten Weine schon in frühen Jahren trinkbar sind. Großer roter Bordeaux kann schon mit fünf Jahren genossen werden, wenn er auch mit 15 Jahren sicher besser ist. Cabernet aus Kalifornien, Merlot aus Chile, Malbec aus Argentinien oder Shiraz aus Australien sind mit zwei bis drei Jahren wunderbar, aber ein Dutzend Jahre der Reifung wird den meisten nicht schaden.

Sehen Sie sich die Länder an, die ich gerade genannt habe – Australien,

Argentinien, Chile, Kalifornien; fügen Sie die Knüller aus der Neuen Welt hinzu, wie Neuseeland und Südafrika, und außerdem die reformierten und neu erstarkten europäischen Giganten, Italien, Spanien, Deutschland, Österreich, Portugal und Ungarn – alle produzieren auf ihre so herrlich individuelle Art wachsende Mengen von gutem Wein. Und der Wille, Gutes zu leisten, ist bei neuen Stars wie Kanada ebenso offenkundig wie bei den alten Favoriten wie Burgund. Guter Wein ist ein in jeder Hinsicht globales Phänomen geworden und in vielen Ausprägungen auf der ganzen Welt vorhanden, nicht nur in den wenigen legendären Weinbergen der europäischen Klassiker.

Guter Wein ist eine Sache des Engagements. Eine hervorragende Traubensorte ist nutzlos, wenn sie nachlässig gezogen und vinifiziert wird. Eine ausgezeichnete Lage ist wertlos, wenn sie nicht von Männern und Frauen, denen daran liegt, deren Potential im Wein zum Ausdruck zu bringen, gepflegt werden. Und die Millionen, die in die Modernisierung von Weinbergen und Kelleranlagen gesteckt werden, sind vergeudet, wenn das Material nicht von Erzeugern eingesetzt wird, die mit Engagement ihre Vision verfolgen, die sie von ihrem Wein haben.

Dies sind die Menschen, von deren Wein – gutem Wein – Steven und ich in diesem Buch reden. Manchmal kommen ihre Produkte tatsächlich aus Weinbergen, die seit Jahrhunderten verehrt werden. Manchmal werden sie tatsächlich von Nachkommen der Winzer gemacht, die dieselben Flächen vor Generationen bestellt haben. Doch manchmal kommen diese Weine von Arealen, die so neu und unbekannt sind, daß es für sie noch keine Regularien gibt. Manchmal stammen sie aus der Hand von Menschen, die neu im Weingeschäft sind, die sich einen neuen Beruf gesucht haben, die sich als pensionierte Weinmacher selbständig gemacht haben – geeint durch dieselbe Passion.

Am Ende des 20. Jahrhunderts ist die Welt des guten Weins in Bewegung geraten, neue Erzeuger drängeln sich um die Plätze im Markt, neue Märkte entstehen, florieren und verschwinden. Das Auftauchen neuer reicher Weinkonsumenten in Europa, Nord- und Südamerika und besonders an den Küsten des Pazifiks hat die größten und berühmtesten Weine zu luxuriösen Statussymbolen gemacht, so wie teure Koffermarken oder Parfum. Die Preise für diese Weine werden von den Produzenten und Händlern gnadenlos in die Höhe getrieben, die die Goldader zu Geld machen wollen.

Natürlich: Soweit es gute Weine sind – und die meisten sind es – zollen wir ihnen hier Aufmerksamkeit. Doch die große Menge guter Weine, beurteilt nach Aroma, Körper und Balance – also nach dem Vergnügen, die sie Steven und mir bereiten, egal wo sie herkommen, wer sie gemacht hat, welche Traubensorte verwendet wurde –: Von ihnen spricht unser Buch. Wir hoffen, daß es Ihnen hilft, in dieser neuen, aufregenden, schier unbegrenzten und immer noch wachsenden Welt des guten Weins das Beste zu finden.

DIE WELT DES GUTEN WEINS

Das Vermächtnis der Vergangenheit
von STEVEN SPURRIER

Ein guter Wein ist ein Wein von »Rasse«, in dem doppelten Sinn von »guter Abstammung« und »Klasse«. Rasse ergibt sich nicht zufällig, noch kann sie einfach im Keller »erzeugt« werden. Guter Wein entsteht aus dem bewußten Engagement, Qualität zu produzieren.

Dies beginnt damit, ausgewählte Klone edler Rebsorten zu pflanzen, die genau auf den Boden und den Unterboden abgestimmt sind, in Lagen, wo sie das richtige Klima vorfinden und optimal der Sonne ausgesetzt sind. Es setzt sich fort mit der Befolgung altehrwürdiger Traditionen des Rebbaus und der Vinifikation in Verbindung mit der besten neuen technischen Ausrüstung, die wohlüberlegt eingesetzt wird.

Die französische Vorstellung vom *terroir*, die das Zusammenspiel der Traube mit Boden, Klima und Sonnenexposition meint, ist der Ausgangspunkt, dann kommt die Wahl der Traubensorte(n). In den meisten europäischen Ländern ist diese Wahl schon in den Regularien der Herkunftskontrolle niedergelegt (dennoch gibt es interessante Entwicklungen, wo innovative Erzeuger zu restriktive Bestimmungen ignorieren). In der Neuen Welt, wo es solche Regeln nicht gab, hat man inzwischen entdeckt, daß bestimmte Reblagen viel besser sind als andere, und man beginnt, sie zusammen mit den am besten geeigneten Rebsorten gesetzlich zu definieren.

Schon im 16. Jahrhundert schrieb der Franzose Olivier de Serres in einer Abhandlung über den Landbau: »Das Ziel des Winzers ist, seine Trauben *en perfection de bonté* zu ernten«, also im Zustand höchster Güte. Nichts hat sich hier geändert. Die Arbeit im Weinberg erstreckt sich über das ganze Jahr (mit vielen Routineaufgaben wie Rebschnitt und -erziehung, Auslichtung des Blätterdachs, Maßnahmen gegen Rebkrankheiten und – was ganz entscheidend ist – gegen zu hohe Erträge), alles mit dem Ziel, perfekt gereifte Trauben in den Keller zu bekommen.

In den jüngst vergangenen Jahren hat man ausgefeilte Technik entwickelt und installiert. Jetzt, da der technische Fortschritt einen Punkt erreicht hat, wo man im Keller kaum mehr etwas verbessern kann, widmet man den Rebsorten wieder mehr Aufmerksamkeit. Eine alte Weisheit ist, daß guter Wein im Weinberg gemacht wird, und das Wiederaufleben dieses Gedankens ist teilweise eine Reaktion auf die übermäßige Betonung der Technik, die bis vor kurzem als der wichtigste Faktor in der Gleichung betrachtet wurde.

Dennoch bleibt die saubere Arbeit im Keller ein entscheidender Punkt für die

Erzeugung von gutem Wein. Sie umfaßt viele Einzelschritte, von der Wahl des Erntezeitpunkts über die Vergärung und Reifung bis zur Abfüllung, ja noch darüber hinaus. Auf kleinen Gütern liegen Weinberg und Keller in einer Hand, auf größeren kann die Verantwortung geteilt werden, doch muß das Team Hand in Hand arbeiten.

Terroir, Trauben und Erfahrung im Weinmachen sind die Zutaten zu gutem Wein, aber er kann auch nicht existieren ohne den Konsumenten. Der vorausschauende Olivier de Serres schrieb auch: »Welchen Wert hat ein guter Weinberg, wenn niemand da ist, der seinen Wein kauft?« Jahrhundertelang hatte der Wein, der auf dem Grundbesitz der Kirche wuchs, ebendort seinen Markt; so kamen Burgund und Champagne zu ihrer Bedeutung. Die Loireweine standen in königlichen Schlössern auf der Tafel, und die Weinberge in Bordeaux lieferten nach England und Holland. Andere französische Weine von einigem Ruf gab es kaum.

Im Ersten Weltkrieg und in der Weltwirtschaftskrise der 1930er Jahre sank die Nachfrage dramatisch, und mit ihr fast sofort auch die Qualität. Die Basis für die Produktion von gutem Wein war weiterhin vorhanden, aber nicht der Markt. Heute ist die Nachfrage im Topsegment anscheinend unersättlich, und im Gefolge davon streben mehr Erzeuger nach Höherem; was gute Aussichten für die Konsumenten bedeutet.

Das Problem besteht heute in der Wahl, und man kommt nicht darum herum: Je mehr man weiß, desto besser und erfreulicher wird das Gewählte sein. Reputation und Preis sind heute im allgemeinen gute Indikatoren. Meist kann man den Unterschied zwischen gutem und sehr gutem Wein erkennen, wenn man in direktem Vergleich verkostet; aber das ist selten möglich, und so hoffen Oz und ich, daß die Informationen und Ratschläge in unserem Buch bei der Suche auf diesem weiten Feld wirklich hilfreich sind.

Vorbei sind die Tage, da das Dogma »Französischer Wein, guter Wein« mittelmäßigen Produkten automatisch hohe Preise sicherte. Die Herausforderung durch Kalifornien in den 1970ern, Australien und Neuseeland in den 1980ern und Chile und Argentinien in den 1990ern haben die Alte Welt daran erinnert, daß sie sich nicht auf ihren Lorbeeren ausruhen darf. Gegenwärtig wird so viel hochwertiger Wein produziert wie nie zuvor, was ebenso auf der weltweiten Konkurrenz der Erzeuger beruht wie auf der weltweiten Nachfrage.

Ein französischer Philosoph merkte einmal an, daß die Zukunft des guten Weins in der Hand der Architekten liegt. Das soll heißen, daß Wein nicht gelagert würde, wenn sie Häuser ohne Keller bauten. Er hatte recht, was die Entwicklung des Hausbaus anging, aber nicht hinsichtlich ihres Effekts. Die Welt bewegt sich auf nicht vorhersehbaren Bahnen, doch war die Zukunft des guten Weins noch nie so interessant wie heute.

EDLE REBSORTEN

Man sagt, daß der Charakter des Weins aus der Traube kommt und seine Seele aus dem Terroir (Boden, Unterboden und Mesoklima). Diese Elemente bringen das Profil, den Typ und die Art eines Weins zustande. Menschenwerk – Rebbau, Ertragssteuerung, Vinifizierung, Ausbau, Abfüllung – muß daraus das Beste machen. Das Wetter bestimmt jedes Jahr das allgemeine Qualitätsniveau, insofern die Trauben bei unterschiedlicher Reife weniger oder stärker konzentrierten Saft mit unterschiedlichem Säure- und Gerbstoffgehalt erbringen. Der angeborene Charakter der Rebsorte bleibt jedoch, wo immer sie gepflanzt wird, erhalten.

Weißwein wird meist aus weißen Traubensorten gemacht; allerdings kann man auch rote verwenden wie beim Champagner, denn nur die Beerenhaut enthält Farbe. Rotwein kann natürlich nur aus roten Sorten gewonnen werden.

ROTE REBSORTEN

Barbera

Eine ertragreiche, spätreifende Sorte aus dem Piemont mit feiner Frucht und hoher Säure. Sie wird für sortenreine Weine verwendet, die in der Jugend fruchtig und würzig sind und mit dem Alter Fülle und Komplexität gewinnen. Auch in Kalifornien angepflanzt.

Cabernet Franc

Der aromatischere der beiden Cabernets ergibt tieffarbigen Wein mit einem köstliches Himbeer- oder Veilchenaroma und einem festen, manchmal erdigen Abgang. In Frankreich ist er am besten in Touraine und Anjou, wo er für Chinon, Bourgueil und Saumur-Champigny verwendet wird, sowie im Bordelais in Pomerol und St-Émilion, wo er Bouchet heißt und mit Merlot verschnitten wird. In Graves und Médoc ist er weniger bedeutend. In Norditalien viel angepflanzt; in der Südhemisphäre zunehmend für Cuvées mit Cabernet Sauvignon verwendet.

Cabernet Sauvignon

Die große Traube von Bordeaux. Eine spätreifende Sorte mit kleinen, dunklen Beeren, die einen starkfarbigen Wein mit einem eindrucksvollen Aroma roter Beerenfrüchte und Brombeeren ergeben, mit kräftigem, oft tanninunterlegtem Geschmack und großer Alterungsfähigkeit. Sie gedeiht relativ problemlos und wird auf der ganzen Welt angepflanzt, besonders in Kalifornien und Australien, erbringt aber auch in der Toskana und in Nordspanien einige profilierte Weine. Da reinsortig oft aggressiv, wird sie normalerweise mit Merlot oder Cabernet Franc verschnitten.

Grenache

Grenache, in ihrer Heimat Spanien Garnacha genannt, ist die Hauptsorte an der südlichen Rhône als wesentlicher Bestandteil in Châteauneuf-du-Pape, Gigondas, Tavel, Vacqueyras und Côte du Rhône-Villages. Sie ist die zweitwichtigste Traube in Rioja und erzielt auch in Kalifornien und Australien gute Ergebnisse, besonders von alten Stöcken. Grenache reift früh und ergibt fleischige, alkoholreiche und säurearme Weine. Sie wird schnell überreif und ist für einige erstklassige Dessertweine verantwortlich.

Gamay

Die einzige Traubensorte im Beaujolais, wo sie mit dem auf Granit basierenden Boden perfekt harmoniert. Sie ergibt Weine mit tiefer violettroter Farbe, vor Frucht berstenden Aromen und geringem Tannin (aber guter Säure), die jung zu trinken sind. Wenn die besten Crus des Beaujolais – Morgon, Moulin-à-Vent, Juliénas – einige Jahre auf der Flasche reifen, nehmen sie Züge des Pinot Noir an. Die Gamay bevorzugt kühles Klima und gedeiht im Loire-Tal, in Savoyen und Südwestfrankreich; sie wird auch in Kalifornien angepflanzt.

Malbec

Wegen ihrer Tieffarbigkeit und ihres Körpers in Bordeauxweinen verwendet; dominiert in Cahors, wo sie Auxerrois heißt, und wird im Loire-Tal sortenrein vinifiziert. Malbec ist auch die wichtigste Rebsorte in Argentinien.

Merlot

Die dunkelfarbige Merlot reift recht früh, ist aber in feuchten Jahren sehr fäuleanfällig. Sie wird in Bordeaux angepflanzt, wo sie in Médoc und Graves für Cabernet Sauvignon die perfekten Ergänzung bildet; vorherrschend in St-Émilion und Pomerol wie auch in Südwestfrankreich und im Midi. Wird auch mit großem Erfolg in Norditalien, Kalifornien, im US-Staat Washington, in Südafrika, Chile, Australien und Neuseeland. Der Wein ist farbkräftig und sehr weich; er benötigt weniger Zeit zum Reifen als die Cabernets, kann aber auf dem richtigen Boden und bei reduziertem Ertrag gleichermaßen eindrückliche Weine ergeben.

Mourvèdre

Eine spätreifende Sorte für intensiv dunkle, strukturierte Weine mit straffer Säure. In Frankreich die Hauptsorte in Bandol und notwendiger Bestandteil des Châteauneuf-du-Pape, um der Grenache Statur und Alterungsfähigkeit zu geben. In Australien und Spanien viel verwendet, wird gegenwärtig in Kalifornien neu angepflanzt.

Nebbiolo

Diese dunkelschalige Traube ist die Hauptquelle der wunderbaren Barolos, Barbarescos und Gattinaras des Piemont. Sie ergibt sehr tanninreiche Weine, die lange reifen müssen. Sie wird nun in Nordkalifornien populär.

Pinot Noir

Die traditionelle französische Sorte in Burgund und Champagne; sie wird auch im Elsaß, im Jura und neuerdings im Midi angepflanzt. Pinot Noir ist eine empfindliche Traube, die kühles Klima bevorzugt. Außer in der Champagne, in der der Saft mit dem von Chardonnay und Pinot Meunier verschnitten wird, verliert sie in Cuvées an Charakter. Ihre üppigen, delikaten Aromen ziehen Weinmacher aus aller Welt an, und so wird sie in Nordkalifornien und Oregon angebaut, in der ganzen südlichen Hemisphäre (besonders erfolgreich in Neuseeland), aber auch in Norditalien, in der Schweiz, in Deutschland und Österreich (Spät- oder Blauburgunder) sowie in Osteuropa.

Sangiovese

Die Haupttraube in der Toskana (also auch des Chianti), wo sie auch Sangioveto heißt. Sie reift spät und ergibt Weine von schönem Rubinrot und fester Säure. Im Montalcino als Brunello bezeichnet (für den Brunello di Montalcino) und in Montepulciano als Prugnolo (für Vino Nobile di Montepulciano). Zusammen mit Nebbiolo die führende italienische Qualitätstraube, wird gegenwärtig in der Neuen Welt angepflanzt. (Nicht verwechseln mit Sangiovese di Romagna.)

Syrah/Shiraz

Eine sehr dunkle Traube, die für warmes Klima geeignet ist und üppige, kraftvolle Weine mit würzigem Brombeeraroma und intensivem Fruchtgeschmack ergibt. In Frankreich vor allem an der nördlichen Rhône verwendet (Hermitage, Côte-Rôtie, Cornas) sowie an der südlichen Rhône, wo sie Grenache-basierten Weinen Rückgrat und Profil verleiht. Gleichermaßen berühmt für körperreiche, sehr fruchtige und langlebige Weine aus Australien, wo sie Shiraz heißt; hat große Erfolge in Südafrika und Kalifornien.

Tempranillo

Die wichtigste Traubensorte in Rioja, wo sie normalerweise mit Garnacha (Grenache) verschnitten wird; aber auch exzellente reine Tempranillo-Weine kommen von dort und aus Navarra. Der Wein ist recht fruchtig und mild und verbindet sich gut mit Eichenholz. Auch in Argentinien wird Tempranillo bedeutend.

Touriga

Die Touriga Francesa und die viel seltenere Touriga Nacional sind die zwei Portwein-Trauben. Sie ergeben sehr körperreiche, tanninstarke, tiefe und langlebige Weine. In Douro wird auch ein beachtlicher Tafelwein daraus gemacht.

Zinfandel

Mit dem Primitivo Süditaliens verwandt. Zinfandel ist die in großen Mengen angepflanzte Traditionstraube Kaliforniens und ergibt fruchtbetonte, langlebige Weine mit Beerenaroma (auch als Rosé und sogar als Weißwein). Bei alten Weinstöcken und reduzierten Erträgen gibt Zinfandel sehr tieffarbige, gerbstoff- und alkoholreiche Weine, die ausgezeichnet altern.

WEISSE REBSORTEN

Chardonnay

In Frankreich ist die Chardonnay berühmt für den weißen Burgunder (Chablis, Meursault, die Montrachet-Familie, Mâcon-Blanc, Pouilly-Fuissé) und den Champagner; gegenwärtig wird sie erfolgreich im ganzen Midi angesiedelt. Sie liebt zwar leichte Böden und kühles Klima, paßt sich aber sehr gut anderen Boden- und Klimatypen an und ergibt überall in Europa und der Neuen Welt ausgezeichnete Weine, insbesondere in Kalifornien, Australien, Neuseeland und Chile. Die Farbe reicht von sehr hellem bis zu kräftigem Gelb, das Aroma ist verführerisch mit Nuancen von Apfel, Butter oder Nüssen; der Geschmack ist fruchtbetont, in der Regel reif und rund, doch mit guter Säure. Ihre Anpassungsfähigkeit macht die Chardonnay bei Erzeugern und Konsumenten beliebt.

Chenin Blanc

Diese Traube ist am besten im Loire-Tal, wo sie trockene (Savennières) bis vollsüße Weine (Vouvray Moëlleux, Coteaux du Layon, Quarts de Chaume) ergibt, sogar auch Schaumwein. In warmen Jahren entwickelt sich Edelfäule, die für zusätzlichen Extrakt und Zucker sowie für Üppigkeit sorgt, dennoch bleibt die frische, zitronige Säure erhalten. Auch in Südafrika (wo sie Steen heißt), Neuseeland und Kalifornien anzutreffen.

Gewürztraminer

Die bekannteste Manifestation dieser Traube kommt aus dem Elsaß, wo sehr aromatische, füllige, würzige Weine mit Trauben- und Moschusduft gemacht werden, die an Lychees erinnern. Der Wein kann trocken sein, meist aber hat er etwas Restsüße; als Vendange Tardive (Spätlese) und als Sélection de Grains Nobles (Auslese) ist er sehr konzentriert und vollsüß. Ebenso beheimatet in Deutschland, Österreich und Norditalien; hat Erfolge in der Neuen Welt.

Marsanne

Die weiße Hauptsorte an der nördlichen Rhône (Hermitage, St-Joseph, St-Péray) ist zuverlässiger als die etwas empfindliche Roussanne. Wird auch an der Südrhône und in Australien viel verwendet, wo sie reife, runde Weine mit geringem Säuregehalt ergibt, die dennoch gut altern.

Muscat à Petits Grains

Diese Sorte, die auch als Muscat de

Frontignan bekannt ist, hat kleine Beeren, die mit aromatischer Traubenfrucht vollgepackt sind. Im Elsaß wird sie meist trocken ausgebaut, in Beaumes-de-Venise und im ganzen Midi ergibt sie die berühmten, duftenden Vins Doux Naturels. In Italien für den Moscato d'Asti bedeutend, in Griechenland für die vorzüglichen Muscats aus Patras und von Samos. In der Neuen Welt wird sie für köstliche gespritete Weine verwendet, besonders im nordöstlichen Victoria in Australien. Die robusteren Sorten Muscat of Alexandria und Muscat Ottonel ersetzen in der Neuen Welt allmählich die Muscat à Petits Grains.

Palomino

Die klassische Sherry-Traube in Südspanien. Ergibt Wein von geringer Komplexität, der seinen unverwechselbaren Charakter durch den Reifungsprozeß erhält.

Pinot Gris

Im Veneto unter dem Namen Pinot Grigio in großen Mengen angebaut; am besten ist sie im Elsaß, wo sie runde, milde Weine mit breitem Aromaspektrum und geringer Säure ergibt. Sie ist in Baden (Kaiserstuhl) und in der Rheinpfalz sehr erfolgreich, als Ruländer (lieblich) oder Grauburgunder (trocken), und verbindet sich gut mit neuer Eiche.

Riesling

Eine der besten Weißweintrauben, wenn nicht die beste überhaupt. Riesling hat eine unverwechselbare Frucht, einen klaren Charakter und eine zitronige Säure (selbst in seiner süßesten Form), die sich über Klima- und Regionalgrenzen hinweg erhält. Ihre Höchstform erreicht sie im Bereich Mosel-Saar-Ruwer, in Rheingau und Rheinhessen sowie im Elsaß, aber auch in Österreich, Kalifornien (dort als Johannisberger Riesling) und Australien ergibt sie große Weine. In der Neuen Welt wird sie zunehmend in kühlen Lagen angebaut.

Sauvignon Blanc

Eine extrem vielseitige Traube, die früh reift; an geeigneten Plätzen kann sie Edelfäule entwickeln. Herausragend ist sie an der mittleren Loire, wo ihr prononciert fruchtiges Aroma von roten Johannisbeeren und Stachelbeeren sowie ihr frisches Finale den Pouilly-Fumé und den Sancerre charakterisieren. In Frankreich ist sie noch in Sauternes und Graves zu finden, im Midi wird sie viel angepflanzt. Außerhalb Frankreichs hat sie mit einem grasigeren Stil in Neuseeland Zeichen gesetzt, und sie ist in der ganzen Neuen Welt erfolgreich.

Sémillon

Die Haupttraubensorte der großen Süßweine von Bordeaux (Sauternes, Barsac) aufgrund ihrer Anfälligkeit für Botrytis. Außerdem bedeutend in Pessac-Léognan, Graves und Südwestfrankreich. Seine Weichheit hat diesen Wein in Australien sehr beliebt gemacht, wo er trotz niedriger Säure bemerkenswert gut altert und tiefe Aromen entwickelt.

Viognier

Die sehr empfindliche Traube war bis vor kurzem auf die nördliche Rhône begrenzt, wo sie die geringen Mengen Condrieu und Château-Grillet ergab, außerdem spielte sie eine kleine Rolle in der roten Cuvée des Côte-Rôtie. Inzwischen wird sie wegen ihres intensiven Aprikosen-Pfirsich-Buketts und ihres cremigen, doch feinen Geschmacks an der Südrhône, im Midi, in Kalifornien und Australien angebaut.

KLASSISCHE WEINTYPEN

Viele der Klassiker sind alt, manche sind neu, doch alle haben mit klarem Profil und Charakter Maßstäbe gesetzt. Sie werden in den Weinbergen der Welt häufig nachgeahmt und manchmal sogar übertroffen.

ROTWEIN

Bordeaux/Cabernet
Die Crus Classés des Médoc in Bordeaux sind hier aufgrund ihrer ernsten, doch doch sehr fruchtigen Aromen und ihrer Langlebigkeit die Könige. In den meisten Ländern der Alten und der Neuen Welt eifert man dem Bordeaux-Stil nach.

Merlot
St-Émilion und Pomerol sind hier die Führer mit fleischigen, saftigen Rotweinen, die zugänglicher sind als die Médocs, aber genausogut altern. Außerhalb Frankreichs ist eine Merlot-Manie ausgebrochen.

Saftig-fruchtiger Typ
Die frühen Vertreter, Beaujolais und Bardolino, werden heute von leicht trinkbaren Weinen aus aller Welt und aus einer Vielzahl Rebsorten in den Hintergrund gedrängt.

Gerbstoffarmer Typ
Anfänger finden Rotwein häufig zu streng, weshalb tanninarme Qualitätsweine aus Trauben wie Pinot Noir, Barbera, Touriga, Tempranillo, Merlot und Shiraz sehr beliebt sind.

Mittelgewicht aus kühlem Klima
Die globale Erwärmung sorgt auch in kühlen Regionen wie Loire-Tal, Österreich, Ungarn, Kanada und Neuseeland für gute Jahrgänge.

Mittelgewicht aus warmem Klima
Zunehmend populäre, weiche, aber sehr aromatische und leicht trinkbare Rotweine werden in Italien aus Primitivo und Montepulciano gemacht, in Frankreich aus Grenache und Syrah, in Spanien aus Tempranillo, in Portugal aus mehreren Sorten, in Kalifornien aus Zinfandel, in Südafrika aus Pinotage und in Australien aus Grenache.

Burgunder/Pinot Noir
Wenige Regionen können mit Burgund wetteifern, doch gute, individuelle Pinots Noirs kommen aus Kalifornien, Neuseeland, Chile und Australien, aber auch aus Deutschland, Spanien und Italien.

Wuchtig-würziger Typ
Die großen Rotweine der Rhône waren die ersten Stars. Die Hauptsorten der Rhône, Grenache und Syrah, ergeben heute weltweit ausgezeichnete aromastarke Weine. In Süditalien, Spanien und Portugal erzielen einheimische Trauben denselben Effekt, in Südafrika verwendet man Pinotage und in Kalifornien Zinfandel.

Toskana-Typ
In der Toskana hat die wesentlich genauere Kenntnis der Sangiovese-Traube in Verbindung mit verbesserten Vinifikationstechniken und größerem Ehrgeiz die Region und den Charakter der Weine neu definiert. Einige Erzeuger in der Neuen Welt eifern dem nach.

Süßwein
Es gibt nur eine Handvoll erfolgreicher Süßweine. Der griechische Mavrodaphne kann gut sein, und Schaumwein aus Shiraz ist häufig süß. Verrückt, aber köstlich sind österreichische und deutsche Rotweine aus edelfaulen Trauben.

ROSÉWEINE

Trocken
Es gibt nun eine Fülle von sehr fruchtigen trockenen Rosés. In Frankreich ragen Bordeaux und das Languedoc heraus, in Spanien Navarra und in Italien das Veneto; auch der australische Grenache ist gut.

Halbtrocken
Eine verschwindende Kategorie aufgrund der schlechten Qualität der meisten Rosés aus Portugal und Anjou. Die besten modernen Beispiele kommen unter dem Namen »White Zinfandel« aus Kalifornien.

GESPRITETER ROTWEIN

Port
Der klassische gespritete süße Wein kommt aus dem portugiesischen Douro-Tal. Üppig, kraftvoll, alkoholreich und tiefgründig, aber auch sanft, wenn er in Eiche reifte. Auch aus Australien, Südafrika und Kalifornien kommen gute Exemplare.

Vin Doux aus Grenache
Der süße, rosinierte Typ wird durch den Banyuls von der französischen Mittelmeerküste verkörpert. Weitere Süßweine kommen aus dem Languedoc und aus Rasteau im Rhône-Tal. Ähnliches ist in Sardinien und Katalanien zu finden.

WEISSWEIN

Strahlig, nicht in Holz ausgebaut
Chablis ist das klassische Beispiel. Viele Bereiche in der ganzen Welt machen Chardonnay nicht in Holz, da ein Teil der Verbraucher vom Holz weggeht.

Reif-würziger Chardonnay, in Holz ausgebaut
Nach dem Muster der barriquegereiften weißen burgundischen Spitzenklasse produzieren einige warme Regionen einen cremigen, würzigen, vordergründigen Stil, der delikat sein kann, aber selten mit einem Meursault oder Puligny-Montrachet konkurrieren kann.

Chardonnay aus Kalifornien
Im besten Fall trocken, dennoch verführerisch nussig und gutem Burgunder ähnlich, meist aber zu süß und nicht ausgewogen.

Chardonnay aus Australien und Neuseeland
Australische Chardonnays sind sehr fruchtig, ob in Holz ausgebaut oder nicht; manche erreichen burgundische Finesse. Die aus Neuseeland sind üppig bis ölig, dennoch durch frische Säure ausbalanciert.

Sauvignon Blanc trocken
Ursprünglich aus dem französischen Loire-Tal kommend; der moderne, knackige Typ ist jedoch eine Kreation Neuseelands. Südafrika, Chile, Nordspanien, Bordeaux und Ungarn zeigen, daß sie begriffen haben, wie man es macht.

Chenin Blanc trocken
Reservierte, langsam reifende Weißweine kommen aus dem Anjou und der Touraine. Neuseeland, Südafrika und Westaustralien verzeichnen ebenfalls Erfolge.

Sémillon trocken
Ursprünglich ein Typ aus Bordeaux, wurde er durch Australien berühmt gemacht, sowohl in Eiche ausgebaut wie in Stahl. Viele gute Beispiele kommen heute aus Bordeaux, zunehmend aus Südafrika, Chile, Argentinien und Neuseeland. Häufig mit Sauvignon verschnitten, manchmal mit Chardonnay oder Chenin.

Riesling vom Mosel/Rhein-Typ

Trocken Die Mehrzahl der deutschen Rieslinge sind heute trocken, und eine Reihe guter Jahrgänge zeigt, daß die Balance zwischen Frucht und Säure gut ist. In Österreich ist dieser Typ leichter zu machen als in Australien.

Halbtrocken Außerhalb Deutschlands gelten weithin die Spätlesen und Auslesen, die eine herrlich süße Frucht mit einer prickelnden Säure verbinden, als die Krönung des Rieslings. Neuseeland macht sehr erfolgreiche halbtrockene Rieslinge; in den meisten anderen Ländern sind die Resultate zu weich.

Süß Die großen deutschen und österreichischen Dessertweine waren lange die europäischen Klassiker. Hervorragende Beispiele wunderbar konzentrierter, sinnlich süßer Rieslinge sind auch in Neuseeland, Australien, Südafrika und gelegentlich in den USA und Kanada zu finden.

Schaumwein

Die größten Schaumweine kommen immer noch aus der kalten Champagne in Nordfrankreich. In einer zunehmenden Zahl anderer Länder entdeckt man Lagen, die geeignete Trauben liefern können; dank der Beherrschung der Feinheiten der zweiten Gärung in der Flasche kommen großartige, würzige Sekte aus Kalifornien, Neuseeland, Australien und Südafrika, schlankere, aber ebenso attraktive Versionen aus Italien, Spanien, England sowie weiteren Teilen Frankreichs.

Süßwein

Die meisten berühmten Süßweine aus überreifen, von Botrytis befallenen Trauben mit massiv konzentriertem Zuckergehalt werden in Frankreich (Bordeaux, Elsaß, Loire-Tal), Deutschland und Ungarn gemacht. Inzwischen produzieren auch viele andere Länder gute Süßweine aus Sémillon oder Riesling, manchmal auch aus Sauvignon, Muscat oder sogar Chardonnay. Italien und Australien machen aus einer Reihe von Traubensorten außerordentliche, originelle Süßweine.

Eiswein

Ursprünglich eine deutsche Spezialität aus Trauben, die bei kräftigen Minusgraden gefroren geerntet werden. Das Wasser im Saft, das zu Eis gefroren ist, bleibt bei der Abpressung des konzentrierten, zucker- und extraktreichen Mostes zurück. Auch Kanada macht heute guten Eiswein.

GESPRITETER WEISSWEIN

Sherry

Dieser klassische Wein, dessen Palette von knochentrocken bis üppig süß reicht, wird im spanischen Andalusien hergestellt. Ähnlicher Stoff kommt aus dem südlich von Cordoba gelegenen Montilla. Australien und Südafrika sind die besten Vertreter der Neuen Welt.

Madeira

Von der Insel Madeira kommen faszinierende Weine; sehr trocken bis intensiv süß, sind sie durch hohe Säure und ein »verschmortes« Aroma gekennzeichnet und altern hervorragend. Die sogenannten Madeiras aus anderen Ländern bleiben erfolglos.

Marsala

Der berühmte gespritete Wein aus Sizilien ist als Dessertwein fast vergessen, er wird vor allem in der Küche verwendet. Schade, denn ein echter Marsala Vergine macht mit einem wunderbaren, durch Säure strukturierten, rauchig-nussigen Wein bekannt.

Vin Doux Naturel aus Muscat

Rund um das ganze Mittelmeer aus teilweise vergorenem Muscatwein oder kaum vergorenem Most hergestellt. Hervorragend sind Südfrankreich, Italien, Samos und Australien, Südafrika und Kalifornien machen ganz passablen Stoff.

DER EINKAUF

Die goldene Regel beim Kauf von gutem Wein ist und bleibt: Suchen Sie sich einen zuverlässigen Weinhändler. Beim Weinkauf gibt es viele Möglichkeiten, doch keine ersetzt den Experten, dem Sie vertrauen können. Im folgenden beschreiben wir, was bei den verschiedenen Möglichkeiten so passieren kann. Durch Versuch und Irrtum – die den Aufwand an Zeit, Energie und Geld wert sind – werden Sie Ihr eigenes Verfahren herausfinden.

Weinhändler

Die Vorzüge eines guten Weinhändlers sind klar. Der Händler kennt die Weine und verkostet sie regelmäßig, so daß er ihren Zustand und ihre Entwicklung einschätzen kann. Sein Angebot repräsentiert seine persönliche Auswahl. Beratung über den Reifezustand, Lagerung und Lieferung sind Teil seiner Dienstleistung. Gute Weinhändler nehmen Wein, der dem Geschmack des Kunden nicht entspricht, bei Erstattung der Kosten zurück. Es ist für den Händler wichtig, den Geschmack seiner Kunden zu kennen, ebenso wie der Kunde den Geschmack des Händlers kennen muß.

Fachmännisch arbeitende Händler sind an der Länge und der guten Zusammenstellung ihrer zweimal jährlich herausgegebenen Bestelliste erkennbar. Für viele Weinfreunde ist die ideale Art des Einkaufs, einen Abend damit zu verbringen, die Listen und Verkostungsnotizen durchzusehen.

Der Nachteil dieses Verfahrens ist, daß man für das Wissen und die Dienstleistung bezahlt, und der traditionelle Weinhändler ist selten der billigste Ort, Wein zu kaufen.

Erzeuger

Man sollte erwarten, daß dies die billigste Art des Einkaufs ist. In einer Welt, die von gutem Wein fasziniert ist, wo jeder Schritt der Top-Erzeuger, der Châteaus und Domänen genau verfolgt wird und Jahrgänge fast täglich in diversen Weinzeitschriften und Zeitungen analysiert werden, könnte der traditionelle Weinhändler als überflüssig erscheinen; seine teure Erfahrung kann jeder interessierte Amateur am Kiosk kaufen. Und doch hatten die Händler in den letzten zehn Jahren, in denen die Nachfrage nach gutem Wein das Angebot weit überstieg, eine Konjunktur wie noch nie. Der Grund: So wie es Aufgabe des Erzeugers ist, den besten Wein zu machen, den er machen kann, so hat der Händler für einen regelmäßigen und gesicherten Absatz zu sorgen. Händler, die auch in schlechten Jahren kaufen, werden mit leichtverkäuflichen guten Jahrgängen bevorzugt beliefert. Die großen Châteaus in Bordeaux und die guten Domänen in Burgund und an der Rhône empfangen Besucher, und sie empfangen nach »Vorwarnung« gerne, insbesondere mit der Empfehlung eines Weinhändlers, doch sie verkaufen ihnen sehr selten etwas. Die Struktur des Vertriebswegs, vom Importeur über Großhändler und Einzelhändler zum Restaurant bzw. Konsumenten, ist im Interesse aller Beteiligten, auch des Verbrauchers.

Das wird durch die einleuchtenden Gepflogenheiten in Kalifornien illustriert, wo eine Flasche Wein an der Kellertür per Gesetz zu demselben Preis verkauft werden muß wie im normalen Laden in demselben Staat. Die Handelsspannen für Groß- und Einzelhändler werden durch einen ausreichend großen Rabatt des Winzers gesichert; der Gewinn des Winzers aus dem Direktverkauf muß auch die Kosten für Probierstuben und Personal decken. Die Attraktivität des

Direkteinkaufs beim Erzeuger – seine Auswahl dort treffen zu können, wo der Wein gemacht wird – ist Entschädigung für den Aufwand der Anreise. Wenn Sie Kunde geworden sind, werden Sie in den Verteiler aufgenommen und mit aktuellen Nachrichten und vielleicht auch mit Vorzugsangeboten versorgt (bevor der Wein offiziell in den Handel kommt).

En primeur

Die steigende Nachfrage nach den großen Weinen der Welt macht es sinnvoll, über den Kauf »en primeur«, das heißt vor der Abfüllung, nachzudenken. Kleine Güter in Burgund erleben, daß ihre Zuteilungen, oft nicht mehr als 100 Kisten für jedes Exportland, immer früher von den Importeuren aufgekauft werden. Solche Weine kommen selten ins Ladenregal und tauchen auch in Auktionen kaum auf. In diesem Fall ist der Besitz wichtig, nicht der Gewinn, denn die Mengen sind klein und der Wein wird zum Trinken gekauft. Anders sind die Verhältnisse bei Weinen der großen Châteaus in Bordeaux, wo der En-primeur-Markt seit vielen Jahrzehnten vorherrscht. Im Frühjahr nach der Ernte bieten die Châteaus meist ihre ganze Produktion den Händlern in Bordeaux an, zu Preisen, die die Qualität der Ernte und die Potenz des Marktes widerspiegeln. Die Eröffnungspreise heißen »la première tranche«, und bei guten Weinen und guter wirtschaftlicher Situation – wie in der Kampagne 1997 für den Jahrgang 1996 – können die Preise innerhalb weniger Wochen um 50 % und mehr steigen. Die Produktion der Bordeaux-Weingüter ist mit wenigen Ausnahmen so groß, daß ihre Weine bei Einzelhändlern noch einige Jahre nach der Abfüllung leicht erhältlich sind; daher ist für viele Jahre der Profit ebenso wichtig wie der Besitz. Auf den »blue chips« unter den Bordeaux-Weinen und Jahrgangs-Portweinen beruhte der Satz: »Kaufe doppelt soviel, wie du brauchst, verkaufe die Hälfte davon zum doppelten Preis, und trinke umsonst.« Für die Spitzenjahrgänge seit 1980 bewährte sich dieser Satz, aber bei der generell geringeren Qualität des 1997ers wird er wohl nicht zutreffen.

Supermärkte

In dem Maß, in dem das Weintrinken populär wurde, stieg die Nachfrage nach gutem Wein, und nun sind auch die Supermärkte zunehmend am Geschäft mit gehobenem Wein interessiert. Oft sind die Einkäufer von Ladenketten ausgezeichnete Fachleute, und ihre Umsatzstärke macht es ihnen möglich, noch mit den unbeugsamsten Lieferanten zu feilschen. Um von dem Image des »Billigen und Gefälligen« wegzukommen, die ihre Weine beim breiten Publikum beliebt gemacht haben, sind solche Imperien nun bedacht, gute Weine zu attraktiven Preisen anzubieten. Das beste Beispiel dafür sind die »Foires aux Vins«, die alle großen Ladenketten in Frankreich und Belgien alljährlich im September veranstalten. Eine große Palette von Weinen, die zuvor nur im Fachhandel zu haben waren, werden mit großem Erfolg eine oder zwei Wochen lang zu sehr vorteilhaften Preisen verkauft (aber Vorsicht, es sind nicht immer die besten Jahrgänge).

Weinhandelsketten

Sie liegen zwischen den Fachhändlern und den Supermärkten. Ein fachkundiger Zentraleinkauf sorgt für ein großes, gutes Angebot. Angenehm ist auch, daß die Läden gut zu erreichen sind.

Versandfirmen

Es gibt zunehmend Firmen, die keine Ladenlokale unterhalten, sondern per Katalog verkaufen. Bezüglich Qualität und Service werden Sie nach Mundpropaganda oder nach eigenen Erfahrungen gehen müssen.

Internet

Kauf und Verkauf von Wein via Internet wachsen schnell an. Die Websites reichen von Erzeugern über Einzelhändler und Internet-Spezialfirmen bis zu unkonventionellen Brokern, die in speziellen Wein-Chatrooms für sich werben. Für den Weinkauf über das Internet gilt dasselbe wie für Versandfirmen; dazu kommt jedoch, daß Sie über E-Mail oder Telefon Experten befragen können und daß Sie bequeme Suchmöglichkeiten haben, indem Sie Ihre Präferenzen eingeben und vielleicht auch sogar das Gericht, zu dem der Wein passen soll.

Weinmessen

Eine der schönsten Möglichkeiten, Wein zu kaufen, sind die Messen in Weinanbaugebieten. Viele Weine können verkostet werden, und die Preise liegen meist unter denen des Einzelhandels.

Auktionen

Wer aus einer großen Zahl trinkreifer Jahrgänge der prestigeträchtigsten Weine auswählen will, für den sind Auktionen ideal. In Großbritannien führt seit 1966 Christie's unter Michael Broadbent; sein großer Rivale, Sotheby's, hat in den letzten Jahren viel Boden gewonnen, doch ist Christie's immer noch auf dem ersten Rang. Beide Häuser führen Auktionen in den USA, in Japan und Hongkong durch, aber natürlich auch in zahlreichen europäischen Städten. Jede Woche erscheint eine große Zahl von »blue chips«, zu denen jedes nur denkbar wichtige Detail genannt wird, das den Käufer interessieren könnte.

Der Erfolg der Auktionshäuser liegt darin, daß sie als Clearingstelle fungieren. Wenn der Markt schwach ist, können viele Händler gezwungen sein, ihre Vorräte loszuschlagen; ist er stark, verkaufen viele, um Gewinn zu machen.

Broker

Die weltweite Nachfrage nach gutem Wein war verantwortlich für den Erfolg, ja vielleicht schon für die Entstehung des Brokers. Diese neue Erscheinung auf dem internationalen Weinparkett verkauft ein sich ständig änderndes Angebot – meist von ganz großen Weinen – zu Spannen, die unter denen des Einzelhandels liegen. Sie kaufen häufig auf Auktionen und direkt bei den Erzeugern, manchmal auch von ihren Kunden. Der Unterschied zwischen Brokern und Auktionshäusern ist, daß erstere Wein auf Lager nehmen. Mit dem Wachsen das Markts für Qualitätswein sind die Umsätze der Broker explodiert; der führende Broker, Farr Vintners (Großbritannien), verkauft gegenwärtig mehr Wein als Christie's und Sotheby's zusammen. Wer sehr schnell eine größere Menge eines trinkreifen und/oder seltenen Weins sucht, sollte einen Broker kontakten. Zwar befassen sich Auktionatoren und Broker mit einem ganzen Spektrum verschiedener Weine, doch den Löwenanteil ihres Geschäfts machen Weine aus, die als Prestige- oder Spekulationsobjekt gekauft werden.

Wein als Spekulationsobjekt

Historisch waren Weine, die man als Investition kaufte, Spitzenbordeaux und Jahrgangs-Portweine (Vintage Ports), da die Vertriebskanäle sehr straff organisiert und die Weine ausgezeichnet alterungsfähig waren. In jüngster Zeit dehnte sich diese Idee auf alle großen Weine der Welt aus, und natürlich besonders auf solche, die in geringen Mengen produziert werden. Der spekulative Wert eines Weins hängt von einer ganzen Reihe Faktoren ab, doch können die meisten Weine in diesem Buch, die mit drei Sternen eingestuft sind, wegen ihrer Seltenheit und bzw. oder ihrer Qualität als Investition gekauft werden.

DER UMGANG MIT GUTEM WEIN

Unter den kleineren Schicksalsschlägen, die das Leben so bereithält, sind wenige Dinge so enttäuschend, wie wenn ein erwarteter großer Weingenuß ausfällt. Das läßt sich nicht immer verhindern, aber etwas Nachdenken darüber, was Sie von dem Wein erwarten, etwas Sorgfalt bei Lagerung und Vorbereitung, etwas Aufmerksamkeit in der Wahl des Zeitpunkts, der Temperatur und der Speisenkombination wird sich immer bezahlt machen.

Verkosten

Das Motto ist: »Trinke mit Verstand.« Wenn Sie viel Geld für einen Wein ausgeben, ist es sinnvoll, sich einige Augenblicke Zeit zu nehmen und sich sein Aroma, seinen Charakter bewußt zu machen. Nachdem Sie in der Lektüre dieses Buchs bis hierher gekommen sind, nehme ich an, daß Ihnen der Inhalt des Glases nicht egal ist. Hier also drei Dinge, auf die wir jedesmal, wenn wir eine Flasche öffnen, einige Momente verwenden sollten.

Auge Neben der Prüfung, ob der Wein klar ist (mit der Zunahme ungefilterter Weine kann allerdings mangelnde Klarheit in Ordnung sein), ist die Farbe des Weins – Rotwein hält man vor eine weiße Fläche, Weißwein vor eine Kerze oder die Sonne – ein wesentliches Element.

Nase Der Duft eines Weins kann ähnlich sein wie sein Geschmack, aber auch ganz anders. Manche Weine verfügen über ein herrliches Parfum, das der Eindruck am Gaumen nicht bestätigt, andere sind in der Nase verschlossen und verhalten, öffnen sich aber im Mund wunderbar. Die besten verströmen einen himmlischen Duft, den der Geschmack bestätigt oder sogar noch übertrifft.

Schwenken Sie also einen großen Schluck Wein im Glas sanft ein paarmal im Kreis, atmen Sie sein Aroma herzhaft durch die Nase ein, lassen Sie es auf sich wirken und versuchen Sie, es sich zu merken.

Mund Es scheint merkwürdig, etwas zum Thema »Schmecken« zu sagen, da wir alle Tage so viel ohne offenkundige Probleme schmecken. Doch es ist nicht die Zunge, die uns die Nuancen des Geschmacks vermittelt, sondern der Nasenraum. Nehmen Sie also einen kleinen Schluck, lassen Sie ihn aber im Mund und atmen Sie durch die Nase ein und aus. Alle Facetten des Geschmacks, die Sie vielleicht noch vermißt haben, werden sich in Sekunden mitteilen. Dann dürfen Sie schlucken.

Wein und Essen

Es wäre etwas zu einfach, zu sagen, daß es für die Kombination von Wein und Speisen keine Regeln mehr gibt. Einige Regeln sind in der Tat sinnvoll. Doch wie Sie es auch betrachten, bedenken Sie, daß wir über das Vergnügen am Wein sprechen, nicht darüber, auf welcher Straßenseite wir fahren sollen. Keiner nimmt Schaden, wenn wir uns diese Regeln ein wenig zurechtbiegen.

Die meisten Regeln stammen aus der Zeit, da die Küchenkulturen noch voneinander getrennt waren und man die lokal vorhandenen Weine oder die Klassiker wie roten Bordeaux oder weißen Burgunder trank. Da die sogenannte »große« Küche meist französische Küche und die meisten klassischen Weine derselben Herkunft waren, wurden Regeln wie »Chablis zu Austern, Chambertin zu Fasan, Médoc zu Lamm« kodifiziert.

Nun hat sich nicht nur unser Speisezettel verändert, auch hat der moderne Wein nichts mehr mit seinen Vorfahren vor einer Generation zu tun. Mit den viel genaueren Gärungsmethoden – insbesondere der Temperatursteuerung, die in warmen Gegenden wie den Mittelmeerländern, Australien und Kalifornien präzis vorherbestimmte Ergebnisse ermöglich – kann nun die überwältigende Üppigkeit warmer Klimate ebenso im Glas eingefangen werden wie elegante, duftige Schönheit kühler Klimazonen. Wein, ob weiß, rot oder rosé, ist heute meist ein sehr erfreuliches, genießbares Getränk auf der Basis einer reifen, sachgerecht vinifizierten Frucht und nicht mehr ein schwieriger, strenger Stoff, der sehr viel gutwilliges Einfühlungsvermögen und eine ordentliche Menge Essen benötigt, um Genuß zu bereiten.

Der einzige Rat, den ich aber von ganzem Herzen gebe, ist: Trinken Sie den Wein, den Sie bewußt zu einer bestimmten Gelegenheit trinken wollen, und wenn er gut gemacht ist, aus guten Trauben aus einem guten Weinberg, wird er sich mit fast allen Speisen gut vertragen.

Wein im Restaurant

In den letzten zehn Jahren hat sich der Umgang mit feiner Restaurantküche drastisch verändert, und mit der neuen Generation von Köchen geht eine Welle von heiteren, enthusiastischen, kenntnisreichen und kompromißlosen Wein-Einkäufern einher, die die Spinnweben, die selbst in den renommiertesten Restaurants der Welt die Weinkarten überzogen, beiseite fegen.

Die größte Veränderung war, daß die französische Küche – wenn sie auch eine der großen Küchenkulturen der Welt ist – nicht mehr als die einzige, nicht als Maß aller Dinge gilt. Der neue, lang erwartete Eklektizismus spiegelt sich in den Weinkarten, die den französischen Klassikern großen Respekt erweisen, aber auch demonstrieren, daß in den anderen Teilen der Welt ebenso phantastischer Wein gemacht wird, ja daß solche Weine bessere Partner für die moderne Crossover-Küche sind, und daß wir manchmal einen Wein wollen, der uns aus dem Glas anspringt und uns prustend und kichernd in die Niederungen des reinen Vergnügens zerrt – anstatt eines Weins, der in kalter Pracht darauf wartet, daß wir seine unergründlichen Geheimnisse lüften.

Moderne Restaurants sind also Spielwiesen, auf denen wir mit Wein experimentieren können, und keine Tempel blinder Verehrung. Natürlich stehen die großen Klassiker auf den Weinkarten, aber ein gutes Restaurant wird auch begeistert wenig bekannte Weine präsentieren. Viele der »kommenden« Weingüter in Deutschland, Frankreich, Italien, Kalifornien, Australien und andere Ländern sind sogar nur in führenden Restaurants zu kosten.

Und anstatt zu beklagen, daß zu viel Geld auf dem Spiel steht, um unbekümmert zu experimentieren, sollten wir einen Moment darauf verwenden, einen Blick auf das Ambiente zu werfen, die Inneneinrichtung, die Gläser und das herausgeputzte Personal; wenn die Gänge aufgetragen werden, sollten wir uns an der Qualität der Materialien und an der Hingabe und Fertigkeit erfreuen, mit der sie zubereitet wurden; und dann sollten wir in zufriedener, guter Stimmung erkennen, daß dies genau der Zeitpunkt ist, etwas Neues und Aufregendes zu wagen.

Wie serviert man Wein?

Sie können Ihren Château Margaux 1961 auch aus einem Plastikbecher trinken. Ich weiß das, denn ich habe das selbst gemacht, auf einem Parkplatz über der Rhône. Aber selbst in meinen ketzerischsten Momenten würde ich nicht sagen, daß der Wein angemessen behandelt wurde. Einen jungen australischen Grenache, einen netten Beaujolais, einen gekühlten spanischen Rosé – ziehen Sie ihn sich rein, wie Sie wollen. Aber einen Château Margaux? Sogar ich erweise ihm Respekt.

Respekt betrifft in erster Linie die Temperatur und das Glas. Vor allem das Glas. Es gibt heute viele gute Gläser, und sie sind alle groß und glatt. Zahlreiche Experimente wurden unternommen, um nachzuweisen, daß die Form des Glases den Geschmack des Weins verändern kann; ich habe selbst einige durchgeführt. Ich stimme damit überein, daß Form und Größe des Glases Auswirkungen auf den Geschmack haben, doch ist der Effekt nicht vorhersagbar; zu vielfältig sind heute die Weintypen schon innerhalb einer Region oder einer Traubensorte.

Kaufen Sie also ausreichend große Gläser, die Sie bis zur Hälfte füllen, so daß sich das Aroma im Glas entwickeln und der Wein einladend geschwenkt werden kann. Und noch etwas: Verwenden Sie, wenn nicht unbedingt nötig, kein Spülmittel, sondern nur sehr heißes Wasser. Reste von Spülmittel auf einem Glas oder in einem benützten Geschirrtuch können das Aroma eines guten Weins im Handumdrehen ruinieren.

Was die Temperatur angeht, so ist zu warm immer schlimmer als zu kalt. Ein Weißwein sollte nur ein paar Stunden im Kühlschrank verbringen – bei einem Chardonnay genügt oft eine Stunde –; aber Sie können einen zu kalten Wein anwärmen, indem Sie den Kelch in der Handfläche halten. Wein, der zu warm wurde, schmeckt oft flach, auch wenn er gekühlt wird, und ein Rotwein kann, zu warm serviert, irreversibel verdorben sein. Der alte Begriff von der Zimmertemperatur, bei der Rotwein serviert werden soll, rührt aus den Zeiten vor Erfindung der Zentralheizung. Ich will keinen Rotwein wärmer haben als 15 °C, und leichte, frische stelle ich für 45 Minuten in den Kühlschrank.

Verwenden Sie keinen billigen, groben Korkenzieher bei alten Weinen. Der Korken muß mit Delikatesse behandelt werden, und ich kenne keinen feinfühligeren Korkenzieher als den Screwpull. Wenn Sie einen alten oder ungefilterten Wein dekantieren wollen, um Depot zu entfernen, dann tun Sie es, aber es ist nicht entscheidend; eine ruhige Hand beim sorgfältigen Einschenken wird das Depot unangetastet lassen. Eine Ausnahme sind einige rote Burgunder mit sehr feinem Depot. Macht das Dekantieren den Wein besser? Nur manchmal. In großen Gläsern kann der Wein auch gut atmen.

Wann soll man Wein trinken?

Es gibt kaum einen traurigeren Moment im Leben eines Weinfreunds, als eine lange gehütete Flasche, liebevoll in den Arm gebettet, aus dem Keller zu holen und einer gespannt wartenden Schar zu präsentieren, die Jahr für Jahr von den magischen Qualitäten gehört hat, sie zu öffnen, den Wein vorsichtig und gerecht in jedes einzelne wartende Glas einzuschenken – und dann, wenn der Duft die bebenden Nasenflügel erreicht und die Erwartung in Befürchtung umschlägt, zu murmeln: »Verdammt. Der ist hinüber.«

Eine Flasche zu lange aufzubewahren ist viel schlimmer, als sie vor der Zeit zu leeren. Einen Wein zu trinken, der noch besser werden kann, erlaubt uns, Hymnen auf seine gegenwärtige Qualität und seine künftige Brillanz zu singen. Während der Inhalt der Flasche dahinschwindet, empfinden wir heiße Freude über unsere Kühnheit, diese himmlische Ambrosia – wenn auch zu früh – gekostet zu haben. Aber einen Wein zu trinken, der seinen Höhepunkt überschritten hat, dessen Frucht sich aufgelöst hat und dessen Aromen zu einem beißenden Konglomerat von Säure und Gerbstoffen geworden sind, ohne Fleisch, das sie binden könnte, einen Wein, der bloß noch schwindsüchtig bitter schmeckt, löst nur Bedauern und Enttäuschung aus.

Die Briten sind die schlimmsten darin, zu lange zu warten, während Franzosen und Amerikaner wahrscheinlich eher Kindsmord begehen, als daß sie einen überalterten Cru mißhandeln. Insgesamt gilt, daß Weine aller Qualitätsstufen – bis ganz oben – heute wesentlich früher trinkreif sind als noch vor einer Generation. Manche reifen sehr schnell, manche nicht. Doch denken Sie daran, jeder Weinort hat gute und schlechte Erzeuger, jeder Jahrgang schlechte und gute Weine. Und wenn Sie befürchten, sich zu irren – irren Sie sich auf der jugendlichen Seite.

Die Vorratshaltung

Da stellt sich natürlich gleich die Frage: Was ist ein Keller? Früher hatte jedes Haus einen Keller, und jeder, der sich Wein leisten konnte und über das nötige Interesse verfügte, hatte genug geeigneten Raum zur Verfügung. Damals war das Weintrinken in den nicht Weinbau treibenden Ländern Nordeuropas und den USA auf eine schmale Gesellschaftsschicht beschränkt, deren Behausungen über Keller verfügten. Heute ist der Genuß von Wein über alle Schichten der Gesellschaft verbreitet, einer Gesellschaft, die hektisch und stressig lebt und wenig Zeit für Muße hat. Und viele wohnen in Appartementhäusern, in Betonblöcken, die mit dürftigen oder ungeeigneten Kellern ausgestattet sind.

Also müssen wir improvisieren. Glücklicherweise ist heute mit Wein in gewisser Hinsicht viel leichter umzugehen als früher. Es gibt viel mehr gute Weine in der Welt, und nur wenige brauchen lange Zeit zum Reifen (wenn es auch vielen guttut). Die Einkaufsstraßen unserer Städte sind gespickt mit Weinläden, und die Medien sagen uns alle naselang, was zur Zeit in ist und was nicht.

Daher brauchen viele gar keinen Keller. Wer doch, höre. Wenn Sie einen echten Keller besitzen, kühl und leicht feucht, haben Sie den richtigen Raum, um Wein zu lagern, denn er liebt es, liegend bei konstanter Temperatur, Feuchtigkeit und Dunkelheit zu reifen. Die beste Temperatur ist zwischen 5 und 12 °C, wobei der Wein bei niedrigen Temperaturen langsamer reift. Aber wichtiger ist die Konstanz der Temperatur, und dann ist auch eine Temperatur von 20 °C in Ordnung. Temperaturschwankungen können bewirken, daß Wein durch den Korken sickert. Ungenügende Feuchtigkeit trocknet den Korken aus und erleichtert die Oxidation. Helles Licht, besonders Sonnenlicht, macht den Wein schnell müde.

Wenn Sie in keinem durchgängig zentralbeheizten Haus wohnen, können Sie an improvisierten Plätzen Wein lagern, unter Treppen, unter Betten – überall, wo er in Ruhe gelassen wird. Da Karton gut isoliert, lassen Sie den Wein in den auf die Seite gelegten Kartons. Wenn Sie dennoch besorgt sind, können Sie temperaturgeregelte Abteile verwenden (teuer) oder den Wein bei dem Händler lagern, bei dem Sie kaufen (auch nicht billig, aber Sie können sichergehen, daß er perfekt gelagert wird). Oder Sie können sich damit abfinden, daß der gute alte Keller ein hübscher, aber überflüssiger Luxus ist, und Ihr Geld lieber in Restaurants ausgeben oder ein Faible für jungen Wein entwickeln.

Frankreich

Heute kann wohl kein Land beanspruchen, die besten Weine der Welt zu machen. Dennoch gehört der Titel des bedeutendsten Qualitätsweinerzeugers zweifellos Frankreich. Französische Weine waren schließlich der Ausgangspunkt und bleiben Maßstab für eine große Anzahl von Weinen in aller Welt. Frankreich ist das Land, das man erst nachahmt und dann zu übertreffen versucht. Die Konkurrenz hochwertiger Weine aus anderen Ländern hat zu einer bemerkenswerten Renaissance des französischen Stolzes geführt, die durch neue Investitionen und neues Engagement von Regierung, großen Firmen und Einzelpersonen unterstützt wird. Der französische Beitrag zur Welt des guten Weins betrifft im wesentlichen fünf Punkte.

Rebsorten

Folgende Rebsorten stammen aus Frankreich oder zeitigen auf französischen Böden hervorragende Ergebnisse: Cabernet Sauvignon, Merlot, Chardonnay, Pinot Noir, Sauvignon Blanc, Syrah, Chenin Blanc, Gamay, Gewürztraminer, Riesling; in geringerem Maße Grenache, Mourvèdre, Muscat und Cabernet Franc. (Weiteres zu den Rebsorten siehe S. 8.) Inzwischen haben andere Länder ihre eigenen Weintypen und Maßstäbe entwickelt, so Neuseeland mit Sauvignon Blanc, Australien mit Shiraz (Syrah), Kalifornien mit Cabernet Sauvignon oder Chile mit Chardonnay. Trotzdem bleibt in allen Fällen der französische Bezugspunkt erhalten.

Terroir

Die Vorstellung vom Terroir – daß Weine einen von dem Ort, an dem sie wachsen, abhängigen Charakter haben – ist typisch französisch. Ein *vigneron* in Volnay macht keinen Pinot Noir, sondern einen Volnay, und wenn er denselben Klon von Pinot Noir nur ein paar Meter weiter nördlich pflanzt, macht er einen Pommard. Die Kreide der Champagne, der Kalkstein Burgunds, der Kies im Bordelais sind alle vom Charakter des Weins nicht zu trennen. Die Erzeuger in der Neuen Welt, die nach besserer Qualität streben, realisieren inzwischen die Relevanz individueller Lagen. Der französische Politiker und Schriftsteller Châteaubriand schrieb, daß eine originäre Persönlichkeit nicht eine ist, die niemanden kopiert, sondern eine, die niemand kopieren kann. Das bringt auch die Bedeutung des Terroirs für den französischen Winzer auf den Punkt.

Weintyp

Diese Vorstellung ist weiter gefaßt als die des Terroirs und hatte vermutlich größeren Einfluß. Wenn sich individuelle Weine aus einem Gebiet unterscheiden, so besitzen sie doch eine Familienähnlichkeit, die auf allgemein gebräuchlichen Verfahren in Weinberg und Keller beruhen. Ein Erzeuger in einem anderen Land kann nicht hoffen, ein Terroir nachahmen zu können, jedoch kann er den Typ, den Stil kopieren.

Die kontrollierte Herkunftsbezeichnung

Die Gesetze der Appellation d'Origine Contrôlée (AC) wurden 1919 formuliert

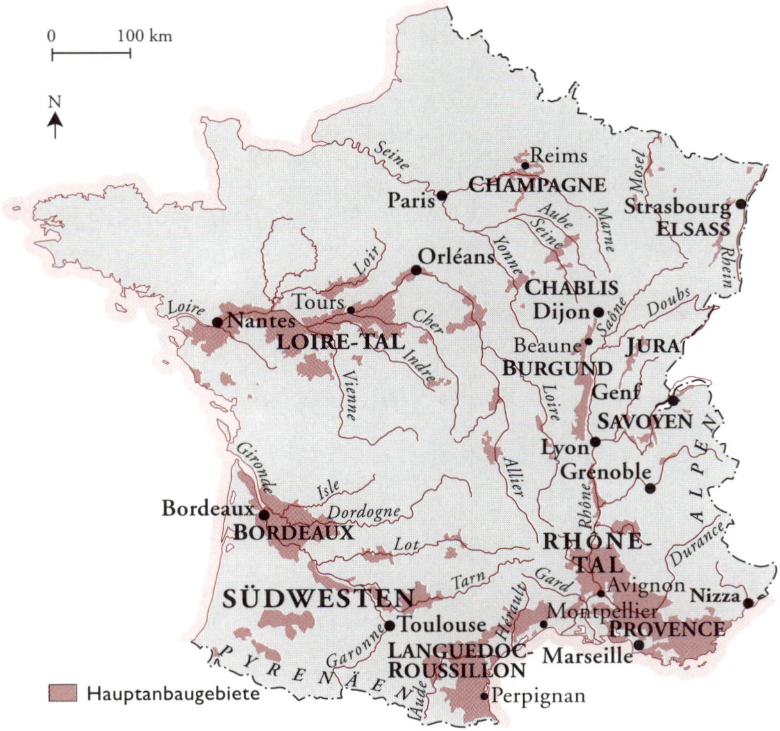

und 1935 vollendet. Sie fassen die Vorstellungen von Terroir, Rebsorte und Weintyp zusammen und versuchen, Betrug zu unterbinden, indem sie festlegen, welche Rebsorte wo gepflanzt werden darf, wie die Reben erzogen werden, welchen Ertrag ein Weinstock haben darf, wie groß der Alkoholgehalt mindestens sein muß und diverses anderes, dazu die organoleptische Prüfung durch eine Kommission. Daher hat ein AC-Wein immer einen bestimmten, erkennbaren Charakter. Die Gesetze können schlechten Wein nicht verhindern, aber sie schützen vor Betrug. Andere europäische Länder haben ähnliche Systeme; in der Neuen Welt gibt es weiter gefaßte Bestimmungen (z.B. die American Viticultural Areas).

Der Gebrauch von Eichenfässern

In allen Weinbauländern werden seit Jahrhunderten Eichenfässer zur Gärung und Reifung des Weins gebraucht. Doch ist auch hier Frankreich der Maßstab. Die Wälder des Nivernais, des Tronçais und des Limousin liefern feinfaseriges Holz von 200 Jahre alten Bäumen, das gespalten, nicht gesägt wird. Es ist weltweit anerkannt, daß französische Eiche dem Wein eine besondere Finesse und Würde gibt.

BORDEAUX

Das Bordelais – oder einfach Bordeaux – ist die größte Qualitätsweinregion der Welt und produziert pro Jahr etwa 700 Millionen Flaschen (82% rot, 17% weiß, 1% rosé), fünfmal soviel wie Burgund oder das Beaujolais, etwas weniger als Kalifornien, aber fast doppelt soviel wie Australien. Die Qualität des einfachen AC Bordeaux oder Bordeaux Supérieur ist in den letzten Jahren deutlich besser geworden; am anderen Ende der Skala werden die Crus Classés immer stärker, und ihre Preise steigen ins Astronomische.

WEINTYPEN

Die 57 Appellationen von Bordeaux umfassen eine große Zahl verschiedener Weine, und doch sind sie erkennbar Bordeauxweine. Unterschiedliche Böden, Klimaverhältnisse und Historie haben drei verschiedene Regionen hervorgebracht.

Linkes Ufer von Garonne und Gironde

Dieses Gebiet umfaßt die Appellationen Médoc, den nördlichen Teil des Graves und Sauternes. Die Rotweine sind hauptsächlich aus Cabernet, gestützt durch Merlot. Weißweine, trocken und süß, werden meist aus Sémillon gemacht.

Rechtes Ufer von Dordogne und Gironde

Dieses Gebiet umfaßt St-Émilion und Pomerol, die anderen Weine des Libournais und die Bereiche von Bourg und Blaye. Hier werden Rotweine gemacht, hauptsächlich aus Merlot.

Entre-Deux-Mers

Im Bereich zwischen Garonne und Dordogne werden hauptsächlich Sauvignon und Sémillon für Weißweine und Merlot für Rotweine verwendet.

Das Terroir

Die Weinberge liegen in idealer Position auf dem 45. Breitengrad. Im Westen (linkes Ufer) fällt ein Plateau langsam zum Atlantik hin ab, im Osten (Entre-Deux-Mers und rechtes Ufer) gibt es niedriggelegenes, gewelltes Land. Das kühle Küstenklima wird durch den Golfstrom gemildert, der die Temperaturen anhebt und ausgleicht. Sommer und Herbst sind im allgemeinen warm, im Winter gibt es gelegentlich schädigenden Frost, das Frühjahr ist relativ feucht.

In einer so großen Region gibt es natürlich unterschiedliche Böden. Das linke Ufer besteht hauptsächlich aus Kies, der das Wasser gut filtert und Hitze reflektiert und speichert; das rechte Ufer ist eine Mischung aus Ton, Kreide und Sand mit ein wenig Kies. Im Entre-Deux-Mers ist der Tonkalkboden für Weißwein günstig.

Ein Weingut ist Weingut durchschnittlich 10 ha groß, 45% der Güter haben 20 ha und mehr. Die Weine der Güter unterscheiden sich, wahren aber den Charakter der Appellation.

Kauf von Spitzen-Bordeauxweinen

Der Weinhandel des Bordelais lebte immer von einem starken Export. In den 1990er Jahren hat der Inlandsmarkt größeres Interesse an den Crus Classés gewonnen, z.T. aufgrund der intensiven Promotion durch Supermärkte. Die Menge und der Wert der guten Bor-

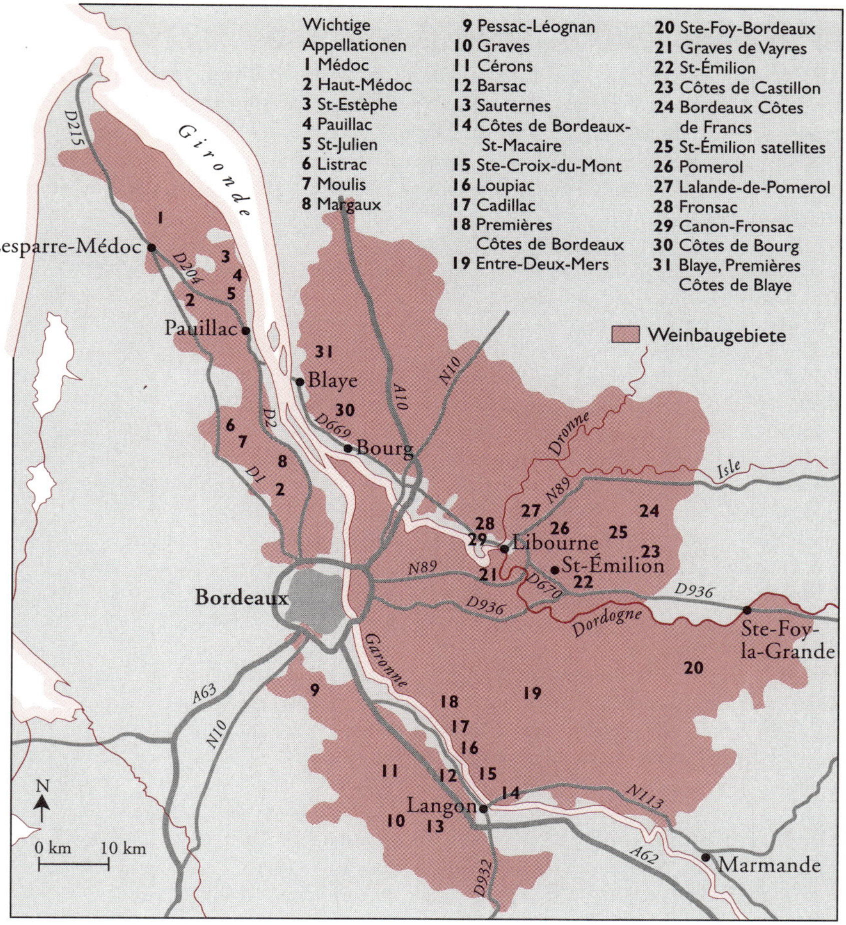

deauxweine ist so groß, daß die traditionelle Hierarchie von Agenten immer noch lebendig ist: *Courtiers* (Broker) bieten die Weine den *négociants* (Händlern) an (nur sehr wenige sind *négociants-éleveurs* nach burgundischer Art, da alle klassifizierten Weine und die meisten anderen Bordeauxweine Gutsabfüllungen sind), die wiederum an Importeure oder Großhändler verkaufen; diese vertreiben an Einzelhändler oder direkt an den Konsumenten. Wenn ein Spitzen-Château an den Endverbraucher verkauft, dann generell zum Einzelhandelspreis, um den Markt stabil zu halten. Um den Wunsch privater Käufer zu befriedigen, so direkt wie möglich einzukaufen, gibt es einige Ladengeschäfte in Bordeaux, St-Émilion und Pauillac, die eine großes Angebot zu guten Preisen führen.

KLASSIFIKATIONEN IM BORDELAIS

Die Weine des Bordelais sind für ihre Klassifikationen berühmt. Die Appellationen sind nicht abgestuft, sondern die Châteaus innerhalb der Appellation. Von den mehreren tausend Gütern gehören nur die besten 250 einer der Klassen an. Sie sind ein Anhaltspunkt für die relative Qualität innerhalb der Appellation, doch da die Qualität aus den verschiedensten Gründen schwanken kann, stellt der Preis oft die wahre Klassifikation dar.

Abstufung der Appellationen

Die relative Qualität kann im Bordelais als Pyramide dargestellt werden. Unten befinden sich die trockenen weißen Bordeaux und Entre-Deux-Mers sowie die roten Bordeaux und Bordeaux Supérieurs, die zusammen etwa zwei Drittel der ganzen Produktion ausmachen. Darüber liegen die regionalen Appellationen, z. B. Graves, St-Émilion, Pomerol, Médoc und Sauternes, die bereits eine genauere Definition des Terroirs repräsentieren. Aus dieser Gruppe rekrutieren sich die Châteaus, die eingestuft worden sind, von der Klassifikation in Médoc, Graves und Sauternes aus dem Jahr 1855 bis zur Neuklassifizierung von St-Émilion 1996. Die Crus Bourgeois und die Grands Crus sind nahe der Spitze, die von den Crus Classés und schließlich den Premiers Crus gebildet wird.

Die Klassifikation von 1855

Sie wurde von der Bordelaiser Handelskammer für die Weltausstellung 1855 in Paris zusammengestellt und enthielt nur Rotweine aus dem Haut-Médoc, einen Rotwein aus dem Graves und die Süßweine von Sauternes und Barsac. Sie wurde nur 1973 geändert, indem Mouton-Rothschild in Pauillac vom Deuxième Cru zum Premier Cru heraufgestuft wurde.

Premiers Crus Lafite-Rothschild (Pauillac), Margaux (Margaux), Latour (Pauillac), Haut-Brion (Pessac-Léognan/Graves), Mouton-Rothschild (Pauillac)

Deuxièmes Crus Rauzan-Ségla (Margaux), Rauzan-Gassies (Margaux), Léoville-Las-Cases (St-Julien), Léoville-Poyferré (St-Julien), Léoville-Barton (St-Julien), Durfort-Vivens (Margaux), Gruaud-Larose (St-Julien), Lsacombes (Margaux), Brane-Cantenac (Margaux), Pichon-Longueville Baron de Longueville (Pauillac), Pichon-Longueville Comtesse-de-Lalande (Pauillac), Ducrou-Beaucaillou (St-Julien), Cos d'Estournel (St-Estèphe), Montrose (St-Estèphe)

Troisièmes Crus Kirwan (Margaux), d'Issan (Margaux), Lagrange (St-Julien), Langoa-Barton (St-Julien), Giscours (Margaux), Maléscot-St-Exupéry (Margaux), Boyd-Cantenac (Margaux), Cantenac-Brown (Margaux), Palmer (Margaux), La Lagune (Haut-Médoc), Desmirail (Margaux), Calon-Ségur (St-Estèphe), Ferrière (Margaux), Marquis d'Alesme-Becker (Margaux)

Quatrièmes Crus St-Pierre (St-Julien), Talbot (St-Julien), Branaire (St-Julien), Duhart-Milon (Pauillac), Pouget (Margaux), La Tour-Carnet (Haut-Médoc), Lafon-Rochet (St-Estèphe), Beychevelle (St-Julien), Prieuré-Lichine (Margaux), Marquis de Terme (Margaux)

Cinquièmes Crus Pontet-Canet (Pauillac), Batailley (Pauillac), Haut-Batailley (Pauillac), Grand-Puy-Lacoste (Pauillac), Grand-Puy-Ducasse (Pauillac), Lynch-Bages (Pauillac), Lynch-Moussas (Pauillac), Dauzac (Margaux), d'Armailhac (Pauillac), du Tertre (Margaux), Haut-Bages-Libéral (Pauillac), Pedesclaux (Pauillac), Belgrave (Haut-Médoc), Camensac (Haut-Médoc), Cos-Labory (St-Estèphe), Clerc-Milon (Pauillac), Croizet-Bages (Pauillac), Cantemerle (Haut-Médoc)

Die Klassifikation von 1855 für Barsac und Sauternes

Grand Premier Cru d'Yquem (Sauternes)

Premiers Crus La Tour-Blanche (Sauternes), Lafaurie-Peyraguey (Sauternes), Clos Haut-Peyraguey (Sauternes), Rayne-Vigneau (Sauternes), Suduiraut (Sauternes), Coutet (Barsac), Climens (Barsac), Guiraud (Sauternes), Rieussec (Sauternes), Rabaud-Promis (Sauternes), Sigalas-Rabaud (Sauternes)

Deuxièmes Crus de Myrat (Barsac), Doisy-Daëne (Barsac), Doisy-Dubroca (Barsac), Doisy-Védrines (Barsac), d'Arche (Sauternes), Filhot (Sauternes), Broustet (Sauternes), Nairac (Barsac), Caillou (Barsac), Suau (Barsac), de Malle (Sauternes), Romer de Hayot (Sauternes), Lamothe (Sauternes), Lamothe-Guignard (Sauternes)

Die Klassifikation für Graves (seit 1987 Pessac-Léognan)

Diese Einstufung, die 1953 vorgenommen wurde, galt für Rotweine; 1959 wurde sie erweitert, um auch Weißweine aufzunehmen. Haut-Brion gehört sowohl dieser Klassifikation wie der von 1855 an.

Die Châteaus sind alphabethisch genannt, gefolgt vom Ort.

Bouscaut (Cadaujac) 🍷🥂; Couhins (Villenave d'Ornon) 🥂; Haut-Bailly (Léognan) 🍷; Carbonnieux (Léognan) 🍷🥂; Domaine de Chevalier (Léognan) 🍷🥂; Fieuzal (Léognan) 🍷; Olivier (Léognan) 🍷🥂; Malartic-Lagravière (Léognan) 🍷🥂; La Tour-Martillac (Martillac) 🍷🥂; Smith-Haut-Lafitte (Martillac) 🍷; Haut-Brion (Pessac) 🍷; La Mission-Haut-Brion (Talence) 🍷; Laville-Haut-Brion (Talence) 🥂; Latour-Haut-Brion (Talence) 🍷; Pape-Clément (Pessac) 🍷.

Die Klassifikation für St-Émilion

Die Einstufung der Weine von St-Émilion wurde 1954 vorgenommen und 1969, 1985 und 1996 leicht modifiziert. Die Möglichkeit der Zurückstufung kann zur Erhaltung der Qualität beitragen.

Premiers Grands Crus Classés (A) Ausone, Cheval-Blanc

Premiers Grands Crus Classés (B) Angélus, Beau-Séjour-Bécot, Beauséjour (Duffau-Lagarosse), Belair, Canon, Clos Fourtet, Figeac, La Gaffelière, Magdelaine, Pavie, Trottevieille.

Grands Crus Classés L'Arrosée, Balestard-La-Tonnelle, Bellevue, Bergat, Berliquet, Cadet-Bon, Cadet-Piola, Canon-La-Gaffelière, Cap de Mourlin, Chauvin, Clos des Jacobins, Clos de l'Oratoire, Clos St-Martin, La Clotte, La Clusière, Corbin, Corbin-Michotte, La Couspaude, Couvent des Jacobins, Curé Bon, Dassault, La Dominique, Faurie de Souchard, Fonplégade, Fonroque, Franc-Mayne, Grand Mayne, Les Grandes Murailles, Grand-Pontet, Guadet St-Julien, Haut Corbin, Haut-Sarpe, Lamarzelle, Laniote, Larcis-Ducasse, Larmande, Laroque, Laroze, Matras, Moulin du Cadet, Pavie-Decesse, Pavie-Macquin, Petit-Faurie-de-Soutard, Le Prieuré, Ripeau, St-Georges (Côte Pavie), La Serre, Soutard, Tertre-Daugay, La Tour Figeac, La Tour du Pin Figeac (Giraud-Bélivier), La Tour du Pin Figeac (J. M. Moueix), Troplong-Mondot, Villemaurine, Yon-Figeac.

Die Crus Bourgeois des Médoc

Die Einstufung in Crus Bourgeois wurde 1932 vorgenommen und enthielt 444 Güter mit konstanter hoher Qualität. Die Klassifikation wurde 1966 und 1978 überprüft und enthält heute 419 Güter, die 50% des Médoc-Weins produzieren (gegenüber 24% für die Crus Classés). Folgende Châteaus machen Wein von der Qualität der Grands Crus (oder nahe daran):

d'Angludet, Charmail, Chasse-Spleen, Citran, Haut-Marbuzet, Gloria, La Gurgue, Labégorce, Labégorce-Zédé, Lilian Ladouys, Marbuzet, Meyney, Monbrison, de Pez, Phélan-Ségur, Pibran, Potensac, Poujeaux, Siran, Sociando-Mallet, La Tour Haut-Caussan.

ROTE BORDEAUXWEINE

Die international geschätzten Sorten Cabernet Sauvignon und Merlot sind für ihre individuellen Aromen berühmt, weniger die Cabernet Franc. Die Reputation von Bordeaux beruht auf den drei Faktoren Klima, Boden und Rebsorte, wobei jeder Bereich die für sein Klima und seinen Boden am besten geeigneten Sorten verwendet, um harmonische, tiefe Weine mit Charakter zu erzeugen.

Cabernet Sauvignon

Diese spätreifende Sorte mit kleinen, sehr dunklen Beeren ergibt starkfarbige Weine mit intensivem Schwarze-Johannisbeer-Aroma und festen Tanninen, die altern müssen, um das Aroma abzurunden. Hauptsächlich in Médoc und Graves gepflanzt, mit deren Kiesboden sie sich besonders gut verträgt.

Cabernet Franc

Reift etwas früher als Cabernet Sauvignon und bringt Farbe, Aroma und üppige Frucht mit, wobei sie Finesse mit Alterungspotential vereint. Sehr erfolgreich in St-Émilion und wertvoller Bestandteil in der Cuvée von Médoc und Graves.

Merlot

Diese dunkle Sorte reift relativ früh, neigt aber zu schlechtem Fruchtansatz und in feuchten Jahren zu Fäule. Sie reift gut und ergibt weiche Weine, die jung trinkbar sind, aber auch gut altern. Merlot ist die meistgepflanzte Rebe, besonders im Libournais.

Geschmackscharakteristik

Roter Bordeaux, der berühmteste Tischwein der Welt, ist vor allen anderen Weinen durch seine »Bekömmlichkeit« ausgezeichnet. Ein roter Bordeaux ist nie schwer, selbst die robustesten Typen können zu jeder Gelegenheit getrunken werden. Junger Bordaux ist immer tief karminrot, er hat eine reife Beerenfrucht mit Nuancen von Holz – je nach *élevage* – und einen festen Abgang. Der gute natürliche Tanningehalt erlaubt auch sehr früh trinkbaren Weinen, gut zu altern.

Weinbereitung

Ein Weinmacher der Côte d'Or oder von der Rhône kann mit einer Ausrüstung, die sich von der seines Großvaters kaum unterscheidet, guten Wein machen, da kleine Mengen bei der Gärung leicht zu kontrollieren sind. Doch die Größe eines durchschnittlichen Guts im Bordelais, besonders bei den Crus Classés, macht bedeutende Investitionen im Keller nötig. Die Tradition wird zwar respektiert, dennoch verfügt das Bordelais über die modernsten Kellerausrüstungen der Welt, und es gibt kein Château ohne festen oder beratenden Önologen. Gegenwärtig verficht man den Gedanken, daß »guter Wein im Weinberg gemacht wird«, doch würde ein totales »Hände-weg-vom-Wein« natürlich nicht die besten Resultate zeitigen.

Der Einsatz von Eiche

In Bordeaux gibt es pro Hektar mehr kleine Eichenfässer als in irendeiner anderen europäischen Weinregion. Viele rote Bordeaux reifen ausschließlich im Tank (und können sehr erfreulich sein), doch ein klassischer Wein verbringt 1–2 Jahre in Barriques. Bei Premiers Crus und einigen der besten Zweiten sind sie jedes Jahr zu 100% neu, bei den anderen Crus Classés sinkt der Anteil kaum unter 50%. Die Reifung und die natürlichen Tannine im

GROSSE ROTE BORDEAUXWEINE

Oz Clarkes Auswahl

Ch. Margaux Der am schönsten gebaute, am herrlichsten duftende und zuverlässigste der ganz großen Weine des Médoc.

Ch. Cheval-Blanc Der Star von St-Émilion vereint üppige Frucht und mächtigen Duft, der die Sinne ebenso anregt wie den Geist.

Ch. Pétrus Zu Recht der Superstar aus dem Rennstall der Familie Moueix – reich, exotisch, verführerisch.

Ch. Pichon-Longueville-Comtesse-de-Lalande Brillanter, klassischer Pauillac mit weichem Herz, der beste unter den »Super-Deuxièmes«.

Ch. Léoville-Barton Zunächst ernst und zurückhaltend, dann entfaltet sich ein Schwarze-Johannisbeer- und Zedernaroma, von dem der Purist träumt.

Ch. Grand-Puy-Lacoste Zu tief eingestuftes Gut, das oft einen der exquisitesten Pauillacs macht.

Ch. Cos d'Estournel Ernster, doch angenehmer St-Estèphe, der den Charakter des Eigners Bruno Prats spiegelt.

Ch. Vieux-Château-Certan Weniger glamourös als die meisten Pomerols, aber gleichbleibend brillant in zurückhaltender, jedoch sehr schöner Art.

Ch. Angélus Ein neuer Star in St-Émilion mit Weinen von unwiderstehlich süßer Frucht und betörendem Duft.

Ch. Lynch-Bages Ein typischer, jedoch herrlich sinnlicher Pauillac, der zu einem strahlend süßen Schwarze-Johannisbeer- und Zedernaroma reift.

Ch. Gazin Seit der Übernahme durch Christian Moueix von Pétrus einer der faszinierendsten, eigenständigsten Weine aus Pomerol.

Ch. Rauzan-Ségla Ein großes Traditions-Château in Margaux, das seit den 1980er Jahren kontinuierlich besser wird.

Steven Spurriers Auswahl

Ch. Latour Der zuverlässigste der Premiers Crus von Pauillac mit tiefster Farbe und unvergleichlicher Struktur, braucht 10 Jahre Reife, um seine Qualitäten zu entwickeln.

Ch. Margaux Vielleicht der harmonischste Premier Cru, der die Vorzüge von Margaux – Finesse, Eleganz, Rasse – in höchstem Maße aufweist.

Ch. Cos d'Estournel Der beste St-Estèphe, lange Zeit der Standard des Premier Cru dank des Engagements von Bruno Prats und dank des hervorragenden Terroirs.

Ch. Ducru-Beaucaillou Der herausragende Weinberg liefert den besten Wein im Südteil von St-Julien, er vereint Üppigkeit mit eleganter Struktur.

Ch. Léoville-Barton Dieser Médoc Cru Classé, der lange in der Hand einer Familie war, hat sich seit Mitte der 1980er Jahre unter Anthony Barton zu grösseren Höhen aufgeschwungen.

Ch. Léoville-Las-Cases Das größte Gut in St-Julien macht einen der besten, langlebigsten klassischen roten Bordeaux.

Ch. Grand-Puy-Lacoste In den 1950er und 1960er Jahren für große Weine berühmt, hat dieses Château auch unter den Bories von Ducru-Beaucaillou seinen Ruf bewahrt.

Ch. Pichon Longueville Comtesse de Lalande Der samtigste, sinnlichste Wein von Pauillac.

Ch. Haut-Brion Dieses historische Gut macht Weine von großartiger süßer Frucht und Eleganz, bereits jung zugänglich, mit großer Fähigkeit zu altern.

Ch. Haut-Bailly Der köstlichste Rotwein im nördlichen Graves mit verführerischem Charme, der eine feste, doch nie harte Struktur überspielt.

Ch. Canon-La-Gaffelière Körperreicher, aber perfekt ausgeglichener St-Émilion, der verdiente, vom Grand Cru Classé zum Premier Grand Cru Classé befördert zu werden.

Ch. Vieux-Château-Certan Mit einem hohen Anteil an Cabernet macht dieses Gut den elegantesten und alterungsfähigsten Pomerol.

Wein werden durch Holz- und Vanille-Noten sowie durch den Röstton ergänzt und angereichert. Auf der Flasche entwickelt der Wein Weichheit, Struktur und Aroma.

Spitzenappellationen für roten Bordeaux

Canon-Fronsac, Fronsac, Graves, Haut-Médoc, Lalande-de-Pomerol, Listrac-Médoc, Margaux, Médoc, Moulis, Pauillac, Pessac-Léognan, Pomerol, St-Émilion, St-Estèphe, St-Julien.

TROCKENE WEISSE BORDEAUXWEINE

Die trockenen Weißweine des Bordelais machen etwa 15% der Gesamtproduktion aus, 1960 waren es noch 46%. Verursacht wurde der Rückgang durch schlechte Qualität und die steigende Nachfrage nach Rotwein. Am häufigsten gepflanzt wird Sémillon, besonders im Graves mit der besten Qualität. Sauvignon Blanc wird sortenrein für früh trinkbare Weine verwendet, wird aber überwiegend mit Sémillon verschnitten, um ihm Statur und Alterungspotential zu geben. In Süßweinbereichen (z.B. Barsac) wird auch dem trockenen Verschnitt etwas Muscadelle beigegeben. Die ertragreichen Ugni Blanc und Colombard können im einfachen Bordeaux Blanc enthalten sein, nie aber in einer guten Appellation.

Sémillon

Die Hauptsorte für süßen Bordeaux aufgrund ihrer Fähigkeit, natürlichen Zucker zurückzuhalten, und ihrer Anfälligkeit für Edelfäule. Sie wird wegen ihrer reifen, weichen Aromen auch für trockenen Wein geschätzt, besonders im Graves. Sie ist es, die die weißen Bordeaux, trocken oder süß, so wunderbar altern läßt.

Sauvignon Blanc

Eine extrem anpassungsfähige, früh reifende Sorte, die unter günstigen Bedingungen Edelfäule entwickelt. In trockenen Weinen ist sie für einen grasig-frischen Charakter verantwortlich. Es gibt auch ein wenig Sauvignon Gris, dessen Frucht etwas runder und weniger aggressiv ist.

Geschmackscharakteristik

Die Revolution beim weißen Bordeaux, die in den frühen 1970er Jahren begann, wird dem *négociant* Pierre Coste von Langon und seinem Önologen Denis Dubordieu zugeschrieben. Die Weine, die durch zuviel Alkohol und Säure aufgrund des Einsatzes von Schwefel unausgeglichen waren, wurden sauberer und harmonischer, da die Trauben ausgereift geerntet und in Edelstahltanks bei niedrigen Temperaturen vergoren werden. In jüngerer Zeit läßt man Weißwein wie in Burgund auch in Barriques vergären.

Sauvignon ergibt meist eine sehr helle Farbe, ein fruchtiges Aroma mit Noten von Gras und weißen Beeren sowie ein knackig-trockenes Finale. Sémillon vermittelt einen breiteren Geschmackseindruck mit weniger deutlicher Säure. In der Cuvée harmonieren die beiden ausgezeichnet, wobei der Sauvignon mit dem Alter gegenüber dem Sémillon zurücktritt. Auch aus reinem Sauvignon gibt es sehr erfolgreiche Weine wie Couhins-Lurton und Smith-Haut-Lafitte.

Weinbereitung

Im Bordelais sind weiße Rebsorten der Edelfäule mehr ausgesetzt als rote; zwar muß man volle Reife abwarten, bevor man erntet, aber die Trauben müssen auch gesund sein. Da nicht entrappt wird, muß der Preßdruck groß genug sein, um den Saft abzuscheiden, aber nicht so hoch, daß die Stiele zerquetscht werden.

Vor der Gärung spielen die Geräte eine größere Rolle als der Weinmacher, doch nach der Pressung darf der Saft nicht oxidieren, bevor er in Tanks oder Fässer gelangt. Im Tank wird bei 17–18 °C vergoren, um die Fruchtigkeit zu erhalten, die riskantere Faßgärung findet bei höheren Temperaturen statt und ergibt weichere, rundere Aromen.

Der Einsatz von Eiche

Nur die anspruchsvolleren trockenen weißen

GROSSE WEISSE BORDEAUXWEINE

Oz Clarkes Auswahl

Pavillon Blanc de Ch. Margaux Ein würdiger Partner des großen roten Ch. Margaux mit wunderbarer Textur und phantastischem Aroma von Aprikosen, Gewürzen und noch grünen Pfirsichen.

Ch. Laville-Haut-Brion Entwickelt sich langsam und ist jung schwierig zu bewerten. Altert zu königlich großartiger, dichter Struktur.

Ch. Smith-Haut-Lafitte Der führende moderne Typ des weißen Pessac-Léognan, in der Jugend aufregend köstliche Nektarinen-Passionsfrucht-Aromen, altert hervorragend.

Ch. de Fieuzal Kräftiger, duftreicher Charakter, voll von Pfirsichfrucht und verschwenderischem Aroma, so daß er fast süß erscheint (was er nicht ist).

Dom. de Chevalier Klassischer trockener Weißwein; zunächst schlank und abweisend, entwickelt er mit der Reife ein hochmütiges, jedoch unwiderstehliches Parfum.

Ch. Larrivet-Haut-Brion Ein zu niedrig eingestuftes Gut, das zuverlässig superbe Weine macht, jung mit Gras- und Kaffee-Duft, reif mit wunderbarem Aroma von gerösteten Nüssen und Sahne.

Ch. Couhins-Lurton Eine winzige Lage nur mit Sauvignon, die aufregend grasige Weine, mit neuer Eiche gewürzte Weine liefert.

Ch. La Tour-Martillac Ein gigantisches Gut, das als Inbegriff traditionellster Weinbereitung galt, doch die Moderni sierung hat den Weißwein zu einem der besten in Bordeaux gemacht.

Steven Spurriers Auswahl

Ch. Haut-Brion Hauptsächlich aus Sémillon, vereint er differenzierte Aromatik und Verfeinerung zu einem höchst eleganten Wein. Leider nur geringste Mengen!

Ch. Laville-Haut-Brion Aus 70 % Sémillon mit Sauvignon und ein wenig Muscadelle, ist dieser Wein beispielhaft durch Reichtum an Aromen, Struktur und gute Alterungsfähigkeit, im Gegensatz zum Stil des Haut-Brion.

Dom. de Chevalier Wenn auch vielleicht ohne die Brillanz des Haut-Brion oder die Üppigkeit des Laville-Haut-Brion, verfügt dieser Sauvignon-dominierte Wein über große Finesse und Komplexität. Reift langsam und sehr schön.

Ch. Smith-Haut-Lafitte Unter den neuen Eigentümern Florence und Daniel Cathiard macht das Gut einen der delikatesten, aufregendsten Weine des nördlichen Graves.

Ch. de Landiras Das brillante Weinmachertalent Peter Vinding Deer hat dieses kürzlich neu angepflanzte Gut den Crus Classés von Pessac-Léognan zur Seite gestellt.

Pavillon Blanc de Ch. Margaux Der Weißwein des Ch. Margaux ist zu 100 % aus Sauvignon gemacht, in der Jugend sehr hell und mit feinem floralem Aroma, sehr frisch und elegant, altert aber auch ausgezeichnet.

Clos Floridène Denis Dubordieu macht im südlichen Graves einen wirklich einzigartigen Wein: lebhaft, mit floralem Aroma und perfekt balanciert.

Ch. La Louvière Ein klassischer, fester Graves aus diesem Juwel von Château, das zum Cru Classé aufrücken sollte.

Bordeaux werden in Eiche vergoren, sie werden dann auch in Eiche ausgebaut. Das Streben nach Frische in den 1970er und 1980er Jahren ermutigte einige Châteaus, wie in Burgund durch häufige *bâtonnage* des jungen Weins (Aufrühren des Hefesatzes mit einem Stock) das Maximum aus ihm zu holen. Solche Weine profitieren von der Faßreifung, sie werden aber üblicherweise vor der nächsten Ernte abgefüllt. Vanille- und leicht oxidative Aromen vom Holz werden dem intensiven Röstcharakter mancher weißer Burgunder vorgezogen.

Spitzenappellationen für weißen Bordeaux

Entre-Deux-Mers, Graves, Pessac-Léognan.

SÜSSE BORDEAUXWEINE

Die süßen Weißweine des Bordelais, die *vins liquoreux*, kommen von Weinbergen am linken Ufer der Garonne im Graves, zwischen Podensac und Langon, sowie von den jenseits des Flusses gelegenen Hängen. Die besten und berühmtesten Appellationen sind Sauternes und Barsac, aber auch aus Loupiac und Ste-Croix-du-Mont, vom rechten Ufer, kommen sehr gute Weine ähnlichen Typs.

Geschmackscharakteristik

Die verwendeten Rebsorten sind Sémillon (in der Cuvée immer dominierend), Sauvignon und Muscadelle (mit kleinem Anteil, oft fehlend). Die Trauben werden so spät wie möglich geerntet, um größtmöglichen Zukkergehalt zu erreichen, wobei die natürliche Säure in den Trauben für das notwendige Gegengewicht sorgt.

Ein guter Süßwein sollte kräftig gefärbt sein, mit vollem Gelb in der Jugend (manche Barsacs sind eher zitronengelb), das sich mit der Reife zu Goldgelb und im Alter zu Bernstein wandelt. Die Nase sollte florale, honigartige und fruchtige Nuancen enthalten (am begehrtesten sind Nuancen reifer Pfirsiche), der Geschmack sollte üppig und verschwenderisch sein, honigartig und sauber, durch den natürlichen Säuregehalt jedoch nicht abstoßend klebrig.

Edelfäule

Das besondere Mesoklima der Region mit kühlen, nebligen Morgen während der Ernte, gefolgt von der Sonne, die die Feuchtigkeit auflöst, begünstigt und beschleunigt das Wachstum des Pilzes *Botrytis cinerea*, was als Edelfäule (frz. *pourriture noble*) bezeichnet wird. Dieser Pilz macht die Beerenhäute porös, wodurch sich der Wassergehalt reduziert, während Zucker und Extrakt angereichert werden. Wenn das Wetter zu feucht oder zu kalt ist (wie 1984, 87, 92), entwickelt sich die Botrytis nicht, und auch in guten Jahren tut sie das nicht gleichmäßig. Daher zieht sich die Ernte oft mehrere Wochen lang hin, während einzelne Trauben, sogar einzelne Beeren Fäule entwickeln. Wenn auch Morgennebel ausschlaggebend sind für die Edelfäule, so kann Regen die Sporen abwaschen und die Trauben wieder anschwellen lassen. Kein Wein in Bordeaux ist zur Erntezeit so großen Risiken unterworfen wie die Süßweine.

Weinbereitung

Auch die Bereitung von weißem Süßwein ist schwieriger als die von trockenem Weißwein oder von Rotwein, wo Restzucker weder benötigt noch gewünscht wird. Die Trauben, wenn möglich von Botrytis befallen, werden mit einem so hohen Zuckergehalt geerntet, daß ihn die Hefe nicht verarbeiten kann; die Gärung stoppt bei ca. 14–15% Alkohol. Der unvergorene Zucker macht den Wein süß, die konzentrierten, üppigen Aromen rühren vom Zustand der Trauben.

»Abkürzungen«, um höheren Zuckergehalt zu erreichen, entweder Chaptalisation (Zuckerzusatz vor der Gärung), die grundsätzlich illegal ist, oder der Einsatz von Schwefel zum Abbruch der Gärung, machen sich in mangelnder Balance bemerkbar. In guten Jahren sollte die Gärung so lange dauern wie von Natur aus möglich, was konstante Überwachung verlangt.

Der Einsatz von Eiche

Alle Châteaus, die besten Wein machen wollen, lassen den Süßwein in Eiche gären und reifen. Die Süße eines Sauternes ist so mächtig, daß er den gänzlichen Ausbau in neuer

GROSSE SÜSSE BORDEAUXWEINE

Oz Clarkes Auswahl

Ch. d'Yquem Sublim, komplex, absolut faszinierend und äußerst verführerisch, ein goldfarbenes, umwerfendes Maulvoll von einem Gut, das kompromißlos auf Qualität aus ist.

Ch Lafaurie-Peyraguey Herrlich balancierter und wunderbar üppiger Sauternes, mit neuer Eiche effektvoll gewürzt, aus einem Gut, das wieder zur Spitze vorstößt.

Ch. Climens Dieser feine Barsac ist nicht weniger reif und sinnlich wie seine Brüder, doch ist die großartig süße Frucht immer perfekt durch Säure ausgeglichen.

Ch. Rieussec Oft einer der mächtigsten, öligsten Sauternes mit dem Duft von Sandelholz.

Ch. Rayne-Vigneau Ein großes Sauternes-Gut, das mit sonnig-süßer Ambrosia nach langdauerndem Niedergang wieder aufsteigt.

Ch. Gilette Ein bemerkenswerter Sauternes, der nur voll ausgereift – manchmal 30 Jahre alt – auf den Markt kommt. Üppige Süße von Ananas mit Karamel und Orangenmarmelade.

Ch. de Fargues Das kleine Gut der Familie Lur-Saluces von d'Yquem, das mit dem gleichen Perfektionismus betrieben wird. Kann in Topjahrgängen die Üppigkeit des d'Yquem erreichen, wenn auch nicht dessen Parfum und Komplexität.

Ch. Doisy-Védrines Dieser Sauternes mit intensivem Fruchtaroma ist nicht einer der subtilsten, aber immer zuverlässig, und hat mir über die Jahre mehr Vergnügen bereitet als fast jeder andere (nicht zuletzt weil er immer noch erschwinglich ist).

Steven Spurriers Auswahl

Ch. d'Yquem Dieses legendäre Gut macht den besten Süßwein der Welt, Resultat eines einzigartigen Terroirs und äußerstem, detailgenauestem Engagement für Qualität.

Ch. Climens Der einzigartige Barsac zeichnet sich in der Jugend durch blasse Farbe und delikate Aromen aus, mit der Reife entwickelt er sich zu einem der üppigsten, komplexesten Weine Frankreichs.

Ch. La Tour-Blanche In der Klassifikation von 1855 nur dem d'Yquem unterlegen, steht dieses Gut mit seinen harmonischen honigsüßen Weinen wieder in der ersten Reihe der AC Sauternes.

Ch. Clos Haut-Peyraguey Ein kleines Sauternes-Gut, das elegante Weine von strahlend klarem Aroma und bemerkenswerter Feinheit macht.

Ch. Gilette Ein winziges Sauternes-Gut, das sich auf voll ausgereifte Weine spezialisiert hat, die manchmal 20 Jahre und älter sind. Die Abfüllung »Crème de Têtes« gehört zu den besten Sauternes.

Ch. Nairac Engagement im Weinberg (sehr niedrige Erträge) und im Keller (Einsatz neuer Eiche) resultieren in Weinen, die dieses Deuxième-Cru-Barsac-Gut zu den Premiers Crus aufschließen lassen.

Ch. Suduiraut Ein exzellentes Sauternes-Gut, dessen Weine – von einer der besten Lagen der Appellation – manchmal mit d'Yquem vergleichbar sind.

Ch. Coutet Meist früher reif und deutlicher floral geprägt als Ch. Climens, der einzige weitere Premier Cru Barsac. In den besten Jahren macht Coutet auch eine kleine Menge von köstlich dichtem Crème de Tête, eine Selektion der besten Fässer, mit dem Namen Cuvée Madame.

Eiche voll verdauen und nützen kann. Allerdings sind die Ernten für den Süßwein so prekär und die finanziellen Risiken so groß, daß nur eine Handvoll von Cru-Classé-Châteaus sich diese teure Ausrüstung leistet.

Auch wenn einmal ein Süßwein von den Vanille-Aromen und den Tanninen aus neuem Holz nicht profitieren kann, so ist der Kontakt mit ihm dennoch vorteilhaft; in Tanks vergorene und ausgebaute Süßweine erreichen nicht die Komplexität ihrer in Holz vinifizierten Brüder.

Spitzenappellationen für süßen Bordeaux

Barsac, Bordeaux-Haut-Benauge, Cadillac, Cérons, Côtes de Bordeaux St-Macaire, Loupiac, Ste-Croix-du-Mont, Sauternes.

BORDEAUX-APPELLATIONEN VON A BIS Z

BARSAC AC

Süßwein von Sand-Kies-Boden um Barsac, durchschnittlich 1,75 Mio. Flaschen im Jahr. Nur Sémillon, Sauvignon und Muscadelle dürfen verwendet werden, und sie werden im Zustand größter Reife geerntet, möglichst botrytisiert. Die Weine sind in der Jugend vollsüß, honigartig und köstlich und besitzen die natürliche Säure für eine zitronenartige Spitze. Barsac aus guten Jahrgängen kann 10–20 Jahre reifen.

Beste Erzeuger Broustet, CLIMENS, COUTET, Caillou, DOISY-DAËNE, DOISY-DUBROCA, DOISY-VÉDRINES, Gravas, Guiteronde-du-Hayot, Liot, du Mayne, de Myrat, NAIRAC, Padouen, Pernaud, Piada, de Rolland, Roumieu, Roumieu-Lacoste, St-Marc, Suau

Gute Jahrgänge 1997, 96, 95, 90, 89, 88, 86, 85, 83, 79, 78, 76, 75, 70, 67

BORDEAUX AC, BORDEAUX SUPÉRIEUR AC

Regionale Appellationen für rote, trockene weiße und Roséweine aus den klassischen Bordeaux-Rebsorten. Ein großer Teil ist nur von durchschnittlicher Qualität, doch strebt man besonders beim Supérieur nach Besserem. Die Weiß- und Roséweine sollten im Jahr nach der Ernte getrunken werden, die roten sind nach 2–5 Jahren gut.

Beste Erzeuger Die *négociants* in Bordeaux haben einige bekannte Marken etabliert, die beste ist Sirius von Sichel & Cie. Diese Weine sind zuverlässig, doch sind Gutsabfüllungen im allgemeinen besser.

Gute Jahrgänge 1996, 95, 94, 90

BORDEAUX-HAUT-BENAUGE, CADILLAC, CÔTES DE BORDEAUX ST-MACAIRE, GRAVES DE VAYRES, STE-FOY-BORDEAUX ACs

Süße und halbsüße Weine der Region Entre-Deux-Mers aus Sémillon, Sauvignon und Muscadelle. Sie sind angenehm, weniger intensiv als Loupiac und Ste-Croix-du-Mont und relativ jung zu trinken; doch viele Erzeuger machen lieber trockene Weine.

Beste Erzeuger Toutigeac, Pichon-Bellevue

Gute Jahrgänge 1996, 95, 90, 89, 88, 86

CANON-FRONSAC, FRONSAC ACs

Der Rotwein aus der Landschaft des Fronsadais war einmal bekannter als der benachbarte Pomerol. Fronsac umfaßt die unteren Hangteile, die kleinere Appellation Canon-Fronsac liegt höher. Merlot und Cabernet Franc sind die Hauptrebsorten, Cabernet Sauvignon und Malbec werden für Balance und Farbe verwendet. Die Weine sind jung im allgemeinen körperreich und fest und brauchen 4–5 Jahre, um weicher zu werden. Sie reifen ebenso gut wie St-Émilion und Médoc. Fronsac ist ein wenig leichter und weniger dicht als Canon-Fronsac und früher trinkbar; er erreicht den Höhepunkt in weniger als 10 Jahren.

Beste Erzeuger Canon-Fronsac: Barrabaque, Canon-Moueix, Canon de Brem, Cassagne-Haut-Canon, Coustolle, La Fleur-Cailleau, du Gaby, du Gazin, Grand Renouil, Haut-Ballet, Haut-Mazeris, Junayme, Mazeris, Moulin-Pey-Labrie, Pichelebre, Toumalin, Vrai-Canon-Bouché; Fronsac: de Carles, Dalem, La Dauphine, FONTENIL, La Grave, Jeandeman, Mayne-Vieil, Moulin-Haut-Laroque, La Rivière, Rouet, La Valade, La Vieille Cure, Villars

Gute Jahrgänge 1997, 96, 95, 94, 90, 89, 88, 86, 85, 82, 78

CÉRONS AC

Süße und halbsüße Weine aus einem kleinen Gebiet innerhalb der AC Graves. In jüngster Zeit sank die Menge zugunsten eines trockenen Weins, der als Cérons Sec oder Graves verkauft wird. Ein klassischer Cérons ist weniger üppig und rund als ein Barsac oder Sauternes, jedoch fruchtig und honigartig mit angenehmer Säure, und jung trinkbar.

Beste Erzeuger D'Archambeau, Grand Enclos du Château de Cérons, Haura, Mayne-Binet

Gute Jahrgänge 1997, 96, 95, 90, 89, 88

CÔTES DE BOURG AC

Fast ausschließlich Rotwein von 3670 ha am rechten Gironde-Ufer gegenüber dem Haut-Médoc. Die Weine besitzen mehr Tiefe, Farbe und Charakter als die der benachbarten Côtes de Blaye und können massiv oder elegant sein. Die leichteren Weine können mit 2–3 Jahren getrunken werden, die besseren halten sich demgegenüber mindestens zweimal so lang.

Beste Erzeuger De Barbe, Brulesécaille, Falfas, de la Grave, Guerry, Guionne, Lidonne, Mendoca, ROC DE CAMBES, Rousset, Tayac

Gute Jahrgänge 1996, 95, 90, 89, 88

CÔTES DE CASTILLON AC

Rotweingebiet östlich von St-Émilion mit einer jährlichen Produktion von 20 Mio. Flaschen. Die besseren Weine sind tieffarben und von intensiver Frucht, besser als geringere St-Émilions, aber deutlich preisgünstiger. Die auf Merlot beruhende Fruchtigkeit macht sie jung trinkbar, doch sind sie mit 5–6 Jahren am besten.

Beste Erzeuger D'Aiguilhe, de Belcier, Brehat, Cap de Faugères, Côte Montpezat, de Clotte, Moulin-Rouge, de Pitray, de Palanquey, Lacoste, Poupille, Robin

Gute Jahrgänge 1996, 95, 94, 90, 89, 88

CÔTES DE FRANCS AC

Dieses überwiegende Rotweingebiet, das vor 10 Jahren fast unbekannt war, macht große Fortschritte. Die Weine sind aufgrund größerer Höhe und der Kalkböden etwas weicher und eleganter als Côtes de Castillon. Sie sind nach 4–5 Jahren trinkreif und halten sich für ca. 10 Jahre.

Beste Erzeuger De Francs, Puygueraud, Laclaverie, Marsau, La Prade

Gute Jahrgänge 1996, 95, 94, 90, 89, 88

ENTRE-DEUX-MERS AC

Aus dem Gebiet zwischen Garonne und Dordogne (den »beiden Meeren«) kommt ausschließlich Weißwein. Sauvignon Blanc überwiegt vor Sémillon, produziert werden 15 Mio. Flaschen fruchtiger Weißwein mit floralem Bukett, der zu den in der Gegend gezüchteten Muscheln perfekt paßt. Die Sauvignon-basierten Weine sollten jung getrunken werden, die mit mehr Sémillon können 2–3 Jahre alt werden. Es gibt eine kleine Enklave, Entre-Deux-Mers-Haut-Benauge, deren Weine trocken oder halbsüß sind; einziger nennenswerter Erzeuger ist Ch. Toutigeac.

Beste Erzeuger Bonnet, Canet, Thieuley, Tour de Mirambeau, Turcaud

Gute Jahrgänge 1996, 95, 94

GRAVES AC

Die große Region Graves reicht vom Südende des Médoc an der Jalle de Blanquefort bis südlich von Langon, wo sie die Süßwein-Appellationen Barsac, Sauternes und Cérons einschließt. Benannt ist sie nach dem Boden: Kies *(graves)* auf einer mit etwas Lehm durchsetzten Sand-Unterlage; die Rebflächen sind allgemein flach, jedoch gut entwässert. Die Fläche ist etwa so groß wie das Médoc, doch wurden viele Weinberge in der Nähe von Bordeaux inzwischen überbaut. Der Nordteil des Graves hat seine eigene prestigeträchtige AC Pessac-Léognan.

Die Appellation Graves umfaßt heute das Zentrum und den Süden der Region südlich von Léognan und ist die einzige Bordeaux-AC für Weiß- und Rotweine. In jüngster Zeit hat die Produktion von Rotwein die von Weißwein überholt, und sie wächst weiterhin. Die meisten guten Weine im Graves kommen unzweifelhaft aus Pessac-Léognan, doch gibt es einige ausgezeichnete nichtklassi-

fizierte Weine aus dem Gemeinden Portets, Podensac, Illats, Langon und St-Pierre-de-Mons, die den Médoc Crus Bourgeois ebenbürtig sein können.
Die Rotweine enthalten gegenüber Cabernet Sauvignon mehr Merlot als die Weine von Pessac-Léognan. Daher weisen sie eine weichere Frucht auf, die sie jung sehr attraktiv macht; mit 6 Jahren sind sie wohl auf dem Höhepunkt. Die Weißen, die von Sémillon dominiert werden, sind in den letzten Jahren beträchtlich besser geworden, wobei viele Châteaus in Holz gären lassen und ausbauen. Die meisten Weine sind allerdings noch »holzfrei« und jung am besten.
Beste Erzeuger D'Archambeau, d'Ardennes, d'Arricaud, Cabannieux, de Cardaillon, Cazebonne, de Chantegrive, Chicane, Duc d'Arnauton, Ferrande, Clos Floridène, de Landiras, Magence, Mayne-Levêque, Millet, Rahoul, de Respide, Respide-Medeville, Roquetaillade La Grange, du Seuil, Toumilon, Tourteau-Chollet
Gute Jahrgänge 1997, 96, 95, 94, 90, 89, 86, 85, 82

HAUT-MÉDOC AC

Der Name bedeutet »oberes Médoc« hinsichtlich der Qualität, nicht der Höhe. Der Bereich mit 4200 ha Rebfläche verläuft vom Médoc bis zum Stadtrand von Bordeaux bei Blanquefort. 25 Mio. Flaschen, ausschließlich Rotwein, werden im Jahr produziert. Es gibt 5 Crus Classés und 140 Crus Bourgeois. Der Weintyp ist dem Médoc ähnlich, besitzt aber mehr Komplexität und Länge. Cabernet Sauvignon mit seiner festen Art herrscht vor, wird aber für größere Weichheit zunehmend mit Merlot verschnitten. Die Gemeinden nahe der Mündung, deren Boden mehr Kies enthält – Blanquefort, Parempuyre, Ludon, Macau, Arcins, Lamarque, Cussac und St-Seurin-de-Cadourne – produzieren finessereichere Weine als die im Binnenland – Le Taillan, Le-Pian-de-Médoc, Avenson, St-Lambert, St-Sauveur, Cissac und Vertheuil.
Die Weine sollten mit 5–12 Jahren getrunken werden, die besten Vertreter guter Jahrgänge können doppelt so alt werden.
Beste Erzeuger D'Agassac, d'Arche, d'Arcins, Arnauld, Barreyres, Beaumont, BELGRAVE, Le Bourdieu Vertheuil, du Breuil, de Camensac, CANTEMERLE, Caronne-St-Gemme, Cahrmail, Cissac, CITRAN, COUFRAN, Dillon, Grand-Moulin, Hanteillan, Hourtin-Ducasse, LA LAGUNE, Lamarque, Lanessan, Larose-Trintaudon, Lestage-Simon, Liversan, Ludon-Pomies-Agassac, Malescasse, de Malleret, Maucamps, Peyrabon, Pierbone, Ramage-la-Batisse, de Raux, Ségur, Senéjac, SOCIANDO-MALLET, de Taillan, LA TOUR-CARNET, La Tour du Haut Moulin, Touteran, Verdignan, Villegeorge
Gute Jahrgänge 1997, 96, 95, 94, 90, 89, 88, 86, 85, 83, 82

LALANDE-DE-POMEROL AC

Rotwein aus dem Gebiet nördlich von Pomerol. Die besten Weinen kommen aus der Gemeinde Néac. Die Rebflächen sind eben, ihr Kiesboden ist mit Lehm oder Sand durchsetzt. Merlot dominiert wie in Pomerol, und die Weine sind ähnlich tieffarben und ziemlich rund; doch sind sie etwas schlanker und brauchen mehr Zeit in der Flasche. Die besseren Weine erreichen mit 6–8 Jahren den Höhepunkt.
Beste Erzeuger La Croix-St-André, Garraud, Grand Ormeau, Siaurac, Tournefeuille, de Viaud
Gute Jahrgänge 1996, 95, 94, 90, 89, 88, 85, 82

LISTRAC-MÉDOC AC

Die 670 ha Rebfläche von Listrac nehmen die höchsten Teile des Médoc (maximal 43 m Höhe) nordwestlich von Margaux ein. Der Kiesboden liegt auf einem Kalkkreide-Unterboden, der tiefe Farbe und muskulöse Festigkeit fördert. Die guten Châteaus setzen zunehmend Eichenfässer ein, was die recht schlanken Weine geschmeidiger macht. Am besten sind sie mit 4–10 Jahren.

Beste Erzeuger Le Bécade, Cap-Léon-Veyrin, Clarke (Rothschild), Ducluzeau, Fonréaud, Fourcas-Dupré, Fourcas-Hosten, Gobinaud, Lestage, Saransot-Dupré

Gute Jahrgänge 1997, 96, 95, 90, 89, 88, 85

LOUPIAC AC

Süßwein aus dem Gebiet zwischen Cadillac und Ste-Croix-du-Mont am rechten Garonne-Ufer. Sémillon, Sauvignon und Muscadelle werden spät gelesen, um üppigen, honigartigen Wein zu erhalten. Er kann jung getrunken werden, aber auch 10 Jahre und mehr reifen.

Beste Erzeuger Clos Jean, du Cros, Loupiac-Gaudiet, Mazarin, du Noble, de Ricaud

Gute Jahrgänge 1997, 96, 95, 90, 89, 88

MARGAUX AC

Rotwein aus 5 Gemeinden (Margaux, Cantenac, Labarde, Arsac, Soussans) im südlichen Médoc mit 1350 ha Rebfläche und einer Durchschnittsproduktion von 1,6 Mio. Flaschen. Der gegenüber dem nördlichen Médoc leichtere und feinere Boden enthält sehr viel Kies. Margaux-Weine besitzen Finesse und Eleganz, zu denen eine leuchtende intensive Farbe, komplexe Aromatik und gute Alterungsfähigkeit kommen. Es gibt 21 Crus Classés, mehr als in den anderen Médoc-Gemeinden, mit 69% der Rebfläche, sowie 25 Crus Bourgeois mit weiteren 25%. Die Weine sind mit 4–5 Jahren trinkbar, enthüllen ihre Vielschichtigkeit aber erst nach 10 Jahren und mehr.

Beste Erzeuger ANGLUDET, d'Arsac, Bel-Air-Marquis-d'Aligre, Boyd-Cantenac, BRANE-CANTENAC, CANTENAC-BROWN, Charmant, DAUZAC, DESMIRAIL, DURFORT-VIVENS, FERRIÈRE, GISCOURS, La Gurgue, D'ISSAN, KIRWAN, LABÉGORCE, LABÉGORCE-ZÉDÉ, LASCOMBES, MALÉSCOT-ST-EXUPÉRY, MARGAUX, Marquis-d'Alesme-Becker, MARQUIS DE TERME, Martinens, MONBRISON, Montbrun, PALMER, Paveil de Luze, Pontac-Lynch, Pouget, PRIEURÉ-LICHINE, RAUZAN-SÉGLA, RAUZAN-GASSIES, SIRAN, Tayac, DU TERTRE, La Tour de Mons

Gute Jahrgänge 1997, 96, 95, 94, 90, 89, 88, 86, 85, 83, 82

MÉDOC AC

Rotwein aus dem Nordteil der Médoc-Halbinsel, wo die Böden aus Kies mit Lehm und Kalk bestehen. Ein Médoc sollte ein schönes Rubinrot sowie ein Bukett roter Früchte – oft mit einem Holzton – und am Gaumen konzentrierte Frucht zeigen. Jung kann er hart sein, jedoch mit sauberem, erfrischendem Nachhall. Am besten mit 3–10 Jahren, kann aber auch länger reifen. Es gibt keinen

DER KAUF EN PRIMEUR

Die Mehrzahl der 100 Top-Châteaus im Bordelais verkaufen große Teile ihrer Produktion *en primeur*, also im Frühjahr nach der Ernte. Es gilt die Regel, daß die *négociants* auch in weniger guten Jahren kaufen – wobei sie Geld verlieren können –, um für gute Jahre, wenn die Nachfrage das Angebot weit übersteigt, den »Platz« bei diesem oder jenem Château zu behalten. Die Spitzen-Bordeaux gehören zu den wenigen Weinen in der Welt, die wie Waren gehandelt werden.
Die große Menge erleichtert diesen Handel, doch ist es die Qualitätsgarantie der Gutsabfüllung, auf der der Markt aufbaut. Die letzten zwanzig Jahre haben gezeigt, daß große Weine eine gute Investition sein können. Geeignet sind jedoch nur Weine aus guten Jahrgängen mit gutem Alterungspotential; je besser der Jahrgang und je älter der Wein, desto höher wird sein Wert steigen. Das Problem beim Kauf *en primeur* ist, daß eine wirtschaftliche Situation, die die Nachfrage anheizt, auch schnell in Rezession umschlagen kann. Egal wie gut der Jahrgang ist, Wein ist keine krisensichere Anlage.

Cru Classé, aber 127 Crus Bourgeois.
Beste Erzeuger Bellerive, Bellevue, Blaignan, Le Bosq, Bournac, La Cardonne, du Castéra, Greysac, Haut-Canteloup, Haut-Rive, Laujac, Lavallière, Loudenne, du Monthil, Les Ormes-Sorbet, Patache d'Aux, POTENSAC, Rollan de By, St-Bonnet, Sestignan, Sigognac, La Tour de By, La Tour-Haut-Caussan, La Tour-St-Bonnet, Vieux-Ch-Landon
Gute Jahrgänge 1996, 95, 90, 89, 88, 86, 85, 82

MOULIS-EN-MÉDOC AC

Mit 600 ha Rebfläche ist Moulis die kleinste Haut-Médoc-Gemeinde, zwischen Margaux und St-Julien etwas abseits der Gironde gelegen. Ihre Weine werden oft mit dem benachbarten Listrac verglichen, besitzen jedoch eine samtige Textur und geschmeidige Frucht, die Listrac fehlt. Es gibt 31 Crus Bourgeois in Moulis, die 92% der Rebfläche darstellen; die besten erreichen Cru-Classé-Qualität. Ein Moulis kann mit 3–4 Jahren getrunken werden, gute Jahrgänge können nach 12–15 Jahre älter werden.
Beste Erzeuger Bel-Air Lagrave,Biston-Brillette, Branas-Grand-Poujeaux, Brillette, CHASSE-SPLEEN, Duplessis-Fabre, Dutruch-Grand-Poujeaux, Gressier-Grand-Poujeaux, MAUCAILLOU, Mauvezin, Moulin-à-Vent, POUJEAUX
Gute Jahrgänge 1996, 95, 94, 90, 89, 88, 86, 85, 83

PAUILLAC AC

Mit 1200 ha Rebflächen ist Pauillac eine einzigartige Gemeinde mit 3 Premiers Crus Classés (Latour, Lafite-Rothschild, Mouton-Rothschild) und 15 anderen Crus Classés, die 84% der Weinberge ausmachen. Die 16 Crus Bourgeois umfassen weitere 8%. Der Pauillac gilt als der klassische Médoc-Wein, der jung verschlossen ist, jedoch nach 6–10 Jahren ein intensives Aroma entwickelt, das weitere 20–30 Jahre erhalten bleiben kann. Mit sehr wenigen Ausnahmen werden diese Weine hauptsächlich aus Cabernet Sauvignon gemacht.
Beste Erzeuger D'ARMAILHAC, BATAILLEY, La Bécasse, CLERC-MILON, La Couronne, Croizet-Bages, DUHART-MILON-ROTHSCHILD, La Fleur-Milon, FONBADET, GRAND-PUY- DUCASSE, GRAND-PUY-LACOSTE, HAUT-BAGES-LIBÉRAL, HAUT-BATAILLEY, LAFITE-ROTSCHILD, LALATOUR, LYNCH-BAGES, Lynch-Moussas, MOUTON-ROTSCHILD, *Pedesclaux*, PIBRAN, PICHON-LONGUEVILLE-BARON-DE-LONGUEVILLE,PICHON-LONGUEVILLE-COMTESSE-DE-LA-LANDE, PONTET CANET, La Tour-Pibran
Gute Jahrgänge 1997, 96, 95, 94, 90, 89, 88, 86, 85, 83, 82, 79, 78

PESSAC-LÉOGNAN AC

Die Appellation wurde 1987 geschaffen, um die traditionell hohe Qualität der Weine aus dem nördlichen Graves (Pessac, Léognan, Martillac) anzuerkennen, und umfaßt 910 ha. Die Rotweine sind den besseren Médocs sehr ähnlich, besitzen jedoch ein floraleres Bukett, das der intensiven Frucht Charme verleiht. Sie können mit 3 Jahren getrunken werden und erreichen nach 10 Jahren ihren Höhepunkt; die besten Exemplare können doppelt so alt werden.

Die Weißweine gehören zu den besten trockenen Bordeaux. In den letzten Jahren haben sie an Tiefe gewonnen, teils aufgrund der Gärung in kleinen Eichenfässern. Sie besitzen ein florales, fruchtiges Bukett, oft mit kräftigem Kräuteraroma und einem Hauch Vanille vom Holz. Zwar sind sie schon bald nach der Abfüllung trinkbar, doch hat der Sémillon ein gutes Reifungspotential, weshalb die Weine sehr langlebig sind.

Die Crus Classés (siehe S. 27) liegen alle im Nordteil der Appellation. Die Rebflächen der berühmtesten Weine, Haut-Brion, La Mission-Haut-Brion und Pape- Clément (in den Gemeinden Pessac und Talence), liegen in den Vororten von Bordeaux und verfügen über ein milderes Klima. 6 der 14 Crus Classés sind in Léognan zu finden.

Beste Erzeuger BOUSCAUT, Brown, CARBONNIEUX, Les Carmes-Haut-Brion, Dom. de CHEVALIER, Couhins, COUHINS-LURTON, de Cruzeau, Ferran, DE FIEUZAL, de France, La Garde, HAUT-BAILLY, Haut-Bergey, HAUT-BRION, Haut-Gardère, LARRIVET-HAUT-BRION, LAVILLE- HAUT- BRION, LA LOUVIÈRE, MALARTIC-LAGRAVIÈRE, LA MISSION-HAUT-BRION, OLIVIER, PAPE-CLÉMENT, Pique-Caillou, Rochmorin, Le Sartre, SMITH-HAUT-LAFITTE, LA TOUR-HAUT-BRION, La Tour-Léognan, LA TOUR-MARTILLAC

Gute Jahrgänge 1997, 96, 95, 94, 90, 89, 88, 86, 85, 83, 82, 79, 78, 70

POMEROL AC

Pomerol ist die kleinste der herausragenden Bordeaux-ACs mit nur 783 ha Rebfläche und produziert 5 Mio. Flaschen Rotwein im Jahr. Sie ist auch die am meisten zersplitterte mit 185 Eigentümern, von denen ein Drittel weniger als 1 ha besitzt. Der Boden ist für den Weinbau perfekt geeignet: Kiesel, Feuerstein und Lehm gemischt mit Sand auf einem Unterboden aus eisenhaltigem Ton *(crasse de fer)*, wobei das Eisen dem Pomerol die besondere Fülle verleiht. Die dominierende, manchmal ausschließlich angepflanzte Traube ist Merlot, daneben gibt es etwas Cabernet Franc.

Ein guter Pomerol verfügt über eine tiefe, samtige Färbung und einen festen Körper, dessen Weichheit und Feinheit ihn bereits mit 2–3 Jahren trinkbar macht, dessen Extraktreichtum aber auch eine Reifung über 10 Jahre und mehr ermöglicht.

In Pomerol gibt es keine Klassifikation. Pétrus ist als eine Art »Premier Grand Cru Classé A« (wie im benachbarten St-Émilion) anerkannt, und mindestes ein halbes Dutzend weiterer Châteaus gilt als »Premiers Grands Crus Classés B«.

Beste Erzeuger Beauregard, de Poisset, LE BON PASTEUR, Bonalgue, Certan-Giraud, CERTAN-DE-MAY, CLINET, Clos du Clocher, Clos de l'Eglise, Clos René, LA CONSEILLANTE, La Croix, Croix-du-Casse, LA CROIX DE GAY, L'ÉGLISE-CLINET, L'Enclos, L'ÉVANGILE, Feytit-Clinet, La Fleur-Gazin, LA FLEUR-PÉTRUS, Le Gay, GAZIN, La Grave-Trignant, Guillot Clauzel, Haut-Tropchaud, LAFLEUR, Lagrange, LATOUR-À-POMEROL, Moulinet, NENIN, PETIT-VILLAGE, PÉTRUS, LE PIN, Plince, LA POINTE, Rouget, de Sales, TROTANOY, VIEUX CH. CERTAN, La Violette, La Vraye

Gute Jahrgänge 1996, 95, 94, 90, 89, 88, 86, 85, 82, 79, 78, 70

PREMIÈRES CÔTES DE BLAYE AC

Überwiegend Rotwein von 4000 ha Rebfläche am rechten Ufer der Gironde, gegenüber dem Nordteil des Médoc. Merlot, die 70% der Erntemenge ausmacht, ergibt Weine mit kräftiger Farbe und Frucht, denen der Kalkboden einen Hauch Eleganz mitgibt. Am besten innerhalb 5 Jahren zu trinken.

Beste Erzeuger Bertinerie, Bourdieu, Charron, Crusquet-la-Lagarche, L'Escadre, Jonqueyres, Peyreyre, Segonzac, Sociondo.

Gute Jahrgänge 1996, 95, 94, 90, 89, 88

PREMIÈRES CÔTES DE BORDEAUX AC

Die Appellation, die 3700 ha entlang dem rechten Garonne-Ufer von den Vororten von Bordeaux südlich bis Cadillac umfaßt, war einst für halbsüße Weine bekannt, doch erzielte man in jüngerer Zeit gute Fortschritte mit saftigem Rotwein. Die trockenen Weißweine verwenden die Appellation Bordeaux. Hauptrebsorten sind (Merlot (rot) und Sémillon (weiß). Die Rotweine sind rund und sehr fruchtig, ihren Höhepunkt erreichen sie mit 5–6 Jahren.

Beste Erzeuger Brethous, Cayla, de Chelivette, de la Closière, Fayau, Lagarosse, Lézongars, de la Meulière, Nenine, du Peyrat, Plaisance, Reynon, Suau

Gute Jahrgänge 1996, 95, 94, 90, 89, 88

SAUTERNES AC

Vollsüßer Wein von 1583 ha Rebfläche zwischen Barsac und Langon. Die Trauben werden geerntet, wenn der Zuckergehalt sein Maximum erreicht hat, möglichst von Edelfäule befallen.

Die AC umfaßt 5 Gemeinden: Barsac (meist unter eigener AC oder als Barsac-Sauternes verkauft), Bommes, Fargues, Preignac, Sauternes. Diese unglaublich üppigen, intensiven, honigwürzigen, eleganten Weine sind v. a. durch die Crus Classés bekannt. Selbst in guten Jahren ist die Produktion gering, nur ein Drittel des Hektarertrags in Médoc oder Graves.

Sauternes kann jung aufgrund seiner Fruchtigkeit getrunken werden, die an Pfirsiche und Aprikosen erinnert, doch sollten die besseren Jahrgänge ein Jahrzehnt reifen, die besten halten sich ein halbes Jahrhundert und länger.

Beste Erzeuger D'Arche, d'Arche-Pugneau, BASTOR-LAMONTAGNE, de la Chartreuse, CLOS HAUT-PEYRAGUEY, DE FARGUES, FILHOT, GILETTE, GUIRAUD, Les Justices, LAFAURIE-PEYRAGUEY, Lamothe, LAMOTHE- GUIGNARD, DE MALLE, RABAUD-PROMIS, RAYMOND-LAFON, RAYNE-VIGNEAU, RIEUSSEC, Romer de Hayot, ST-AMAND, SIGALAS-RABAUD, SUDUIRAUT, LA TOUR BLANCHE, D'YQUEM

Gute Jahrgänge 1997, 96, 95, 90, 89, 88, 86, 85, 83, 79, 78, 76, 70, 67

ST-ÉMILION AC

Ausschließlich Rotwein kommt aus der bei weitem größten Qualitätsappellation des Bordelais mit fast 5500 ha Rebfläche, nicht gerechnet die 3800 ha der »Satelliten« von St-Émilion im Nordosten.

Haupttraube ist Merlot, den Rest teilen sich Cabernet Franc, Cabernet Sauvignon und Malbec, die hier Pressac heißt. Merlot gibt den Weinen Fülle und Geschmeidigkeit im Kontrast zur eher festen Intensität der Cabernet-Sauvignon-Weine des Médoc. Sie können mit 3–4 Jahren genossen werden, die besseren Weine gewinnen bei bis zu 20jähriger Reifung.

St-Émilion weist aufgrund unterschiedlicher Böden zwei Typen auf: Die »Graves«-Zone mit Sand-Kies-Böden, im Anschluß an Pomerol, liefert Weine mit ausgeprägtem Bukett und reifer, fast süß erscheinender Frucht; die »Côtes«-Zone, gewellte lehmhaltige Böden mit Kalkbasis, ergibt festere, sehr dicht texturierte Weine, die langsamer reifen. Bei fast 40 Mio. Flaschen pro Jahr sind große qualitative Unterschiede zu verzeichnen.

Beste Erzeuger ANGÉLUS, AUSONE, BEAUSÉJOUR, BEAUSÉJOUR-BÉCOT, BEL-AIR, CANON, CANON-LA-GAFFELIÈRE, CHEVAL-BLANC, CLOS FOURTET, CLOS DE L'ORATOIRE, LA DOMINIQUE, FIGEAC, FRANC-MAYNE, LA GAFFELIÈRE, GRAND MAYNE, LARCIS-DUCASSE, LARMANDE, MAGDELAINE, MONBOUSQUET, PAVIE, PAVIE-DECESSE, PAVIE-MACQUIN, SOUTARD, LE TERTRE-RÔTEBŒUF, TROPLONG-MONDOT, TROTTEVIEILLE, DE VALANDRAUD; außerdem Bellefond- Belcier, Carteau-Côtes-Daugay, Cormeil-Figeac, La Couspaude, Destieux-Dauriac, Faugères, Ferrand-Lartigue, Fleur Cardinale, La Fleur de Jauge, La Fleur Pourret, La Gomerie, Grand Corbin Manuel, Haut-Segottes, Laroque, La Mondotte, Montlabert, Moulin St-Georges, Peyraud, Simard, Teyssier, Vieux Sarpe

Gute Jahrgänge 1996, 95, 94, 90, 89, 88, 86, 85, 82, 79, 78, 70

SATELLITEN VON ST-ÉMILION

Vier Orte nördlich von St-Émilion – Lussac,

Montagne, Puisseguin und St-Georges – dürfen diese Appellation verwenden, die aus dem Gemeindenamen und dem Namen St-Émilion zusammengesetzt ist. Im allgemeinen sind die Weine leichter strukturiert als ein typischer St-Émilion und mit 2–3 Jahren trinkbar, die besseren sind der St-Émilion AC sicher gleichwertig.

Beste Erzeuger Lussac: Bel-Air, Haut-Milon, de Lussac, Lyonnat, Mayne-Blanc; Montagne: Calon, Corbin, Faizeau, Montaiguillon, Plaisance, Roudier, Vieux Ch. St-André; Puisseguin: Branda, Bel-Air, Guibeau, Roc de Boissac; St-Georges: Calon, La Croix-St-Georges, St-Georges, Tour du Pas St-Georges

Gute Jahrgänge 1996, 95, 94, 90, 89

ST-ESTÈPHE AC

Die größte der Gemeinde-Appellationen des Médoc hat 5 Crus Classés mit 20% der Rebfläche und 43 Crus Bourgeois mit weiteren 54%. Der Boden enthält mehr Sand und Lehm als im benachbarten Pauillac, die Weine sind fleischiger, oft auch robuster als die aus dem südlichen Médoc, immer mit kräftiger Farbe und gutem Alterungspotential, allerdings sind sie auch schon mit 4–5 Jahren genießbar.

Beste Erzeuger Beau-Site, CALON-SÉGUR, Capbern-Gasqueton, Chambert-Marbuzet, COS D'ESTOURNEL, COS LABORY, Le Crock, HAUT-BEAUSÉJOUR, HAUT-MARBUZET, Houissant, Laffitte-Carcasset, LAFON-ROCHET, Lavillotte, LILIAN-LADOUYS, MacCarthy, MARBUZET, Meyney, MONTROSE, Les Ormes de Pez, DE PEZ, PHÉLAN-SÉGUR, Pomys, Tronquoy-Lalande

Gute Jahrgänge 1997, 96, 95, 94, 90, 89, 88, 86, 85, 83, 82, 78, 75

ST-JULIEN AC

St-Julien verfügt nur über 11 Crus Classés, aber dies sind alles bedeutende Güter, die 80% der 910 ha Rebfläche in Besitz haben; die 8 Crus Bourgeois machen weitere 16% aus. Der Boden ist derselbe leichte Kies wie in Margaux, aber tiefgründiger und mit mehr Lehm; dementsprechend sind die Weine körperreicher, mit tiefer, samtiger Farbe, großzügigem Zedernholz-Beeren-Bukett und intensivem, lang anhaltendem Aroma. Sie können mit 4–5 Jahren genossen werden, doch das vielschichtige Aroma und die feinen Tannine machen eine 10–20jährige Entwicklung möglich.

Beste Erzeuger BEYCHEVELLE, BRANAIRE, La Bridane, DUCRU-BEAUCAILLOU, GLORIA, GRUAUD-LA- ROSE, Hortevie, LAGRANGE, Lalande- Borie, LANGOA-BARTON, LÉOVILLE-BARTON, LÉOVILLE- LAS- CASES, LÉOVILLE-POYFERRÉ, Moulin de la Rose, St-Pierre, TALBOT, Terrey-Gros-Caillou

Gute Jahrgänge 1997, 96, 95, 94, 90, 89, 88, 86, 85, 83, 82, 79, 78

STE-CROIX-DU-MONT AC

Süßwein von 465 ha Rebhängen am rechten Ufer der Garonne gegenüber von Sauternes. Die Erträge sind höher als dort, und es werden ca. 2 Mio. Flaschen im Jahr produziert; dennoch haben die Weine etwas von demselben honigartigen, üppig-cremigen Charakter. Sie können jung getrunken werden, aber die guten können auch 20 Jahre alt werden. Da Sauternes (berechtigterweise) sehr teuer geworden ist, wird diese Appellation zunehmend interessant.

Beste Erzeuger Laurette, LOUBENS, La Rame, Lousteau-Vieil, de Tastes

Gute Jahrgänge 1996, 95, 90, 89, 88, 86, 85, 83

BORDEAUX-ERZEUGER VON A BIS Z

Nach dem Namen des Châteaus werden Appellation, Klassifikation – Cru Classé (CC), Grand Cru Classé (GCC), Cru Bourgeois (CB) – und Rebfläche (in ha) genannt.

CH. ANGÉLUS★★★ 🍷 St-Émilion 1er GCC B, 23,4 ha **05 57 24 71 39/05 57 24 68 56**
Ein erstklassiges Gut, dessen Weinberge auf einem der besten Hänge von St-Émilion genau südlich ausgerichtet sind. Niedriger Ertrag, späte Lese und große Detailgenauigkeit im Keller resultierten 1996 im Aufstieg zum Premier Grand Cru Classé. Trotz der weichen Tannine sollte der Wein mindestens 5 Jahre reifen, damit er seine Komplexität entwickeln kann.
Gute Jahrgänge 1997, 96, 95, 94, 93, 90, 89, 88, 86, 85

CH. ANGLUDET★★ 🍷 Margaux CB, 34 ha **05 57 88 71 41/05 57 88 72 52**
In der Gemeinde Cantenac, umgeben von Cru-Classé-Weinbergen, produziert die Familie Sichel gut strukturierte Weine mit Tiefe, Eleganz und Rasse.
Gute Jahrgänge 1997, 96, 95, 94, 93, 90, 89, 88, 86, 85, 83, 82, 81, 78

CH. D'ARMAILHAC★★ 🍷 Pauillac 5ème CC, 50 ha **05 56 73 20 20/05 56 73 20 44**
Das Gut mit denselben Besitzern wie Mouton-Rothschild wurde in den 1990er Jahren deutlich besser und ist einer der zuverlässigen Pauillac Cinquième Crus Classés geworden. Vor 1989 hieß der Wein Mouton-Baronne Philippe.
Gute Jahrgänge 1997, 96, 95, 93, 92, 90, 89, 86, 85, 83, 79

CH. AUSONE★★★ 🍷 St-Émilion 1er GCC A, 7 ha **05 57 24 68 88/05 57 74 47 39**
Eines der ganz großen Châteaus des Bordelais, benannt nach dem römischen Dichter Ausonius und auf den besten Hängen über St-Émilion gelegen. In St-Émilion gibt es (mit Ausnahme vielleicht von Ch. Cheval-Blanc) keinen besseren und eleganteren Wein; er vereint Delikatesse und Kraft, er braucht Zeit zum Reifen und ist einer der langlebigsten Weine der Appellation. Eigentümer Alain Vauthier hat den Standard seit 1996 noch verbessert, mit den Fähigkeiten des berühmten Önologen Michel Rolland ist der Wein noch mächtiger als zuvor.
Gute Jahrgänge 1997, 96, 95, 94, 93, 90, 89, 88, 86, 85, 83, 82, 81, 79, 78

CH. BASTOR-LAMONTAGNE★ 🍷 Sauternes, 58 ha **05 56 63 27 66/05 56 76 87 03**
Ein großes Gut (für Sauternes), dessen Rebfläche geschlossen um das Château liegt. Seine honigsüßen, nach Blüten duftenden Weine sind manchen Crus Classés ebenbürtig.
Gute Jahrgänge 1996, 95, 94, 90, 89, 88, 86, 85, 83, 82

CH. BATAILLEY★★ 🍷 Pauillac 5ème CC, 55 ha **05 56 59 01 13/05 57 87 60 30**
Das größere der beiden Batailley-Châteaus im Besitz der Familie Castéja ist bekannt für seine farbkräftigen, geschmeidigen und früh reifen Pauillacs, die bis zu 15 Jahre altern können. Obwohl eher körperreich als elegant, ist der Wein sehr zuverlässig.
Gute Jahrgänge 1997, 96, 95, 94, 90, 89, 88, 86, 85, 83, 82

CH. BEAUSÉJOUR★★ 🍷 St-Émilion 1er GCC B, 7 ha **05 57 24 71 61/05 57 74 48 40**
Das kleinere der beiden Beauséjour-Châteaus verfügt über eine hervorragende Lage am Stadtrand. Die sehr eleganten, rassigen Weine werden nach 10 Jahren Reife sehr schön.
Gute Jahrgänge 1997, 96, 95, 94, 90, 89, 88, 86, 85, 83, 82

CH. BEAU-SÉJOUR-BÉCOT★★ 🍷 **05 57 74 46 87/05 57 24 66 88**
St-Émilion 1er GCC B, 16,5 ha

1985 aus den Premiers Grands Crus Classés ausgeschlossen, kehrte das Gut 1996 zu Recht wieder in den erlauchten Kreis zurück. Die tieffarbigen Weine mit rundem, fruchtigem Körper und robusten Tanninen sind für 10 Jahre im Keller gut.

Gute Jahrgänge 1997, 96, 95, 94, 93, 90, 89, 88, 86, 85

CH. BELAIR★★ 🍷 St-Émilion 1er GCC B, 12 ha **05 57 24 70 94/05 57 24 67 11**

Der Weinberg auf dem Kalkplateau am Stadtrand liefert Weine von großer Eleganz und Komplexität. Bis Mitte der 1980er Jahre ließen sie etwas Körper vermissen, doch seit 1986 gehören sie zu den besten der Appellation. Weinmacher ist der angesehene Pascal Delbeck.

Gute Jahrgänge 1997, 96, 95, 94, 90, 89, 88, 86, 85, 83, 82

CH. BELGRAVE★ 🍷 Haut-Médoc 5ème CC, 54 ha **05 56 35 53 00/05 56 35 53 29**

Seit der Übernahme des Guts durch die Dourthe-Gruppe hat der farbstarke, körperreiche Wein eine Reanissance erlebt und ist seine Klassifikation wert.

Gute Jahrgänge 1997, 96, 95, 94, 93, 90, 89, 88

CH. BEYCHEVELLE★★ 🍷 St-Julien 4ème CC, 90 ha **05 56 73 20 70/05 56 73 20 71**

Ein großes, berühmtes Gut, das einen klassischen St-Julien mit kräftiger Farbe und frischen, reifen Aromen macht. Nach einem enttäuschenden 1990er ist Beychevelle wieder zuverlässig. Jung trinkbar, doch lassen 10 Jahre Reife seine volle Tiefe und Komplexität hervortreten.

Gute Jahrgänge 1997, 96, 95, 94, 89, 86, 85

CH. LE BON PASTEUR★★ 🍷Pomerol, 7 ha **05 57 51 10 94/05 57 25 05 54**

Das Gut gehört Michel und Dany Rolland, den gefeierten önologischen Beratern in Pomerol, und macht mit harmonischem Einsatz neuer Eiche körperreiche und tieffarbene Weine. Geringe Mengen bedeuten hohe Preise, doch der Wein ist die größere Ausgabe wert. In jungen jahren zugänglich, reift er schön über 15 Jahre. Die Rollands haben auch Ch. FONTENIL inne, ein ausgezeichnetes Fronsac-Gut.

Gute Jahrgänge 1997, 96, 95, 94, 93, 90, 89, 88, 86, 85, 83, 82

CH. BOUSCAUT★ 🍷🍷 Pessac-Léognan CC, 39 ha 🍷, 8 ha 🍷 **05 57 83 10 16/05 57 83 10 17**

Seit dem Erwerb 1978 durch Lucien Lurton (von BRANE-CANTENAC und DURFORT-VIVENS) ist die Qualität bei Rot- und Weißwein gestiegen. Neue Investitionen unter Leitung seiner Tochter Sophie werden das Potential des Guts weiter realisieren.

Gute Jahrgänge 1997, 96, 95, 94, 90, 89, 86

CH. BRANAIRE★★ 🍷 St-Julien 4ème CC, 50 ha **05 56 59 25 86/05 56 59 16 26**

Die Weine waren in der Vergangenheit elegant, aber etwas leichtgewichtig, trotz des großen Anteils an Cabernet Sauvignon. In den 1990er Jahren wurden sie dank neuer Investitionen in Qualität üppiger und fester.

Gute Jahrgänge 1997, 96, 95, 94, 93, 90, 89, 88, 86, 85, 83, 82

CH. BRANE-CANTENAC★ 🍷 Margaux 2ème CC, 85 ha **05 57 88 83 33/05 57 88 72 51**

Eines der größten Médoc-Güter mit ausgezeichnet gelegenen Weinbergen auf Kies-Kreide-Boden, die elegenate Weine liefern. Sie wurden in den letzten 10 Jahren besser, genügen der Klassifikation aber noch immer nicht.

Gute Jahrgänge 1997, 96, 95, 90, 89, 88, 86

CH. CHALON-SÉGUR★ 🍷 St-Estèphe 3ème CC, 94 ha 05 56 59 30 08/05 56 59 71 51

Ein Gut mit großer Vergangenheit. Die letzten 20 Jahrgänge waren qualitativ ungleichmäßig, sie ließen Reife vermissen und alterten zu früh. Seit Mitte der 1990er Jahre sind Verbesserungen zu verzeichnen. 10 Jahre oder mehr lagern.

Gute Jahrgänge 1997, 96, 95, 94, 93, 90, 89, 86, 82

CH. CANON★★ 🍷 St-Émilion, 1er GCC B, 18 ha 05 57 24 70 79/05 57 24 68 00

Die Weine sind berühmt für ihre tanningestützte Kraft, für Finesse und großes Reifungspotential. In den frühen 1990er Jahren war ein Qualitätsverlust festzustellen, nach dem Erwerb des Guts 1996 durch die Familie Wertheimer (Besitzer von Chanel) geht es wieder aufwärts.

Gute Jahrgänge 1997, 96, 95, 90, 89, 88, 86, 85, 83, 82, 81, 79, 78, 75, 70, 66, 64, 62, 61, 59, 55, 53, 47, 45

CH. CANON-LA-GAFFELIÈRE★★ 🍷 05 57 24 71 33/05 57 24 67 95
St-Émilion GCC, 19,5 ha

Seit 1971 im Besitz der Familie Neipperg, realisierte der Wein sein Potential erst seit der Übernahme der Leitung durch Graf Stephan Neipperg gegen Ende der 1980er Jahre. Tieffarbiger und wunderbar extraktreicher Wein mit reifer Frucht.

Gute Jahrgänge 1997, 96, 95, 93, 90, 89, 88, 85

CH. CANTEMERLE★ 🍷 Haut-Médoc 5ème CC, 67 ha 05 57 97 02 82/05 57 97 02 84

Im waldreichen Süden des Médoc versteckt, produziert dieses Gut feingliedrige, elegante, fruchtige Weine für mittellange Reifung.

Gute Jahrgänge 1997, 96, 95, 90, 89, 83, 82

CH. CANTENAC-BROWN★ 🍷 Margaux 3ème CC, 42 ha 05 57 88 81 81/05 57 88 81 90

Beträchtliche Investitionen der Versicherungsgruppe AXA seit 1987 haben den etwas bäuerlichen Wein aufpoliert, heute glänzt er mit reifer Pflaumenfrucht, die ihn schon relativ jung trinkreif macht.

Gute Jahrgänge 1997, 96, 95, 90, 89

CH. CARBONNIEUX★★ 🍷🍸 05 57 96 56 20/05 57 96 59 19
Pessac-Léognan CC, 45 ha 🍷 42 ha 🍸

Ein beeindruckendes Gut und eines der ältesten der Region. Die Vinifikation wurde unter der Familie Perrin in den letzten 10 Jahren wesentlich verbessert. Die Weißweine besitzen Reinheit und Finesse, die Rotweine einen ansprechenden Charme.

Gute Jahrgänge 🍷1997, 96, 95, 94, 93, 90, 89, 88, 86; 🍸1996, 95, 94, 90, 89, 88

CH. CERTAN-DE-MAY★★ 🍷 Pomerol, 5 ha 05 57 51 41 53/05 57 51 88 51

Ursprünglich Teil von VIEUX-CH.-CERTAN. Das nahe bei CHEVAL-BALNC gelegene Gut produziert auf Kies-Lehm-Boden mächtige, doch elegante Weine.

Gute Jahrgänge 1997, 96, 95, 90, 89, 88, 86, 85, 83, 82, 81, 79, 78

CH. DE CHANTEGRIVE★ 🍷🍸 Graves, 38,5 ha 🍷, 44 ha 🍸 05 56 27 17 38/05 56 27 29 42

Das große Gut wurde in den letzten 20 Jahren von der Familie Levêque aufgebaut und macht feine, geschmeidige und fruchtige Weine. Es gibt auch einen besonderen weißen Verschnitt-Graves, der im Barrique vinifiziert wird (Cuvée Caroline).

Gute Jahrgänge 🍷 1996, 95, 93, 90, 89, 88, 86; 🍸1996, 95, 94,90, 89, 88, 85

CH. CHASSE-SPLEEN★★ 🍷 Moulis CB, 80 ha 05 56 58 02 37/05 56 58 05 70

Ein ausgezeichneter Wein, der als Cru Classé eingestuft gehört. Das reine Médoc-Bukett

wird durch eine spürbare Note von neuem Holz hervorgehoben. Recht früh trinkreif, altert aber auch sehr schön. Es gibt auch eine winzige Menge barriquegereiften Weißweins
Gute Jahrgänge 1997, 96, 95, 94, 93, 90, 89, 88, 86, 83, 82, 81, 78, 75, 70, 61

CH. CHEVAL-BLANC★★★ 🍷 05 57 55 55 55/05 57 55 55 50
St-Émilion, 1er GCC A, 35 ha

Das führende Château von St-Émilion ist berühmt für überwältigende üppige Weine und hervorragende, verläßliche Qualität. Der große Anteil Cabernet Franc (ca. 60 %), der an Pomerol angrenzend auf Sand-Kies-Boden wächst, gibt dem Wein eine außerordentlich süße Frucht und vielschichtige Aromen, am Gaumen intensiver Eindruck mit reifen Tanninen. Ein Cheval Blanc ist jung bereits attraktiv und reift zu echter Größe
Gute Jahrgänge 1997, 96, 95, 94, 93, 90, 89, 88, 85, 83, 82, 81, 75, 70, 66, 64, 61, 52, 49

DOM. DE CHEVALIER★★ 🍷★★★ 🍸 05 56 64 16 16/05 56 64 18 18
Pessac-Léognan CC, 30 ha 🍷 4,5 ha 🍸

Dieses ausgezeichnete Gut macht die elegantesten Weine im ganzen Graves. Jung oft nicht beachtet, da sie nicht übermäßig fruchtig und holzbetont sind, besitzen sowohl die Rot- wie die Weißweine eine unvergleichliche Balance und gewinnen über viele Jahre hinweg an Finesse. Die Familie Bernard, Eigner seit 1983, hat kräftig investiert, um die vom Vorbesitzer Claude Ricard rührende Reputation zu erhalten.
Gute Jahrgänge 🍷 1996, 95, 94, 90, 89, 88, 85, 83, 81, 78, 70, 66, 53, 29; 🍸1997, 96, 95, 94, 90, 89, 88, 86, 85, 83, 82, 81, 76

CH. CITRAN★ 🍷 Haut-Médoc CB, 90 ha 05 56 58 21 01/05 56 58 12 19

In den 1980er Jahren investierten japanische Besitzer intensiv in Weinberge und Kellerei, um exzellenten Wein zu produzieren. Heute im Besitz der Familie Merlaut, die den Standard erhielt und den körperreichen und attraktiven Wein noch verbesserte.
Gute Jahrgänge 1997, 96, 95, 94, 90, 89, 88

CH. CLERC-MILON★★ 🍷 Pauillac 5ème CC, 30 ha 05 56 73 20 20/05 56 73 20 44

Clerc-Milon gehört zum Stall Mouton-Rothschild. Sein Wein besitzt mehr Tiefe und Stoff als der ebenfalls Mouton-Rothschild gehörende dArmailhac, dank einer glücklichen Lage am Rand von Pauillac und zunehmender Anpflanzung von Cabernet Sauvignon. Einer der besten Cinquième Crus von Pauillac
Gute Jahrgänge 1997, 96, 95, 94, 90, 89, 88, 86, 85, 83, 82, 81, 78, 75

CH. CLIMENS★★★ 🍸 Barsac 1er CC, 29 ha 05 56 27 15 33/05 56 27 21 04

Ausgezeichnete Bodenverhältnisse ergeben einen Wein, der in der Region nach langer Lagerung nur dem d'Yquem nachsteht. Blaßgelb und von diskreter Süße in der Jugend, entwickelt er sich mit dem Alter zu mächtiger Statur und gewinnt noch für Jahrzehnte Komplexität, wenn andere Barsacs bereits dahinschwinden.
Gute Jahrgänge 1997, 96, 95, 91, 90, 89, 88, 86, 83, 76, 75, 71, 62, 55

CH. CLINET★★★ 🍷 Pomerol, 9 ha 05 56 68 55 88/05 56 30 11 45

Eines der erfolgreichsten Pomerol-Güter der letzten 10 Jahre, das Wein aus besonders gut ausgereiften Trauben herstellt. Die lange Maischung macht ihn überaus üppig und sinnlich.
Gute Jahrgänge 1997, 96, 95, 94, 93, 90, 89, 88, 86, 85

CLOS FLORIDÈNE★★ 🍷🍸 Graves, 5 ha 🍷, 12 ha 🍸 05 56 62 96 51/05 56 62 14 89

Das im Besitz des brillanten Önologen Denis Dubordieu befindliche Gut ist bekannt für die Ausnahmequalität seiner trockenen Weißweine auf Sémillon-Basis, die manchen Crus Classés von Pessac-Léognan ebenbürtig sind; mit 4–5 Jahren sind sie am besten. Der Rotwein ist vollmundig-fruchtig.

Gute Jahrgänge 1997, 96, 95, 94, 90

CLOS FOURTET★★ 🍷 St-Émilion 1er GCC B, 20 ha **05 57 24 70 90/05 57 74 46 52**

Auf dem Kalkplateau am Rand der Stadt St-Émilion gelegen, macht das Gut traditionellen, tieffarbenen, dichten Wein, der jung recht fest ist und hervorragend reift. Die unter den Rebflächen liegenden Keller sind beeindruckend.

Gute Jahrgänge 1997, 96, 95, 94, 90, 89, 85, 82

CH. CLOS HAUT-PEYRAGUEY★★ 🍷 **05 56 76 61 53/05 56 76 69 65**

Sauternes 1er CC, 15 ha

Das makellose Gut wird liebvoll und aufmerksam von Jacques Pauly geleitet. In den letzten jahren haben die honigwürzigen, reintönigen Weine an Stoff und Üppigkeit gewonnen und stellen einen der elegantesten Premiers Crus Classés dar.

Gute Jahrgänge 1997, 96, 95, 94, 91, 90, 89, 88, 86, 85, 83, 75

CLOS DE LORATOIRE★★ 🍷 St-Émilion GCC, 10 ha **05 57 24 71 33/05 57 24 67 95**

Seit dem Kauf durch Stephan Neipperg von CANON-LA-GAFFELIÈRE haben die Weine an Tiefe und Körper gewonnen. Es gibt auch kleine Mengen von einem hervorragend extraktreichen, komplexen Weißwein namens La Mondotte.

Gute Jahrgänge 1997, 96, 95, 94, 90, 89, 88, 86, 85, 83, 82, 81, 79, 75, 70

CH. LA CONSEILLANTE★★ 🍷 Pomerol, 12 ha **05 57 51 12 12/05 57 51 42 39**

Dieses ausgezeichnete Château macht weiche, starkfarbige Weine von ausgeprägter Persönlichkeit und Eleganz, die zu den langlebigsten Pomerols gehören. Mindestens 5–8 Jahre zu lagern.

Gute Jahrgänge 1997, 96, 95, 94, 90, 89, 88, 86, 85, 83, 82, 81, 79, 75, 70, 55, 53, 49, 47

CH. COS D'ESTOURNEL★★★ 🍷 **05 56 73 15 55/05 56 59 72 59**

St-Estèphe 2ème CC, 65 ha

Mit seinem großartigen, ostasiatisch inspirierten Kellereigebäude und oberhalb von Lafite-Rothschild gelegenen Rebflächen ist Cos d'Estournel das angesehenste Gut in St-Estèphe. Die Familie Prats haben keine Ausgaben gescheut, um den intensivsten, doch auch elegantesten St-Estèphe zu machen. Der große Anteil Merlot in der Cuvée ergänzt die reife Frucht des Cabernet Sauvignon perfekt.

Gute Jahrgänge 1997, 96, 95, 94, 93, 92, 90, 89, 88, 86, 85, 83, 82, 81, 79, 78, 76, 70

CH. COS LABORY★★ 🍷 St-Estèphe 5ème CC, 18 ha **05 56 59 30 22/05 56 59 73 52**

Mit an COS D'ESTOURNEL grenzenden Rebflächen werden moderne pflaumig-fruchtige Weine erzeugt, die immer besser werden. Sie reifen früh, sind aber dennoch langlebig

Gute Jahrgänge 1997, 96, 95, 94, 90, 89, 88, 86, 82

CH. COUFRAN★ 🍷 Haut-Médoc CB, 75 ha **05 56 59 31 02/05 56 81 32 35**

Dank des hohen Anteils Merlot wird Coufran der »Pomerol des Médoc« genannt. Die Weine sind körperreich, dicht, fruchtig und zuverlässig.

Gute Jahrgänge 1997, 96, 95, 90, 89, 88, 86, 85

CH. COUHINS-LURTON★★ ♀ **05 57 25 58 58/05 57 74 98 59**
Pessac-Léognan CC, 5,5 ha
André Lurton besitzt einige Güter in dieser Appellation inklusive LA LOUVIÈRE. Hier auf Couhins-Lurton macht er wunderbar üppige und eichenholzbetonte, fast exotische Weißweine aus 100% Sauvignon, die innerhalb von 5 Jahren getrunken werden sollten.
Gute Jahrgänge 1996, 95, 94, 90, 89, 88, 86, 85

CH. COUTET★★★ ♀ Barsac 1er CC, 38.5 ha **05 56 27 15 46/05 56 27 02 20**
Nur Climens ist berühmter als Coutet, das wieder Süßweine mit Topqualität und der für Barsac typischen zitronigen Säure macht. Wenn die Witterung keinen Süßwein ermöglicht, wird ein Teil der Ernte zu Blanc Sec de Ch. Coutet verarbeitet, der als Graves verkauft wird. In großen Jahren wird in winzigen Mengen ein Crème de Tête von außerordentlich reichem Aroma gemacht (Cuvée Madame).
Gute Jahrgänge 1997, 96, 95, 90, 89, 88, 86, 83, 81, 76, 75, 71, 59, 50

CH. LA CROIX DE GAY★★ 🍷 Pomerol, 12 ha **05 57 51 19 05/05 57 74 15 62**
Ein reifer, geschmeidiger Pomerol. Alain Raynaud hat die Leitung von seinem Vater übernommen, auch er macht die Prestigecuvée La Fleur de Gay.
Gute Jahrgänge 1995, 94, 90, 89, 88, 85 82

CH. DAUZAC★★ 🍷 Margaux 5ème CC, 40 ha **05 57 88 32 10/05 57 88 96 00**
Dauza, eines der südlichsten Margaux-Güter in der Gemeinde Labarde, ist seit dem Eintritt 1992 André Lurtons als Direktor beträchtliche Fortschritte gemacht und ist heute eines der erfolgreichsten der Appellation.
Gute Jahrgänge 1997, 96, 95, 94, 90, 89, 85, 82

CH. DESMIRAIL★ 🍷 Margaux 3ème CC, 30 ha **05 57 88 34 33/05 57 88 72 51**
Dieses Château wurde von Lucien Lurton (von BRANE-CANTENAC und DURFORT-VIVENS) generalüberholt und macht heute gute, mehr auf Finesse als auf Gewicht zielende Weine, trotz der 80% Anteil des Cabernet Sauvignon.
Gute Jahrgänge 1996, 90, 89, 88, 86, 85, 83, 82

CH. DOISY-DAËNE★★ ♀ Barsac 2ème CC, 15 ha **05 56 27 15 84/05 56 27 18 99**
Einer der elegantesten und lebhaftesten Barsacs, der Frische und Reinheit mit Honigsüße verbindet und relativ früh genossen werden kann. Auch ein exzellenter trockener Weißwein wird erzeugt, Le Vin Sec de Doisy-Daëne.
Gute Jahrgänge **Süß** 1997, 96, 95, 94, 90, 89, 88, 86, 83, 82, 79, 76, 70;
Trocken 1996, 95, 94, 90, 89, 88, 87

CH. DOISY-DUBROCA★ ♀ Barsac 2ème CC, 3,3 ha **05 56 27 15 33/05 56 27 21 04**
Ein winziges Gut im Besitz von Lucien Lurton von CLIMENS. Sehr gute Süßweine mit honigsüßem Aroma.
Gute Jahrgänge 1997, 96, 95, 94, 90, 89, 88

CH. DOISY-VÉDRINES★★ ♀ Barsac 2ème CC, 27 ha **05 56 27 15 13/05 56 27 26 76**
Eines der angesehensten Châteaus in Barsac; sein üppiger, öliger Wein kontrastiert zum leichteren Typ von DOISY-DAËNE. Sehr gut für lange Reifung geeignet.
Gute Jahrgänge 1997, 96, 95, 94, 90, 89, 88, 86, 85, 83, 82, 76, 75, 70

CH. LA DOMINIQUE★★ 🍷 St-Émilion GCC, 20 ha **05 57 51 31 36/05 57 51 63 04**
An die Appellation Pomerol grenzendes Gut, das mit alten Merlot-Rebstöcken körperreiche, milde Weine von großem Charme macht.

Gute Jahrgänge 1996, 95, 94, 93, 86, 85, 83, 82, 79, 78

CH. DUCRU-BEAUCAILLOU★★★ 🍷 05 56 59 05 20/05 56 59 27 37
St-Julien 2ème CC, 50 ha

Ein Ducru-Beaucaillou zeichnet sich durch samtig-dunkle Farbe und eine perfekte Balance von Kraft und Eleganz aus. Er braucht ein Jahrzehnt in der Flasche, um seine wahren Qualitäten zu entwickeln. Zwischen 1986 und 1990 litten einige Flaschen unter muffigem Geruch, doch wurde das bis 1992 abgestellt. Die jüngeren Jahrgänge sind wirklich superb.

Gute Jahrgänge 1997, 96, 95, 94, 93, 90, 89, 88, 86, 85, 83, 82, 81, 79, 78, 75, 70, 66, 62, 61, 59, 53

CH. DUHART-MILON-ROTHSCHILD★★ 🍷 05 56 73 18 18/05 56 59 26 83
Pauillac 4ème CC, 65 ha

In den 1990er Jahren haben die Weine von Duhart-Milon, das zum Rothschild-Stall gehört, an Körper und Tiefe gewonnen, ohne die traditionelle Pauillac-Festigkeit zu verlieren.

Gute Jahrgänge 1997, 95, 94, 93, 90, 89, 88, 86, 85, 83, 82, 78

CH. DURFORT-VIVENS★ 🍷 Margaux 2ème CC, 30 ha 05 57 88 70 20/05 57 88 72 51

Im Besitz der Familie Lurton von BRANE-CANTENAC, teilt Durfort-Vivens dessen lebendigen Stil, ist aber etwas dichter und reift langsamer. Noch hat er nicht die Konzentration eines Deuxième Cru Classé, was die junge Generation sich zum Ziel gesetzt hat.

Gute Jahrgänge 1997, 96, 95, 94, 90, 89, 86, 85, 83, 82

CH. L'ÉGLISE-CLINET★★★ 🍷 Pomerol 5,5 ha 05 57 25 99 00/05 57 25 21 96

Ein hervorragend geführtes Gut, wo die Trauben sehr sorgfältig vinifiziert werden und die Selektion sehr rigoros gehandhabt wird. Tiefe, Eleganz und Komplexität stellen den Wein in die vorderste Front von Pomerol.

Gute Jahrgänge 1997, 96, 95, 94, 93, 90, 89, 88, 86, 85, 83, 82, 75, 71, 62, 61, 59, 55, 52, 50, 49, 47, 45

CH. L'ÉVANGILE★★★ 🍷 Pomerol, 14 ha 05 57 51 15 30/05 57 51 45 78

Das Château, das jetzt zur Lafite-Rothschild-Gruppe gehört, ist mit dem besten Terroir von Pomerol gesegnet und macht einen vorzüglichen Wein, der Intensität und Grazie vereint.

Gute Jahrgänge 1997, 96, 95, 94, 93, 90, 89, 88, 85, 83, 82, 79, 70, 64, 61, 59, 47

CH. DE FARGUES★★★ 🍸 Sauternes, 15 ha 05 57 98 04 20/05 57 98 04 21

Im Besitz der Familie Lur-Saluces von d'Yquem, erfährt dieser Wein dieselbe Sorgfalt und Aufmerksamkeit. Einer der stoffigsten Sauternes, altert hervorragend.

Gute Jahrgänge 1997, 96, 95, 90, 89, 88, 86, 85, 83, 82, 81, 76, 75, 71, 67, 49, 47

CH. FERRIÈRE★★ 🍷 Margaux 3ème CC, 5 ha 05 56 58 02 37/05 56 58 05 70

Dieses kleine Gut ist jetzt im Besitz der Familie Merlaut, und Weinmacher ist Claire Villars von CHASSE-SPLEEN; Resultat ist eine bemerkenswerte Qualitätssteigerung.

Gute Jahrgänge 1997, 96, 95, 94, 93

CH. DE FIEUZAL★★ 🍷🍸 05 56 64 77 86/05 56 64 18 88
Pessac-Léognan CC, 40 ha 🍷, 8 ha 🍸

Fieuzal, ein führendes Château in Pessac-Léognan, ist fast noch bekannter für seine üppigen, konzentrierten, im Barrique vergorenen Weißweine als für die pflaumigen Rotweine mit Wildnoten.

Gute Jahrgänge 🍷1996, 95, 94, 93, 90, 89, 88, 86, 85, 83, 82, 78, 70; 🍸 1996, 95, 94, 93, 90, 89, 88, 86, 85

CH. FIGEAC★★ 🍷 St-Émilion 1er GCC B, 40 ha 05 57 24 72 26/05 57 74 45 74

Qualitätsgut auf welligem Kiesboden, der zu 70% mit Cabernet (jeweils zur Hälfte Sauvignon und Franc) bepflanzt ist. Die feste Frucht des Figeac kontrastiert mit den typischen Merlot-dominierten Weinen von St-Émilion; er erscheint in jungen Jahren etwas eindimensional, entwickelt aber mit dem Alter eine wunderbare Komplexität und Eleganz.

Gute Jahrgänge 1997, 96, 95, 94, 90 89, 88, 86, 85, 83, 82, 78, 64, 61, 59, 55, 53, 49, 47

CH. FILHOT★ 🍸 Sauternes 2ème CC, 60 ha 05 56 76 61 09/05 56 76 67 91

Ein großes Gut mit einem riesigen klassischen Château. Aus ziemlich blassen und schlichten Weinen sind heute fülligere und komplexere geworden, sie erreichen aber nicht die Konzentration der besten Premiers Crus. Die seltenen Abfüllungen eines Crème de Tête sind hervorragend.

Gute Jahrgänge 1997, 96, 95, 90, 89, 86, 83, 78, 76

CH. LA FLEUR-PÉTRUS★★ 🍷 Pomerol, 7 ha 05 57 51 78 96/05 57 51 79 79

Dieses Gut ist in den letzten Jahren besser geworden und stellt einen der elegantesten Weine der Appellation her, besonders seit ein Teil der Reben von Ch. Le Gay – nach dem Kauf durch Moueix – dem Gut zugeschlagen wurden.

Gute Jahrgänge 1997, 96, 95, 94, 93, 90, 89, 88, 85, 82, 78, 75, 70, 55, 53, 49, 47

CH. FONBADET★ 🍷 Pauillac CB, 17 ha 05 56 59 02 11/05 56 59 22 61

Ein solider, fest strukturierter Pauillac aus einem Château, das über eine gute Lage zwischen PICHON-LONGUEVILLE und LYNCH-BAGES verfügt.

Gute Jahrgänge 1996, 95, 90 89, 88, 85

CH. FONTENIL★ 🍷 Fronsac, 8 ha 05 57 51 10 94/05 57 25 05 54

Ein herrlich körperreicher, weicher Wein von einem Gut im Besitz von Michel Rolland, dem berühmten Weinmacher, und seiner Frau Dany.

Gute Jahrgänge 1997, 96, 95, 90, 89

CH. FRANC-MAYNE★★ 🍷 St-Émilion GCC, 7 ha 05 57 24 62 61/05 57 24 68 25

Gut gelegene Weinberge am Rand der Stadt St-Émilion liefern feine Weine mit Körper und Eleganz. Von den großartigen Kellern gelangt man unterirdisch ins Zentrum der Stadt.

Gute Jahrgänge 1997, 95, 94, 90, 89, 88

CH. LA GAFFELIÈRE★★ 🍷 St-Émilion 1er GCC B, 22 ha 05 57 24 72 15/05 57 24 65 24

Eine der besten Reblagen in der Appellation St-Émilion. Das Gut gehörte über 400 Jahre lang der Familie de Malet Roquefort. Der Wein, der seit 1994 deutlich besser geworden ist, verfügt über eine kräftige Farbe, Tiefe und Charme.

Gute Jahrgänge 1997, 96, 95, 94, 90, 89, 88, 86, 85, 83, 82, 64, 61, 53, 52

CH. GAZIN★★ 🍷 Pomerol, 26 ha 05 57 51 07 05/05 57 51 69 96

Eines der größten und beeindruckendsten Châteaus in Pomerol mit geschlossener Rebfläche. Es liefert wieder mächtige, elegante Weine, ein Maßstab für die Appellation, der inzwischen die stolzen Preise rechtfertigt.

Gute Jahrgänge 1997, 96, 95, 94, 93, 90, 89, 88, 82, 78, 70, 66, 61, 47

CH. GILETTE★★★ 🍷 Sauternes, 4,5 ha 05 56 76 28 44/05 56 76 28 43

Dieses legendäre Gut gehört Christian Médeville, der als *antiquaire du Sauternais* bekannt ist: Er verkauft Weine, die mindestens 15 Jahre in Betonfässern reiften und schon die Patina und die Dichte des Alters zeigen.

Gute Jahrgänge 1978, 76, 75, 70, 67, 59, 55, 53, 49

CH. GISCOURS★ 🍷 Margaux 3ème CC, 83 ha 05 57 97 09 09/05 57 97 09 00

Nach einer Glanzzeit in den 1970ern waren die Weine qualitativ ungleichmäßig. Neue Investitionen im Weinberg werden noch nicht in die Qualität eines 3ème Cru Classé umgesetzt.

Gute Jahrgänge 1996, 95, 90, 86, 83, 82, 81, 79, 76, 70

CH. GLORIA★★ 🍷 St-Julien CB, 47 ha 05 56 59 08 18/05 56 59 16 18

Die Rebfläche wurde größtenteils in den 1950ern und 1960ern durch Kauf einzelner Parzellen von den umgebenden Crus Classés zusammengesetzt. Somit gilt dieser Cru Bourgeois den Crus Classés als ebenbürtig.

Gute Jahrgänge 1997, 96, 95, 94, 93, 90, 89, 88, 86, 85, 83, 82, 81

CH. GRAND MAYNE ★★ 🍷 St-Émilion GCC, 19 ha 05 57 74 42 50/05 57 24 68 34

Perfektionismus in Weinberg und Keller sowie einer der besten Hänge der Appellation bringen einen farb- und aromastarken Wein zuwege. Die Qualität ist seit 1990 besonders gut.

Gute Jahrgänge 1997, 96, 95, 94, 90, 89, 88, 86, 85, 82

CH. GRAND-PUY-DUCASSE ★ 🍷 05 56 01 30 10/05 56 79 23 57
Pauillac 5ème CC, 40 ha

Mit an GRAND-PUY-LACOSTE und PONTET-CANET grenzenden Rebflächen machte dieses Gut in den 1980er Jahren enttäuschende Weine, seit Anfang der 1990er sind sie körperreicher und entsprechen mit reifer Schwarze-Johannisbeer-Frucht mehr dem klassischen Pauillac.

Gute Jahrgänge 1997, 96, 95, 94, 93, 92, 90, 89, 88, 86, 85, 83, 82

CH. GRAND-PUY-LACOSTE ★★★ 🍷 05 56 59 05 20/05 56 59 27 37
Pauillac 5ème CC, 50 ha

Das Gut, seit 1978 im Besitz der Familie Borie von DUCROU-BEAUCAILLOU, macht einen tieffarbigen Pauillac mit intensivem Aroma, der lang lagern kann und seinen Status als Cinquième Cru weit übertrifft. Die Rebflächen umgeben geschlossen das Château.

Gute Jahrgänge 1997, 96, 95, 94, 93, 90, 89, 88, 86, 85, 83, 82, 81, 79, 78, 75, 70, 66, 64, 61, 59, 49, 47

CH. GRUAUD-LAROSE ★★★ 🍷 St-Julien 2ème CC, 82 ha 05 56 73 15 20/05 56 59 64 72

Dieses große Château hat den größten Teil seiner Reben auf tiefgründigem Kiesboden geschlossen rund um das Gutsgebäude im südlichen Teil von St-Julien gepflanzt. Die körperreichen Weine mit Wildnoten altern hervorragend. Gruaud-Larose wurde 1997 von der Merlaut-Gruppe aufgekauft, was seine Qualität sichert.

Gute Jahrgänge 1996, 95, 94, 93, 92, 91, 90, 89, 88, 86, 85, 84, 83, 82, 81, 79, 78

CH. GUIRAUD★★ 🍷 Sauternes 1er CC, 118 ha 05 56 76 61 01/05 56 76 67 52

Vom größten Gut in Sauternes kommt eines der opulentesten honigsüßen Exemplare

dieser Appellation, das in langjähriger Lagerung immer besser wird. Man stellt auch einen trockenen Weißwein und einen geschmeidigen Rotwein her.
Gute Jahrgänge 1997, 96, 95, 90, 89, 88, 86, 83

CH. HAUT-BAGES-LIBÉRAL★★ 🍷 05 56 58 02 37/05 56 58 05 70
Pauillac 5ème CC, 28 ha
Von Rebflächen, die an Latour und Pichon-Longueville-Comtesse-de-Lalande grenzen, kommt einer der stilvollsten Pauillacs. Nach dem Kauf 1983 durch die Merlaut-Gruppe tragen die Verbesserungen in Weinberg und Keller jetzt Früchte.
Gute Jahrgänge 1997, 96, 95, 94, 93, 90, 89, 86, 85, 83, 82

CH. HAUT-BAILLY★★★ 🍷 Pessac-Léognan CC, 28 ha 🍷 05 56 64 75 11/05 56 64 53 60
Jean Sanders, ein belgischer Weinhändler, zeichnet für die Ausnahmequalität dieses Guts am Rand von Léognan verantwortlich. Die perfekt ausgewogenen Weine haben jung eine großzügige, charmante Frucht und altern hervorragend über 20 Jahre und mehr.
Gute Jahrgänge 1997, 96, 95, 94, 93, 90, 89, 88, 86, 85, 83, 82, 81, 70, 61

CH. HAUT-BATAILLEY ★★ 🍷 Pauillac 5ème CC, 20 ha 05 56 59 05 20/05 56 59 27 37
Das kleinere der beiden Batailley-Güter macht einen eleganten Wein mit größerer Finesse und leichterem Charakter als BATAILLEY. Der dumpfe Geruch, der 1986–1992 viele Flaschen schädigte, ist heute eliminiert. Der gefällige Wein kann jünger getrunken werden als viele andere Pauillacs (mit 4–5 Jahren), hält sich aber auch länger.
Gute Jahrgänge 1997, 96, 95, 94, 93, 85, 82, 81, 75, 70, 66, 61

CH. HAUT-BEAUSÉJOUR★ 🍷 St-Estèphe CB, 20 ha 05 56 59 30 26/05 56 59 39 25
Nach dem Kauf durch die Champagnerfirma Roederer (der schon das angrenzende Ch. de Pez gehörte) ist der Wein ein Beispiel für die neue Erfolgsgeschichte der Appellation.
Gute Jahrgänge 1997, 96, 95, 94, 90

CH. HAUT-BRION★★★ 🍷🥂 05 56 00 29 30/05 56 98 75 14
Pessac-Léognan 1er CC, 43,2 ha 🍷, 2,7 ha 🥂
Die Weinberge dieses berühmten Châteaus, des einzigen Graves-Guts, das in die Klassifikation von 1855 aufgenommen wurde, sind heute vollständig von den Vororten von Bordeaux umgeben. 1959 installierte Haut-Brion als erstes Gut Tanks aus Edelstahl zur temperaturkontrollierten Gärung. Dieses zukunftsorientierte Denken ist immer noch vorhanden. Die Vielschichtigkeit des Buketts und der Aromastruktur sind in Bordeaux ohne Konkurrenz. Man macht auch sehr wenig Weißwein, der mit faszinierend reichhaltiger Aromatik und trockenem Finale ebenso hervorragend ist. Der Zweitwein, Ch. Bahans-Haut-Brion, geschmeidig und elegant, kann relativ jung genossen werden.
Gute Jahrgänge 🍷1997, 96, 95, 94, 93, 90, 89, 88, 86, 85, 83, 82, 81, 78, 75, 64, 61, 59, 55, 53, 52, 45, 29, 28, 26, 21; 🥂1996, 95, 94, 92, 90, 89, 88, 87, 85, 83, 82, 81, 75, 71

CH. HAUT-MARBUZET★★ 🍷 St-Estèphe CB, 50 ha 05 56 59 30 54/05 56 59 70 87
Ein köperreicher, komplexer Wein, für einen St-Estèphe überraschend weich und fast exotisch aufgrund des hohen Anteils an neuer Eiche; ist aber auch sehr gut alterungsfähig.
Gute Jahrgänge 1997, 96, 95, 94, 93, 90, 89, 88, 86, 85, 83, 82, 81, 78, 75, 70

CH. DISSAN★ 🍷 Margaux 3ème CC, 30 ha 05 57 88 35 91/05 57 88 74 24
Eines der traditionsreichsten Châteaus in Bordeaux, das tieffarbige Margaux mit weichen Tanninen macht. Die Qualität ist seit den 1990er Jahren sehr zugenommen.

Gute Jahrgänge 1997, 96, 95, 90, 89, 85, 83, 82, 81, 78

CH. KIRWAN★★ 🍷 Margaux 3ème CC, 35 ha 05 57 88 71 00/05 57 87 57 20

Das bekannte Weingut änderte Anfang der 1990er Jahre seine Philosophie, erneuerte sein *chai* (Faßlager) und engagierte Michel Rolland als Berater. Heute sind die Weine extraktreich, ohne den delikaten Charakter des Margaux aufzugeben.

Gute Jahrgänge 1997, 96, 95, 94, 93, 90, 89, 88, 86, 85, 83, 82, 81, 79

CH. LABÉGORCE★ 🍷 Margaux CB, 38 ha 05 57 88 71 32/05 57 88 35 01

Einer der besten Crus Bougeois in Margaux mit geschmeidigen Weinen von einer guten Lage nördlich des Orts.

Gute Jahrgänge 1997, 96, 95, 94, 90, 89, 88, 86, 85, 83, 82, 81

CH. LABÉGORCE-ZÉDÉ★ 🍷 Margaux CB, 38 ha 05 57 88 71 31/05 57 88 72 54

Ein ausgezeichneter Cru Bourgois, der in der Hand von Luc Thienpont (von Vieux-Château-Certan) tiefgründige Aromatik und recht feste Tannine mit Eleganz verbindet.

Gute Jahrgänge 1997, 96, 95, 94, 90, 89, 88, 86, 85, 83, 82, 81

CH. LAFAURIE-PEYRAGUEY★★★ 🍷 05 56 95 53 09/05 56 95 53 01
Sauternes 1er CC, 40 ha

Ein gut gelegener Besitz, der einen der besten Weine der Appellation macht. Die Balance zwischen Süße und Säure ist perfekt, die Botrytisnote gut wahrnehmbar. Der Wein zeigt seine Qualität schon nach wenigen Jahren, altert aber auch wie alle großes Sauternes hervorragend.

Gute Jahrgänge 1997, 96, 95, 90, 89, 88, 86, 85, 83

CH. LAFITE-ROTHSCHILD★★★ 🍷 05 56 73 18 18/05 56 59 26 83
Pauillac 1er CC, 100 ha

Lafite, am Nordrand der Gemeinde gelegen, ist der eleganteste Pauillac Premier Cru. Der Wein benötigt einige Jahre, um sein Veilchenaroma und seine wahre Rasse zu entwickeln. Das Gut ist sehr groß, aber nur etwas mehr als die Hälfte des Weins wird ein Lafite, der Rest wird für den guten Zweitwein Les Carruaudes de Ch. Lafite sowie den einfachen Pauillac verwendet, der auch Trauben von den jungen Stöcken des benachbarten Guts Duhart-Milon-Rothschild enthält.

Gute Jahrgänge 1997, 96, 95, 94, 90, 89, 88, 86, 85, 83, 82, 81, 79, 76, 75, 62, 61, 59, 53, 49, 48, 45

CH. LAFLEUR★★ 🍷 Pomerol, 4,5 ha 05 57 84 44 03/05 57 84 83 31

Dieses kleine Gut produziert aus halb Cabernet Franc und halb Merlot höchst elegante, tieffarbige Weine, die über 2, sogar 3 Jahrzehnte reifen und sogar einen PÉTRUS an Intensität und Charakter erreichen können.

Gute Jahrgänge 1997, 96, 95, 94, 93, 90, 89, 88, 86, 85, 83, 82, 78, 77, 75, 70, 66, 64, 62, 61, 59, 50, 47, 45

CH. LAFON-ROCHET★★ 🍷 St-Estèphe 4ème CC, 40 ha 05 56 59 32 06/05 56 59 72 43

Dieses Gut, das an Lafite-Rothschild grenzt, wurde in den 1970er Jahren von Guy Tesseron, der später PONTET-CANET kaufte, völlig neu aufgebaut. Seit Ende der 1980er Jahre vereinen die Weine erfolgreich den intensiven St-Estèphe-Charakter mit Finesse und Rasse und bieten immer einen ausgezeichneten Gegenwert.

Gute Jahrgänge 1997, 96, 95, 94, 93, 90, 89, 88, 86, 85, 83

CH. LAGRANGE★★ 🍷 St-Julien 3ème CC, 112 ha 05 56 59 23 63/05 56 59 26 09

Lagrange, das größte Gut in St-Julien und der größte aller Crus Classés, macht einen klassischen, zuverlässigen St-Julien. Dazu tragen das gute Terroir und die großen Investitionen der japanischen Suntory-Gruppe, Eigentümer seit 1983, bei. Die Qualität wird gesichert, indem ein Großteil der Ernte zum Zweitwein Les Fiefs de Lagrange verarbeitet wird.

Gute Jahrgänge 1997, 96, 95, 94, 93, 90, 89, 88, 86, 85

CH. LA LAGUNE★★ 🍷 Haut-Médoc 3ème CC, 72 ha 05 57 88 82 77/05 57 88 82 70

Der südlichste Cru Classé des Haut-Médoc – im Besitz der Champagnerfirma Ayala – hat einen sandigeren Boden als die anderen Crus Classés. Die Weine sind rund und samtig, sie werden zum überwiegenden Teil in neuer Eiche ausgebaut.

Gute Jahrgänge 1997, 96, 1996, 95, 90, 89, 88, 86, 85, 83, 82, 81, 79, 78, 76, 75

CH. LAMOTHE-GUIGNARD★ 🍷 05 56 76 60 28/05 56 76 69 05

Sauternes 2ème CC, 17 ha

Das größere der beiden Lamothe-Châteaus, einst im Besitz von Ch. d'Arche, macht Wein, der etwas intensiver, aber auch nicht ganz so elegant ist wie der des kleinen Nachbarn.

Gute Jahrgänge 1997, 96, 95, 90, 89, 88, 86, 83, 82, 81

CH. LANGOA-BARTON★★ 🍷 St-Julien 3ème CC, 15 ha 05 56 59 06 05/05 56 59 14 29

Dieses Gut gehört seit sechs Generationen der Familie Barton und ist im Médoc neben LÉOVILLE-BARTON der Cru Classé, der am längsten in Privatbesitz ist. Der traditionelle St-Julien verfügt über eine samtene Farbe und runde Aromen. Seine Weichheit macht ihn schon jung sehr angenehm, er altert aber auch sehr gut. Anthony Barton ist im Bordelais eine beliebte und respektierte Figur.

Gute Jahrgänge 1997, 96, 95, 94, 90, 89, 88, 86, 85, 83, 82, 81, 78, 75, 62, 56, 45

CH. LARCIS-DUCASSE★★ 🍷 St-Émilion GCC, 11 ha 05 57 24 70 84/05 57 24 64 00

Am Fuß des berühmten Pavie-Hangs gelegen, macht das Gut Weine von großer Klasse und Raffinesse, die ein ausgezeichnetes Reifungspotential haben.

Gute Jahrgänge 1997, 96, 95, 94, 93, 90, 89, 88

CH. LARMANDE★★ 🍷 St-Émilion GCC, 25 ha 05 57 24 71 41/05 57 74 42 80

Eines der größten und zuverlässigsten Grand-Cru-Classé-Güter, das körperreiche, sehr dichte Weine mit weicher Frucht macht.

Gute Jahrgänge 1997, 96, 94, 93, 90, 89, 88, 86, 85, 83, 82

CH. LARRIVET-HAUT-BRION★★ 🍷🍷 05 56 64 75 51/05 56 64 53 47

Pessac-Léognan, 33 ha 🍷, 9 ha 🍷

Trotz des Namens liegt der Weinberg nicht in Pessac, sondern in Léognan. Die Weine wurden seit Anfang der 1990er Jahre wesentlich besser, die roten besitzen durch neue Eiche einen reiferen Charakter, die weißen sind fruchtbetonter.

Gute Jahrgänge 🍷1997, 96, 95, 94, 90, 89, 88, 86, 85, 83, 82, 81, 79, 78

CH. LASCOMBES★★ 🍷 Margaux 2ème CC, 50 ha 05 57 88 70 66/05 57 88 72 17

Ein sehr guter, zuverlässiger Margaux, immer mit ausladendem, tiefschichtigem Schwarze-Johannisbeer-Aroma, wenn auch vielleicht eine Spur Finesse fehlt. Kann 10–15 Jahre reifen.

Gute Jahrgänge 1997, 96, 95, 94, 90, 89, 88, 86, 85, 83, 75, 70, 66, 62, 61

CH. LATOUR★★★ 🍷 Pauillac 1er CC, 65 ha 05 56 73 19 80/05 56 73 19 81

Der beständigste und beststrukturierte der drei Pauillac Premiers Crus Classés. Die Weinberge von Latour liegen nahe der Gironde und profitieren von dem ausgezeichneten Kiesboden. Der Wein, fast einzigartig in seiner Kombination von Kraft und Üppigkeit, braucht selbst in jüngerer Zeit über 10 Jahre, um sich zu öffnen, und er wird über etliche Jahrzehnte immer besser. Nur die besten Teile des Weinbergs und die ältesten Stöcke werden für den Latour verwendet, der Rest ergibt den ausgezeichneten Zweitwein Les Forts de Latour oder einfachen Pauillac.

Gute Jahrgänge 1997, 96, 95, 94, 93, 91, 90, 89, 88, 82, 79, 78, 75, 70, 62, 61, 59, 49, 45, 34, 29, 28, 26, 24

CH. LATOUR-À-POMEROL★★ 🍷 Pomerol, 8 ha 05 57 51 78 96/05 57 51 79 79

Einer der berühmtesten und mächtigsten Weine der Appellation, der wie PÉTRUS im Besitz der Familien Lacoste und Moueix ist. Trotz ihrer großen Kraft bleiben sie bei der Reifung sehr elegant.

Gute Jahrgänge 1997, 96, 95, 94, 90, 89, 88, 85, 83, 82, 81, 79, 70, 61, 59, 47

CH. LAVILLE-HAUT-BRION★★★🍸 05 56 00 29 30/05 56 98 75 14

Pessac-Léognan CC, 3,7 ha

Laville-Haut-Brion ist der exzellente Weißwein von La Mission-Haut-Brion, zu 70 % aus Sémillon. Seit jüngerer Zeit werden die Trauben bei optimaler Balance zwischen Reife und Säure geerntet, so daß das bemerkenswerte Terroir zum Ausdruck kommt.

Gute Jahrgänge 1997, 96, 95, 94, 90, 89, 88, 85, 76, 71, 62

CH. LÉOVILLE-BARTON★★★ 🍷 05 56 59 06 05/05 56 59 14 29

St-Julien 2ème CC, 46 ha

Das kleinste und traditionellste der drei Léoville-Güter ist seine 1826 in der Hand der Familie Barton. Die klassischen St-Julien verfügen über eine schöne, dichte Frucht, sind niemals zu schwer und altern wunderbar.

Gute Jahrgänge 1997, 96, 95, 94, 93, 90, 89, 88, 86, 85, 82, 81, 61, 59, 55, 45

CH. LÉOVILLE-LAS-CASES★★★ 🍷 05 56 59 25 26/05 56 59 18 33

St-Julien 2ème CC, 97 ha

Das führende Château in St-Julien, dessen Rebflächen z.T. an Latour angrenzen. Die Qualität des Bodens, das Alter der Rebstöcke, die Detailgenauigkeit – das alles ergibt einen großen Wein, der 20 Jahre und mehr in der Flasche reifen kann. Der bekannte Zweitwein, Clos du Marquis, ist qualitativ ein Cru Classé. Gegenwärtig ist der Grand Vin (Hauptwein) so teuer wie ein Pauillac Premier Cru.

Gute Jahrgänge 1997, 96, 95, 94, 93, 92, 90, 89, 88, 86, 85, 83, 82, 81, 79, 78, 75, 59

CH. LÉOVILLE-POYFERRÉ★★ 🍷 05 56 59 08 30/05 56 59 60 09

St-Julien 2ème CC, 80 ha

Dieser kraftvolle Wein, der von den besten Teilen der Appellation kommt, hatte früher nicht ganz die gewünschte Finesse. Die Investitionen in den 1980er Jahren und die Beratung durch Michel Rolland seit 1994 zeigten bereits sehr positive Effekte.

Gute Jahrgänge 1997, 96, 95, 93, 90, 89, 88, 86, 85, 83, 82, 61, 59, 53, 47, 45

CH. LILIAN-LADOUYS★ 🍷 St-Estèphe CB, 48 ha 05 56 59 71 96/05 56 59 35 97

Ein sehr guter Weinberg, der Ende der 1980er Jahre von Christian und Lilian Thiéblot aus mehreren Parzellen geschaffen wurde, die zuvor die örtliche Genossenschaft belieferten. Die ausgezeichnete Qualität 1989 und 1990 haben den guten Ruf des Châteaus begründet.

Gute Jahrgänge 1997, 96, 95, 94, 90, 89

CH. LOUBENS★★ ♀ Ste-Croix-du-Mont, 17 ha ♀ 05 56 62 01 25/05 56 76 71 65

Einer der wirklich guten Süßweine aus anderen Gebieten als Sauternes. Die honigwürzigen Frucht macht Loubens sein Jahrzehnten zum Führer der Appellation.

Gute Jahrgänge 1997, 96, 95, 90, 89, 88, 86, 85, 83

CH. LA LOUVIÈRE★★ ♥♀ Pessac-Léognan, 33 ha ♥, 15 ha ♀ 05 56 64 75 87/05 56 64 71 76

iederbelebt durch André Lurton, den tatkräftigsten Promoter der Weine des nördlichen Graves, gilt dieses Château einem guten Pessac-Léognan Cru Classé als ebenbürtig. Die fleischigen Rotweine profitieren von langer Reifung, auch die markanten Weißweine benötigen einige Jahre, um sich von der besten Seite zu zeigen.

Gute Jahrgänge ♥1997, 96, 95, 94, 93, 90, 89, 88, 86, 85; ♀1996, 95, 94, 90, 89, 88

CH. LYNCH-BAGES★★ ♥ Pauillac 5ème CC, 90 ha 05 56 73 24 00/05 56 59 26 42

Einer der berühmtesten Weine von Pauillac, der viel häufiger die Qualität eines Deuxième Cru Classé besitzt als eines Cinquième Cru. Lynch-Bages ist immer von kräftiger, pflaumiger Statur und eindrucksvoll tiefschichtig.

Gute Jahrgänge 1997, 96, 95, 94, 90, 89, 88, 87, 86, 85, 83, 82, 81, 70, 61, 59, 55, 53, 47

CH. MAGDELAINE★★ ♥ St-Émilion 1er GCC B, 10 ha 05 57 55 05 80/05 57 25 13 30

Mit Weinbergen auf dem Plateau über der Stadt, nahe denen von AUSONE und BELAIR, macht Magdelaine Weine von großer Rasse und Klasse, sehr fein im Vergleich zu den extraktreicheren St-Émilions, dennoch zu schöner Reifung fähig.

Gute Jahrgänge 1997, 96, 95, 94, 90, 89, 88, 85, 83, 82, 75, 70, 61

CH. MALARTIC-LAGRAVIÈRE★★ ♥♀ 05 56 64 75 08/05 56 64 53 66
Pessac-Léognan CC, 15 ha ♥, 4 ha ♀

Eines der angesehensten Châteaus der Appellation, das vor kurzem von der Gruppe Laurent-Perrier wieder in private Hände überging. Die Sauvignon-dominierten Weißweine zeichnen sich durch Finesse aus, die Rotweine durch tiefe Frucht.

Gute Jahrgänge ♥1996, 95, 94, 93, 89, 88, 85, 83, 82, 81, 78; ♀1996, 95, 94

CH. MALÉSCOT ST-EXUPÉRY★★ ♥ 05 57 88 70 68/05 57 88 35 80
Margaux 3ème CC, 23,5 ha

Nach einem Abstieg in den 1970er und den frühen 1980er Jahren gehört dieser Wein dank der tatkräftigen jungen Generation der Familie Zuger zu den elegantesten der Appellation.

Gute Jahrgänge 1997, 96, 95, 94, 93, 90, 89, 88, 70, 61, 59, 55, 47, 45

CH. DE MALLE★★ ♀ Sauternes 2ème CC, 27 ha 05 56 62 36 86/05 56 76 82 40

Seit je für den üppigen, fast karamelsüßen Wein bekannt, hat sich de Malle seit 1986 weit über seine Klassifikation aufgeschwungen. Es wird auch ein trockener Weißwein, M. de Malle, hergestellt.

Gute Jahrgänge ♀1997, 96, 95, 94, 91, 90, 89, 88

CH. MARBUZET★ ♥ St-Estèphe CB, 7 ha 05 56 73 15 50/05 56 59 72 59

Im Besitz der Familie Prats von COS D'ESTOURNEL. Dieser Wein war bis zur Schaffung des Les Pagodes de Cos im Jahr 1994 der Zweitwein von COS. Ein runder und fruchtiger, aber fester St-Estèphe von der Qualität eines Spitzen-Cru-Bourgeois. Er ist nicht billig, rechtfertigt aber den Preis.

Gute Jahrgänge 1997, 96, 95, 94, 90, 89, 88, 86, 85

CH. MARGAUX★★★ 🍷 ★★ 🍸 **05 57 88 83 83/05 57 88 31 32**

Margaux 1er CC, 78 ha 🍷, 10 ha 🍸

Das einzige Château im Médoc, das denselben Namen trägt wie die Appellation, und der Inbegriff des Premier Cru Classé. Etwa die Hälfte der Ernte geht jedes Jahr in den sehr guten Zweitwein, Pavillon Rouge, so daß der Hauptwein nie enttäuscht. Mit seiner perfekten Verbindung von Kraft und Eleganz demonstriert er die Ausnahmequalität des Bodens auf Margaux. Auch leichtgewichtigere Jahrgänge altern hervorragend. Der Pavillon Blanc, ein reiner Sauvignon Blanc und in einem separaten *chai* vinifiziert, ist ein frischer, feiner Wein mit Blütenbukett und mit 3–4 Jahren am besten. Ch. Margaux hat – selten im Bordelais – seine eigene Küferei.

Gute Jahrgänge 🍷1997, 96, 95, 94, 93, 91, 90, 89, 88, 86, 85, 83, 82, 81, 80, 79, 78, 61, 59, 53, 52, 50, 47, 45, 28, 26; 🍸1996, 95, 94, 90, 89, 88, 86, 85

CH. MARQUIS DE TERME★ 🍷 **05 57 88 30 01/05 57 88 32 51**

Margaux 4ème CC, 35 ha

Dieses Château ist seit den 1980er Jahren erfolgreich und macht in den 1990er Jahren einen der besten Weine der Appellation. In der Nähe von LASCOMBES gelegen, besitzt es ein hervorragendes Terroir..

Gute Jahrgänge 1997, 96, 95, 90, 89, 88, 86, 85, 83

CH. MAUCAILLOU★ 🍷 Moulis CB, 80 ha **05 56 58 01 23/05 56 58 00 88**

Ein schöner, geschmeidiger Wein, immer tieffarben mit weichen Tanninen und reifer Frucht. Ein großer Teil wird in neuer Eiche ausgebaut.

Gute Jahrgänge 1997, 96, 95, 90, 89, 88, 86, 85, 83, 82, 81

CH. LA MISSION-HAUT-BRION★★★ 🍷 **05 56 00 29 30/05 56 98 75 14**

Pessac-Léognan CC, 20,9 ha

Obwohl nur durch eine schmale Straße von Haut-Brion getrennt und obwohl die beiden hervorragenden Lagen seit 1983 denselben Besitzer haben, sind die Weine grundverschieden. La Mission verfügt über eine körperreichere Erdigkeit mit Minznoten, hat jedoch nicht die weiche Geschmeidigkeit von Haut-Brion, aber dieselbe Komplexität und gute Alterungsfähigkeit. Die Güter sind inzwischen von den Vororten von Bordeaux umgeben, was den Rebstöcken mehr Schutz vor Kälte bietet.

Gute Jahrgänge 1997, 96, 95, 94, 93, 90, 89, 88, 85, 83, 82, 81, 79, 78, 75, 66, 64, 61, 59, 55, 49, 48, 47, 46, 45, 29, 28

CH. MONBOUSQUET★ 🍷 St-Émilion GC, 31 ha **05 57 24 67 19/05 57 74 41 29**

Monbousquet, eines der größeren Güter der Appellation, hat seit dem Kauf durch Gérard Perse 1995 eine deutliche Wandlung erlebt. Mit spät geernteten und sehr reifen Trauben sowie der Beratung durch Michel Rolland hat der Wein inzwischen die Klasse der besten Grand Crus Classés erreicht.

Gute Jahrgänge 1995, 94, 93, 90, 89, 88, 85, 83, 82, 79, 78

CH. MONBRISON★ 🍷 Margaux CB 21 ha **05 56 58 80 04/05 56 58 85 33**

Einer der stoffigsten, aromatischsten Margaux Crus Bourgeois, regelmäßig besser als viele Crus Classés.

Gute Jahrgänge 1997, 96, 95, 90, 89, 88, 86, 85, 83, 82

CH. MONTROSE★★★ 🍷 St-Estèphe 2ème CC, 68 ha 05 56 59 30 12/05 56 59 38 48

Mit Rebflächen, die wie die von Latour in einem geschlossenen Block nahe der Gironde liegen, war Montrose einst für den intensivsten, langlebigsten Wein des Médoc bekannt. In jüngerer Zeit ist er runder und schon relativ jung zugänglich, ohne an Konzentration zu verlieren. Montrose könnte in Anbetracht der privilegierten Lage und des Qualitätsbewußtseins wie Cos d'Estournel einer der Premiers Crus von St-Estèphe werden.

Gute Jahrgänge 1997, 96, 95, 94, 93, 91, 90, 89, 86, 82, 76, 70, 64, 61, 59, 55, 53, 52, 49, 47, 45, 29, 28, 26, 21, 20

CH. MOUTON-ROTHSCHILD★★★ 🍷 05 56 73 21 29/05 56 73 21 28
Pauillac 1er CC, 75 ha

Berühmt als einer der größten Weine der Welt, hat Mouton-Rothschild die explosivste Frucht der Premiers Crus Classés von Pauillac, allerdings ist er nicht der zuverlässigste. Er kann – mit der Festigkeit, die aus alten Cabernet-Sauvignon-Stöcken kommt – über eine äußerst dichte, beinahe exotische Aromatik verfügen, die schon jung verführerisch ist und über mehrere Jahrzehnte reifen kann. Seit 1993 gibt es offiziell den Zweitwein La Petit Mouton.

Gute Jahrgänge 1997, 96, 95, 94, 93, 91, 89, 88, 86, 85, 83, 82, 78, 70, 66, 62, 61, 59, 55, 53, 49, 48, 47, 45, 34, 29, 28

CH. NAIRAC★★ 🍷 Barsac 2ème CC, 17 ha 05 56 27 16 16/05 56 27 26 50

Eines der qualitätsbewußtesten Güter der Region. Wenn der Wein den Eigentümern nicht genügt, wird er nicht mit dem Etikett des Châteaus verkauft. Penibles Engagement in Weinberg und Keller haben Nairac in die Spitze der Deuxième Crus Classés gebracht. Der Einsatz neuer Eiche bedeutet eine Lagerfähigkeit von 10–15 Jahren.

Gute Jahrgänge 1997, 96, 95, 90, 89, 88, 86, 83, 82, 81, 80, 76, 75

CH. NENIN★ 🍷 Pomerol, 27 ha 05 57 51 00 01/05 57 51 77 47

Das für Pomerol große Gut solte nach seinem Verkauf 1998 an die Familie Delon von LÉOVILLE-LAS-CASES deutlich besser werden.

Gute Jahrgänge 1997, 96, 95, 93, 90, 89, 88, 85

CH. OLIVIER★ 🍷🍸 05 56 64 73 31/05 56 64 54 23
Pessac-Léognan CC, 33 ha 🍷, 12 ha 🍸

Eines der ältesten Güter im Graves – die Weine waren lange Zeit weniger beeindruckend als die Gebäude. Investitionen und Selektion haben Verbesserungen gebracht, doch ist bis zur Spitze in der Appellation noch ein Stück Wegs zu gehen.

Gute Jahrgänge 🍷1997, 96, 90, 89, 88, 86, 85, 83; 🍸1996, 95, 94, 93, 90, 89

CH. LES ORMES SORBET★ 🍷 Médoc CB, 21 ha 05 56 73 30 30/05 56 73 30 31

Der klassische Médoc zeigt – bei sensiblem Einsatz von Eiche – die typische Tiefe und Finesse des Cabernet Sauvignon.

Gute Jahrgänge 1997, 96, 95, 94, 90, 89, 88

CH. PALMER★★★ 🍷 Margaux 3ème CC, 45 ha 05 57 88 72 72/05 57 88 37 16

Palmer gilt generell als das zweitbeste Château in der Appellation nach Ch. Margaux (und war in den 1960er, 1970er Jahren oft besser). Der große Anteil an Merlot und die späte Lese ergeben eine recht untypische Weichheit, dennoch ist der Wein in seiner

Alterungsfähigkeit fast konkurrenzlos. Gute Jahrgänge sind nach 30 Jahren und mehr auf dem Höhepunkt. Die Lagerkeller wurden 1995 vollständig modernisiert.
Gute Jahrgänge 1997, 96, 95, 90, 89, 88, 86, 85, 83, 82, 79, 78, 75, 70, 66, 61, 59, 55, 52, 49, 48, 47, 45, 29

CH. PAPE-CLÉMENT★★★ 🍷🍸 **05 56 07 04 11/05 56 07 36 70**
Pessac-Léognan CC, 30 ha 🍷, 2,5 ha 🍸
Die Rotweine von Pape-Clément, die zu den aromakräftigsten der Appellation gehören, verfügen über eine feste, doch samtige Frucht, wie sie die tolle Farbe verspricht. Bis Mitte der 1970er Jahre für Qualität bekannt, konnte man nach einer unsicheren Phase seit 1985 wieder eine Reihe hervorragender Jahrgänge verzeichnen. Auch eine kleine Menge sehr delikaten Weißweins wird produziert.
Gute Jahrgänge 🍷1996, 95, 94, 93, 90, 89, 86, 85, 75, 62, 61, 53; 🍸1996, 95, 94

CH. PAVIE★★ 🍷 St-Émilion 1er GCC B, 37 ha **05 57 55 43 43/05 57 24 63 99**
Eines der renommiertesten Güter in St-Émilion, jetzt im Besitz von Gérard Perse von CH. MONBOUSQUET. Nach Süden ausgerichtete Weinberge liefern einen kompakten, langlebigen und komplexen Wein, der in den 1990ern leider etwas von seiner Konzentration einbüßte. Gute Jahrgänge können 10 Jahre und mehr reifen.
Gute Jahrgänge 1997, 96, 95, 90, 89, 88, 86,85, 83, 82, 81

CH. PAVIE-DECESSE★ 🍷 St-Émilion GCC, 10 ha **05 57 55 43 44/05 57 24 63 99**
Die Rebflächen, die über denen von Ch. Pavie liegen, ergeben einen tiefgründigen und feinen Wein, auch wenn in den letzten Jahren eine negative Tendenz zu verzeichnen war. Unter dem neuen Besitzer, Gérard Perse, sollte die Qualität steigen. Nach 5 bis 10 Jahren zu trinken.
Gute Jahrgänge 1997, 96, 95, 90, 89, 88, 86, 85, 83, 82, 81, 78, 75

CH. PAVIE-MACQUIN★★ 🍷 St-Émilion GCC, 15 ha **05 57 24 74 23/05 57 24 63 78**
Die Weinberge, die zwischen Pavie und Troplong-Mondot liegen, werden biodynamisch bewirtschaftet. Mit großen Anstrengungen seit Ende der 1980er Jahre wurde ein eindrücklicher Wein mit Konzentration und großem Körper geschaffen.
Gute Jahrgänge 1997, 96, 95, 94, 93, 90, 89, 88

CH. PETIT-VILLAGE★★ 🍷 Pomerol, 11 ha **05 57 51 21 08/05 57 51 87 31**
Das Gut, das auf den höchsten Punkt des Kiesplateaus von Pomerol liegt (und im Besitz der Versicherungsgruppe AXA ist), macht einen ausgezeichneten Wein mit Kraft und Raffinement.
Gute Jahrgänge 1997, 96, 90, 89, 88, 85, 83, 82, 81, 95, 94, 75, 70, 66, 61

CH. PÉTRUS★★★ 🍷 Pomerol, 11,5 ha **05 57 51 78 96/05 57 51 79 79**
Das berühmteste Château in Pomerol, und einer der berühmtesten Weine der Welt. Die Weinberge unweit denen von Cheval-Blanc im benachbarten St-Émilion liefern mit ihrem ganz besonderen Terroir Weine von unerreichter Opulenz und Vielschichtigkeit. Trotz des hohen Anteils von Merlot (95–100%), der diesen großen Wein schon mit 5 Jahren trinkreif macht, altert er ganz ausgezeichnet über viele Jahre.
Gute Jahrgänge 1997, 96, 95, 94, 93, 90, 89, 88, 86, 85, 82, 80, 79, 75, 71, 70, 64, 61, 59, 48, 47, 45

CH. DE PEZ★ 🍷 St-Estèphe CB, 24 ha **05 56 59 30 07/05 56 59 39 25**
Der Wein gehörte in den 1970er und den frühen 1980er Jahren zu den besten Crus

Bourgeois von St-Estèphe. Nach dem Kauf durch Jean-Claude Rouzaud von der Champagnerfirma Roederer scheint sein Stern wieder aufzugehen.

Gute Jahrgänge 1997, 96, 95, 94, 90, 89, 88, 86, 85, 83, 82, 79, 78, 75

CH. PHÉLAN-SÉGUR★★ 🍷 St-Estèphe CB, 64 ha 05 56 59 30 09/05 56 59 30 04

Eines der schönsten klassischen Châteaus, in einem weiten Park über der Gironde gelegen. Seit dem Kauf 1985 hat die Familie Gardinier große Investitionen getätigt, so daß der Wein jetzt die Feinheit, Tiefe und Rasse eines Cru Classé besitzt.

Gute Jahrgänge 1997, 96, 95, 94, 93, 90, 89, 88

CH. PIBRAN★ 🍷 Pauillac CB, 9,5 ha 05 56 73 17 17/05 56 73 17 28

Das kleine Gut, das im Besitz der Versicherungsgruppe AXA ist, liegt in der Nähe von Pontet-Canet und macht einen der besten Crus Bourgois im Médoc. 1997 errang es den begehrten »Coupe des Crus Bourgeois«.

Gute Jahrgänge 1997, 96, 95, 94, 90, 89, 88

CH. PICHON-LONGUEVILLE BARON DE LONGUEVILLE★★★ 🍷
Pauillac 2ème CC, 68 ha 05 56 73 17 17/05 56 73 17 28

»Pichon-Baron«, wie das Gut allgemein genannt wird, macht auf hervorragendem Terrain aus Cabernet Sauvignon herrlich tiefgründige, intensive Weine, die einige Jahre brauchen, um zugänglich zu werden, und sich über 20 Jahre und mehr verbessern. Der Erfolg seit 1988 ist den Investitionen der AXA-Gruppe und der Leitung durch Jean-Michel Cazes von LYNCH-BAGES zu verdanken.

Gute Jahrgänge 1997, 96, 95, 94, 90, 89, 88, 86, 82, 59, 53, 49

CH. PICHON-LONGUEVILLE COMTESSE-DE-LALANDE★★★ 🍷
Pauillac 2ème CC, 75 ha 05 56 59 19 40/05 56 59 29 78

Stilistisch sehr anders als Pichon-Baron – z.T. auf den großen Anteil Merlot in der Cuvée sowie auf den Einfluß der Eigentümerin, Mme de Lencquesaing, zurückzuführen –, stellt Pichon-Longueville-Lalande einen der verführerischsten Pauillacs dar, der schon früh wunderbar ist und ebensogut reift wie seine Kollegen. Die Konkurrenz zwischen den beiden Pichons resultiert in konstant exzeptioneller Qualität.

Gute Jahrgänge 🍷1996, 94, 90, 89, 88, 86, 85; 🍷1996, 95, 94, 93, 92, 90

CH. LE PIN★★★ 🍷 Pomerol, 2 ha Tel. 05 57 51 33 99

Dieses winzige Gut wurde Anfang der 1980er Jahre durch Jacques Thienpont berühmt, den Mitbesitzer von VIEUX-CHÂTEAU-CERTAN. Die Weine, beispielhaft für ihre Reife, Konzentration und Finesse, machen in puncto Rekordpreisen auf Auktionen dem CH. PÉTRUS Konkurrenz.

Gute Jahrgänge 1997, 96, 95, 94, 90, 89, 88, 87, 86, 85, 83, 82, 81

CH. LA POINTE★ 🍷 Pomerol, 25 ha 05 57 51 02 11/05 57 51 42 33

Das für Pomerol große Gut, das von der Familie dArfeuille engagiert gemanagt wird, macht warme, runde und geschmeidige Weine, die in den 1990er Jahren mit mehr Gewicht und üppigem Pomerol-Charakter viel besser wurden.

Gute Jahrgänge 1997, 96, 95, 94, 93, 90, 89

CH. PONTET-CANET★★ 🍷 Pauillac 5ème CC, 78 ha 05 56 59 04 04/05 56 59 26 63

Die Weinberge nördlich von Pauillac grenzen an die von MOUTON-ROTHSCHILD. Nach dem Kauf 1975 durch die Familie Tesseron von LAFON-ROCHET dauerte es über 10 Jahre, bevor sich die Investitionen in Reben und Keller in einem mächtigen

Wein voller Schwarze-Johannisbeer-Frucht niederschlug, der Pontet-Canet in die Spitze der Pauillac 5ème Crus Classés brachte; mit dem Jahrgang 1994 hat es diese Position wieder erlangt.

Gute Jahrgänge 1997, 96, 95, 94, 93, 90, 89, 88, 86, 85, 83, 82, 75, 61, 45

CH. POTENSAC★★ 🍷 Médoc CB, 51 ha 05 56 73 25 26/05 56 59 18 33

Im Besitz der Familie Delon von Léville-Las-Cases ist dieses Gut, das den besten Wein der Appellation – jedes Jahr von wunderbarer Festigkeit – macht. Nach 4–5 Jahren trinkreif, altert bis zu 10 Jahren.

Gute Jahrgänge 1997, 96, 95, 94, 93, 90, 89, 88, 86, 85, 83, 82, 81

CH. POUJEAUX★★ 🍷 Moulis CB, 52 ha 05 56 58 02 96/05 56 58 01 25

Der beste Wein von Moulis, der regelmäßig viele Crus Classés übertrifft, dank des hervorragenden Terroirs und äußerst sorgfältiger Vinifikation und Reifung.

Gute Jahrgänge 1997, 96, 95, 94, 93, 90, 89, 88, 86, 85, 83, 82, 81, 78

CH. PRIEURÉ-LICHINE★★ 🍷 Margaux 4ème CC, 69 ha 05 57 88 36 28/05 57 88 78 93

Ein Wein, der immer mit Alexis Lichine verbunden sein wird, der das Gut fast 40 Jahre, von 1952 bis zu seinem Tod 1989, um- und ausbaute. Mit großer Statur, doch elegant, vielschichtig, doch zugänglich, kann Prieuré-Lichine 10–15 Jahre schön altern.

Gute Jahrgänge 1997, 96, 95, 93, 90, 89, 88, 86, 85, 83, 82, 78, 64, 61

CH. RABAUD-PROMIS★★ 🍷 Sauternes 1er CC, 30 ha 05 56 76 67 38/05 56 76 63 10

Das sehr zuverlässige Château macht einen vollsüßen Wein mit wahrhaft üppiger und reiner Frucht, der über 20 Jahre hinweg noch besser wird.

Gute Jahrgänge 1997, 96, 95, 94, 90, 89, 88, 86, 83, 67

CH. RAUZAN-GASSIES★ 🍷 Margaux 2ème CC 30 ha 05 57 88 71 88/05 57 88 37 49

Nach über 2 Jahrzehnten mit mittelmäßigen Produkten machte sich der neue Direktor, Jean-Louis Camp von Ch. Loudenne, sofort mit Qualität bemerkbar. Der Standard des Deuxième Cru Classé ist jedoch noch nicht erreicht.

Gute Jahrgänge 1997, 96, 95, 83, 79, 78, 75

CH. RAUZAN-SÉGLA★★★ 🍷 Margaux 2ème CC 51 ha 05 57 88 82 10/05 57 88 34 54

Nach dem Kauf 1994 durch die Chanel-Gruppe hat Rauzan-Ségla wieder seinen Platz hinter Ch. Margaux als zweitbestes Gut der Appellation erlangt. Der Wein ist sehr elegant mit prononciertem Fruchtbukett und verfügt über eine herrliche Vielschichtigkeit. Neue Anpflanzungen in den Weinbergen und ein neuer Faßkeller sind Zeichen für den Aufstieg des Guts.

Gute Jahrgänge 1997, 96, 95, 94, 93, 90, 89, 88, 86, 85, 83, 82

CH. RAYMOND-LAFON★★ 🍷 Sauternes, 18 ha 05 56 63 21 02/05 56 63 19 58

Das Gut im Besitz eines früheren d'Yquem-Managers macht einen ähnlichen, honigüppigen Süßwein, der den Klassiker qualitativ erreichen kann. Die Rebflächen sind von Premiers Crus umgeben, der Wein ist sicher von vergleichbarer Qualität.

Gute Jahrgänge 1997, 96, 95, 90, 89, 88, 86, 85, 83, 82, 81, 80, 78, 76, 75

CH. DE RAYNE-VIGNEAU★★ 🍷 Sauternes 1er CC, 79 ha 05 56 01 30 01/05 56 79 23 57

Das für Sauternes sehr große Gut verfügt über den besten Boden und das beste Kleinklima nach d'Yquem. Der Wein ist elegant und rein, hat aber manchmal nicht ganz die konzentrierte Üppigkeit der besten Premiers Crus Classés.

Gute Jahrgänge 1997, 96, 95, 90, 89, 88, 86, 83

CH. RIEUSSEC★★★ 🍷 Sauternes 1er CC, 100 ha 05 56 62 20 71/05 56 76 27 82

Rieussec gehört jetzt zur Lafite-Rothschild-Gruppe; Investitionen haben ihm seine Rolle als führender Sauternes Premier Cru Classé wiedergegeben. Der Wein besitzt eine reiche, lang anhaltende Honig-und-Blüten-Süße.

Gute Jahrgänge 1997, 96, 95, 90, 89, 88, 86, 85, 83, 81,75, 71, 67, 62, 59, 45

CH. ROC DE CAMBES★ 🍷 Côtes de Bourg, 9,5 ha 05 57 24 70 57/05 57 74 42 11

Im Besitz der Familie Mitjaville von LE TERTRE-RÔTEBŒUF in St-Émilion, macht das Gut aus spät geernteten Trauben Wein vom selben mächtigen Charakter.

Gute Jahrgänge 1997, 96, 95, 94, 93, 91, 90, 89

CH. ST-AMAND★ 🍷 Sauternes, 22 ha 05 56 76 84 89/05 56 76 24 87

Ein traditioneller Sauternes von gutem Stoff, der einen Deuxiéme Cru Classe gleichkommt. Erschwinglicher Zweitwein ist der ebenso aromatische und elegante Ch. La Chartreuse.

Gute Jahrgänge 1997, 96, 95, 90, 89, 88, 86, 83

CH. SIGALAS-RABAUD★★ 🍷 Sauternes 1er CC, 14 ha 05 56 95 53 00/05 56 95 53 01

Die gute Reblage ist teilweise in Besitz von Cordier, dem *négociant*, dem auch Lafaurie-Peyraguey gehört. Elegante Weine, die jung getrunken werden können.

Gute Jahrgänge 1997, 96, 95, 91, 90, 89, 88, 86, 85, 83, 81, 79, 75, 71, 67, 62

CH. SIRAN★★ 🍷 Margaux CB, 25 ha 05 57 88 34 04/05 57 88 70 05

Seit vielen Jahren als einem Cru Classé gleichwertig erachtet, macht Siran auf gut entwässertem Kiesboden charmante, tiefe Weine, die mit einem großen Anteil neuer Eiche gut altern.

Gute Jahrgänge 1997, 96, 95, 90, 89, 86, 85, 83, 82

CH. SMITH-HAUT-LAFITTE★★ 🍷🍷 05 56 30 72 30/05 56 30 96 26

Pessac-Léognan CC, 44 ha 🍷, 11 ha 🍷

Ein berühmtes Gut und ein glänzendes Beispiel für den Fortschritt, den engagierte neue Besitzer in wenigen Jahren erzielen. Rot- und Weißweine sind gleichermaßen hervorragend. Eines der wenigen Güter in Bordeaux mit eigener Küferei.

Gute Jahrgänge 🍷1996, 94, 90, 89, 88, 86, 85; 🍷1996, 95, 94, 92, 90

CH. SOCIANDO-MALLET★★ 🍷 05 56 59 36 57/05 56 59 70 88

Haut-Médoc CB, 58 ha

Als »Ch. Latour des Médoc« bekannt, macht dieses Gut die dichtesten und klassischsten Cabernets der Appellation. Eine Flaschenreifung über 10–15 Jahre lohnt sich. Dieser beste Cru Bourgeois übertrifft viele Crus Classés und erzielt Spitzenpreise.

Gute Jahrgänge 1997, 96, 95, 94, 93, 91, 90, 89, 88, 86, 85, 83, 82, 79, 76, 75

CH. SOUTARD★ 🍷 St-Émilion GCC, 22 ha 05 57 24 72 23/05 57 24 66 94

Das alte Familiengut mit einem sehr hübschen Château aus dem 18.Jh. produziert traditionelle, langlebige Weine, denen der heute höhere Anteil Eiche guttut. Sie sind jung angenehm, könne aber auch bis zu 20 Jahren altern.

Gute Jahrgänge 1997, 96, 95, 94, 93, 90, 89, 88, 86, 85, 83, 82, 81, 78, 70, 66, 64

CH. SUDUIRAUT★★ 🍷 Sauternes 1er CC, 88 ha 05 56 63 27 29/05 56 63 07 00

Eines der größten Güter in Sauternes und vielleicht das einzige, das durch die Dichte seiner edelfaulen Weine in einigen Jahrgängen d'Yquem Konkurrenz macht. Die

Renaissance unter dem Dach der Versicherungsgruppe AXA resultiert in einem der cremigsten, opulentesten Sauternes, der seine Einstufung ohne weiteres verdient.
Gute Jahrgänge 1997, 96, 90, 89, 88, 82, 80, 79, 76 75, 70, 67, 62, 59, 28

CH. TALBOT★★ 🍷 St-Julien 4ème CC, 102 ha 🍷, 6 ha 🍸 05 56 73 21 50/05 56 73 21 51

Talbot ist seit Anfang des 20. Jahrhundert im Besitz der Familie Cordier. Immer von tiefer Farbe, ist dieser Wein mit seiner geschmeidigen Frucht jung am atrraktivsten, seine Tannine gestatten lange Alterung. Seit 1994 ist eine Verbesserung zu verzeichnen. Der in Eiche vinifizierte Weißwein Caillou Blanc ist sehr attraktiv
Gute Jahrgänge 1997, 96, 95, 94, 90, 89, 88, 86, 85, 83, 82, 81, 79, 78, 66, 62, 61, 59, 49, 45

CH. DU TERTRE★ 🍷 Margaux 5ème CC, 48 ha 05 56 59 30 08/05 56 59 71 51

Du Tertre, das auf einem der höchsten Punkte in Margaux liegt, wurde 1998 verkauft, nachdem es jahrzehntelang der Familie Capbern Gasqueton von Canon-Ségur gehört hatte. Die klassischen Margaux-Weine, die über Farbe und Komplexität verfügen, werden sicher noch besser werden.
Gute Jahrgänge 1997, 96, 95, 94, 93, 90, 89, 88, 86, 85, 83, 82

CH. LE TERTRE-RÔTEBŒUF★★ 🍷 St-Émilion, 4,5 ha 05 57 24 70 37/05 57 74 42 11

Ein außerordentlich dichter, vielschichtiger Wein aus einem makellos geführten Gut, das so spät wie möglich erntet, um besonders reife Trauben zu erhalten.
Gute Jahrgänge 1997, 96, 95, 94, 93, 90, 89, 88, 86, 85, 83, 82, 81

CH. LA TOUR-BLANCHE★★ 🍸 Sauternes 1er CC, 35 ha 05 57 98 02 73/05 57 98 02 78

La Tour-Blanche, das in der Klassifikation von 1855 hinter d'Yquem genannt wurde, sah bis Mitte der 1980er Jahre eine Zeit des Mittelmaßes. Unter neuer Leitung und mit neuen Eichenfässern macht man herrliche aromatische, konzentrierte Weine.
Gute Jahrgänge 1997, 96, 95, 94, 90, 89, 88, 86

CH. LA TOUR-CARNET★ 🍷 05 57 22 28 00/05 57 22 28 05
Haut-Médoc 4ème CC, 43 ha

Das Gut, dessen Ursprünge im 13. Jahrhundert liegen, hat seit 1990 die Qualität stark verbessert, so daß die Weine ihre Einstufung verdienen.
Gute Jahrgänge 1997, 96, 95, 90, 89, 88, 86

CH LA TOUR-HAUT-BRION★★ 🍷 05 56 00 29 30/05 56 98 75 14
Pessac-Léognan, 4,9 ha 🍷

Mit opulentem, rauchigem Bukett ist dies einer der besten, doch auch am wenigsten bekannten roten Graves. Die Rebflächen gehörten einmal zu La Mission-Haut-Brion und wurden 1983 von Duc und Duchesse de Mouchy von Haut-Brion gekauft. Weinmacher ist daher Jean Delmas von Haut-Brion.
Gute Jahrgänge 1997, 96, 95, 94, 90, 89, 88, 82, 78, 75

CH. LA TOUR-MARTILLAC★ 🍷★★ 🍸 05 57 97 71 11/05 57 97 71 17
Pessac-Léognan CC, 30 ha 🍷, 8 ha 🍸

Ein biodynamisch bewirtschaftetes Gut, das seit 1929 in Besitz der Familie Kressmann ist. Die Rotweine von alten Reben verfügen über eine kräftige, rauchige Frucht, die eleganten Weißweine werden dank moderner Vinifikationstechniken immer besser. Das Château ist ein sehr gutes Beispiel für die allgemeine Wein-Renaissance im nördlichen Graves.
Gute Jahrgänge 🍷1997, 96, 95, 94, 90, 88, 86, 85, 83; 🍸1996, 95, 94, 93, 90, 89, 88

CH. TROPLONG-MONDOT★★ 🍷 05 57 55 32 05/05 57 55 32 07
St-Émilion GCC, 30 ha

Das für St-Émilion große Gut, am höchsten Punkt der Appellation über der Côte Pavie gelegen, macht in den letzten 10 Jahren superbe, konzentrierte, dennoch sehr elegante Weine. Es war ein starker Kandidat für die Erhebung zum Premier Grand Cru Classé in der Revision der St-Émilion-Klassifikation 1996.

Gute Jahrgänge 1997, 96, 95, 94, 93, 90, 89, 88, 86, 85

CH. TROTANOY★★ 🍷 Pomerol, 7,5 ha 05 57 51 78 96/05 57 51 79 79

Ein weiteres der angesehenen Güter, die sich im Besitz oder unter der Leitung von J. P. Moueix befinden. Die Rebflächen liegen nahe denen von PÉTRUS, doch auf lehmigerem Boden. Der sehr dunkle, in jungen Jahren robuste und sehr feste Wein benötigt 10 Jahre, um sich zu öffnen, und ist einer der langlebigsten der Appellation.

Gute Jahrgänge 1997, 96, 95, 94, 93, 90, 89, 88, 82, 81, 79, 78, 76, 75, 71, 70, 67, 66, 64, 61, 59, 45, 28

CH. TROTTEVIEILLE★ 🍷 St-Émilion 1er GCC B, 10 ha 05 57 24 71 34/05 57 87 60 30

Von alten Trauben kommt ein traditionell gemachter Wein, im allgemeinen körperreich und robust, doch nicht immer von der Tiefe und Finesse, die man von einem Premier Grand Cru Classé erwartet.

Gute Jahrgänge 1997, 96, 95, 94, 90, 89, 88, 86, 85

CH. DE VALANDRAUD★★ 🍷 St-Émilion, 2,5 ha 05 57 24 65 60/05 57 24 67 03

Der erste Jahrgang dieses winzigen Guts wurde 1992 geerntet, ein sehr dichter, konzentrierter Wein, der zu 100% in neuer Eiche ausgebaut wurde, eine der großen Überraschungen dieses Jahres. Seitdem ist er der begehrteste und fashionabelste St-Émilion und einer der teuersten Bordeaux. **Gute Jahrgänge** 1997, 96, 95, 94, 93, 92

VIEUX-CHÂTEAU-CERTAN★★★ 🍷 Pomerol, 13,5 ha 05 57 51 17 33 /05 57 25 35 08

Dieses erstklassige Gut, dessen Rebflächen an die von PÉTRUS grenzen, macht einen der elegantesten Pomerols. Der für die Appellation hohe Anteil Cabernet Sauvignon und Cabernet Franc (bis 45%) läßt ihn gefälliger altern als andere Pomerols. Das vergangene Jahrzehnt war eines der Superlativen.

Gute Jahrgänge 1997, 96, 95, 94, 93, 90, 89, 88, 86, 85, 83, 82, 78, 75, 70, 66, 64, 61, 59, 53, 52, 50, 48, 47, 45, 29

CH. D'YQUEM★★★ 🍸 Sauternes 1er CC, 102 ha 05 57 98 07 07/05 57 98 07 08

Der weltberühmte Wein ist der Inbegriff des großen Sauternes. Keine Mühe wird gescheut, um aus botrytisierten Trauben einen höchst konzentrierten Wein zu machen. Die Lese dauert manchmal sechs Wochen und länger. Die alten Rebstöcke liefern selten mehr als ein Glas pro Stock, im Médoc ist es etwa eine Flasche. Das intensive, exotische Aroma wird im Verlauf eines halben Jahrhunderts immer besser. Obwohl das Gut das größte in Sauternes ist, übersteigt die weltweite Nachfrage die Produktion, so daß ein d'Yquem schwer zu bekommen ist und nur an den exklusivsten Plätzen verkauft wird. Sein hoher Preis wird noch von den Premiers Crus Classés des Médoc übertroffen, was nicht gerechtfertigt erscheint. Es wird auch ein stilvoller trockener, doch recht opulenter Weißwein namens Y (Ygrec) gemacht.

Gute Jahrgänge 1990, 89, 88, 86, 83, 81, 80, 79, 76, 75, 71, 70, 67, 62, 59, 55, 53, 49, 47, 45, 43, 37, 29, 28, 21

DIE ZWEITWEINE DES BORDELAIS

Die Existenz von »zweiten Weinen« ist nichts Neues, doch erst in den 1980er Jahren traten sie in großem Maßstab in Erscheinung und gewannen eine eigenständige kommerzielle Rolle. Zweitweine ermöglichen es Châteaus, die die Qualität ihres »Flaggschiffs«, des »Grand Vin«, sichern wollen, einen Teil der Ernte auszusondern und dennoch im Gut abzufüllen.

Zweitweine

Im allgemeinen waren zweite Etiketten reserviert für Trauben von jungen Stöcken oder zu früh bzw. zu spät geerntete Trauben. Im vergangenen Jahrzehnt wurde es für die Spitzen-Châteaus zur Pflicht, für ihren Grand Vin noch rigoroser zu selektieren, als Resultat verloren die Zweitweine ihr Image als »deklassierte« Weine und wurden als eigenständige Produkte nachgefragt. Alle Zweitweine sind Gutsabfüllungen.

Preisgestaltung

Der Preis eines Zweitweins liegt zunächst bei maximal 50% des Grand Vin, und da er weit weniger Spekulationsobjekt ist, wird die Differenz im Lauf der Zeit größer. Zweitweine von guten Erzeugern sind eine gute Möglichkeit, den Jahrgang und die Appellation einzuschätzen, ebenso den Stil des jeweiligen Châteaus. Der Preisvorteil gegenüber dem Erstwein bedeutet aber auch eine geringere Komplexität. Die folgende Liste nennt die bekannteren Châteaus mit ihren Zweitweinen.

Angélus: Carillon de l'Angelus; Beychevelle: Amiral de Beychevelle, Réserve de l'Amiral; Branaire: Duluc; Brane-Cantenac: Ch. Notton, Dom. de Fontarney; Calon-Ségur: Marquis de Ségur; Canon: Clos J. Kanon; Canon-La-Gaffelière: Côte Migon-La-Gaffelière; Cantemerle: Villeneuve de Cantemerle; Cantenac-Brown: Canuet; Chasse-Spleen: L'Hermitage de Chasse-Spleen; Cheval Blanc: Le Petit Cheval; Climens: Les Cyprès de Climens; Clos Fourtet: Dom. de Martialis; Cos d'Estournel: Les Pagodes de Cos; Ducru-Beaucaillou: La Croix; Duhart-Milon-Rothschild: Le Moulin de Duhart; de Fieuzal: L'Abeille de Fieuzal; Figeac: Les Grangeneuves de Figeac; La Gaffelière: Clos La Gaffelière; Gloria: Haut-Beychevelle-Gloria; Grand-Puy-Ducasse: Artigues-Arnaud; Grand-Puy-Lacoste: Lacoste-Borie; Gruaud-Larose: Sarget de Gruaud-Larose; Guiraud: Le Dauphin; Haut-Bailly: La Parde de Haut-Bailly; Haut-Batailley: Le Tour d'Aspic; Haut-Brion: Bahans Haut-Brion; Lafite-Rothschild: Carruades de Ch. Lafite; Lafleur: Pensées de Lafleur; Lafon-Rochet: No 2 de Lafon-Rochet; La Lagune: Ludon-Pomies-Agassac; Langoa-Barton: Lady Langoa; Lascombes: Ségonnes; Latour: Les Forts de Latour; Léoville-Barton: La Réserve de Léoville-Barton; Léoville-Poyferré: Moulin-Riche; Lynch-Bages: Haut-Bages-Avérous; Margaux: Pavillon Rouge de Ch. Margaux; Montrose: La Dame de Montrose; Mouton-Rothschild: Le Petit Mouton; Palmer: Réserve du Général; Pape-Clement: Le Clementin du Pape-Clement; Phélan-Ségur: Franck Phélan; Pichon-Longueville-Baron: Les Tourelles de Pichon; Pichon-Longueville-Lalande: Réserve de la Comtesse; Pontet-Canet: Les Hauts de Pontet; Poujeaux: La Salle de Poujeaux; Prieuré-Lichine: Clairefont; Rauzan-Ségla: Lamouroux; Smith-Haut-Lafitte: Les Hauts de Smith-Haut-Lafitte; Talbot: Connétable de Talbot; Troplong-Mondot: Mondot; Valandraud: Virginie de Valandraud; Vieux-Château-Certan: Clos de la Gravette.

JAHRGÄNGE BEI ROTEM BORDEAUX

Durch die dichte Frucht und soliden Tannine der Cabernet- und Merlot-Trauben ist roter Bordeaux einer der langlebigsten Weine der Welt. Diese großen Weine müssen immer im Rahmen ihres Jahrgangs und ihrer Appellation betrachtet werden.

Lagerfähigkeit

Moderne Methoden in Weinberg und Vinifikation bedeuten, daß roter Bordeaux heute früher trinkreif ist. Trauben werden im Zustand größerer Reife mit weicheren Tanninen geerntet, und verbesserte Kellertechnik gewährleistet die Extraktion der Frucht unter Verringerung der Gerbstoffe. Solche Weine sind – auch in großen Jahrgängen – jünger als zuvor genießbar, doch altern sie ebenso gut wie früher.

Unter geeigneten Lagerbedingungen sind gut gemachte Weine guter Jahrgänge noch nach 20–25 Jahren in ihrer Blüte, und die besten können weitere 20, sogar 30 Jahre überdauern. Cabernet Sauvignon und Cabernet Franc enthalten mehr Gerbstoff als Merlot, aber ebenso wie Tannine ist Reife für das Alterungspotential wichtig. Bis in die Mitte der 1970er Jahre, ja bis 1978 besaßen die Weine eine Festigkeit, die ihnen das Rückgrat gab, doch zeitigen die Fortschritte in Weinberg und Keller Weine mit reiferen Tanninen, die schon nach 4–5 Jahren genossen werden können. Da Balance für die Alterungsfähigkeit so bedeutend ist wie Extraktreichtum, gibt es andererseits keinen Grund zu befürch-

Reifediagramme

1990 war ein sehr heißes, trockenes Jahr mit hervorragenden Weinen im Médoc. Die Spitzen-Pauillacs verfügen über eine wunderbare reife, intensive Frucht, eingebundene Tannine und ausgewogene Säure. In St-Émilion waren die Weine opulent, überaus fruchtbetont und gut balanciert.

1990 Pauillac Cru Classé

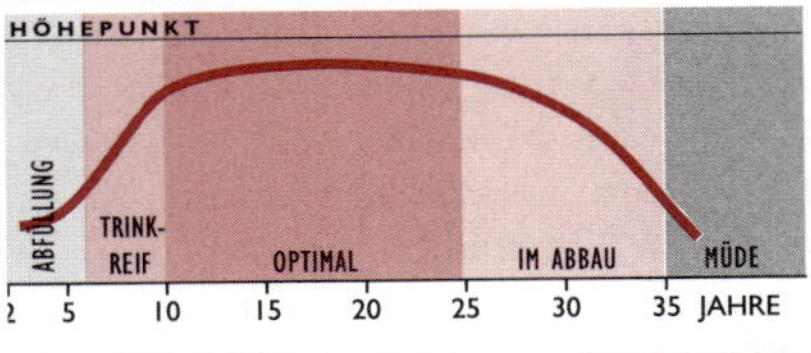

1990 St-Émilion 1er Cru Classé

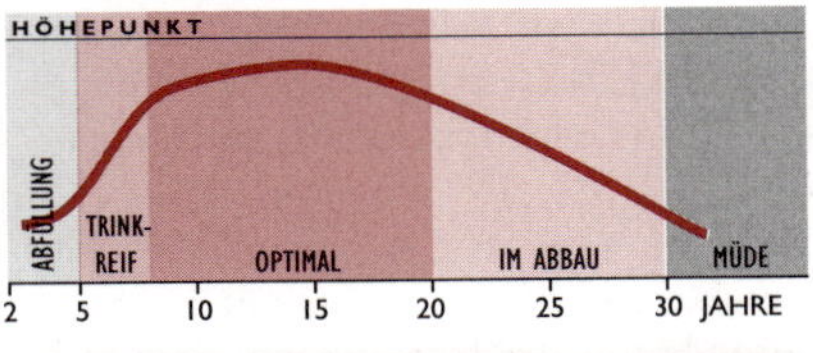

JAHRGANGSÜBERSICHT

	97	96	95	94	93	91	90	89	88	87	86	85
Nördliches Haut-Médoc mit St-Estèphe, Pauillac, St-Julien	7○	9○	8○	7○	6○	5◑	10◑	9◑	8○	6●	9○	8●
Südliches Haut-Médoc mit Margaux, Listrac, Moulis	7○	8○	8○	6○	6○	5◑	9◑	8◑	7○	5●	8◑	8●
Graves, Pessac-Léognan	7○	8○	8○	7○	6○	5◑	8◑	8◑	8◑	5●	7◑	8◑
St-Émilion, Pomerol	7○	7○	8○	7○	6○	3◑	10◑	9◑	8◑	6●	7●	9●

ERLÄUTERUNG ○ = braucht noch Zeit ◑ = trinkreif, gewinnt noch ● = optimal ◐ = in Abbau oder abgebaut

JAHRGÄNGE AUF EINEN BLICK

Da das Bordelais ein sehr großes Gebiet ist, kann die Qualität eines Jahrgangs in den einzelnen Appellationen unterschiedlich sein. Sehr gute und sehr schlechte Jahre schlagen jedoch überall durch.

Große Jahre ★★★	1996, 90, 89, 86, 85, 82, 70, 66, 64, 61, 59, 55, 53, 49, 47, 45
Gute Jahre ★★	1997, 96, 95, 94, 88, 86, 83, 81, 79, 78, 75, 71, 64, 62, 59, 52, 48
Mittelmäßige Jahre ★	1994, 93, 91, 87, 81, 76, 75, 64
Schlechte Jahre (keine Sterne)	1992, 84, 80, 46

ten, daß sie nicht so gut altern können. Auch eine Region mit ausgeglichenem Klima wie Bordeaux verzeichnet schlechte und gute Ernten. In einem schlechten Jahrgang reifen die Trauben nicht richtig und entwickeln daher nicht genug Farbe, Extrakt und Gerbstoff für einen erfolgreichen Wein. Fortschritte im Weinberg und im Keller sorgen dafür, daß katastrophale Jahrgänge wie 1968, 65 und 63 heute kaum mehr möglich sind. In der Regel reifen Weine vom rechten Ufer der Gironde (St-Émilion, Pomerol und Libournais) früher als die vom linken Ufer (Médoc, Graves).

Die einzelnen Jahrgänge

1997 ★★ Die späteste und längste Lese in jüngerer Zeit, von Mitte September bis Mitte Oktober. Erfolgreicher im merlotbasierten Libournais als im cabernet-basierten Médoc, man erzielte aber generell gute Qualität.

1996 ★★-★★★ Sehr gut im Médoc, mit perfektem Cabernet Sauvignon; rechts der Gironde war der Jahrgang gut, aber nicht groß.

1995 ★★ Trotz einigem Regen während der Lese reife und dickschalige Trauben, die gute Farbe und Konzentration ergaben.

1994 ★-★★ Ein regnerisches Jahr, aber besser als zunächst angenommen. Merlots vom rechten Ufer besser als Médoc und Graves.

1993 ★ Fast andauernder Regen während der Ernte verwässerte einen zunächst guten Jahrgang. Dennoch einige attraktive Weine von beiden Ufern.

1992 Regen vor und während der Ernte spülte jeden Extrakt aus den Trauben. Sehr wenige erfolgreiche Weine.

1991 ★ Strenger Frost im späten April schädigte den Merlot beträchtlich, Oktoberregen machten die Hoffnung auf eine späte Reife zunichte. Kleiner, schwieriger Jahrgang, doch mit mehr Charakter als 1992.

1990 ★★★ Ein sehr heißes, trockenes Jahr, in dem die Rebstöcke gerade noch dem Verdursten entgingen. Regen Anfang September brachte Weine mit immenser Dichte, dennoch ausgezeichneter Balance. Die Médocs sind wohl die besten seit 1982. Graves, Pomerol und St-Émilion sind ebenfalls sehr gut.

1989 ★★★ Große Hitze und Trockenheit führten zur frühesten Lese in diesem Jahrhundert. Spektakulär opulente Weine überall in Libournais und Graves, nur die Médocs wurden etwas zu massiv.

1988 ★★ Ein sehr guter Jahrgang mit tieffarbigen Weinen von feiner tanninbetonter Struktur. 1990 und 1989 brachten zwar mehr Frucht, dennoch ein sehr gutes Jahr für klassische Weine.

1987 ★ Ein total verregnetes Jahr, in dem Merlot noch mehr litt als Cabernet. Es gab einige attraktive, leichte Weine, die jedoch nicht zur Lagerung geeignet waren.

1986 ★★-★★★ Ein klassischer Médoc-Jahrgang mit sehr großer Ernte und mehr

Farbe, Körper und Gerbstoff als 1985. Graves war auch sehr gut, jedoch nicht so zuverlässig wie St-Émilion und Pomerol am rechten Ufer.

1985 ★★★ Eine fast beispiellose Schönwetterperiode von August bis Oktober ergab eine große Ernte sehr gesunder und reifer Trauben. Ausnahmslos und überall gute Qualität.

1984 Ein sehr schlechtes Jahr für Merlot mit dünnen Weinen am rechten Ufer der Gironde. Bessere Ergebnisse in Médoc und Graves, doch auch hier waren die Weine ohne Frucht und Charme.

1983 ★★ Große Ernte mit festen, tanninbetonten Weinen. Weniger erfolgreich in St-Émilion und Pomerol als in Graves und Médoc, sehr erfolgreich in Margaux.

1982 ★★★ Sehr große Ernte sonnenverwöhnter, perfekt reifer Trauben, die pflaumige, opulente Weine mit tiefer Frucht ergaben. Ein außerordentlich beeindrukkender Jahrgang, besonders im Libournais. In vielen Fällen war dies die beste Ernte seit 1961, jedoch mit weicheren Tanninen.

1981 ★-★★ Gut balancierte Weine, aber ohne die üppige Frucht von 82 und mit weniger Tiefe als 79 und 78. Sehr gute Graves.

1980 Mittelgroße Ernte für leichte, gefällige Weine in einem schwierigen Jahr; besser am linken Gironde-Ufer als am rechten.

1979 ★★ Die sehr große Ernte aus einer späten Lese ergab in St-Émilion, Pomerol und Graves Weine mit ausgezeichneter Frucht, Farbe und Tiefe, etwas leichtere Weine im Médoc.

1978 ★★ Ein schöner, warmer Herbst rettete den Jahrgang. Stoffige Weine mit festeren Tanninen als 79 und dadurch schlankerem, klassischem Charakter.

1976 ★ Ein sehr heißer Sommer wurde von Herbstregen abgelöst, dem die Schalen jedoch widerstehen konnten. Solide, robuste, aber weniger elegante Weine.

1975 ★-★★ Zunächst als großes Jahr angesehen, doch erwiesen sich die Tannine oft als zu massiv; andererseits haben die Weine mehr Länge als 1976.

1971 ★★ Große Ernte; in St-Émilion und Pomerol viel bessere Qualität als im Médoc.

1970 ★★★ Eine sehr große Ernte ergab optimistisch stimmende dichte Frucht. Die besten Weine werden noch von kräftigen Tanninen gestützt.

1966 ★★★ Ausgezeichnete, klassische Weine, besonders im Médoc.

1964 ★-★★★ Superb in St-Émilion und Pomerol, gut im Graves, sehr uneinheitlich im Médoc wegen des Regens.

1962 ★★ Sehr gut balancierte Weine im Schatten von 1961.

1961 ★★★ Wird zu Recht als einer der großen Jahrgänge des 20.Jh. betrachtet. Sehr intensive, dichte und wunderbar harmonische Weine, oft von legendärer Qualität.

1959 ★★-★★★ Ein sehr heißes Jahr mit einigen herausragenden Weinen, die sogar den 61er übertreffen können; jedoch ungleichmäßige Qualität.

Weitere gute Jahrgänge 1995: Gute, elegante Weine, besonders in Graves und Médoc. 1953: Finessereiche, charmante Weine, die hervorragend alterten. 1952: Mächtige, kraftvolle, weniger harmonische Weine. Die Weine der späten 40er Jahre waren (außer 1946) sehr gut; klassische, dichte Weine von 49, etwas leichtere 48, herrlich opulente Weine von 47 und wunderbar konzentrierte Weine aus dem berühmten Jahrgang 45.

JAHRGÄNGE BEI WEISSEM BORDEAUX

Trockene und süße Bordeauxweine altern sehr gut. Trockene Weine, zumindest die Oberklasse, enthalten generell viel Sémillon, und fast alle kommen aus Graves und Pessac-Léognan. Sie reifen schön für ein Jahrzehnt. Süße Weißweine mit hohem Zucker- und Alkoholgehalt – aus Barsac, Sauternes, Ste-Croix-du-Mont oder Loupiac – gehören zu den langlebigsten Weinen des Bordelais.

Reifung von trockenem Weißwein

Sauvignon, der auf dem gut entwässerten Kiesboden des Graves wächst, ist nicht übermäßig fruchtig, verfügt jedoch über Finesse und Länge und kann 10 Jahre reifen. Sémillon ist jung weniger aromatisch und noch weniger glamourös, entwickelt aber mit der Zeit eine wachsige Charakteristik, bei Ausbau in neuer Eiche mit einem Röstton. Wenn gute Weißweine auch genug Frucht haben, um bald nach Abfüllung genossen werden zu können, brauchen sie 2–3 Jahre, um ihre vollen Dimensionen zu entwickeln. Im allgemeinen bauen die Weine nach 10 Jahren ab, nur die besten machen es länger.

Reifung von süßem Weißwein

Aufgrund ihres hohen Alkohol- und Zuckergehalts sind die Süßweine sehr langlebig. Die leichteren können nach Abfüllung getrunken oder 1–2 Jahre aufbewahrt werden, doch die besseren, üppigen (i. a. edelfaulen) Weine zeigen sich mit 10 Jahren in prächtiger Form und reifen gut 20–30 weitere Jahre. Die besten überdauern – richtig gelagert und wenn nötig neu verkorkt – 50 Jahre. Ein guter Jahrgang für Süßwein ist einer mit der Entwicklung von *Botrytis cinerea*, was nicht jedes Jahr der Fall ist. Durchschnittlich sind es nur 5 Jahre in einem Jahrzehnt, in denen gute edelfaule Weine gemacht werden können.

Reifediagramme

1996 war ein gutes Jahr für weiße Spitzenweine aus Pessac-Léognan und ein sehr gutes Jahr für Sauternes, das beste nach den glorreichen Drei 1990, 89 und 88.

1996 Pessac-Léognan Cru Classé

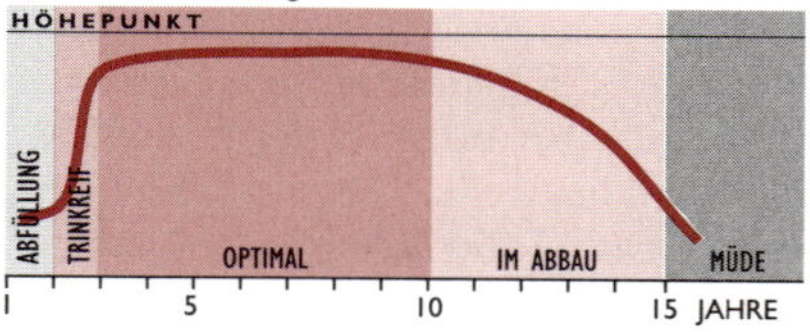

1996 Sauternes 1er Cru Classé

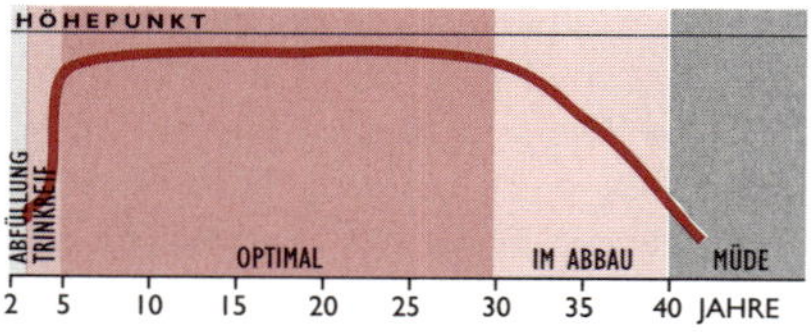

JAHRGANGSÜBERSICHT

	97	96	95	94	93	91	90	89	88	87	86	85
Graves, Pessac-Léognan	5○	8○	8◑	9◑	5●	5◐	9●	8●	9●	5◐	6◐	7●
Sauternes	9○	9○	7○	6○	4○	3◑	10○	9○	9○	3●	9◑	6●

ERLÄUTERUNG ○ = braucht noch Zeit ◑ = trinkreif, gewinnt noch ● = optimal ◐ = in Abbau oder abgebaut

JAHRGÄNGE AUF EINEN BLICK

Die Qualität der Ernten für Weißwein ist gleichmäßiger als für Rotwein, da Sémillon und Sauvignon vor den roten Sorten reifen, zu Beginn der Lese, wenn das Risiko schlechten Wetters geringer ist.

	trockene Weißweine	Süßweine
Große Jahre ★★★	1996, 94, 90, 88, 83	1997, 96, 90, 89, 88, 86, 83, 67, 61, 59, 55, 53, 49, 47, 45
Gute Jahre ★★	1996, 95, 89, 85	1995, 88, 81, 79, 76, 75, 71
Mittelmäßige Jahre ★	1997, 93, 91, 87, 86, 84, 82, 81	1995, 94, 85, 84, 82, 78
Schlechte Jahre (keine Sterne)	1992	1992, 93, 91, 87

Die einzelnen Jahrgänge

1997 Trocken ★ Die früheste Ernte in diesem Jahrhundert (Beginn Mitte August), jedoch große Probleme mit Graufäule. **Süß** ★★★ Eine sehr lange Ernteperiode ergab einige exzellente Weine, jedoch in sehr kleinen Mengen.

1996 Trocken ★★-★★★ Elegante Weine mit rassiger Frucht und guter Säure. **Süß** ★★★ Sehr gute Bedingungen für Botrytis, guter Zucker- und Säuregehalt.

1995 Trocken ★★ Reife, gewichtige Weine, die gut altern. **Süß** ★-★★ Kraftvolle Weine.

1994 Trocken ★★★ Ein gutes Jahr trotz Regen während der Ernte. **Süß** ★ Eine kleine, jedoch ordentliche Ernte.

1993 Trocken ★ Verregnete Ernte, dennoch einige attraktive Weine. **Süß** Sehr geringe Ernte aufgrund des Regens.

1992 Trocken Sehr regnerische Ernte; trockene Weißweine gelangen am besten. **Süß** Regen machte die Ernte zunichte.

1991 Trocken ★ Sehr kleine Ernte aufgrund Frost, jedoch einige gute Weine. **Süß** Spätfröste und Regen im Oktober ließen den Jahrgang ausfallen.

1990 Trocken ★★★ Gute Reife aufgrund des heißen Sommers, gutes Säure-Gegengewicht. **Süß** ★★★ Ein vorzüglicher Jahrgang.

1989 Trocken ★★ Ein noch heißerer Sommer als 90 ergab mehr Gewicht als Säure. **Süß** ★★★ Ein großer Jahrgang, mehr Körper, jedoch weniger Botrytis.

1988 Trocken ★★★ Ein klassischer Jahrgang mit eleganten, langlebigen Weinen. **Süß** ★★-★★★ Ein gutes Jahr ergab Weine mit Struktur und Dichte.

1987 Trocken ★ Der Weißwein entging dem Regen, der den Rest von Bordeaux ruinierte. **Süß** Ein geringes Jahr.

1986 Trocken ★ Gut balancierte Weine mit floralem Bukett. **Süß** ★★★ Ein großartiger Jahrgang mit Opulenz und Eleganz.

1985 Trocken ★★ Gute Weißweine, jedoch weniger beeindruckend als Rotwein. **Süß** ★ Auch für Süßwein war die trockene, sonnige Erntezeit weniger günstig.

1984 Trocken ★ Knackige, lebhafte Weine. **Süß** ★ Einige ordentlichen Exemplare.

1983 Trocken ★★★ Ein ausgezeichnetes Jahr für stoffige, elegante trockene Weißweine. **Süß** ★★★ Ein großes Jahr, das erste von derartiger Qualität seit 16 Jahren.

1982 Trocken ★ Große Ernte gefälligen, Weins. **Süß** ★ Potentielle üppige Weine wurden in Sauternes vom Regen verhindert.

1981 Trocken ★ Lebendige, attraktive Weine. **Süß** ★★ Elegante, konzentrierte Weine.

Weitere gute Jahre: Trocken Die meisten Weine haben nach 20 Jahren den Höhepunkt überschritten. **Süß** Die 1970er Jahre waren für Sauternes nicht großartig, einige gute Weine entstanden 79, 76, 75 und 71. Keiner hat die Qualität der Trios 90/89/88 und 97/96/95. 1967 war ausgezeichnet, ebenso 1961, 59, 55, 53, 49, 47 und 45.

Burgund

Die Weinberge Burgunds erstrecken sich in vier Départements südöstlich von Paris: Yonne, Côte d'Or, Saône-et-Loire und Rhône. Ihre Weine sind unterschiedlicher als etwa die aus dem Elsaß oder der Champagne, aber einheitlicher als die von der Loire oder der Rhône. Ein Grund dafür ist natürlich die starke Konzentration auf Pinot Noir und Chardonnay. Ganz anders als Bordeaux, der Rivale seit Jahrhunderten, verfügt Burgund über eine große Zahl von Appellationen, die häufig kleiner sind als ein einziger Médoc Cru Classé. Burgundische Appellationen sind oft zwischen vielen Erzeugern aufgeteilt, die ihren Wein en bloc an Händler verkaufen oder selbst abfüllen.

ANBAUBEREICHE

Burgund ist aus verschiedenen Bereichen zusammengesetzt, deren Weine – obwohl überwiegend aus den gleichen Trauben gemacht – sehr unterschiedlichen Charakter besitzen, je nach Klima und Bodentypen.

Chablis und Auxerrois

Das nördlichste Anbaugebiet für Rotwein in Frankreich, mit Ausnahme der seltenen Rotweine in Elsaß und Champagne. Die rote Haupttraube ist Pinot Noir, doch besser sind die Weißweine aus der Sauvignon Blanc, die auf kreidigem Kalkboden gedeiht, aus der Aligoté und vor allem aus der Chardonnay, die für den weltberühmten Chablis verwendet wird.

Côte de Nuits

Der nördliche Teil der berühmten Côte d'Or ist fast ausschließlich Rotweinland. Die Weinberge, die sich von Dijon bis südlich von Nuits-St-Georges erstrecken, produzieren einige der begehrtesten Rotweine überhaupt, alle aus Pinot Noir, die hier magische Qualität erreicht.

Côte de Beaune

Vom Corton-Berg nördlich der Stadt Beaune erstrecken sich die Rebflächen südlich bis Santenay in der Nähe von Chagny, wobei allmählich Chardonnay für Weißwein die Oberhand über Pinot Noir für Rotwein gewinnt. Die Spitzenlagen sind alle westlich der N 74 zu finden; Weine von den schwereren Böden östlich der N 74 müssen die regionale Bourgogne AC verwenden.

Côte Chalonnaise

Von der Côte de Beaune ziehen sich ihre Weinberge der Côte Chalonnaise, die in den letzten Jahren beträchtlich an Bedeutung gewonnen hat, fast ohne Unterbrechung nach Süden. Hauptreben sind Chardonnay und Pinot Noir, aus der Aligoté werden einige ausgezeichnete Weine gemacht.

Das Mâconnais

Drei Viertel der Rebflächen macht Chardonnay aus. Pouilly-Fuissé ist der berühmteste Wein mit einigen sehr guten Erzeugern.

Beaujolais

Die südlichsten und malerischsten Weinberge Burgunds reichen etwa von Mâcon bis kurz vor Lyon. Knapp die Hälfte der

Weine – leichte Rotweine, die innerhalb weniger Monate nach der Ernte getrunken werden – tragen die einfache Appellation Beaujolais. Die besten Weine kommen aus 10 Gemeinden (»Crus«) im Nordteil der Region. Für roten Beaujolais ist nur Gamay zugelassen, die wenigen Weißweine werden aus Chardonnay gemacht.

Terroir

Es ist der Boden, der die unterschiedlichen Appellationen Burgunds hervorbringt, weniger das Klima. Chablis hat denselben Kreideboden wie die Champagne, der der Chardonnay mineralische Festigkeit gibt, in der Côte d'Or sorgt Kalkboden für Eleganz bei Pinot Noir und Chardonnay; im Beaujolais verleiht granitbasierter Boden der Gamay Charakter.

Kauf von Spitzenburgundern

Mehr als in anderen französischen Regionen ist der auf dem Etikett genannte Abfüller – *négociant*, Winzer oder Genossenschaft – das Qualitätsmerkmal. Qualität und Preise variieren innerhalb einer Appellation stark, so daß nur der Erzeuger als Garantie gelten kann.

Händler und Erzeuger

Die *négociants* von Burgund, die traditionell in Nuits-St-Georges und Beaune ansässig sind, haben den Ruf der Region begründet. Sie kaufen nicht nur Trauben, Most oder Wein von Vertragswinzern, verarbeiten sie und füllen ab, viele sind selbst Eigner großer Güter mit einigen der besten Rebflächen in Burgund.

So bedeutend ihre Fertigkeiten in *élevage* (Vinifikation) und Distribution sind, der Schlüssel zur Qualität ist gutes Traubenmaterial. Seit jüngerer Zeit vergrößern bedeutende Händler ihre Rebflächen, um eine sichere Ausgangsbasis zu haben und den besten Erzeugern jeder Appellation Konkurrenz machen zu können. Die Qualität ist in den 1990er Jahren deutlich gestiegen. Wählen Sie Weine, die auf dem Gut oder in der Region abgefüllt sind.

APPELLATIONEN UND KLASSIFIKATIONEN

Das französische System der Appellation d'Origine Contrôlée ist in Burgund, besonders in der Côte d'Or, am präzisesten. Im Lauf von Jahrhunderten wurden Weinberge, *climats* und Crus genauestens abgegrenzt und eingestuft.

Einfache Appellationen

Die Appellation Bourgogne ist die Grundstufe der Rot- und Weißweine aus Pinot Noir bzw. Chardonnay, die irgendwo in Burgund wachsen. Es gibt große Unterschiede ist Stil und Qualität, doch sind auch unter in dieser Klasse gute Weine von guten Erzeugern zu finden. Der Rosé – immer aus Pinot Noir – läuft unter Bourgogne Rosé, und es wird auch ein Schaumwein, Crémant de Bourgogne, gemacht. Die weiße Aligoté kann überall angepflanzt werden; der Wein wird – um ihn vom weißen Burgunder zu unterscheiden, der immer aus Chardonnay bestehen muß – als Bourgogne-Aligoté bezeichnet. In jüngster Zeit entstanden die geographisch genaueren Appellationen Bourgogne-Côte d'Auxerre, Bourgogne-Hautes-Côtes de Nuits, Bourgogne-Hautes-Côtes de Beaune und Bourgogne-Côte Chalonnaise.

Regionale Appellationen

Dies sind sehr große Appellationen, die bestimmten Regionen entsprechen, wie Chablis, Côte de Nuits-Villages, Côte de Beaune-Villages, Beaujolais und Mâcon.

Village-Appellationen

In der Côte d'Or und der Côte Chalonnaise sind die Weinberge in jeder Gemeinde gesetzlich bestimmt. Weine, die sich nicht für höhere Kategorien (Premier und Grand Cru) qualifizieren, werden gewöhnlich unter dem Gemeindenamen verkauft. Sie dürfen von mehr als einer Reblage *(climat)* innerhalb der Gemeinde stammen. Weine mit Namen wie Volnay, Meursault oder Fixin können aus jedem Teil der Appellation kommen. Wenn ein solcher Wein nur von einem *climat* oder *lieu-dit* kommt, darf der Lagennamen auf dem Etikett nach der Appellation genannt werden, jedoch nur halb so groß.

Premiers Crus

Bestimmte, schon seit langer Zeit renommierte Weinberge innerhalb einer Gemeinde sind als Premier Cru (»Erstes Gewächs«) eingestuft. Auf dem Etikett darf der Lagennamen mit einem Bindestrich an den Gemeindenamen angeschlossen (z.B. Meursault-Charmes) oder unter den Gemeindenamen gesetzt werden (z.B. Vosne-Romanee Les Malconsorts). Wenn zwei oder mehr Premiers Crus verschnitten werden, darf der Wein als Premier Cru bezeichnet werden, jedoch ohne Lagennamen. Die Namen der besten Premiers Crus jeder Gemeinde sind auf S. 78–94 zu finden. In Mâconnais und Beaujolais gibt es keine Premiers Crus.

Grands Crus

Zwar heißt »Premier Cru« schon »Erstes Gewächs«, doch sind es die »Grands Crus« (»Große Gewächse«), die in Burgund die Spitzenqualität darstellen. Die Grands Crus der Côte d'Or besitzen ihre eigene Appellation und nennen auf dem Etikett nur ihren Namen, ohne den Namen ihrer Herkunftsgemeinde, da ihr Name über dem der Gemeinde rangiert. Im Chablis wird die Appellation mit dem Namen des Grand Cru gebraucht.

Mit Ausnahme von Corton in der Côte de Beaune kommen alle roten Grands Crus von der Côte de Nuits, und abgesehen von einigen wenigen Weißweinen aus Musigny stammen die weißen Grands Crus entweder von der Côte de Beaune oder aus Chablis.

Wie in der Karte zu sehen, sind die Grands Crus meist dicht gruppiert, wo Bodenart und -gestalt sowie Mesoklima besonders günstig sind. Viele der besten Premiers Crus grenzen mit kaum weniger bevorzugten Lagen an die Grands Crus.

Die Grand-Cru-Lagen sind sehr klein. Gesetzliche und freiwillige Ertragsbeschränkungen halten die Produktion zusätzlich niedrig. Wenn geringe Erträge (unter 35 hl/ha) auch noch nicht automatisch großartige Aromen bedeuten, so würden diese durch große Erntemengen sicher verwässert; die Bereitschaft, Quantität der Qualität zu opfern, ist Kennzeichen eines guten Erzeugers, nicht nur in Burgund.

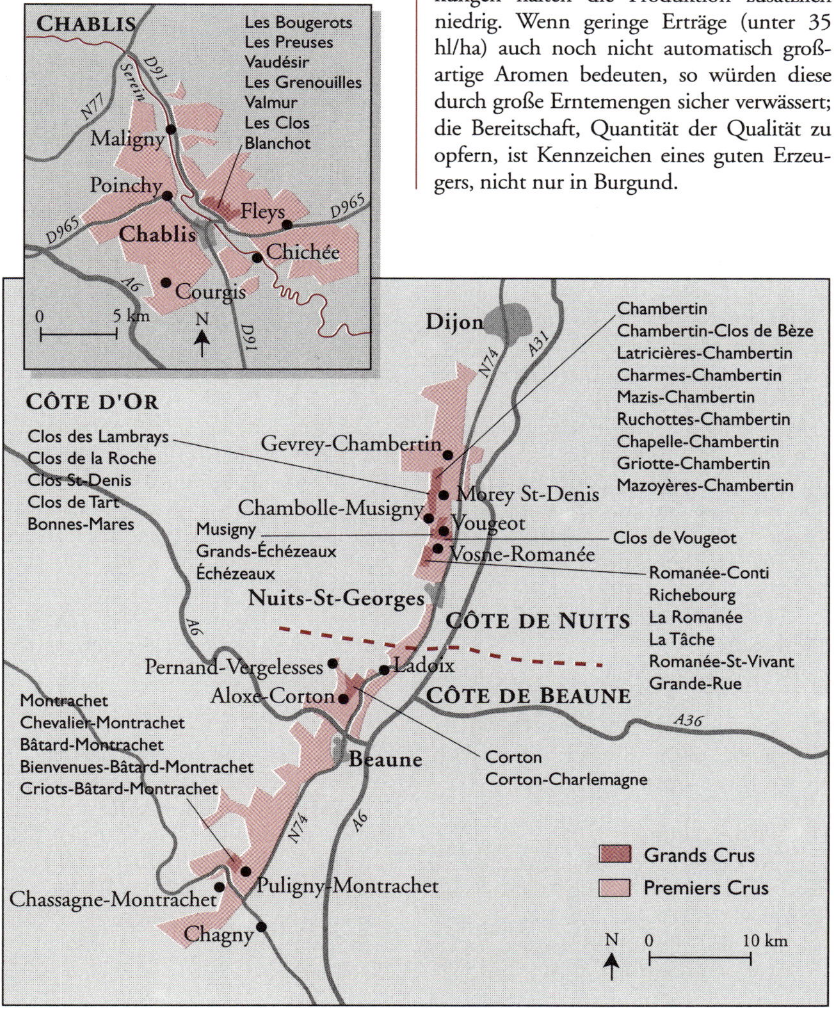

ROTER BURGUNDER

Rotweine werden in Burgund ausschließlich aus Pinot Noir gemacht, der sicher empfindlichsten edlen Traubensorte der Welt, und zwar sowohl im Weinberg wie im Keller. In den 1990er Jahren ist in allen Klassen ein deutlicher Qualitätsanstieg zu verzeichnen; und wenn wirklich große Burgunder auch immer noch nur in kleinen Mengen (von einer Handvoll Lagen größtenteils in der Côte d'Or) zu haben sind, so gibt es heute zweifellos sehr viel mehr gute Weine als je zuvor.

Geschmackscharakteristik

In den richtigen Händen kann guter roter Burgunder zum verführerischsten Rotwein überhaupt werden. Jung sollte er intensiv fruchtig duften, mit einem Bukett von Erd- und Himbeeren, von Kirschen oder Pflaumen, manchmal mit Noten von Schokolade und oft einem Touch von neuer Eiche. Mit der Reife machen die Primäraromen der Traube den Aromen des Bodens Platz, vermischt mit Tönen von herbstlichem Unterholz (*sous-bois*), manchmal von Trüffeln oder abgehangenem Wild.

Jeder große Burgunder zeigt Konzentration und Tiefe, eine bemerkenswerte Nuanciertheit und Komplexität der Aromen sowie eine markante Struktur, doch er ist nie schwer. Pinot Noir muß nicht farbintensiv und besonders extraktreich sein, um über Aroma zu verfügen; kräftige, schöne Färbung darf bewundert werden, übergroße Dichte jedoch nicht.

Die Grands Crus und Premiers Crus sowie die besten Villages-Weine bestätigen den Ruf ihrer Appellationen. Auch geringer bewertete Gemeinden liefern charaktervolle, jedoch meist leichtere Weine.

Die Weinbereitung

Einige Faktoren, die der Weinmacher beeinflussen kann, wirken sich auf Aromatik und Struktur eines Weins aus. Das Können zeigt sich darin, das Potential des Ausgangsmaterials maximal auszuschöpfen. Auf den Spitzengütern arbeitet man am meisten nach dem Motto »Hände weg«; mit den besten Trauben, die zu haben sind, benötigt der Vinifikationsprozeß nur eine lenkende Hand.

Der Einsatz von Eiche

Neue Eiche wird heute bei der Vinifikation guten Burgunders universell verwendet. Der Anteil kann von 10–15% über 50% bis zu 100% bei den größten Weinen variieren. Sehr selten, wenn der Wein in einem neuen Faß die malolaktische Gärung durchmacht und in einem anderen neuen Faß reift, erreicht er sogar 200%!

Der Wein verbringt vor der Abfüllung üblicherweise 18 Monate im Faß, doch hängt dies – ebenso wie der Anteil von neuen, ein- und zweijährigen Eichenfässern – vom Jahrgang und den Vorstellungen des Erzeugers von seinem Wein ab. Auch wenn die Daumenregel »Neues Holz gleich Qualität« gilt, ist es sehr wichtig, daß das Holz den Wein nicht erschlägt und mit Fingerspitzengefühl eingesetzt wird.

Schönung und Filtration

Diese Verfahren, die einmal für die Langzeitstabilität eines Weins als unumgänglich galten, werden heute nicht mehr für notwendig erachtet, insbesondere wenn man den Wein so natürlich wie möglich erhalten will. Nicht gefilterte Weine entwickeln einen Bodensatz, und ihre Lagerung erfordert mehr Sorgfalt, doch bleiben die komplexen Aromen in der Flasche erhalten. Spitzenweine sind häufig nicht filtriert.

GROSSE ROTE BURGUNDER

Oz Clarkes Auswahl

Échézeaux (Emmanuel Rouget) Herrlich duftender Wein mit kirschähnlicher Opulenz und tiefer, doch delikat weicher Textur.

Clos de Vougeot (Méo-Camuzet) Unwiderstehlicher, fleischiger Vougeot mit süßer, reifer dunkler Frucht, Holzduft und schmerzlich schönem Veilchenbukett.

Richebourg (Mongeard-Mugneret) Kraftvoller, doch schöner Wein mit starkem Holzton und himmlischer Textur, mit überströmend reifer Frucht süßer Brombeeren und Erdbeeren.

Charmes-Chambertin (Dugat) Ein hervorragender Wein, der die typische Muskulosität des Chambertin mit dem mächtigen Duft reifer Schwarzkirschen vereint.

Vosne-Romanée Les Suchots (Jean Grivot) Ein vorzüglicher Vosne-Romanée, dessen fleischige Würze sich aufregend mit der Aromen dunkler Schokolade und reifer Pflaumen verbindet.

Clos de Vougeot (Drouhin-Laroze) Das wiederbelebte Gut macht faszinierende, mächtige, aufregend individuelle Weine.

Vosne-Romanée Aux Réas (A.-F. Gros) Fabelhafter Duft, großartig üppige Frucht und würzige mineralische Textur.

Nuits-St-Georges Les Hauts-Poirets (Jayer-Gilles) Sehr holzbetonter, doch fein strukturierter Rotwein mit der Frucht reifer Kirschen und der Würze dunkler Schokolade.

Volnay Taillepieds (Marquis d'Angerville) Wunderbar duftender Volnay mit Gewicht und Struktur und einem reifen Kern von Weichselkonfitüre.

Nuits-St-Georges Les St-Georges (Robert Chevillon) Ein opulenter Nuits voll herrlich reifer Kirschen-Pflaumen-Frucht und verzauberndem Blütenduft.

Gevrey-Chambertin Lavaux-St-Jacques (Denis Mortet) Klassischer Gevrey-Chambertin mit markanter Struktur, reicher schokoladiger Frucht und üppigem Kirschduft.

Nuits-St-Georges Hauts Pruliers (Rion) Mein Favorit aus einer Domäne, die mit jedem Jahrgang besser zu werden scheint. Dunkle pflaumige Frucht mit sinnlich-schmalziger Textur und Rösttönen von Eiche.

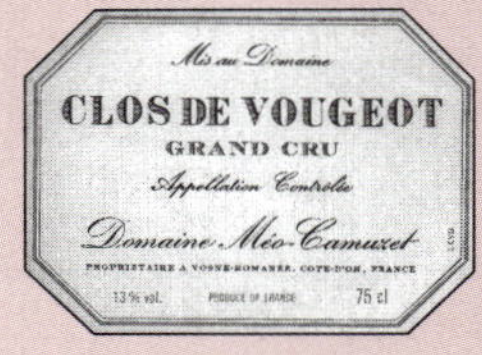

Steven Spurriers Auswahl

Chambertin-Clos de Bèze (Rousseau) Das Kronjuwel aus dieser makellosen Familiendomäne.

Bonnes-Mares (Roumier) Unter dem brillanten Christophe Roumier hat sich dieses Gut wieder an der Spitze Burgunds etabliert.

Richebourg (Dom. de la Romanée-Conti) Wer sich den sublimen La Tâche oder den eleganten Romanée-St-Vivant nicht leisten kann, hat mit dem Richebourg eine wunderbare Alternative.

Chambolle-Musigny Les Amoureuses (de Vogüé) Der beste Wein in Chambolle von dem hervorragenden Gut, das sich seit 1989 wieder in alter Form zeigt.

Clos Vougeot (Jean Grivot) Grivots Reben im besten Teil von Le Clos liefern eine echte Verkörperung dieses berühmten Grand Cru.

Nuits-St-Georges Les Vaucrains (Gouges) Klassische Familiendomäne, wo der Respekt für den Weinberg mehr zählt als Glamour.

Corton Clos des Cortons (Faiveley) Der Inbegriff der üppig strukturierten, langlebigen Cortons.

Corton Cuvée Docteur Peste (Hospices de Beaune) Ausladender, robuster Wein aus einer der besten Rebflächen des Hospices.

Pommard Clos des Epeneaux (Armand) Einer der beeindruckendsten und aromatischsten Pommards.

Volnay-Santenots (Lafon) Ein fabelhafter Volnay von Reben in der Gemeinde Meursault.

Volnay Clos des Ducs (d'Angerville) Eines der ältesten Güter in Volnay mit langlebigen Weinen von majestätischer Eleganz.

Beaune Clos des Mouches (Drouhin) Dieser modisch eichenbetonte Wein vom hochgeschätzten Weinberg der Familie in Beaune belegt Drouhins internationale Reputation für Qualität.

Spitzengemeinden für roten Burgunder

Aloxe-Corton, Auxey-Duresses, Beaune, Chambolle-Musigny, Chassagne-Montrachet, Fixin, Gevrey-Chambertin, Givry, Mercurey, Monthélie, Morey-St-Denis, Nuits-St-Georges, Pernand-Vergelesses, Pommard, St-Aubin, Santenay, Savigny, Volnay, Vosne-Romanée.

WEISSER BURGUNDER

Weißweine werden in Burgund fast ausschließlich aus Chardonnay gekeltert, der populärsten Traubensorte der Welt, und kommen hauptsächlich von der Côte de Beaune. Pinot Gris, lokal auch als Pinot Beurot bezeichnet, ist in der Côte de Beaune anzutreffen, und in Pernand-Vergelesses gibt es noch einigen Pinot Blanc. Aligoté ist in der ganzen Region angepflanzt.

Geschmackscharakteristik

Chardonnay ergibt überall attraktiven Wein, doch sind der Kreideboden von Chablis und der Kalk der Côte de Beaune für die Traube besonders gut geeignet, ebenso wie das burgundische Klima mit kühlen Frühjahren und warmen Herbsten für eine lange Reifung.

Die Weintypen variieren mit den Unterregionen und den Appellationen, wobei die Premiers und Grands Crus insgesamt konzentriertere Buketts und Aromen aufweisen. Weißer Burgunder sollte immer Blüten- und Fruchtaromen – Weißdorn, Melone, weiße Pfirsiche – mit honigartigen, buttrigen Noten verbinden, gefolgt von weichen, runden Fruchtaromen am Gaumen bei einer ausgleichenden Säure.

Chardonnay verliert wie Pinot Noir bei großen Erträgen Charakter und Profil, auch kommt die wichtige Botschaft des Bodens nicht mehr ins Glas. Einfache weiße Burgunder sind frisch und gefällig, verfügen aber auch über eine Präsenz und eine Statur, die in gewöhnlichen reinsortigen Chardonnays selten sind.

Große weiße Burgunder zeigen ein komplexes Bukett, vielschichtige Aromen und eine abgerundete Frucht, aber auch Struktur. Die Farben reichen von einem hellen, oft grünlichen Buttergelb bis zu einem Hellgold bei gereiften Weinen.

Weinbereitung

Chardonnay »kann es allein«, wobei der Saft der gepreßten Trauben in großen oder kleinen Fässern die alkoholische und die malolaktische Gärung durchmacht und der Wein für die Reifung in andere Fässer umgefüllt wird. Doch hat man in jüngerer Zeit die Bedeutung der Hefe für den jungen Wein erkannt. Das Verfahren der *bâtonnage*, d.h. des Aufrührens des Hefesatzes ein- bis zweimal pro Woche mit einem Stock, »nährt« den Wein und gleicht hohe Säure aus. Dieses manuelle Verfahren ist teuer und wird nur von Erzeugern eingesetzt, die dieses zusätzliche Geschmackselement wünschen.

Der Einsatz von Eiche

Weißer Burgunder muß nicht in neuer Eiche gemacht werden, und viele Erzeuger in Chablis und im Mâconnais lehnen es auch strikt ab, da es die klare Frucht des Chardonnay ruiniere. Die meisten guten Weißweine reifen jedoch einige Zeit in Holz, wobei der Anteil neuer Eiche vom Gut und von der Qualität des Weins abhängt; die besten werden z.T. im Barrique ausgebaut. Die Vanillearomen von neuer Eiche verbinden sich sehr schön mit der Chardonnay-Frucht, und der Hauch Oxidation während der Faßreife gibt dem Wein Komplexität.

Schönung und Filtration

Während bei Rotweinen der Verzicht auf Filterung bei vielen Toperzeugern unabdingbar ist, werden weiße Burgunder vor der Abfüllung meist gefiltert, da eine klare Erscheinung für diese Weine wichtig ist.

GROSSE WEISSE BURGUNDER

Oz Clarkes Auswahl

Corton-Charlemagne (Coche-Dury) Von Coche-Dury kommen einige der besten Meursaults, doch dieser Corton-Charlemagne ist selbst für den Hausstandard überragend.

Meursault Les Charmes (Lafon) Ein wunderbar opulenter, selbstbewußter Meursault von einem der führenden Erzeuger Burgunds.

Meursault-Genevrières (Michelot) Tiefe Honigaromen von einem der großen Traditionalisten in Meursault.

Bâtard-Montrachet (Sauzet) Überaus schöner Wein voller Aromen von Engelwurz, Aprikosen, Nüssen und Sahne.

Bienvenues-Bâtard-Montrachet (Carillon) Carillons traditionelle Weinbereitung bringt die Fülle, aber auch die arrogante Reserviertheit dieser Spitzenlage zum Ausdruck.

Corton-Charlemagne (Rollin) Ein fleischiges Kraftpaket mit viel Röstaroma von der Eiche, für lange Lagerung geeignet.

Bâtard-Montrachet (J.-N. Gagnard) Wunderbar tiefschichtiger, nussiger Wein mit höchst individueller muskulöser Statur.

Meursault-Perrières (Roulot) Ein Top-Meursault, manchmal mit mineralischer Ruppigkeit, aber immer mit kraftvoller, laqng anhaltender Frucht.

Pouilly-Fuissé Vieilles Vignes (Ch. Fuisse) Das überströmende Bukett von Honig, Pfirsich und Angelika beweist, daß Pouilly-Fuissé einer der großen Weine Burgunds sein kann.

Pouilly-Fuissé Vieilles Vignes (Daniel Barraud) Ein neuer Star in Pouilly-Fuissé, dessen Weine über noble Statur, würzige Eichentöne, erfrischende Säure und ein üppiges, knackiges Aroma von Paranüssen verfügen.

Pouilly-Fuissé Hors Classe (Ferret) Das feine alte Gut macht opulente, doch trockene Weine mit Nuß-und-Sahne-Aromen und einem Touch »unzivilisierter« Kraft.

Chablis Vaillons (Defaix) Klassischer Chablis, reif, doch mineralisch und voller animalischer Kraft aus 18 Monaten Reifung auf den Hefen.

Steven Spurriers Auswahl

Chablis Grand Cru Les Clos (Raveneau) Der großartigste Grand Cru aus der renommiertesten Domäne in Chablis.

Chablis Grand Cru Les Preuses (Dauvissat) Der Grand Cru mit der größten Finesse von einem weiteren hervorragenden Familiengut.

Chablis Grand Cru Vaudésir (Droin) Die Verwendung von Eiche erhöht die Komplexität dieses superben Grand Cru.

Nuits-St-Georges Les Perrières (Gouges) Ein ganz seltener weißer Nuits-St-Georges mit Körper und Eleganz.

Meursault Clos de la Barre (Lafon) Ein Wein aus der Topdomäne von Meursault, der des Premier-Cru-Status würdig wäre.

Meursault-Genevrières (Pierre Morey) Einer der elegantesten Premiers Crus von einem hochtalentierten Weinmacher.

Meursault-Perrières (Coche-Dury) Coche-Dury bildet mit Lafon und Morey die Spitze in Meursault.

Puligny-Montrachet Les Pucelles (Leflaive) Dieses Gut setzt den Weltmaßstab für eleganten Chardonnay.

Puligny-Montrachet Les Combettes (Sauzet) Dieser Premier Cru aus den Händen von Gérard Boudot kann einem Bâtard-Montrachet Konkurrenz machen.

Pouligny-Montrachet Les Folatières (Jadot) Der sinnlich-üppige Wein ist das Flaggschiff dieses renommierten Handelshauses.

Corton-Charlemagne (Bonneau du Martray) Das größte und bestgelegene Gut macht einen großen Wein, der in der Appellation kaum Konkurrenz hat.

Mâcon-Pierreclos La Chavigne Vieilles Vignes (Guffens-Heynen) Vielleicht der beste Wein aus dem Mâconnais.

Spitzengemeinden für weißen Burgunder

Auxey-Duresses, Bâtard-Montrachet, Bienvenues-Bâtard-Montrachet, Blagny, Chablis, Chablis Premier Cru, Chablis Grand Cru, Chassagne-Montrachet, Chevalier-Montrachet, Corton-Charlemagne, Mercurey, Meursault, Montagny, Le Montrachet, Pernand-Vergelesses, Pouilly-Fuissé, Puligny-Montrachet, Rully, St-Véran.

BURGUND-WEINREGIONEN VON A BIS Z

ALOXE-CORTON AC

Die bedeutende Gemeinde am Nordrand der Côte de Beaune produziert fast nur Rotwein. Ein Viertel seiner Rebflächen sind Premiers Crus, am berühmtesten sind die Grand-Cru-Lagen Corton und Corton-Charlemagne. Die Village-Weine von kräftiger Farbe und fleischiger, fruchtiger Robustheit sind mit 6–12 Jahren am besten.

Premiers Crus Sie liegen – z.T. in der Gemeinde Ladoix-Serrigny – auf den Hängen unter den Grands Crus und über den Village-Arealen. Die besten sind Les Vazolières, Les Maréchaudes, Les Fournières, Les Paulands und Les Chaillots.

Beste Erzeuger BOUCHARD Père & Fils, Denis Boussey, CHAMPY, Marc COLIN et Fils, DROUHIN, Antonin GUYON, LATOUR, Prince de Mérode, Comte SENARD, TOLLOT-BEAUT, Michel Voarick

Gute Jahrgänge 1996, 95, 93, 90, 89, 88, 85

AUXEY-DURESSES AC

Diese kleine Gemeinde unterhalb von Monthélie und nordwestlich von Meursault erzeugt Rot- und Weißwein. Die Weißweine sind lebhaft und elegant, einem einfacheren Meursault vergleichbar, und sollten mit 2–4 Jahren getrunken werden. Der Rotwein ist finessereicher, weicher und früher trinkbar als der Monthélie.

Premiers Crus Die besten der neun Premiers Crus sind Clos du Val, Les Duresses (geteilt mit Monthélie) und Les Grands Champs.

Beste Erzeuger D'AUVENAY, ARMAND, BOUCHARD Père & Fils, BOUZEREAU & Fils, Boyer-Martenot, COCHE-DURY, Alain Creusefond, Jean-Pierre Diconne, DROUHIN, JADOT, Jaffelin, Arndré & Bernard Labry, Henri Latour & Fils, Olivier LEFLAIVE, Jean-Pierre Prunier, Pascal Prunier, Michel Prunier, Philippe Prunier-Damy, Dominique & Vincent Roy, Philippe Taupenot

Gute Jahrgänge 🍷 1996, 95, 93, 92; 🥂1990, 89, 88

BÂTARD-MONTRACHET AC

Dieser weltberühmte weiße Grand Cru liegt unterhalb von Le Montrachet und ist fast gleich zwischen den Gemeinden Puligny und Chassagne aufgeteilt. Die Weine sind großzügig und von intensivem Aroma, manchmal aber weniger elegant. Mit 5–10 Jahren zu trinken, die besten Exemplare werden einige Jahre älter.

Beste Erzeuger Bachelet-Ramonet, BLAIN-GAGNARD, Jean-Marc BOILLOT, Henri Clerc, Fernand Coffinet, COLIN-DELÉGER, DROUHIN, Richard FONTAINE-GAGNARD, Jean-Noël GAGNARD, Jacques GAGNARD-DELAGRANGE, HOSPICES DE BEAUNE, JADOT, LATOUR, LEFLAIVE, Olivier LEFLAIVE, Louis Lequin, Albert Morey, Pierre MOREY, NIELLON, Paul Pernot, RAMONET, SAUZET, VERGET

Gute Jahrgänge 1996, 95, 93, 92, 90, 89, 88, 86, 85

BEAUNE AC

Die Stadt Beaune gibt ihren Namen dem Südteil der Côte d'Or und auch dieser Appellation für rote und weiße Weine aus einer der größten Gemeinden der Côte d'Or. Die Premiers Crus nehmen eine viel größere Fläche ein als die Village-Weine; letztere haben eine gute Farbe mit einer klaren Pinot-Frucht und sind mit 4–8 Jahren attraktiv. Viele Händler in Beaune besitzen Flächen in der Appellation und machen hochwertige Weine.

Premiers Crus Sie liegen zwischen Savigny-lès-Beaune im Norden und Pommard im Süden. Die Weine besitzen ein intensiveres Bukett und eine samtigere Frucht als einfacher Beaune und sind mit 12–15 Jahren noch nicht über den Gipfel hinweg. Die besten sind im Norden Les Marconnets, Clos du Roi, Les Perrières, Cols des Fèves, Les Cents Vignes, Les Bressandes, Les Greves, La Vigne de l'Enfant Jésus, Les Teurons, Les Cras; im Süden La Montée Rouge, Clos de la Mousse, Les Champs Pimont, Les Avaux, Les Aigrots, Cols des Ursules, Les Vignes Franches, Clos des Mouches, Les Boucherottes, Les Epenottes. Die HOSPICES DE BEAUNE haben den größten Besitz an guten Premiers Crus.

Beste Erzeuger Robert Ampeau, Bernard Bescancenot, Vincent Bitouzet-Prieur, BOUCHARD Père & Fils, Henri Cauvard, CHAMPY, CHANSON, Ch. de Chorey-lès-Beaune, DROUHIN, Camille GIROUD, HOSPICES DE BEAUNE, JADOT, Michel LAFARGE, Daniel Largeot, LATOUR, Albert MOROT, Mussy, Parent, Jacques PRIEUR, Jean-Claude Rateau, Thomas-Moillard, TOLLOT-BEAUT, Léon Violland

Gute Jahrgänge 🍷 1996, 95, 93, 92; 🍸1990, 89, 88

BIENVENUES-BÂTARD-MONTRACHET AC

Diese kleine weiße Grand Cru in Puligny liegt unterhalb des Premier Cru Les Pucelles. Die Weine sind finessereicher und leichter als Bâtard-Montrachet und reifen etwas früher (in 5–8 Jahren).

Beste Erzeuger Bachelet-Ramonet, CARILLON & Fils, Henri Clerc, LATOUR, LEFLAIVE, Paul Pernot, RAMONET, SAUZET

Gute Jahrgänge 1996, 95, 93, 92, 90, 89

BLAGNY AC

Die Rebflächen dieses kleinen Weilers liegen in Meursault und Puligny, verwenden aber den Namen Blagny. Der Rotwein ist lebhaft und recht robust, der Weißwein ist sehr gut und der meistverkaufte der Appellation Meursault-Blagny.

Premiers Crus Von den roten Premiers Crus liefert La Pièce-sous-le-Bois den langlebigsten (bis 10 Jahre zu lagern). Rotwein vom Premier Cru Hameau-de-Blagny in Puligny wird als Blagny Premier Cru verkauft.

Beste Erzeuger Robert Ampeau, Gilles Bouton, Henri Clerc, François JOBARD, René Lamy, LEFLAIVE, MATROT, Paul Pernot

Gute Jahrgänge 🍷 1996, 95, 92; 🍸 1990

BONNES-MARES AC

Das große Grand-Cru-Areal liegt größtenteils in Chambolle-Musigny, der Rand in Morey-St-Denis. Gegenüber der samtigen Feinheit der benachbarten Musigny Grands Crus ist Bonnes-Mares gerbstoffreicher und langlebiger.

Beste Erzeuger D'AUVERNAY, BOUCHARD Père & Fils, DROUHIN, Drouhin-Laroze, DUJAC, Fougeray de Beauclair, Robert GROFFIER, JADOT, Dominique LAURENT, J.-F. Mugnier, ROUMIER, de VOGÜÉ

Gute Jahrgänge 1996, 95, 93, 91, 90, 89, 88, 85, 83, 80, 78

BOURGOGE-ALIGOTÉ AC

Ein trockener Weißwein mit hoher Säure aus der gleichnamigen Traubensorte, die in ganz Burgund wächst. Der beste Aligoté kommt traditionell aus dem winzigen Dorf Bouzeron in der Côte Chalonnaise, wo die Reben auf Kalkstein-Lehm-Boden stehen.

Beste Erzeuger (Bouzeron) BOUCHARD Père & Fils, Chanzy, de VILLAINE

Gute Jahrgänge 1996, 95

BOURGOGNE CÔTE CHALONNAISE AC

Diese AC für Rot- und Weißwein wurde 1990 geschaffen, um den besonderen Charakter der lokalen Chardonnays und Pinots Noirs anzuerkennen. Die Rotweine besitzen eine schöne Kirschfarbe und ein lebhaftes, fruchtiges, authentisches Pinot-Noir-Aroma. Die fruchtbetonten Weißweine gewinnen mit dem Alter an Vielschichtigkeit. Beide können jung getrunken werden (bis 5 Jahre).

Beste Erzeuger Cave des Vignerons de Buxy, Michel Derain, Michel Goubard & Fils, Gouffier, Jean-Hervé Jonnier, Jean-Michel & Laurent Pillot, de VILLAINE

Gute Jahrgänge 1996, 95, 93, 90

BOURGOGNE HAUTES-CÔTES DE BEAUNE AC

Rot-, Rosé- und Weißweine aus einer in den 1970er Jahren geschaffenen AC. Die hochgelegenen Rebflächen geben in warmen Jahren ihr Bestes.

Beste Erzeuger Cave des Hautes-Côtes, Denis Carré, François Charles, Lucien Jacob, Robert JAYER-GILLES

Gute Jahrgänge 1996, 95, 93, 90, 89

BOURGOGNE HAUTES-CÔTES DE NUITS AC

Gefällige Rotweine und wesentlich bessere Weißweine von Rebflächen in den Hügeln hinter der Côte de Nuits.

Beste Erzeuger Dom. Cornu, Cave des Hautes-Côtes

Gute Jahrgänge 1996, 95, 93, 90

CHABLIS AC

Die auf Kimmeridge-Kreide stehenden Chardonnay-Reben liefern in guten Jahren frische Weine mit floralem Bukett, die Ausdauer, Gewicht und gute Säure haben. Sie sind mit 1 Jahr gut, die besseren überdauern 5 Jahre und mehr.

Beste Erzeuger Christian Adine, Pascal Bouchard, Jean-Marc Brocard, Billaud-Simon, La CHABLISIENNE, de Chantemerle, Jean Collet, Jean Dauvissat, René & Vincent DAUVISSAT, Defaix, Jean-Paul DROIN, DROUHIN, Duplessis, Jean Durup, Alain Geoffroy, Jean-Pierre Grossot, LAROCHE, Long-Depaquit, de la MALADIÈRE, des Malandes, des Maronniers, Louis Michel, J. Moreau, Gilbert Picq, Louis Pinson, Denis Race, RAVENEAU, Michel Regnard, Guy Robin, Francine & Olivier Savary, Simmonet-Febvre, Gérard Tremblay, Laurent Tribut, Vocoret

Gute Jahrgänge 1997, 96, 95, 92, 90, 89

CHABLIS GRAND CRU AC

Die 7 Grands Crus erstrecken sich über 105 ha am nach Süden ausgerichteten Hang rechts des Serein. Auf diesem Kreideabhang reifen Chardonnay-Trauben perfekt, Ertragsbeschränkungen geben dem Wein Gewicht und Präsenz, um das einzigartige Terroir zu reflektieren. Die Grands Crus – Blanchots, Bougros, Les Clos, Grenouilles, Preuses, Valmur und Vaudésir – haben alle ein eigenes Profil und einen individuellen Stil, auch aufgrund der unterschiedlichen Vinifikations- und Reifungsmethoden. Ein Grand Cru ist mit 5 Jahren in Form und kann 20 Jahre und älter werden.

Beste Erzeuger La CHABLISIENNE, René & Vincent DAUVISSAT, Defaix, Jean-Paul DROIN, DROUHIN, Caves Duplessis, JADOT, LAROCHE, de la MALADIÈRE, Louis Michel, RAVENEAU, Guy Robin, Marcel Servin, Simmonet-Febvre, VERGET, Vocoret

DIE VERWENDUNG VON EICHE IN CHABLIS

Eiche oder nicht, das ist seit über 20 Jahren Gegenstand heißer Diskussionen. Einige Erzeuger verwenden Eiche, um dem Wein mehr Komplexität zu geben, andere wollen den echten Charakter des Chablis nicht durch Vanille- und Holztöne verunstalten. Eine Partei blieb bei der traditionellen Tankvergärung mit Reifung in alten Fässern, die zweite verwendet von Anfang bis zur Abfüllung nur Edelstahl, die dritte läßt den Wein in großenteils neuen Barriques gären und reifen.

Traditionalisten z.B. René & Vincent Dauvissat, Raveneau.

Edelstahl z.B. Brocard, Jean Durup, Louis Michel, Regnard.

Barriques Hauptvertreter sind Jean-Paul Droin, de la Maladière (William Fèvre).

Gute Jahrgänge 1997, 96, 95, 93, 92, 90, 89, 88, 86, 85, 82

CHABLIS PREMIER CRU AC

Die Premier-Cru-Lagen sind auf 581 ha um die Stadt Chablis begrenzt, die auf beiden Seiten des Serein liegen. Die besten sind östlich und nördlich der Stadt zu finden, zu Seiten der Grands Crus. Von den 29 gesetzlich anerkannten Premiers Crus ist nur ein Dutzend renommiert. Montée-de-Tonnerre gilt als bester und kann einen Grand Cru erreichen; sehr gute Weine kommen auch von Beugnons, Côte de Lechet, Les Forêts, Fourchaume, Montmains, Mont de Milieu, Sechets, Vaulorent und Vaillons. Sie kosten nur ca. 20–30% mehr als einfacher Chablis, können aber doppelt so gut sein. Auch die leichtesten Weine sollten nach der Abfüllung ein Jahr reifen, die besten halten 10 Jahre.

Beste Erzeuger Siehe Chablis, S. 80

Gute Jahrgänge 1997, 96, 95, 93, 92, 90, 89, 88, 86

CHAMBERTIN AC

Der Chambertin Grand Cru liefert einen der berühmtesten Rotweine der Welt: groß und kraftvoll, doch nie schwer. Die besten Jahrgänge brauchen 10 Jahre und mehr, um ihre Qualität zu zeigen, und überdauern ein halbes Jahrhundert.

Beste Erzeuger Camus, CHARLOPIN, Pierre DAMOY, DROUHIN, JADOT, LATOUR, LEROY, Denis MORTET, Jacques PRIEUR, Henri REBOURSEAU, Rossignol-Trapet, Armand ROUSSEAU

Gute Jahrgänge 1996, 95, 93, 92, 91, 90, 89, 88, 85, 83, 80, 78

CHAMBERTIN-CLOS-DE-BÈZE AC

Der Clos-de-Bèze Grand Cru, an Chambertin anschließend und etwas größer als dieser, gilt eleganter als sein Nachbar, doch auf diesem Qualitätsniveau sind die Unterschiede vernachlässigbar klein.

Beste Erzeuger Bruno CLAIR, Pierre DAMOY, DROUHIN, FAIVELEY, Gelin, CHAMPY, Drouhin-Laroze, Robert GROFFIER, JADOT, Dominique LAURENT, PRIEURÉ-ROCH, Jean RAPHET, Armand ROUSSEAU, Thomas Moillard

Gute Jahrgänge 1996, 95, 93, 92, 91, 90, 89, 88, 85, 83, 80, 78

CHAMBOLLE-MUSIGNY AC

Die Vorzüge des Chambolle-Musigny – Charme, Eleganz, Geschmeidigkeit und Länge – haben ihn zu einem der begehrtesten Burgunder werden lassen. Die sehr feine Frucht macht den Wein in jungen Jahren attraktiv, seine Struktur erlaubt aber auch eine Reifung über 2 Jahrzehnte.

Premiers Crus Von den 24 Premiers Crus sind einige so klein, daß sie kaum je auf dem Etikett genannt werden, andere sind so berühmt (wie Les Amoureuses und Les Charmes), daß sie fast schon wie Grands Crus gehandelt werden. Weitere gute sind Les Feusselottes, Les Fuées, Les Cras, Les Sentiers, Les Chabiots und La Combe d'Orveau.

Beste Erzeuger Bernard Amiot, AMIOT-SERVELLE, BARTHOD-NOËLLAT, Pierre Bertheau, Ch. de CHAMBOLLE-MUSIGNY, DROUHIN, Drouhin-Laroze, FAIVELEY, Robert GROFFIER, Hudelot- Baillet, HUDELOT-NOËLLAT, JADOT, Dominique LAURENT, Moine-Hudelot, MUGNERET-GIBOURG, Georges ROUMIER, Hervé Roumier, Bernard Serveau, de VOGÜE

Gute Jahrgänge 1996, 95, 93, 91, 90, 89, 88, 85, 80

CHAPELLE-CHAMBERTIN AC

Was dieser Grand Cru manchmal an Gewicht vermissen läßt, macht seine Feinheit wett. Kann mit 5 Jahren getrunken, aber auch 2 Jahrzehnte gelagert werden.

Beste Erzeuger Pierre DAMOY, Drouhin-Laroze, Rossignol-Trapet, Trapet

Gute Jahrgänge 1996, 95, 93, 90, 89, 85, 83, 80, 78

CHAPELLE-CHAMBERTIN AC

Der größte der roten Grands Crus von Gevrey-Chambertin liefert geschmeidige, elegante Weine, die häufig von den besten Premiers Crus wie Clos St-Jacques übertroffen werden. Sie sind sehr viel preiswerter als Chambertin und reifen früher (mit 10 Jahren am besten).

Beste Erzeuger Camus, CHAMPY, CHARLOPIN, Claude Dugat, Bernard DUGAT-PY, DUJAC, Géantet-Pansiot, Frédéric Magnien, MAUME, Henri Perrot-Minot, Jean Raphet, Joseph ROTY, Armand ROUSSEAU, Tortochot

Gute Jahrgänge 1996, 95, 93, 90, 89, 85

CHASSAGNE-MONTRACHET AC

Die roten Village-Weine sind körperreich, jedoch manchmal etwas rustikal. Die Weißweine werden höher geschätzt, einige der besten weißen Burgunder kommen von den Grand-Cru-Lagen der Gemeinde. Etwa 60% der Village-Weine sind rot, doch nur ca. 30% der Premiers Crus; was heißt, daß die besseren Böden mit Chardonnay bepflanzt sind. Die Village-Rotweine sind mit 4–7 Jahren zu trinken. Die Weißweine, die weniger elegant sind als die von Puligny, doch mehr Gewicht und Struktur haben, sind mit 3–5 Jahren sehr eindrücklich (auch die Village-Weine).

Premiers Crus Rot- und Weißweine sind mit 6–10 Jahren gut. Die besten Crus sind Abbaye de Morgeot, Les Baudines, Bois-de-Chassagne, La Boudriotte, En Cailleret, Le Champ-Gain, Les Chaumes, Les Chevenottes, Clos St-Jean, Les Embrazées, La Maltroie, La Grande Montagne, Les Morgeots, En Remilly, La Romanée, En Virondot.

Beste Erzeuger Guy AMIOT & FILS, Bachelet-Ramonet, Joseph Belland, BLAIN-GAGNARD, BOUCHARD Père & Fils, CHAMPY, CHARTON & TRÉBUCHET, COLIN-DELÉGER, Delagrange-Bachelet, DROUHIN, Richard FONTAINE-GAGNARD, Jacques GAGNARD-DEL GRANGE, J.-N. GAGNARD, JADOT, LABOURÉ-ROI, Marquis de Laguiche (DROUHIN), René Lamy-Pillot, LATOUR, Duc de Magenta (JADOT), Ch. de Maltroye, Bernard Moreau, Bernard MOREY, Jean-Marc Morey, Marc MOREY, Morey-Coffinet, Michel NIELLON, Fernand & Laurent Pillot, Jean PILLOT, Paul Pillot, RAMONET, RODET, Roux & Fils, VERGET

Gute Jahrgänge 1996, 95, 93, 92, 90, 89

CHÉNAS AC

Der kleinste Cru des Beaujolais erzeugt farbstarke, großzügige Rotweine mit floralem Bukett, die mit 2–3 Jahren sehr gut sind.

Beste Erzeuger Michel Benon & Fils, Guy Braillon, des Bruyères, Louis Champagnon, Ch. de Chénas, Robin, Bernard Santé

Gute Jahrgänge 1997, 96, 95

CHEVALIER-MONTRACHET AC

Ein hervorragender Grand Cru für Weißwein, auf magerem Boden über Le Montrachet gelegen und qualitativ nur diesem unterlegen. Große Rasse und tiefschichtige Aromen, mit 5–15 Jahren zu trinken.

Beste Erzeuger D'AUVENAY, BOUCHARD Père & Fils, Jean Chartron, Henri Clerc, JADOT, LATOUR, LEFLAIVE, Michel NIELLON, Ch. de PULIGNY-MONTRACHET, SAUZET

Gute Jahrgänge 1996, 95, 93, 92, 90, 89, 86, 85

CHOREY-LÈS-BEAUNE AC

Die Rebflächen liefern fast nur Rotweine, die weich und elegant sind und mit 4–7 Jahren trinkreif. Sie werden oft als Côte de Beaune-Village verkauft, zunehmend aber unter der Bezeichnung Chorey.

Beste Erzeuger Arnoux Père & Fils, Ch. de Chorey-lès-Beaune, François Gay, Maillard Père & Fils, TOLLOT-BEAUT

Gute Jahrgänge 1996, 95, 93, 90, 89, 88

CLOS DE LAMBRAYS AC

Diese hoch über Morey-St-Denis gelegene

Rebfläche – im ausschließlichen Besitz der Familie Freund aus Koblenz – wurde erst 1981 zum Grand Cru erhoben und ist in den 1990er Jahren noch besser geworden. Die eleganten Weine altern sehr gut.

Gute Jahrgänge 1996, 95, 93, 90, 89, 85, 82

CLOS DE LA ROCHE AC

Der größte der 5 Grands Crus von Morey-St-Denis liefert auch den besten Wein, er kombiniert überbordende Frucht mit fester Struktur. Mit ca. 10 Jahren am besten, kann aber auch doppelt so alt werden.

Beste Erzeuger Pierre Amiot, DUJAC, HOSPICES DE BEAUNE, LEROY, Georges Lignier, Hubert LIGNIER, PONSOT, Louis Rémy, Armand ROUSSEAU

Gute Jahrgänge 1996, 95, 93, 92, 91, 90, 89, 88, 85, 80

CLOS ST-DENIS AC

Obwohl dieser Grand Cru der Gemeinde Morey seinen Namen gab, ist er nur 6,62 ha groß. Der Wein ist eleganter und leichter als Clos de la Roche und reift früher; trinken Sie ihn innerhalb von 10 Jahren.

Beste Erzeuger Bertagna, CHARLOPIN, DUJAC, JADOT, Georges Lignier, PONSOT

Gute Jahrgänge 1996, 95, 93, 90, 89, 88, 85

VORSICHT BEI CLOS DE VOUGEOT

Clos de Vougeot ist mit seiner großartigen Ummauerung einer der berühmtesten Namen in Burgund, er erscheint vielen als dessen Inbegriff. Zu Recht, denn der Clos ist unter 80 Eignern aufgeteilt, die alle den berühmten Namen nützen wollen, und so ist die Wahl des richtigen Erzeugers entscheidend. Das Land oben am Hang ist vorzüglich, das unten an der Straße nicht (es ist in größerem Maß Schwemmland als jeder andere Grand Cru) – doch nur wenige geben zu, Areale an der Straße zu besitzen.

CLOS DE TART AC

Dieser Grand Cru in Morey, im Besitz des Handelshauses Mommessin aus Mâcon, liegt zwischen Clos de Lambrays und Bonnes-Mares. Gute, aber keine überragende Qualität.

Gute Jahrgänge 1996, 95, 93, 90, 89, 88, 85

CLOS DE VOUGEOT AC

Dieser echte »Clos« (ummauerter Weinberg) hat ein mittelalterliches Schloß, Sitz der Chevaliers de Tastevin, und ist mit 50 ha der größte Grand Cru in der Côte de Nuits. Er ist unter 80 Eignern aufgeteilt, die die Weine teils selbst abfüllen, teils an *négociants* verkaufen; alle aber sind darauf bedacht, vom Namen zu profitieren. Gute Weine sind herrlich fleischig und werden in 7–15 Jahren dunkel und exotisch.

Beste Erzeuger AMIOT-SERVELLE, Robert ARNOUX, Bertagna, BOUCHARD Père & Fils, CHAMPY, CONFURON-COTÉTIDOT, DROUHIN, Drouhin-Laroze, René ENGEL, FAUVELEY, Jean GRIVOT, Anne GROS, Gros Frère & Soeur, Jean Gros, HUDELOT-NOËLLAT, JADOT, François Lamarche, LEROY, MÉO-CAMUZET, MONGEARD-MUGNERET, Denis MORTET, Jacques PRIEUR, Jean RAPHET, Henri REBOURSEAU, RION, Ch. de la Tour

Gute Jahrgänge 1996, 95, 93, 91, 90, 89, 88, 85

CORTON AC

AC für Rotweine von fast 120 ha in den Gemeinden Aloxe-Corton und Ladoix-Serrigny, die entweder als Corton Grand Cru verkauft werden oder den Namen eines *climat* hinzusetzen (wie Corton-Bressandes). Die Rebflächen am Corton-Berg zählen zu den beeindruckendsten in Burgund und ergeben körperreiche Weine, die mit ihrer Fülle und ihren Wildnoten mit der Côte de Nuits konkurrieren können, dennoch die für die Côte de Beaune typische Geschmeidigkeit behalten. Sie sollten erst nach

10 Jahren Reife getrunken werden, die großen können mehrere Jahrzehnte altern. Die besten *climats* sind Le Corton, Clos-des-Cortons-Faiveley, Les Clos du Roi, Les Renardes, Les Bressandes, Les Pougets, Les Maréchaudes, Les Languettes, Les Greves, Clos-de-la-Vigne-au-Saint und Les Perrières.
Beste Erzeuger Adrien Bellard, BONNEAU DU MARTRAY, BOUCHARD Père & Fils, Henri & Gilles Buisson, Cachat-Ocquidant, DROUHIN, Dubreuil-Fontaine, CHANDON DE BRIAILLES, Marius Delarche, FAIVELEY, Michel Gaunoux, Antonin GUYON, HOSPICES DE BEAUNE, JADOT, Michel JUILLOT, LATOUR, Olivier LEFLAIVE, LEROY, Maillard Père & Fils, Prince de Mérode, RAPET Père & Fils, Comte SENARD, Thomas-Moillard, TOLLOT-Beaut, Michel Voarick
Gute Jahrgänge 1996, 95, 93, 91, 90, 89, 88, 85, 80, 78

CORTON BLANC AC

Diesen Weißwein sollte man nicht mit Corton-Charlemagne verwechseln. Die Produktion ist sehr klein, der beste *climat* ist Les Vergennes, z.T. in Besitz der HOSPICES DE BEAUNE. Auch JADOT macht einige Fässer von dieser Lage.
Beste Erzeuger CHANDON DE BRIAILLES, JADOT
Gute Jahrgänge 1996, 95, 93, 92, 90, 89

CORTON-CHARLEMAGNE AC

AC für die Weißweine von den nach Südwesten geneigten Hängen des Corton-Bergs in den Gemeinden Aloxe-Corton und Pernand-Vergelesses mit 49 ha Lehm-Kalk-Boden. Die Weine werden oft mit Bâtard-Montrachet verglichen und gehören zu den festesten weißen Burgundern; sie brauchen 5 Jahre, um ihre Komplexität zu entwickeln, und sind mit 10 Jahren auf dem Höhepunkt.
Beste Erzeuger BONNEAU DU MARTRAY, BOUCHARD Père & Fils, CHAMPY, CHANDON DE BRIAILLES, CHARTRON & TRÉBUCHET, Bruno CLAIR, COCHE-DURY, Marius Delarche, DROUHIN, Dubreuil-Fontaine, FAIVELEY, Robert & Raymond Jacob, JADOT, Michel JUILLOT, Laleure-Piot, LATOUR, Olivier LEFLAIVE, Pierre Marey, André & Jean-René Nudant, RAPET Père & Fils, Rollin Père & Fils, Baron Thenard, TOLLOT-BEAUT, Louis Violland, Michel Voarick
Gute Jahrgänge 1996, 95, 93, 92, 90, 89, 88, 86, 85, 82

CÔTE DE BEAUNE AC

Eine kleine Appellation (keine 30 ha) für gefällige, früh reifende, meist rote Weine von den Hügeln über Beaune.
Beste Erzeuger Jean Allexant, Dom. Cauvard, Machard de Gramont
Gute Jahrgänge 1996, 95, 93, 90, 89

CÔTE DE BEAUNE-VILLAGES AC

Fruchtiger Rotwein aus 14 Gemeinden in der Côte de Beaune, separat oder im Verschnitt vinifiziert. Die AC wird meist von lokalen *négociants* verwendet, die Erzeuger bevorzugen ihre Gemeinde-Appellation.
Gute Jahrgänge 1996, 95, 93, 90, 89

CÔTE DE BROUILLY AC

Dieser Beaujolais-Cru liegt an den Hängen des Mont Brouilly und liefert dichtere, lebhaftere Weine als Brouilly, die sich nach 2 Jahren öffnen und 5–7 Jahre altern können.
Beste Erzeuger J.-C. Pivot, Ch. Thivin, La Voute des Crozes
Gute Jahrgänge 1997, 96, 95

CÔTE DE NUITS-VILLAGES AC

Die AC wird fast ausschließlich für Rotwein aus den nördlichsten und südlichsten Gemeinden der Côte de Nuits verwendet, und zwar im allgemeinen von lokalen Händlern wie LABOURÉ-ROI.
Beste Erzeuger Huguenot, Quillardet
Gute Jahrgänge 1996, 95, 93, 90

CRIOTS-BÂTARD-MONTRACHET AC

Der kleinste der weißen Grands Crus von

Montrachet mit 1,57 ha in Chassagne, direkt unterhalb von Bâtard-Montrachet. Die Weine sind die schlanksten Grands Crus, können aber sehr gut sein. Mit 5–10 Jahren zu trinken.

Beste Erzeuger D'AUVENAY, Joseph Belland, BLAIN-GAGNARD, FONTAINE-GAGNARD

Gute Jahrgänge 1996, 95, 93, 92, 90, 89

ÉCHÉZEAUX AC

Mit 37,69 ha in der Gemeinde Flagey-Échézeaux einer der größten Grands Crus in Burgund. Die geschmeidigen Rotweine besitzen eine ausgeprägte Frucht und sind mit 5–10 Jahren reif. Sie werden manchmal zu Vosne-Romanée Premiers Crus hinuntergestuft, denen sie ähneln.

Beste Erzeuger CONFURON-COTÉTIDOT, DUJAC, René ENGEL, FAIVELEY, Jean GRIVOT, JADOT, JAYER-GILLES, LAMARCHE, MONGEARD-MUGNERET, MUGNERET-GIBOURG, Jacques PRIEUR, Dom. de la ROMANÉE-CONTI, Emmanuel ROUGET

Gute Jahrgänge 1996, 95, 93, 91, 90, 89, 85

FIXIN AC

Dieser Bereich (gesprochen »fissin«), ganz im Norden der Côte d'Or gelegen, liefert überwiegend farbstarke, körperreiche Rotweine, die unter der Appellation Côte de Nuits-Villages verkauft werden dürfen, doch hat sich auch der Name Fixin bereits etabliert.

Premiers Crus Die besten der 8 Premiers Crus sind Les Arvelets, Clos de la Perrière, Clos du Chapitre, Clos Napoléon und Les Hervelets.

Beste Erzeuger Vincent & Denis Berthaud, Pierre Gelin, Guyard, Philippe Juliet

Gute Jahrgänge 1996, 95, 93, 90, 89, 88, 85

FLEURIE AC

Der wohl beste Cru des Beaujolais umfaßt 800 ha auf Granitboden, der für die Gamay perfekt geeignet ist. Der berühmteste *climat* von Fleurie, das als »Königin des Beaujolais« bezeichnet wird, ist La Madonne über dem Ort. Der Wein kann schon mit 1–3 Jahren getrunken werden, die besten halten sich 5 Jahre und länger.

Beste Erzeuger Berrod, Michel Chignard, Clos la Chapelle des Bois, Clos des Moriers, Clos de la Roilette, Jean-Marc Després, DUBŒUF, Pierre Ferraud, Mehu, André Metrat

Gute Jahrgänge 1997, 96, 95, 93, 90

GEVREY-CHAMBERTIN AC

Die größte Gemeinde der Côte de Nuits mit fast 500 ha Rebfläche, wovon 86 ha Premiers Crus und 87 ha Grands Crus sind. Die kräftig gefärbten Weine verfügen über ein Bukett von Früchten und Gewürzen sowie einen langen, samtigen Abgang. Einer der verläßlichsten Burgunder, am besten mit 7–15 Jahren.

Premiers Crus Die besten der 26 Premiers Crus, die an den Hängen hinter dem Ort liegen, sind: Les Cazetiers, La Petite-Chapelle, Clos du Chapitre, Clos St-Jacques, Clos des Varoilles, La-Combe-aux-Moines, Aux Combottes, Les Estournelles-St-Jacques, Lavaux-St-Jacques. Die Weine besitzen eine lebendigere, kräftigere Frucht als die Village-Weine, und die besten sind einem Grand Cru ebenbürtig.

Beste Erzeuger Denis Bachelet, Vincent & Denis Berthaut, Lucien Boillot, Pierre Bourrée, Burguet, Camus, CHARLOPIN, Bruno CLAIR, Pierre DAMOY, DROUHIN, Drouhin-Laroze, Claude Dugat, Bernard DUGAT-PY, DUJAC, André Esmonin, FAIVELEY, Geanter-Pansiot, Heresztyn, JADOT, LABOURÉ-ROI, Philippe Leclerc, René Leclerc, Henri Magnien, MAUME, Denis MORTET, Henri REBOURSEAU, Rossignol, Rossignol-Trapet, Joseph ROTY, Armand ROUSSEAU, Christian Serafin, Trapet, Varoilles

Gute Jahrgänge 1996, 95, 93, 91, 90, 89, 88, 85

GIVRY AC

Die Rot- und Weißweine von 120 ha Rebfläche in der Mitte der Côte Chalonnaise sind in den 1990er Jahren ständig besser geworden. Die frischen, nussigen Weißweine sollten mit 2–3 Jahren getrunken werden, die fruchtigen Rotweine mit 3–5 Jahren.

Beste Erzeuger René Bourgeon, Chofflet-Valdenaire, du Gardin, Joblot, François Lumpp, Gerard Mouton, Gerard & Laurent Parize, Ragot, Sarrazin, Steinmeyer

Gute Jahrgänge 1996, 95, 93, 90

LA GRANDE RUE AC

Der jüngste Grand Cru von Vosne-Romanée (1992 vom Premier Cru erhoben) liegt zwischen La Tâche und La Romanée-Conti. Die 1,65 ha Pinot-Noir-Reben sind im Besitz der Dom. LAMARCHE.

Gute Jahrgänge 1996, 95, 93, 90, 89, 88, 85

GRANDS-ÉCHÉZEAUX AC

Dieser Grand Cru, der an den besten Teil von Clos de Vougeot anschließt, macht üppigere Rotweine mit intensiverer, besser strukturierter Frucht als Échézeaux und reifen daher langsamer.

Beste Erzeuger DROUHIN, René ENGEL, Gros Frère & Soeur, LAMARCHE, MONGEARD-MUGNERET, Baron Thénard (Remoissenent), Domaine de la ROMANÉE-CONTI

Gute Jahrgänge 1996, 95, 93, 92, 91, 90, 89, 88, 85, 80

GRIOTTE-CHAMBERTIN AC

Der mit 2,73 ha kleinste Grand Cru in Gevrey liefert tiefschichtige, bezaubernde Weine, die mit 10 Jahren brillant sind.

Beste Erzeuger DROUHIN, Claude Dugar, André Esmonin, JADOT, PONSOT

Gute Jahrgänge 1996, 95, 93, 91, 90, 89, 88, 85, 83, 80

JULIÉNAS AC

Ein Beaujolais-Cru mit 580 ha, der aufregende Rotweine mit Himbeer-Bukett und Aromen reifer roter Früchte macht. Juliénas kann mit 1–2 Jahren getrunken werden und 4–5 Jahre reifen.

Beste Erzeuger Gerard Descombes, Thierry Descombes, Pierre Ferraud, Ch. de Juliénas, René Monet, Jean-François Perraud, Bernard Santé

Gute Jahrgänge 1997, 96, 95, 93, 90

LADOIX AC

Die nördlichste Gemeinde der Côte de Beaune produziert überwiegend kräftige Rotweine und ein wenig Weißwein.

Beste Erzeuger Cachat-Ocquidant, Chevalier Père & Fils, Edmond Cornu, André & Jean-René Nudant

Gute Jahrgänge 1996, 95, 93, 90, 89

LATRICIÈRES-CHAMBERTIN AC

Dieser 7,35 ha große Grand Cru liegt zwischen Le Chambertin und dem Premier Cru Les Combottes. Sein Wein ist kräftig bis robust und altert gut.

Beste Erzeuger Camus, Drouhin-Laroze, FAIVELEY, LEROY, PONSOT, Rossignol-Trapet, Trapet

Gute Jahrgänge 1996, 95, 93, 92, 90, 89, 85, 83, 80

MÂCON BLANC AC, MÂCON-VILLAGES AC

Appellation für Rot-, Rosé- und Weißweine. die Weißweine müssen zu 100 % aus Chardonnay sein, Rot- und Roséweine können aus Gamay oder Pinot Noir gemacht werden. Die Qualität der Rotweine wird besser, doch stehen sie im Schatten der Weißweine des Mâconnais und der benachbarten Crus des Beaujolais. Mâcon-Villages ist von besserer Qualität als einfacher Mâcon. Der Name einer individuellen Gemeinde kann mit Bindestrich an Mâcon angefügt werden. Achten Sie auf folgende Gemeinden: Charnay, Clessé, Fuissé, Igé, Loché, Lugny, Peronne, Pierclos, Prissé, La Roche Vineuse, Viré und Uchizy. Die Weine sind mit 1–3 Jahren am besten. Die lokalen Genossenschaften bestreiten 80 % der Produktion.

Beste Erzeuger Dom. de la BONGRAN, André Bonhomme, Cordier, Deux Roches, Francis Fichet, Caves des Grands Crus Blanc, GUFFENS-HEYNEN, Roger Lassarat, Genossenschaft Lugny, Roger Luquet, Manciat-Poncet, Olivier Merlin, Rousset, Saumaize-Michelin, Talmard, Thibert, Jean Thévenet, Genossenschaft Viré

Gute Jahrgänge ♀ 1997, 96, 95, 93

MARANGES AC

Die Appellation wurde 1988 geschaffen, um drei Gemeinden am Südende der Côte de Beaune neu zu klassifizieren, die ihren Rotwein zuvor als Côte de Beaune-Villages verkauften. Ein guter, ehrlicher Wein mit Gerbstoff-Kanten.

Beste Erzeuger Bernard Bachelet, Maurice Charleux, Vincent GIRARDIN, Edmund Monnot, Claude Nouveau

Gute Jahrgänge 1996, 95, 93, 90

MARSANNAY AC

Diese Gemeinde am Südrand von Dijon ist sehr bekannt für ihren Rosé, der in den 1920er Jahren von Clair Dau populär gemacht wurde. Es werden heute auch feste Rotweine und sehr wenig Weißwein produziert.

Beste Erzeuger Bruno CLAIR, CHARLOPIN, Fougeray de Beauclair, Bernard Coillot, JADOT

Gute Jahrgänge 1996, 95, 93, 90

MAZIS-CHAMBERTIN AC

Der Grand Cru Mazis-(oder Mazy-)Chambertin umfaßt 9 ha, die sich von Clos de Bèze nordwärts Richtung Gevrey erstrecken. Der feine, elegante Rotwein wird noch im ersten Jahrzehnt trinkreif.

Beste Erzeuger D'AUVENAY, André Esmonin, FAIVELEY, HOSPICES DE BEAUNE (Cuvée Madeleine Collignon), Dominique LAURENT, MAUME, Philippe NADDEF, Henri REBOURSEAU, Joseph ROTY, Armand ROUSSEAU, Tortochot

Gute Jahrgänge 1996, 95, 93, 90, 89, 88, 85

MAZOYÈRES-CHAMBERTIN AC

Anderer Name für Charmes-Chambertin, wird nur von der Dom. Camus benützt.

MERCUREY AC

Die wichtigste Appellation in der Côte Chalonnaise, über 600 ha liefern Rot- und

HOSPICES DE BEAUNE

Die Hospices de Beaune (oder Hôtel-Dieu) sind das aus dem 15. Jahrhundert stammende Hospital im Zentrum von Beaune, dem über Jahrhunderte hinweg Weinberge gestiftet wurden. Der Besitz macht heute 38 verschiedene Weinberge (sog. *cuvées*) mit zusammen über 60 ha aus, und zwar fast ausschließlich Premiers und Grands Crus. Sie werden von lokalen Winzern betreut, vinifiziert werden die Weine in den neuen Kellereien am Rand von Beaune. Unabhängig vom Datum der Lese werden die Weine – nach einer Verkostung durch *négociants*, internationale Agenten und die Presse – am dritten Sonntag im November versteigert, dem zweiten Tag der »Trois Glorieuses«. Die Händler, die die Weine meist im Namen von Kunden gekauft haben, holen im folgenden Januar den Wein in Fässern, um sie selbst auszubauen und abzufüllen. Die erzielten Preise gelten als Indikator für den Zustand des Markts, sind aber – da die Auktion karitativen Zwecken dient und internationale Beachtung findet – deutlich höher als im Durchschnitt.

Die Weine werden immer mit dem Namen der Person oder Familie bezeichnet, die den Weinberg gestiftet hat. Die bedeutendsten sind: Mazis-Chambertin, Cuvée Madeleine Collignon; Corton, Cuvée Charlotte Dumay; Corton, Cuvée Docteur Peste; Beaune, Cuvée Nicolas Rollin; Beaune, Cuvée Guigone de Salins; Beaune, Cuvée Dames Hospitalières; Pommard, Cuvée Dames de la Charité; Volnay, Cuvée Général Muteau; Meursault-Genevrières, Cuvée Baudot; Corton-Charlemagne, Cuvée François de Salins.

Weißweine sowie etwas Rosé. Die Weißen sind lebhaft und fruchtig; die Roten, von guter Farbe und festem Charakter, brauchen einige Jahre, um weicher zu werden. Vor der AC-Eingruppierung gehörten die Rotweine zur Côte de Beaune, ein Zeichen für ihre Qualität.

Premiers Crus Es gibt einige gute Premiers Crus, deren Weine 10–15 Jahre reifen können. Die besten sind Clos du Roi, Les Crets, En Sazenay und Les Veleys.

Beste Erzeuger Brinter, Ch. de Chamilly, Ch. de Chamirey (RODET), Jean-Pierre Charton, FAIVELEY, Jeannin-Naltet Père & Fils, Émile Juillot, Michel JUILLOT, Meix-Foulot, Michel Raquillet, Jean Raquillet, SUREMAIN, Émile Voarick

Gute Jahrgänge 1996, 95, 93, 90, 89, 88

MEURSAULT AC

Mit knapp 420 ha für Weißwein und sehr wenig Rotwein ist Meursault die drittgrößte Gemeinde in der Côte d'Or nach Beaune und Gevrey. Der Rotwein wächst an der Grenze zu Volnay, besitzt aber die Kraft und Robustheit des Meursault, gegenüber der Eleganz, die Kennzeichen des Volnay ist. Der Rest der Appellation ist perfekt für Chardonnay. Ein Meursault ist einer der ausdrucksvollsten und charakteristischsten Burgunder mit lebhafter Frucht, die mit der Reife Nuancen von Honig und Nüssen zeigt. Die generell guten Village-Weine sind mit 2–3 Jahren trinkreif. Bestimmte *climats*, v.a. Les Clos de la Barre, Les Casse-Tetes, Les Chevaliers, Les Narvaux, Les Tillets, Les Luchets und Les Tessons, liefern hervorragende Weine, oft auf Premier-Cru-Niveau, die 5–8 Jahre reifen müssen. Aufgrund der großen Produktionsmengen haben *négociants* hier zuverlässige Quellen für Village- und Premier-Cru-Weine.

Premiers Crus Die berühmtesten unter den 29 Premiers Crus sind Les Poruzots, Les Boucheres und La Goutte d'Or, unter den Grands Crus Les Charmes, Les Genevrières und Les Perrières.

Beste Erzeuger Robert Ampeau, D'AUVENAY, Bitouzet-Prieur, Guy Brocard, Pierre Boillot, BOUCHARD Père & Fils, BOUZEREAU, Boyer-Martenot, Hubert Chavy-Chouet, Coche-Debord, COCHE-DURY, Henri Darnat, Jean-Philippe Fichet, Jean-Paul Gauffroy, Jean-Michel Gaunoux, Henri Germain, GRIVAULT, Patrick JAVILLIER, Charles & Rémi Jobard, François JOBARD, LAFON, LATOUR, Latour-Giraud, MATROT, Dom. Michelot, François Mikulski, Pierre Millot-Battault, René Monnier, Pierre MOREY, Jacques PRIEUR, Guy ROULOT, VERGET, Virely-Rougeot

Gute Jahrgänge ♀ 1996, 95, 94, 92, 90, 89, 88

MONTAGNY AC

Weißwein aus der südlichsten Appellation der Côte Chalonnaise. Die Weine ähneln eher denen des Mâconnais als der Côte de Beaune. Die Premiers Crus entwickeln mit der Zeit eine nussige Komplexität. Am besten mit 2–3 Jahren zu trinken.

Beste Erzeuger Cave des Vignerons de Buxy, Ch. de la Saule, LATOUR, Bernard Michel

Gute Jahrgänge 1996, 95

MONTHELIE AC

Die 140 ha Rebfläche auf Kalkboden westlich von Volnay – knapp ein Viertel davon Premiers Crus – liefern Rot- und ein wenig Weißwein, die die Eleganz von Volnay und die Kraft von Pommard mit einer gewissen Rustikalität vereinen. Sie können mit 5–8 Jahren getrunken werden. Diese Appellation ist eine Spezialität von *négociants*.

Premiers Crus Unter den 11 Premiers Crus werden nur Les Champs Fuillot und Les Duresses häufig verwendet.

Beste Erzeuger Jacques & Eric Boigelot, BOUCHARD Père & Fils, Denis Boussey, Maurice Deschamps, DROUHIN, Dupont-Fahn, Paul Garaudet, Jaffelin, Ch. de

Monthelie, Monthelie-Douhairet, Ropiteau
Gute Jahrgänge 1996, 95, 93, 90, 89, 88

LE MONTRACHET AC

Der großartigste weiße Grand Cru in Burgund mit 8 ha Rebfläche in den Gemeinden Puligny und Chassagne, die den sublimsten Chardonnay überhaupt liefern. Selbst noch im Vergleich mit Chevalier-Montrachet hat Le Montrachet mehr Kraft und Konzentration, ohne im geringsten an Eleganz und Finesse zu verlieren. Braucht 10 Jahre, um seine Qualität voll zu entwickeln.

Beste Erzeuger Guy AMIOT & Fils, BOUCHARD Père & Fils, Marc COLIN & Fils, Delagrange-Bachelet, GAGNARD-DELAGRANGE, LAFON, de Laguiche (DROUHIN), LEFLAIVE, Jacques PRIEUR, Ch. de PULIGNY-MONTRACHET, RAMONET, Dom. de la ROMANÉE-CONTI, Baron Thénard (Remoissenet)

Gute Jahrgänge 1996, 95, 93, 92, 90, 89, 88, 86, 85

MOREY-ST-DENIS AC

Die nach Vougeot kleinste Gemeinde der Côte de Nuits mit 109 ha Rebfläche, davon 43 ha Premiers Crus. Die Rotweine haben kräftige Farbe und intensives Bukett ohne die Gewürznoten des Gevrey-Chambertin und die Weichheit des Chambolle-Musigny; sie sind fest strukturiert und altern gut.

Premiers Crus Die 20 Premiers Crus stehen etwas im Schatten der Grands Crus. Die Weine sind generell hochwertig und brauchen mindestens 5 Jahre, um sich zu öffnen. Die besten sind Clos des Ormes, Les Sorbès, Clos Sorbé, Les Montluisans, Les Charmes, Clos de la Bussièere und Les Ruchottes.

Beste Erzeuger Pierre Amiot, Arlaud, CLOS DE TART, DUJAC, Lécheneaut, Heresztyn, Dom. des LAMBRAYS, Georges Lignier, Hubert LIGNIER, Frédéric Magnien, Jean-Paul-Magnien, Henri Pierrot-Minot, PONSOT, Jean RAPHET, Georges ROUMIER, Louis Rémy, Bernard Serveau

Gute Jahrgänge 1996, 95, 93, 91, 90, 89, 88, 85, 80

MORGON AC

Der zweitgrößte Cru des Beaujolais erzeugt auf 1030 ha vollfruchtige, ja fleischige und robuste Weine, die nach 5–6 Jahren burgunderähnliche Aromen annehmen. Die besten Lagen sind Le Py, Le Clachet und Les Charmes.

Beste Erzeuger Georges Brun, François Calot, Gerard Charvet, Jean Descombes (DUBŒUF), Louis-Claude Desvignes, Jean Foillard, Dominique Piron, Pierre Savoye, Jacques Trichard

Gute Jahrgänge 1997, 96, 95, 93, 90

MOULIN-À-VENT AC

Der berühmteste Cru des Beaujolais besitzt 670 ha Reben auf Granitboden, der dem Wein ein besonders intensives Bukett und Aroma verleiht; seine üppige, samtige Frucht hat ihm den Titel eines »Königs des Beaujolais« verschafft. Mit 2–3 Jahren gut, kann er ein Jahrzehnt reifen.

Beste Erzeuger François Bergeron, Louis Champagnon, Jules Chauvet, DUBŒUF, Gay-Coperet, Ch. des JACQUES, Paul Janin & Fils, Hubert Lapierre

Gute Jahrgänge 1997, 96, 95, 93, 90

MUSIGNY AC

Aus diesem Grand Cru mit 10,86 ha Rebfläche kommen einige der größten roten Burgunder und eine winzige Menge Weißwein (nur von de VOGÜE). Ein guter roter Musigny ist seidig und samtig im Vergleich zu Chambertin, läßt aber nichts von dessen Kraft vermissen. Gute Jahrgänge sollten ein Jahrzehnt reifen, die besten halten 20–30 Jahre.

Beste Erzeuger DROUHIN, GROFFIER, LEROY, J.-F. Mugnier, Jacques PRIEUR, Georges ROUMIER, de VOGÜE

Gute Jahrgänge 1996, 95, 93, 92, 91, 90, 89, 88, 85, 80, 79, 78

NUITS-ST-GEORGES AC

Die südlichste Appellation der Côte de Nuits erzeugt auf 375 ha fast ausschließlich Rotwein. Ein guter Nuits-St-Georges ist ein ernster Wein mit Power und mineralischen, wildartigen Aromen, jedoch nicht schwer, und reift langsam. Die Weine aus Prémeaux südlich von Nuits-St-Georges sind etwas weicher, und die jüngsten Jahrgänge zeigen echte Klasse.

Premiers Crus Die 37 Premiers Crus reichen von Vosne-Romanée südlich über Nuits-St-Georges bis Prémeaux. Die Weine sind im Norden eleganter, im Süden weicher; die in der Mitte sind wohl die typischsten. Die besten Premiers Crus sind (Norden) Aux Boudots, Aux Chaignots, Aux Champs Perdrix, Aux Cras, Les Damodes, Aux Thorey, Les Vignes-Rondes; (Mitte) Les Cailles, Les Perrières, Les Porrets, Les Pruliers, Les Hauts Pruliers, Les Roncières, Les St-Georges, Les Terres Blanches, Les Vaucrains; (Süden) Clos des Argillières, Clos de l'Arlot, Clos de la Maréchale, Les Forêts, Clos des Corvées, Les-Corvées-Pagets, Clos St-Marc.

Beste Erzeuger Bertrand Ambroise, L'Arlot, Robert Arnoux, Daniel Bocquenet, Lucien Boillot, BOUCHARD Père & Fils, Jean Chauvenet, Robert CHEVILLON, A. Chopin & Fils, Chopin-Groffier, Jean-Jacques CONFURON, DROUHIN, FAIVELEY, Henri GOUGES, Jean GRIVOT, JADOT, JAYER-GILLES, LABOURÉ-ROI, LAURENT, Lécheneaut, LEROY, Alain Michelot, Dom. de Perdrix, PRIEURÉ-ROCH, Henri & Gilles Remoriquet, RION, Thomas-Moillard, Charles Vienot

Gute Jahrgänge 1996, 95, 93, 90, 89, 88, 85, 80

PERNAND-VERGELESSES AC

Rot- und Weißwein von 194 ha Rebfläche, davon etwa ein Viertel Premiers Crus. Die Rotweine mit kräftigen Aromen und schöner Farbe brauchen 4–5 Jahre, um sich zu entwickeln; die Weißweine mit lebhafter Frucht und attraktiver Säure gehören zu den preiswürdigsten der Côte de Beaune.

Premiers Crus Von hoher Qualität, besonders Les Fichots, Les Vergelesses und Ile de Vergelesses.

Beste Erzeuger CHANDON DE BRIAILLES, CHANSON, DROUHIN, Dubreuil-Fontaine, Claude Cornu, Doudet, Antonin GUYON, JADOT, Laleure-Piot, LATOUR, Pierre Marey, RAPET Père & Fils, Rollin Père & Fils

Gute Jahrgänge 🍷1996, 95, 93, 92; 🍸1990, 89, 88

POMMARD AC

Von 337 ha (davon über ein Drittel Premiers Crus) zwischen Beaune und Volnay kommen nur Rotweine. Sie sind farbstark und fest, von relativ hoher Säure und in jungen Jahren etwas ungelenk, altern jedoch sehr schön. In letzter Zeit ist die Qualität gestiegen, da sich die Erzeuger nicht mehr nur auf die Popularität der Appellation verlassen.

Premiers Crus Es gibt keine Grands Crus, doch kann Les Rugiens, der Eleganz mit Intensität paart, mit dem besten Corton konkurrieren. Andere gute Premiers Crus sind Les Arvelets, Les Bertins, Clos Blanc, Clos de la Commaraine, Clos des Epeneaux, Les Petits Epenots, Les Grands Epenots, Les Fremiers, Les Jarolières, Les Argillières, Les Pezerolles.

Beste Erzeuger ARMAND, Billard-Gonnet, J.-M. BOILLOT, Coste-Caumartin, de Courcel, Jean Garaudet, Michel Gaunoux, Germain Père & Fils, Vincent GIRARDIN, Lahaye Père & Fils, Olivier LEFLAIVE, Lejeune, Jean Monnier, de MONTILLE, Mussy, Parent, Ch. de Pommard, Pothier-Rieusset, Dom. de la POUSSE D'OR, Le Royer-Girardin, Virely-Rougeot. Die meisten Handelshäuser des Burgunds führen Wein aus dieser weltberühmten Appellation.

Gute Jahrgänge 1996, 95, 93, 91, 90, 89, 88

POUILLY-FUISSÉ AC, POUILLY-LOCHÉ AC, POUILLY-VINZELLES AC

Pouilly-Fuissé ist die bei weitem beste dieser drei Weißwein-Appellationen. Sie umfaßt fünf Gemeinden, die alle den Namen Fuissé verwenden dürfen. Hier ergibt Chardonnay mächtige, markante Weine mit floraler Nase und beinahe exotischer Frucht, die oft durch neue Eiche unterstützt wird. Sie können mit 1–2 Jahren getrunken werden, zeigen jedoch erst nach 2–3 Jahren in der Flasche ihre volle Komplexität. Die besten können in puncto Intensität mit den Weißweinen der Côte d'Or konkurrieren. Die Weine von Pouilly-Loché und Pouilly-Vinzelles sind weniger vielschichtig und können jünger getrunken werden als Pouilly-Fuissé.

Beste Erzeuger Daniel Barraud, Collovray-Terrier, Cordier, Corsin, DROUHIN, DUBŒUF, J.-A. FERRET, Ch. FUISSÉ, des Gerbeaux, GUFFENS-HEYNEN, JADOT, LABOURÉ-ROI, Roger Lassarat, LATOUR, Robert-Denogent, St-Philibert, Saumaize-Michelin, La Soufrandise, Valette, VERGET

Gute Jahrgänge 1996, 95, 93, 92, 90

PULIGNY-MONTRACHET AC

Puligny-Montrachet, mit 246 ha Rebfläche (davon 100 ha Premiers Crus und 21 ha Grands Crus) zwar kleiner als die benachbarten Meursault und Chassagne-Montrachet, kann sich mit Recht als großartigste Weißweingemeinde in Burgund bezeichnen. Ein wenig Rotwein wird ebenfalls gemacht, weltberühmt sind jedoch die Weißweine. Sogar die Village-Weine können eine feinere Frucht als Meursault und größere Eleganz als Chassagne besitzen, wobei sie florale Aromen mit Festigkeit verbinden. Mit 2–4 Jahren zu trinken.

Premiers Crus Die 23 Premiers Crus werden zunehmend unter ihrem Namen verkauft, während die Village-Weine abnehmen. Die besten sind Les Caillerets, Les Chalumeaux, Les Champs-Canet, Le Champ-Gain, Le Clavoillon, Les Combettes, Les Folatières, La Garenne, Les Perrières, Les Pucelles, Les Refert, La Truffière.

Beste Erzeuger Guy Amiot, J.-M. BOILLOT, BOUCHARD Père & Fils, CARILLON & Fils, CHARTRON & TRÉBUCHET, Gerard Chavy & Fils, Philippe Chavy, Henri Clerc, COCHE-DURY, DROUHIN, JADOT, LATOUR, LEFLAIVE, Olivier LEFLAIVE, Duc de Magenta (JADOT), Robert Maraslovac-Leger, MATROT, Pascal, Paul Pernot & Fils, Ch. de PULIGNY-MONTRACHET, RODET, SAUZET, VERGET

Gute Jahrgänge 1996, 95, 93, 92, 90, 89, 88

RICHEBOURG AC

Auf 8,03 ha erzeugt der Richebourg Grand Cru die opulentesten, prächtigsten Rotweine Burgunds, die 10 Jahre brauchen, um adäquat zu reifen, mit ihrer explosiven Frucht aber auch schon deutlich früher genossen werden können.

Beste Erzeuger Jean GRIVOT, A.-F. Gros, Anne GROS, Jean Gros, Gros Frère & Soeur, HUDELOT-NOËLLAT, LEROY, MÉO-CAMUZET, MONGEARD-MUGNERET, Denis Mugneret, Dom. de la ROMANÉE-CONTI

Gute Jahrgänge 1996, 95, 93, 92, 91, 90, 89, 88, 85, 83, 80, 78

LA ROMANÉE AC

Dieser Grand Cru, mit gerade 0,85 ha die kleinste AC in Frankreich, liegt oberhalb von Romanée-Conti und ist im Besitz der Familie Liger-Belair, seine Weine werden von Bouchard Père & Fils gemacht und vertrieben.

Gute Jahrgänge 1996, 95, 93, 90, 89, 88, 85

LA ROMANÉE-CONTI AC

Dieses 1,81 ha große Juwel in der Krone Burgunds liefert in einem guten Jahr durchschnittlich 6000 Flaschen. Dieser Grand Cru gehört wie La Tâche der Dom. de la ROMANÉE-CONTI, die keinen Aufwand scheut, um einen wahrhaft großen Wein zu produzieren. Er braucht 10–20 Jahre, um seine Qualität zu offenbaren.

Gute Jahrgänge 1996, 95, 94, 93, 91, 90, 89, 88, 85, 80, 78

ROMANÉE-ST-VIVANT AC

Die 9,44 ha Reben unmittelbar nordwestlich von Vosne-Romanée liefern den leichtesten Grand Cru von Vosne, der eine ähnliche Rasse und Länge aufweist wie Musigny. Mit 10–20 Jahren zu trinken.

Beste Erzeuger ARNOUX, Jean-Jacques CONFURON, DROUHIN, HUDELOT-NOËLLAT, LATOUR, LEROY, Dom. de la ROMANÉE-CONTI

Gute Jahrgänge 1996, 95, 93, 91, 90, 89, 88, 85

ROUCHOTTES-CHAMBERTIN AC

Der zweitkleinste (3,3 ha) und nördlichste der Grands Crus von Gevrey. Sein Name ist von *rocher* (Felsen) abgeleitet, entsprechend fest und gut strukturiert ist der Wein, der gut altert.

Beste Erzeuger André Esmonin, JADOT, MUGNERET-GIBOURG, Georges ROUMIER, ROUSSEAU

Gute Jahrgänge 1996, 95, 93, 91, 90, 89, 88, 85, 80

RULLY AC

Rot- und Weißweine aus der Mercurey benachbarten Appellation in der Côte Chalonnaise. Die Weißweine sind bekannter als die Rotweine, sie können eine Tiefe und Komplexität erreichen, die an einen kleineren Meursault erinnert. Die Rotweine haben in letzter Zeit an Gewicht und Farbe gewonnen, ohne weniger geschmeidig zu sein.

Premiers Crus Es gibt zwei bekannte, Les Cloux und La Pucelle.

Beste Erzeuger Belleville, Jean-Claude Brelière, DROUHIN, FAIVELEY, Jaffelin, La Folie, JACQUESON, Olivier LEFLAIVE, de la Renarde (Delorme), Ch. de Rully (RODET), de VILLAINE

Gute Jahrgänge 🍷 1995, 93, 90; 🥂 1996, 95

ST-AUBIN AC

Rot- und Weißweine von 236 ha Rebfläche, davon über die Hälfte Premiers Crus, von hochgelegenen Hängen westlich von Puligny-Montrachet. Die Weißweine haben große Finesse und eine erfrischende Säure, das runde, fruchtige Finale wäre bedeutenderer Appellationen würdig; sie sind mit 3–4 Jahren trinkbar. Die weichen Rotweine, mit schönem Kirschrot und lebendiger Frucht, sind mit 3–5 Jahren trinkreif.

Premiers Crus Die bedeutendsten der 29 Premiers Crus sind Les Frionnes, Les Murgers des Dents de Chien, En Remilly und Les Perrières.

Beste Erzeuger Jean-Claude Bachelet, Gilles Bouton, Marc Colin, Hubert Lamy-Monnot, Larue, Daniel Nicvert, Henri Prudhon, Roux Père & Fils, Thomas

Gute Jahrgänge 1996, 95, 90

ST-ROMAIN AC

Rot- und Weißwein zu etwa gleichen Teilen von 135 ha Rebfläche in den Hügeln über Auxey-Duresses. Die größere Höhe macht die Rotweine etwas leichter. Die natürliche Säure tut den Weißweinen gut, besonders in warmen Jahren. Beide sollten relativ jung – maximal 5 Jahre alt – getrunken werden.

Beste Erzeuger H. & G. Buisson, Denis Carré, Germain Père & Fils, Alain Gras, René Gras-Buisson, Thévenin-Monthélie

Gute Jahrgänge 🍷 1996, 95, 92; 🥂 1990, 89

ST-VÉRAN AC

Die Weißwein-AC wurde 1981 geschaffen, um einige bessere Gemeinden im Mâconnais anzuerkennen. Die Weine sind lebhafter und fruchtiger als einfacher Mâcon Blanc, erreichen aber nicht die üppige Art des Pouilly-Fuissé. Mit 1–3 Jahren zu trinken.

Beste Erzeuger Georges Burrier, Corsin, Denuziller, Deux Roches, DUBŒUF, Ch. FUISSÉ, Gonon, Roger Lassarat, Roger Luquet, Olivier Merlin, Jacques & Nathalie

Saumaize, Saumaize-Michelin, des Valanges, VERGET

Gute Jahrgänge 1997, 96, 95, 93

SANTENAY AC

Rot- und ein wenig Weißwein vom südlichen Ende der Côte de Beaune. Von den 378 ha Rebfläche sind 124 ha Premiers Crus. Die runden Weißweine verfügen über wenig Säure und können mit 2–3 Jahren getrunken werden; die roten ähneln denen von Chassagne, sind aber weicher und mit 4–7 Jahren trinkbar.

Premiers Crus Diese größer dimensionierten, finessereichen Weine sind mit 5–10 Jahren auf dem Höhepunkt. Die besten der 14 Premiers Crus sind Beauregard, Clos de Tavannes, Les Gravières, Clos Rousseau, Grand Clos Rousseau, La Comme, La Maladière, Le Passe-Temps.

Beste Erzeuger L'Abbaye de Santenay, Adrien Belland, Roger Belland, Roger Belland, Hautes Cornières, Vincent GIRARDIN, René Lequin-Colin, Mestre, Lucien Muzard & Fils, POUSSE D'OR, Prieur-Brunet

Gute Jahrgänge 🍷 1996, 95, 93, 90, 89

SAVIGNY-LÈS-BEAUNE AC

Rot- und etwas Weißwein von 383 ha Rebfläche, davon ca. ein Drittel Premiers Crus. Der Weißwein ist lebhaft und stilvoll, der Rotwein elegant, leicht und weich. Beide sind mit 2–3 Jahren zu genießen, halten aber bis zu 5 Jahre.

Premiers Crus Sie sind fast ausschließlich aus Pinot Noir, ihre größere Tiefe trägt zur typischen Eleganz dieser Gemeinde bei. Die Premiers Crus (Les Clous, Les Serpentières, Les Guettes, Les Lavières, Aux Vergelesses) und die Village-Weine von der Pernand-Vergelesses-Seite haben eine feste Frucht, entwickeln aber seidige Textur und florales Bukett. Mit ca. 5 Jahren trinkreif. Weine von den Rebflächen Richtung Beaune (La Dominode, Les Jarrons, Les Marconnets, Les Rouvrettes) sind runder und reifer und daher früher trinkbar.

Beste Erzeuger Arnoux Père & Fils, Pierre Bitouzet, Simon Bize, BOUCHARD Père & Fils, Camus-Bruchon, CHAMPY, CHANDON DE BRIAILLES, CHANSON, Bruno CLAIR, DROUHIN, Philippe Dubreuil-Fontaine, Maurice ECARD, Louis Ecard-Guyot, Girard-Vollot, Pierre Guillemot, JADOT, Jean-Marc Pavelot, Thomas-Moillard

Gute Jahrgänge 🍷 1996, 95, 93, 90, 89, 88; 🍸 1997, 96, 95, 93

LA TÂCHE AC

Dieser 6,06 ha große Grand Cru in Vosne-Romanée gehört zur berühmten Dom. de la Romanée-Conti. Unbezweifelt einer der größten Rotweine Frankreichs. Seine seidige Frucht erlaubt, ihn früh zu trinken, er reift aber auch über Jahrzehnte.

Gute Jahrgänge 1995, 94, 93, 91, 90, 89, 88, 85, 80, 78

VOLNAY AC

Die Rotweine von 235 ha Rebfläche, davon knapp die Hälfte Premiers Crus, auf den flachen Hängen über dem Saône-Tal gelten als die bukettreichsten und ausdrucksvollsten der Côte de Beaune und werden oft mit Chambolle-Musigny verglichen. Die Qualität ist ebensosehr vom Erzeuger abhängig wie von der Lage. Mit 4–7 Jahren trinkreif. Viele *négociants* besitzen Areale in Volnay, v.a. BOUCHARD Père & Fils; den HOSPICES DE BEAUNE gehören einige Parzellen in Premier-Cru-Lagen.

Premiers Crus Einige sind vielen Grands Crus ebenbürtig und benötigen 10–15 Jahre Reifung. Die besten sind Les Angles, Caillerets-Dessus (mit Clos des 60 Ouvrées), En Cailleret, En Champans, Carelle-sous-la-Chapelle, En Chevret, Clos de la Bousse d'Or, Clos des Chênes, Clos des Ducs, Les Fremiets, Les Mitans, Les Paillepieds, Les Pitures-Dessus und Les Santenots (in Meursault).

Beste Erzeuger D'ANGERVILLE, Bitouzet-Prieur, J.-M. BOILLOT, Lucien Boillot, BOUCHARD Père & Fils, Reyanne & Pascal Bouley, Jean-Marc Bouley, François Buffet, Yvon Clerget, DROUHIN, Vincent GIRARDIN, Bernard & Louis Glantenay, HOSPICES DE BEAUNE, Michel LAFARGE, LAFON, de MONTILLE, POUSSE D'OR, Regis Rossignol-Changarnier, Frédéric Rossignol-Fevrier, Vaudoisey, Voillot
Gute Jahrgänge 1996, 95, 93, 90, 89, 88, 85

VOSNE-ROMANÉE AC

Rotwein von 240 ha Rebfläche, davon genau die Hälfte Premiers Crus. Die Weine sind fester als Chambolly-Musigny und leichter als Gevrey-Chambertin und Nuits-St-Georges, jedoch eleganter als diese. Am besten mit 7–12 Jahren zu genießen.

Premiers Crus Bei 7 Grands Crus in Vosne und Flagey mußten die Premiers Crus sehr gut sein, um ihren Ruf zu etablieren. Von den 13 Premiers sind die besten Aux Malconsorts, Clos des Réas, Cros Parentoux, Aux Brûlées, Les Beaux-Monts (Beaumonts), Les Suchots.

Beste Erzeuger ARNOUX, Cacheux, Sylvain Cathiard, Bruno Clavelier, CONFURON-COTÉTIDOT, René ENGEL, Forey Père & Fils, François Gerbet, Jean GRIVOT, A.-F. Gros, Anne GROS, Jean Gros, Gros Frère & Soeur, Henri Jayer (ROUGET), François LAMARCHE, LEROY, Manière-Noirot, Machard de Gramont, MÉO-CAMUZET, MONGEARD-MUGNERET, Gérard Mugneret, MUGNERET-GIBOURG, Pernin-Rossin, PRIEURÉ-ROCH, RION, Emmanuel ROUGET, Jean Tardy, Thomas-Moillard, Fabrice Vigot, Ch. de Vosne-Romanée
Gute Jahrgänge 1996, 95, 93, 91, 90, 89, 88, 85, 80

VOUGEOT AC

Außerhalb der Mauer des Clos de Vougeot sind nur 12 ha für die Vougeot AC qualifiziert, ein winziger Teil ist Premier Cru. Hauptsächlich Rotwein von gutem Village-Standard und viel billiger als jeder Clos de Vougeot.

Beste Erzeuger Bertagna, L'Héritier-Guyot
Gute Jahrgänge 1996, 95, 93, 90, 89, 88

GUY AMIOT ET FILS, Chassagne-Montrachet 03 80 21 38 62/03 80 21 90 80

Ein aufsteigendes Gut mit Rebflächen in den besten Teilen von Chassagne-Montrachet. Fein strukturierte Rotweine, elegante Weißweine mit floralem Bukett und Untertönen von Honig.

Beste Weine ★★★ Chassagne-Montrachet 1er Cru Les Caillerets ♀, ★★ Chassagne-Montrachet 1er Cru Les Champs Gain ♀, Puligny-Montrachet 1er Cru Les Demoiselles ♀, Montrachet ♀, Chassagne-Montrachet 1er Cru Clos St-Jean 🍷, Chassagne-Montrachet 1er Cru La Maltroye 🍷

Gute Jahrgänge 🍷 1996, 95, 93, 90, 88; ♀ 1996, 95, 93, 90, 89, 88

AMIOT-SERVELLE, Chambolle-Musigny 03 80 62 80 39/03 80 62 84 16

Das Gut besitzt Areale in den besten Teilen von Chambolle-Musigny, seine Weine sind körperreich, dennoch anmutig, und altern gut.

Beste Weine ★★★ Chambolle-Musigny 1er Cru Derrière La Grange 🍷, 1er Cru Les Amoureuses 🍷, ★★ Chambolle-Musigny 1er Cru Les Charmes 🍷, Clos de Vougeot 🍷

Gute Jahrgänge 1996, 95, 93, 90, 88

MARQUIS D'ANGERVILLE, Volnay 03 80 21 61 75/03 80 21 65 07

Dieses historische Gut – einer der Pioniere der Gutsabfüllung – macht vorbildlichen Volnay, Weine, die in der Jugend oft etwas massiv sind, aber wunderbar altern. Mindestens 5 Jahre lagern.

Beste Weine ★★★ Volnay 1er Cru Clos des Ducs Monopole 🍷, Volnay 1er Cru Les Taillepieds 🍷, ★★ Volnay 1er Cru Les Champans 🍷, Volnay 🍷

Gute Jahrgänge 1996, 95, 94, 93, 91, 90, 89, 88, 85

COMTE ARMAND, Pommard 03 80 24 70 50/03 80 22 72 37

Das angesehene Gut, das früher auf Pommard beschränkt war, wuchs auf 10 ha. Die Weißweine sind rund und fruchtig, Die Rotweine dicht und tanninbetont, für längere Reifung gemacht.

Beste Weine ★★★ Pommard 1er Cru Clos des Epeneaux Monopole 🍷, ★★ Volnay 1er Cru Les Fremiets 🍷, Auxey-Duresses ♀, Pommard 🍷

Gute Jahrgänge 🍷 1996, 95, 94, 93, 91, 90, 88; ♀ 1996, 95

ROBERT ARNOUX, Vosne-Romanée 03 80 61 09 85/03 80 61 36 02

Das große Gut erzeugt runde, komplexe Weine, die sehr gut altern.

Beste Weine ★★★ Vosne-Romanée 1er Cru Les Suchots 🍷, Romanée-St-Vivant 🍷, ★★ Nuits-St-Georges Les Poizets 🍷, Vosne-Romanée 1er Cru Aux Reignots 🍷

Gute Jahrgänge 1996, 95, 94, 93, 91, 90, 88, 85

DOM. D'AUVENAY, Meursault 03 80 21 23 27

Das winzige Gut mit Rebflächen in der Côte de Nuits und der Côte de Beaune gehört Mme Bize-Leroy persönlich, getrennt von der Dom. LEROY. Rot- und Weißweine sind Muster an Konzentration und Reinheit, hervorragendes Alterungspontential.

Beste Weine ★★★ Meursault Les Narvaux ♀, Puligny-Montrachet 1er Cru Les Folatières ♀, Chevalier-Montrachet ♀, Bonnes-Mares 🍷, Mazis-Chambertin 🍷, ★★ Auxey-Duresses ♀

Gute Jahrgänge 🍷 1996, 95, 94, 93, 91, 90, 89, 88, 85; ♀ 1997, 96, 95, 94, 93, 92, 90

GHISLAINE BARTHOD-NOËLLAT, Chambolle-Musigny 03 80 62 80 16/03 80 62 82 42

Dieses Gut macht elegante, geschmeidige Weine ohne übermäßigen Holzton aus Chambolle-Musigny. Das Programm umfaßt 7 Premiers Crus und guten AC Bourgogne.

Beste Weine ★★★ Chambolle-Musigny 1er Cru Les Charmes 🍷, ★★ Chambolle-Musigny 1er Cru Aux Beaux Bruns 🍷, Chambolle-Musigny 1er Cru Les Fuées 🍷, ★ Bourgogne 🍷.

Gute Jahrgänge 1996, 95, 93, 92, 90, 89

SIMON BIZE ET FILS, Savigny-lès-Beaune 03 80 21 50 57/03 80 21 58 17

Das bedeutende Gut macht auf 23 ha sehr reintönige, distinguierte Weine.

Beste Weine ★★★ Savigny-lès-Beaune 1er Cru Les Vergelesses 🍷, ★★ Savigny-lès-Beaune 1er Cru Les Guettes 🍷, Savigny-lès-Beaune 1er Cru Les Marconnets 🍷, Bourgogne Les Perrières 🍸

Gute Jahrgänge 1996, 95, 93, 90, 88

BLAIN-GAGNARD, Chassagne-Montrachet 03 80 21 34 07/03 80 21 90 07

Diese Weine zielen auf Eleganz und Finesse, wobei man Überreife vermeidet.

Beste Weine ★★★ Criots-Bâtard-Montrachet 🍸, ★★ Chassagne-Montrachet 1er Cru Les Morgeots 🍸, Chassagne-Montrachet 1er Cru Les Boudriottes 🍸, Bâtard-Montrachet 🍸

Gute Jahrgänge 🍷 1996, 95, 93, 90; 🍸 1997, 96, 95, 94, 92

JEAN-MARC BOILLOT, Pommard 03 80 22 71 29/03 85 36 94 03

Jean-Marc Boillot ist verwandt mit dem verstorbenen Étienne Sauzet, und seine Weinberge in Puligny-Montrachet tragen das Qualitätssiegel der Familie. Eichenbetonte, exzellente Weißweine sowie einige bemerkenswerte, charaktervolle Rotweine aus Volnay und Beaune.

Beste Weine ★★★ Puligny-Montrachet 1er Cru Les Comblettes 🍸, Pommard 1er Cru Les Rugiens 🍷, ★★ Puligny-Montrachet 🍸, Bâtard-Montrachet 🍸, Volnay 🍷

Gute Jahrgänge 🍷 1996, 95, 93, 90, 89, 88; 🍸 1996, 95, 93, 90, 89

DOM. DE LA BONGRAN, Clessé 03 85 36 99 25/03 80 21 50 64

Eigentümer Jean Thévenet macht einen der eindrucksvollsten Weine des Mâconnais.

Beste Weine ★★★ Mâcon-Clessé Cuvée Levroutée 🍸, Mâcon-Clessé 🍸

Gute Jahrgänge 1997, 96, 95, 94

BONNEAU DU MARTRAY, Pernand-Vergelesses 03 80 21 57 19/03 80 24 80 24

Das historische Gut, das bei weitem beste in Corton-Charlemagne, besitzt 9,5 ha weißen Grand Cru und 1,5 ha roten Corton. Nach vielen guten Jahrgängen in den 1980er Jahren sind die 1990er noch spektakulärer. Die Weißen halten 10–20 Jahre.

Beste Weine ★★★ Corton-Charlemagne 🍸, ★★ Corton 🍷

Gute Jahrgänge 🍷 1996, 95; 🍸 1997, 96, 95, 94, 92, 90, 89, 88, 85, 79, 78

BOUCHARD PÈRE & FILS, Beaune 03 80 24 97 56/03 80 21 20 74

Bouchard Père & Fils ist mit 130 ha, darunter einige der besten Grands Crus und Beaujolais-Crus, der größte Weinbergbesitzer unter den burgundischen *négociants*. In den 1980er Jahren sank die Qualität, 1995 kaufte Joseph HENRIOT aus der Champagne den Betrieb von den Bouchards. Seitdem entspricht die Qualität des Weins wieder der der Weinberge.

Beste Weine ★★★ Meursault 1er Cru Less Genevrières 🍸, Beaune 1er Cru Les Grèves Vigne de l'Enfant Jésus Monopole 🍷, Volnay 1er Cru Les Caillerets Ancien Cuvée Carnot 🍷, Bonnes-Mares 🍷, ★★ Nuits-St-Georges 1er Cru Clos St-Marc 🍷, Chevalier-Montrachet 🍸, Corton-Charlemagne 🍸, Montrachet 🍸

Gute Jahrgänge 🍷 1996, 95, 93, 90, 89, 88; 🍸 1997, 96, 95, 92, 90

DOM. MICHEL BOUZEREAU ET FILS, Meursault 03 80 21 20 32/03 80 21 64 34

Das Gut macht mit 12 ha – eine Palette guter Premiers Crus in Beaune, Meursault und Puligny – überwiegend Weißwein.

Beste Weine ★★ Meursault 1er Cru Les Charmes ♀, Meursault 1er Cru Les Genevrières ♀, Meursault Les Tessons ♀, Bourgogne Chardonnay ♀

Gute Jahrgänge 1997, 96, 95, 94, 93, 92

LOUIS CARILLON ET FILS, Puligny-Montrachet 03 80 21 30 34/03 80 21 90 02

Das manchmal unterschätzte Gut macht auf zwei Drittel seiner Fläche finessereiche und konzentrierte Chardonnays, die bis zu 15 Jahren reifen können.

Beste Weine ★★★ Bienvenues-Bâtard-Montrachet ♀, ★★ Puligny-Montrachet 1er Cru Les Perrières ♀, Puligny-Montrachet 1er Cru Les Referts ♀, Puligny-Montrachet ♀

Gute Jahrgänge 1996, 95, 94, 93, 92, 90, 89

LA CHABLISENNE, Chablis 03 86 42 89 89/03 86 42 89 90

Diese große, sehr renommierte Genossenschaft produziert fast ein Drittel allen Chablis; einige der Weine machen Topgütern Konkurrenz. Die Grands Crus sollen 7–8 Jahre reifen.

Beste Weine ★★★ Chablis Grand Cru Ch. Grenouille ♀, ★★ Chablis Grand Cru Blanchot ♀, Chablis 1er Cru Mont de Milieu ♀, Chablis Vieilles Vignes ♀

Gute Jahrgänge 1996, 95, 94, 93, 92, 90, 89

CH. DE CHAMBOLLE-MUSIGNY, Chambolle-Musigny 03 80 62 85 39/03 80 62 87 36

Ein winziges Gut mit feinen, eleganten Weinen.

Beste Weine ★★★ Musigny 🍷, ★★ Bonnes-Mares 🍷, Chambolle-Musigny 1er Cru Les Fuées 🍷, Chambolle-Musigny 1er Cru Les Amoureuses 🍷

Gute Jahrgänge 1996, 95, 94, 93, 90

CHAMPY, Beaune 03 80 24 97 30/03 80 24 97 40

Das 1720 gegründete Handelshaus ist der älteste *négociant* in Burgund. JADOT kaufte die Firma wegen ihrer Weinberge und verkaufte den Namen 1990 an Henri und Pierre Meurgey, Weinbrokern in Beaune. Eine Palette sehr guter, eleganter Weine wird erzeugt.

Beste Weine ★★★ Charmes-Chambertin 🍷, Chambertin Clos de Bèze 🍷, Corton-Charlemagne ♀, ★★ Savigny-lès-Beaune 1er Cru 🍷, Côte de Beaune-Villages 🍷, Pernand-Vergelesses ♀

Gute Jahrgänge 1996, 95, 93, 91, 90; ♀ 1996, 95, 94, 92, 90

CHANDON DE BRIAILLES, Savigny-lès-Beaune 03 80 21 52 31/03 80 21 59 15

Kontinuierliche Verbesserung in den 1980er Jahren wurde in den 1990ern durch exzeptionelle Weine von dem Mutter-Tochter-Team gekrönt.

Beste Weine ★★★ Corton-Charlemagne ♀, Pernand-Vergelesses 1er Cru Ile de Vergelesses 🍷, Corton Clos du Roi 🍷, ★★ Savigny-lès-Beaune 1er Cru Les Lavières 🍷, Corton-Bressandes 🍷

Gute Jahrgänge 1996, 95, 93, 91, 90, 89, 88, 85

CHANSON PÈRE ET FILS, Beaune 03 80 22 33 00/03 80 24 17 42

Ein gutes, etwas altmodisches Handelshaus, das in einigen der besten Premiers Crus in Beaune und Savigny Pinot Noir erntet. Die Weine sind nicht zu stark extrahiert, sehr elegant und langlebig.

Beste Weine ★★★ Beaune 1er Cru Clos des Marconnets Monopole 🍷, Beaune 1er Cru Clos des Feves 🍷, ★★ Savigny-lès-Beaune 1er Cru La Dominode 🍷

Gute Jahrgänge 1996, 95, 93, 92, 90, 89, 88

PHILIPPE CHARLOPIN, Gevrey-Chambertin — 03 80 51 81 18/03 80 51 81 27

Das gute, 12 ha große Gut macht fleischige, starkfarbige Weine.

Beste Weine ★★★ Clos-St-Denis 🍷, ★★ Marsanny-en-Montchenevoy 🍷, Gevrey-Chambertin Vieilles Vignes 🍷, Charmes-Chambertin 🍷

Gute Jahrgänge 1996, 95, 93, 92, 90

CHARTRON ET TRÉBUCHET, Puligny-Montrachet — 03 80 21 32 85/03 80 21 36 35

Handelshaus, dessen Basis das Gut der Familie Chartron in bester Lage in Puligny-Montrachet bildet. Seine Stärke sind leichte, stilvolle Weißweine, die fünf bis zehn Jahre reifen können.

Beste Weine ★★★ Puligny-Montrachet 1er Cru Clos de la Pucelle Monopole 🍸, Puligny-Montrachet 1er Cru Les Folatières 🍸, Chassagne-Montrachet 1er Cru Les Morgeots 🍸

Gute Jahrgänge 1997, 96, 95, 92, 89, 88

ROBERT CHEVILLON, Nuits-St-Georges — 03 80 62 34 88/03 80 61 13 31

Diesem Erzeuger gehören 8 Premiers Crus in Nuits-St-Georges. Ihre Weine sind elegant, bei reifer Frucht, Struktur und kräftiger Farbe.

Beste Weine ★★★ Nuits-St-Georges 1er Cru Les St-Georges 🍷, ★★ Nuits-St-Georges 1er Cru Les Roncières 🍷, Nuits-St-Georges 1er Cru Les Perrières 🍷, Nuits-St-Georges 1er Cru Les Cailles 🍷, Nuits-St-Georges 1er Cru Les Pruliers 🍷, Nuits-St-Georges 1er Cru Les Vaucrains 🍷

Gute Jahrgänge 1996, 95, 93, 90, 89, 88, 85

BRUNO CLAIR, Marsannay-La-Côte — 03 80 52 28 95/03 80 52 18 14

Aus seinem Anteil an der berühmten Domäne Clair-Dau hat Bruno Clair ein Gut mit Rebflächen in mehreren Appellationen aufgebaut; Schwerpunkt ist die nördliche Côte de Nuits. Alte Reben und geringe Erträge ergeben beispielhaft dichte Weine.

Beste Weine ★★★ Corton-Charlemagne 🍸, Chambertin Clos de Bèze 🍷, ★★ Marsannay Les Longeroies 🍷, Gevrey-Chambertin 1er Cru Les Cazetiers 🍷, Morey-St-Denis En la Rue de Vergy 🍷, Savigny-lès-Beaune 1er Cru Les Dominodes 🍷

Gute Jahrgänge 1996, 95, 93, 92, 90, 89, 88

CLOS DE TART, Morey-St-Denis — 03 80 34 30 91/03 80 24 60 01

Der Grand Cru Clos de Tart gehört dem Handelshaus Mommessin. Der leichte, trockene Rotwein braucht in guten Jahrgängen 10 Jahre Reife.

Beste Weine ★★ Morey-St-Denis 1er Cru 🍷, Clos de Tart 🍷

Gute Jahrgänge 1995, 93, 90, 89, 88, 85

JEAN-FRANÇOIS COCHE-DURY, Meursault — 03 80 21 24 12/03 80 21 67 65

Dieses renommierte Gut ist mit Weinbergen (80% Chardonnay) in den besten *climats* in Meursault einer der führenden Produzenten der Côte de Beaune. Die Weißweine sind zwar jung schon sehr gut, sollten aber 5–10 Jahre reifen.

Beste Weine ★★★ Corton-Charlemagne 🍸, Puligny-Montrachet 1er Cru Les Enseignères 🍸, Meursault 1er Cru Les Perrières 🍸, Meursault Les Rougeots 🍸, ★★ Meursault Les Chevalières 🍸, Auxey-Duresses 🍷

Gute Jahrgänge 🍷 1996, 95, 94, 93, 90; 🍸 1997, 96, 95, 94, 93, 92, 90, 89, 88, 86, 85

MARC COLIN ET FILS, St-Aubin — 03 80 21 30 43/03 80 21 90 04

Ein bedeutendes Gut mit bemerkenswert reinen und charaktervollen Weinen, besonders Weißweinen.

Beste Weine ★★ St-Aubin 1er Cru En Rémilly 🥂, St-Aubin 1er Cru Les Charmois 🥂, Chassagne-Montrachet 1er Cru Les Caillerets 🥂, Santenay Vieilles Vignes 🍷
Gute Jahrgänge 🥂 1997, 96, 95, 93, 92, 90, 89, 88

COLIN-DELÉGER, Chassagne-Montrachet — **03 80 21 32 72/03 80 21 32 94**

Es wird gleichviel Rot- und Weißwein produziert. Charakter und kräftige Frucht machen die Weißen vorzüglich, die Roten sind gut, jedoch nicht überragend.
Beste Weine ★★★ Bâtard-Montrachet 🥂, Chassagne-Montrachet 1er Cru Les Chevenottes 🥂, ★★ Chassagne-Montrachet 1er Cru Les Vergers 🥂, Chassagne-Montrachet Vieilles Vignes 🍷
Gute Jahrgänge 🍷 1996, 95, 93, 91, 90, 88; 🥂 1997, 96, 95, 94, 93, 92

JEAN-JACQUES CONFURON, Nuits-St-Georges — **03 80 62 31 08/03 80 61 34 21**

Das kleine Gut macht elegante, konzentrierte Weine, die besten zu 100 % in neuer Eiche.
Beste Weine ★★★ Romanée-St-Vivant 🍷, ★★ Chambolle-Musigny 1er Cru 🍷, Clos de Vougeot 🍷, Nuits-St-Georges 1er Cru Les Boudots 🍷, ★ Bourgogne 🍷
Gute Jahrgänge 1995 95, 93, 91, 90, 88, 85

JACK CONFURON-COTÉTIDOT, Vosne-Romanée — **03 80 61 03 39/03 80 61 17 85**

Späte Lese bei niedriger Erntemenge und lange Reifung ergeben Weine mit tiefer Farbe und kraftvoller Persönlichkeit.
Beste Weine ★★★ Vosne-Romanée 1er Cru Les Suchots 🍷, ★★ Chambolle-Musigny 🍷, Nuits-St-Georges 1er Cru 🍷
Gute Jahrgänge 1996, 95, 93, 91, 90, 88, 85

PIERRE DAMOY, Gevrey-Chambertin — **03 80 34 30 47/03 80 58 54 79**

Ein großes Gut, dem der größte Teil des Grand Cru Chambertin Clos-de-Bèze gehört.
Beste Weine ★★ Chambertin 🍷, Chambertin Clos-de-Bèze 🍷
Gute Jahrgänge 1996, 95, 93, 90, 88

RENÉ ET VINCENT DAUVISSAT, Chablis — **03 86 42 11 58/03 86 42 85 32**

Renommierte Domäne, eine der besten in Chablis. Rebflächen in den besten Crus liefern sorgfältig gemachte Weine mit leichtem Holzton, die 10–15 Jahre halten.
Beste Weine ★★★ Chablis Grand Cru Les Clos 🥂, Chablis Grand Cru Les Preuses 🥂, ★★ Chablis 1er Cru La Forêt 🥂, Chablis 1er Cru Séchet 🥂
Gute Jahrgänge 1996, 95, 94, 93, 92, 90, 89, 88

JEAN-PAUL DROIN, Chablis — **03 86 42 16 78/03 86 42 42 09**

Dieser junge Erzeuger besitzt gute Lagen in Premiers und Grands Crus. Buttrige, in Eiche gereifte Weine; die besten können 5–8 Jahre reifen.
Beste Weine ★★★ Chablis Grand Cru Valmur 🥂, Chablis Grand Cru Les Clos 🥂, Chablis Grand Cru Vaudésir 🥂, ★★ Chablis 1er Cru Vosgros 🥂, Chablis 1er Cru Montée de Tonnerre 🥂
Gute Jahrgänge 1996, 95, 94, 93, 90, 89, 88

JOSEPH DROUHIN, Beaune — **03 80 24 68 88/03 80 22 43 14**

Eines der Top-Handelshäuser in Burgund mit weltbekannten, eleganten und finessereichen Weinen. Viele der besten Produkte kommen von eigenen Rebflächen.
Beste Weine ★★★ Beaune 1er Cru Clos des Mouches 🍷, Volnay 1er Cru En Chevret 🍷, Chablis Grand Cru Les Preuses 🥂, Montrachet Marquis de Laguiche 🥂, ★★ Chambolle-Musigny 1er Cru 🍷, Chassagne-Montrachet Marquis de Laguiche 🥂, Côte de Beaune 🍷
Gute Jahrgänge 🍷 1996, 95, 93, 92, 90, 89, 88, 85; 🥂 1996, 95, 93, 92, 90, 89

GEORGES DUBŒUF, Romanèche-Thorins 03 85 35 34 20/03 85 35 34 25

Dieser *négociant* war in den letzten 30 Jahren eine der bedeutendsten Größen im Beaujolais. Selbst bei einer Produktion von 25 Mio. Flaschen im Jahr bleibt die Qualität hoch. Viele der Beaujolais-Crus werden unter dem Namen des Erzeugers abgefüllt.

Beste Weine ★★ Morgon Jean Descombes 🍷, Juliénas Dom. de la Seigneurie 🍷, Moulin-à-Vent Clos des Maréchaux 🍷, Pouilly-Fuissé 🍸, Brouilly Dom. de Combillaty 🍷

Gute Jahrgänge 🍷 1996, 95, 94, 93, 91, 90

BERNARD DUGAT-PY, Gevrey-Chambertin 03 80 51 82 46/03 80 34 16 45

Dieses 5,6 ha große Gut macht einige der opulentesten, intensivsten Weine der Côte de Nuits.

Beste Weine ★★★ Charmes-Chambertin 🍷, Mazis-Chambertin 🍷, ★★ Gevrey-Chambertin Vieilles Vignes Coeur du Roi 🍷, Gevrey-Chambertin 1er Cru Lavaux St-Jacques 🍷

Gute Jahrgänge 1996, 95, 94, 93, 90

DOM. DUJAC, Morey-St-Denis 03 80 34 32 58/03 80 51 89 76

Jacques Seysses, ein führender Winzer Burgunds mit Rebflächen in verschiedenen ACs, ist unter den jüngeren Erzeugern sehr einflußreich. Die besten Rotweine können 10–15 Jahre lagern.

Beste Weine ★★ Morey-St-Denis 🍸, Gevrey-Chambertin 1er Cru Les Combottes 🍷, Clos de la Roche 🍷, Bonnes-Mares 🍷

Gute Jahrgänge 1996, 95, 93, 92, 90, 89, 88, 85, 83, 78

MAURICE ECARD ET FILS, Savigny-lès-Beaune 03 80 21 50 61/03 80 26 11 05

Das Familiengut macht den wohl kräftigsten, strukturreichsten Wein der Gemeinde.

Beste Weine ★★★ Savigny-lès-Beaune 1er Cru Les Narbantons 🍷, ★★ Savigny-lès-Beaune 1er Cru Les Peuillets 🍷, Savigny-lès-Beaune 1er Cru Les Jarrons 🍷, Savigny-lès-Beaune 1er Cru Les Serpentières 🍷

Gute Jahrgänge 1996, 95, 93, 92, 90, 88

RENÉ ENGEL, Vosne-Romanée 03 80 61 10 54/03 80 62 39 73

Ein hervorragendes Familiengut, dessen elegante Weine über 5–10 Jahre schön altern.

Beste Weine ★★★ Grands-Échézeaux 🍷, Clos de Vougeot 🍷, ★★ Vosne-Romanée 1er Cru Les Brûlées 🍷, Échézeaux 🍷

Gute Jahrgänge 1996, 95, 93, 92, 91, 90, 89, 88

JOSEPH FAIVELEY, Nuits-St-Georges 03 80 61 04 55/03 80 62 33 37

Dieses Handelshaus besitzt 120 ha Rebflächen, hauptsächlich in der Côte Chalonnaise. Die lebhaften Weißweine verfügen über eine Honignote, die Roten sind recht dicht und tanninbetont. Beide altern gut.

Beste Weine ★★★ Corton-Clos-des-Cortons 🍷, Latricières-Chambertin 🍷, Mazis-Chambertin 🍷, Chambertin-Clos-de-Bèze 🍷, Corton-Charlemagne 🍸, Mercurey-Clos-des-Myglands Monopole 🍷, ★★ Rully 🍸, Nuits-St-Georges 1er Cru Clos de la Maréchale Monopole 🍷

Gute Jahrgänge 🍷 1996, 95, 93, 92, 90, 88, 85, 78; 🍸 1997, 96, 95, 93, 92, 90, 89

DOM. J.-A. FERRET, Pouilly-Fuissé 03 85 35 61 56/03 85 35 62 74

Ein Familiengut mit einigen der ältesten Rebstöcke der Region, die einen fülligen Wein mit Honignuancen ergeben.

Beste Weine ★★★ Pouilly-Fuissé Tête du Cru 🍸, Pouilly-Fuissé Hors Classe 🍸

Gute Jahrgänge 1997, 96, 95, 94, 93, 90

RICHARD FONTAINE-GAGNARD, Chassagne-Montrachet 03 80 21 35 50/03 80 21 90 78

Eine der vielen Gagnard-Familien in Chassagne mit guten Lagen.

Beste Weine ★★★ Criots-Bâtard-Montrachet ♀, ★★ Bâtard-Montrachet ♀, Chassagne-Montrachet 1er Cru Les Caillerets ♀, Chassagne-Montrachet 1er Cru La Maltroie ♀

Gute Jahrgänge 1997, 96, 95, 94, 93, 92

CH. FUISSÉ, Pouilly-Fuissé 03 85 35 61 44/03 85 35 67 34

Dieses große Gut definiert den Standard für andere Erzeuger in Pouilly-Fuissé. Die runden, konzentrierten Weine sollten 5 Jahre reifen.

Beste Weine ★★★ Pouilly-Fuissé Vieilles Vignes ♀, Pouilly-Fuissé Le Clos ♀

Gute Jahrgänge 1997, 96, 95, 94, 93, 92, 90, 89, 88

JEAN-NOËL GAGNARD, Chassagne-Montrachet 03 80 21 31 68/03 80 21 33 07

Dieses bedeutende Gut, das auch als Ch. de la Maltroye bezeichnet wird, macht Rot- und Weißwein von beständig steigender Qualität. Die Liste der Premiers Crus ist eindrucksvoll.

Beste Weine ★★★ Chassagne-Montrachet 1er Cru Les Caillerets ♀, Bâtard-Montrachet ♀, ★★ Chassagne-Montrachet 1er Cru Les Morgeots ♀, Chassagne-Montrachet 1er Cru La Maltroie ♀, Santenay 1er Cru Clos de Tavannes 🍷, Chassagne-Montrachet ♀

Gute Jahrgänge 🍷 1966, 95, 93, 90; ♀ 1997, 96, 95, 93, 92, 90, 89

JACQUES GAGNARD-DELAGRANGE, Chassagne-Montrachet 03 80 21 31 40/03 80 21 91 59

Das kleine Gut ist im Besitz des Bruders von Jean-Noël Gagnard »Jacky«. Die üppigen, vielschichtigen Weine lohnen eine Reifung über 7–10 Jahre.

Beste Weine ★★★ Montrachet ♀, Bâtard-Montrachet ♀, Chassagne-Montrachet 1er Cru Les Morgeots ♀, ★★ Chassagne-Montrachet 1er Cru Les Boudriottes ♀

Gute Jahrgänge 1997, 96, 95, 94, 93, 92, 90, 89

VINCENT GIRARDIN, Santenay 03 80 20 64 29/03 80 20 64 88

Dieses in den 1980er Jahren aufgebaute Gut produziert fleischige Rot- und Weißweine mit viel neuer Eiche. Seit kurzem auch Tätigkeit als *négociant*.

Beste Weine ★★ Chassagne-Montrachet 1er Cru Les Morgeots 🍷, Santenay 1er Cru Les Gravières 🍷, Santenay 1er Cru Clos du Beauregard ♀, Chassagne-Montrachet 1er Cru Les Morgeots ♀

Gute Jahrgänge 🍷 1996, 95, 93, 92; ♀ 1997, 96, 95

CAMILLE GIROUD, Beaune 03 80 22 12 65/03 80 22 42 84

Die Firma kauft kleine Mengen Rotwein und baut sie in Barriques aus.

Beste Weine ★★★ Vosne-Romanée 1er Cru Les Suchots 🍷, Beaune 1er Cru Les Cras 🍷, ★★ Nuits-St-Georges 1er Cru Les Perrières 🍷, Volnay 🍷

Gute Jahrgänge 1996, 95, 94, 93, 90, 88

HENRI GOUGES, Nuits-St-Georges 03 80 61 04 40/03 80 61 32 84

Dieses Familiengut war eines der ersten in Burgund, die (in den 1920er Jahren) selbst abfüllten. Die Weine sind jung leicht zu unterschätzen, sie entwickeln sich in 8–10 Jahren zu wunderbarer Komplexität. Eine Rarität ist der weiße Nuits-St-Georges aus Pinot Noir.

Beste Weine ★★ Nuits-St-Georges Les Perrières ♀, Nuits-St-Georges 1er Cru Les Pruliers 🍷, Nuits-St-Georges 1er Cru Les Vaucrains 🍷, Nuits-St-Georges 1er Cru Clos des Porrets 🍷, Nuits-St-Georges 1er Cru Les St-Georges 🍷

Gute Jahrgänge 🍷 1996, 95, 94, 93, 92, 91, 90, 89, 88; 🥂 1997, 96, 95, 93, 92

DOM. ALBERT GRIVAULT, Meursault 03 80 21 12 /03 80 21 24 70

Ein kleines Familiengut, das zurückhaltende, jedoch kraftvolle Weine macht.

Beste Weine ★★★ Meursault 1er Cru Clos des Perrières Monopole 🥂, ★★ Meursault 🥂, Meursault 1er Cru Les Perrières 🥂, Pommard 1er Cru Clos Blanc 🍷

Gute Jahrgänge 🍷 1996, 95, 93, 90, 88; 🥂 1997, 96, 95, 84, 82

JEAN GRIVOT, Vosne-Romanée 03 80 61 05 95/03 80 61 32 99

Dieses Gut besitzt Reben in den besten Appellationen der Côte de Nuits.

Beste Weine ★★★ Vosnee-Romanée 1er Cru Les Suchots 🍷, Richebourg 🍷, ★★ Vosne-Romanée 1er Cru Les Brûlées 🍷, Nuits-St-Georges 1er Cru Les Boudots 🍷, Clos de Vougeot 🍷

Gute Jahrgänge 1996, 95, 94, 93, 90

ROBERT GROFFIER, Morey-St-Denis 03 80 34 31 53/03 80 34 15 48

Die Rebstöcke dieses Guts stehen fast ausschließlich in Chambolle-Musigny und liefern sehr elegante Weine mit reintöniger Frucht und gutem Alterungspotential.

Beste Weine ★★★ Chambolle-Musigny 1er Cru Les Amoureuses 🍷, Chambolle-Musigny 1er Cru Les Sentiers 🍷, ★★ Chambolle-Musigny 1er Cru Les Haut Doix 🍷

Gute Jahrgänge 1996, 95, 93, 92, 90, 89

ANNE GROS, Vosne-Romanée 03 80 61 07 95/03 80 61 23 21

Durch Erbteilung wurde das Gut verkleinert, aber es besitzt immer noch sehr gute Rebflächen in und um Vone-Romnanée, die intensiv fruchtige Weine liefern. Mindestens 8 Jahre lagern.

Beste Weine ★★★ Clos de Vougeot 🍷, Richebourg 🍷, ★★ Vosne-Romanée Les Barraux 🍷, Chambolle-Musigny La Combe d'Orveau 🍷

Gute Jahrgänge 1996, 95, 93, 91, 90, 89, 88

DOM. GUFFENS-HEYNEN, Vergisson 03 85 35 84 22/03 85 35 82 72

Ein 3-ha-Gut, dessen sehr alte, geringtragende Reben und eine brillante Vinifikation Weine ergeben, die ihre Appellation übertreffen. Siehe VERGET.

Beste Weine ★★★ Pouilly-Fuissé 🥂, Mâcon-Pierreclos En Chavigne Vieilles Vignes 🥂

Gute Jahrgänge 1997, 96, 95, 94, 93, 92

ANTONIN GUYON, Savigny-lès-Beaune 03 80 67 13 24/03 80 66 85 87

Die Hälfte seiner Rebstöcke hat dieses große Familiengut in den Hautes Côtes de Nuis. Die Weine, darunter viele ansprechende Appellationen der Côte d'Or, sind gut gemacht und zuverlässig.

Beste Weine ★★ Chambolle-Musigny 🍷, Meursault 1er Cru Les Charmes 🥂, Corton-Charlemagne 🥂, Volnay 1er Cru Clos des Chênes 🍷, Corton-Bressandes 🍷

Gute Jahrgänge 🍷 1996, 95, 93, 90, 88; 🥂 1997, 96, 95, 93

HOSPICES DE BEAUNE **Siehe S. 87**

ALAIN HUDELOT-NOËLLAT, Vougeot 03 80 62 85 17/03 80 62 83 13

Das Gut mit Reben in nicht weniger als 5 Premiers Crus und 3 Grands Crus macht Weine von überwältigender Fülle und Frucht, die nach 7–10 Jahren trinkreif sind.

Beste Weine ★★★ Romanée-St-Vivant 🍷, Richebourg 🍷, ★★ Vosne-Romanée 1er Cru Les Suchots 🍷, Vosne-Romanée 1er Cru Les Malconsorts 🍷, Vosne-Romanée 1er Cru Les Beaumonts 🍷, Clos de Vougeot 🍷

Gute Jahrgänge 1996, 95, 93, 90, 89, 88

CH. DES JACQUES, Romanèche-Thorins 03 85 35 51 64/03 85 35 59 15

Das große Beaujolais-Gut, jetzt im Besitz des Beauner Handelshauses JADOT, macht tieffarbene Weine mit feinen Tanninen, die mit 3–10 Jahren am besten sind. Eine der wenigen Beaujolais-Kellereien mit einem großen Anteil neuer Eiche.

Beste Weine ★★ Moulin-à-Vent Grand Clos de Rochegrès 🍷, Moulin-à-Vent Clos de Champ de Cœur 🍷

Gute Jahrgänge 1997, 96, 95, 94

HENRI ET PAUL JACQUESON, Rully 03 85 91 25 91/03 85 87 14 92

Ein 8-ha-Gut, das Weine mit kräftiger Frucht und großer Finesse produziert; sie gehören zu den besten in der Appellation Rully.

Beste Weine ★★ Rully 1er Cru La Pucelle 🍸, Rully 1er Cru Les Cloux 🍷

Gute Jahrgänge 🍷 1996, 95, 93, 90; 🍸 1997, 96, 95

LOUIS JADOT, Beaune 03 80 22 10 57/03 80 22 56 03

Generell hohe Qualität setzt Jadot an die Spitze der *négociants* in Burgund. Es hat seine Palette eigener Rebberge vergrößert und besitzt nun 51 ha Pinot Noir in den besten Crus der Côte d'Or, 27 ha Gamay – das CH. DES JACQUES in Moulin-à-Vent – und 19 ha Chardonnay. Die Weißweine verfügen über honigartige Aromen mit balancierender Säure, die Rotweine eine dichte Frucht mit runden Tanninen. Beide sind für lange Reifung gedacht.

Beste Weine ★★★ Chablis Grand Cru Les Preuses 🍸, Chassagne-Montrachet 1er Cru Les Caillerets 🍸, Puligny-Montrachet 1er Cru Les Folatières 🍸, Chevalier-Montrachet Les Demoiselles 🍸, Clos de Vougeot 🍷, Bonnes-Mares 🍷, Chambertin Clos-de-Bèze 🍷, ★★ Beaune 1er Cru Les Vignes Franches Clos des Ursules Monopole 🍷

Gute Jahrgänge 🍷 1996, 95, 93, 92, 90, 89, 88, 85, 83, 78; 🍸 1997, 96, 95, 94, 93, 92

PATRICK JAVILLIER, Meursault 03 80 21 27 87/03 80 21 29 39

Ein 9,5-ha-Gut, das sich auf lagenreine Meursaults spezialisiert hat. Die Weine sind fein, elegant und typisch, sie können recht jung getrunken werden.

Beste Weine ★★ Meursault 1er Cru Les Charmes 🍸, Meursault Les Murgers 🍸, Meursault Clos du Cromin 🍸, Meursault Les Tillets 🍸

Gute Jahrgänge 1997, 96, 95, 93

ROBERT JAYER-GILLES, Magny-Les-Villers 03 80 62 91 79/03 80 62 99 77

Domäne mit Pinot-Noir-Weinbergen rings um Vosne-Romanée und in den Hautes Côtes. Die Weine sind hochwertig, der reiche Gebrauch neuer Eiche stößt aber auf Kritik.

Beste Weine ★★★ Échézeaux 🍷, ★★ Nuits-St-Georges 1er Cru Les Hauts-Poirets 🍷, Bourgogne Hautes-Côtes de Nuits 🍷, Nuits-St-Georges 1er Cru Les Damodes 🍷

Gute Jahrgänge 1996, 95, 93, 90, 88

CHARLES ET RÉMI JOBARD, Meursault 03 80 21 20 23/03 80 21 67 69

Das Vater-und-Sohn-Team macht feine, harmonische klassische Meursaults, die nach 3–5 Jahren Lagerung am besten sind.

Beste Weine ★★★ Meursault 1er Cru Les Charmes 🍸, ★★ Meursault 1er Cru Les Genevrières 🍸, Meursault 1er Cru Les Poruzots-Dessus 🍸, Meursault En Luraule 🍸

Gute Jahrgänge 1997, 96, 95, 93

FRANÇOIS JOBARD, Meursault 03 80 21 21 26/03 80 21 26 44

Das kleine Gut hat einen sehr guten Ruf für intensive, langlebige Meursaults, die 5 Jahre brauchen, um ihre Vielschichtigkeit zu entwickeln.

Beste Weine ★★★ Meursault 1er Cru Les Genevrières ♀, Meursault 1er Cru Les Charmes ♀, ★★ Meursault 1er Cru Les Poruzots ♀, Meursault ♀

Gute Jahrgänge 1997, 96, 95, 93, 92, 90

MICHEL JUILLOT, Mercurey 03 85 45 27 27/03 85 45 25 52

Ein traditionsreiches, 30 ha großes Gut, das für seine beeindruckenden, markant eichenholzbetonten Weine von ertragsreduzierten Reben renommiert ist.

Beste Weine ★★ Corton-Charlemagne ♀, Mercurey Clos Tonnerre Monople 🍷, Mercurey Clos des Barraults 🍷, Mercurey ♀

Gute Jahrgänge 🍷 1996, 95, 93, 90, 88; ♀ 1997, 96, 95, 94

LABOURÉ-ROI, Nuits-St-Georges 03 80 62 64 00/03 80 62 64 10

Eines der größten Handelshäuser in Burgund mit einer zuverlässigen Palette von Weinen, die großenteils unter dem Namen »Cottin Frères« (Armand und Louis Cottin und ihre Familie sind die Eigentümer von Labouré-Roi) und »Vaucher Père et Fils« exportiert werden.

Beste Weine ★★ Meursault 1er Cru Les Bouches-Chères, Dom. Manuel ♀, ★ Nuits-St-Georges 1er Cru 🍷, Gevrey-Chambertin 1er Cru 🍷

Gute Jahrgänge 🍷 1996, 95, 93, 90; ♀ 1997, 96, 95, 93

MICHEL LAFARGE, Volnay 03 80 21 61 61/03 80 21 67 83

Lafarge, der Doyen der AC Volnay, übergibt gegenwärtig die Geschäfte an Sohn Frédéric. Erhalten bleibt die Spitzenqualität der körperreichen, reintönigen und feinen Weine, die so gut altern wie die besten Weine der Côte de Nuits.

Beste Weine ★★★ Volnay 1er Cru Clos des Chênes 🍷, Beaune 1er Cru Les Greves 🍷, Côte de Beaune-Villages 🍷, Bourgogne 🍷, ★★ Volnay 1er Cru 🍷, Pommard 1er Cru Les Pezerolles 🍷

Gute Jahrgänge 1996, 95, 93, 92, 91, 90, 89, 88, 85

DOM. DES COMTES LAFON, Meursault 03 80 21 22 17/03 80 21 61 64

Rebflächen in den besten Weinbergen der Côte de Beaune rechtfertigen den Ruf des Guts für das Beste, was Terroir und Trauben zu liefern imstande sind. Trotz der entwickelten Qualität schon in jungen Jahren sollten Weiß- und Rotweine mindestens 10 Jahre gelagert werden.

Beste Weine ★★★ Meursault 1er Cru Les Charmes ♀, Meursault 1er Cru Les Genevrières ♀, Meursault 1er Cru Les Perrières ♀, Meursault Clos de la Barre ♀, Montrachet ♀, Volnay 1er Cru Les Santenots 🍷, ★★ Volnay 1er Cru Clos des Chênes 🍷, Meursault ♀

Gute Jahrgänge 🍷 1996, 95, 94, 93, 92, 90, 89, 88, 85; ♀ 1997, 96, 95, 94, 93, 92, 90, 89

FRANÇOIS LAMARCHE, Vosne-Romanée 03 80 61 07 94/03 80 61 24 31

Ein wichtiges Gut mit 4 Premiers Crus und 4 Grands Crus in Vosne-Romanée.

Beste Weine ★★ Vosne-Romanée 1er Cru Les Malconsorts 🍷, Vosne-Romanée 1er Cru Les Suchots 🍷, Grands-Échézeaux 🍷, La Grande Rue 🍷 **Gute Jahrgänge** 1996, 95, 93 90

DOM. DES LAMBRAYS, Morey-St-Denis 03 80 51 84 33/03 80 51 81 97

Ein berühmter *monopole:* Dieses 10,65 ha große Gut besitzt den Grand Cru Clos des Lambrays bis auf 420 m^2. Die neuen Eigentümer sind dabei, die Qualität zu verbessern.

Beste Weine ★★ Clos des Lambrays 🍷, Morey-St-Denis 1er Cru 🍷

Gute Jahrgänge 1996, 95, 93, 90

DOM. LAROCHE, Chablis 03 86 42 89 00/03 86 42 89 29

Laroche, eines der großen Handelshäuser in Chablis und in aller Welt bekannt, besitzt 100 ha Rebfläche. Der Chablis von Laroche vereint Reinheit und Vielschichtigkeit.

Beste Weine ★★★ Chablis Grand Cru Reserve de l'Obédiencerie ♀, ★★ Chablis 1er Cru Vaudevey ♀, Chablis 1er Cru Fourchaume ♀, ★ Chablis St-Martin ♀
Gute Jahrgänge 1997, 96, 95, 93, 92, 90, 89

LOUIS LATOUR, Beaune 03 80 24 81 00/03 80 22 36 21

Louis Latour, eines der traditionsreichsten Handelshäuser, besitzt hervorragende Parzellen in Corton und Corton-Charlemagne. Im allgemeinen sind die Weißweine körperreich, cremig und eichenbetont, während die Rotweine Kraft und Tiefe eher vermissen lassen.
Beste Weine ★★ Meursault 1er Cru Les Genevrières ♀, Corton-Charlemagne ♀, Romanée-St-Vivant Les Quatres Journaux 🍷, Chevalier-Montrachet Les Demoiselles ♀, Mâcon-Lagny ♀, Corton-Grancey 🍷
Gute Jahrgänge 🍷 1996, 95, 93, 90; ♀ 1997, 96, 95, 92, 90, 89, 88

DOMINIQUE LAURENT, Nuits-St-Georges 03 80 61 49 94/03 80 61 49 95

Das Anfang der 1990er Jahre gegründete Handelshaus ist das jüngste in Burgund, aber schon eines der beeindruckendsten. Trauben von sehr alten Stöcken werden zu Weinen mit einem Maximum an Konzentration und Farbe verarbeitet, wobei ein großer Anteil neuer Eiche zur Intensität der Aromen beiträgt.
Beste Weine ★★★ Nuits-St-Georges 1er Cru Les St-Georges 🍷, Mazis-Chambertin 🍷, Chambertin Clos-de-Bèze 🍷, Bonnes-Mares 🍷, ★★ Pommard Vieilles Vignes 🍷, Échézeaux 🍷
Gute Jahrgänge 1996, 95, 94, 93

DOM. LEFLAIVE, Puligny-Montrachet 03 80 21 30 13/03 80 21 39 57

Der Ruf dieses Guts hat wie der von LAFON mythische Ausmaße erreicht, keine andere Domäne erreicht die Perfektion, die alle seine Weine aus Puligny-Montrachet auszeichnet. Heute arbeitet man nach biodynamischen Methoden.
Beste Weine ★★★ Montrachet ♀, Chevalier-Montrachet ♀, Bienvenues-Bâtard-Montrachet ♀, Bâtard-Montrachet ♀, Puligny-Montrachet 1er Cru Les Folatières ♀, Puligny-Montrachet 1er Cru Les Pucelles ♀, ★★ Puligny-Montrachet 1er Cru Les Clavoillons ♀
Gute Jahrgänge 1997, 96, 95, 94, 93, 92, 90, 85, 83

OLIVIER LEFLAIVE, Puligny-Montrachet 03 80 21 37 65/03 80 21 33 94

Dieser *négociant*, ehedem Manager in der Dom. LEFLAIVE, produziert elegante, preiswürdige Weine; er besitzt auch Areale in der Côte de Beaune.
Beste Weine ★★★ Pommard 1er Cru Les Rugiens 🍷, Corton-Charlemagne ♀, Chassagne-Montrachet 1er Cru La Romanée ♀, ★★ Volnay 1er Cru Les Champans 🍷, Chassagne-Montrachet 1er Cru Les Morgeots 🍷, Meursault Les Narvaux ♀
Gute Jahrgänge 🍷 1996, 95, 93, 90, 88; ♀ 1997, 96, 95, 93

DOM. LEROY, Vosne-Romanée 03 80 21 21 10/03 80 21 63 81

Dieses Gut im Besitz von Lalou Bize-Leroy, die auch an der Dom. de la Romanée-Conti beteiligt ist, hat Reben in einigen der besten Lagen der Côte d'Or. Die Erträge werden noch stärker reduziert als bei anderen Qualitätserzeugern, was die wahrhaft konzentrierten Aromen reflektieren. Auf das kleinste Detail wird geachtet, und so sind die exzeptionellen Weine zu Recht sehr teuer.
Beste Weine ★★★ Corton-Charlemagne ♀, Vosne-Romanée 1er Cru Les Beaumonts 🍷, Nuits-St-Georges 1er Cru Aux Boudots 🍷, Clos de la Roche 🍷, Clos de Vougeot 🍷, Latricières-Chambertin 🍷, Chambertin 🍷, Musigny 🍷
Gute Jahrgänge 🍷 1996, 95, 93, 92, 91, 90, 89, 88

HUBERT LIGNIER, Morey-St-Denis 03 80 34 31 79/03 80 51 80 97

Hier hat man erst vor kurzem damit begonnen, selbst abzufüllen. Die Weine sind tieffarben, sehr eichenholzbetont und fest, jedoch elegant. 10–12 Jahre zu lagern.

Beste Weine ★★★ Clos de la Roche 🍷, ★★ Morey-St-Denis 🍷, Morey-St-Denis 1er Cru Vieilles Vignes 🍷, Gevrey-Chambertin 1er Cru Les Combottes 🍷

Gute Jahrgänge 1996, 95, 93, 90, 88, 85

DOM. DE LA MALADIÈRE, Chablis 03 86 42 12 51/03 86 42 19 14

Ein führendes Gut in Chablis mit Parzellen in allen 7 Grands Crus, Eigentümer ist William Fèvre. Die Weine prunken mit den Qualitäten des Kimmeridge-Kreidebodens um die Stadt und des Ausbaus in Eiche.

Beste Weine ★★ Chablis 1er Cru Vaulorent 🍸, Chablis Grand Cru Grenouilles 🍸, Chablis Grand Cru Bougros 🍸, Chablis Grand Cru Vaudésir 🍸

Gute Jahrgänge 1997, 96, 95, 93, 92

DOM. MATROT, Meursault 03 80 21 20 13/03 80 21 29 62

Das Familiengut produziert etwas ernste Weine mit großer Kraft und Ausgewogenheit, die einige Jahre altern müssen, um ihre natürlichen Qualitäten zu zeigen.

Beste Weine ★★ Meursault 1er Cru Blagny 🍸, Puligny-Montrachet 1er Cru Les Chalumeaux 🍸, Blagny 1er Cru La Pièce-sous-Bois 🍷, Meursault 🍸

Gute Jahrgänge 🍷 1996, 95, 93, 90, 88; 🍸 1997, 96, 95, 93, 92, 90, 89, 88, 86

DOM. MAUME, Gevrey-Chambertin 03 80 34 33 14/03 80 34 16 82

Ein winziges Gut (4,25 ha mit schönen, robusten Weine für lange Reifung.

Beste Weine ★★★ Mazis-Chambertin 🍷, ★★ Gevrey-Chambertin 1er Cru Lavaux St-Jacques 🍷, Charmes-Chambertin 🍷, ★ Bourgogne 🍷 **Gute Jahrgänge** 1996, 95, 93, 90, 88

DOM. MÉO-CAMUZET, Vosne-Romanée 03 80 61 11 05

Dieses Spitzengut wird von Jean-Nicolas Méo geleitet, der bei dem großen Henri Jayer gelernt hat. Neue Eiche und überströmende Frucht ergeben Weine für lange Reifung.

Beste Weine ★★★ Richebourg 🍷, Clos de Vougeot 🍷, Vosne-Romanée 1er Cru Les Brûlées 🍷, ★★ Vosne-Romanée 1er Cru Cros Parantoux 🍷, Bourgogne Hautes Côtes de Nuits 🍸

Gute Jahrgänge 1996, 95, 93, 92, 90, 89, 88

DOM. MONGEARD-MUGNERET, Vosne-Romanée 03 80 61 11 95/03 80 62 35 75

Ein großes Familiengut, das Mitte der 1980er Jahre leichte Schwächen zeigte und heute wieder zur Spitze zählt, z. T. aufgrund der Ertragsbeschränkung und des organischen Landbaus.

Beste Weine ★★★ Grands-Échézeaux 🍷, Richebourg 🍷, ★★ Vosne-Romanée 1er Cru En Orveaux 🍷, Nuits-St-Georges 1er Cru Les Boudots 🍷

Gute Jahrgänge 1996, 95, 93, 90

HUBERT DE MONTILLE, Volnay 03 80 21 62 67/03 80 21 67 14

Ein echter Spitzenerzeuger in Volnay und Pommard mit eleganten, reintönigen Weinen, die jung noch schlank sind, aber in 10 Jahren und mehr wunderbar reifen. 1993 wurde eine kleine Parzelle Puligny-Montrachet 1er Cru Les Caillerets gekauft.

Beste Weine ★★★ Volnay 1er Cru Les Taillepieds 🍷, Volnay 1er Cru Les Champans 🍷, ★★ Pommard 1er Cru Les Rugiens 🍷, Volnay 1er Cru Les Mitans 🍷

Gute Jahrgänge 1996, 95, 93, 92, 90, 89, 88, 85, 83

BERNARD MOREY, Chassagne-Montrachet 03 80 21 32 13/03 80 21 39 72

Eine sehr gute Quelle für Rotwein aus einer Weißwein-Gemeinde.

Beste Weine ★★ Chassagne-Montrachet Vieilles Vignes 🍷, Chassagne-Montrachet Vide Bourse 🍸, Chassagne-Montrachet 1er Cru Morgeot 🍸, Santenay 1er Cru Grand Clos Rousseau 🍷
Gute Jahrgänge 🍷 1996, 95, 93, 92, 90; 🍸 1997, 96, 95, 93

MARC MOREY ET FILS, Chassagne-Montrachet 03 80 21 30 11/03 80 21 90 20

Die beste Morey-Domäne in Chassagne-Montrachet. Die Weine verfügen über ausladende Frucht und Länge dank Ertragsbeschränkung und makelloser Vinifikation.
Beste Weine ★★★ Chassagne-Montrachet 1er Cru Les Virondots 🍸, ★★ 1er Cru Les Chevenottes, 1er Cru Morgeot 🍸, Puligny-Montrachet 1er Cru les Pucelles 🍸
Gute Jahrgänge 1997, 96, 95, 93, 92

PIERRE MOREY, Meursault 03 80 21 21 03/03 80 21 66 38

Morey ist höchst angesehen als Erzeuger von weißem Burgunder und als Weinmacher für LEFLAIVE. Seine Weine haben Präzision, Konzentration und Tiefe. Er vermarktet auch unter dem Händler-Etikett Morey-Blanc.
Beste Weine ★★★ Bâtard-Montrachet 🍸, Meursault Les Tessons 🍸, ★★ Meursault 1er Cru Les Perrières 🍸, Meursault 1er Cru Les Genevrières 🍸
Gute Jahrgänge 1997, 96, 95, 92, 90, 89, 88

DOM. ALBERT MOROT, Beaune 03 80 22 35 39/03 80 22 47 50

Das Gut füllt jetzt nur Weine von eigenen Flächen ab, alle in Premiers Crus.
Beste Weine ★★★ Beaune 1er Cru Les Teurons 🍷, Beaune 1er Cru Les Marconnets 🍷, Beaune 1er Cru Les Bressandes 🍷, Savigny-lès-Beaune 1er Cru Les Vergelesses 🍷
Gute Jahrgänge 1995, 93, 90, 88, 85

DENIS MORTET, Gevrey-Chambertin 03 80 34 10 05/03 80 58 51 32

Ein junger Erzeuger von reifen, dichten Weinen von geringtragenden alten Reben.
Beste Weine ★★★ Gevrey-Chambertin 1er Cru Lavaux St-Jacques 🍷, Clos de Vougeot 🍷, Chambertin 🍷, ★★ Gevrey-Chambertin En Motrot Monopole 🍷, Gevrey-Chambertin Au Velle 🍷, Bourgogne 🍷
Gute Jahrgänge 1996, 95, 94, 93, 90

DOM. MUGNERET-GIBOURG, Vosne-Romanée 03 80 61 01 57/03 80 61 33 08

Das Gut wird heute von den Töchtern des verstorbenen Dr. Mugneret betrieben. Die Weine haben ihre besonders samtige Art und ihr Alterungspotential erhalten.
Beste Weine ★★★ Ruchottes-Chambertin 🍷, ★★ Vosne-Romanée 🍷, Nuits-St-Georges 1er Cru Les Chaignots 🍷, Chambolle-Musigny 1er Cru Les Feusselottes 🍷, Échézeaux 🍷, Bourgogne 🍷
Gute Jahrgänge 1996, 95, 93, 90, 88

PHILIPPE NADDEF, Couchey 03 80 51 45 99/03 80 58 83 62

Ein sehr kleines Gut mit sehr fruchtigen, farbstarken und alterungsfähigen Weinen.
Beste Weine ★★★ Mazis-Chambertin 🍷, ★★ Gevrey-Chambertin 1er Cru Les Cazetiers 🍷, Gevrey-Chambertin Vieilles Vignes 🍷, Fixin 🍷
Gute Jahrgänge 1996, 95, 94, 93, 90

MICHEL NIELLON, Chassagne-Montrachet 03 80 21 30 95/03 80 21 92 93

Das kleine Gut macht einige der konzentriertesten, dennoch harmonischen Weißweine in Burgund. Sie lohnen eine 5–10jährige Lagerung.
Beste Weine ★★★ Chevalier-Montrachet 🍸, Bâtard-Montrachet 🍸, Chassagne-Montrachet 1er Cru Les Vergers 🍸, ★★ Chassagne-Montrachet 1er Cru Les Champs Gain 🍸
Gute Jahrgänge 1996, 95, 94, 92, 90, 89

JEAN PILLOT ET FILS, Chassagne-Montrachet 03 80 21 33 35/03 80 21 92 57

Das kleinste der 3 Pillot-Güter in Chassagne ist auch das beste, es macht Wein mit wunderbarer Frucht und Tiefe.

Beste Weine ★★ Chassagne-Montrachet 1er Cru Morgeots 🥂🍷, Chassagne-Montrachet 1er Cru Les Caillerets 🥂, Chassagne-Montrachet 1er Cru Les Vergers 🥂

Gute Jahrgänge 🍷 1996, 95, 93, 90; 🥂 1997, 96, 95, 93, 92

DOM. PONSOT, Morey-St-Denis 03 80 34 32 46/03 80 58 51 70

Altmodische Weine aus Spitzenlagen – späte Lese, in sehr wenig neuer Eiche gereift. Rotweine 8–10 Jahre, Weißweine 3–4 Jahre lagern.

Beste Weine ★★ Clos St-Denis 🍷, Clos de la Roche 🍷, Morey-St-Denis Cuvée des Grives 🍷, Morey-St-Denis Les Monts Luisants 🥂 **Gute Jahrgänge** 🍷 1996, 95, 93, 90, 89, 88

DOM. DE LA POUSSE D'OR, Volnay 03 80 21 61 33/03 80 21 29 97

Die großartige Domäne in Volnay wurde bis zu dessen Tod 1997 von Gérard Potel geleitet. Einer der reinsten, elegantesten Volnays, mindestens 3–5 Jahre zu lagern.

Beste Weine ★★★ Volnay 1er Cru Clos de la Pousse d'Or 🍷, Volnay 1er Cru Les Caillerets Clos des 60 Ouvrées Monopole 🍷, Pommard 1er Cru Les Jarollières 🍷, Santenay 1er Cru Les Gravières 🍷 **Gute Jahrgänge** 1995, 93, 91, 90

JACQUES PRIEUR, Meursault 03 80 21 23 85/03 80 21 29 19

Ein außerordentliches Gut mit Reben in den besten Lagen der Côte d'Or. Die großartigen Weine werden mit dem *Négociant*-Partner RODET gemacht und vermarktet.

Beste Weine ★★★ Beaune 1er Cru Clos de la Feguine 🍷, Musigny 🍷, Meursault 1er Cru Les Perrières 🥂, Montrachet 🥂, ★★ Chambertin 🍷, Puligny-Montrachet 1er Cru Les Combottes 🥂

Gute Jahrgänge 🍷 1996, 95, 94, 93, 90; 🥂 1997, 95, 93, 92

DOM. PRIEURÉ ROCH, Vosne-Romanée 03 80 62 38 79/03 80 61 34 41

Ein bedeutendes Gut, geleitet vom zweiten Direktor der Dom. de la ROMANÉE-CONTI. Die Weine von ertragsreduzierten Reben verfügen über inensive Aromen und konzentrierte Frucht.

Beste Weine ★★★ Vosne-Romanée 1er Cru Les Suchots 🍷, Chambertin Clos-de-Bèze 🍷, ★★ Clos de Vougeot 🍷, Nuits-St-Georges 1er Cru Clos des Corvées Monopole 🍷

Gute Jahrgänge 1996, 95, 94, 93, 90

CH. DE PULIGNY-MONTRACHET, Puligny-Montrachet 03 80 21 39 14/03 80 21 39 07

Eines der größten Güter der Côte de Beaune mit 22 ha guter Lagen. Die Weine haben eine tiefe Frucht und mehr Kraft als Finesse.

Beste Weine ★★ Chevalier-Montrachet 🥂, Puligny-Montrachet 1er Cru La Garenne 🥂, Puligny-Montrachet 1er Cru Les Folatières 🥂, Meursault 1er Cru Les Poruzots 🥂

Gute Jahrgänge 1997, 96, 95, 93

DOM. RAMONET, Chassagne-Montrachet 03 80 21 30 88/03 80 21 35 65

Vater und Söhne machen besonders komplexe und teure Weißweine, die Roten sind weniger beeindruckend. Die besseren Weißweine brauchen mindestens 10 Jahre Reifung.

Beste Weine ★★★ Chassagne-Montrachet 1er Cru Les Ruchottes 🥂, Montrachet 🥂, ★★ Bâtard-Montrachet 🥂, Chassagne-Montrachet 1er Cru Clos St-Jean 🍷, Chassagne-Montrachet 1er Cru Les Caillerets 🥂

Gute Jahrgänge 🥂 1996, 95, 94, 93, 92, 90, 89, 86, 85

RAPET PÈRE ET FILS, Pernand-Vergelesses **03 80 21 50 05/03 80 21 53 87**

Ein wichtiges Gut, dessen Weine Rustikalität gegenwärtig durch Eleganz ersetzen.

Beste Weine ★★ Corton-Charlemagne ♀, Pernand-Vergelesses 1er Cru Ile des Vergelesses 🍷, Beaune 1er Cru Clos du Roi 🍷, Pernand-Vergelesses ♀

Gute Jahrgänge 🍷 1996, 95, 93, 90; ♀ 1997, 96, 95, 93, 92

JEAN RAPHET, Morey-St-Denis **03 80 34 31 67/03 80 58 51 79**

Mit 12 ha wunderbarer Lagen in Morey und St-Denis macht das Gut für Reinheit und Harmonie gelobte Weine.

Beste Weine ★★★ Morey-St-Denis 🍷, Chambertin Clos-de-Bèze 🍷, ★★ Gevrey-Chambertin 1er Cru Les Combottes 🍷, Clos de Vougeot 🍷

Gute Jahrgänge 1996, 95, 93, 90

JEAN-MARIE RAVENEAU, Chablis **03 86 42 17 46/03 86 42 45 55**

Dieses kleine Gut ist das traditionellste in Chablis, seine Weine bringen die mineralischen Qualitäten jedes Crus perfekt zum Ausdruck.

Beste Weine ★★★ Chablis 1er Cru Montée de Tonnerre ♀, Chablis 1er Cru Beugnons ♀, Chablis Grand Cru Les Clos ♀, ★★ Chablis 1er Cru Chapelot ♀

Gute Jahrgänge 1997, 96, 95, 93, 92, 90, 89, 88, 86

HENRI REBOURSEAU, Gevrey-Chambertin **03 80 51 88 94/03 80 34 12 82**

Bedeutendes Gut mit Reben in 4 Grands Crus und üppigen, runden Weinen.

Beste Weine ★★ Clos de Vougeot 🍷, Chambertin 🍷, Mazis-Chambertin 🍷, Gevrey-Chambertin 1er Cru Fontey 🍷

Gute Jahrgänge 1996, 95, 93, 90, 88, 85

DANIEL RION ET FILS, Prémeaux-Prissey **03 80 62 31 28/03 80 61 13 41**

Ein Spitzenerzeuger mit einer ganzen Palette makelloser Weine. Die Roten sind geschmeidig und rund, es gibt auch guten Weißwein aus Nuits-St-Georges.

Beste Weine ★★ Vosne-Romanée 🍷, Vosne-Romanée 1er Cru Les Beaux-Monts, Chambolle-Musigny 1er Cru Les Charmes 🍷, Nuits-St-Georges Les Vignes Rondes 🍷, Nuits-St-Georges Hauts Pruliers 🍷, Nuits-St-Georges Les Terres Blanches ♀, Côte de Nuits-Villages 🍷

Gute Jahrgänge 🍷 1996, 95, 93, 91, 90, 88

ANTONIN RODET, Mercurey **03 85 98 12 12/03 85 45 25 49**

Rodet, dem auch Weinberge in der Côte Chalonnaise (Ch. de Rully, Ch. de Chamirey) gehören, hat in seinen Handelsweinen wie in den eigenen Weinen (inkl. PRIEUR in Meursault und seit 1996 Dom. de Perdrix in Nuits-St-Georges) große Fortschritte gemacht. Alle sind 3–4 Jahre zu lagern.

Beste Weine ★★ Charmes-Chambertin 🍷, Nuits-St-Georges 🍷, Mercurey-En-Sazenay Ch. de Mercey 🍷, Bourgogne Hautes-Côtes de Beaune Ch. de Mercey 🍷

Gute Jahrgänge 🍷 1996, 95, 93, 90, 89, 88; ♀ 1997, 96, 95, 93, 92

DOM. DE LA ROMANÉE-CONTI, Vosne-Romanée **03 80 61 04 57/03 80 34 38 97**

Das berühmteste Gut in Burgund mit 24 ha Pinot Noir und 0,85 ha Chardonnay in den allerbesten Grands Crus, u. a. ganz La Tâche und Romanée-Conti. Es wird biodynamisch gewirtschaftet, die Trauben werden so spät wie möglich geerntet. Die Preise sind hoch, doch die Weine rechtfertigen dies mit unvergleichlicher Vielschichtigkeit nach 15 Jahren Alterung.

Beste Weine ★★★ Grands-Échézeaux 🍷, Romanée-St-Vivant 🍷, Richebourg 🍷, La Tâche 🍷, Romanée-Conti 🍷, Montrachet 🥂, ★★ Échézeaux 🍷

Gute Jahrgänge 1996, 95, 93, 90, 89, 88, 85, 78, 71

JOSEPH ROTY, Gevrey-Chambertin — 03 80 34 38 97/03 80 34 13 59

Roty ist einer der besten Weinmacher Burgunds und als Enthusiast bekannt. Seine extraktreichen, doch eleganten Weine haben gutes Reifungspotential.

Beste Weine ★★★ Charmes-Chambertin 🍷, Mazis-Chambertin 🍷, ★★ Gevrey-Chambertin 1er Cru Clos des Fontenys 🍷, Marsannay 🍷

Gute Jahrgänge 1995, 93, 91, 90, 89, 88, 85

EMMANUEL ROUGET, Flagey-Échézeaux — 03 80 62 83 38/03 80 62 86 61

Emmanuel Rougets Weinberge gehörten einmal dem legendären Henri Jayer. Sein Stil vereint Eleganz mit Kraft, feine Holznoten betonen die tiefe Frucht. 7–8 Jahre Reifung sind nötig.

Beste Weine ★★★ Vosne-Romanée 1er Cru Cros Parantoux 🍷, Échézeaux 🍷, ★★ Vosne-Romanée 🍷, Savigny-lès-Beaune 🍷, Nuits-St-Georges 🍷

Gute Jahrgänge 1996, 95, 93, 92, 90, 89, 88

GUY ROULOT, Meursault — 03 80 21 21 65/03 80 21 64 36

Roulot, ehemals Schauspieler, ist bekannt für lebhafte, reintönige Weine, insbesondere für die ausdrucksvollen (und teuren) Meursaults.

Beste Weine ★★ Meursault Les Vireuils 🥂, Meursault Les Meix Chavaux 🥂, Meursault Les Tillers 🥂, Meursault Perrières 🥂, Bourgogne Chardonnay 🥂

Gute Jahrgänge 1996, 95, 93, 92, 90, 89

GEORGES ROUMIER, Chambolle-Musigny — 03 80 62 86 37/03 80 62 83 55

Das vorzügliche Gut wird von Christophe Roumier geleitet, einem der renommiertesten jungen Weinmacher Burgunds, dessen Credo in der Idee des Terroirs liegt. Die Weine können 5–15 Jahre reifen.

Beste Weine ★★★ Ruchottes-Chambertin 🍷, Bonnes-Mares 🍷, Musigny 🍷, Morey-St-Denis 1er Cru Clos de la Bussière 🍷, Chambolle-Musigny 1er Cru Les Amoureuses 🍷

Gute Jahrgänge 1996, 95, 94, 93, 90, 88

ARMAND ROUSSEAU, Gevrey-Chambertin — 03 80 34 30 55/03 80 58 50 25

Eines der bekanntesten Güter in Burgund, 1929 Pionier der Gutsabfüllung. Die traditionellen, elegante Weine sind Klassiker ihrer Appellation. Sie können recht jung getrunken werden und auch 5–15 Jahre reifen.

Beste Weine ★★ Gevrey-Chambertin 1er Cru Clos St-Jacques 🍷, Ruchottes-Chambertin 🍷, Chambertin Clos-de-Bèze 🍷, Chambertin 🍷, Clos de la Roche 🍷, ★★ Gevrey-Chambertin 1er Cru Les Cazetiers 🍷

Gute Jahrgänge 1996, 95, 93, 92, 91, 90, 89, 88, 85

ÉTIENNE SAUZET, Puligny-Montrachet — 03 80 21 32 10/03 80 21 90 89

Das berühmte Gut, das Reben in den besten Teilen von Puligny-Montrachet besitzt und einige Trauben zukauft, macht einige der besten weißen Burgunder, opulent und voller Aroma. Jugendlich bereits gut, gewinnen sie in 5–12 Jahren Lagerung.

Beste Weine ★★★ Puligny-Montrachet 1er Cru Les Combottes 🥂, Bienvenues-Bâtard-Montrachet 🥂, Bâtard-Montrachet 🥂, Chevalier-Montrachet 🥂, ★★ Puligny-Montrachet 1er Cru Les Champs Canets 🥂, Puligny-Montrachet 1er Cru Les Referts 🥂

Gute Jahrgänge 1996, 95, 93, 92, 90, 89, 88, 86, 85

COMTE SENARD, Aloxe-Corton 03 80 26 41 65/03 80 26 45 99

Ein ausgezeichnetes altes Gut mit klassischen, tieffarbigen Weinen.

Beste Weine ★★ Corton Clos du Roi 🍷, Corton-Bressandes 🍷, Corton Clos des Meix 🍷, Aloxe-Corton 1er Cru Les Valozieres 🍷

Gute Jahrgänge 1996, 95, 93, 90, 89, 88

DOM. DE SUREMAIN, Mercurey 03 85 45 20 87/03 85 45 17 88

Eines der ältesten Güter mit einigen der besten Weinberge in der Côte Chalonnaise.

Beste Weine ★★ Mercurey 1er Cru Clos du Roy 🍷, Mercurey Clos l'Evêque 🍷, Mercurey Clos Voyen 🍷, Mercurey Sazenay 🍷

Gute Jahrgänge 1996, 95, 93, 90

TOLLOT-BEAUT ET FILS, Chorey-lès-Beaune 03 80 22 16 54/03 80 22 12 61

Erstklassiges Gut mit geschmeidigen, reifen Weinen mit viel neuer Eiche, die jung gefallen, aber auch 5–15 Jahre gut reifen können.

Beste Weine ★★ Corton-Bressandes 🍷, Beaune 1er Cru Les Grèves 🍷, Aloxe-Corton 1er Cru 🍷, Savigny-lès-Beaune 1er Cru Les Lavières 🍷

Gute Jahrgänge 1996, 95, 93, 92, 90, 88

VERGET, Mercurey 03 85 37 70 77/03 80 37 71 91

Dieser noch neue *négociant* macht nur Weißwein, hauptsächlich mit Trauben aus den besten Lagen. Önologe ist Jean-Marie Guffens von GUFFENS-HEYNEN, und die Weine haben viel Frucht und Charakter.

Beste Weine ★★★ Chablis Grand Cru Valmur 🍸, Chablis 1er Cru Fourchaume Vieilles Vignes 🍸, St-Véran Tête de Cuvée 🍸, Meursault Rougeot 🍸, ★★ Chassagne-Montrachet 1er Cru Les Morgeots Vieilles Vignes 🍸, Corton-Charlemagne 🍸

Gute Jahrgänge 1997, 96, 95, 92, 91, 90

A. & P. DE VILLAINE, Bouzeron 03 85 91 20 50/03 85 87 04 10

Das Gut ist im Besitz von Aubert de Villaine, Mitdirektor der Dom. de la ROMANÉE-CONTI, und macht den besten Aligoté de Bouzeron, dazu sehr reintönige rote und weiße Burgunder. Vor kurzem sind Areale in Rully dazugekommen.

Beste Weine ★★ Bourgogne Aligoté de Bouzeron 🍸, Bourgogne Les Clous 🍸, Bourgogne-Côte Chalonnaise 🍷

Gute Jahrgänge 🍷 1996, 95, 93, 90; 🍸 1997, 96,

COMTE GEORGES DE VOGÜÉ, Chambolle-Musigny 03 80 62 86 25/03 80 62 82 38

Das renommierteste Gut in Chambolle ist nach Dom. de la ROMANÉE-CONTI wohl das zweitberühmteste in Burgund. In seinem Besitz befinden sich drei Viertel des Grand Cru Musigny und der größte Teil des Chambolle 1er Cru Les Amoureuses. Nach einem Qualitätstief zwischen 1970 und 1988 sind die Weine heute wieder makellos, sie vereinen Eleganz und Tiefe in höchstem Maße. Mindestens 5–10 Jahre zu lagern, die besten bis zu 30 Jahre.

Beste Weine ★★★ Musigny 🍷, Bonnes-Mares 🍷, Chambolle-Musigny 1er Cru Les Amoureuses 🍷, ★★ Chambolle-Musigny 1er Cru 🍷

Gute Jahrgänge 1996, 95, 94, 93, 92, 91, 90

JAHRGÄNGE BEI ROTEM BURGUNDER

Die Ernten 1995, 1996 und 1997 haben Burgund mit einem Jahrgangstrio gesegnet, das dem von 1988, 1989 und 1990 gleichkommt. Von letzterem hat sich 1990 unzweifelhaft als das beste Jahr herausgestellt, bei ersterem wird 1996 den Preis davontragen. Die allgemeine Qualität des Burgunders war nie höher.

Lagerfähigkeit

Die Pinot-Noir-Traube ergibt eine sehr delikate Frucht. In guten Jahren, bei voll ausgereiften Trauben, überspielt die üppige Frucht die natürliche Herbheit der Gerbstoffe; in geringeren Jahren werden Frucht und Farbe weniger intensiv sein, doch können fähige Weinmacher auch dann den Charme der Traube erhalten. Die Weine aus solchen leichten Jahrgängen sollten getrunken werden, bevor sie 10 Jahre alt sind. Gute Jahrgänge können aufgrund ihrer eindrücklichen Aromen früh getrunken werden, sind jedoch im zweiten Jahrzehnt bei weitem vielschichtiger.

Lage, Alter und genetisches Material der Reben, Rebenerziehung, Lesebedingungen, Ausmaß der Ertragsbeschränkung und Selektion haben direkte Auswirkung auf die Qualität und das Alterungspotential. Natürlich hängt der Charakter des Weins auch wesentlich von den Vorstellungen des Winzers ab.

Man tendiert heute in Burgund dazu, extraktreichere Weine als in den 1980er Jahren zu machen, was eine Reihe exzellenter Ernten unterstützt hat.

Reifediagramme

Nuits-St-Georges ergab 1990 Weine mit intensiven Aromen, die exzellent altern. Die Volnays von 1990 sind sehr schön ausbalancierte Weine. Im weiter südlich gelegenen Beaujolais war 1995 im Cru Fleurie ein sehr guter Jahrgang.

1990 Volnay 1er Cru

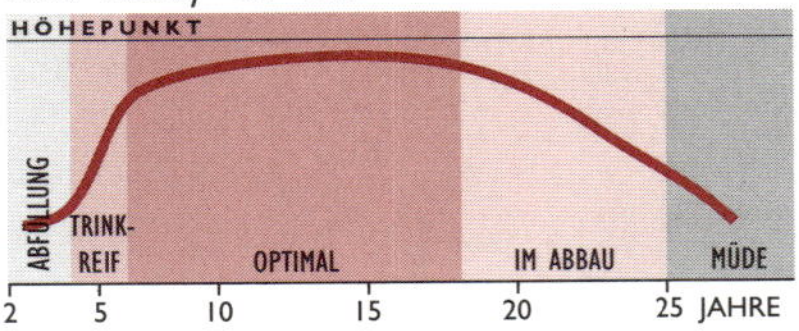

1990 Nuits-St-Georges 1er Cru

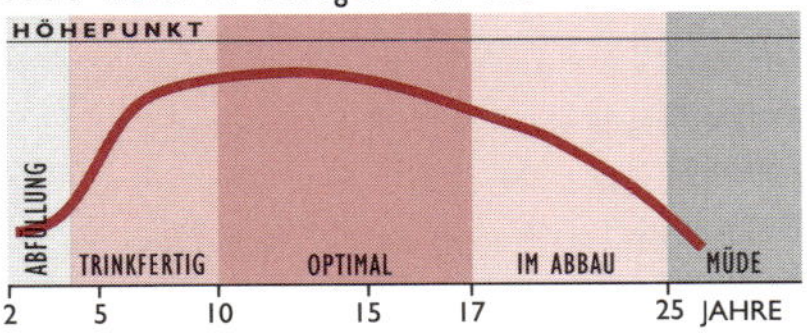

1995 Fleurie

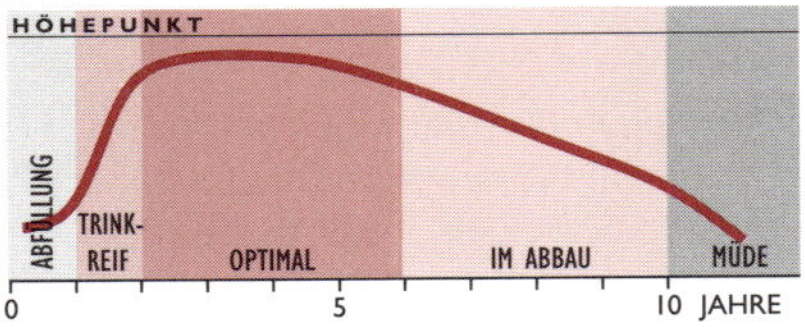

JAHRGANGSÜBERSICHT

	97	96	95	94	93	92	91	90	89	88	87	85
Côte de Nuits	8○	9○	9○	6◑	9○	6◑	7◑	10◑	7●	8●	6◐	9●
Côte de Beaune	8○	9○	8○	5◑	8◑	6●	7●	10○	8●	8●	5◐	9●
Côte Chalonnaise	7○	9○	8◑	5◑	8●	6◐	7◐	10●	8◐	8◐	5◐	8◐
Beaujolais Crus	7○	9●	9●	7●	8●	5◐	9●	6◐	7◐	8◐	5◐	10◐

ERLÄUTERUNG ○ = braucht noch Zeit ◑ = trinkreif, gewinnt noch ● = optimal ◐ = in Abbau oder abgebaut

JAHRGÄNGE AUF EINEN BLICK

In den letzten Jahren gab es einige große Jahrgänge, was ebenso mit dem Willen zu tun hat, den bestmöglichen Wein zu machen, wie mit den Unwägbarkeiten der Natur. Schwache Jahre scheinen heute in Burgund Vergangenheit zu sein.

Große Jahre ★★★	1996, 95, 93, 90, 88, 85, 64, 61, 59, 53, 47, 45
Gute Jahre ★★	1997, 95, 91, 89, 88, 85, 83, 80, 78, 72, 71, 69, 62, 55, 52, 49, 48
Mittelmäßige Jahre ★	1994, 92, 87, 86, 83, 82, 80, 79, 76, 72, 70
Schlechte Jahre (keine Sterne)	1984, 83, 81

Die einzelnen Jahrgänge

1997 ★★ Kleinere Ernte als 96 und 95 mit uneinheitlicher Reifung der Trauben, die durch einen trockenen, sonnigen Herbst gerettet wurde. Gute Frucht und Farbe für mittlere Reifedauer.

1996 ★★★ Große Ernte mit perfekt gesunden Trauben. Weine mit bemerkenswert reiner Frucht und Eleganz für lange Lagerung.

1995 ★★-★★★ Ordentliche Ernte, kleiner als die von 94. Extraktreiche, gut strukturierte Weine mit festen Tanninen; am besten in der Côte de Nuits.

1994 ★ große Ernte von ungleichmäßiger Qualität; vielen Weinen mangelt es an Farbe und Charakter, einige Spitzengüter erzielten Erfolge. Die meisten Weine sind trinkreif.

1993 ★★★ In Qualität wie Quantität guter Jahrgang mit ausgezeichneter Frucht, Säure und Farbe; nicht so opulent wie die 1990er, doch sehr aromatisch. Die meisten Weine sind noch nicht fertig.

1992 ★ Große Ernte und meist gefällige, doch häufig durch Überproduktion zu dünne Weine. Seit 1995 trinkreif, die besten halten sich bis 2000.

1991 ★★ Ernte mittlerer Größe, die feste, strukturierte Weine ergab, besser in der Côte de Nuits als in der Côte de Beaune. Trinkreif, aber noch lagerfähig.

1990 ★★★ Hervorragendes Jahr für roten Burgunder, sehr große Ernte, die überraschend körperreiche, gehaltvolle Weine mit reifen Tanninen ergab. Trinkreif, noch lagerfähig.

1989 ★★ Gute Ernte aus einem heißen Jahr, das Weine mit warmer Frucht, Süße und Eleganz ergab, besonders in der Côte de Beaune. Trinkreif, noch lagerfähig.

1988 ★★-★★★ Durchschnittliche Ernte mit klassischen, festen, zurückhaltenden Weinen. Die besten können noch reifen.

1987 ★ Kleine Ernte aus einem kalten Jahr, dennoch Weine von guter Farbe, Frucht und einigem Charme.

1986 ★ Sehr große Ernte mit ausreichender Frucht, doch wenig Extrakt.

1985 ★★-★★★ Eine kleine Ernte mit gehaltvollen, fruchtigen und tieffarbigen Weinen, die von Anfang an gut waren und völlig reif sind.

1984 Kleine Ernte, von Regen und Kälte bedroht. Die meisten Weine sind über dem Höhepunkt.

1983 **0**-★★ Gute Ernte für extraktreiche, aufgrund Fäule hervorrufender Lesewitterung sehr unterschiedlicher Weine. Die besten sind sehr füllig und konzentriert, doch viele haben schon früh aufgegeben.

1982 ★ Riesige Ernte, mithin verwässerte Aromen. Nur seriöse Weinmacher konnten Frucht und Charakter wahren. Über dem Höhepunkt.

1981 Kleine Ernte aus einem verregneten Jahrgang mit dünnen, mageren Weinen.

1980 ★-★★ Große Ernte, die in der Côte de Nuits mehr Frucht und Struktur ergab als in der Côte de Beaune.

1979 ★ Große Ernte mit harmonischen, fruchtigen Weinen, die rasch reif waren.

1978 ★★ Kleine Ernte, dichtgeknüpfte, feste Weine mit guter, jedoch nicht überragender Frucht. Die besten Weine sind schöne Beispiele für klassischen Burgunder.

1976 ★ Höchst konzentrierte Weine, oft mit übermäßigen Tanninen, aus einem heißen Jahr.

1972 ★-★★ Sehr große und sehr späte Ernte, die Weine mit fester Frucht und hoher Säure ergab. Die besten sind noch gut in Form.

1971 ★★ Die kleinste Ernte der 1970er Jahre, gehaltvolle, dichte Weine, die jetzt völlig reif sind.

1970 ★ Eine sehr große Ernte ergab bereits jung gefällige Weine, jedoch ohne die Konzentration für eine Lagerung.

1969 ★★ Eine kleine, erfolgreiche Ernte, schön intensive Frucht und reife Tannine.

1964 ★★★ Ein sehr heißes Jahr ergab Weine von großer Wärme und Fülle.

Weitere gute Jahrgänge 1962 war sehr harmonisch, 61 sehr dicht; 59 sehr gut aus heißem Jahr; 55, 53 und 52 waren ebenfalls sehr gut. 49, 48, 47 und 45 gab es klassische Weine.

JAHRGÄNGE BEI WEISSEM BURGUNDER

Chardonnay ist eine robuste Traube, die im allgemeinen früh reift und kaum zu Fäule neigt, so daß die Ernten qualitativ gleichmäßiger ausfallen als bei roten Burgundern.

Lagerfähigkeit

Zwar ist guter weißer Burgunder bereits in jungen Jahren trinkbar, doch wird er viel zu häufig konsumiert, bevor er seine Qualitäten entwickeln kann. Die leichtesten Chablis und Mâconnais gefallen bereits mit weniger als einem Jahr, Weinen mit mehr Gewicht und Aroma tut längere Reifung gut. Gute Village-Weine und die Premiers Crus sollten nach ihrem dritten Jahr getrunken werden, die Grands Crus nochmals drei Jahre später. Viele weiße Spitzenburgunder werden in Eiche vergoren und ausgebaut, was mehr Aroma, Struktur und Körper ergibt und das Alterungspotential erhöht; zunächst ist es aber das Verhältnis zwischen Säure, Extrakten und Zucker, die die Alterungsfähigkeit eines Jahrgangs bestimmt. Weine mit wenig Säure sind nicht für lange Lagerung gemacht.

Reifediagramme

1996 war ein exzellentes Jahr für Chablis mit perfekter Balance Säure/Frucht. In Meursault gab es einen guten Jahrgang mit genug Säure, um die Weine auch später frisch zu halten. Weiter südlich, in Pouilly-Fuissé, ergaben Frucht und Säuren ein großes Jahr.

1996 Chablis 1er Cru

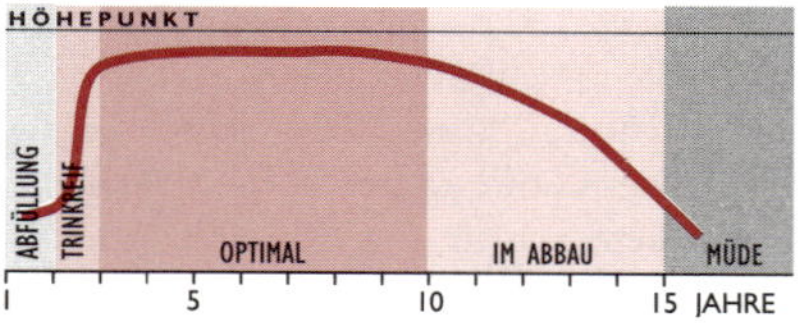

1996 Meursault 1er Cru

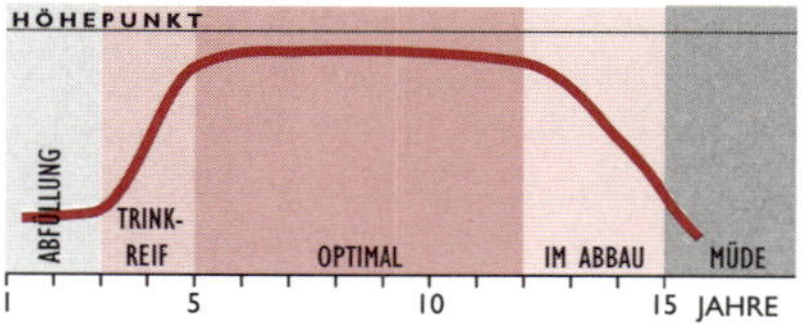

1996 Pouilly-Fuissé

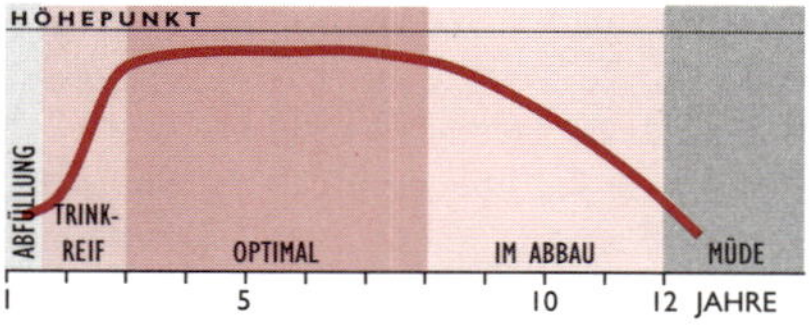

JAHRGANGSÜBERSICHT

	97	96	95	94	93	92	91	90	89	88	87	86
Chablis	7○	10○	8◑	6●	7●	6●	6◐	9●	8◐	8◐	5◐	8◐
Côte de Beaune	9○	9○	9○	6◑	7○	8◑	6●	8●	9●	8◐	5◐	8◐
Côte Chalonnaise	9○	8○	8◑	6●	7●	8●	6●	8◐	9◐	7◐	5◐	8◐
Mâconnais, Pouilly-Fuissé	8○	8○	8◑	6●	7●	8●	6●	7●	8●	8◐	5◐	8◐

ERLÄUTERUNG ○ = braucht noch Zeit ◑ = trinkreif, gewinnt noch ● = optimal ◐ = in Abbau oder abgebaut

JAHRGÄNGE AUF EINEN BLICK

Es gab wenige schwache Jahre, da Chardonnay früh reift und eigentlich immer ein achtbares Ergebnis erzielt werden kann. Mit dem Alter allerdings werden Mängel in Frucht und Balance deutlich.

Große Jahre ★★★	1997, 96, 90, 89, 88, 85
Gute Jahres ★★	1995, 93, 92, 90, 89, 88, 86, 82, 79, 78
Mittelmäßige Jahre ★	1994, 91, 87, 83
Schlechte Jahre (keine Sterne)	1984, 81, 80

Die einzelnen Jahrgänge

1997 ★★★ Ordentliche Ernte mit perfekter Balance zwischen Reife und Säure. Weine mit klaren, ausgeprägten Aromen, die gut altern werden.

1996 ★★★ Gute Ernte mit ausgezeichneter Reife und dichten Fruchtaromen; überall sehr gut, vorzüglich in Chablis.

1995 ★★ Durchschnittliche Ernte für elegante, strukturierte Weine, nicht übermäßig gehaltvoll, aber gut balanciert.

1994 ★ Große, durch Regen verdorbene Ernte; Weine aus früher Ernte haben eine lebendige Frucht.

1993 ★★ Gute Ernte, Weine mit Frucht, Tiefe und Charakter.

1992 ★★ Mittlere bis große Ernte für runde, fruchtige Weine mit etwas zu geringer Säure. Größer, aber weniger elegant als 1993.

1991 ★ Mittlere Ernte für angenehme Weine mit wenig Extrakt und Charakter.

1990 ★★-★★★ Große Ernte mit körperreichen, fruchtigen Weinen mit wenig Säure; im allgemeinen sehr erfolgreich, doch nicht so groß wie die Rotweine.

1989 ★★-★★★ Knapp durchschnittliche Ernte in einem sehr heißen Jahr ergab üppige Weine mit hohem Alkohol und guter Säure. Eher beeindruckend als elegant.

1988 ★★-★★★ Große Ernte für saubere Weine, fruchtig, aber wenig konzentriert.

1987 ★ Kleine Ernte, Weine mit wenig Frucht, attraktiv in jungen Jahren.

1986 ★★ Sehr große Ernte mit unterschiedlichen Weinen; die besten besaßen eine gute Frucht und ausgleichende Säure.

1985 ★★★ Mittlere Ernte für feste, klassische Weine, die sich hervorragend entwickelten und noch lagern können.

1984 Kleine Ernte mit wenig Frucht und viel Säure.

1983 ★ Recht große Ernte mit überfruchtigen, alkoholischen, sogar süßen Weinen, die über dem Gipfel sind.

1982 ★★ Große Ernte; Weine in den 80ern sehr attraktiv, Höhepunkt überschritten.

1981 Kleine Ernte mit dünnen Weinen.

1980 Große Ernte mit passablen Weinen.

1979 ★★ Sehr große Ernte, Weine mit überraschender Dichte und Eleganz.

1978 ★★ Kleine Ernte mit fester Frucht und Säure, anders als die 79er Weine.

Ältere Jahrgänge In der Regel zu alt, um noch genossen werden zu können.

RHÔNE-TAL

Diese große Region beginnt mit mit den steilen, terrassierten Weinbergen der Côte-Rôtie südlich von Lyon und reicht mit den ausgedehnten Weinfeldern um Avignon bis zur Provence. Topographie und vorherrschende Rebensorten teilen das Tal in den viel kleineren Norden – mit meist sortenreinen Weinen aus Syrah, Viognier oder Marsanne (die empfindliche Roussanne ist inzwischen selten) – und den Süden, in dem Grenache dominiert und selbst die großen Weine Verschnitte sind. Nach einigen schwierigen Jahrzehnten haben die Jahrgänge nach 1990 für die Rhône-Weine eine neue Ära eingeläutet.

GROSSE ROTE RHÔNE-WEINE

Oz Clarkes Auswahl

Côte-Rôtie La Mouline (Ch. d'Ampuis) Vereint brillant die kühlen Noten von Kohlenstaub und roher Kartoffel mit Schokolade, Loganbeere und delikatem Parfüm.

Côte-Rôtie (Jamet) Ebenfalls ein hervorragendes Beispiel für die bemerkenswerte Fähigkeit der Côte-Rôtie zu ernsten, gut strukturierten, aber auch duft- und aromenreichen Weinen.

Cornas (Verset) Ein großer Erzeuger, der sonnendurchglühte intensive Frucht mit Frische und Duft vereint.

Crozes-Hermitage La Guiraude (Graillot) Erreicht mit seiner Tanninstruktur, der Üppigkeit dunkler Schokolade und schweren Rauchnoten einen Hermitage.

Crozes-Hermitage Clos des Grives (Combier) Ein weiterer toller »neuer« Crozes, berstend vor dunkler Frucht, eingeschlossen in Tannine und neue Eiche.

Crozes-Hermitage (Entrefaux) Exzellentes Gut mit fairen Preisen. Die klassischen Syrahs strömen über vor Maulbeer-Brombeer-Frucht mit würzigen Rauchnoten.

Châteauneuf-du-Pape (Le Vieux Donjon) Vorzügliches traditionelles Gut mit superreifen Grenaches, dunklen, schweren, dennoch harmonischen Weinen für lange Reifung.

Châteauneuf-du-Pape Vieilles Vignes (Janasse) Mächtige Weine aus einem der heißesten Weinberge der Rhône, deren tiefe Schwarze-Johannisbeer-Brombeer-Frucht durch ein Tannin-Rückgrat und betörenden Duft balanciert wird.

Châteauneuf-du-Pape (La Mordorée) Üppiger, fast geschmorter Charakter mit herrlicher Frucht und unwiderstehlich würzigem Duft.

Gigondas (Du Terme) Klassische Gigondas-Aromen mit sonnendurchglühter Schwarzbeerfrucht, die zu tollen Tabak-und-Kräuter-Düften reifen.

Steven Spurriers Auswahl

Crozes-Hermitage La Guiraude (Graillot) Tiefe Frucht und Eleganz, einer der besten Crozes.

Cornas (Clape) Als »Urahn« des Cornas anerkannt, in der Jugend manchmal überaus tanninherb, superb im 2. Jahrzehnt.

Côte-Rôtie La Mouline (Ch.d'Ampuis) Der weichste, samtigste der »Grands Crus« von Marcel Guigal, verführerischer als sein herrlicher La Landonne.

Côte-Rôtie La Landonne (Rostaing) Der klassische Côte Brune aus alten, geringtragenden Syrah-Reben.

Hermitage (Chave) Die 500 Jahre alten Parzellen des Familienguts in besten Hermitage-Lagen sind in diesem großartigen Wein verkörpert.

Hermitage La Chapelle (Paul Jaboulet Aîné) Grandioser Wein von Lagen im Besitz des renommierten *négociant*.

Châteauneuf-du-Pape (Rayas) Sehr alte Grenache-Reben auf Sandboden liefern einen hedonistischen Wein mit großem Alterungspotential.

Châteauneuf-du-Pape (Beaucastel) Die Brüder Perry setzen die Heldentradition ihres Vaters mit facettenreichen, dichten Weinen fort.

Châteauneuf-du-Pape (Clos des Papes) Mit seiner großen Eleganz und Finesse fast einem Bordeaux ähnlich.

Appellationen

Trotz Verwendung derselben Rebsorten sind die Rhône-Appellationen aufgrund der geologischen und der topographischen Gegebenheiten sehr verschieden. Es gibt keine Grands oder Premiers Crus; jeder Wein verwendet die einfache AC, manchmal in Verbindung mit dem Namen des Weinbergs. Wohl die bekanntesten Lagen sind die Côte Brune und die Côte Blonde auf den Hängen in der Mitte der Côte-Rôtie.

GROSSE WEISSE RHÔNE-WEINE

Oz Clarkes Auswahl

Condrieu Les Challots Vieilles Vignes (Cuilleron) Himmlischer, exotisch duftender Wein. Crème fraîche und Aprikosenblüten mit göttlichen Eichennoten.

Hermitage (Chave) Bemerkenswerter Wein mit ungewöhnlichen Kombinationen wie gedünstete Aprikosen, Pfeffer und Sellerie. Verlangt definitiv lange Lagerung.

Automnal de Condrieu (Du Chêne) Aufregender süßer Condrieu, am Gaumen Aprikosen in Sirup und Honig, in der Nase der Duft von Frühlingsblüten.

Steven Spurriers Auswahl

Condrieu Coteaux du Vernon (Vernay) Das führende Gut in Condrieu. Seine Weine sind nicht so explosiv aromatisch wie La Doriane von M. Guigal, doch von sagenhaftem Duft und Schliff.

Hermitage (Chave) Der beste Rhône-Weißwein blüht mit 5 Jahren auf und wird weitere 20 Jahre noch besser.

Châteauneuf-du-Pape Roussanne Vieilles Vignes (Beaucastel) Ein wunderbarer trockener, intensiv aromatischer Wein ausschließlich aus der seltenen, empfindlichen Roussanne, in Eichenbarriques vinifiziert.

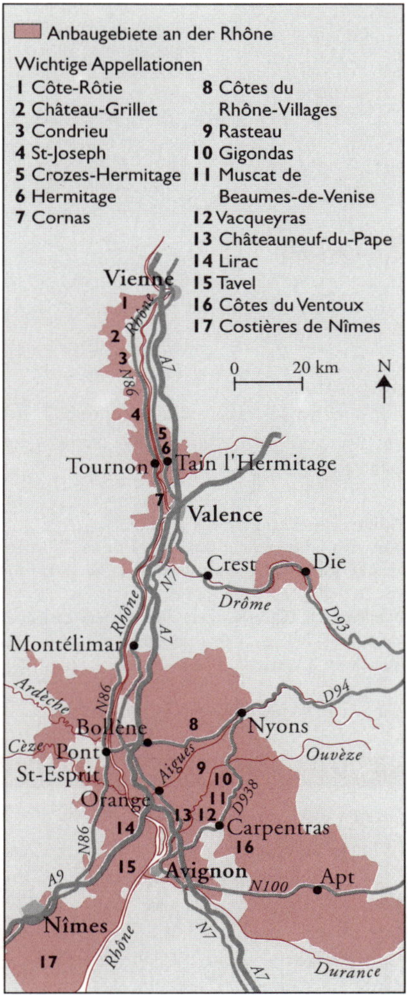

REBSORTEN

Cinsaut

Sehr aromatische rote Sorte mit guter Frucht und Säure, die an der südlichen Rhône oft mit Grenache verschnitten wird; in Tavel und Lirac für Qualitäts-Rosé verwendet.

Grenache

Ursprünglich aus Spanien (dort Garnacha genannt), braucht die Grenache ein heißes Klima, um zu reifen, und ergibt körper- und alkoholreiche, warme Rotweine. Sie ist v.a. in Châteauneuf-du-Pape bedeutend, wo sie alkoholische Kraft mit großer Himbeerfrucht vereint.

Marsanne
Die weiße Hauptrebe an der nördlichen Rhône gibt gute, duft- und körperreiche Weine. Am besten in Hermitage, wird sie auch an der Südrhône gepflanzt.

Mourvèdre
Spätreifende rote Sorte für dunkle, straff strukturierte Weine mit angenehmer Säure; guter Partner für Grenache.

Roussanne
Einst im Norden die weiße Hauptrebe, wird sie durch die robustere und zuverlässigere Marsanne ersetzt.

Syrah
Die sehr dunkle Traubensorte gedeiht in warmem Klima und gibt kraft- und gehaltvolle Weine mit würzigem Schwarze-Johannisbeer-Aroma und dichter Frucht. Am besten an der nördlichen Rhône; gibt im Süden den besten Weinen Rückgrat und Charakter. Bei Ertragsbeschränkung werden die Weine sehr intensiv und langlebig.

Viognier
Eine sehr empfindliche, krankheitsanfällige Sorte mit kleinen Erträgen. Früher nur in Condrieu zu finden, wird sie heute an der Südrhône und in der Provence gepflanzt, wo sie durch ihr intensives Aroma sortenrein oder als Cuvéepartner populär wird.

Spitzenappellationen der Rhône

Rotwein Châteauneuf-du-Pape, Cornas, Costières de Nîmes, Côte-Rôtie, Côtes du Rhône, Côtes du Rhône-Villages, Côtes du Ventoux, Crozes-Hermitage, Gigondas, Hermitage, Lirac, St-Joseph, Vacqueyras

Weißwein Château-Grillet, Châteauneuf-du-Pape, Condrieu, Costières de Nîmes, Côtes du Rhône, Côtes du Rhône-Villages, Côtes du Ventoux, Croues-Hermitage, Hermitage, Lirac, St-Joseph

Roséwein Costières de Nîmes, Côtes du Rhône, Côtes du Rhône-Villages, Gigondas, Lirac, Tavel, Vacqueyras

Gespritete Weine Muscat de Beaumes-de-Venise, Rasteau

RHÔNE-APPELLATIONEN VON A BIS Z

CHÂTEAU-GRILLET AC
Winzige Appellation (3 ha) im Besitz eines Guts mit demselben Namen. Wie im benachbarten Condrieu ist nur Viognier angepflanzt, doch sind die Weine dichter und weniger exotisch. 5–6 Jahre lagerfähig.
Gute Jahrgänge 1997, 96, 95, 94

CHÂTEAUNEUF-DU-PAPE AC
Der berühmten Appellation gehören 5 Gemeinden an, verschiedene Böden produzieren verschiedene Typen von (meiste rotem) Wein, hauptsächlich aus Grenache, der Syrah und Mourvèdre Würze und Struktur geben. Cinsaut, Counoise, Muscardin, Terret Noir und Vaccarese werden von einigen wenigen Gütern verwendet. Die Rotweine gehören zu den körper- und alkoholreichsten in Frankreich, doch ihre warmen Aromen und die großzügige Frucht sind eine gute Basis dafür. Guter roter Châteauneuf braucht 5–10 Jahre, um seine Qualitäten zu zeigen, sehr gute Jahrgänge leben 20–30 Jahre. Die Weißweine sind im allgemeinen aus Grenache Blanc, Clairette und Bourboulenc sowie ein wenig Roussanne. Sie sollten jung getrunken werden mit Ausnahme der Weine aus 100% Roussanne. Die Qualität der Weißweine ist insgesamt hoch.

Beste Erzeuger BEAUCASTEL, DE BEAURENARD, BONNEAU, BOSQUET DES PAPES, LES CAILLOUX, CHAPOUTIER, CLOS DU MONT OLIVET, CLOS DES PAPES, FONT DE MICHELLE, FORTIA, LA GARDINE, GUIGAL, JANASSE, DE MARCOUX, MONT-REDON, LA MORDORÉE, NALYS, LA NERTHE, PEGAU, PÈRE PAPE, RAYAS, SABON, ST-BENOÎT, DE LA SOLITUDE, TARDIEU-LAURENT, LE VIEUX DONJON, VIEUX TÉLÉGRAPHE
Gute Jahrgänge 1997, 96, 95, 90, 89, 88, 85, 81, 79, 78, 72, 70, 69, 67

CONDRIEU AC

Hier, am rechten Rhône-Ufer, liefert die Viognier trockene Weine mit kräftigem Pfirsich-Aprikosen-Aroma und markanter Textur. In den letzten 20 Jahren wurde sie deutlich zunehmend angepflanzt, Zeichen für ihre Popularität. Wegen der geringen Säure sollten die Weine innerhalb 2–3 Jahren getrunken werden.
Beste Erzeuger CH. D'AMPUIS (La Doriane), du Chêne, CHÈZE, CLUSEL-ROCH, CUILLERON, DELAS, DUMAZET, GAILLARD, YVES GANGLOFF, GUIGAL, DU MONTEILLET, PERRET, VERNAY, VILLARD
Gute Jahrgänge 1997, 96, 95

CORNAS AC

Klassische Rotweine aus der Syrah, tieffarbig und robust. Leichtere Weine von Reben in der Ebene können mit 3–4 Jahren genossen werden; die dichteren Weine von den hochgelegenen Weinbergen können in guten Jahrgängen 10 Jahre und älter werden.
Beste Erzeuger ALLEMAND, CLAPE, COLOMBO, Laurent Courbis, DELAS, JABOULET, LIONNET, MICHEL, Noël Verset, Alain VOGE
Gute Jahrgänge 1997, 96, 95, 91, 90, 89, 85, 79, 78

COSTIÈRES DE NÎMES AC

Die 1989 gegründete Appellation umfaßt heute 10000 ha. Die überwiegend roten Weine sind so etwas wie eine Kreuzung zwischen Rhône und Languedoc und dank einiger kleiner Qualitätserzeuger zunehmend interessant.
Beste Erzeuger Beaubois, Campuget, Mourgues du Grès, Ch. de la Tuilerie
Gute Jahrgänge 1996, 95, 94, 93, 91, 90

CÔTE-RÔTIE AC

Ausschließlich Rotweine von meist steilen, terrassierten, nach Südwesten ausgerichteten Hängen am rechten Rhône-Ufer. Bis 20% (weiße) Viognier darf mit Syrah verschnitten werden, was einen bei einem Rotwein unerwarteten exotischen Duft ergibt. Viele Weine sind zu 100% Syrah, Viognier wird meist nur bis 5% zugesetzt. Auf den leichteren Böden der Côte Blonde ist Viognier gepflanzt, in der weiter nördlich liegenden Côte Brune, auf Böden mit mehr Lehm und Eisen, nur Syrah. Die Weine weisen bei guter Farbe konzentrierte Frucht, füllige, angenehme und komplexe Aromen sowie einen eleganten Abgang auf. Leichtere Exemplare brauchen nur 2–3 Jahre, um ihren Charme zu entwickeln, bessere Jahrgänge doppelt so lang, und die besten halten 20 Jahre.
Beste Weine CH. D'AMPUIS, BARGE, Bernard Burgaud, CHAMPET, CHAPOUTIER, CLUSEL-ROCH, DELAS, GAILLARD, Henri Gallet, Vincent Gasse, GÉRIN, GUIGAL, JAMET, Robert JASMIN, Michel Ogier, René ROSTAING, DE VALLOUIT, VIDAL-FLEURY
Gute Jahrgänge 1997, 96, 91, 90, 89, 88, 85, 83, 78

CÔTES DU RHÔNE AC

Zu dieser AC gehören im Südteil der nördlichen Rhône einige Gemeinden mit sehr geringer Produkion; an der Südrhône ist dies jedoch die größte AC mit einer Produktion von 200 Mio. Flaschen Rot- und Roséwein sowie 4 Mio. Flaschen Weißwein. Viele Weine sind von guter kommerzieller Qualität, es gibt jedoch auch einige herausra-

DIE »RANGER VON DER RHÔNE«

Diese Bezeichnung wurde in den 1980er Jahren in Kalifornien geprägt, wo Weinmacher wie Randall Grahm von Bonny Doon Vineyards ihr Faible für die traditionellen Rebsorten des Rhône-Tals entdeckten. Heute ist Syrah einer der renomiertesten Weine Nordamerikas und Viognier ohne Zweifel der modischste. Grenache und Mourvèdre für Rotwein sowie Marsanne für Weißwein werden in Klimazonen gepflanzt, die der Rhône ähneln. Shiraz ist natürlich das Rückgrat des australischen Weins und auch in Südafrika wohlbekannt. Der Erfolg der Rhône-Rebsorten in Kalifornien hat ihre mustergültigen Qualitäten deutlich gemacht. Von ihnen müssen auch die Brüder Perrin von Ch. de Beaucastel überzeugt sein, denn sie investieren kräftig in Kalifornien, wobei sie ausschließlich französisches Rebenmaterial für dieselben Sorten anpflanzen, die sie zu Hause in Châteauneuf-du-Pape verwenden.

gende Weine, oft von an bessere Appellationen grenzenden Weinbergen.

Beste Erzeuger DES ARMOURIERS, BEAUCASTEL, DE FONSALETTE, LA GARDINE, GRAMENON, GUIGAL, JABOULET, JANASSE, LA MORDORÉE, L'ORATOIRE ST-MARTIN, LA REMEJEANNE, SANTA DUC, STE-ANNE, ST-GAYAN, TARDIEU-LAURENT, DES TOURS, VIDAL-FLEURY

Gute Jahrgänge 1997, 95, 90

CÔTES DU RHÔNE-VILLAGES AC

Sechzehn Gemeinden in den Departements Vaucluse, Gard und Drôme (Südteil) dürfen zur einfachen AC Côtes du Rhône »Villages« hinzusetzen, wenn der Ertrag auf 35 hl/ha begrenzt ist. Für Rot- und Roséweine ist Grenache die bei weitem wichtigste Traube, gefolgt von Syrah, Mourvèdre, Cinsaut und Carignan. Gute Jahrgänge gewinnen in 3–5 Jahren Reifung. Die Weißweine, hauptsächlich aus Grenache Blanc, Clairette, Bourboulenc und neuen Anpflanzungen von Roussanne und Viognier, sollten mit wenigen Ausnahmen jung getrunken werden. Die Top-Gemeinden sind Beaumes-de-Venise, Cairanne, Laudon, Rasteau, Sablet und Séguret.

Beste Erzeuger De Baumalric, DE BEAURENARD, des Bernardins, BRESSY-MASSON, DANIEL BRUSSET, des Buisserons, de Cabasse, COYEUX, Cros de la Mure, DURBAN, de Fenouillet, LES GOUBERT, JABOULET, L'ORATOIRE ST-MARTIN, PELAQUIÉ, PERRIN FRÈRES, DE PIAUGIER, RABASSE-CHARAVIN, MARCEL RICHAUD, STE-ANNE, ST-GAYAN, LA SOUMADE.

Gute Jahrgänge 1997, 95, 90, 89

CÔTES DU VENTOUX AC

Hauptsächlich Rotwein von Weinbergen rund um den Mont Ventoux mit Grenache, Syrah, Cinsaut und Carignan. Angenehme, fruchtige Weine, durchaus mit Charakter.

Beste Erzeuger Anges, Dom. de Champaga, JABOULET, Vieille Ferme

Gute Jahrgänge 1997, 96, 95, 94

CROZES-HERMITAGE AC

Die größte AC an der nördlichen Rhône und wie Hermitage auf dem linken Ufer gelegen. Der größte Teil ist Rotwein aus der Syrah, der, wenn er von Reben aus der Ebene kommt, weich und fruchtig ist; doch eine zunehmende Zahl von Erzeugern begrenzt die Erträge, um dichtere, kräftige Weine zu machen, die das Potential der Syrah zeigen. Weine von guten Lagen und aus guten Jahren können ein Jahrzehnt reifen; sie sind gefällig, doch kein Rivale für St-Joseph.

Beste Erzeuger Albert Belle, CHAPOUTIER, du Colombier, COMBIER, Entrefaux, FERRATON, GRAILLOT, JABOULET, POCHON, SORREL, TARDIEU-LAURENT, VIDAL-FLEURY

Gute Jahrgänge 1997, 96, 95, 90, 89, 88, 85, 78

GIGONDAS AC

Diese körperreichen Rotweine auf Grenache-

Basis kommen vom Fuß der Dentelles de Montmirail östlich von Orange. Syrah, Mourvèdre und Cinsaut dürfen bis zu 20% der Cuvée ausmachen. Gigondas sollte eine kräftige Farbe, ein würziges Kräuter- und Rote-Beeren-Aroma haben und am Gaumen Struktur, Festigkeit und Länge zeigen. Die guten Exemplare sollten mindestens 5 Jahre lagern und können ein weiteres Jahrzehnt überdauern.

Beste Erzeuger Daniel BRUSSET, BURLE, DE CAYRON, DE FONT-SANE, de la Garrigue, LES GOUBERT, GUIGAL, DE LONGUE-TOQUE, CH. MONTMIRAIL, MOULIN DE LA GARDETTE, LES PALLIÈRES, DE PIAUGIER, RASPAIL-AY, CH. Redortier, ST-GAYAN, ST-COSME, SANTA DUC, TARDIEU-LAURENT, du Terme, VIDAL-FLEURY

Gute Jahrgänge 1997, 95, 90, 89, 85

HERMITAGE AC

Im 19. Jahrhundert war Hermitage der teuerste französische Wein, und seine Reputation ist in jüngster Zeit zu Recht wiederaufgelebt. Der Rotwein aus Syrah sollte ein konzentriertes Bukett reifer roter Früchte sowie genügend Extrakt und Tannin besitzen, um 20–30 Jahre zu altern. Weißer Hermitage, meist aus Marsanne, macht ca. 20% der Produktion aus und braucht 3–4 Jahre in der Flasche, um seine Qualität zu zeigen. Der Qualitätsstandard ist hoch.

Beste Erzeuger Albert Belle, CHAPOUTIER, CHAVE, DELAS, FAURIE, FERRATON, GRIPPAT, GUIGAL, JABOULET, SORREL, TARDIEU-LAURENT, DE VALLOUIT

Gute Jahrgänge 1997, 96, 91, 90, 89, 85, 83, 79, 78, 76, 71, 70

LIRAC AC

Rot-, Rosé- und Weißwein aus einer unterbewerteten, Tavel benachbarten Appellation. Die Rotweine haben nicht die Power der Châteauneuf-du-Pape, sind aber fruchtig und elegant. Die Weißweine und Rosés besitzen eine attraktive Säure und sollten jung genossen werden.

Beste Erzeuger AQUÉRIA, Assémat, Fermade, Maby, LA MORDORÉE, PELAQUIÉ, ST-ROCH, Ségriès

Gute Jahrgänge 1995, 94, 91, 90

MUSCAT DE BEAUMES-DE-VENISE AC

Ein gespriteter Süßwein aus der Muscat de Frontignan. Sein Bukett zeigt reife Pfirsiche und Aprikosen mit fülligem floralem Finale. Jung zu trinken.

Beste Erzeuger COYEUY, DURBAN, VIDAL-FLEURY

RASTEAU AC

Ein gespriteter Süßwein aus Grenache, der golden sein kann oder rötlich-hellbraun, wenn er auf den Schalen gärt. Rasteau, der 2 Jahre und mehr in Barriques reift, nimmt ein Rancio-Aroma an. Rasteau ist auch eine der besten Gemeinden in der AC Côte du Rhône-Villages.

Bester Erzeuger BRESSY-MASSON

ST-JOSEPH AC

Ein langgestrecktes, fragmentiertes AC-Gebiet für Rot- und Weißweine zwischen Condrieu und Cornas. Für die feinen, fruchtigen Rotweine wird Syrah verwendet, für die aromatischen Weißweine Marsanne und etwas Roussanne. Anders als die meisten Syrahs kann ein St-Joseph lebendig und charmant sein; er ist mit 2–3 Jahren zu trinken, wenn die Frucht noch vorherrscht, während robustere Exemplare doppelt so lang leben. Die Weißweine verfügen über eine attraktive florale Frische und sollten jung genossen werden.

Beste Erzeuger CHAPOUTIER, CHAVE, CHÈZE, Pierre Coursodon, FAURIE, GAILLARD, GRAILLOT, GRIPPAT, JABOULET, PERRET, Trollat, VILLARD

Gute Jahrgänge 1997, 96, 95, 90, 89, 88

ST-PÉRAY AC

Hier wird aus Marsanne ein lokal sehr

beliebter Schaumwein gemacht, außerdem etwas trockener aromatischer Stillwein.

Beste Erzeuger Jean-François Chaboud, Jean LIONNET, Jean-Louis Thiers

Gute Jahrgänge 1997, 96, 95

TAVEL AC

Tavel ist die einzige auf trockenen Rosé beschränkte AC in Frankreich. Die aus Grenache und Cinsault gemachten Weine sind körperreich und manchmal kräftig fruchtig. Mit einem Alkoholgehalt von ca. 13% schmecken sie am besten zum Essen, ebenso noch jung, wenn ihre Frucht noch vorhanden ist.

Beste Erzeuger AQUÉRIA, Dom. de la Genestière, LA MORDORÉE, Trinquevedel

Gute Jahrgänge 1997, 96

VACQUEYRAS AC

Seit 1989 eigene AC, macht Vacqueyras Weine aus Grenache, wobei Syrah und Mourvèdre zunehmend in Mode kommen. Die robusten, starkfarbigen Weine können sich in guten Jahrgängen gegen Gigondas und Châteauneuf-du-Pape behaupten, vorausgesetzt, man gönnt ihnen 5–6 Jahre Reifung.

Beste Erzeuger DES ARMOURIERS, BURLE, Le Clos de Cazaux, La Fourmone, JABOULET, MONTMIRAIL, de Montvac, SANG DES CAILLOUX, TARDIEU-LAURENT, des Tours

Gute Jahrgänge 1997, 95, 90, 89, 88

RHÔNE-ERZEUGER VON A BIS Z

THIERRY ALLEMAND, Cornas — 04 75 81 06 50

Eine kleine, neue Domäne, aber eine der modernsten und besten in Cornas. Die relativ gerbstoffarmen Weine brauchen nicht lange zu reifen.

Beste Weine ★★★ Cornas Le Reynard ▼, Cornas Les Chaillots ▼

Gute Jahrgänge 1997, 96, 95, 94, 91

CH. D'AMPUIS, Ampuis — 04 74 56 10 22/04 74 56 18 76

Das schöne Gebäude am Rhône-Ufer wurde vor kurzem von Marcel GUIGAL erworben. Die erste Cuvée, die den Namen des Châteaus trägt, ist aus dem wunderbaren Jahrgang 1995 und kommt 1999 auf den Markt. Guigal hat inzwischen seine berühmten »Grands Crus« unter dem Banner »Ch. d'Ampuis« versammelt.

Beste Weine ★★★ Condrieu La Doriane ▽, Côte-Rôtie La Mouline ▼, Côte-Rôtie La Landonne ▼, Côte-Rôtie La Turque ▼, Côte-Rôtie Ch. d'Ampuis ▼

Gute Jahrgänge 1997, 96, 95, 94, 90, 89, 88, 85, 83, 79, 78

CH. D'AQUÉRIA, Tavel — 04 66 50 04 56/04 66 50 18 46

Eines der größten Güter in Tavel, besitzt auch Rebflächen in Lirac.

Beste Weine ★★ Lirac ▼▽, Tavel ⊽

Gute Jahrgänge ▼ 1997, 96, 95; ⊽ 1997, 96

DOM. DES ARMOURIERS, Vacqueyras — 04 90 65 83 22/04 90 65 84 13

Diese Domäne macht gegenwärtig einige der besten Weine von Vacqueyras.

Beste Weine ★★★ Vacqueyras Les Genestres ▼, Vacqueyras Cuvée Signature ▼, ★★ Côtes du Rhône ▼, Vacqueyras ▼

Gute Jahrgänge 1997, 95, 90, 89, 88

GILLES BARGE, Ampuis — 04 74 56 13 90/04 74 56 10 98

Traditionell gemachte gute Côte-Rôties, mit 5 % Viognier, 2 Jahren in Eiche und ungefilterter Abfüllung. Sie altern gut, haben aber auch – im Vergleich mit kräftigeren Weinen der Appellation – ein elegantes Bukett.

Beste Weine ★★ Côte-Rôtie Cuvée du Plessy 🍷, Côte-Rôtie Côte Brune 🍷

Gute Jahrgänge 1997, 96, 95, 94, 92, 91, 90, 89, 88, 85, 83, 80, 78

CH. DE BEAUCASTEL, Courthézon **04 90 70 41 00/04 90 70 41 19**

Eines der größten und sicher eines der berühmtesten Güter an der südlichen Rhône. Jean-Pierre und François Perrin setzen das außerordentliche Werk ihres Vaters fort. An ihn erinnert eine Cuvée mit seltener Konzentration. Organischer Landbau, alte Reben, die Verwendung von weniger Grenache und mehr Mourvèdre als üblich, abgestimmte Vinifikation, all das ergibt einen der langlebigsten Weine der Region.

Beste Weine ★★★ Châteauneuf-du-Pape Roussanne Vieilles Vignes 🍸, Châteauneuf-du-Pape 🍷, Châteauneuf-du-Pape Hommage à Jacques Perrin 🍷, ★★ Côtes du Rhône Coudoulet de Beaucastel 🍷, Châteauneuf-du-Pape 🍸, ★ Côtes du Rhône Coudoulet de Beaucastel 🍸

Gute Jahrgänge 🍷 1997, 96, 95, 94, 93, 90, 89, 88, 86, 85, 82, 81; 🍸 1997, 96, 95, 94, 93, 90, 89, 88

DOM. DE BEAURENARD, Châteauneuf-du-Pape **04 90 83 71 79/04 90 83 78 06**

Die von Paul und Daniel Coulon geführte Domäne ist in puncto Vinifikation eine der modernsten der Region. Die Cuvée Boisrenard von 50–90 Jahre alten Reben wird mit 20% neuem Holz gemacht und benötigt mindestens 4–5 Jahre Reife.

Beste Weine ★★ Châteauneuf-du-Pape Boisrenard 🍸, Châteauneuf-du-Pape Boisrenard 🍷, ★ Châteauneuf-du-Pape 🍷, Côtes du Rhône-Villages Rasteau 🍷

Gute Jahrgänge 1996, 95, 94, 93, 90, 89

DOM. HENRI BONNEAU, Châteauneuf-du-Pape **04 90 83 73 08**

Winziges Châteauneuf-Gut (5 ha) eines unkonventionellen Erzeugers. Die Weine von sehr alten und ertragsarmen Grenache-Reben sind außerordentlich dicht und lang. Bonneau führt keinen Syrah, da dies keine autochthone Rebe ist.

Beste Weine ★★★ Châteauneuf-du-Pape Réserve des Celestins 🍷, ★★ Châteauneuf-du-Pape Marie Beurrier 🍷

Gute Jahrgänge 1996, 95, 94, 92, 91, 90, 89, 88, 86, 85, 83, 79, 78, 70

DOM. BOSQUET DES PAPES, Châteauneuf-du-Pape **04 90 83 72 33/04 90 83 50 52**

Mit 30 ha ein stattliches Gut in Châteauneuf, das fast nur ertragsarme Grenache-Reben hat und traditionelle, solide Weine macht, die sehr schön altern.

Beste Weine ★★ Châteauneuf-du-Pape Cuvée Chantemerle 🍷, ★ Châteauneuf-du-Pape 🍷

Gute Jahrgänge 1996, 95, 94, 92, 91, 90, 89, 88, 86, 85, 84, 79, 78, 70

DOM. BRESSY-MASSON, Rasteau **04 90 46 10 45/04 90 46 17 78**

Ein sehr traditionelles Gut, einer der wenigen Erzeuger von Rasteau Rancio.

Beste Weine ★★★ Rasteau Rancio 🍷, Côtes du Rhône-Villages Rasteau 🍷

Gute Jahrgänge 1997, 96, 95, 94, 90

DANIEL BRUSSET, Cairanne **04 90 30 82 16/04 90 30 73 31**

Fast ein Viertel der Brusset-Reben stehen auf den ausgezeichneten Terrassen über Gigondas. Unüblich für die AC ist der Ausbau des Topweins in 100% neuer Eiche.

Beste Weine ★★★ Gigondas Les Hauts de Montmirail 🍷, ★★ Côtes du Rhône-Villages Cairanne 🍷

Gute Jahrgänge 1995, 90, 88

EDMONDE BURLE, Gigondas 04 90 70 94 85/04 90 70 94 61

Ein kleines Gut mit 4 ha in Vacqueyras und 2 ha in Gigondas, das klassisch gehaltvolle, konzentrierte Weine macht.

Beste Weine ★★★ Gigondas Les Pallieroudas 🍷, ★★ Vacqueyras 🍷

Gute Jahrgänge 1996, 95, 89, 88

DOM. LES CAILLOUX, Châteauneuf-du-Pape 04 90 83 72 62/04 90 83 51 07

Für seine klassischen Châteauneuf-Weine bekanntes Gut, das mehr Mourvèdre gepflanzt hat und neue Eichenfässer zu benützen beginnt.

Beste Weine ★★★ Châteauneuf-du-Pape Cuvée Centenaire 🍷, ★★ Châteauneuf-du-Pape 🍷

Gute Jahrgänge 1996, 95, 94, 93, 92, 90, 89, 88, 78

DOM. DE CAYRON, Gigondas 04 90 65 87 46/04 90 65 88 81

Das penibel geleitete Gut macht herrlich üppige Weine mit 70 % Grenache in der Cuvée. Geringe Erträge auf steinigem Boden tragen zur Qualität der runden, geschmeidigen Gigondas bei.

Bester Wein ★★★ Gigondas 🍷 **Gute Jahrgänge** 1996, 95, 94, 93, 90, 89, 86, 85, 83

ÉMILE & JOËL CHAMPET, Ampuis 04 74 56 10 88

Vom Ertrag des 2,5 ha großen Weinbergs am steilsten Hang der Côte-Rôtie machen Vater und Sohn ihre eigenen Weine, der Vater nach traditionelleren Methoden als der Sohn.

Beste Weine ★★ Côte-Rôtie La Vallière (Joël Champet) 🍷, ★ Côte-Rôtie (Émile Champet) 🍷

Gute Jahrgänge 1995, 91, 90, 89, 88

CHAPOUTIER, Tain-l'Hermitage 04 75 08 28 65/04 75 08 81 70

Ein großes Handelshaus mit Reben in den besten Appellationen der nördlichen Rhône und in Châteauneuf-du-Pape. Seit der Übernahme durch Michel und Marc Chapoutier 1987 ist die Qualität dramatisch gestiegen: geringe Erträge, langer Ausbau, kluger Einsatz von Eiche und die Einführung biodynamischer Prinzipien resultieren in einem der eindrücklichsten Rhône-Weine.

Beste Weine ★★★ Hermitage Sizéranne 🍷, Hermitage Le Pavillon 🍷, Côte-Rôtie La Mordorée 🍷, Châteauneuf-du-Pape Barbe Rac 🍷, ★★ St-Joseph Les Granits 🍸, St-Joseph Les Granits 🍷, Hermitage Chante-Alouette 🍸, Crozes-Hermitage Les Varonnières 🍷, ★ St-Joseph Deschants 🍷, Châteauneuf-du-Pape La Bernadine 🍷

Gute Jahrgänge 🍷 1996, 95, 94, 93, 90, 89; 🍸 1997, 96, 95, 94, 92, 91, 90

CHÂTEAU-GRILLET, Verin 04 75 53 57 08/04 75 53 68 92

Das berühmteste Weißweingut an der Rhône, seit 1830 in Händen der Familie Néyrat-Gachet, besitzt gerade 3,4 ha und seine eigene Appellation. Der Wein wird in einer auffallenden braunen *flûte* abgefüllt. Man glaubt, daß die Qualität der Weine von dieser außerordentlichen Lage zu verbessern wäre, was seit 1995 geschieht; doch die hohe Reputation muß erst wieder erlangt werden.

Bester Wein ★ Chteau-Grillet **Gute Jahrgänge** 1997, 96, 95, 93

DOM. JEAN-LOUIS CHAVE, Mauves 04 75 08 24 63/04 75 07 14 21

Die Familie Chave hat seit 1481 Reben am Hermitage-Berg. Gérard Chave, ein moderner Wein-Superstar, arbeitet mit seinem Sohn Jean-Louis zusammen, der in Kalifornien lernte. Es ist nicht das größte Gut an der nördlichen Rhône, gehört aber in puncto Qualität und vor allem Zuverlässigkeit zur Spitze. Die überwiegend alten Reben stehen in den besten Hermitage-Lagen: Les Baumes, Les Bessards, Le Méal, Péleat, Les Rocoules; die Trauben werden separat geerntet und vinifiziert, dann zu einem roten oder weißen Wein verschnitten. Außer in der Cuvée Cathelin wird keine neue Eiche verwendet. Diese Hermitage-Weine zeigen, was die Syrah an Würze und Komplexität leisten kann. Wenn es der Jahrgang zuläßt, wird ein wenig süßer Vin de Paille gemacht.

Beste Weine ★★★ Hermitage ♀, Hermitage ♥, Hermitage Cuvée Cathelin ♥, Hermitage Vin de Paille ♀, ★★ St-Joseph ♥

Gute Jahrgänge ♥ 1996, 95, 94, 92, 91, 90, 89, 88, 86, 85, 83, 82, 78, 67; ♀ 1997, 96, 95, 94, 92, 91, 90, 89, 88, 83

LOUIS CHÈZE, Limony 04 75 34 02 88/04 75 34 13 25

Ein zukunftsorientiertes Gut unter der Leitung von Jean-Luc COLOMBO.

Beste Weine ★★ Condrieu Coteau de Brèze ♀, St-Joseph Cuvée de Caroline ♥

Gute Jahrgänge 1996, 95, 94

AUGUSTE CLAPE, Cornas 04 75 40 33 64/04 75 81 01 98

Für Cornas ist Auguste Clape, der nun an seinen Sohn Pierre-Marie übergeben hat, was Georges VERNAY für Condrieu ist. Sein Gut ist zu Recht berühmt für klassische, kompromißlose, langlebige Weine, deren Duft an feine Brotkrume erinnert.

Bester Wein ★★★ Cornas ♥

Gute Jahrgänge 1997, 96, 95, 94, 93, 92, 91, 90, 89, 88, 87, 86, 85, 83, 78

CLOS DU MONT OLIVET, Châteauneuf-du-Pape 04 90 83 72 46 /04 920 83 51 75

Das Gut hat zu 90 % durchschnittlich 60 Jahre alte Grenache-Reben, die mächtige, traditionell tanninreiche, 2 Jahrzehnte lebensfähige Rotweine liefern.

Beste Weine ★★★ Châteauneuf-du-Pape Cuvée du Papet ♥, ★★ Châteauneuf-du-Pape ♥

Gute Jahrgänge 1996, 95, 94, 90, 89, 88, 85

CLOS DES PAPES, Châteauneuf-du-Pape 04 90 83 70 13/04 90 83 50 87

Die Familie Avril ist eine der ältesten in Châteauneuf-du-Pape. Ihr Besitz umfaßt 17 Parzellen, die es ermöglichen, den harmonischen, eleganten Wein zu machen, der ihren Ruf begründet. Die Rotweine sind nicht massiv, die Weißweine nehmen mit der Reife einen nussigen Charakter an. Seit 1990 sind konzentriertere Weine zu verzeichnen.

Beste Weine ★★★ Châteauneuf-du-Pape ♥, ★★ Châteauneuf-du-Pape ♀

Gute Jahrgänge ♥ 1996, 95, 94, 93, 92, 91, 90, 89, 88, 87, 86, 85, 83, 78

DOM. CLUSEL-ROCH, Ampuis 04 74 56 15 95/94 74 56 19 74

Eine winzige Domäne, die in Condrieu und der Côte-Rôtie blanke Weine mit wunderbar samtiger Konzentration macht. Die beste Lage, Les Grands Places in Coteau de Verenay, wird generell separat abgefüllt.

Beste Weine ★★★ Côte-Rôtie Les Grandes Places ♥, ★★ Condrieu ♀, Côte-Rôtie ♥

Gute Jahrgänge 1996, 95, 94, 91, 90, 89, 88

JEAN-LUC COLOMBO, Cornas 04 75 40 36 09/04 75 40 16 49

Jean-Luc Colombo hat ein modernes Cornas-Gut aufgebaut und kürzlich eine kleine Handelsfirma gegründet, Les Terroirs du Rhône. Seine Weine sind rund und füllig ohne eckige Tannine, für die besten verwendet er bis zu 100 % neue Eiche.

Beste Weine ★★★ Cornas Les Ruchets ♥, Cornas Cuvée JLC ♥, ★★ Cornas Terres Brûlées ♥, Cornas La Louvée ♥ **Gute Jahrgänge** 1997, 96, 95, 94, 91, 90

DOM. COMBIER, Tain l'Hermitage 04 75 84 61 56/04 75 84 53 43

Ein modernes Gut in der AC Crozes-Hermitage, dessen Produkte zu Recht Aufmerksamkeit erregen. Ein für die Region hoher Anteil neuer Eiche gibt den Weinen Extrafülle und -tiefe.

Beste Weine ★★★ Crozes-Hermitage Clos des Grives 🍷, ★★ Crozes-Hermitage 🍷

Gute Jahrgänge 1996, 95, 90, 89

DOM. DE COYEUX, Beaumes-de-Venise 04 90 12 42 42/04 90 12 42 43

Einer der größten Erzeuger in der Appellation mit 50 ha Muscat, seine aromatischen Weine besitzen eine verführerische honigartige Frucht.

Beste Weine ★★ Muscat de Beaumes-de-Venise 🍸, ★ Côtes du Rhône-Village Beaumes-de-Venise 🍷

Gute Jahrgänge 🍸 1997, 96, 95

YVES CUILLERON, Chavanay 04 74 87 02 37/04 74 87 05 62

Der junge Winzer mit Syrah-, Viognier- und Marsanne-Reben macht einige der besten Nordrhône-Weine, außerdem guten roten Côte-Rôtie und St-Joseph.

Beste Weine ★★★ Condrieu Les Chaillets 🍸, ★★ Condrieu La Côte 🍸, St-Joseph Izeras 🍸, St-Joseph Cuvée Réserve 🍷, St-Joseph Le Bois Lombard 🍸, ★ Côte-Rôtie 🍷

Gute Jahrgänge 🍸 1997, 96, 95, 94; 🍷 1996, 95, 94, 93

DELAS, St-Jean-de-Muzols 04 75 08 60 30/04 75 08 53 67

Ein Familienbetrieb, jetzt im Besitz der Champagnerfirma Roederer. Einige Parzellen wurden verkauft, verblieben sind 4 ha in der Côte-Rôtie, 10 ha beste Lagen in Hermitage und 2 ha in Condrieu. Nach einer Schwächeperiode Anfang der 1990er Jahre sind die Weine von diesen ausgezeichneten Lagen wieder Spitze in der Appellation.

Beste Weine ★★★ Condrieu Clos Boucher 🍸, Hermitage Les Bessards 🍷, ★★ Condrieu 🍸, Hermitage Marquis de la Tourette 🍷

Gute Jahrgänge 🍷 1996, 95, 90, 89, 88, 85, 83, 78; 🍸 1997, 96, 95, 94

PIERRE DUMAZET, Limony 04 75 34 03 01/04 90 75 34 14 01

Ein winziges Gut mit etwas über 1 ha in besten Condrieu-Lagen; die Reben in der Lage Coteau de Côte Fournet sind über 65 Jahre alt.

Beste Weine ★★★ Condrieu Coteau de Côte Fournet 🍸, ★★ Condrieu 🍸, Condrieu Coteau Rouelle Midi 🍸, Condrieu La Myriade 🍸

Gute Jahrgänge 1997, 96, 95, 94

DOM. DE DURBAN, Beaumes-de-Venise 04 90 62 94 26/04 90 65 01 85

Ein intensiver, aromatisch süßer und umwerfend üppiger Muscat.

Bester Wein ★★★ Muscat de Beaumes-de-Venise 🍸 **Gute Jahrgänge** 1997, 96, 95, 90

BERNARD FAURIE, Tournon 04 75 08 55 09

Ein sehr kleines Gut mit etwas über 3 ha in Hermitage und St-Joseph. Der Hermitage Cuvée Le Méal kommt von über 80 Jahre alten Reben.

Beste Weine ★★★ Hermitage Le Méal 🍷, ★★ St-Joseph Vieilles Vignes 🍷, Hermitage Greffieux 🍷, ★ St-Joseph Jeunes Vignes 🍷 **Gute Jahrgänge** 1995, 91, 90, 88

MICHEL FERRATON, Tain l'Hermitage 04 75 08 59 51/04 75 08 81 59

Ein gut gemanagtes kleines Gut mit guten Lagen in Hermitage und Crozes-Hermitage.

Beste Weine ★★ Hermitage Cuvée Mes Miaux 🍷, Crozes Hermitage La Matinière 🍷

Gute Jahrgänge 1995, 94, 90, 85

CH. DE FONSALETTE, Lagarde-Pareol 04 90 83 73 09/04 90 83 51 17

Das kleine Gut gehört der Familie Reynaud von Ch. RAYAS. Sie macht hier Rot- und

Weißweine, die fast ebenso delikat und langlebig sind wie ihre Châteauneuf-Weine.
Beste Weine ★★★ Côtes du Rhône 🍷🍸, Côtes du Rhône Syrah 🍷
Gute Jahrgänge 🍷 1997, 96, 95, 94, 93, 91, 90, 89, 88, 86, 85; 🍸 1997, 95, 94, 93, 91

FONT DE MICHELLE, Bédarrides 04 90 33 00 22/04 90 33 20 27
Im Besitz der Brüder Gonnet, deren Onkel Henri Brunier von VIEUX TÉLÉGRAPHE ist; die Weine ähneln sich mit ihren konzentrierten Fruchtaromen und südlichem Kräuterduft. Rot- und Weißwein lohnen eine mindestens 3jährige Lagerung.
Beste Weine ★★★ Châteauneuf-du-Pape Cuvée Étienne Gonnet 🍷, ★★ Châteauneuf-du-Pape 🍷🍸 **Gute Jahrgänge** 🍷 1996, 95, 94, 93, 90, 89, 88; 🍸 1997, 96, 95, 94

DOM. DE FONT-SANE, Gigondas 04 90 65 86 36/04 90 65 81 71
Das Gut besitzt geringtragende Reben in den besten Teilen der Appellation Gigondas. Die Weine sind immer farbkräftig und von dichter Frucht.
Beste Weine ★★★ Gigondas Cuvée Futee 🍷, ★★ Gigondas 🍷
Gute Jahrgänge 1996, 95, 90, 89, 88, 86

CH. FORTIA, Châteauneuf-du-Pape 04 90 83 72 25/04 90 83 51 03
Einst das renommierteste Gut in der Region – Baron Pierre Le Roy, ein früherer Eigner, legte die strikten Produktionsregeln fest, die später die AC-Bestimmungen wurden –, ist Ch. Fortia nun nach 20 Jahren schwacher Qualität wieder zurückgekehrt, unter der Leitung von Bruno Le Roy und seines Önologen Jean-Luc COLOMBO.
Beste Weine ★★ Châteauneuf-du-Pape 🍷, ★ Châteauneuf-du-Pape 🍸
Gute Jahrgänge 1997, 96, 95, 94, 93, 90, 89, 88, 86, 85, 83, 81, 78

PIERRE GAILLARD, Malleval 04 74 87 13 10/04 74 87 17 66
Guter Erzeuger in St-Joseph, Condrieu und Côte-Rôtie. Der weiße St-Joseph ist aus 100 % Roussanne, der rote St-Joseph wird in 20 % neuer Eiche ausgebaut.
Beste Weine ★★ St-Joseph 🍸, ★ St-Joseph Clos de Cuminaille 🍷, Côte-Rôtie 🍸, Condrieu 🍸
Gute Jahrgänge 1996, 95, 90, 89

CH. LA GARDINE, Châteauneuf-du-Pape 04 90 83 73 20/04 90 83 77 24
Mit 92 ha ein großes Gut, das einen modernen Châteauneuf-du-Pape macht: mit Akzent auf Frucht und Balance. Die besonderen Cuvées reifen in neuer Eiche, die weiße Cuvée des Générations gärt und reift in Barriques.
Beste Weine ★★★ Châteauneuf-du-Pape Cuvée des Générations 🍷, ★★ Cuvée des Générations 🍸, Côtes du Rhône-Villages 🍷, Châteauneuf-du-Pape Cuvée Tradition 🍷
Gute Jahrgänge 1995, 94, 90, 89, 88

JEAN-MICHEL GÉRIN, Ampuis 04 74 56 16 56/04 74 56 11 37
Ein wichtiges »New-wave«-Gut der Côte-Rôtie, das ausgeklügelte Vinifikationsmethoden einsetzt. Der Topwein, Les Grandes Places, kommt von 80 Jahre alten Reben, verbringt 2 Jahre in 100 % neuer Eiche und strömt über vor weicher, dichter Frucht.
Beste Weine ★★★ Côte-Rôtie Les Grandes Places 🍷, ★★ Côte-Rôtie Champin Le Seigneur 🍷
Gute Jahrgänge 1996, 95, 94, 91, 90

DOM. LES GOUBERT, Gigondas 04 90 65 86 38/04 90 65 81 52
Ein angesehenes Gut, das seine besten Weine ungefiltert abfüllt. Der Besitzer, Jean-Pierre Cartier, ist stolz auf seine Hanglagen, die langsam reifende Weine mit dichter Frucht liefern.
Beste Weine ★★★ Gigondas Cuvée Florence 🍷, ★★ Gigondas 🍷, ★ Côtes du Rhône Viognier 🍸, Côtes du Rhône-Villages Sablet 🍷 **Gute Jahrgänge** 1995, 90, 89, 88, 85

ALAIN GRAILLOT, Pont-de-l'Isère 04 75 84 67 52/04 75 84 79 33

Das 1985 gegründete Gut macht kraftvolle, konzentrierte Rotweine und charaktervolle, harmonische Weißweine. Ertragsbeschränkung und sorgfältige Vinifikation haben Graillot den Ruf eines der besten Crozes-Hermitage-Erzeuger eingetragen.

Beste Weine ★★★ Crozes-Hermitage La Guiraude 🍷, ★★ Crozes-Hermitage 🍷, St-Joseph 🍷, ★ Hermitage 🍷, Crozes-Hermitage

Gute Jahrgänge 🍷 1997, 96, 95, 94, 92, 91, 90, 89, 88

DOM. GRAMENON, Montbrison-sur-Lez 04 75 53 57 08/04 75 53 68 92

Diese Domäne betreibt organischen Landbau; geringtragende alte Reben und penible traditionelle Weinbereitung ergeben Weine von beispielloser Tiefe und Vielschichtigkeit.

Beste Weine ★★★ Côte du Rhône Cuvée des Laurentides 🍷, Côtes du Rhône Ceps Centénaires 🍷, ★★ Côtes du Rhône 🍷 **Gute Jahrgänge** 1997, 96, 95, 93, 90

JEAN-LOUIS GRIPPAT, Tournon 04 75 08 15 51/04 75 07 00 97

Das Gut ist zu Recht eher für seine eleganten Weißweine angesehen als für die attraktiven, jedoch manchmal zu leichten Rotweine. Von 70jährigen Reben kommt der weiße Hermitage mit floraler Eleganz, der in der Flasche nicht mehr reifen muß.

Beste Weine ★★ St-Joseph 🍸, St-Joseph Cuvée des Hospices 🍷, Hermitage 🍸, ★ Hermitage 🍷

Gute Jahrgänge 🍷 1997, 96, 95, 94, 92, 91, 90, 89, 88; 🍸 1997, 96, 95, 94, 93, 92, 91, 90

GUIGAL, Ampuis 04 74 56 10 22/04 74 56 18 76

Der brillante Marcel Guigal hat seine Passion für Rhône-Wein, besonders Côte-Rôtie, vom Vater geerbt, ebenso das Handelshaus, das er zum größten *négociant* der Region ausgebaut hat. Auf sein Konto geht auch die Wiederbelebung der ACs Côte-Rôtie und Condrieu. Die Weine von der südlichen Rhône sind aufgrund bester Lieferanten genauso beeindruckend wie die aus dem Norden. Siehe auch CH. D'AMPUIS.

Beste Weine ★★ Côtes du Rhône 🍷, Côtes du Rhône 🍸, Châteauneuf-du-Pape 🍷, Gigondas 🍷, Côte-Rôtie Côte Brune et Blonde 🍷, Hermitage 🍸, Condrieu 🍸

Gute Jahrgänge 🍷 1997, 96, 95, 94, 92, 91, 90, 89, 88 85, 83, 82, 81, 78; 🍸 1997, 96, 95

PAUL JABOULET AÎNÉ, La Roche-de-Glun 04 75 84 68 93/04 75 84 56 14

Als Spitzen-*négociant-éleveur* und größter Erzeuger an der nördlichen Rhône ist Jaboulet seit Jahrzehnten eine Quelle für besten Rhône-Wein. Nach dem frühen Tod von Gérard Jaboulet 1997, der die Weine seiner Familie auf der ganzen Welt hervorragend repräsentierte, werden Weinberge und Keller von diversen Brüdern und Cousins tadellos versorgt. Die Reihe guter Rhône-Weine reicht vom Flaggschiff, dem Hermitage La Chapelle, bis zum Côte du Ventoux.

Beste Weine ★★★ Hermitage La Chapelle 🍷, ★★ Crozes-Hermitage Dom. de Thalabert 🍷, Cornas Dom. St-Pierre 🍷, Côtes du Rhône-Villages 🍷, Vacqueyras 🍷, ★ Hermitage Le Chevalier de Stérimberg 🍸, Côte-Rôtie Les Jumelles 🍷

Gute Jahrgänge 🍷 1997, 96, 95, 94, 93, 92, 91, 90, 89, 88, 83, 82, 81, 79, 78, 76, 72, 70, 66, 61; 🍸 1997, 96, 95, 94, 93, 92, 91

DOM. JEAN-PAUL ET JEAN-LUC JAMET, Le Vallin 04 74 56 12 57/04 74 56 02 15

Neue temperaturgesteuerte Keller sind ein Faktor im Erfolg dieses beeindruckenden Gutes der Côte-Rôtie, das von zwei Brüdern betrieben wird. Geringe Erträge und lange Maischegärung ergeben füllige, dichte Weine, die ungefiltert abgefüllt werden.

Bester Wein ★★ Côte-Rôtie 🍷 **Gute Jahrgänge** 1996, 95, 94, 92, 91, 90, 89, 88, 85, 83, 82

DOM. DE LA JANASSE, Courthézon 04 90 70 86 29/04 90 70 75 93

Ein bemerkenswertes Gut nahe BEAUCASTEL, mit dem es die qualität- und zukunftsorientierte Denkweise verbindet, wobei das Beste der Tradition erhalten bleibt. Die im Schnitt 60 Jahre alten Reben liefern runde, samtige Weine mit Eleganz und Kraft.

Beste Weine ★★★ Châteauneuf-du-Pape Cuvée Chaupin, Châteauneuf-du-Pape Vieilles Vignes 🍷, ★★ Côtes du Rhône ♀, Côtes du Rhône Les Garrigues 🍷, Châteauneuf-du-Pape ♀, ★ Châteauneuf-du-Pape Tradition 🍷 **Gute Jahrgänge** 1996, 95, 94, 93, 90, 89

ROBERT JASMIN, Ampuis 04 74 56 11 41/04 74 56 01 78

Gut gelegene Parzellen und geringe Erträge geben den jungen Weinen überströmende Frucht; sie altern aber auch schön.

Bester Wein ★★ Côte-Rôtie 🍷

Gute Jahrgänge 1996, 95, 94, 92, 91, 90, 89, 88, 85, 83, 78

JEAN LIONNET, Cornas 04 75 40 36 01/04 75 81 00 62

Lionnet besitzt Rebflächen in Cornas und St-Péray und macht geschmeidige, moderne Rotweine mit jeder Menge Frucht und genug Tannin für gute Reifung.

Beste Weine ★★ Cornas Dom. de Rochepertuis 🍷, St-Péray ♀

Gute Jahrgänge 🍷 1997, 96, 95, 94, 92, 91, 90, 89, 88, 85, 83; ♀ 1997, 95, 95, 94, 92

DOM. DE LONGUE-TOQUE, Gigondas 04 90 12 39 31/04 90 12 39 32

Ein mittelgroßes Gut mit zwischen 50 und 100 Jahre alten Reben. Die Weine bestehen aus 80 % Grenache und 20 % Syrah.

Beste Weine ★★ Gigondas Cuvée Prestige 🍷, Gigondas Cuvée Excellence 🍷

Gute Jahrgänge 🍷 1997, 95, 94, 92, 91, 90, 89, 88

DOM. DE MARCOUX, Orange 04 90 34 67 43/04 90 51 84 53

Die Familie Armenier betreibt dieses Gut im Nordteil der AC Châteauneuf-du-Pape seit 1990 nach biodynamischen Prinzipien. Ein Teil der Reben ist über 100 Jahre alt, die Erträge sind entsprechend niedrig, was warme, dichte Weine ergibt.

Beste Weine ★★★ Châteauneuf-du-Pape Vieilles Vignes 🍷, ★★ Châteauneuf-du-Pape 🍷♀

Gute Jahrgänge 🍷 1995, 94, 93, 92, 91, 90, 89

ROBERT MICHEL, Cornas 04 75 40 38 70/04 75 40 58 57

Dieses traditionelle Cornas-Gut besitzt 5 ha alte Reben in guten Lagen.

Beste Weine ★★ Cornas La Geynale 🍷, ★ Cornas 🍷

Gute Jahrgänge 1996, 95, 94, 90, 89, 88

CH. DE MONTMIRAIL, Vacqueyras 04 90 65 86 72

Dieses große Gut macht Wein nach traditioneller Art, jedoch mit Intelligenz.

Beste Weine ★★ Vacqueyras Cuvée des Deux Frères 🍷, Vacqueyras Cuvée de l'Ermite 🍷, Gigondas Cuvée Beauchamp 🍷

Gute Jahrgänge 1997, 96, 95, 94, 93, 90, 89, 88, 85

DOM. DE MONT-REDON, Châteauneuf-du-Pape 04 90 83 72 75 /04 90 83 77 20

Eines der größten Güter in Châteauneuf-du-Pape mit Rot- und Weißwein sowie neben BEAUCASTEL das einzige, das alle 13 zugelassenen Sorten angepflanzt hat. Für viele Jahre war es Maßstab der Appellation, nach 20 Jahren leichter Schwäche lassen die letzten Jahrgänge die Rückkehr des klassischen, runden und konzentrierten Stils erkennen.

Beste Weine ★★ Châteauneuf-du-Pape 🍷♀

Gute Jahrgänge 🍷 1995, 94, 93, 92, 91, 89, 85, 83, 81, 78

DOM. DE LA MORDORÉE, Tavel 04 66 50 00 75/04 66 50 47 39

Das relativ junge, organisch arbeitende Gut hat seine Hauptflächen in Tavel und Lirac, aber auch einige 60 Jahre alte Reben in Châteauneuf-du-Pape.

Beste Weine ★★★ Tavel 🌸, Lirac Cuvée de la Reine des Bois 🍷, Châteauneuf-du-Pape Cuvée de la Reine des Bois 🍷, ★★ Côtes du Rhône 🍷, Lirac Cuvée de la Reine des Bois 🥂, Lirac 🍷, Châteauneuf-du-Pape 🍷

Gute Jahrgänge 🍷 1996, 95, 94, 93, 92; 🌸 1997, 96, 95, 94

MOULIN DE LA GARDETTE, Gigondas 04 90 65 81 51/04 90 65 86 80

Das kleine Gut macht mit alten, geringtragenden Reben kraftvolle Weine.

Beste Weine ★★★ Gigondas Cuvée Spéciale 🍷, ★★ Gigondas Cuvée Classique

Gute Jahrgänge 1996, 96, 95, 93, 90, 89, 88, 86, 85

CH. LA NERTHE, Châteauneuf-du-Pape 04 90 83 70 11/04 90 83 79 69

Eines der größten und berühmtesten Güter in Châteauneuf und sicher das mit dem beeindruckendsten Château und Park. Nach den großen Investitionen der neuen Besitzer ist es mit sehr dichten, eleganten Weinen wieder in Form.

Beste Weine ★★★ Châteauneuf-du-Pape Cuvée des Cadettes 🍷, Châteauneuf-du-Pape Clos de Beauvenir 🥂, ★★ Châteauneuf-du-Pape 🍷

Gute Jahrgänge 🍷 1995, 94, 93, 90, 89; 🥂 1997, 96, 95

DOM. DE L'ORATOIRE ST-MARTIN, Cairanne 04 90 30 82 07/04 90 30 74 27

Aufregende Rot- und Weißweine von alten Reben.

Beste Weine ★★ Côtes du Rhône 🥂, Côtes du Rhône-Villages Cairanne 🥂, Côtes du Rhône-Villages Cairanne Réserve des Seigneurs 🍷, Côtes du Rhône-Villages Cairanne Cuvée Prestige 🍷 **Gute Jahrgänge** 1997, 96, 95

DOM. LES PALLIÈRES, Gigondas 04 90 65 85 07

Vielleicht das bestgelegene, sicher aber das traditionellste Gut in der Appellation mit 50 Jahre alten Reben auf Terrassen unter den Dentelles de Montmirail. Nach einer schwachen Phase ist man wieder mit Qualität zurück.

Bester Wein ★ Gigondas 🍷 **Gute Jahrgänge** 1995, 94, 93, 91, 89, 88, 85

DOM. DU PEGAU, Châteauneuf-du-Pape 04 90 83 72 70/04 90 83 53 02

Alte Reben mit geringen Erträgen in besten Lagen von Châteauneuf-du-Pape und kompromißlose Kellerarbeit ergeben einen der mächtigsten Weine der Appellation.

Beste Weine ★★★ Châteauneuf-du-Pape Cuvée Réserve 🍷, Cuvée Laurence 🍷

Gute Jahrgänge 1997, 96, 95, 94, 93, 90, 89, 88, 86, 85, 83, 81, 78

DOM. DE PELAQUIÉ, Laudun 04 66 50 06 04/04 66 50 33 32

Erzeuger von hervorragenden Weißweinen, die der AC Côtes du Rhône Ehre machen.

Beste Weine ★★★ Côtes du Rhône-Villages Laudun 🥂, ★ Lirac 🍷

Gute Jahrgänge 🥂 1997, 96, 95, 94, 93; 🍷 1997, 96, 95, 94, 93, 91, 90, 89, 88, 85

DOM. DU PÈRE PAPE, Châteauneuf-du-Pape 04 90 83 70 16/04 90 83 50 47

Ein Gut mit großen, in den letzten 20 Jahren erworbenen Rebflächen. Der Clos du Calvaire ist eine exzellente Lage zwischen Nalys und VIEUX TÉLÉGRAPHE.

Beste Weine ★★ Châteauneuf-du-Pape 🍷, Châteauneuf-du-Pape Clos de Calvaire 🍷

Gute Jahrgänge 1995, 94, 90, 89, 88, 85

ANDRÉ PERRET, Chavanay 04 74 87 24 74/04 74 87 05 26

André Perret ist einer der Stars in Condrieu und St-Joseph. Alte Reben in den 2 besten

Lagen in Condrieu, Coteau de Chéry und Clos Chanson, sind zusammen mit brillanter Weinbereitung die Geheimnisse des Erfolgs.

Beste Weine ★★★ Condrieu Coteau du Chéry ♀, Condrieu Clos Chanson ♀, ★★ St-Joseph Les Grisières 🍷, Condrieu ♀

Gute Jahrgänge ♀ 1997, 96, 95; 🍷 1997, 96, 95, 94, 92, 91, 90, 89, 88

DOM. DE PIAUGIER, Sablet 04 90 46 96 49/04 90 46 99 48

Ein hervorragendes Gut, von Jean-Marc Autran zu neuen Höhen gebracht.

Beste Weine ★★★ Côtes du Rhône-Villages Sablet Les Briguières 🍷, ★★ Côtes du Rhône-Villages Sablet Montmartel 🍷, Côtes du Rhône-Villages Sablet Tenebi 🍷, Gigondas 🍷

Gute Jahrgänge 1996, 95, 94, 90, 89

DOM. ÉTIENNE POCHON, Chanos-Curson 04 75 07 34 60/04 75 07 30 27

Dichte, jedoch elegante Weine, die besten mit einer guten Portion neuer Eiche.

Beste Weine ★★ Crozes-Hermitage Ch. Curson 🍷, ★ Crozes-Hermitage Ch. Curson ♀

Gute Jahrgänge 1996, 95, 94, 90

DOM. RABASSE-CHARAVIN, Cairanne 04 90 30 70 05/04 90 30 74 42

Familiengut mit alten Weinbergen in Cairanne und Rasteau.

Beste Weine ★★ Côtes du Rhône-Villages Cairanne Cuvée Estevenas 🍷, Côtes du Rhône-Villages Rasteau Cuvée Corinne Couturier 🍷 **Gute Jahrgänge** 1997, 96, 95, 94, 90

DOM. RASPAIL-AY, Gigondas 04 90 65 83 01/04 90 65 89 55

Auf 18 ha mit 70% Grenache macht das Gut Weine mit fester Frucht und gutem Alterungspotential. Nicht mit dem weniger guten Ch. Raspail verwechseln!

Bester Wein ★★★ Gigondas 🍷 **Gute Jahrgänge** 1997, 96, 95, 93, 90, 89, 88, 86, 85

CH. RAYAS, Châteauneuf-du-Pape 04 90 83 73 09/04 90 83 51 17

Ein in der Region einzigartiges Gut, aufgrund seiner exzentrischen Besitzer, der Familie Reynaud, und seiner mächtigen, fülligen Châteauneufs aus 100% Grenache von alten Reben bei spätestmöglicher Ernte. Der Weißwein ist ebenso außerordentlich, wird aber nicht regelmäßig gemacht.

Beste Weine ★★★ Châteauneuf-du-Pape 🍷, ★★ Châteauneuf-du-Pape ♀, Châteauneuf-du-Pape Clos Pignan 🍷

Gute Jahrgänge 🍷 1994, 93, 91, 90, 89, 88, 86; ♀ 1997, 96, 95, 94, 93, 91, 90, 89

DOM. LA REMEJEANNE, Sabran 04 66 89 44 51/04 66 89 64 22

Mittelgroße Domäne mit samtigen, runden Weinen.

Beste Weine ★★★ Côtes du Rhône Les Genevriers 🍷, Côtes du Rhône Les Eglantiers 🍷

Gute Jahrgänge 1997, 96, 95, 94

DOM. MARCEL RICHAUD, Cairanne 04 90 30 85 25/04 90 30 71 12

Marcel Richaud macht reife, fruchtbetonte Weine von hoher Qualität. Sie werden nicht in Holz ausgebaut und kommen meist jung in den Handel.

Beste Weine ★★ Côtes du Rhône-Villages Cairanne 🍷♀

Gute Jahrgänge 🍷 1997, 96, 95, 93

DOM. RENÉ ROSTAING, Ampuis 04 74 56 12 00/04 74 56 62 56

René Rostaing, der die vorzüglichen Weinberge von Schwiegervater Albert Dervieux und Onkel Marius Gentax übernommen hat, verfügt nun über beste 7 ha in der Côte-Rôtie, meist mit alten Reben. In guten Jahren werden vier Verschnitte gemacht, alle von Ausnahmequalität mit runder Frucht und guter Farbe.

Beste Weine ★★★ Côte-Rôtie La Vallière 🍷, Côte-Rôtie Côte Blonde 🍷, Côte-Rôtie La Landonne 🍷, ★★ Côte-Rôtie 🍷

Gute Jahrgänge 1997, 96, 95, 94, 92, 91, 90, 89, 88, 85

DOM. ROGER SABON, Châteauneuf-du-Pape 04 90 83 71 72/04 90 83 50 51

Ein hervorragend gelegenes Gut, das solide traditionelle Weine macht, ohne Eiche und ohne Filter. Die Cuvée Prestige kommt von fast 100 Jahre alten Reben.

Beste Weine ★★★ Châteauneuf-du-Pape Cuvée Prestige 🍷, ★★ Lirac 🍷, Châteauneuf-du-Pape Les Olivets 🍷, Châteauneuf-du-Pape Cuvée Réserve 🍷, ★ Lirac 🍷

Gute Jahrgänge 1995, 94, 93, 92, 90

DOM. STE-ANNE, St-Gervais 04 66 82 77 41/04 66 82 74 57

Ein innovatives Gut im Besitz von Guy Steinmeyer, Weine mit explosiver Frucht.

Beste Weine ★★★ Côtes du Rhône Viognier 🥂, Côtes du Rhône-Villages Cuvée Notre Dame des Cellettes 🍷 **Gute Jahrgänge** 1997, 96, 95

DOM. ST-BENOÎT, Châteauneuf-du-Pape 04 90 83 51 36/04 90 83 51 37

Drei Erzeuger haben 1989 ihre Flächen zu diesem Gut zusammengelegt. Die Reben sind 40 bis 70 Jahre alt und bringen geringe Erträge, die Weine sind modern und fruchtorientiert gemacht.

Beste Weine ★★ Châteauneuf-du-Pape Soleil et Festins 🍷, Châteauneuf-du-Pape Grande Garde 🍷, Châteauneuf-du-Pape La Truffière 🍷, ★ Châteauneuf-du-Pape Cuvée Élise 🍷

Gute Jahrgänge 1995, 94, 93, 90, 89

CH. DE ST-COSME, Gigondas 04 90 65 86 97/04 90 65 81 05

Einst verkaufte das Gut seinen Wein an Händler, heute füllt es seinen reifen, fruchtigen Gigondas selbst ab. Für die exzeptionellen Cuvées wird neue Eiche verwendet.

Beste Weine ★★★ Gigondas Cuvée Valbelle 🍷, ★★ Gigondas 🍷

Gute Jahrgänge 1997, 95, 94, 90

DOM. ST-GAYAN, Gigondas 04 90 65 86 33/04 90 65 85 10

Mit Rebflächen in den besten Teilen von Gigondas war dieses Gut in der Appellation immer führend. Die Familie von Roger Meffré ist in St-Gayan seit 1400 ansässig. Die im Schnitt 60 Jahre alten Reben liefern einen klassisch tiefen, fleischigen Gigondas. Die Weine kommen nach 3 Jahren Reifung in den Handel.

Beste Weine ★★★ Gigondas 🍷, ★★ Côtes du Rhône-Villages Rasteau 🍷, ★ Côtes du Rhône 🥂

Gute Jahrgänge 🍷 1997, 96, 95, 94, 93, 91, 90, 89, 88, 86, 85

CH. DE ST-ROCH, Roquemaure 04 66 82 82 59/04 66 82 83 00

Das vor 40 Jahren geründete Gut ist führend in Lirac. Der Familie Verda gehört auch die benachbarte gute Domäne Ch. de Cantegril.

Beste Weine ★★★ Lirac Cuvée Ancienne Viguerie 🍷, ★★ Lirac 🍷🥂

Gute Jahrgänge 1997, 95, 94, 90

DOM. LE SANG DES CAILLOUX, Sarrians 04 90 65 88 64/04 90 65 88 75

Wie der Name »Blut aus den Steinen« suggeriert, macht dieses Gut Weine von großer Vielschichtigkeit und Dichte.

Bester Wein ★★★ Vacqueyras 🍷 **Gute Jahrgänge** 1997, 95, 94, 90

DOM. SANTA DUC, Gigondas 04 90 65 84 49/04 90 65 81 63

Konzentrierte Weine mit tiefer Farbe und reifer Frucht, die zu den besten der Appellation zählen.

Beste Weine ★★★ Côtes du Rhône 🍷, Gigondas Cuvée Classique 🍷, Gigondas Prestige des Hautes Garrigues 🍷
Gute Jahrgänge 1997, 96, 95, 93, 90

DOM. DE LA SOLITUDE, Châteauneuf-du-Pape 04 90 83 71 45/04 90 83 51 34
Das Gut besteht ununterbrochen seit 1604 und besitzt einige der besten Flächen in der Appellation. Seit 1990 ist man wieder zu Qualität zurückgekehrt.
Beste Weine ★★ Châteauneuf-du-Pape 🍷🍷
Gute Jahrgänge 1997, 95, 90

MARC SORREL, Tain l'Hermitage 04 75 07 10 07/04 75 08 75 88
Die Flächen des Guts liegen hälftig in Crozes-Hermitage und Hermitage. Die traditionelle Weinbereitung ohne Eiche ergibt dunkle, fast undurchsichtige, mächtige Weine mit großem Alterungspotential. Die Crozes-Hermitages gehören zu den besten der AC.
Beste Weine ★★★ Hermitage Les Rocoules 🍷, Hermitage Le Gréal 🍷, ★★ Hermitage Classique 🍷, Hermitage Classique 🍷, Crozes-Hermitage 🍷
Gute Jahrgänge 🍷 1997, 96, 95, 94, 92, 91, 90, 89, 88, 85, 83, 78; 🍷 1997, 96, 95, 94, 92, 90, 89, 88

DOM. LA SOUMADE, Rasteau 04 90 83 72 62/04 90 83 51 07
Alte Reben liefern einen für die AC Côtes du Rhône-Villages sehr dichten Wein von außerordentlicher Qualität.
Beste Weine ★★★ Côtes du Rhône-Villages Rasteau Cuvée Prestige 🍷, Côtes du Rhône-Villages Rasteau Cuvée Confiance 🍷
Gute Jahrgänge 1997, 96, 95, 94, 93

TARDIEU-LAURENT, Loumarin 04 90 08 32 07/04 90 08 41 11
Die 1994 gegründete Firma kauft junge, duftreiche Weine von guten Erzeugern und baut sie in kleinen, zum großen Teil neuen Eichenfässern aus. Ohne Filterung werden Weine von immenser Dichte und Komplexität abgefüllt.
Beste Weine ★★★ Gigondas Vieilles Vignes 🍷, Crozes-Hermitage Vieilles Vignes 🍷, Hermitage 🍷, ★★ Côtes du Rhône Cuvée Guy-Louis 🍷, Vacqueyras 🍷, Châteauneuf-du-Pape 🍷
Gute Jahrgänge 1997, 96, 95, 93, 90, 89, 88, 86, 85

CH. DES TOURS, Vacqueyras 04 90 65 41 75/04 90 65 38 46
Ein feines Gut im Besitz von Emmanuel Reynaud, Neffe des verstorbenen Jacques Reynaud von CH. RAYAS mit demselben Faible für alte Reben und niedrige Erträge.
Beste Weine ★★★ Côtes du Rhône 🍷, Vacqueyras Réserve 🍷
Gute Jahrgänge 1997, 96, 95, 93, 90, 89, 88, 85

LOUIS DE VALLOUIT, St-Vallier 04 75 23 10 11/04 75 23 05 58
Die Familie hat große Flächen in der Côte-Rôtie in Besitz, dazu einige in Hermitage und St-Joseph, und macht auch Weine aus anderen Rhône-Appellationen. Die von den eigenen Weinbergen sind aber, nicht überraschend, die besten.
Beste Weine ★★★ Hermitage Les Greffières 🍷, Côte-Rôtie La Vonière 🍷, ★★ Côte-Rôtie Les Roziers 🍷
Gute Jahrgänge 1997, 96, 95, 94, 92, 91, 90, 89, 88, 85, 83, 82, 78.

GEORGES ET LUC VERNAY, Condrieu 04 74 59 52 22/04 74 56 60 98
Georges Vernay gebührt das Verdienst, die AC Condrieu vor 20 Jahren vor der Auslöschung bewahrt zu haben, als seine 6 ha fast 50 % der ganzen Appellation ausmachten.

Jetzt, mit über 70 Jahren, macht er mit seinem Sohn Luc einige der besten Condrieus, opulent und mit tropischen Fruchtaromen.

Beste Weine ★★★ Condrieu Les Chaillées de l'Enfer 🍷, Condrieu Coteaux du Vernon 🍷, ★★ Condrieu 🍷

Gute Jahrgänge 1997, 96, 95, 94, 9

VIDAL-FLEURY, Ampuis 04 74 56 10 18/04 74 56 19 19

Der 1781 gegründete und damit bei weitem älteste *négociant-éleveur* der Region wurde 1985 von Marcel GUIGAL übernommen. Mit beträchtlichen Rebflächen in der Côte-Rôtie ist Vidal-Fleury in der Lage, einige der besten Weine der Appellation zu produzieren (neben respektablen Weinen aus anderen ACs).

Beste Weine ★★★ Côte-Rôtie La Chatillonne 🍷, ★★ Côte-Rôtie Brune et Blonde 🍷, Gigondas 🍷, Muscat de Beaumes-de-Venise 🍷

Gute Jahrgänge 🍷 1997, 96, 95, 94, 92, 91, 90, 89, 87, 85, 83, 78

LE VIEUX DONJON, Châteauneuf-du-Pape 04 90 83 70 03/04 90 83 50 38

Die überwiegend 80 Jahre alten Reben des Guts stehen auf dem Plateau nahe von Mont-Redon. Mit traditionellen Methoden werden dunkle, langlebige Rotweine und lagerungswürdige Weißweine gemacht.

Beste Weine ★★★ Châteauneuf-du-Pape 🍷, ★ Châteauneuf-du-Pape 🍷

Gute Jahrgänge 🍷 1997, 96, 95, 94, 92, 91, 90, 89, 88, 85, 83, 81, 78; 🍷 1997, 96, 95

DOM. DU VIEUX TÉLÉGRAPHE, Bédarrides 04 90 33 00 31/04 90 33 18 47

Aufgrund exzellenter Reblagen, günstiger Kleinklimate und akkurater Weinbereitung eines der bekanntesten Châteauneuf-Güter. Der 1978er war einer der größten Weine in diesem wunderbaren Jahrgang, und seit 1990 sind die zugänglichen Weine auf Grenache-Basis zu diesem Standard zurückgekehrt.

Beste Weine ★★★ Châteauneuf-du-Pape 🍷, ★★ Châteauneuf-du-Pape 🍷, Châteauneuf-du-Pape Vieux Mas des Papes 🍷

Gute Jahrgänge 🍷 1995, 94, 93, 90, 89, 88, 81, 79

FRANÇOIS VILLARD, St-Michel-sur-Rhône 04 74 53 11 25/04 74 53 38 32

In nicht einmal 5 Jahren hat sich dieses Gut mit 2,25 ha auf dem Château-Grillet gegenüberliegenden Hang einen guten Ruf geschaffen. Die Condrieus sind kraftvoll und dicht, doch nicht schwer, und die Cuvée Quintessence hat die Üppigkeit eines Dessertweins.

Beste Weine ★★★ Condrieu Coteaux de Poncin 🍷, Condrieu Quintessence 🍷, ★★ Condrieu Les Terrasses de Palat 🍷, St-Joseph Reflet 🍷, Côte-Rôtie La Brocade 🍷

Gute Jahrgänge 🍷 1997, 96, 95, 94, 92, 91, 90, 89, 87, 85, 83, 78

ALAIN VOGE, Cornas 04 75 40 32 04/04 75 81 06 02

Ein für Cornas großes Gut mit reifen, pflaumigen Weinen, die gut altern.

Beste Weine ★★ Cornas Vieilles Vignes 🍷, ★ Cornas 🍷

Gute Jahrgänge 1997, 96, 95, 94, 92, 91, 90, 89, 88, 85, 83, 80, 78

RHÔNE-JAHRGÄNGE

Zwar gibt es im Rhône-Tal wenige wirklich schlechte Jahre, doch garantiert die Lage der Region in der warmen Südhälfte Frankreichs nicht automatisch vollreife Trauben. Regen und mangelnde Sonne kann im Norden ein Problem sein, und im Süden kann zu viel Sonne die Trauben schrumpfen lassen. Syrah und besonders Mourvèdre benötigen einen schönen Spätsommer, um ganz reif zuwerden, während die früh reifende Grenache dann leicht fault. Trotz allem sind die großen Jahrgänge der Rhône in der Tat groß.

Lagerfähigkeit

Für alle Rhône-Rotweine gilt, daß der Stil des Weinmachers die Lagerfähigkeit bestimmt, weniger der jeweilige Jahrgang. Im Norden sollten nur Hermitage und Cornas für bis zu 20 Jahren gelagert werden, Côte-Rôtie erreicht den Höhepunkt nach 10 Jahren. St-Joseph und Crozes-Hermitage werden üblicherweise vor ihrem 5. Geburtstag getrunken.

Im Süden sind Châteauneuf-du-Pape, Gigondas und Vacqueyras mit 5–15 Jahren am besten. Lirac und Côtes du Rhône-Villages sind mit 2–3 Jahren reif, können aber länger gelagert werden.

Weißweine, besonders die aus dem Süden, sollten mit 1–2 Jahren konsumiert werden; Ausnahmen sind weißer Hermitage, der so lange lagern kann wie roter, und der Château-Grillet.

Reifediagramme

1995 war ein gutes, an der nördlichen Rhône sogar ein großes Jahr; sehr guter Hermitage sollte bis zu 25 Jahre lagern können. Im Süden gab es ein sonniges Jahr mit gut lagerfähigen Weinen.

1995 Hermitage rot

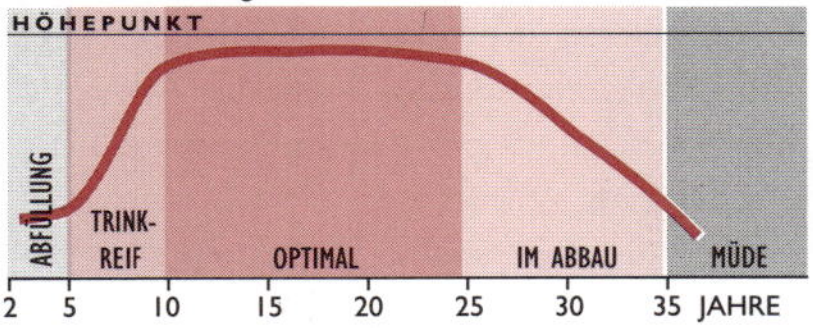

1995 Châteauneuf-du-Pape rot

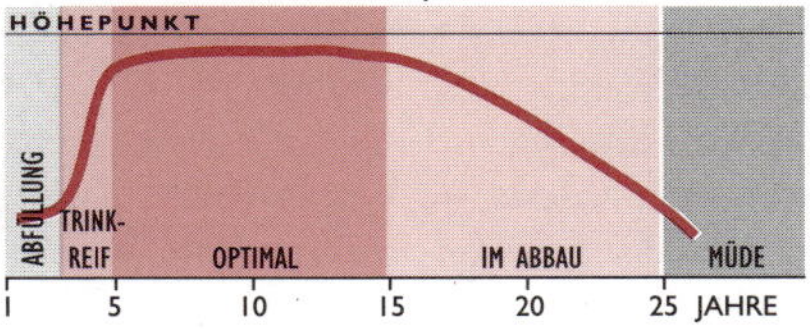

JAHRGANGSÜBERSICHT

	97	96	95	94	93	92	91	90	89	88	85	83
Côte-Rôtie	7○	7○	9○	7○	4●	6◑	9◑	7◑	8◑	9◑	9●	9◑
Condrieu	7○	9◑	8●	8◐	5◐	7◐	9◐	8◐				
Hermitage (rot)	4○	8○	9○	7○	3●	6◑	8○	10○	9○	9◑	9●	10◑
Cornas, St-Joseph (rot)	7○	7○	9○	8○	4●	6◑	8◑	9◑	8◑	8◑	8●	8●
Hermitage, Crozes-Hermitage St-Joseph (weiß)	7○	9○	8◑	7◑	5●	7◑	9●	8●	8●	8●	9●	9●
Süden (rot) **bes. Châteauneuf-du Pape** und Gigondas	7○	6○	9○	7◑	6◑	5◑	5●	9◑	10◑	8●	8●	7●
Süden (weiß)	7○	7○	8◑	7◑	6●	6◐	7◐	8◐	8◐	8◐		

ERLÄUTERUNG ○ = braucht noch Zeit ◑ = trinkreif, gewinnt noch ● = optimal ◐ = in Abbau oder abgebaut

JAHRGÄNGE AUF EINEN BLICK

In den 1970er Jahren, ja bis in die 1980er war das Problem nicht schlechte Jahre, sondern oft inadäquate Vinifizierung. Seitdem sind, in Verbindung mit dem größeren Engagement der Erzeuger, in den Kellern dramatische Verbesserungen zu verzeichnen.

Große Jahre ★★★	Norden	1995, 91, 90, 85, 83, 78, 61, 59, 52
	Süden	1995, 90, 89, 81, 78, 70, 67, 61
Gute Jahre★★	Norden	1997, 96, 94, 92, 91, 89, 88, 85, 83, 82, 79, 76, 70, 66, 64
	Süden	1997, 95, 94, 88, 86, 85, 83, 81, 79, 72, 71, 66, 64, 62, 61
Mittelmäßige Jahre ★	Norden	1997, 92, 87, 82, 80, 75, 73, 72, 71
	Süden	1997, 96, 93, 92, 86, 80, 83, 76, 75, 63
Schlechte Jahre (keine Sterne)	Norden	1993, 86, 84, 81, 77, 68, 65, 63
	Süden	1991, 87, 84, 82, 77, 68, 65, 63

Die einzelnen Jahrgänge

1997 Norden ★-★★ Ein sehr trockener und sonniger September machte es möglich, bis zur optimalen Reife zu warten. Die Resultate sollten gut sein.

Süden ★-★★ Nach einem nassen August kam ein heißer, trockener September, in Folge davon ungleichmäßige Reife; Selektion bei der Lese war der Schlüssel zum Erfolg. Die Weißweine waren gut, die Reife der Rotweine schwankt.

1996 Norden ★★ Ein Jahr mit sehr extraktreichen Trauben aufgrund des Mistrals im September, der sie austrocknete. Kein so problemloser Jahrgang wie 1995, doch überall gut; die Weißen waren sehr gut.

Süden ★ Ein regnerisches, kaltes Jahr, gerettet durch zuletzt trockenes Wetter. Kompromißlose Erzeuger machten gute Weine, doch ohne die Dichte wie 1995. Sorgfältig wählen.

1995 Norden ★★★ Ein sehr gutes Jahr für Rotweine, besonders Côte-Rôtie, die sehr reif und dicht sind. Die Roten werden früh reif sein, bleiben aber auch länger gut. Auch für Weißwein exzellentes Jahr.

Süden ★★-★★★ Ein sehr heißes Jahr, trotz des Regens Mitte September füllige, reife und langlebige Weine, besonders gut in Gigondas.

1994 Norden ★★ Guter Jahrgang aus einer schwierigen, regnerischen Lese. Die festen, strukturierten roten und sehr aromatischen weißen Hermitages gelangen besser als Côte-Rôtie.

Süden ★★ Nach einem sehr heißen Sommer viel Septemberregen; der Jahrgang wurde gut, aber nicht groß.

1993 Norden Dauerregen im September und warme Temperaturen verursachten weithin Fäule. Nur die besten Erzeuger machten guten Wein.

Süden ★ Mäßig gutes Jahr, angenehm fruchtige Weine für baldigen Verbrauch.

1992 Norden ★-★★ Septemberregen resultierte in einer großen Menge leichten Weins für schnellen Verbrauch. Gute Erzeuger wählen. Weißwein war besser als Rotwein.

Süden ★ Dauerregen während der Lese hat den Jahrgang verdorben.

1991 Norden ★★-★★★ Eine knapp durchschnittliche Ernte ergab sehr tiefe, extraktreiche Weine. Zunächst unterschätzt, wurden sie sehr gut, besonders in der Côte-Rôtie. Auch Weißwein ist exzellent.

Süden Mangelhafte Reife hatte dünne Weine zur Folge.

1990 Norden ★★★ Ein spektakulärer Jahrgang, besonders in Hermitage. Fast alle Appellationen machten den besten Wein seit 1983. Côte-Rôtie wurde nach der Sommerdürre durch Regen beeinträchtigt.

Süden ★★★ Ein heißes Jahr ergab füllige, konzentrierte Weine und warme Aromen;

Extrakt, Zucker, Alkohol und Tannin in perfekter Harmonie.

1989 Norden ★★ Ein Dürrejahr wie 1990, mit sehr dichten und alkoholischen Weinen, doch ohne die Harmonie des 1990ers. Condrieu war ein großer Erfolg.

Süden ★★★ Überaus heißes Jahr, ergab Weine mit großer Power und Dichte für lange Reifung. Châteauneuf-du-Pape war ein großer Erfolg.

1988 Norden ★★ Ein sehr gutes Jahr mit farbstarken, extrakt- und tanninreichen Weinen, manchmal ein wenig zu hart.

Süden ★★ Gute Ernte mit soliden, festen Weine mit reifen Aromen. Weniger gut als 1989 und 1990.

1987 Norden ★ Verregnetes Jahr in ganz Frankreich, dennoch in Grenzen erfolgreiche Weine.

Süden Kaltes, regnerisches Jahr und Fäulnisprobleme zur Lesezeit.

1986 Norden Eine große Ernte mit dünnen Weinen.

Süden ★-★★ Ein schwieriger Jahrgang mit sehr unterschiedlicher Qualität, am besten in Châteauneuf-du-Pape.

1985 Norden ★★-★★★ Hervorragend reife Trauben ergaben Weine mit dichter Frucht, exzeptionell in der Côte-Rôtie. Auch superber weißer Hermitage.

Süden ★★ Ein gehaltvoller, reifer Jahrgang mit guter Frucht, aber wenig Säure; jetzt trinken.

1984 Norden Ein kalter Sommer resultierte in mangelnder Reife und hoher Säure. **Süden** Kleine Ernte von bescheidener Qualität.

1983 Norden ★★-★★★ Überaus dichte, tanninreiche Weine für lange Reifung. Hermitage, rot und weiß, war der Star.

Süden ★-★★ Eine aufgrund des Versagens von Grenache kleine Ernte, die untypisch tanninreiche Weine ergab.

1982 Norden ★-★★ Eine sehr warme Lesezeit resultierte in einer großen Ernte sehr reifer Trauben, doch ohne die für lange Reifung nötigen Tannine.

Süden Sehr große Ernte mit durch die Hitze zur Lesezeit überreifer Grenache. Unausgewogene Weine.

1981 Norden Sehr schwieriges Jahr aufgrund Fäule und Unreife.

Süden ★★-★★★ Quantitativ durchschnittliche Ernte, deren Ansehen gestiegen ist. Einige herausragende Weine, besonders in Châteauneuf-du-Pape.

1980 Norden ★ Gute Ernte, unterschätzte Weine mit attraktiver Frucht.

Süden ★ Durchschnittliche Ernte, gefällige, fruchtige Weine.

1979 Norden ★★ Quantitativ wie qualitativ sehr guter Jahrgang.

Süden ★★ Große Ernte, harmonische Weine mit guter Frucht; im Schatten von 1978.

1978 Norden ★★★ Herausragender Jahrgang, sehr tiefe, dichte Weine, die nach 20 Jahren noch jugendlich wirken.

Süden ★★★ Durchschnittliche Ernte, sehr körperreiche Weine von Ausnahmequalität.

1977–70 Norden Nicht aufregende Jahrgänge, am besten waren 72 und 70.

Süden Die Mitte der 70er Jahre war an der südlichen Rhône nicht erfolgreich; 1972, sonst in Frankreich sehr schlecht, gab es einige kraftvolle Weine. 1970 war sehr gut, vor allem in Châteauneuf-du-Pape.

1969–60 Norden Außer den allgemeinen Desastern 1968, 65 und 63 ein Jahrzehnt guter bis sehr guter Weine, bei weitem am besten war 1961.

Süden Die verregneten Jahre 1968, 65 und 63 schadeten auch dem Süden Frankreichs. 1967 war außergewöhnlich, wohl der beste Jahrgang des Jahrzehnts. 1966, 64, 62 waren sehr gut. 1961 war hervorragend, neben 78 und 67 der einzige ★★★-Jahrgang.

1959–45 Diese Jahrgänge sind rar, die meisten sind über ihren Höhepunkt. Die besten Jahre waren 1959, 57, 55, 52, 49, 48, 47, 45.

JURA

Die Weinberge des Jura, deren schöne Hänge in das Bauernland zwischen Burgund und der Schweiz eingesprengt sind, gehören zu den ältesten in Frankreich. Seine Weine sind höchst individuell, etwa die in geringen Mengen produzierten Vin Jaune und Vin de Paille. Aus den burgundischen Sorten Pinot Noir und Chardonnay werden attraktive Weine gemacht, doch die wirkliche Qualität liegt in den interessanten lokalen Sorten.

Vin Jaune

Der nur im Jura anzutreffende Wein ist nach seiner tiefgelben Farbe benannt, Resultat des besonderen Reifungsprozesses. Nur Savagnin, so spät geerntet wie möglich, darf verwendet werden; nach der Gärung reift der Wein unangetastet mindestens 6 Jahre lang in Eichenfässern. Resultat ist ein Wein mit mächtigem Nußbukett und dem Aroma eines konzentrierten Sherry Fino. In besondere Flaschen gefüllt (dem *clavelin* mit 0,62 l), kann er ein Menschenleben halten.

Vin de Paille

Außer im Jura wird dieser Wein nur manchmal in Hermitage gemacht. Ganze Trauben werden geerntet und auf Strohmatten oder an Gestellen hängend 3 Monate getrocknet, so daß sie mit hoher Zuckerkonzentration rosinenartig schrumpfen. Eine sehr langsame, diffizile Gärung ergibt einen erstaunlich gehaltvollen, bernsteinfarbenen Nektar. Vor der Abfüllung 3–4 Jahre in Holz gereift, hält er sich praktisch unbegrenzt.

ARBOIS AC

Die Rotweine sind eher leicht; die Weißweine aus der lokalen Savagnin besitzen ein nussiges, sherry-ähnliches Bukett. Chardonnay wird zunehmend verwendet.

Beste Erzeuger FRUITIÈRE VINICOLE D'ARBOIS, Aviet, Dugois, Désiré, de la Pinte, Puffeney, ROLET, Tissot

Gute Jahrgänge 1996, 95, 93, 90, 89

CÔTES DU JURA AC

Ein einziger, steiler, auf viele Besitzer aufgeteilter Weinberg von 50 ha liefert bei geringen Erträgen den Saft für Vin Jaune. Nur Savagnin ist zugelassen, die spätestmöglich geerntet wird, manchmal schon bei Schneefall. Die Weine überdauern 50 Jahre und mehr.

Beste Erzeuger D'ARLAY, Baud, Berthet-Bondet, Boilley, Boudry, Chalandard, COURBET, DELAY, Reverchon

Gute Jahrgänge 1990, 89

CHÂTEAU-CHALON AC

Im Südjura werden aus den lokalen Sorten Poulsard und Trousseau fruchtige Rotweine und den Arbois ähnelnde (jedoch geschätztere) Weißweine gemacht. Einige ausgezeichnete Vins Jaunes und Vin de Paille.

Beste Erzeuger Baud, Berthet-Bondet, Chalandard, COURBET, DURAND-PERRON, MACLE

Gute Jahrgänge 1996, 95, 93, 90, 89

L'ÉTOILE AC

Die nur 64 ha große Appellation nördlich von Lons-le-Saunier liefert Weißwein, der finessereicher ist als der Arbois. Außerdem Vin Jaune und Vin de Paille sowie guter Schaumwein nach der *Méthode traditionelle.*

Beste Erzeuger Ch. de l'Étoile, Geneletti, Montbourgeau

Gute Jahrgänge 1996, 95, 93, 90, 89

JURA-ERZEUGER VON A BIS Z

CH. D'ARLAY, Arlay — 03 84 85 04 22/03 84 48 17 96

Eines der ältesten und bedeutendsten Güter im Jura, zuverlässige Qualität.

Beste Weine ★★ Côtes du Jura Vin Jaune ♀ und Vin de Paille ♀, ★ Côtes du Jura ♥♀

Gute Jahrgänge 1996, 95, 93, 90

JEAN-MARIE COURBET, Nevy-sur-Seille — 03 84 85 28 70/03 84 44 68 88

Ein kleines Familiengut, das kompromißlose traditionelle Weine macht.

Beste Weine ★★ Château-Chalon ♀, Vin de Paille ♀

Gute Jahrgänge 1990, 89

RICHARD DELAY, Gevingey — 03 84 47 46 78/03 84 43 26 75

Einer der seltenen Erzeuger von Pinot-Noir-Rotwein im Jura.

Beste Weine ★★ Côtes du Jura Pinot Noir ♥, Côtes du Jura Savagnin-Chardonnay ♀

Gute Jahrgänge 1996, 95, 93, 90

DURAND-PERRON, Voiteur — 03 84 44 66 80/03 84 44 62 75

Ein 4,5 ha kleines Gut mit Reben im besten Teil von Château-Chalon.

Bester Wein ★★★ Château-Chalon ♀ **Gute Jahrgänge** 1990, 89

FRUITIÈRE VINICOLE D'ARBOIS, Arbois — 03 84 66 11 67/03 84 37 48 80

Mit 200 ha Rebland ist dies die größte Genossenschaft im Jura.

Beste Weine ★★ Arbois Vin Jaune ♀, Arbois Vin de Paille ♀

Gute Jahrgänge 1996, 95, 93, 90, 89

JEAN MACLE, Château-Chalon — 03 84 85 21 85/03 84 85 27 38

Ein vorzügliches Gut, das seinen alten Weinberg von 14 ha an den steilsten Hängen von Château-Chalon neu bepflanzt hat und Weine von unglaublicher Finesse macht.

Beste Weine ★★★ Château-Chalon ♀, ★ Côtes du Jura ♀

Gute Jahrgänge 1996, 95, 90, 89

DOM. ROLET, Arbois — 03 84 66 00 05/03 84 37 47 41

Mit 60 ha ist dieses Familiengut eines der bedeutendsten im Jura. Moderne und Tradition vereinen sich in einer Reihe zuverlässiger Weine.

Beste Weine ★★ Arbois Mémorial ♥, Côtes du Jura Chardonnay-Savagnin ♀, Arbois Tradition ♀, ★ Arbois Chardonnay ♀

Gute Jahrgänge 1996, 95, 93, 90, 89

GROSSE JURA-WEINE

Oz Clarkes Auswahl

Vin Jaune ♀ (Ch. d'Arlay) Einer der Saurier des französischen Weins, kantig und aggressiv, doch faszinierend.

Château-Chalon ♀ (Jean Macle) Ebenfalls anders als sonstiger französischer Wein; jedoch schönes Bukett und fast zugänglich.

Vin Jaune ♀ (Reverchon) Explosive, wilde Intensität, die mit der Schärfe des exzellenten Comté-Käses mithalten kann.

Steven Spurriers Auswahl

Château-Chalon ♀ (Jean Macle) Ein Vin Jaune von unglaublicher Feinheit, von den steilsten Hängen der Appellation.

Côtes du Jura Chardonnay-Savagnin ♀ (Rolet) Einer der vielen ausgezeichneten Weine der Rolets. Der eigene Charakter der Savagnin wird durch Chardonnay akzentuiert.

Vin de Paille ♀ (Ch. d'Arlay) Klassischer, rosinensüßer Vin de Paille, aus dem ältesten Gut des Jura.

CHAMPAGNE

Marie-Antoinette, die einem schlimmen Schicksal geweihte französische Königin, sagte einmal: »Champagner ist der einzige Wein, der eine Frau schöner macht.« Heute ist er immer noch der »Schampus« schlechthin, der Wein für große Gelegenheiten oder einfach für das kultivierte Vergnügen. Dem Gesetz nach kommt er ausschließlich aus der Champagne in Nordfrankreich, von der nördlichen Grenze des Weinbaus. Guter Champagner ist teuer herzustellen und daher nie billig, doch wissen sich die Champenois verpflichtet, für gutes Geld Qualität zu liefern. Sie sind sich auch des Werts ihrer Marken sehr bewußt, und so hat auch ein jahrgangsloser Champagner mit einem renommierten Namen dem Ruf des Hauses zu genügen.

CHAMPAGNERTYPEN

Die Region Champagne produziert pro Jahr 250 Millionen Flaschen Champagner, die alle unter einer Regionalappellation verkauft werden. Der größte Teil der Weinberge befindet sich im Département Marne, dann folgen Aube und Aisne. Der Boden ist tiefgründige, mineralienreiche Kreide, die dem Wein Finesse und Lebendigkeit gibt. Champagner ist normalerweise ein Verschnitt aus Pinot Noir, Pinot Meunier und Chardonnay, selten ist er nur aus einer Sorte gemacht. Für Stillwein gibt es zwei kleine Appellationen.

Jahrgangsverschnitt (Non-vintage)

Dieser Typ macht 80% allen Champagners aus. Der Theorie nach ist er ein Verschnitt von Weinen aus mehreren Jahrgängen, in der Praxis kommen jedoch 80–90% des Grundweins aus einem Jahrgang, den Rest machen zugesetzte ältere »Reserve«-Weine aus. So entsteht ein »Haustyp«. Champagner kommt meist 2–3 Jahre nach der Abfüllung in den Handel.

Jahrgangschampagner (Vintage)

Champagner wird nur in guten Jahren allein aus diesem Jahrgang gemacht, im Durchschnitt jedes zweite Jahr, und frühestens 5 Jahre nach der Ernte in den Handel gebracht. Die meisten Jahrgangschampagner gewinnen bis in das zweite Jahrzehnt hinein an Komplexität.

Blanc de Blancs

Leichter, feiner Champagner aus 100% Chardonnay. Die besten Exemplare werden aus Trauben von der Côte de Blancs gemacht.

Blanc de Noirs

Vielschichtiger, aromatischer weißer Champagner aus dem Saft roter Pinot-Noir- und/oder Pinot-Meunier-Trauben. Die besten kommen von der Montagne de Reims.

Rosé-Champagner

Rosé-Champagner ist der einzige Wein in Frankreich, bei dem Rot- und Weißwein (nicht Trauben) gemischt werden dürfen. Echt rosé gekelterte Champagner sind sehr selten; meist wird 10–15% roter Grundwein zugesetzt, um die gewünschte Farbe zu erzielen. Dieser Rotwein kommt überwiegend aus der Gemeinde Bouzy.

Luxus- und Prestige-Cuvées

Die meisten bedeutenden Champagnerhäuser bringen eine *cuvée de prestige* heraus, bei der genausoviel Anstrengung in die Verpackung geht wie in den Wein. Als der teuerste Champagner eines Hauses sollte er auch der beste sein, was nicht immer der Fall ist. Prestige-Cuvées gibt es Jahrgangsverschnitte und als Jahrgangschampagner. Zu den berühmtesten gehören Dom Pérignon von MOËT & CHANDON, Cristal von ROEDERER, Comtes de Champagne von TAITTINGER und Grand Siècle von LAURENT- PERRIER.

Süßegrade

Champagner wird in verschiedenen Graden von Süße gemacht. »Brut« auf dem Etikett bedeutet »sehr trocken«, »Extra Dry« ist weniger (!) trocken als Brut, »Sec« heißt eigentlich »trocken«, meint aber tatsächlich halbtrocken. »Demi-sec« ist lieblicher, »Doux« ist süßer und »Rich« sehr süßer Champagner.

Coteaux Champenois AC

Das sind rote, weiße oder rosé Stillweine aus der Champagne. Ein Gemeindenamen kann angegeben werden; Bouzy gilt als die beste. Die Produktion schwankt, macht aber nie mehr als 1% des Gesamternte aus.

Rosé des Riceys AC

In kräftig gefärbter stiller Rosé aus Pinot Noir, hergestellt in Les Riceys im Département Aude. Für den Weintyp relativ teuer.

Klassifikation

In der Champagne werden nicht individuelle Lagen, sondern Gemeinden eingestuft, und zwar mit Prozentzahlen. Ein Grand Cru (es gibt 17) hat 100%, die 41 Premier-Cru-Gemeinden haben 99–90%. Üblicherweise machen nur Winzer oder Genossenschaften auf dem Etikett diese Angabe.

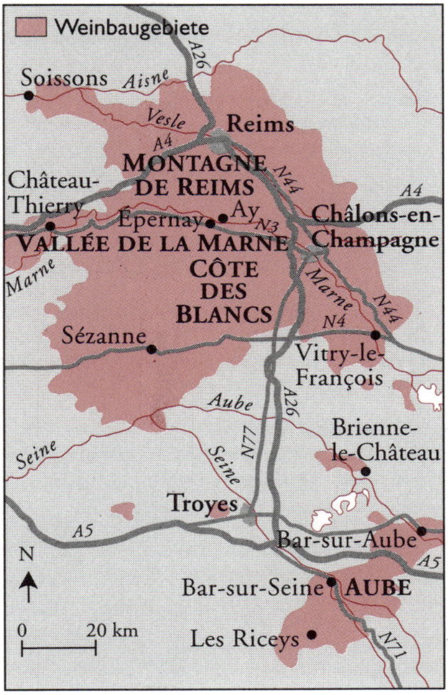

Erzeuger

Es gibt Erzeuger, die Weinberge besitzen und Champagner nur aus den eigenen Trauben machen; *négociants*, die meist auch Weinberge besitzen, vor allem aber Trauben kaufen; und Genossenschaften, die die Trauben ihrer Mitglieder verarbeiten und Champagner verschiedener Labels verkaufen

Angaben auf dem Etikett

Folgende Kürzel sind kleingedruckt auf den Etiketten zu finden: R.M.: récoltant-manipulant, Erzeuger, der eigenen Champagner macht; R.C.: récoltant-co-opérateur, von der Genossenschaft gemachter und vom Erzeuger verkaufter Champagner; C.M.: co-opérative-manipulante, von der Genossenschaft gemachter und verkaufter Champagner; N.M.: négociant-manipulant, ein Champagnerhaus; M.A.: marque d'acheteur »Käufermarke«, Nebenmarke eines Champagnerhauses.

GROSSE CHAMPAGNER

Oz Clarkes Auswahl

Krug Clos du Mesnil Krugs Topchampagner, eine cremige Delikatesse aus Le Mesnil-sur-Oger in der Côte des Blancs.

Billecart-Salmon Cuvée Nicolas François Billecart Sanfter, dennoch üppig nussiger Jahrgangswein von meinem bevorzugten Champagnerhaus.

Charles Heidsieck Vintage Wunderbar reifer, harmonischer Wein von einem führenden Champagnerhaus.

Alfred Gratien Vintage Mein alter Favorit für klassisch tiefe, dichte, lagerfähige Weine.

Jacques Selosse Vintage Ein großes Vorbild – sehr traditionell gemacht, langsam reifend, doch voll aufregenden Zederndufts.

Louis Roederer Vintage Eleganter Wein von unvergleichlicher Finesse – und dennoch fest.

R. de Ruinart Vintage Köstlich honigartiger Charakter, in exzellenten wie in weniger guten Jahren.

Pol Roger Vintage Eleganter, relativ zugeknöpfter Charakter, dennoch mit einem unwiderstehlich sahnigen Kleid.

Laurent-Perrier Grand Siècle Ein alter Favorit, mit geschmeidigem, sahnigem Stoff wieder in Form.

Veuve Cliquot Vintage Ein weiterer zuverlässiger alter Champagnerstil, wieder glänzend in Form.

Lanson Vintage Immer tiptop und lange lagerfähig. Die letzten Jahrgänge sind zugänglicher, ohne an Persönlichkeit zu verlieren.

Deutz Blanc de Blancs Vintage Schlanker, eleganter, fast ernster Wein mit exquisiter Balance und ätherischem Zederndufit.

Gosset Grand Rosé Vintage Meine Wahl, wenn ich stillosen Rosé und trotzdem stilvollen Vintage-Wein im Glas haben will.

Steven Spurriers Auswahl

Bollinger Grande Année Vintage-Champagner aus 70% Pinot Noir und 30% Chardonnay, der schön reift.

Krug Vintage Kein Champagnerhaus macht Weine, die ihre Frische länger bewahren als Krug. Wunderbar komplexer Vintage-Champagner, der 5–10 Jahre in der Flasche reifen muß.

Billecart-Salmon Cuvée Nicolas-François Billecart Dieser Vintage-Champagner ist der vielschichtigste unter den vielen guten Champagnern des Hauses.

Jacquesson Blanc de Blancs Ein klassischer Jahrgangs-Blanc-de-Blancs aus Weinen aus dem Grand Cru Avize.

Louis Roederer Brut Premier Ein brillanter jahrgangsloser Champagner von einem der besten Weinberge der Region.

Roederer Cristal Ultimativer Luxus-Jahrgangs-Champagner.

Moët & Chandon Cuvée Dom Pérignon Der große Rivale des Roederer Cristal, ein Wein von unvergleichlicher Feinheit und Länge.

Charles Heidsieck Cuvée des Millénaires Einfach schöner Vintage-Blanc-de-Blancs, fast wie Sahne weich am Gaumen.

Laurent-Perrier Grand Siècle La Cuvée Ein lebhafter Blanc de Blancs »mit Biß«, der hervorragend reift.

Salon Ein straffer Vintage-Blanc-de-Blancs, der an die Grands Crus von Burgund erinnert.

Pol Roger Brut Réserve Einer der besten Jahrgangsverschnitte, bekannt für seine lebhafte Eleganz.

Veuve Clicquot Carte Jaune Ein weiterer klassischer Jahrgangsverschnitt auf der Basis von Pinot Noir, aber ganz anders als der Pol Roger.

Spitzenerzeuger von Champagner

Champagnerhäuser Ayala, BILLECART-SALMON, BOLLINGER, Cattier, Charbaut, Comte Audoin de Dampierre, DELAMOTTE, DEUTZ, Nicolas Feuillatte, GOSSET, Alfred GRATIEN, Charles HEIDSIECK, HENRIOT, JACQUESSON, KRUG, LANSON, LAURENT-PERRIER, MOËT ET CHANDON, MUMM, PAILLARD, Joseph Perrier, PERRIER-JOUËT, PHILIPPONAT, Piper Heidsieck, POL ROGER, POMMERY, Louis ROEDERER, RUINART, SALON, TAITTINGER, de Venoge, VEUVE CLICQUOT
Erzeuger BARA, BARNAUT, Beerens, Cattier, ÉGLY-OURIET, GATINOIS, GIMONNET, Gremillet, Launois, MONCUIT, Selosse, A. Vesselle, G. Vesselle, J. Vesselle, VILMART
Genossenschaften Blin, Jacquart, MAILLY, PALMER, Pannier, UNION Champagne

CHAMPAGNER-ERZEUGER VON A BIS Z

PAUL BARA, Bouzy 03 26 57 00 50/03 26 57 81 24

Das hochangesehene Gut in der Spitzengemeinde macht exzellente Weine, die die Fülligkeit von Bouzy mit Harmonie und Finesse verbinden.

Beste Weine ★★ Special Club ♀, Coteaux Champenois Bouzy Rouge 🍷V, ★ Brut Réserve ♀

Gute Jahrgänge 1990, 89, 88, 85

EDMOND BARNAUT, Bouzy 03 26 57 01 54/03 26 57 09 97

Das Gut macht auf 14 ha hauptsächlich Pinot Noir und Pinot Meunier für aromatische Champagner mit Kraft und Fülle.

Beste Weine ★ Brut Réserve ♀, Brut Rosé ♀ **Gute Jahrgänge** 1990, 89, 88, 85

BILLECART-SALMON, Mareuil-sur-Ay 03 26 52 60 22/03 26 52 64 88

In Familienunternehmen erzeugt mit 10 ha Reben 650 000 Flaschen, kauft aber auch erstklassige Trauben von der Montagne de Reims und aus dem oberen Marne-Tal. Sorgfältige Weinbereitung und Reifung ergeben ebenso feine wie zuverlässige Champagner.

Beste Weine ★★ Blanc de Blancs ♀V, Nicolas-François Billecart ♀V, ★ Brut Réserve ♀, Brut Réserve Rosé ♀

Gute Jahrgänge 1995, 90, 89, 88, 86, 85, 82

BOLLINGER, Ay 03 26 53 33 66/03 26 54 85 59

Eines der berühmtesten Champagnerhäuser, immer noch in Familienbesitz und sehr traditionell. Bollinger ist einer der wenigen, die ihre Grundweine in Fässern vergären. Jede Flasche trägt die berühmte Qualitätserklärung, die vielen *négociants* nach den Exzessen der 1980er Jahre den Weg wies.

Beste Weine ★★★ Grande Année ♀V, RD ♀V, ★★ Coteaux Champenois Ay Rouge La Côte aux Enfants 🍷, ★ Special Cuvée Brut ♀

Gute Jahrgänge 1990, 89, 88, 85, 82, 81

DELAMOTTE, Le Mesnil-sur-Oger 03 26 57 51 65/03 26 57 79 29

Delamotte, im Besitz von LAURENT-PERRIER, hat sich auf Blanc-de-Blancs-Champagner aus den bekannten Côte-des-Blancs-Gemeinden Le Mesnil und Avize spezialisiert.

Beste Weine ★★ Blanc de Blancs ♀V, ★ Brut Blanc de Blancs ♀ **Gute Jahrgänge** 1990, 85

DEUTZ, Ay 03 26 55 15 11/03 26 54 01 21

Das renommierte, mittelgroße Haus, das 1993 von ROEDERER übernommen wurde, besitzt gute Rebflächen in den Grand-Cru-Gemeinden Ay und Le Mesnil. Die Weine sind elegant, fest und langlebig.

Beste Weine ★★ Cuvée William Deutz ♀V, ★ Brut Classic ♀

Gute Jahrgänge 1990, 89, 88, 85, 82

ÉGLY-OURIET, Ambonnay 03 26 57 00 70/03 26 57 06 52

Eine kleine Domäne mit Reben in der exzellenten Grand-Cru-Gemeinde Ambonnay zwischen der Montagne de Reims und dem Marne-Tal.

Beste Weine ★★ Brut Blanc de Noirs ♀, Brut Réserve ♀

Gute Jahrgänge 1990, 89, 88, 85

GATINOIS, Ay 03 26 55 14 26/03 26 52 75 99

Kleines Gut im allerbesten Teil von Ay, einem Dorf südlich der Montagne de Reims, das für die feinsten Pinot-Noir-Trauben in der Champagne bekannt ist.

Beste Weine ★★ Coteaux Champenois Ay Rouge 🍷V, Brut Grand Cru Réserve 🍷V
Gute Jahrgänge 1990, 89, 88, 85

PIERRE GIMONNET, Cuis 03 26 59 78 70/03 26 59 79 84

Dieser Côte-de-Blancs-Erzeuger besitzt Reben in den Grand-Cru-Gemeinden Cramant und Chouilly sowie im Premier Cru Cuis und macht lebhafte trockene Blanc-de-Blancs-Champagner. Die Größe des Guts (26 ha) trägt zu zuverlässig hohem Standard bei.
Beste Weine ★★ Special Club 🍷V, ★ Brut Cuis Premier Cru 🍷
Gute Jahrgänge 1995, 93, 90, 89, 88, 85

GOSSET, Ay 03 26 56 99 56/03 26 51 55 88

Der älteste Erzeuger von Stillweinen in der Champagne ist nun in den tatkräftigen Händen von Béatrice Cointreau. Die Grundweine sind faßvergoren, der Stil ist stark vom Pinot Noir geprägt und von einer altmodisch prächtigen, üppigen Art.
Beste Weine ★★ Grande Millésime Brut 🍷V, ★ Grande Réserve 🍷
Gute Jahrgänge 1990, 89, 88, 85, 82

ALFRED GRATIEN, Épernay 03 26 54 38 20/03 26 54 53 44

Ein kleines, aber angesehenes Haus im Besitz von Gratien & Meyer (Saumur). Man macht die Weine – selten in der Champagne – in kleinen Holzfässern und läßt sie lange Zeit auf der Hefe, um einen individuellen Champagner zu erhalten. Vintage-Champagner werden 10 Jahre nach der Ernte in den Handel gebracht.
Beste Weine ★★ Brut 🍷, Cuvée Paradis 🍷V, ★ Brut Réserve 🍷V
Gute Jahrgänge 1989, 88, 87, 85, 83, 82

CHARLES HEIDSIECK, Reims 03 26 84 43 50/03 26 84 43 86

Nach dem Kauf durch die Gruppe Rémy-Cointreau hat sich Charles Heidsieck dank des brillanten Weinmachers Daniel Thibault zu einer der besten Champagnermarken entwickelt. Reifer, sahniger Charakter aufgrund des Vorrats an hochwertigen Reserve-Weinen.
Beste Weine ★★★ Blanc des Millénaires 🍷V, ★★ Brut Vintage 🍷V, ★ Brut Non-Vintage 🍷
Gute Jahrgänge 1990, 89, 85

HENRIOT, Reims 03 26 89 53 00/03 26 89 53 10

Joseph Henriot macht elegante und etwas ernste Weine, die ungewöhnlicherweise keinen Pinot Meunier im Verschnitt haben und sehr schön reifen.
Beste Weine ★ Brut Blanc de Blancs 🍷, Brut Vintage 🍷V
Gute Jahrgänge 1990, 89, 85, 82, 79

JACQUESSON, Dizy 03 26 55 68 11/03 26 51 06 25

Einst Napoleons Favorit, heute eines der besten kleinen Champagnerhäuser mit Rebflächen in den Spitzen-Grands-Crus, besonders Avize an der Côte des Blancs, und einem rigorosen Qualitätsanspruch.
Beste Weine ★★ Blanc de Blancs 🍷V, Signature Brut 🍷V
Gute Jahrgänge 1990, 89, 88, 85, 83, 82, 79

KRUG, Reims 03 26 84 44 20/03 26 84 44 49

Krug gehört zwar der Rémy-Cointreau-Gruppe, wird aber immer noch von Henri und Rémy Krug und ihren Kindern geleitet. Neben Gratien ist dies das einzige Haus, das seine Grundweine in kleinen Holzfässern vergärt. Krugs langlebige Champagner sind der Inbegriff der Qualität; begrenzte »Auflagen« und hohe Preise machen sie zum Luxus, aber sie sind die Ausgabe wert. Große Lager von Réserve-Weinen ermöglichen die Beibehaltung des Krug-Stils.

Beste Weine ★★★ Grande Cuvée ♀, Clos du Mesnil Blanc de Blancs ♀V, Vintage ♀V, ★★ Grande Cuvée Rosé ♀V

Gute Jahrgänge 1989, 88, 85, 83, 82, 81, 79

LANSON, Reims 03 26 78 50 50/03 26 78 50 99

Von der Gruppe LVMH 1990 gekauft und später an den Großerzeuger Marne et Champagne verkauft; seitdem ist die Qualität besser. Der jahrgangslose Brut hat seine lebhafte, leichte Art beibehalten; Vintage-Weine werden ausschließlich aus Trauben von Grands Crus gemacht.

Beste Weine ★★ Noble Cuvée ♀V,★ Black Label

Gute Jahrgänge 1993, 90, 89, 88, 85, 83, 82, 79

LAURENT-PERRIER, Tours-sur-Marne 03 26 58 91 22/03 26 58 77 29

Das Familienunternehmen produziert mit dem hervorragenden Önologen Alain Terrier 6 Mio.Flaschen im Jahr. Der sehr zuverlässige jahrgangslose Champagner enthält einen großen Teil Pinot Noir und Pinot Meunier, die Prestige-Cuvée Grand Siècle ist zu 100% Chardonnay.

Der Grand Siècle La Cuvee ist ein Verschnitt von deklarierten Jahrgängen.

Beste Weine ★★ Grand Siècle Blanc de Blancs ♀V, Grand Siècle Blanc de Blancs La Cuvée ♀, Grand Siècle Alexandra Rosé ♀V, ★ Vintage ♀V, Brut ♀

Gute Jahrgänge 1990, 88, 85, 82, 79

MAILLY, Mailly-Champagne 03 26 49 41 10/03 26 49 42 27

Die kleine Genossenschaft im Grand-Cru-Ort Mailly in der Montagne de Reims hat einen guten Ruf für aromatische Weine, die gut altern.

Beste Weine ★ Extra Brut ♀, Cuvée Echansons ♀V

Gute Jahrgänge 1990, 89, 88, 86, 85

MOËT ET CHANDON, Épernay 03 26 51 20 20/03 26 51 20 37

Bei einer jährlichen Produktion von 23 Mio. Flaschen decken die 768 ha eigenes Rebland nur 20% des Bedarfs. Für eine Firma von dieser Größe ist die Qualität gleichbleibend sehr hoch. Die weltberühmte Deluxe-Cuvée Dom Pérignon, aus je 50% Chardonnay und Pinot Noir, erreicht mit 10 Jahren ihren Höhepunkt.

Beste Weine ★★★ Dom Pérignon ♀V, ★ Brut Impérial ♀, Brut Impérial Rosé ♀V

Gute Jahrgänge 1992, 90, 88, 86, 85, 83, 82

PIERRE MONCUIT, Le Mesnil-sur-Oger 03 26 57 52 65/03 26 57 97 89

Wichtiges Gut in Le Mesnil, dem besten Grand-Cru-Ort der Côte des Blancs.

Beste Weine ★★ Brut ♀, Cuvée Nicole Moncuit Vieilles Vignes ♀V

Gute Jahrgänge 1995, 93, 90, 89, 88

MUMM, Reims 03 26 49 59 69/03 26 40 46 13

Mumm, das zur Seagram-Gruppe gehört, ist die zweitgrößte Champagnermarke nach MOËT. Die Qualität wird besser, die Weine haben eher Gewicht als Finesse.

Beste Weine ★ Cramant de Mumm Blanc de Blancs ♀, Cuvée René Lalou ♀V

Gute Jahrgänge 1990, 89, 88, 85

BRUNO PAILLARD, Reims 03 26 36 20 22/03 26 36 57 72

In den letzten 15 Jahren hat der jugendliche Bruno Paillard eines der dynamischsten Häuser in der Champagne aufgebaut. Paillard besitzt keine eigenen Weinberge, sondern konzentriert seine Kräfte auf eine Palette sorgfältig gemachter individueller Weine unter dem

Wahlspruch »Je signe les Champagnes rares«. Über 90% der Produktion wird exportiert.
Beste Weine ★★ Brut 🍷V, ★ Brut Réserve 🍷, Brut Blanc de Blancs Crémant 🍷
Gute Jahrgänge 1990, 89, 88, 85, 82

PALMER, Reims 03 26 07 35 07/03 26 07 45 24

Eine Genossenschaft, die 350 ha Rebfläche zur Verfügung hat. Der Hausstil ist geprägt von den vollen Aromen des Pinot Noir.
Beste Weine ★★ Cuvée Amazone 🍷V, ★ Brut Réserve 🍷
Gute Jahrgänge 1995, 90, 89, 88, 86, 85, 82, 79, 78, 75, 70

PERRIER-JOUET, Épernay 03 26 53 38 00/03 26 54 54 55

Zur kanadischen, multinational operierenden Seagram-Gruppe gehöriges großes Haus, das zuverlässige, aber nicht immer inspirierte Champagner macht. Ausnahme ist die Luxus-Cuvée Belle-Époque mit ihrer berühmten Jugendstilflasche.
Beste Weine ★ Blason de France Brut 🍷, Belle Époque 🍷V
Gute Jahrgänge 1988, 86, 85, 82

PHILIPPONNAT, Mareuil-sur-Ay 03 26 56 93 00/03 26 56 93 18

Der Ruf dieses Hauses beruht auf seinem superben Weinberg Clos des Goisses am Marne-Seitenkanal.
Beste Weine ★★ Clos des Goisses 🍷V, ★ Royal Réserve 🍷
Gute Jahrgänge 1990, 86, 85, 82, 79, 75

POL ROGER, Épernay 03 26 59 58 00/03 26 55 25 70

Ein traditionelles Familiengut mit großer Reputation in englischsprechenden Ländern. Mit Ausnahme des robusten Vintage Cuvée Sir Winston Churchill (dessen bevorzugter Champagner) tendiert das Stil des Hauses zu Eleganz anstatt zu Gewicht.
Beste Weine ★★ Brut Vintage 🍷V, Chardonnay Vintage Blanc de Blancs 🍷V, Cuvée Sir Winston Churchill 🍷V, ★ Brut Réserve 🍷 **Gute Jahrgänge** 1990, 89, 88, 86, 85, 82, 79

POMMERY, Reims 03 26 61 62 63/03 26 61 63 97

Heute Teil der LVMH-Gruppe, liegt der Pommery-Stil immer noch in Händen von Prinz Alain de Polignac, dessen Familie die Firma gehörte. Die Produktionsanlagen gehören zu den modernsten in Reims. Die lebhaften, eleganten Weine reifen gut.
Beste Weine ★★ Cuvée Louise Pommery 🍷V, ★★ Pommery Brut 🍷
Gute Jahrgänge 1993, 90, 89, 88, 85, 82, 81, 80

LOUIS ROEDERER, Reims 03 26 40 42 11/03 26 47 66 51

Die erfolgreichste Champagnerfirma dank ihres gleichmäßig großen Engangements für Qualität. Trotz steigender Nachfrage wird die Produktion bei rund 2,5 Mio. Flaschen pro Jahr belassen. Vintage-Weine sind nach 10 Jahren Reifung gut. Der Luxus-Vintage Cristal ist weltberühmt, und ein besserer Non-Vintage als der Brut Premier ist kaum vorstellbar.
Beste Weine ★★★ Vintage 🍷V, Cristal 🍷V, Cristal Rosé 🍷V, ★★ Brut Premier 🍷
Gute Jahrgänge 1990, 89, 8, 86, 85, 82

RUINART, Reims 03 26 77 51 51/03 26 82 88 43

Eine der ältesten Champagnerfirmen mit Reben in der Montagne de Reims. Das zur LVMH-Gruppe gehörende Haus hat sich auf attraktive, körperreiche Weine spezialisiert; trotz gestiegener Produktion behält man das unprätentiöse Profil bei.
Beste Weine ★★★ Dom Ruinart Blanc de Blancs 🍷V, Dom Ruinart Rosé 🍷V,
★ R de Ruinart 🍷

Gute Jahrgänge 1993, 92, 90, 88, 86, 85, 83, 82

SALON, Le Mesnil-sur-Oger 03 26 57 51 65/03 26 57 79 29

Dieses sehr kleine Haus im Besitz von LAURENT-PERRIER macht nur einen Champagner, einen hervorragenden Blanc de Blancs von Trauben aus dem Grand Cru Le Mesnil, der vor dem Degorgieren viele Jahre reift. Grundsätzlich kommen Salon-Vintages frühestens 10 Jahre nach der Ernte auf den Markt.

Bester Wein ★★ Vintage ♀V

Gute Jahrgänge 1985, 83, 82, 79, 76, 73, 71, 69

JACQUES SELOSSE, Avize 03 26 57 53 56/03 26 57 78 22

Die kleine Domäne wird von dem brillanten Anselme Selosse geleitet, der – für Champagner unüblich – mit neuer Eiche experimentiert, um seinen Grand Cru Chardonnay zu verbessern. Nach einiger Reifung ähneln die Weine großen weißen Burgundern von der Côte d'Or.

Beste Weine ★★ Blanc de Blancs Grand Cru ♀V, Brut Grand Cru ♀

Gute Jahrgänge 1995, 90, 89, 88, 85

TAITTINGER, Reims 03 26 85 45 35/03 26 85 17 46

Eines der wenigen unabhängigen Champagnerhäuser. Weinberge in den besten Crus, vor allem in der Côte des Blancs, erklären die besondere Sahnigkeit und Eleganz seiner Champagner.

Beste Weine ★★★ Comtes de Champagne Blanc de Blancs ♀V, Comtes de Champagne Rosé 🍷V, ★ Brut Réserve ♀

Gute Jahrgänge 1991, 90, 89, 88, 86, 85, 82, 79

UNION CHAMPAGNE, Avize 03 26 57 94 22/03 26 57 57 98

Die gute Genossenschaft in dem berühmten Grand-Cru-Ort macht Champagner für andere Häuser wie Comte Audoin de Dampierre. Das eigene Label heißt St-Gall.

Beste Weine ★★ Cuvée Orpale ♀V, ★ Blanc de Blancs Grand Cru ♀

Gute Jahrgänge 1995, 90, 89, 88, 85

VEUVE CLICQUOT, Reims 03 26 89 54 40/03 26 40 60 17

Die Weinberge von Veuve Clicquot werden von Pinot Noir dominiert, so daß die Weine meist körperreich und rund sind. Der jahrgangslose Carte Jaune ist eine der angesehensten und zuverlässigsten Marken in der Champagne.

Beste Weine ★★★ La Grande Dame Rosé 🍷V, ★★ Vintage Réserve ♀V, La Grande Dame ♀V, ★ Carte Jaune ♀

Gute Jahrgänge 1990, 89, 88, 85, 82, 79

VILMART, Rilly-La-Montagne 03 26 03 40 01/03 26 03 46 57

Eine seit langem etablierte Familiendomäne mit Weinbergen in den besten Teilen der Montagne de Reims. Mit im Faß vergorenen Grundweinen werden kleine Mengen eines robusten Champagners produziert, der dank des langen Kontakts mit der Hefe sehr gut altert.

Beste Weine ★★ Grand Cellier d'Or ♀V, Coeur de Cuvée ♀V

Gute Jahrgänge 1990, 88, 85

CHAMPAGNER-JAHRGÄNGE

Ein Vintage-Champagner wird mit dem Jahr bezeichnet, in dem die Trauben geerntet wurden, und darf nur aus Weinen dieses Jahrgangs gemacht werden. Nur die besten Ernten werden für Jahrgangschampagner ausgewählt; bei großer Nachfrage greift man aber auch schon auf weniger gute Ernten zurück. Nicht mehr als 80% einer Ernte werden für Vintage verwendet, der Rest wird in folgenden jahrgangslosen Champagnern verwendet.

Lagerfähigkeit

Ein jahrgangsloser Champagner (»Non-Vintage«) ist genußfertig, wenn er in den Handel kommt. Er ist dann durchschnittlich 3 Jahre alt und schmeckt frisch und lebhaft. Doch sind sehr sorgfältig gemachte Non-Vintages so gut balanciert, daß sie für 1–3 Jahre noch reifen. Wenn Sie den sahnig-nussigen Charakter wünschen, den man sonst nur bei Jahrgangschampagner findet, kaufen Sie jahrgangslosen und lassen ihn reifen. Jahrgangslosen Rosé-Champagner sollte man allerdings nicht altern lassen.

Ein Vintage-Champagner lagert 3 Jahre vor dem Verkauf, gute Champagnerhäuser warten sogar 5 Jahre. Guter Jahrgangschampagner wird im Verlauf von 10 Jahren seinen Höhepunkt erreichen, doch er wird auch noch für weitere 5 Jahre mit einem runden, nussigen Geschmack und etwas verringerter Perlage Freude machen. Die Champagnerhäuser haben noch wesentlich ältere Weine auf Lager, die in bester Verfassung sind; aber die lagern auch seit ihrer Geburt unangetastet in den eigenen Kellern. Ein Vintage-Rosé altert ebensogut wie ein klassischer weißer Vintage.

Champagner sollte immer in einem kühlen, dunklen Keller lagern. Mehr als andere Weine ist Champagner für Wärme und direkte Beleuchtung empfindlich. Also auch Achtung beim Einkauf; nehmen Sie keine Flaschen, die vermutlich längere Zeit im – natürlichen oder künstlichen – Licht standen.

Reifediagramm

1990 war in der Champagne ein perfektes Jahr, das Eleganz und Kraft verband. Die Weine werden mit etwa 10 Jahren auf dem Höhepunkt sein.

1990 Vintage Champagne

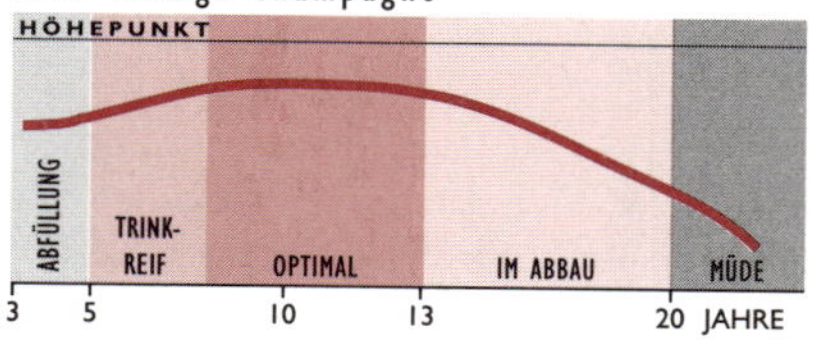

GRÖSSEN DER CHAMPAGNERFLASCHEN

Champagner wird in Flaschen aller möglichen Größen verkauft, von der Viertelflasche bis zum Nebukadnezar, der 20 normale Flaschen faßt. Am üblichsten sind halbe und ganze Flaschen sowie Magnum (2 Flaschen). Champagnerhäuser verwenden für die zweite Gärung ganze Flaschen und Magnums, manchmal auch halbe Flaschen und Jeroboams. Viertelflaschen und große Flaschen werden immer abgefüllt.

JAHRGANGSÜBERSICHT

	96	95	90	89	88	86	85	83	82	81	79
Jahrgangschampagner	9○	7○	9◑	8●	8◑	7●	9◑	7●	9◑	8●	8●

ERLÄUTERUNG ○ = braucht noch Zeit ◑ = trinkreif, gewinnt noch ● = optimal ◐ = in Abbau oder abgebaut

JAHRGÄNGE AUF EINEN BLICK

Jahrgangschampagner werden nur in guten Jahren gemacht, und es gibt kaum mehr als 4–5 pro Jahrzehnt. Einzelne Häuser können auch in einem geringeren Jahr einen Vintage machen, die wirklich guten Jahrgänge werden von allen Häusern deklariert.
Jahre in **fett** = allgemein deklariertes Jahr

Große Jahre ★★★	1997, 96, **90**, **89**, **88**, **85**, **82**, 70
Gute Jahre ★★	1995, 86, **83**, 81, **79**, **76**, **75**, 69
Mittelmäßige Jahre ★	1994, 93, 92, 91, 78, **73**
Schlechte Jahre (keine Sterne)	1987, 84

Die einzelnen Jahrgänge

1997 ★★★ Ein »Wunderjahr« mit ununterbrochenem Sonnenschein in September und Anfang Oktober; die Trauben waren perfekt und der Zuckergehalt hoch. Sicher ein Vintage-Jahr, so daß 1995/96/97 nach 1988/89/90 wieder ein »Trio« wird.

1996 ★★★ Der heiße Sommer ergab gute Traubenqualität, woraus ein warmer September große Qualität machte; einige meinen, die beste seit Menschengedenken.

1995 ★★ Ein guter Sommer ergab eine große Ernte reifer Trauben, das erste Jahr echter Vintage-Qualität nach 1990.

1994 ★ Ein kaltes Jahr, dazu kam Regen während der Ernte.

1993 ★ Durch Regen zur Erntezeit verdorbenes Jahr; einige wenige Häuser werden dennoch einen Vintage für die Jahrtausendwende machen.

1992 ★ Große Ernte von durchschnittlicher Qualität; auch einige Vintages wurden gemacht.

1991 ★ Große Ernte (besonders im Vergleich zum Rest von Frankreich), durchschnittliche Qualität.

1990 ★★★ Ein sehr heißer Sommer ergab Weine mit Körper, Struktur und mehr Eleganz als das noch heißere 1989. Ausgezeichnetes Jahr für Vintages.

1989 ★★★ Ein sehr heißer Sommer und fast tropischer September führte zu körperreichen und sehr fruchtigen Weinen. Die Jahrgangschampagner sind jetzt sehr gut.

1988 ★★★ Sehr gutes Jahr mit festen, konzentrierten Weinen, mit mehr Säure als der glamouröse 1989, so daß er noch einige Jahre reifen muß.

1987 Eine große Ernte mit recht dünnen Weinen; kein Jahrgangschampagner.

1986 ★★ Überdurchschnittlich, aber nicht groß, einige gute Vintages.

1985 ★★★ Ein sehr gutes Jahr ergab schöne, elegante Jahrgangsweine.

1984 Schlechtes Jahr

1983 ★★ Das Jahr war für die meisten Häuser ausreichend gut, es zum Jahrgang zu erklären; im Schatten von 1982.

1982 ★★★ Großartige, reiche Ernte, sicher die beste des Jahrzehnts; die besten Champagner sind heute noch sehr gut.

1981 ★★ Kleine Ernte für guten, festen Wein; einige Häuser machten Vintages.

1979 ★★ Große Ernte, runde, balancierte Weine; sehr erfolgreicher, attraktiver Jahrgangschampagner.

1978★ Kleine Ernte mit ziemlich harten Weinen.

1976 ★ Ein heißes Jahr mit einigen beeindruckenden Jahrgangschampagnern.

1975 ★★ Eine sehr schöne Ernte ergab elegante, klassische Weine.

1973 ★ Sehr große Ernte, zu groß für wirkliche Qualität.

1970 ★★★ Ausgezeichnetes Jahr mit klassischen, tiefen Jahrgangschampagnern.

1969 ★★ Eine sehr heiße Lesezeit, günstig für Häuser mit Pinot-Noir-Verschnitten.

ELSASS

Die malerischen Weinberge des Elsaß bilden einen langen, schmalen Streifen zwischen dem Rheintal und den Bergen der Vogesen. Diese Berge schützen die Reben vor Wind und Regen, die von Nordwesten kommen, so effektiv, daß das Elsaß eines der trockensten Klimate in Frankreich und lange, sonnige Spätsommer hat. Das nördliche Département Bas-Rhin hat diesen Schutz weniger als das südliche Haut-Rhin, wo die Weine runder und aromatischer werden. Der Boden ist unterschiedlich aus Kalkstein, Lehm, Ton, Sand/Kies, Sandstein und Granit zusammengesetzt. Einige hier gepflanzte Rebsorten sind im benachbarten Deutschland ebenso beliebt, doch verfügen die elsässischen Weine über ihren besonderen, subtil fruchtigen Charakter. Die meisten Weine tragen die Angabe der Traubensorte. Im Elsaß ist praktisch für alle Speisen ein geeigneter guter Wein zu finden.

REBSORTEN

Weiße Sorten sind vorherrschend. Vier davon – Muscat, Pinot Gris, Gewürztraminer und Riesling – gelten als die besten, »edlen« Sorten, nur sie sind für die Grand Cru AC zugelassen.

Gewürztraminer

Gewurztraminer (so die französische Schreibung) liefert höchst aromatische, außerordentlich körperreiche und fruchtige Weine, die am Gaumen Lychee- oder Rosenaromen und exotische Würze offenbaren.

Muscat

Sehr aromatische, besonders »traubige«, meist trockene Weine; solche mit Restzucker können zu mächtigen Weinen mit Moschusduft reifen.

Pinot Auxerrois

Üppige, charaktervolle Weine, im Stil zwischen Pinot Blanc und Pinot Gris.

Pinot Blanc

Fruchtige Weine von gleichbleibender, selten außerordentlicher Qualität. Viel im Schaumwein Crémant d'Alsace verwendet.

Pinot Gris

Früher wurde die aus dem Burgund stammende Sorte hier im Elsaß Tokayer genannt, seit 1993 muß sie mit diesem Namen bezeichnet werden. In geringen Jahren recht neutral, bekommt sie in guten Jahren eine luxuriöse Fülle; besonders eindrucksvoll wird sie als Vendange Tardive und Sélection des Grains Nobles.

Pinot Noir

Die einzige rote Sorte des Elsaß und traditionell rosé vinifiziert. In jüngster Zeit hat man aus besonders reifen Trauben interessante Rotweine gemacht.

Riesling

Feine, sehr lebendige Weine mit typischer zitroniger Frucht und reinem Stil, der jede Besonderheit in Boden und Lage perfekt widerspiegelt. Sie können sehr üppig werden, behalten aber immer auch eine balancierende Säure.

Sylvaner

Geradliniger, heller und erfrischender Wein zu moderatem Preis. Als Tisch- wie als Zechwein sehr angenehm.

KLASSIFIKATION

Vin d'Alsace AC
Die einfache AC für Weine aus allen 8 zugelassenen Rebsorten. Große Schwankungen in Erträgen und Weinbereitung machen es unverzichtbar, nach den besten Erzeugern auszuwählen.

Alsace Grand Cru AC
Bisher sind 50 Lagen aufgrund der regelmäßigen Qualität und Individualität ihrer Weine anerkannt. Nur die 4 edlen Sorten dürfen verwendet werden, der (selten erreichte) Höchstertrag von 70 hl/ha verstärkt ihren Charakter.

Vendange Tardive
Die Verwendung von spät gelesenen, süßen Trauben aus einer der 4 edlen Sorten ergibt Weine mit höherem natürlichem Zuckergehalt und sehr konzentrierten Aromen. Die meisten Weine verfügen über Restzucker.

Sélection des Grains Nobles
Sehr süße Weine von ausgelesenen botrytisierten Trauben einer der 4 edlen Sorten. Die Produktion – nur von den besten Lagen und in den besten Jahren – ist winzig.

Crémant d'Alsace
Schaumwein, hergestellt nach der Champagnermethode. Die Weißen sind meist aus Pinot Blanc, die Rosés aus Pinot Noir.

Wichtige Grands Crus
Altenberg de Bergheim, Brand, Eichberg, Froehn, Furstentum, Geisberg, Goldert, Hengst, Kaefferkopf, Kastelberg, Kessler, Kirchberg de Barr, Kirchberg de Ribeauvillé, Kitterlé, Mamborurg, Moenchberg, Muenchberg, Osterberg, Pfersigberg, Rangen, Rosacker, Saering, Schlossberg, Schoenenbourg, Sommerberg, Sonnenglanz, Sporen, Steinert, Vorbourg, Wiebelsberg, Zotzenberg

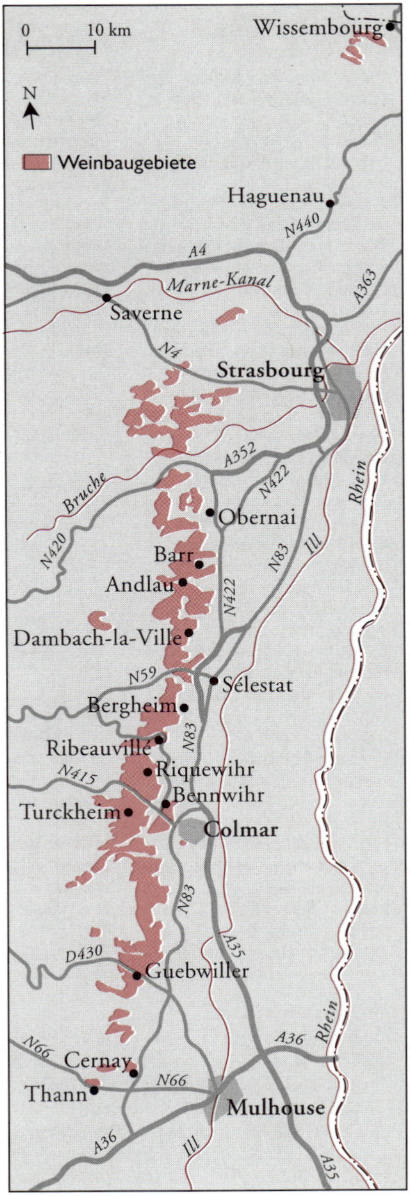

GROSSE WEINE DES ELSASS

Oz Clarkes Auswahl

Pinot Gris Clos Jebsal (Zind Humbrecht) Glorreiche Demonstration des Potentials von Pinot Gris, in fast trockener und in süßer Variante.

Gewurztraminer Rangen de Thann Clos St-Urbain (Zind Humbrecht) Würziger, üppiger Gewürztraminer, der im Mund explodiert, aus einer großen Lage.

Tokay Pinot Gris Furstentum (Mann) Wunderbarer, honigartiger Pinot Gris mit perfekter Balance, so gut wie ein Sélection de Grains Nobles.

Muscat Vorbourg Clos St-Landelin (Muré) Verführerischer Muscat mit himmlischem Duft, einer Sélection de Grains Nobles ebenbürtig.

Gewurztraminer (Charles Schléret) Dieser Erzeuger hat eine höchst sensible Hand für trockene Weine von herrlich intensivem Aroma.

Gewurztraminer (Léon Beyer) Sinnlicher, langer Gewürztraminer, besonders als Vendange Tardive und Sélection de Grains Nobles.

Riesling Schlossberg Ste-Cathérine (Weinbach) Wenige Güter im Elsaß verstehen es, den großen Ernst des Rieslings so brillant mit verführerischen Aromen, Tiefe und Komplexität zu verbinden.

Muscat Spiegel (J. P. Dirler) Seit langem der Favorit für die wunderbar knackig-frische Frucht des Muscat mit erstaunlichem Alterungspotential.

Pinot Gris Hinterberg (Meyer-Fonné) Wunderbar überströmende Honigfrucht, frische Balance trotz ehrfurchtgebietenden Gewichts.

Riesling Muenchberg (Ostertag) »New-wave«-Weinmacher, der die Feinheiten großer Lagen mit eindrücklichen, üppigen Rieslingen demonstriert.

Riesling Schoenenburg (Marcel Deiss) Meisterhafter Ausdruck für die Fähigkeit des Rieslings, den Gaumen herauszufordern und gleichzeitig zu streicheln.

Steven Spurriers Auswahl

Muscat Goldert Clos St-Imer (Burn) Steile Terrassen mit perfekter Sonnenexposition geben dem Muscat eine Wucht, die im Mund explodiert.

Muscat Vorbourg Clos St-Landelin (Muré) Ein weiterer fabelhafter Muscat, vielleicht noch mächtiger als der von Burn.

Riesling Cuvée Frédéric-Émile (Trimbach) Ein feiner, komplexer, ernsthafter Riesling, dennoch schon jung zugänglich.

Riesling Clos Ste-Hune (Trimbach) Der perfekte Riesling, in der Jugend stahlig und mineralisch, entwickelt mit der Reife Kraft und Vielschichtigkeit.

Riesling Vendange Tardive (Hugel) Klassischer Riesling, beinahe altmodisch in seiner zurückhaltenden Art.

Riesling Furstentum (Blanck) Definitiv ein Riesling, doch runder und öliger als der Schlossberg von Blanck.

Riesling Schlossberg Ste-Cathérine (Weinbach) Explosiv ausdrucksvoll, ein reiner Ausdruck dieses wunderbaren Grand Cru.

Riesling Rangen de Thann Clos-St-Urbain (Zind Humbrecht) Opulenter, duftender Riesling aus geringen Erträgen einer großen Lage.

Pinot Gris Rangen de Thann Clos St-Urbain (Zind Humbrecht) Üppig und cremig, wie der Riesling die perfekte Verkörperung von Traubensorte und Terroir.

Gewurztraminer Cuvée Anna Sélection de Grains Nobles (Schlumberger) Einer der größten Sélections de Grains Nobles.

Gewurztraminer Quintessence de Grains Nobles (Weinbach) Ebenso üppig, aber weniger massiv, ätherischer. Ein Elixier.

Spitzenerzeuger im Elsaß

Händler Jean-Baptiste ADAM, Léon BEYER, Dopff & Irion, DOPFF AU MOULIN, HUGEL, JOSMEYER, KUENTZ-BAS, Gustave Lorentz, A. Seltz, Pierre Sparr, TRIMBACH, Willm

Winzer Lucien Albrecht, BARMÈS-BUECHER, Jean Becker, BLANCK, BOTT-GEYL, Albert BOXLER, BURN, Théo Cattin, DEISS, Jean-Pierre Dirler, Pierre Frick, André Hartmann, Alfred Heim, Bruno Hunold, KIENTZLER, KREYDENWEISS, Seppi Landmann, MANN, MEYER-FONNÉ, MITTNACHT-KLACK, MURÉ, OSTERTAG, Paul Reinhardt, SCHAETZEL, SCHLÉRET, SCHLUMBERGER

Genossenschaften Cleebourg, Kientzheim-Kaysersberg, Pfaffenheim, Turckheim, Wolfberger.

ELSÄSSISCHE ERZEUGER VON A BIS Z

JEAN-BAPTISTE ADAM, Ammerschwihr 03 89 78 23 21/03 89 47 35 91

Ein Händler mit 100 ha eigenen Reben, darunter Pinot Noir, der trockene, lebhafte, jung zu trinkende Weine macht. Auch sehr guter Crémant.

Beste Weine ★★ Mucat Réserve ♀, Crémant Extra Brut ♀, ★ Tokay Pinot Gris Cuvée Jean-Baptiste ♀, Pinot Noir 🍷

Gute Jahrgänge 1996, 95, 94, 90, 89, 88

BARMÈS-BUECHER, Wettolsheim 03 89 80 62 92/03 89 79 30 80

Zu den 15 ha dieses Guts gehören 3 Grands Crus (Hengst, Pfersigberg, Steingrubler). Man produziert aromatische Weine von großer Statur und oft etwas Restzucker. Der Gewürztraminer ist mit diesem Stil besonders gut.

Beste Weine ★★ Gewurztraminer Grand Cru Hengst Vendange Tardive ♀, Gewurztraminer Grand Cru Pfersigberg Vendange Tardive ♀, Tokay-Pinot Gris Rosenberg Sélection de Grains Nobles ♀, ★ Tokay Pinot Gris Vendange Tardive ♀

Gute Jahrgänge 1996, 95, 94, 90, 89, 88

LÉON BEYER, Eguisheim 03 89 41 41 05/03 89 23 93 63

Die Familie Beyer, eine der bekanntesten in Elsaß (sie macht seit 1580 Wein), liefert den größten Teil ihrer Weine an Toprestaurants in aller Welt. Ihre Marke Comtes d'Eguisheim ist sehr zuverlässig, die Vendanges Tardives und Sélections de Grains Nobles besitzen echte Qualität und lohnen 6–8 Jahre Lagerung.

Beste Weine ★★ Tokay Pinot Gris Vendange Tardive ♀, ★ Gewurztraminer Comtes d'Eguisheim ♀, Riesling Cuvée Particulière ♀

Gute Jahrgänge 1996, 95, 94, 93, 92, 90, 89, 88, 85, 83, 76

PAUL BLANCK, Kientzheim 03 89 78 23 56/03 89 47 16 45

Eine gute Domäne mit 30 ha, sorgfältig aufgebaut von Paul Blanck und seinen Söhnen Marcel und Bernard, heute geleitet von deren Söhnen Philippe und Frédéric. Ihre Parzellen mit alten Reben *(vieilles vignes)* in den Grands Crus Schlossberg und Furstentum liefern einige der besten Weine des Elsaß, die für viele Jahre jugendliche Frische bewahren. Die Blancks sind ein schönes Beispiel für das Engagement elsässischer Familien für ihr Terroir.

Beste Weine ★★★ Riesling Grand Cru Schlossberg Vieilles Vignes ♀, Riesling Grand Cru Furstentum Vieilles Vignes ♀, ★★ Pinot Auxerrois Vieilles Vignes ♀, Gewurztraminer Grand Cru Furstentum Vieilles Vignes ♀, ★ Sylvaner Vieilles Vignes ♀

Gute Jahrgänge 1996, 95, 94, 93, 92, 90

BOTT-GEYL, Beblenheim 03 89 47 90 04/03 89 47 97 33

Das kleine Gut besitzt einige hervorragende Grand-Cru-Lagen. Man liest so spät wie möglich und vergrößert Fülle und Charakter durch langen Kontakt mit der Hefe. In guten Jahren behalten die Weine etwas Restzucker.

Beste Weine ★★★ Gewurztraminer Grand Cru Sonnenglanz Vieilles Vignes ♀, Pinot Gris Grand Cru Sonnenglanz ♀, Riesling Grand Cru Mandelberg ♀

Gute Jahrgänge 1996, 95, 94, 90, 89, 88

ALBERT BOXLER, Niedermorschwihr 03 89 27 11 32

Ein kleines Gut und einer der besten Erzeuger in den auf Granit liegenden Grands Crus Brand und Sommerberg. Die Rieslinge sind für ihre Finesse besonders bekannt.

Beste Weine ★★ Riesling Grand Cru Brand ♀, Riesling Grand Cru Sommerberg ♀
Gute Jahrgänge 1996, 95, 94, 90, 89, 88

BURN, Gueberschwihr 03 89 49 20 68/03 89 49 28 56

Die Familie Burn hat zwar nur 9 ha Rebland, doch liegen die im Grand Cru Goldert, darunter der ganze Clos St-Imer im oberen Teil des Goldert. Die Weine sind überaus konzentriert, ohne Feinheit vermissen zu lassen. Eine der wenigen elsässischen Domänen, die Muscat zu ihrer Spezialität gemacht haben. Die immer eindrücklichen Weine sind in guten Jahren exzeptionell.

Beste Weine ★★★ Muscat Grand Cru Goldert Clos St-Imer Cuvée La Chapelle ♀, Riesling Grand Cru Goldert Clos St-Imer Cuvée La Chapelle ♀, Gewurztraminer Grand Cru Goldert Clos St-Imer Cuvée La Chapelle Vendange Tardive ♀
Gute Jahrgänge 1996, 95, 94, 90, 89, 88

MARCEL DEISS, Bergheim 03 89 73 63 37/03 89 73 32 67

Marcel Deiss bringt das Terroir in jedem Teil seiner 20-ha-Domäne durch geringe Erträge und glänzende Weinbereitung zum Ausdruck. Die hohe Qualität seiner Grands Crus stellt die seiner anderen Weine – unfair für diese – in den Schatten; insbesondere die Rieslinge haben wenige Rivalen im Elsaß.

Beste Weine ★★★ Riesling Grand Cru Altenberg de Bergheim ♀, Riesling Grand Cru Schoenenbourg ♀, ★★ Pinot Noir Vieilles Vignes Burlenberg de Bergheim ♥, Pinot Gris Grand Cru Altenberg de Bergheim ♀, Gewurztraminer Grand Cru Altenberg de Bergheim ♀
Gute Jahrgänge 1996, 95, 94, 93, 92, 90, 89, 88, 85, 83, 76

DOPFF AU MOULIN, Riquewihr 03 89 47 92 23/03 89 47 83 61

Dieser große Händler-Erzeuger, renommiert für seinen Crémant d'Alsace, ist wieder zur alten Form zurückgekehrt. Parzellen in den besten Grands Crus (Brand, Sporen, Schoenenbourg) liefern seine erfolgreichsten Weine.

Beste Weine ★★ Gewurztraminer Grand Cru Sporen ♀, ★ Riesling Grand Cru Schoenenbourg ♀, Gewurztraminer Grand Cru Brand ♀
Gute Jahrgänge 1996, 95, 94, 93, 92, 90, 89, 88, 85, 83

HUGEL ET FILS, Riquewihr 03 89 47 92 15/03 89 49 00 10

Dank sorgfältiger Weinbereitung einer der bekanntesten Namen in der elsässischen Weinwelt. Der sehr traditionelle Händler-Erzeuger, seit 1639 ununterbrochen im Besitz der Familie, ist ein Synonym für Qualität. Zwar hat man Grand-Cru-Lagen, vor allem im Sporen, doch benennt man die Weine lieber nach einer eigenen Hierarchie: Tradition, Jubilee, Réserve Personelle usw. Besonders die Vendanges Tardives und Sélections de Grains Nobles sind hervorragend. Der Patriarch, Johnny Hugel, ist ein wortgewaltiger Kämpfer für den elsässischen Wein.

Beste Weine ★★★ Riesling Sélection de Grains Nobles ♀, Tokay Pinot Gris Sélections de Grains Nobles ♀, Gewurztraminer Sélection de Grains Nobles ♀, ★★ Riesling Vendange Tardive ♀, Tokay Pinot Gris Vendange Tardive ♀, Gewurztraminer Vendange Tardive ♀, ★ Pinot Noir Jubilee Réserve Personelle ♥, Riesling Jubilee ♀, Tokay Pinot Gris Jubilee ♀
Gute Jahrgänge 1996, 95, 94, 93, 92, 90, 89, 88, 85, 83

JOSMEYER, Wintzenheim 03 89 27 91 90/03 89 27 91 99

Jean Meyer macht finessereiche Weine, die jung trinkbar sind, aber auch gut reifen. Seine

Areale im Grand Cru Hengst weisen schöne alte Pinot-Auxerrois-Reben auf. Auch sein Chasselas, der beste in der Region, kommt von alten Reben.

Beste Weine ⭑ Pinot Auxerrois Vieilles Vignes »H« ♀, Riesling Les Pierrets ♀, Gewurztraminer Grand Cru Hengst ♀, Chasselas ♀

Gute Jahrgänge 1996, 95, 94, 93, 92, 90, 89, 88, 85, 83

ANDRÉ KIENTZLER, Ribeauvillé 03 89 73 67 10/03 89 73 35 81

Von perfekten Lagen in 2 Grands Crus bei Ribeauvillé, dem Mittelpunkt guten Rieslings im Elsaß. Kientzler macht Weine mit fein abgestimmter Frucht und einer gewissen Strenge in der Jugend, die zu schönem Bild reifen. Sein Muscat Ottonel definiert den Standard dieser empfindlichen Traube in der Region.

Beste Weine ⭑⭑ Riesling Grand Cru Geisberg ♀, Pinot Auxerrois »K« ♀, Muscat Grand Cru Kirchberg ♀

Gute Jahrgänge 1996, 95, 94, 93, 92, 90, 89, 88

MARC KREYDENWEISS, Andlau 03 88 08 95 83/03 88 08 41 16

Die Weine aus Weinbergen des nördlichen Elsaß sind feinziseliert und elegant. Seit 1991 wird das Gut biodynamisch bewirtschaftet, was der Reinheit und Länge der Aromen sehr zuträglich ist.

Beste Weine ⭑⭑ Pinot Noir Andlau ♥, Pinot Gris Moenchberg ♀, Riesling Kastelberg ♀, ⭑ Riesling Wiebelsberg ♀

Gute Jahrgänge 1996, 95, 94, 93, 92, 90, 89, 88, 85

KUENTZ-BAS, Husseren-les-Châteaux 03 89 49 30 24/03 89 49 23 39

Ein kleiner Händler-Winzer mit einer Palette von Qualitätsweinen. Weine von eigenen Reben laufen unter dem Etikett Réserve Personelle.

Beste Weine ⭑⭑ Pinot Gris Réserve Personelle ♀, ⭑ Riesling Grand Cru Pfersigberg ♀, Gewurztraminer Grand Cru Eichberg ♀

Gute Jahrgänge 1996, 95, 94, 93, 92, 90, 89, 88, 85

ALBERT MANN, Wettolsheim 03 89 80 62 00/03 89 80 34 23

Mit 19 ha meist in Grands Crus stehenden Rebstöcken ist diese Domäne im Besitz von Maurice und Jacky Bartheme eine der besten im Elsaß. In geringeren Jahren sind die Weine knochentrocken, bei höherem Zuckergehalt der Trauben runder und stoffiger.

Beste Weine ⭑⭑ Gewurztraminer Grand Cru Steingrubler ♀, Riesling Grand Cru Furstentum ♀, Tokay Pinot Gris Cru Furstentum ♀

Gute Jahrgänge 1996, 95, 94, 90, 89, 88

MEYER-FONNÉ, Katzenthal 03 89 27 16 50/03 89 27 34 17

Die kleine Domäne macht zuverlässig gute Weine mit Akzent auf Finesse. Felix Meyer ist ein aufgehender Stern unter den Weinmachern.

Beste Weine ⭑ Pinot Blanc Vieilles Vignes ♀, Riesling Grand Cru Wineck-Schlossberg ♀

Gute Jahrgänge 1996, 95, 94, 90, 89, 88

MITTNACHT-KLACK, Riquewihr 03 89 47 92 54/03 89 47 89 50

Die 10 ha umfassenden Rebflächen liegen auf den besten Hängen in Riquewihr, Hunawihr und Ribeauvillé und liefern feinaromatische, sehr sortentypische Weine. Eine Spezialität ist der üppig-vielschichtige Gewurztraminer.

Beste Weine ⭑⭑ Riesling Grand Cru Schoenenbourg ♀, Gewurztraminer Sporen ♀

Gute Jahrgänge 1996, 95, 94, 90, 88

RENÉ MURÉ, Rouffach 03 89 78 58 00/03 89 78 58 01

Der größte Teil der 14 ha der Familie Muré liegen im Grand Cru Vorbourg, wo Kalk-Kreide-Boden opulente, schön reifende Weine ergibt. Sogar »nicht-edle« Sorten aus dem Clos St-Landelin sind dicht und fein, die natürliche Reife der Trauben erreicht oft Vendange-Tardive-Standard.

Beste Weine ★★★ Muscat Grand Cru Vorbourg Vendange Tardive ♀, ★★ Pinot Gris Grand Cru Vorbourg Vendange Tardive ♀, Riesling Grand Cru Vorbourg Vendange Tardive ♀, ★ Sylavaner Clos St-Landelin Cuvée Oscar ♀

Gute Jahrgänge 1996, 95, 94, 90, 89, 88

OSTERTAG, Epfig 03 88 85 51 34/03 88 85 58 95

André Ostertag hat die Familiendomäne im Nordelsaß mit der visionären Kraft eines kreativen Künstlers umgekrempelt. Die charaktervollen Weine reflektieren seine Persönlichkeit ebenso wie den Boden. Einige seiner Pinots Gris werden in neuer Eiche vergoren und ausgebaut, eine Seltenheit in der Region.

Beste Weine ★★ Riesling Grand Cru Muenchberg ♀, Gewurztraminer Vignobles d'Epfig ♀, ★ Pinot Gris Barriques ♀

Gute Jahrgänge 1996, 95, 94, 93, 92, 90, 89, 88 85, 83

MARTIN SCHAETZEL, Ammerschwihr 03 89 47 11 39 /03 89 78 29 77

Ein winziges Gut mit 4,5 ha, das seine Produktion mit zugekauften Trauben – vor allem aus dem Grand Cru Kaefferkopf – aufstockt. Sehr gute Weine, die relativ rasch trinkfertig sind.

Beste Weine ★★ Riesling Grand Cru Kaefferkopf Cuvée Isabelle ♀, Gewurztraminer Grand Cru Kaefferkopf Cuvée Cathérine ♀, ★ Sylvaner Vieilles Vignes ♀

Gute Jahrgänge 1996, 95, 94, 90, 89, 88

CHARLES SCHLÉRET, Turckheim Tel 03 89 27 06 09

Die besten Weine dieser feinen Domäne kommen aus dem Grand Cru Herrenweg.

Beste Weine ★★ Riesling Grand Cru Herrenweg Cuvée Prestige ♀, Muscat d'Alsace VV ♀, Gewurztraminer Grand Cru Herrenweg Cuvée Spéciale ♀

Gute Jahrgänge 1996, 95, 94, 90, 89, 88

SCHLUMBERGER, Guebwiller 03 89 74 27 00/03 89 74 85 75

Schlumberger, in Familienbesitz und mit 140 ha die größte Domäne im Elsaß, ist im Südelsaß ansässig. Die Grand-Cru-Weine kommen von eigenen steilen, terrassierten Rebhängen. Jeder Jahrgang der Cuvée Anne und der Cuvée Christine hat Sammlerwert.

Beste Weine ★★★ Gewürztraminer Grand Cru Cuvée Anne Sélection de Grains Nobles ♀, Gewürztraminer Cuvée Christine Vendange Tardive ♀, ★★ Gewurztraminer Grand Cru Kessler ♀, ★ Pinot Gris Grand Cru Kitterlé ♀, Riesling Grand Cru Saering ♀

Gute Jahrgänge 1996, 95, 94, 93, 92, 90, 89, 88, 85, 83, 76

SCHOFFIT, Colmar 03 89 24 41 14/03 89 41 40 52

Dieses 15-ha-Gut ist vor den Toren von Colmar zu finden, doch seine besten Weinberge – die denen von ZIND HUMBRECHT Konkurrenz machen – liegen weiter südlich im Grand Cru Rangen bei Thann. Sehr geringe Ernten ergeben ebenso intensive wie elegante Weine, die wunderbar altern.

Beste Weine ★★★ Pinot Gris Grand Cru Rangen de Thann Clos St-Théobald ♀, ★★ Muscat Cuvée Alexandre ♀, Pinot Gris Cuvée Alexeandre ♀

Gute Jahrgänge 1996, 95, 94, 90, 89, 88

JEAN SIPP, Ribeauvillé 03 89 73 60 02/03 89 73 82 38

Einer der ersten Erzeuger im Elsaß mit organischem Weinbau, seine Weine geben dem Boden wie der Traubensorte guten Ausdruck.

Beste Weine ★★ Tokay-Pinot Gris Trottacker ♀, Riesling Grand Cru Kirchberg de Ribeauvillé ♀

Gute Jahrgänge 1996, 95, 94, 90, 89, 88

BRUNO SORG, Eguisheim 03 89 41 80 85/03 89 41 22 64

Jeder Wein dieser Domäne von hoher Qualität ist ein wahrhafter, sehr reiner Ausdruck der Traubensorte und der Lage; Alkohol und Säuren sorgen für Balance.

Beste Weine ★★ Muscat Grand Cru Pfersigberg ♀, Gewurztraminer Grand Cru Eichberg ♀

Gute Jahrgänge 1996, 95, 94, 90, 89, 88

F. E. TRIMBACH, Ribeauvillé 03 89 73 60 30/03 89 73 89 04

Trimbach ist einer der renommiertesten Händler-Erzeuger im Elsaß und wird vor allem für seine Rieslinge bewundert. Der Hausstil ist knackige Trockenheit, ohne Frucht und Aromen zu opfern, so daß die Weine besser zum Essen passen als viele der mächtigeren Elsässer. Der Charakter von Traubensorte und Boden wird mit der Zeit immer deutlicher. Clos Ste-Hune ist *der* elsässische Riesling schlechthin.

Beste Weine ★★★ Riesling Clos Ste-Hune ♀, ★★ Riesling Cuvée Frédéric-Émile ♀, Pinot Gris Réserve Personelle ♀, Gewurztraminer Cuvée des Seigneurs de Ribeaupierre ♀

Gute Jahrgänge 1996, 95, 94, 93, 92, 90, 89, 88, 85, 83

WEINBACH, Kayersberg 03 89 47 13 21/03 89 47 38 18

Eines der berühmtesten Güter im Elsaß, in bewundernswerter Art geleitet von Colette Faller und ihren beiden Töchtern; die jüngere, Laurence, ist für die Weinbereitung zuständig. Der Granitboden von Kaysersberg und Kientzheim läßt die Trauben früher reifen, so daß die Säure erhalten bleibt. Wunderbar elegante Weine, die ihre Qualität schon früh zeigen.

Beste Weine ★★★ Riesling Grand Cru Schlossberg Ste-Cathérine ♀, Gewurztraminer Quintessence de Grains Nobles ♀, ★★ Pinot Gris Ste-Cathérine ♀, Gewurztraminer Cuvée Laurence ♀, Riesling Cuvée Théo ♀, Muscat Réserve ♀

Gute Jahrgänge 1996, 95, 94, 93, 92, 90, 89, 88, 85, 83

ZIND HUMBRECHT, Turckheim 03 89 27 02 05/03 89 27 22 58

Léonard Humbrecht ist der große Name des Elsaß nach dem 2. Weltkrieg. Er war hier der erste Erzeuger, der begriff, daß das Terroir ebenso bedeutend ist wie die Traubensorte. Sein Beharren auf den besonderen Qualitäten seiner Parzellen im Rangen, Hengst und Brand ebneten den Weg für das elsässische Grand-Cru-System. Die in Turckheim ansässige Domäne besitzt die besten Weingärten des Elsaß und reduziert die Erträge für höchste Qualität. Léonards Sohn Olivier, der erste französische Master of Wine, ist als Weinmacher so brillant wie sein berühmter Vater.

Beste Weine ★★★ Riesling Clos Windsbuhl ♀, Gewurztraminer Grand Cru Hengst ♀, Pinot Gris Grand Cru Rangen de Thann ♀, Riesling Grand Cru Rangen de Thann Clos St-Urbain ♀, Pinot Gris Clos Jebsal ♀

Gute Jahrgänge 1996, 95, 94, 93, 92, 90, 89, 88, 85, 83

JAHRGÄNGE IM ELSASS

Das sehr trockene Klima begünstigt das Elsaß vor dem übrigen Frankreich, indem die Jahrgänge selten »verregnet« werden. Ein möglicher Nachteil des Klimas ist die Gefahr eines zu hohen Ertrags, der die Qualität verwässern könnte; gute Erzeuger treffen jedoch Maßnahmen dagegen.

Lagerfähigkeit

Weine aus den »unedlen« Rebsorten des Elsaß – Sylvaner, Pinot Blanc, Pinot Auxerrois und Pinot Noir – trinkt man im allgemeinen am besten 1–4jährig, doch gibt es einige Ausnahmen wie spätgelesenen Auxerrois und holzgereiften Pinot Noir.

Muscat trinkt man jung, um seinen traubigen Charme genießen zu können, stoffigere Versionen werden in 2–3 Jahren besser. Riesling ist die langlebigste Sorte im Elsaß – vielleicht sogar der Welt – und der einzige Wein, dem man wirklich 5 Jahre Zeit lassen sollte, seine Vielschichtigkeit zu entwickeln. Verkostungen haben jüngst gezeigt, daß Rieslinge ihre Frische über ein halbes Jahrhundert erhalten können. Gewürztraminer und Pinot Gris verfügen über wenig Säure, so daß sie jung gut sind; die guten Exemplare haben aber so viel natürlichen Zucker und Extrakt, daß sie ein Jahrzehnt und länger halten.

Für Vendange Tardive und Sélection de Grains Nobles ist Chaptalisierung nicht erlaubt. Höherer natürlicher Extrakt- und Alkoholgehalt der Vendange Tardive bedeutet, daß sie 2–3 Jahre braucht, um sich aufzuschließen (Riesling noch länger), und sich weitere 10 Jahre lang entwickelt. Sélections de Grains Nobles gehören zu den extraktreichsten Weinen überhaupt, ihr hoher Zuckergehalt macht sie schon jung zum Genuß, während die hohe ihnen Säure für 25 Jahre und mehr Lebensfähigkeit gibt.

Reifediagramme

1995 war für den Gewürztraminer ein besonders gutes Jahr mit Tiefe, Extrakt und blumig-würziger Frucht. 1996 war für den Riesling ausgezeichnet, der sein ganzes Aroma und sein Terroir zum Ausdruck bringen konnte.

1995 Gewurztraminer

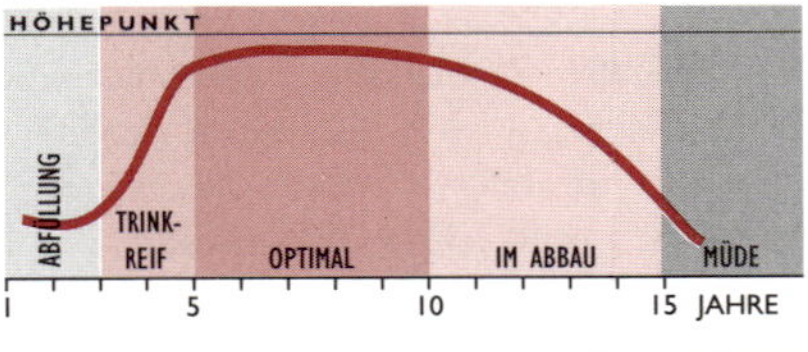

1996 Riesling Grand Cru

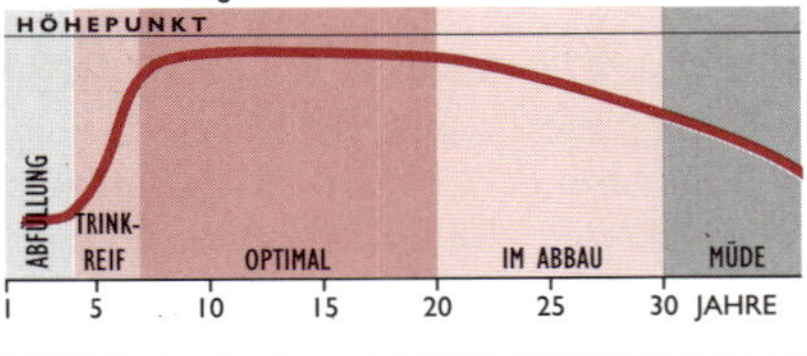

JAHRGANGSÜBERSICHT

	97	96	95	94	93	92	91	90	89	88	85	83
Riesling (esp. Grand Cru)	9○	8○	7○	6◑	6◑	5●	6●	9●	8●	9●	9●	9●
Gewurztraminer	9○	8○	7◑	7◑	5◑	5●	5●	9●	9●	9●	9●	9●
Pinot Gris	9○	8○	7◑	7◑	5◑	6●	5●	9●	10●	9●	9●	9●

ERLÄUTERUNG ○ = braucht noch Zeit ◑ = trinkreif, gewinnt noch ● = optimal ◐ = in Abbau oder abgebaut

JAHRGÄNGE AUF EINEN BLICK

Das milde Klima im Elsaß und die große Anzahl von Rebsorten, die unterschiedlich reifen, bedeuten, daß es selbst in schlechten Jahren sehr selten eine rundum enttäuschende Ernte gibt.

Große Jahre ★★★	1997, 96, 90, 88, 85, 83, 76
Gute Jahres ★★	1995, 94, 89, 71
Mittelmäßige Jahre ★	1993, 91, 86, 82
Schlechte Jahre (keine Sterne)	1992, 87, 84

Die einzelnen Jahrgänge

1997 ★★★ Für einige der größte Jahrgang seit 50 Jahren mit außergewöhnlichen Weinen. Der ununterbrochen sonnige, trockene Herbst mit kühlen Nächten erlaubte, auf optimale Reife zu warten. Allgemein sehr hohe Qualität.

1996 ★★★ Normale Blüte außer bei Gewürztraminer, der unter dem nassen Frühjahr litt. Nach einem weniger heißen Sommer als 1995 folgte die Ernte Anfang Oktober; die Weine vereinen die Üppigkeit eines warmen Jahres mit dem Ernst eines kalten. Sehr gute Ergebnisse, besonders bei Riesling.

1995 ★★ Späte Blüte, ein kalter Sommer und eine späte Ernte ergaben insbesondere gute Pinot Gris und Gewürztraminer. Feine, dichte Weine, viele mit viel Zucker.

1994 ★★ Anders als der Rest Frankreichs hatte das Elsaß eine rasche, frühe Blüte, einen heißen Sommer und einen kühlen Herbst. Große Ernte mit sehr guter Reife.

1993 ★ Ein sehr heißer, trockener Sommer, dann Regen Ende August, der die Reben erfrischte und den Ertrag erhöhte. Ungleichmäßige Qualität, am besten waren Muscat und Gewürztraminer.

1992 Einem fast tropisch heißen Sommer folgte ein sehr nasser September. Schwierige Lesezeit, die Geduldigen wurden belohnt. Viele Weine waren dünn, am erfolgreichsten waren Spätlesen.

1991 ★ Die Menge litt unter Spätfrösten, die Reife unter dem kalten Sommer. Dank der wenigen Trauben pro Stock erreichte man zufriedenstellende Reife. Schwieriges Jahr mit einigen guten Weinen.

1990 ★★★ Ein trockener, fast tropisch heißer Sommer mit sehr wenig Regen bis über den normalen Lesebeginn hinaus. Überreife oder blockierte Reife verursachten bei Gewürztraminer und Muscat große Ausfälle, dagegen gab es einige hervorragende Rieslinge und viele gute Vendanges Tardives; für Botrytis war es zu trocken.

1989 ★ Auf eine frühe Blüte folgten ein warmer, feuchter Sommer und Herbst. Allgemein unzuverlässiger Jahrgang, während die frühe volle Reife und Botrytis in schweren, opulenten Weinen resultierten.

1988 ★★★ Ein Musterjahrgang mit dem richtigen Wetter zur richtigen Zeit. Mittelgroße Ernte für gut balancierte, extraktreiche, langlebige Weine.

1987 Sehr späte Blüte (Juli!), keine Sorte reifte ordentlich. Sehr schwieriger Jahrgang.

1986 ★ Guter Durchschnitt.

1985 ★★★ Eine große Ernte mit gesunden Trauben ergab Weine mit ausgezeichneter Frucht und Balance. Die besten sind noch sehr gut.

1984 Ein sehr schwaches Jahr.

1983 ★★★ Ein sehr gutes Jahr mit dem ganzen Extraktreichtum, der 1982 fehlte. Exzellente Spätlesen, doch zu große Ernten für gleichmäßige Qualität.

Weitere gute Jahrgänge Sehr gute Weine wurden 1979 und 1971 gemacht.

LOIRE-TAL

Die Loire, die im Zentralmassiv entspringt und nach über 1000 Kilometern bei Nantes den Atlantik erreicht, ist der längste Fluß Frankreichs. Über 80 000 ha Weinberge erfreuen sich hier des milden Klimas und liefern im Jahr etwa 450 Millionen Flaschen Wein.

Weintypen

Praktisch alle Arten von Wein sind hier zu finden: vom trockensten Weißwein zu honigsüßen Dessertweinen, von leichten, fruchtigen, jung zu genießenden Roten zu ernsten, mächtigen Exemplaren, vom Rosé bis zum Schaumwein.

Der Fluß entspringt in der Auvergne auf demselben Breitengrad wie Beaujolais, und wie dort ist hier Gamay verbreitet. Weiter nördlich sind neben Sauvignon Blanc die Burgunderreben Pinot Noir, Chardonnay und Aligoté zu finden. Im Nivernais, dort, wo das Loire-Tal im engeren Sinn beginnt, gibt es noch Pinot Noir, doch die dominierende Traube ist Sauvignon Blanc.

Unterhalb Orléans, in der Touraine mit ihren Schlössern, wachsen Reben an ihren beiden Ufern fast ohne Unterbrechung bis Nantes. Chenin Blanc löst hier die Sauvignon Blanc ab, und Pinot Noir tritt zugunsten der Cabernet-Familie zurück. Auch Gamay und Chardonnay sind verbreitet. Die besten Rotweine werden in Chinon und Bourgueil gemacht, die besten Weißen in Montlouis und Vouvray.

Im Anjou wechseln die Weintypen wieder. Mit Ausnahme von Saumur-Champigny und Anjou-Villages sind die Rotweine wenig interessant; die Rosés sind bekannt, aber die Juwelen hier sind die Weine von Savennières, Bonnezeaux, Coteaux du Layon und Quarts de Chaume, alle aus Chenin Blanc und meist sehr süß.

Im Pays Nantais gibt es trockene und fast ausschließlich weiße Weine, der berühmteste ist der Muscadet (auch in der Form des Muscadet sur lie).

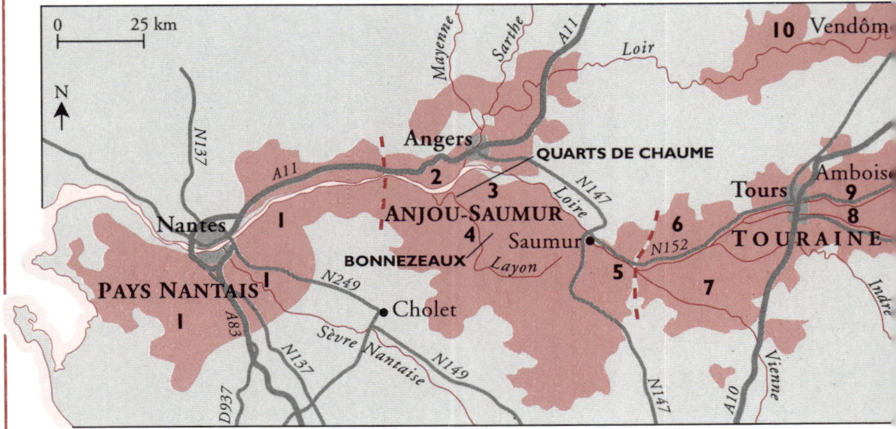

REBSORTEN

Cabernet Franc
Duftreicher als Cabernet Sauvigon, ergibt diese Traube Weine von schönem Karminrot, köstlichem Himbeer- oder Veilchenaroma und kräftigem, fruchtigem Abgang. Am besten in der Touraine und im Anjou.

Cabernet Sauvignon
Im Anjou die zweite Rebe nach Cabernet Franc; reift selten ganz aus.

Chenin Blanc
Diese auch Pineau de Loire genannte, unterschätzte Traube ergibt im Loire-Tal schöne, komplexe Weine von zitronig-trockenem Charakter bis zu köstlichster Süße. In guten Jahren werden die Trauben von Botrytis befallen und liefern dann einen Süßwein, der mit einem Sauternes Cru Classé oder einem elsässischen Sélection de Graines Nobles mithalten kann.

Cot
In Bordeaux und Argentinien als Malbec bezeichnet. Ergibt kräftige, fruchtige, eher charaktervolle als charmante Weine.

Gamay
An der Loire liefert diese Traube sehr attraktive, jung zu trinkende fruchtige Rotweine mit weniger Alkohol als im Beaujolais

Melon de Bourgogne
Die einzige für den Muscadet und nur für diesen verwendete Traube.

Pineau d'Aunis
In Touraine und Anjou als Cuvéepartner in Rotwein verwendet; sortenrein als Rosé vinifiziert ist er besser.

Pinot Noir
Die Edeltraube Burgunds ergibt auch hier angenehm fruchtige Rot- und Roséweine: Sancerre, Reuilly und Menetou-Salon.

Sauvignon Blanc
Im Loire-Tal ist diese Sorte am markantesten, mit aggressivem Aroma von Roten Johannisbeeren und Stachelbeeren, manchmal grasig-krautig. Typisch für sie sind die populären Weine von Sancerre und Pouilly-Fumé mit ihrem knackig-säuerlichen Abgang.

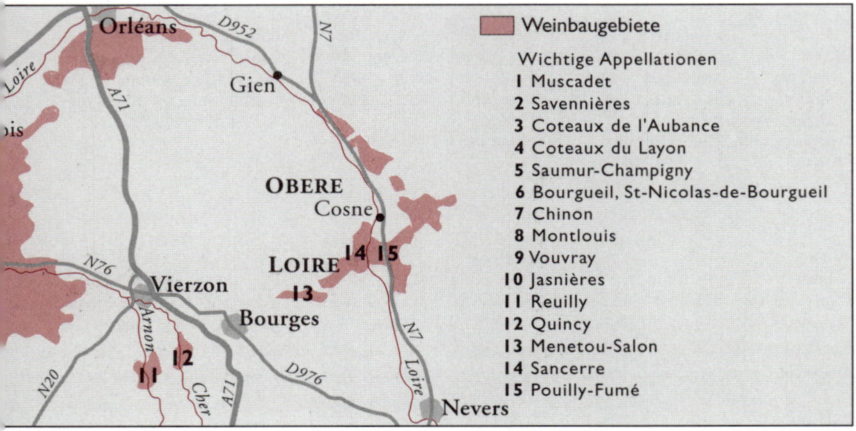

GROSSE LOIRE-WEINE

Oz Clarkes Auswahl

Coteaux du Layon-St-Aubin Cuvée Marie Jauby (Baudoin) Ein Weltklasse-Süßwein von einem aufregenden Erzeuger, der Weine von höchster Konzentration macht.

Coteaux-du-Layon-St-Aubin Cuvée Eléanore (Cady) Ein beinahe aggressiv üppiger Wein von einem weiteren hervorragenden St-Aubin-Erzeuger.

Saumur Blanc (Clos Rougeard) Rougeard, der für exzellenten roten Saumur-Champigny bekannt ist, macht jetzt auch vollkommenen trockenen Chenin, rund und balanciert mit Nektarinenduft.

Quarts de Chaume (Joseph Renou) Klassischer, langsam reifender, intensiver Süßwein mit hoher natürlicher Säure.

Coteaux du Layon (Claude Branchereau) Kraftvolle Weine, die ihr Maximum an Duft in der Cuvée des Forges und im Les Onnis erreichen.

Anjou Chavigné Sec (Richou) Eine Zeitlang Erzeuger von gutem süßem Coteaux de l'Aubance und Rotwein, macht jetzt auch ausgezeichneten trockenen weißen Anjou.

Vouvray (Ch. Gaudrelle) Erzeuger von gutem weißem Vouvray; aufregend sind seine Spitzensüßweine, Réserve Spéciale und Réserve Personelle.

Vouvray (Champalou) Hervorragender Vouvray von knochentrocken und herausfordernd bis ölig-süß mit Apfelblütenduft und geschmeidig wie Lanolin.

Vouvray (Aubusières) Traditioneller Erzeuger von Einzellagen-Vouvrays, die als Süßwein sensationell sind, in manchen Jahren als Demi-Sec sogar noch besser: eine unvergeßliche Mixtur von Honig, Quitten und einer Spur Salz.

Saumur Blanc (Dom. de la Paleine) Guter Erzeuger von ausnehmend schönen Weißweinen, fast staubtrocken und von lebhafter Säure, doch nach Angelika und Geißblatt duftend.

Steven Spurriers Auswahl

Savennières Becherelle (Ch. de la Roche-aux-Moines) Nicolas Joly war der Vorreiter des biodynamischen Weinbaus in Frankreich. Seine weißen Chenins, die Jahrzehnte altern können, verfügen über unvergleichliche Komplexität und Länge.

Bonnezeaux (Des Fesles) Das beste Gut in dieser unterschätzen Süßwein-AC macht Weine mit sublimem Honigduft.

Quarts de Chaume (Baumard) Ein klassisch-fülliger Wein aus der traditionsreichen AC.

Vouvray Moelleux (Clos Naudin) Einer der besten Vouvrays: blumig, ölig, aber nie schwer.

Vouvray Clos du Bourg Sec (Huet) Weißwein mit unglaublich reintönigen und tiefen Aromen dank biodynamischen Anbaus und brillanter Weinbereitung.

Sancerre Chavignol La Grande Côte (Cotat) Nicht der modernste Sancerre, jedoch schöner Ausdruck des Terroirs.

Pouilly-Fumé (Tracy) Eines der großen alten Güter von Pouilly, macht Weine von Rasse und Eleganz.

Bourgueil Grand Mont (Druet) Obwohl noch Newcomer, ist Pierre-Jacques Druet als einer der besten Erzeuger in Bourgueil anerkannt.

Chinon Les Varennes du Grand Clos (Joguet) Der beste, langlebigste Chinon.

Touraine Premières Vendanges (La Charmoise) Die reinste Verkörperung des Gamay in der Touraine, vielleicht in ganz Frankreich.

Spitzenappellationen der Loire

Rotwein Anjou-Villages, Bourgueil, Chinon, St-Nicolas-de-Bourgueil, Sancerre, Saumur-Champigny

Weißwein Chinon, Jasnières, Menetou-Salon, Montlouis, Muscadet des Coteaux de Loire, Muscadet Côtes de Grand Lieu, Muscadet de Sèvre-et-Maine, Pouilly-Fumé, Sancerre, Saumur, Savennières, Vouvray

Rosé Anjou Rosé, Bourgueil, Chinon, Sancerre

Süßwein Bonnezeaux, Coteaux de l'Aubance, Coteaux du Layon, Jasnières, Montlouis, Quarts de Chaume, Savennières, Vouvray

Schaumwein Montlouis, Vouvray

ANJOU AC, ANJOU-VILLAGES AC

Die regionale AC für rote, weiße und Roséweine. Halbsüß und süße Rosés sind AC Cabernet d'Anjou und Rosé d'Anjou; die guten Weißweine führen ihre eigene AC. Gute Rotweine, ausschließlich aus Cabernet Franc und Sauvignon, tragen die junge AC Anjou-Villages. In guten Jahrgängen 3–4 Jahre lagerfähig.

Beste Erzeuger Closel, DE FESLES, Jean-Yves Lebreton, Lecointre, OGEREAU, Ch. de Passavant, PIERRE-BISE, Ch. de Putille, RICHOU, Ch. des Rochettes

Gute Jahrgänge 1997, 96, 95, 94, 93

BONNEZEAUX AC

Hier werden aus Chenin Blanc einige der besten Loire-Süßweine gemacht. Die Qualität war früher groß genug, um in der AC Coteaux du Layon einen Grand-Cru-Status zu erwerben, aber erst seit den 1990er Jahren machen gewissenhafte Erzeuger das Beste aus ihrem Terroir.

Beste Erzeuger DE FESLES, GODINEAU, Petits Quarts, Petit Val, RENOU

Gute Jahrgänge 1997, 96, 95, 94, 93, 90, 89, 88, 85, 83, 78, 76, 71, 64, 59, 47, 21.

BOURGUEIL AC

Vor allem aus Cabernet Franc werden Rot- und erfrischende Roséweine gemacht. Früher war das rustikaler Stoff mit hoher Säure, heute erzielen engagierte Erzeuger – unterstützt durch gute Jahrgänge und steigende Nachfrage – größere Tiefe und Frucht. Bourgueils gute Jahrgänge können reifen wie Médocs.

Beste Erzeuger AMIRAULT, Thierry Boucard, Breton, Butte, Chevalière, Max Cognard, Delaunay, DRUET, Lamé-Delille-Boucard, des Raguenières

Gute Jahrgänge 1997, 96, 95, 93, 90, 89, 88, 86

CHINON AC

Die größte und auch bekannteste rote Loire-Appellation. Es wird ein wenig Rosé und aus Chenin Blanc ein frischer Weißwein gemacht, doch der Ruf basiert auf dem aromatischen, eleganten Rotwein, der die Frucht des Cabernet Franc und die Qualität des Terroirs perfekt zum Ausdruck bringt.

Beste Erzeuger PALLIET, Bernard BAUDRY, COULY-DUTHEIL, Jean-Marie Dozon, Ch. de la Grille, JOGUET, Ch. de la Ligré, Dom. du Raifault, Olga Raffault

Gute Jahrgänge 1996, 95,, 94, 93, 90, 89, 85, 93, 82, 78

COTEAUX DE L'AUBANCE AC

Halbsüßer und süßer Chenin von Reben, die am Fluß Aubance wachsen. Die Weine sind lebhafter als die Coteaux du Layon und von fast gleicher Qualität. Die Produktion sinkt zugunsten von trockenem Weißwein, der unter der Bezeichnung Anjou verkauft wird.

Beste Erzeuger Bablut, Jean-Yves Lebreton, Montgilet, RICHOU

Gute Jahrgänge 1997, 96, 95, 94, 93, 90, 89, 88

COTEAUX DU LAYON AC

Nach den herausragenden Jahrgängen 1997, 95, 90 und 89 und mit einer neuen Generation von Weinmachern erlebt diese Appellation für süße und halbsüße Weine aus Chenin Blanc eine Renaissance. Vollreife Trauben, idealerweise von Botrytis befallen, ergeben einen hellgoldenen Wein mit sommerlich-würzigem Honigbukett und süßem, doch nicht klebrigem Finale. Hoher natürlicher Zuckergehalt läßt die Weine für 20 Jahre und mehr wundervoll reifen. Die guten Gemeinden – Beaulieu, Chaume (die beste), Faye, Rablay, Rochefort, St-Aubin, St-Lambert – dürfen jetzt die AC Coteaux du Layon-Villages verwenden.

Beste Erzeuger Pierre Aguilas, Patrick Baudoin, Dom. de la Bergerie, Branchereau, Ch. du Breuil, Cady, DELESVAUX, Ch. de la

Genaiserie, GODINEAU, OGEREAU, PIERRE-BISE, PITHON, Ch. des Rochettes, Ch. de la Roulerie, Des Sablonnettes, Ch. Soucherie, Ch. la Varière

Gute Jahrgänge 1997, 96, 95, 94, 93, 90, 89, 88, 85, 83, 76, 75, 59, 47, 21

JASNIÈRES AC

Trockene und halbsüße Weine aus einer kleinen Chenin-Appellation. In guten Jahrgängen wetteifert der rare Jasnières mit dem Honig-und-Blüten-Aroma des Vouvray.

Beste Erzeuger De Cezin, Joël Gigou, Jean-Jacques Maillet

Gute Jahrgänge 1997, 96, 95, 94, 93, 92, 90, 89

MENETOU-SALON AC

Aus der Nähe von Bourges kommen hauptsächlich attraktive Sauvignon-Weißweine sowie frisch-fruchtige Rot- und Roséweine aus Pinot Noir.

Beste Erzeuger De Chatenoy, Jean-Paul Gilbert, Henri Pellé

Gute Jahrgänge 1997, 96, 95, 90

MONTLOUIS AC

Trockene, halbsüße, süße und Schaumweine aus Chenin Blanc, die den Vouvrays ähneln und ab und zu auch gleichkommen, obwohl die Traubenreife manchmal problematisch ist.

Beste Erzeuger Berger (Dom. des Liards), Chidaine, Olivier Delétang, Christian Galliot, Levasseur, TAILLE AUX LOUPS

Gute Jahrgänge 1997, 96, 95, 93, 90, 89, 88, 86, 85

MUSCADET-APPELLATIONEN

Südlich und östlich von Nantes produzieren 3 ACs (Muscadet des Coteaux de la Loire, Muscadet de Sèvre-et-Maine, Côtes de Grand Lieu) den besten Muscadet. Der trockene Weißwein aus – um möglichst viel Frische und Frucht zu erhalten – früh geernteten Trauben besitzt Finesse und ein knackiges-trockenes Finale. Die Spitzenweine, die tatsächlich auf der Hefe *(sur lie)* gereift sind, zeigen am meisten Charakter.

Beste Erzeuger Beaurenard, Ch. du Cléray, Dorices, Jean Douillard, DE L'ÉCU, Ch. de la Galissonière, de Goulaine, Guindon, Métaireau, Henri Poiron, Ch. de la Preuille, Ch. de la Ragotière

Gute Jahrgänge 1997, 96, 95, 89

POUILLY-FUMÉ AC

Diese trockenen Weißweine, aus Sauvignon von Kreide-Lehm-Boden mit etwas Kalkstein, sind eleganter als die Sancerres und gewinnen in 2–3 Jahren Flaschenreife.

Beste Erzeuger Henri Bourgeois, Cailbourdin, Jean-Claude Chatelain, DIDIER DAGUENEAU, Jean-Claude Dagueneau, Ch. de Favray, Pascal Jolivet, Masson-Blondelet, Nozet, Saget, TRACY

Gute Jahrgänge 1997, 96, 95, 93, 90, 89, 88

WIE MACHT MAN DESSERTWEINE DER LOIRE NOCH ÜPPIGER?

Besonders unter der jüngeren Erzeugergeneration des Anjou gibt es den Trend, so spät wie möglich und Beere für Beere zu ernten, um einen außerordentlich hohen Zuckergehalt in den Trauben zu erzielen. Die Weine von Quarts de Chaume, Bonnezeaux und den Coteaux du Layon waren in guten Jahren schon immer köstlich honigartig, doch diese neue Gruppe, die von ihren Gegnern als »chasseurs de sucre« (»Zuckerjäger«) bezeichnet wird, will Reife und Extrakt auf die Spitze treiben, mindestens soweit wie bei der elsässischen Sélection de Grains Nobles oder bei der Trockenbeerenauslese. Dabei geht jedoch die natürliche Säure der Chenin Blanc verloren, und manchmal haben die Weine Probleme mit der Gärung, so daß das Ergebnis eher einem Sirup gleicht als einem Wein. Diese »Superweine« finden bei Weinliebhabern großes Interesse und erzielen hohe Preise – was ebenso für die Region wie für wagemutige Erzeuger gut ist –, doch sind sie nur in den besten Jahrgängen möglich.

QUARTS DE CHAUME AC

Winzige AC für Süßwein aus Chenin Blanc bei einem Maximalertrag von 22 hl/ha (weniger als 3000 Flaschen), dem niedrigsten in Frankreich. Das Interesse an diesen honigüppigen Weinen, die in guten Jahre ihresgleichen suchen, wächst seit einiger Zeit.

Beste Erzeuger BAUMARD, BELLERIVE, Laffourcade, Maurières, PIERRE-BISE, RENOU, Suronde

Gute Jahrgänge 1997, 96, 95, 94, 93, 90, 89, 88, 85, 83, 81, 78, 76, 70, 69, 66, 64, 59, 47

ST-NICOLAS-DE-BOURGUEIL AC

Die Enklave in der AC Bourgueil macht im allgemeinen leichtere und weniger langlebige Rotweine als diese.

Beste Erzeuger Max Cognard, Mabileau

Gute Jahrgänge 1997, 96, 95, 93, 90, 89, 88, 86, 85

SANCERRE AC

Einer der bekanntesten Weine Frankreichs, zu fast 90% Weißwein aus Sauvignon Blanc; den Rest machen Rotweine und Rosés aus Pinot Noir aus. Die trockenen Weißweine gelten weltweit als Maßstab für die Sorte. Mit opräsenter, schöner Frucht und guter Säure sind sie aromatischer als Pouilly-Fumé, aber jünger zu trinken. Die ausdrucksvollsten Weine kommen aus den Gemeinden Chavignol, Bué und Verdigny sowie Sancerre selbst.

Beste Erzeuger Bailly-Reverdy, Balland-Chapuis, Philippe de Benoist, Henri Bourgeois, Cherrier, COTAT, CROCHET, Vincent Delaporte, Gitton, MELLOT, de Montigny, Vincent Pinard, Prieur, Jean Reverdy, Jean-Max Roger, Vacheron

Gute Jahrgänge 1997, 96, 95, 90

SAUMUR-CHAMPIGNY AC

Die Cabernet-Franc-Reben auf den besten Kalkstein-Kreide-Böden am linken Loire-Ufer östlich von Saumur liefern Rotweine mit schönem Himbeeraroma und großzügiger, tiefschichtiger Frucht. Die Pariser lieben den Wein, so daß die Flächen – bei hoher Qualität – auf 1300 ha gewachsen sind. Der als AC Saumur Blanc bezeichnete Weißwein, mit 1–3 Jahren zu trinken, kann ebenfalls hervorragend sein.

Beste Erzeuger Cave des Vignerons de Saumur, Ch. de Chaintre, Clos Rougeard, Filliatreau, Ch. du Hureau, René-Noëwl Legrand, de la Paleine, Roches, Neuves, Ch. de Targé, Villeneuve

Gute Jahrgänge 1997, 96, 95, 90, 89

SAVENNIÈRES AC

Am rechten Loire-Ufer westlich von Angers macht man aus Chenin Blanc trockene und halbsüße Weine. Ein guter Savennières zeigt in der Nase etwas Honig und Gewürze, ist in der Jugend trocken und fest und benötigt bis zu 20 Jahre Flaschenreifung. Es gibt 2 Grands Crus mit eigener AC, La Coulée-de-Serrant und La Roche-aux-Moines.

Beste Erzeuger Baumard, La Bizolière, de Chamboureau, Clos Rougeard, Closel, D'Épiré, Aux Moines, Pierre-Bise, Ch. de la Roche-aux-Moines

Gute Jahrgänge 1997, 96, 95, 93, 91, 90, 89, 88, 85, 83, 82, 78, 76, 71, 70, 67, 66

VOUVRAY AC

Die trockenen, halbtrockenen und süßen Weißweine sind weltbekannt, der gute Schaumwein wird kaum exportiert. Alle Vouvrays, auch die trockenen, besitzen ein blumiges Geißblattaroma, das mit dem Süßegrad runder wird, aber nie die für die Chenin typische zitronige Säure verliert. Die besten Exemplare können 50 Jahre und länger halten.

Beste Erzeuger Allias, AUBUSIÈRES, Brisebarre, Champalou, CLOS BAUDOIN, CLOS NAUDIN, Clos de Nouys, Ch. Gaudrelle, HUET, F. Mabille, Pichot

Gute Jahrgänge 1997, 96, 95, 93, 92, 90, 89, 88, 85, 83, 78, 76, 75, 70, 59, 47, 21

LOIRE-ERZEUGER VON A BIS Z

PHILIPPE ALLIET, Cravant-les-Coteaux 02 47 93 17 62/02 47 93 17 62
Kleines Gut mit jetzt 9 ha, das Weine mit tiefgründiger Frucht macht.
Beste Weine ★★ Chinon Coteaux de Noire 🍷, ★ Chinon Vieilles Vignes 🍷
Gute Jahrgänge 1997, 96, 95, 93, 90, 89, 88

YANNICK AMIRAULT, Bourgueil 02 47 97 78 07/02 47 97 94 78
Komplexe Weine mit Klasse macht dieses feine 16-ha-Gut.
Beste Weine ★★ Bourgueil Le Grand Clos 🍷, St-Nicolas-de-Bourgueil Les Malgagnes 🍷
Gute Jahrgänge 1997, 96, 95, 93, 90, 89, 88

DOM. DES AUBUISIÈRES, Vouvray 02 47 52 61 55/02 47 52 67 81
Ein hochangesehenes Gut, das von Bernard Fouquet mit Engagement geleitet wird.
Beste Weine ★★★ Vouvray Moelleux Le Marigny 🍸, ★★ Vouvray Sec Le Marigny 🍸
Gute Jahrgänge 1997, 96, 95, 93, 92, 90, 89, 88

BERNARD BAUDRY, Cravant-les-Coteaux 02 47 93 15 79/02 47 98 44 44
Ein ausgezeichnetes Gut mit 25 ha in den besten Lagen von Cravant.
Beste Weine ★★ Chinon Signature 🍷, Chinon Les Grezeaux 🍷, ★ Chinon Les Granges 🍷
Gute Jahrgänge 1997, 96, 95, 90, 89

DOM. DES BAUMARD, Rochefort-sur-Loire 02 41 78 70 03/02 41 78 83 82
Ein 44 ha großes Familiengut mit jahrhundertelanger Erfahrung in hochwertigem Wein. Die letzten Jahrgänge sind musterhafte Exemplare dieser raren Weißweine.
Beste Weine ★★ Savennières Clos du Papillon 🍸, Savennières Clos St-Yves 🍸, Quarts de Chaume 🍸, Coteaux du Layon Clos de Ste-Cathérine 🍸
Gute Jahrgänge 1996, 95, 93, 90, 89, 88, 85, 83, 82, 78, 76, 71, 69, 66

CH. BELLERIVE, Rochefort-sur-Loire 02 41 78 33 66/02 41 78 68 47
Das Gut, das lange im Besitz der Familie Lalanne war und noch von Jacques Lalanne geleitet wird, kehrt mit 100% Chenin-Blanc-Reben zu seiner alten Glorie zurück.
Bester Wein ★★ Quarts de Chaume 🍸 **Gute Jahrgänge** 1997, 96, 95, 90, 89, 88

CH. DE CHAMBOUREAU, Savennières 02 91 77 20 04/02 91 77 27 78
Ein für die Appellation großes Gut unter Leitung von Pierre Soulez aus einer angesehenen Weinmacherfamilie. Die Weine sind schöne Vertreter ihrer Art.
Beste Weine ★★ Savennières-Roches aux Moines Chevalier Buhard 🍸, ★ Savennières 🍸
Gute Jahrgänge 1997, 96, 95, 90, 89, 88

DOM. DE LA CHARMOISE, Soings 02 54 98 70 73/02 54 98 75 66
Henri Marionnet, der brillante Gamays und Sauvignons macht, ist König der *En-primeur*-Weine in der Touraine und führender Experimentator mit Gamay.
Beste Weine ★★ Touraine Premières Vendanges 🍷, Touraine M de Marionnet 🍸, Touraine Gamay Dom. de la Charmoise 🍷, Gamay Vinifera 🍷
Gute Jahrgänge 1997, 96, 95

CLOS BAUDOIN, Vouvray 02 47 52 71 02/02 47 52 60 94
Ein hervorragendes Gut mit von Mauern umgebenen 19 ha Rebfläche. Von Prinz Philippe Poniatowski penibel geführt, ist es für seine alten Jahrgänge berühmt.
Beste Weine ★★ Vouvray Aigle Blanc 🍸, Vouvray Clos Baudoin 🍸
Gute Jahrgänge 1997, 96, 95, 93, 90, 89, 88, 85, 82, 78, 76, 64, 61, 59, 47

DOM. DU CLOS NAUDIN, Vouvray 02 47 52 71 46/02 47 52 73 81

Die Familie Foreau macht auf perfekt gelegenen 12 ha Rebland einige der größten Weine Frankreichs.

Beste Weine ★★★ Vouvray Demi-Sec ♀, Vouvray Moelleux Réserve ♀, ★★ Vouvray Sec ♀

Gute Jahrgänge 1997, 96, 95, 93, 90, 89, 88, 85, 82, 78, 76, 64, 61, 59, 47

CLOS ROUGEARD, Chacé 02 41 52 92 65/02 41 52 98 34

Von den Brüdern Foucault, die in der Region einigen Einfluß haben, makellos geführtes Saumur-Gut.

Beste Weine ★★★ Coteaux de Saumur Liquoreux ♀, Saumir-Champigny Les Poyeux ♀, ★★ Saumur Blanc ♀

Gute Jahrgänge 1997, 96, 95, 90, 89, 88

COTAT FRÈRES, Sancerre 02 48 54 04 22/02 48 78 01 41

Auf ganzen 1,5 ha macht die Domäne bei sehr geringen Erträgen einen unglaublich komplexen, hervorragend alterungsfähigen Sancerre.

Beste Weine ★★★ Sancerre La Grande Côte ♀, Sancerre Les Monts Damnés ♀

Gute Jahrgänge 1997, 96, 95, 94, 93, 90, 89, 88, 85

DOM. COULY-DUTHEIL, Chinon 02 47 97 20 20/02 47 97 20 25

Die Familie Couly-Dutheil bewahrt die Traditionen dieses großen Handelshauses seit Generationen. Das Qualitätniveau ist immer hoch, obwohl man für 10% der Chinon-Produktion verantwortlich zeichnet. Die Topweine, besonders Clos de l'Echo, kommen von eigenen Weinbergen.

Beste Weine ★★★ Chinon Clos de l'Echo 🍷, ★★ Chinon Domaine René Couly 🍷, ★ Chinon Les Gravières 🍷

Gute Jahrgänge 1997, 96, 95, 93, 90, 89, 88, 86, 85, 83, 82, 81, 76

LUCIEN CROCHET, Bué 02 48 54 08 10/02 48 54 27 66

Ein feines Sancerre-Gut mit 25 ha Sauvignon Blanc und 8 ha Pinot Noir.

Beste Weine ★★ Sancerre Prestige ♀, Sancerre Prestige 🍷

Gute Jahrgänge 1997, 96, 95, 93, 90

DIDIER DAGUENEAU, St-Andelin 03 86 39 15 62/03 86 39 07 61

Sehr vielschichtige Weine mit hohem Anteil neuer Eiche (für Gärung und Ausbau) von einem bilderstürmerischen Weinmacher in Pouilly-Fumé, der viel dafür getan hat, die Qualität der allzu selbstgefälligen Region zu heben.

Beste Weine ★★★ Pouilly-Fumé Pur Sang ♀, ★★ Pouilly-Fumé Silex ♀

Gute Jahrgänge 1997, 96, 95, 94, 93, 90, 89, 88

PHILIPPE DELESVAUX, St-Aubin-de-Luigné 02 41 78 18 71/02 41 78 68 06

Seit seiner ersten Ernte 1989 macht Philippe Delesvaux großartige, sehr üppige und reintönige Süßweine. In letzter Zeit wurden die Weine noch dichter, ohne im geringsten Eleganz einzubüßen.

Beste Weine ★★★ Coteaux du Layon Anthologie ♀, Coteaux du Layon Grains Nobles ♀, ★★ Coteaux du Layon-St-Aubin ♀

Gute Jahrgänge 1997, 97, 95, 93, 90, 89

PIERRE-JACQUES DRUET, Benais 02 47 97 37 34/02 47 97 46 40

Das in den 1980er Jahren gegründete Gut von P.-J. Druet ist heute in der Appellation Bourgueil führend. Komplexe, ausgezeichnet lagerfähige Rotweine mit tiefer Frucht.

Beste Weine ★★★ Bourgueil Vaumoreau 🍷, Bourgueil Grand Mont 🍷, ★★ Bourgueil Cents Boisselées 🍷

Gute Jahrgänge 1997, 96, 95, 93, 91, 90, 89, 88, 85, 83

DOM. DE L'ÉCU, Le Landreau 02 40 06 40 91/02 40 06 46 79

Eines der wenigen Muscadet-Güter mit biodynamischem Weinbau. Die Weine sind ein Inbegriff des Muscadet: jung erfrischend, doch mit mehr Charakter nach 1 Jahr.

Beste Weine ★★ Muscadet de Sèvre-et-Maine Hermine d'Or 🍸, Muscadet de Sèvre-et-Maine Finement Boisé Guy Bossard 🍸

Gute Jahrgänge 1997, 96, 95, 90

CH. D'ÉPIRÉ, Savennières 02 41 77 15 01/02 41 77 16 23

Die Rebflächen des qualitätvollen Guts grenzen an den berühmten Coulée-de-Serrant AC, dessen Savennières seit 1995 erstklassig ist. Auch Anjou-Rotwein aus Cabernet Franc.

Beste Weine ★★ Savennières 🍸, Savennières Réserve 🍸

Gute Jahrgänge 1997, 96, 95, 90, 89, 88

CH. DE FESLES, Thouarcé 02 41 68 94 00/02 41 68 94 01

Das berühmte Gut, das der Bordelaiser Familie Germain gehört, macht nach dem Besitzerwechsel Ende der 1980er Jahre und einem Qualitätstief wieder Spitzenweine. Der feinsüße Bonnezeaux setzt den Standard für süße Anjou-Weine.

Beste Weine ★★★ Bonnezeauy 🍸, ★ Anjou F de Fesles 🍸

Gute Jahrgänge (süß) 1997, 96, 95, 90, 89, 88, 85, 83, 78, 76, 71, 64, 59, 47, 21

DOM. GODINEAU, Fayé d'Anjou 02 41 54 03 00

Das mit 50 ha große Gut macht köstlich aromatische Coteaux du Layon-Fayé und zwei spezielle Bonnezeaux-Weine, Mellarisses und Malabé.

Beste Weine ★★ Coteaux du Layon-Fayé 🍸, Bonnezeaux 🍸

Gute Jahrgänge 1997, 96, 95, 90, 89, 88, 85

DOM. HUET, Vouvray 02 47 52 78 87/02 47 52 66 51

Mit 33 ha Weinbergen, die heute biodynamisch bewirtschaftet werden, ist dieses Gut seit je führend in Vouvray. Noël Pinguet, Schwiegersohn des großen Gaston Huet, steht für höchst intelligente Weinbereitung. Drei Lagen, Le Mont, Le Haut Lieu und Le Clos du Bourg, liefern die ganze Palette von Vouvray.

Beste Weine ★★★ Vouvray Clos du Bourg Moelleux und Demi-Sec 🍸, Vouvray Le Mont Moelleux und Demi-Sec 🍸, Vouvray Le Haut Lieu Moelleux und Demi-Sec 🍸, ★★ Vouvray Clos du Bourg Sec 🍸, Vouvray Le Mont Sec 🍸, Vouvray Le Haut Lieu Sec 🍸

Gute Jahrgänge 1997, 96, 95, 94, 90, 89, 88, 85, 76, 64, 61, 59, 47

CH. DU HUREAU, Saumur 02 41 67 60 40/02 41 50 43 35

Feine, elegante Weine mit beeindruckender Frucht von einem 18-ha-Gut.

Beste Weine ★★ Coteaux de Saumur Liquoreux 🍸, Saumur-Champigny Grande Cuvée 🍷

Gute Jahrgänge 1997, 96, 95, 90, 89

CHARLES JOGUET, Sazilly 02 47 58 55 53/02 47 58 52 22

Charles Joguet ist einer der gefeiertsten Weinmacher im Loire-Tal, sein Gut setzt seit 20 Jahren Maßstäbe. Die Weine lohnen 5–10jährige Lagerung.

Beste Weine ★★★ Chinon Clos de la Dioterie 🍸, ★★ Chinon Clos de la Cure 🍷, Chinon Les Varennes du Grand Clos 🍷

Gute Jahrgänge 1996, 95, 93, 92, 90, 89, 88, 85, 83, 82, 81, 76

ALPHONSE MELLOT, Sancerre 02 48 54 07 41/02 48 54 07 62

Alphonse Mellot ist seit Generationen ein führender Name in Sancerre; man betätigt sich auch als *négociant.* Die 50 ha Weinberge liegen auf den Hängen um die Stadt.

Beste Weine ★★ Sancerre Cuvée Edmond ♀, Sancerre Dom. La Moussière ♀, Sancerre La Moussière Génération XIX 🍷 **Gute Jahrgänge** 1996, 95, 93, 90, 89

DOM. OGEREAU, St-Lambert-du-Lattay 02 41 78 30 53/02 41 78 43 55

Ein sorgfältig geführtes 24-ha-Gut mit guten roten Anjous und exzellenten Weißweinen, trocken und süß, von hervorragenden Lagen in St-Lambert.

Beste Weine ★★ Coteaux du Layon Prestige ♀, ★ Anjou Sec ♀, Anjou-villages 🍷
Gute Jahrgänge 1997, 96, 95, 93, 90, 89, 88

CH. PIERRE-BISE, Beaulieu-sur-Layon 02 41 78 31 44/02 41 78 41 24

Die Familie Papin, die ihr Terroir ganz genau kennt, ist in der Weinrevolution des Anjou an vorderster Front zu finden. Man liest so spät wie möglich, und die Weine haben in der Region wenige Konkurrenten. Es gibt auch guten Anjou Blanc.

Beste Weine ★★★ Coteaux du Layon Chaume ♀, Quarts de Chaume ♀, ★★ Savennières Clos de Coulaine ♀
Gute Jahrgänge Süß: 1997, 96, 95, 93, 90, 89, 88, 86, 85, 83; trocken: 1997, 96, 95, 94, 93

JO PITHON, St-Lambert-du-Lattay 02 41 78 40 91/02 41 78 46 37

Dieses kleine Gut, Anführer der »Zuckerjäger« (s. S. 164), macht Süßweine von außerordentlich konzentrierter Frucht.

Beste Weine ★★★ Coteaux du Layon-St-Lambert Clos des Bonnes Blanches ♀, Coteaux du Layon-St-Lambert Ambrosie ♀, ★★ Coteaux du Layon-Beaulieu ♀
Gute Jahrgänge 1997, 96, 95, 93, 90, 89, 88

RENÉ RENOU, Bonnezeaux 02 41 54 11 33/02 41 54 11 34

René Renou, Winzer in der 7. Generation, macht heute nur Bonnezeaux.

Beste Weine ★★★ Bonnezeaux Cuvée Zenith ♀, ★★ Bonnezeaux Beauregard ♀
Gute Jahrgänge 1997, 96, 95, 93, 90, 89, 88

RICHOU, Mozé-sur-Lout 02 41 78 72 13/02 41 78 76 05

Sehr gute Domäne in der kleinen AC Coteaux de l'Aubance. Die Weine können bis zu 20 Jahre reifen.

Beste Weine ★★★ Coteaux de l'Aubance Les Trois Demoiselles ♀, ★★ Anjou Chavigné Sec ♀
Gute Jahrgänge 1997, 96, 95, 94, 93, 90, 89, 88

CH. DE LA ROCHE-AUX-MOINES, Savennières 02 41 72 22 32/02 41 72 28 68

Das im Besitz von Nicolas Joly befindliche Gut wird seit 20 Jahren strikt nach biodynamischen Grundsätzen geführt und ist unstreitig das beste in Savennières. Die schönen Chenins Blancs können Jahrzehnte reifen.

Beste Weine ★★★ Savennières Becherelle ♀, Savennières Clos de la Coulée-de-Serrant ♀
Gute Jahrgänge 1997, 96, 95, 94, 93, 90, 89, 88, 85, 83, 82, 78, 76, 71, 70, 69, 66

DOM. DES ROCHES NEUVES, Varrains 02 41 52 94 02/02 41 52 49 30

Dieses 15-ha-Gut, das die Familie Germain aus Bordeaux kürzlich von Denis Duveen erworben hat, macht weiterhin die rundesten, samtigsten Weine der Appellation.

Beste Weine ★★ Saumur Blanc Insolite ♀, Saumur-Champigny Terres Chaudes 🍷
Gute Jahrgänge 1997, 96, 95, 93, 90, 89, 88, 85

DOM. DES SABLONETTES, Rablay-sur-Layon 02 41 78 40 49/02 41 78 61 15
Ein steil aufsteigendes Gut mit klassischen Weinen von Rasse und Eleganz.
Beste Weine ★★ Coteaux du Layon-Rablay Noblesse ♀, Coteaux du Layon-Rablay Les Erables Sélection de Grains Nobles ♀
Gute Jahrgänge 1997, 96, 95, 93, 90, 89, 88, 85

TAILLE AUX LOUPS, Montlouis-sur-Loire 02 47 45 11 11/02 47 45 11 14
Die besten Weine der oft unterschätzten AC Montlouis kommen aus diesem Gut.
Beste Weine ★★ Montlouis Sec ♀, Montlouis Moelleux ♀
Gute Jahrgänge 1997, 96, 95, 90, 89, 88, 86, 85, 83, 82, 78, 76, 70

CH. DE TRACY, Tracy-sur-Loire 03 86 26 15 12/03 86 26 10 73
Eines der besten Familiengüter in Pouilly mit makellosen, langlebigen Weinen. Mit dem Jahrgang 1996 wurde das 600jährige Bestehen gefeiert.
Beste Weine ★★ Pouilly-Fumé **Gute Jahrgänge** 1997, 96, 95, 93, 90, 89

CH. DE VILLENEUVE, Sousay-Champigny 02 41 51 14 04/02 41 50 58 24
Das hervorragende Gut macht die besten Saumur Blancs, dazu guten, sorgfältig vinifizierten Saumur-Champigny von geringtragenden alten Reben.
Beste Weine ★★★ Saumur-Champigny Le Grand Clos ▼, Saumur Les Cormiers ♀, ★★ Saumur-Champigny Vieilles Vignes ▼
Gute Jahrgänge ▼ 1996, 95, 93, 90, 89; ♀ 1996, 95, 94

LOIRE-JAHRGÄNGE

Ein Jahrgang ist an der Loire über all die unterschiedlichen Rebsorten und Weintypen hinweg meist einheitlich zu bewerten; ein schlechter oder guter Jahrgang ist dank des gemäßigten Klimas nur mit wenigen Ausnahmen in der ganzen Region schlecht oder gut. Heiße Sommer sind selten, aber wenn es einen gibt, sind große Weine zu erwarten.

Lagerfähigkeit

Die Loire sah magere Zeiten Anfang der 1990er Jahre, doch dann gab es drei exzellente Jahrgänge. Außer großen Jahrgängen reifen die Weine nicht über fünf Jahre hinaus; ihre lebhaft Frucht ist jung am besten zu genießen.

Mit hohem Zucker- und relativ hohem Säuregehalt bleiben die Süßweine für viele Jahrzehnte gut. Verkostungen haben gezeigt, daß süße Vouvrays mit 80 Jahren noch verzaubern; die ähnlichen Süßweine etwa aus Anjou und Quarts de Chaume halten leicht ebensolang.

Muscadet und Sancerre/Puilly-Fumé, die trockenen Weißweine von der unteren bzw. oberen Loire, sind vor schlechtem Wetter im Herbst einigermaßen sicher, da Melon de Bourgogne (für Muscadet) und Sauvignon Blanc (für Sancerre und Pouilly-Fumé) früh geerntet werden können. Diese Weine sollten mit wenigen Ausnahmen jung getrunken werden.

Die guten Rotweine und insbesondere die herrlichen Süßweine aus dem Anjou und der Touraine benötigen einen guten Witterungsverlauf, um ihre Qualitäten zu zeigen. Solche Jahrgänge gab es 1989 und 1990 und wieder im wunderbaren Trio 1995, 96, 97. Die internationale Anerkennung hat zu einem durchaus gerechtfertigten Preisanstieg geführt.

JAHRGANGSÜBERSICHT

	97	96	95	94	93	92	91	90	89	88	87
Anjou/Touraine weiß trocken	9○	9○	8○	6○	7○	6◑	5●	10○	9◑	8◑	6●
Anjou/Touraine rot	8○	10○	8○	5◑	6◑	5●	4●	10◑	8◑	8●	5◐
Anjou/Touraine weiß süß	9○	8○	9○	8○	6○	5◑	4●	9○	10○	8◑	5◑
Obere Loire weiß Sancerre, Pouilly-Fumé	9○	9◑	9◑	7◑	7◑	6●	7●	8●	8◑	9◑	6◑

ERLÄUTERUNG ○ = braucht noch Zeit ◑ = trinkreif, gewinnt noch ● = optimal ◐ = in Abbau oder abgebaut

Reifediagramme

1996 war an der Loire das beste Jahr seit 1990 für Rotwein, der genug Körper hat, um 20 Jahre zu überdauern, und auch für Süßweine, deren Säure eine Lebensfähigkeit von 25 Jahren ermöglicht.

1996 Chinon

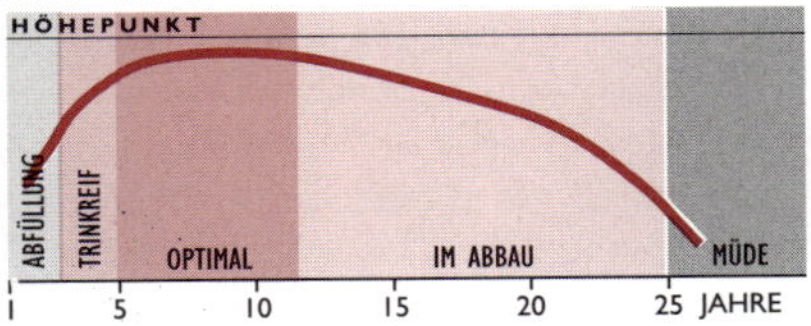

1996 Quarts de Chaume

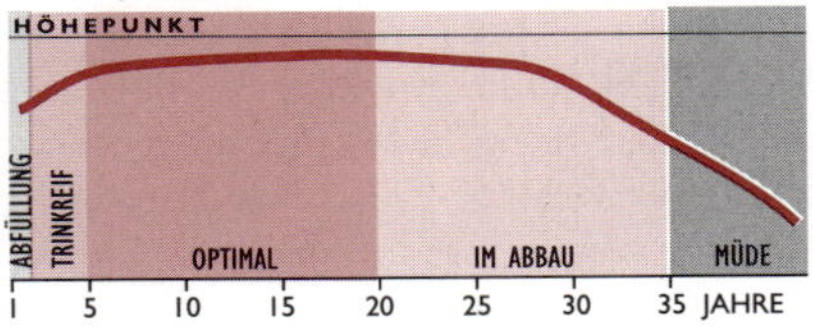

Die einzelnen Jahrgänge

1997 ★★★ Ein Jahr mit außerordentlich konzentrierten Süßweinen sowie Rot- und trokkenen Weißweinen mit exzellenter Frucht und Eleganz.

1996 ★★★ Ein sehr trockenes Jahr mit wenig Botrytis, aber herrlich dichten Süßweinen. Hervorragende Rotweine.

1995 ★★★ Ein schöner langer Herbst bis in den November ergab einige superbe Süßweine und ebenso aromatische trockene Weißweine. Gute, wenn auch etwas tanninbetonte Rotweine.

JAHRGÄNGE AUF EINEN BLICK

Mitte der 1990er Jahre gab es an der Loire drei herausragende Jahrgänge.

Große Jahre ★★★	1997, 96, 95, 90, 89, 85, 76, 71, 64, 59, 49, 47
Gute Jahre ★★	1988, 86, 82, 62
Mittelmäßige Jahre ★	1993, 94
Schlechte Jahre (keine Sterne)	1994, 92, 91, 87

1994 0-★ Schwieriger Jahrgang mit passabler Qualität in Sancerre.

1993 ★ Trotz nasser Lesezeit zufriedenstellende Qualität. Recht gute Rotweine, gute Weißweine und einige überraschend schöne Süßweine.

1992 Sehr schwieriges Jahr mit großer Ernte.

1991 Durch Frost weitgehend vernichteter Jahrgang.

1990 ★★★ Exzellent für Rotwein und sehr gut für Süßwein, letzterer etwas weniger dicht als der 1989er.

1989 ★★★ Stupende Süßweine, mit den historischen Jahrgängen 1947 und 1921 zu vergleichen. Die Rotweine waren sehr dicht, aber etwas überreif.

1988 ★★ Allgemein gute Qualität, für Rotwie für Weißwein.

1987 Ein kaltes, verregnetes Jahr.

1986 ★★ Recht gute Weine, die jetzt über dem Höhepunkt sind.

Weitere gute Jahrgänge 1985, 82, 76, 71, 64, 62, 59, 55, 49, 47

SÜDEN UND SÜDWESTEN

Beide Regionen haben eine lange Weinbautradition, werden jedoch erst seit jüngerer Zeit von einer wachsenden Gruppe engagierter Erzeuger dem Dunkel entrissen. Die Verbindung des guten Alten (historische Lagen und Traubensorten) mit modernen Methoden in Weinberg und Keller sorgt für eine Renaissance.

Provence und Languedoc-Roussillon

Dieser große Bereich umfaßt ein fast ununterbrochenes Meer von Reben an der ganzen französischen Mittelmeerküste. Die Weinberge, die ältesten in Frankreich, wurden von den Griechen im 6. Jahrhundert v. Chr. und von den Römern angelegt.

Zweitausend Jahre später war die Region für oxidierte Weißweine, alkoholische Rosés und schwere Rotweine bekannt. In den letzten drei Jahrzehnten gab es nun eine wachsende Bewegung weg von Quantität hin zu Qualität, ein völliges Umdenken hinsichtlich des Potentials eines Weinbergs und so umfassende Investitionen in die Kellerausrüstung, daß die Region als das »Kalifornien Frankreichs« bezeichnet wurde. Die Bewahrung der besten Traditionen neben all den Innovationen hat ein aufregendes Weinbaugebiet geschaffen.

Der Südwesten

Der Südwesten, der riesige Landstrich zwischen Atlantik und Languedoc-Roussillon, produziert eine Vielzahl von Weinen. Dem Typ nach stehen sie zwischen den eleganten Gewächsen von Bordeaux und den sonnenschweren Weinen des Midi.

Nicht überraschend werden für Rot- und Weißweine die Rebsorten des Bordelais verwendet (Cabernet Sauvignon, Merlot, Cabernet Franc; Sauvignon Blanc, Sémillon, Muscadelle), außerdem gibt es viele interessante lokale Varietäten wie Tannat in Madiran, Petit Manseng in Jurançon und Mauzac in Gaillac.

Trotz geringer Ähnlichkeiten zwischen einigen Weintypen sind gemeinsame Züge zu verzeichnen: roter Bergerac und Madiran etwa zeigen eine gewisse erdige Robustheit, obwohl sie aus verschiedenen Trauben gemacht werden.

Die beeindruckendsten Rotweine sind Cahors und Madiran, mächtige, gerbstoffreiche Weine, die heute mit neuer Eiche weicher gestaltet werden; dennoch brauchen sie einige Jahre in der Flasche. Leichtere Rotweine und Rosés werden aus Gamay und Merlot gemacht. Trockene Weißweine reichen von frischen modernen Sauvignons zu den interessanteren Mauzacs aus Gaillac, die Süßweine aus Monbazillac und Jurançon können denen des Bordelais und der Loire Paroli bieten.

Spitzenappellationen

Rotwein Bandol, Les Baux-de-Provence, Bergerac, Cahors, Collioure, Corbières, Coteaux d'Aix-en-Provence, Coteaux du Languedoc, Côtes de Bergerac, Côtes de Provence, Côtes du Roussillon, Côtes du Roussillon-Villages, Faugères, Fitou, Gaillac, Madiran, Minervois, Palette

Weißwein Bergerac Sec, Cassis, Corbières, Coteaux d'Aix-en-Provence, Côtes de Provence, Faugères, Gaillac, Jurançon Sec, Minervois, Pacherenc du Vic Bilh

Rosé Bandol, Les Baux-de-Provence, Bergerac, Collioure, Corbières, Coteaux d'Aix-en-Provence, Coteaux du Languedoc, Côtes de Provence, Gaillac

Süßwein Côtes de Bergerac Moelleux, Jurançon, Monbazillac

Schaumwein Blanquette de Limoux, Gaillac

Gespriteter Wein Banyuls, Maury, Muscat de Frontignan, Muscat de St-Jean-de-Minervois, Muscat de Lunel, Muscat de Rivesaltes, Rivesaltes

GROSSE WEINE DES SÜDENS

Oz Clarkes Auswahl

Madiran (Montus) Alain Brumont macht mit 2 Lagen (Bouscassé und Montus) die besten Rotweine von Madiran und guten Weißwein.

Madiran (d'Aydie) Mächtiger, schwerer Rotwein, der lange Reifung benötigt; heute etwas weicher als früher.

Coteaux du Languedoc Clos des Cistes (Peyre Rose) Ein hervorragender Weinberg mit mediterranen Sorten ergibt Rotweine mit minzigem Schwarze-Johannisbeer-Aroma.

Côtes du Roussillon (Gauby) Das Topgut der Appellation mit bukettreichen Weißweinen und dichtgewebten Rotweinen mit Holznote.

Coteaux du Languedoc (Dom. du Granoupiac) Wunderbarer, ungefilterter Rotwein, der Brombeer-Heidelbeer-Aromen mit Teer und Blütenduft vereint. Mächtiger Stoff.

Muscat de Rivesaltes (de Jau) Herrlicher, traubiger Muscat mit üppigen Orangen-, Apfel- und Zitronat-Aromen.

Faugères (Alquier) Hervorragender Erzeuger mit Rotweinen verschiedener Qualitätsstufen, aber immer überreifer runder Frucht und Lorbeer-Kräuter-Duft.

Vin de Pays de l'Hérault (Mas de Daumas Gassac) Unwiderstehlicher, nach Blüten duftender Weißwein aus dem inspirierten Gut in Aniane nördlich von Montpellier.

Steven Spurriers Auswahl

Jurançon Sec Cuvée Marie (Clos Uroulat) Charles Hours baut Petit und Gros Manseng in kleinen Eichenfässern aus, was mehr Kraft und Körper gibt, ohne die Frische des Jurançon zu vermindern.

Madiran Cuvée Prestige (Montus) Ein vorzüglicher Wein von Alain Brumont. Die wunderbar großzügige Frucht wird von 100% neuer Eiche gestützt.

Vin de Pays des Bouches-du-Rhône (Trévallon) Dichter, langlebiger Wein, gut wie kaum einer in der Provence.

Bandol (Pibarnon) Wein aus 95% Mourvèdre mit klassischer Textur und tiefer Frucht.

Vin de Pays de l'Hérault (Mas de Daumas Gassac) Das Terroir dieses 1970 gegründeten Guts ist für langlebige Quasi-Bordeaux perfekt geeignet. Die ersten Jahrgänge waren zu gerbstoffreich, jetzt zeigt sich sehr schön die Qualität von Boden und Frucht.

Rivesaltes Cuvée Aimé (Cazes) Der definitive holzgereifte Rivesaltes. Der jetzt aktuelle Jahrgang, 1975, bezaubert mit Orangenschalen- und Gewürzduft, komplexer Frucht und heller Bernsteinfarbe.

Jurançon Quintessence du Petit Manseng (Cauhapé) Dieser barriquegereifte, sehr alterungsfähige Dessertwein besitzt eine wunderbar dichte, von neuer Eiche gestützte Süße.

Coteaux du Languedoc (Prieuré de St-Jean-de-Bébian) Klassische provenzalische Rebsorten, alte Reben, geringste Erträge und kompromißlose Vinifizierung resultieren in einem einzigartigen Wein, der in den letzten Jahrgängen noch eleganter wurde.

APPELLATIONEN VON A BIS Z

BANDOL AC

Hauptsächlich Rotwein, etwas Rosé und noch weniger Weißwein von der Küste westlich von Toulon. Die körperreichen, fruchtigen Rotweine müssen mindestens 50% Mourvèdre enthalten, der Rest kann aus Syrah, Grenache, Cinsault und Carignan bestehen. Flaschenreifung lohnt sich.

Beste Erzeuger Bastide Blanche, Dom. Bunan (Ch. de la Rouvière), Frégate, Moulin des Costes, OTT (Ch. Romassan), PIBARNON, PRADEAUX, Ray Jane, TEMPIER, Dom. de Terrebrune, Dom. de la Tour de Bon, Vannières

Gute Jahrgänge 1996, 95, 94, 93, 91, 90, 89, 88, 85, 83, 82

BANYULS VDN

Roter (gereift brauner) gespriteter Dessertwein von terrassierten Rebhängen an der Grenze zu Spanien. Zwei Typen werden gemacht: mehrere Jahre im kleinen Faß gereift (oft unter freiem Himmel, um die Alterung zu beschleunigen), um die braune Farbe und das Rancio-Aroma zu erhalten, oder wie ein Vintage Port jung für die Reifung auf Flaschen gefüllt. Die Qualität ist allgemein hoch.

Beste Erzeuger CELLIER DES TEMPLIERS, Clos des Paulilles, L'Étoile, MAS BLANC, La Rectorie, Vial Magnères

LES BAUX-DE-PROVENCE AC

Diese AC wurde 1995 von den Coteaux d'Aix abgetrennt, wobei für die Rebflächen rund um Les Baux strenge Regeln etabliert wurden, die die Weinen (80% rot) hohe Qualität sichern. Die Idee hatte Erfolg, mit der einzigen Mißlichkeit, daß die DOM. DE TRÉVALLON – bei weitem das beste Gut – aufgrund des hohen Anteils von nichttraditionellem Cabernet Sauvignon im Verschnitt von der AC ausgeschlossen blieb.

Beste Erzeuger Hauvette, Mas de la Dame, Mas de Gourgonnier, Mas Ste-Berthe, Romain, Terres Blanches

Gute Jahrgänge 1997, 96, 95, 94, 93, 91, 90

BERGERAC, BERGERAC SEC, CÔTES DE BERGERAC, CÔTES DE BERGERAC MOELLEUX ACs

Die Appellationen von Bergerac gelten für Rot-, Rosé, Weiß- und Süßweine aus dem Département Dordogne. Die Roten besitzen eine attraktive Frucht und leichte Tannine, die Rosés sind geschmeidig und fruchtig, die Weißen leicht und frisch. Die Qualität wird allgemein besser.

Beste Erzeuger Belingard, La Colline, Combrillac, Court-les-Mûts, de Gouyat, La Jaubertie, Le Mayne, de Panisseau, Le Raz, La Rayre, Richard, Theulet, Tour de Grangemont, TOUR DES GENDRES

Gute Jahrgänge 🍷 1996, 95, 94, 93, 91, 90, 89

BLANQUETTE DE LIMOUX AC

Die Spezialität des Bereichs südlich von Carcassonne sind attraktiv frische Schaumweine, hauptsächlich aus der Mauzac und von allgemein hoher Qualität.

Beste Erzeuger L'Aigle, Antech, Laurens, Sieur d'Arques (Genossenschaft)

Gute Jahrgänge 1996, 95, 94, 92, 91, 90

CAHORS AC

Auf gallorömische Zeit zurückgehende Rotweine vom Lot-Ufer bei Cahors, deren Qualität gegenwärtig wiederauflebt. Malbec ergibt robuste, gerbstoffreiche Weine, die mit Merlot milder gemacht werden und manchmal in neuem Holz reifen. Mit »Vieux Cahors« dürfen 3 Jahre in Holz gereifte Weine bezeichnet werden.

Beste Erzeuger DU CÈDRE, CLOS TRIGUEDINA, La Coutale, de Gamot, Gautoul, des Grauzils, Haute-Serre, LAGREZETTE, des Savarines

Gute Jahrgänge 1997, 96, 95, 94, 92, 90, 89, 88, 86, 85

CASSIS AC

Hauptsächlich Weißwein kommt von von 175 ha Rebland oberhalb des kleinen Hafens Cassis östlich von Marseille. Die besten sind aromatisch und erfrischend, trocken mit wenig Säure, und sollten jung getrunken werden.

Beste Erzeuger Caillol, Clos Ste-Magdelaine, Ferme Blanche, Fontcreuse

Gute Jahrgänge 1997, 95, 95

LA CLAPE

Die Rebflächen zwischen Narbonne und der Küste sind ein Cru innerhalb der ausgedehnten AC Coteaux du Langudoc. Der kreidehaltige Boden gibt den Weinen eine unerwartete Eleganz. Die Weißweine besitzen eine feine florale Frucht, die Roten – meist aus Carignan und Grenache – guten Körper und Tiefe.

Beste Erzeuger Moujan, Pech-Celeyran, Pech-Redon, La Roquette-sur-Mer

Gute Jahrgänge 1997, 96, 95

COLLIOURE AC

Collioure ist eine für den Midi winzige Appellation mit Rot- und Roséweinen von steilen Terrassen nahe der spanischen Grenze.

Grenache dominiert mit 60 %, dazu kommen Syrah, Mourvèdre und Cinsaut. Dies sindWeine mit Finesse und Körper, die gut altern.
Beste Erzeuger Cellier des Templiers, Clos des Paulilles, Mas Blanc, La Rectorie
Gute Jahrgänge 🍷 1995, 94, 93, 91, 90, 89, 88

CORBIÈRES AC

Hauptsächlich Rotwein aus der Gegend südöstlich von Carcassonne. Die roten Sorten sind zu 90% aus klassisch mediterranen Varietäten, um die Sonne mit tiefer Farbe und dichten Aromen einzufangen. Die Weißweine sind aus Clairette und Malvoisie und jung zu trinken.
Beste Erzeuger La Baronne, Caraguilhes, L'Étang des Colombes, Grand Moulin, Haut Gléon, Hélène, de Lastours, Les Palais, du Réverend, St-Auriol, Salvagnac, de Villemajou, Vaugelas, La Voulte-Gasparets
Gute Jahrgänge 🍷 1995, 94, 93, 91, 90, 89, 88

KORSIKA

Die Griechen pflanzten als erste Wein auf Korsika, heute macht die Insel gute Weine aus den heimischen Sorten Nielluccio und Sciacarello für Rotwein und Rosé sowie Vermentino (auch Rolle genannt) für aromatischen Weißwein.

Die einfache AC ist Vin de Corse, doch haben diverse Bereiche ihre eigenen Appellationen. Die besten sind: Calvi (feinaromatische Weiß- und Roséweine, besonders von Clos Culombu und Clos Landry); Coteaux d'Ajaccio (von Comte Peraldi und Clos Capitoro); Coteaux du Cap Corse, bekannt für seine gespriteten Muscats und den superben Weißwein von Clos Nicrosi; Patrimonio (von ARENA, de Catarelli, Gentile und Leccia); Porto Vecchio (von Torraccia).
Gute Jahrgänge 1997, 96, 95, 94, 93, 90

COTEAUX D'AIX-EN-PROVENCE AC

Die ganze Palette provenzalischer Rebsorten wächst rund um Aix-en-Provence, außerdem Cabernet Sauvignon, der bis 60% zugelassen ist. Die Rosés sind frisch und attraktiv, die Roten lebhaft-fruchtig und die Weißen aromatisch und erfrischend.
Beste Erzeuger De Beaulieu, de Beaupré, Calissanne, Fonscolombe, Revelette, du Seuil, Vignelaure
Gute Jahrgänge 🍷 1997, 96, 95, 94, 93

COTEAUX DU LANGUEDOC AC

Diese Appellation gilt für Rot- und Roséweine aus dem ganzen Département Hérault, die mindestens zu 80% aus den zugelassenen mediterranen Sorten bestehen müssen. Die Qualität steigt gegenwärtig rasch, besonders in den Cru-Gemeinden (v.a. Cabrières, Coteaux de la Méjanelle, La Clape, Montpeyroux, Picpoul-le-Pinet, Pic-St-Loup, Quatourze, St-Drézery und St-Georges-d'Orques).
Beste Erzeuger Abbaye de Valmagne, L'Aiguelière, d'Aupilhac, Cabrières, Carrion-Nizas, de Cazeneuve, La Condamine- Bertrand, du Granoupiac, de l'Hortus, Mas Bruguière, Mas de Chimeres, Mas Jullien, Pech-Celeyran, Peyre Rose, Prieuré de St-Jean-de-Bébian, St-Germain, St-Martin de la Garrigue
Gute Jahrgänge R 1996, 95, 94, 93, 92

CÔTES DE PROVENCE AC

Rote, weiße und rosé (80%) Weine aus dem Département Var. Die Qualität stieg in den letzten 10 Jahren dank des Engagements der Erzeuger dramatisch. Die Rosés sind als Aperitif und zum Essen perfekt, die Weißweine sind heute differenzierter und elegant, die Rotweine besitzen eine feste Frucht.
Beste Erzeuger L'Aumerade, Barbeyrolles, de la Bastide Neuve, de la Bernarde, de Berne, Clos Mireille (OTT), Commanderie de Peyrassol, de la Courtade, d'Esclans, Ferrey-Lacombe, Gavoty, de Galoupet, Les Maîtres Vignerons de St-Tropez, de Marchandise, Mas Cadenet, Minuty, Réal Martin, Rimauresq, St-André de Figuière, St-Baillon, Ste-Marguerite, de Selle (OTT)
Gute Jahrgänge 🍷 1997, 96, 95, 94, 93

CÔTES DU ROUSSILLON, CÔTES DU ROUSSILLON-VILLAGES ACs

Appellation hauptsächlich für Rotwein von den besten Lagen zwischen Perpignan und den Pyrenäen. Die Rotweine sind robust, dennoch weich, die Rosés recht mächtig und die Weißen lebhaft und fruchtig. Für Rotwein wird bis 70% Carignan verwendet, der Rest ist Grenache, Syrah, Cinsaut und Mourvèdre.

Beste Erzeuger CAZES, DE CORNEILLA, FORCA-Réal, Gauby, de Jau, Jaubert-Noury, de Joliette, Mas Crémat, Dom. Parcé, Les Pins, Piquemal, Sarda-Malet

Gute Jahrgänge 🍷 1995, 94, 93

FAUGÈRES AC

Rote und trockene Weißweine aus einem vorzüglichen Teil des Languedoc nördlich von Béziers. Die erdigen, doch geschmeidigen Rotweine können sehr gut sein.

Beste Erzeuger ALQUIER, Estanilles, de Fenouillet, du Fraisse, Grézan, Haut-Fabrègues, Roque

Gute Jahrgänge 🍷 1996, 95, 94, 91, 80, 89

FITOU AC

Fitou ist die älteste Appellation im Midi (1948 gegründet). Die auf Carignan basierenden Rotweine sind fest und robust, viele werden heute durch Ausbau in neuem Holz verbessert; sie sind von angenehmem Charakter und gut zu lagern.

Beste Erzeuger Bertrand-Bergé, Colomer, Les Fenals, de Nouvelles, Les Producteurs du Mont Tauch

Gute Jahrgänge 1995 , 94, 93, 91, 90, 89, 88

GAILLAC AC

Der Ruf von Gaillac, einem der ältesten Weinbauorte Frankreichs, gründet sich auf Schaumwein (überwiegend aus der Mauzac), doch seit jüngerer Zeit konzentriert man sich auf fruchtigen Rotwein aus den lokalen Sorten Duras und Fer, die für verbesserte Aromen mit Syrah verschnitten werden.

Beste Erzeuger Jean Cros, de Lastours, Mas d'Aurel, de Mayragues, Robert Plageoles, des Terrisses

Gute Jahrgänge 🍷 1996, 95, 94, 93, 92, 91, 90

JURANÇON AC

Die Appellation ist bekannt für ihre Süßweine, die dank des Engagements einer neuen Winzergeneration seit kurzer Zeit wieder *en vogue* sind. Bei seiner honigartigen Üppigkeit behält Jurançon immer eine ausgleichende zitronige Säure. Der trockene Weißwein Jurançon Sec ist attraktiv und erfrischend.

Beste Erzeuger Bellegarde, BRU-BACHÉ, CAUHAPÉ, Cinquau, Clos Lapeyre, Clos Thou, CLOS UROULAT, Cru Lamouroux

Gute Jahrgänge (süß) 1996, 95, 94, 93, 92, 91, 90

MADIRAN AC

Der mächtige und häufig zu gerbstoffreiche Madiran ist gegenwärtig der beste Rotwein im Südwesten. Er basiert auf der recht rustikalen Tannat, der Cabernet (Franc und Sauvignon) für elegantere Aromen zugesetzt wird. Die Weine sind kräftig, gut strukturiert und tieffruchtig, das Alterungspotential hervorragend. Der Erfolg von Madiran hat im konkurrierenden Cahors Verbesserungen provoziert.

Beste Erzeuger D'AYDIE, Barréjat, Berthoumieu, BOUSCASSÉ (Ch. Montus), Capmartin, Crampilh, Ducourneau (Chapelle-Lenclos, Mouréou), Laffitte-Teston, DE PEYROS

Gute Jahrgänge 1996, 95, 94, 93, 91, 90, 89, 88, 85

MAURY VDN

Roter (gereift brauner) gespriteter Dessertwein aus Grenache. Die Reben stehen auf ähnlichem Schieferboden wie in Banyuls, ähnlich ist auch der Stil.

Beste Erzeuger MAS AMIEL, LA PLÉIADE

MINERVOIS AC

Hauptsächlich Rotweine aus dem Gebiet

zwischen Narbonne und Carcassonne, die kräftig-fruchtig sind und gut altern.
Beste Erzeuger Borie de Maurel, Domergue, du Donjon, Fabas, de Gourgazaud, Maris, d'Oupia, Paraza, Piccinini, Ste-Eulalie, La Tour-Boisée, Villerambert-Julien
Gute Jahrgänge 1996, 95, 94, 93, 91, 90

MONBAZILLAC AC

Der führende weiße Süßwein von Bergerac ist nach Jahrzehnten dürftiger Qualität wieder »da«, sein Standard ist einfachem Sauternes ebenbürtig oder sogar überlegen.
Beste Erzeuger Le Fagé, Grande Maison, TIRECUL LA GRAVIÈRE
Gute Jahrgänge 1996, 95, 94, 93, 91, 90, 89, 88, 86

MUSCAT VDNs

In verschiedenen Bereichen des Languedoc werden aus Muscat gespritete Dessertweine gemacht. Die besten kommen aus Frontignan.
Beste Erzeuger Barroubio, La Capelle, Clos Bellevue, La Côte du Mazet, du Grès St-Paul, Mas Neuf, de Mereville, La Peyrade, Les Vignerons de Septimanie

PACHERENC DE VIC BILH AC

Trockener und süßer Weißwein mit lebhafter Säure aus dem Gebiet Madiran. Die lokalen Rebsorten werden für fruchtigeren Charakter mit Sauvignon und Sémillon verschnitten.
Beste Erzeuger D'AYDIE, BOUSCASSÉ, Producteurs Plaimont
Gute Jahrgänge 1996, 95, 94, 93

PALETTE AC

Winzige Appellation auf kreidigem Boden südlich von Aix-en-Provence, mit exzellenten Weinen. Nur 2 Erzeuger, SIMONE und Crémade.
Gute Jahrgänge ❢ 1996, 95, 94, 93, 91, 90, 89, 88, 85

RIVESALTES, MUSCAT DE RIVESALTES VDNs

Gespritete Rot- und Roséweine aus mindestens 50 % Grenache, die selten die Komplexität eines Banyuls erreichen. Einige Exemplare, die 20 Jahre und mehr im Holzfaß gereift sind, können herausragend sein. Die hochwertigen Muscats sind jung zu trinken.
Beste Erzeuger CAZES, de Corneilla, Garria, de Jau, Mas Christine, Piquemal, Sarda-Malet, de Villeneuve

VIN DE PAYS

Die Qualitätssteigerung im Midi war *die* Erfolgsgeschichte der jüngeren Zeit im französischen Weinbau. Die meisten Vins de Pays tragen den Namen einer oder zweier Rebsorten, sind preiswert und von ordentlicher Qualität und gutem Sortencharakter. Einige ragen aus der Masse heraus (MAS DE DAUMAS GASSAC, DE TRÉVALLON) und sind mit Recht teurer.

DER FRANZÖSISCHE VIN DOUX NATUREL (VDN)

Im Gegensatz zu den *vins liquoreux*, deren Süße aus überreifen, von Botrytis befallenen Trauben stammt, ist ein »natürlicher Süßwein« keineswegs »von Natur aus« süß. Er entsteht, indem die Gärung durch die Zugabe von Alkohol – einem neutralen Weingeist von mindestens 90 Vol.-% Alkohol – gestoppt wird, bevor aller Zucker im Most vergoren ist. Dieser Eingriff, die *mutage* (wörtl. »Stumm-Machen«), wird vorgenommen, wenn der Most etwa 6–7% Alkohol- und natürlichen Restzuckergehalt hat; die Alkoholzugabe macht etwa 6–10% des endgültigen Volumens aus. Die besten VDNs kommen von der südlichen Rhône und aus dem Midi. Die aus Muscat gemachten (Beaumes-de-Venise, Frontignan) sind hellgolden bis hellbernsteinfarbig, je nach Reifungsdauer. Die auf Grenache basierenden VDNs verändern sich bei der Reifung von einem tiefen Purpurrot zu einem mittleren Braun; die guten Exemplare sind die mit dem begehrten Rancio-Aroma.

ERZEUGER VON A BIS Z

GILBERT ALQUIER ET FILS, Faugères 04 67 23 07 89/04 67 95 30 51

Das 30-ha-Gut ist das beste in Faugères. Frucht und Extrakt der auf Syrah basierenden Weine sind perfekt ausbalanciert, neue Eiche wird intelligent eingesetzt.

Beste Weine ★★ Faugères Les Bastides 🍷, ★ Faugères 🍷

Gute Jahrgänge 1996, 95, 94, 93, 90

DOM. ANTOINE ARENA, Patrimonio 04 95 37 08 27/04 95 37 01 14

Dieses Gut beweist, daß aus Korsika große Weine kommen können. Die einheimische Nielluccio ergibt einen geschmeidig-robusten Rotwein und die Muscat einen wunderbar aromatischen Weißwein; beide Sorten fühlen sich auf Patrimonios einzigartigem Kreideboden wohl.

Beste Weine ★★Patrimonio 🍷, Muscat du Cap Corse Grotte di Sole 🍸

Gute Jahrgänge 🍷 1996, 95, 94, 93, 92, 91, 90

CH. D'AYDIE, Aydie 05 59 04 01 17/05 59 04 01 53

Die Familie Laplace hat dieses Gut zu einem der zuverlässigsten in der Region gemacht, für Rot- ebenso wie für Weißwein, und war einer der ersten Selbstabfüller in Madiran.

Beste Weine ★★ Madiran 🍷, Pacherenc du Vic Bilh Moelleux 🍸

Gute Jahrgänge 🍷 1996, 95, 94, 93, 90, 89, 88, 85; 🍸 1996, 95, 94, 93

CH. BOUSCASSÉ/CH. MONTUS, Maumusson 05 62 69 74 67/05 62 69 70 46

Die Weine von Alain Brumont machten Madiran einem internationalen Publikum bekannt. Er wird aufgrund der sinnlich-konzentrierten Frucht seiner Weine und des intelligenten Einsatzes neuer Eiche zu Recht mit GUIGAL im Rhône-Tal verglichen.

Beste Weine ★★★ Madiran Ch. Montus Cuvée Prestige 🍷, Madiran Ch. Bouscassé Vieilles Vignes 🍷, ★★ Pacherenc du Vic Bilh Doux Bouscassé Vendémiaire 🍸, Pacherenc du Vic Bilh Doux Bouscassé Brumaire 🍸, Madiran Ch. Montus 🍷, ★ Pacherenc du Vic Bilh Sec 🍸

Gute Jahrgänge 🍷 1996, 95, 94, 93, 91, 90, 89, 88, 85; 🍸 1996, 95, 94

DOM. BRU-BACHÉ, Monein 05 59 21 36 34/05 59 21 32 67

Ein kleines Jurançon-Gut mit Süßwein von Spitzenqualität.

Beste Weine ★★★ Jurançon La Quintessence 🍸,★★ Jurançon Casterrasses 🍸, Jurançon L'Éminence 🍸, ★★ Jurançon Traditionnel 🍸

Gute Jahrgänge 1996, 95, 94, 93, 90, 89, 88

DOM. CAUHAPÉ, Monein 05 59 21 33 02/05 59 21 41 82

Ohne Zweifel das führende Gut in Jurançon. Die trockenen und besonders die süßen Weine sind von herausragender Qualität.

Beste Weine ★★★ Jurançon Noblesse du Petit Manseng 🍸, Jurançon Quintessence du Petit Manseng 🍸, ★★ Jurançon Sec Noblesse du Petit Manseng 🍸, ★ Jurançon Sec Traditionnel 🍸

Gute Jahrgänge trocken: 1996, 95, 94, 93, 92, 91, 90, 89, 88; süß: 1996, 95, 94, 93, 90, 89 88

DOM. CAZES, Rivesaltes 04 68 64 03 26/04 68 64 69 79

Eine der führenden Domänen des Languedoc mit 160 ha Rebland in mehreren Appellationen. Ihre besten Weine sind die mächtigen Vins Doux Naturels, die teils über 20 Jahre in Holzfässern reifen. Dagegen wird der helle, traubige Muscat 6 Monate nach der Ernte abgefüllt.

Beste Weine ★★★ Rivesaltes Cuvée Aime Cazes 🍷, ★★ Muscat de Rivesaltes 🍸
Gute Jahrgänge 🍷 1996, 95, 94, 93

DOM. DU CÈDRE, Viré-sur-Lot 05 65 36 53 87/05 65 24 64 36

Das 25 ha große Gut mit 80% Malbec-Reben macht intensive, eichenbetonte Cahorsweine, die ihre wahre Komplexität nach 3–4 Jahren Reifung zu zeigen beginnen.
Beste Weine ★★ Le Cèdre 🍷, Cahors Le Prestige 🍷
Gute Jahrgänge 1996, 95, 94, 90, 89, 88

CELLIER DES TEMPLIERS, Banyuls 04 68 98 36 70/04 68 98 36 91

Die größte Genossenschaft in Banyuls, deren sehr gutes Programm gespriteter Süßweine auch hervorragende, als Rimages bezeichnete Einzellagenweine aufweist.
Beste Weine ★★★ Banyuls Grand Cru Président Henri Vidal 🍷, ★★ Banyuls Grand Cru Amiral F. Vilarem 🍷
Gute Jahrgänge 1996, 95, 94, 93, 92, 88, 86, 82

CLOS STE-MAGDELEINE, Cassis 04 42 01 70 28/04 42 01 15 51

Das 12-ha-Gut, das über dem Hafenstädtchen Cassis liegt, produziert körperreiche, lebhafte Weißweine mit floralen Aromen.
Beste Weine ★★ Cassis 🍸 **Gute Jahrgänge** 1997, 96, 95

CLOS TRIGUEDINA, Puy l'Evêque 05 65 21 30 81/05 65 21 39 28

Das Familiengut ist aufgrund seiner Qualität und sorgfältigen Weinbereitung sehr angesehen. Der Prince Probus gehört regelmäßig zu den besten Weinen in Cahors.
Beste Weine ★★ Cahors Prince Probus 🍷, ★ Cahors 🍷
Gute Jahrgänge 1996, 95, 94, 92, 90, 89, 88, 86, 85

CLOS UROULAT, Monein 05 59 21 46 19/05 59 21 46 90

Mit nur 7,5 ha Rebfläche muß Charles Hours mit seinen eleganten, faßgereiften trockenen und süßen Weinen keinen Vergleich mit Henri Ramonteu von CAUHAPÉ scheuen.
Beste Weine ★★ Jurançon Sec Cuvée Marie 🍸, Jurançon 🍸
Gute Jahrgänge trocken: 1996, 95, 94, 93, 92; süß: 1996, 95, 93, 92, 90, 89, 88, 87, 83

DOM. DE LA COURTADE, Île de Porquerolles 04 94 58 31 44/04 94 58 34 12

Das vor wenigen Jahren gegründete Gut liegt idyllisch auf der ruhigen Insel mit ihrem günstigen Mesoklima, seine facettenreichen Weine spiegeln Terroir und Traubensorte.
Beste Weine ★★ Côtes de Provence 🍷🍸 **Gute Jahrgänge** 🍷 1995, 93, 90, 89

CH. LAGREZETTE, Caillac 05 65 20 07 42/05 65 20 06 95

Seit 1994 werden die Weine dieses 54 ha großen Guts von Michel Rolland gemacht, dem berühmten Önologen aus Bordeaux, was sich auch in größerer Tiefe und Rundheit äußert.
Bester Wein ★★ Cahors 🍷 **Gute Jahrgänge** 1996, 95, 94, 92, 90, 89, 88, 86, 85

MAS AMIEL, Maury 04 68 29 01 02/04 68 29 17 82

Das bekannteste Gut in Maury, der Maßstab für die Appellation mit einer Reihe verschiedener Süßweine.
Beste Weine ★★ Maury 15 Ans 🍷, Maury Vintage 🍷
Gute Jahrgänge Vintage 1996, 95, 94, 93, 90

DOM. DU MAS BLANC, Banyuls 04 68 88 32 12/04 68 35 03 95

Dr. André Parcé war der verehrteste Erzeuger der Region. Mit alten Reben, niedrigen Erträgen und unablässigem Streben nach dem Besseren macht das Gut Weine von höchster Qualität. Die Cuvées von Collioure gehören zu den besten Weinen der Appellation.

Beste Weine ★★★ Banyuls Rimage 🍷, Banyuls de Solera 🍷,★★ Collioure Clos du Moulin 🍷
Gute Jahrgänge Collioure: 1996, 95, 94, 93, 91

MAS DE DAUMAS GASSAC, Aniane 04 67 57 71 28/04 67 57 41 03
Der Boden dieses gefeierten Guts, das Anfang der 1970er Jahre aus dem Nichts geschaffen wurde, ist besonders mineralienreich und prädestiniert für intensiv fruchtige Weine aus Cabernet Sauvignon, Chardonnay und Viognier.
Beste Weine ★★★ Vin de Pays de l'Hérault 🍷, ★★ Vin de Pays de l'Hérault 🍸
Gute Jahrgänge 🍷 1996, 95, 94, 93, 92, 91, 90, 89, 88, 87, 85, 83, 82

CH. MONTUS Siehe Ch. Bouscassé S. 178

DOM. OTT/CH. ROMASSAN, Le Castellet 04 94 98 71 91/04 94 98 65 44
Die Otts, eine der bedeutendsten und einflußreichsten Winzerfamilien in der Provence, machen auf ihrem 65-ha-Gut den besten Bandol Rosé.
Beste Weine ★★ Bandol Longue Garde 🍷, ★ Bandol Coeur de Grain 🍹
Gute Jahrgänge 🍷 1997, 96, 95, 94, 93, 91, 90, 89, 88

CH. DE PEYROS, Corbère-Abères 05 59 02 45 90/05 59 84 06 71
Das alte Gut, das lange Zeit Weine im Bordeaux-Stil gemacht hat, besinnt sich auf seine Madiran-Wurzeln und holt aus der Tannat jetzt mehr Körper und Farbe.
Beste Weine ★★★ Madiran Le Couvent du Château 🍷, ★ Madiran 🍷
Gute Jahrgänge 1996, 95, 90, 89

CH. DE PIBARNON, La Cadière d'Azur 04 94 90 12 73/04 94 90 12 98
Ein Gut mit terrassierten Weinbergen an den steilsten Hängen von Bandol. Der Rotwein aus 95% Mourvèdre ist klassisch strukturiert und altert sehr schön; die Weißweine und Rosés sind fruchtig und elegant.
Beste Weine ★★★ Bandol 🍷, ★★ Bandol 🍸, ★ Bandol 🍹
Gute Jahrgänge 🍷 1996, 95, 94, 93, 91, 90, 89, 88, 85, 82

ROBERT PLAGEOLES, Cahuzac-sur-Vère 05 63 33 90 40/05 63 33 95 64
Die Familie Plageoles macht in Gaillac seit 500 Jahren Wein. Der brillante Robert Plageoles leitet des Gut mit seinem Sohn. Die Rotweine sind erdig, einzigartig aber sind die Weißweine, denn Plageoles hat einige fast ausgestorbene Rebsorten wiederbelebt.
Beste Weine ★★ Gaillac Vin de Voile 🍸, Gaillac Vin d'Autan 🍸, 🍷, Gaillac Muscadelle 🍸, Gaillac Ondenc 🍸, Gaillac Duras 🍷 **Gute Jahrgänge** 🍸 1996, 95, 94

CH. PRADEAUX, St-Cyr-sur-Mer 04 94 32 10 21/04 94 32 16 02
Das 14,5-ha-Gut, seit Generationen in Familienbesitz, macht mit alten Mourvèdre-, Grenache- und Cinsaut-Reben einige der konzentriertesten Weine von Bandol.
Beste Weine ★★★ Bandol 🍷, ★ Bandol 🍹
Gute Jahrgänge 🍷 1995, 94, 93, 91, 90, 89, 88, 85, 83, 82

PRIEURÉ DE ST-JEAN-DE-BÉBIAN, Pézenas 04 67 98 13 60/04 67 98 22 24
Das Gut war bisher für kraftvolle Weine von ertragsarmen alten Reben bekannt; neue Eigentümer behalten die Tradition bei, polieren aber die Weine auf.
Beste Weine ★★ Coteaux du Languedoc 🍷🍸 **Gute Jahrgänge** 🍷 1996, 95, 94, 89, 88, 85

CH. SIMONE, Meyreuil 04 42 66 92 58/04 42 66 80 77
Die erste und größte Domäne in der winzigen AC Palette macht Weine mit der Raffinesse eines Bordeaux und dennoch provenzalischem Charakter.
Beste Weine ★ Palette 🍷🍸🍹 **Gute Jahrgänge** 🍷 1995, 93, 91, 89, 88, 85, 82

DOM. TEMPIER, le Plan-du-Castellet — 04 94 98 70 21/04 94 90 21 65

Der inzwischen verstorbene Lucien Peyraud hat Tempier zum Maßstab für Bandol gemacht. Man produziert heute einige verschiedene Cuvées, alle mit einem großen Anteil Mourvèdre. Der Bandol Rosé wird nur noch von dem von OTT übertroffen.

Beste Weine ★★ Bandol Cuvée Classique ▼, Bandol Cabassaou ▼, Bandol Tourtine ▼, ★ Bandol ▼ **Gute Jahrgänge** 1996, 95, 94, 93, 92, 91, 90, 89, 88, 85, 83

CH. TIRECUL LA GRAVIÈRE, Monbazillac — 05 53 57 44 75/05 53 24 85 01

Das Streben nach konzentrierten Aromen wird hier auf die Spitze getrieben – die resultierenden Weine von hervorragendem Boden werden sogar mit d'YQUEM verglichen.

Beste Weine ★★★ Monbazillac Cuvée Madame ▽,★★ Monbazillac ▽

Gute Jahrgänge 1996, 95, 94, 93, 91, 90, 89, 88, 86

CH. TOUR DES GENDRES, Ribagnac — 05 53 57 12 43/05 53 58 89 49

Heute eines der besten Güter in Bergerac mit 43 ha Reben. Luc de Conti macht seine Weine mit demselben Raffinement, wie man es bei einem Bordeaux Cru Classé findet.

Beste Weine ★ Côtes de Bergerac La Gloire de Mon Père ▼, Moulin des Dames ▼▽

Gute Jahrgänge ▼ 1996, 95, 93, 90, 89, 88

DOM. DE TRÉVALLON, St-Étienne-du-Grès — 04 90 49 06 00/04 90 49 02 17

Seit der ersten Ernte 1977 macht das im Besitz von Eloi Dürrbach befindliche Gut regelmäßig einige der besten Weine Südfrankreichs. Seit dem Jahrgang 1994 darf es – albern, so etwas – wegen des nichttraditionellen Verschnitts von 55% Cabernet Sauvignon und 45% Syrah die AC Les Baux-de-Provence nicht mehr benutzen.

Beste Weine ★★★ Vin de Pays du Bouches-du-Rhône ▼,★★ Vin de Pays du Bouches-du-Rhône ▽

Gute Jahrgänge ▼ 1996, 95, 94, 93, 90, 89, 88, 85, 83, 82

JAHRGÄNGE IM SÜDEN UND SÜDWESTEN

Zwar ist Südfrankreich als sonnenverwöhntes Urlaubsland bekannt, doch heißt das nicht, daß die Erzeuger zur Lesezeit nie Probleme haben. Die Region ist riesig, daher ist die Qualität keineswegs überall dieselbe.

PROVENCE, LANGUEDOC-ROUSSILLON, KORSIKA

Die Jahrgänge zeigen weithin dasselbe Muster wie in der südlichen Rhône; die maritimen Einflüsse können allerdings die Reife der Trauben ebenso behindern wie unterstützen.

Vins Doux Naturels

Die munteren, aromatischen VDNs aus Muscat, die im Frühjahr nach der Ernte abgefüllt werden, sollten ebenso nach 1–2 Jahren in der Flasche getrunken werden wie die auf Grenache basierenden Weine, die lange in Holz reifen, um das Rancio-Aroma zu erhalten. Vintage-Weine (katalanisch *rimage*) werden 1–2 Jahre nach der Ernte abgefüllt und reifen wie ein Vintage Port langsam in der Flasche.

DER SÜDWESTEN

Im allgemeinen entsprechen die Jahrgänge denen von Bordeaux. Die Unterschiede zwischen den Erzeugern sind so groß, daß der Jahrgang meist nur über das Alter etwas sagt, nicht über die Qualität.

DEUTSCHLAND

Deutsche Rieslinge vereinen Feinheit und Intensität, Subtilität und Überschwenglichkeit in einem Maß, das unter den Weißweinen der Welt einzigartig ist. Das hat man neben der Flut billiger Weine – diesen traurigen Karikaturen dessen, was ein Wein wirklich ist – lange übersehen. In den 1990er Jahren hat eine neue Generation von Winzern eine Renaissance des Rieslings auf den Weg gebracht, und auch die Experimente mit den Sorten aus der Pinot-Familie zeigen schöne Resultate.

Geschmackscharakteristik

Die Weine aus den Tälern des Rheins und seiner Nebenflüsse Main, Nahe und Mosel sind deutlich vom kühlen Klima Deutschlands geprägt. Riesling ist die einzige Traube, die das Klima und das Terroir – steile Lagen mit steinigen Böden – in Weine von Größe übersetzen kann, denn ihr Charakter ist für diese Bedingungen perfekt geeignet. Sie ergibt Weine von leichtem Körper, jedoch außerordentlich intensivem, komplexem Geschmack. Je nach Lage und Jahrgang kann sie die verschiedensten Fruchtaromen aufweisen, von grünem Apfel über Pfirsich – geradezu ihr Erkennungszeichen – bis Passionsfrucht, dazu eine ganze Palette von Mineralien-, Gewürz- und Kräuternoten.

Selektive Lese

Traditionell produzieren die Winzer in ein und demselben Jahrgang häufig von derselben Lage eine Reihe verschiedener Rieslinge. Sie reichen vom trockenen Wein – die trockenen Rieslinge haben sich in den 1990er Jahren dramatisch verbessert – bis zu sinnlich-üppigem Dessertwein, den Auslesen, Beerenauslese oder Trockenbeerenauslesen (letztere aus penibelst ausgewählten, von Edelfäule befallenen und rosinenähnlich eingeschrumpften Beeren). Obwohl sie zu den konzentriertesten Weinen der Welt gehören, haben sie eine Reinheit und Brillanz, die kaum ein anderer Dessertwein erreicht.

Weinbau und Weinbereitung

In den 1970er und 1980er Jahren waren die Erträge auch in den Spitzengütern im allgemeinen zu hoch, um erstklassige Weine zu ergeben. Eine der ersten Aufgaben, die sich die in den 1990ern formierende neue Generation von Weinmachern stellte, war eine drastische Ertragsreduzierung, und so werden heute gute Rieslinge mit Erträgen gelesen, die denen der großen Weine Frankreichs vergleichbar sind. Die meisten neuen Star-Güter sind klein gegenüber den vor 30 Jahren führenden Häusern, die wiederum zum Großteil zurückgefallen sind. Genossenschaften sind gute Quellen für den Alltagswein, im Bereich hochwertiger Weine spielen sie kaum eine Rolle.

Geringe Erträge und verbesserte Vinifizierung machen sich auch bei den Weinen der Pinot-Familie (Weißburgunder/Pinot Blanc, Grauburgunder/Pinot Gris, Spätburgunder/Pinot Noir) und bei Chardonnay sehr positiv bemerkbar. In letzter Zeit macht eine Gruppe von Erzeugern in den warmen südlichen Regionen Pfalz und Baden aufregende trockene Weine aus diesen Sorten. Sie haben ihren Ausbau in neuen Eichenfässern oder *barriques* im Griff (natürlich werden nicht alle Weiß- und Grauburgunder in Holz vinifiziert). Die besten Exemplare besitzen – bei zurückhaltenderem Charakter – soviel Körper und Stoff wie vergleichbare Weine aus Frankreich oder der Neuen Welt.

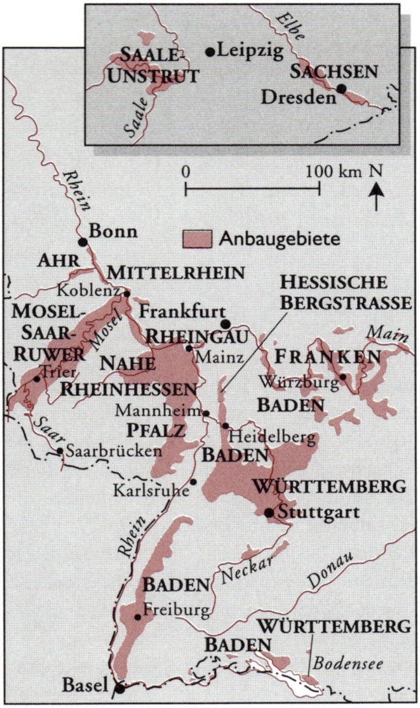

ANBAUGEBIETE

Ahr
Bekannt für leichte, helle Spätburgunder. In letzter Zeit ist ein Trend zu ernsthafteren Gewächsen zu verzeichnen.

Baden
Am besten sind Spätburgunder und trockene Grauburgunder, die noch mehr Gewicht haben als die aus der Pfalz. Gute trockene Rieslinge und Traminer kommen aus der Ortenau.

Franken
Frankens Spezialität sind körperreiche, erdige Rieslinge und Silvaner.

Hessische Bergstraße
Ein kleiner Bereich mit einigen guten trockenen und süßen Rieslingen, doch wenigen bemerkenswerten Weinen.

Mittelrhein
Die Schieferböden im engen Rheintal ergeben so aromatische Rieslinge wie die von der Mosel, jedoch mit etwas weicherem Charakter.

Mosel-Saar-Ruwer
Steile Rebhänge mit Schieferböden ergeben Deutschlands eleganteste und feinste Rieslinge. Fast alle aufregenden Weine haben noch etwas natürliche Süße.

Nahe
Der geologisch komplexe Bereich produziert intensiv mineralische, rassige Rieslinge im »klassischen« Stil, das heißt mit Restsüße. Grau- und Weißburgunder ergeben gute trockene Weine von mittlerem Gewicht und klarem Aroma.

Pfalz
Deutschlands üppigste Rieslinge, füllige Weiß- und Grauburgunder, aufstrebende Spätburgunder und aromatische Scheureben und Gewürztraminer kommen aus der linksrheinischen Pfalz.

Rheingau
Deutschlands berühmtester Bereich für aristokratische Rieslinge (süß und trocken) ist nach einer schwächeren Periode wieder da.

Rheinhessen
Großer Bereich mit einer »Qualitätsweininsel« bei Nackenheim-Nierstein, mit gehaltvollen, seidigen trockenen und klassischsüßen Rieslingen.

Saale-Unstrut
Gute trockene Weißburgunder, Traminer und Rieslinge. Das Potential ist noch nicht ausgeschöpft.

Sachsen
Aromatische trockene Rieslinge und Traminer.

Württemberg
Hier sind wenige Glanzlichter zu verzeichnen, mit Ausnahme einiger erdiger Rieslinge und seriöser Rotweine.

WEINGESETZE UND KLASSIFIKATION

Das deutsche Weingesetz von 1971 definiert die Weinqualität ausschließlich nach dem Zuckergehalt des Mostes bei der Ernte; die Lage des Weinbergs hat für die Klassifikation des Weins keine Bedeutung. Seit seinem Inkrafttreten schimpfen Experten über das Gesetz, und eine wachsende Zahl von führenden Erzeugern arbeitet an Alternativen, die den Spitzenlagen die Bedeutung zurückgibt, die sie bis 1971 genossen.

Probleme des deutschen Weingesetzes

Bis 1971 wurde das hierarchische Prädikatssystem des deutschen Weingesetzes fast ausschließlich bei Riesling von traditionellen Lagen verwendet, die unter den (für nicht angereicherte Weine geltenden) Bezeichnungen Spätlese, Auslese, Beerenauslese und Trockenbeerenauslese verkauft wurden. Das Gesetz von 1971 erweiterte mit den Bezeichnungen Tafelwein/Landwein, QbA und Kabinett die Leiter nach unten, die bei ausreichendem Zuckergehalt für alle Lagen und Sorten verwendet werden können. Im Zuge einer schrankenlosen Kommerzialisierung wuchsen dadurch die Rebflächen gewaltig an. Die meisten dieser neuen Areale sind schlecht gelegen und mit zweitrangigen modernen Reben bepflanzt; die Massenproduktion von Zuckerwasser in den 1970er, 80er Jahren hat dann den Ruf Deutschlands fast zerstört.

Lagenklassifikation

Qualitätsorientierte Winzer argumentieren seit langem, daß in einem kühlen Grenz-Weinland der Unterschied zwischen ideal und schlecht gelegenen Weinbergen immens ist und daß das Gesetz dem Rechnung tragen muß. Sie insistieren darauf, daß die jahrhundertealte Reputation für Lagen wie Brauneberger Juffer-Sonnenuhr an der Mosel kein Zufall ist. Eine Lagenklassifizierung ist daher die laut vorgetragene Forderung der neuen deutschen Winzer.

Klassifikation

Tafelwein Meist dünn und billig; jedoch tragen wie in der Toskana eine Reihe in Holz ausgebauter guter Weine diesen Namen.

Qualitätswein bestimmter Anbaugebiete (QbA) Ohne Nennung des Weinbergs als Alltagswein gedacht; die Nennung der Lage läßt auf etwas höhere Qualität schließen.

Qualitätsweine mit Prädikat (QmP)

Kabinett Leichte (7,5–10% Alkohol), doch lebhafte, aromatische, nicht ganz trockene Weine. Niedrigste Stufe für nichtchaptalisierte Weine.

Spätlese Mittelgewichtiger Wein aus später Ernte, der bei intensivem Aroma eine gewisse Leichtigkeit aufweisen sollte; für lange Reifung geeignet.

Auslese Gehaltvoll und rund mit deutlicher natürlicher Süße und ausgleichender Säure, für mindestens 10jährige Reifung geeignet. Auslesen werden auch trocken und halbtrocken ausgebaut.

Beerenauslese (BA) Sinnliche, üppige Dessertweine aus ausgelesenen, von Botrytis befallenen Beeren. Ihre Säure verhindert den Eindruck von Schwere oder Klebrigkeit. Benötigen lange Reifung.

Trockenbeerenauslese (TBA) Höchst konzentrierte Dessertweine mit intensiv rosinenartigem, edelfaulem Charakter, der Jahrzehnte benötigt, um seinen Reichtum zu entfalten.

Eiswein Aus am Stock gefrorenen Trauben gepreßter Most. Eiswein besitzt Aromen tropischer Früchte bei straffer Süße-Säure-Balance.

GROSSE DEUTSCHE WEINE

Oz Clarkes Auswahl

Oberhäuser Brücke Riesling Eiswein 🍷 **(Dönnhoff)** Konzentrierte, intensive Frucht vom Top-Erzeuger der Nahe.

Erdener Prälat Riesling Auslese Goldkapsel 🍷 **(Loosen)**
Die winzige Produktion von einer winzigen Lage gibt einem großen Mosel ein unerwartetes, unvergeßliches Element von Sinnlichkeit.

Nackenheimer Rothenberg Riesling Auslese Goldkapsel 🍷 **(Gunderloch)**
Fritz Hasselbach macht einen der bemerkenswertesten und charakteristischsten Einzellagenweine Deutschlands.

Serriger Schloß Saarstein Riesling 🍷 Das Gut macht von Kabinett bis Eiswein scharfgeschliffene Rieslinge, die den Gaumen attackieren und das Herz erfreuen.

Haardter Herrenletten Grauburgunder BA 🍷 **(Müller-Catoir)** Der größte Weinmacher Süddeutschlands holt aus der Pinot-Gris-Traube eine fabelhafte, köstliche Quitten-Honig-Frucht.

Dürkheimer Fronhof Scheurebe Auslese 🍷 **(Kurt Darting)** In den richtigen Händen zeigt die Scheurebe in der Pfalz eine brillante Kombination von rosa Grapefruit, Pfeffer und Honig.

Ürziger Würzgarten Riesling Auslese Goldkapsel 🍷 **(Mönchhof)** Aufregender, würziger, geradezu wilder Wein, vollgepackt mit Frucht, von einer der besten Lagen an der Mosel.

Maximin Grünhäuser Abtsberg Riesling Auslese Einzelfuder 🍷 Duftender, eleganter, unirdisch schöner Wein – sublime Honignoten mit Zitrusblütenduft und schiefriger Säure.

Steven Spurrier's Auswahl

Rüdesheimer Berg Schloßberg Riesling Charta 🍷 **(Breuer)** Klassischer trockener Rheingau-Riesling von dem mittelgroßen Gut Bernhard Breuers.

Forster Pechstein Riesling Auslese 🍷 **(Bürklin-Wolf)** Das über 400 Jahre alte, große berühmte Familiengut ist eines der führenden Häuser der Pfalz.

Brauneberger Juffer-Sonnenuhr Riesling Auslese 🍷 **(Fritz Haag)** Berühmtes Mosel-Gut mit Parzellen in der berühmten Lage Sonnenuhr; exzellente, elegante Weißweine.

Wehlener Sonnenuhr Riesling Spätlese 🍷 **(Loosen)** Der junge Ernst Loosen setzt die Tradition mustergültiger Weine des berühmten Guts fort.

Maximin Grünhäuser Abtsberg Riesling Spätlese 🍷 Carl von Schubert hat sein Gut zum besten an der Ruwer gemacht.

Scharzhofberger Riesling Spätlese 🍷 **(Müller-Scharzhof)** Eines der besten Güter der Saar. Egon Müllers Weine sind berühmt für ihre klare Frucht.

Mülheimer Helenenkloster Riesling Eiswein 🍷 **(Richter)** Dirk Richter ist ein Spitzenerzeuger von Eiswein, der Spezialität unter seinen anderen guten Weinen.

Serriger Schloß Saarstein Riesling Spätlese 🍷 Einer der elegantesten und langlebigsten Weine der Region.

Deutsche Spitzenerzeuger

Riesling Von Bassermann-Jordan, BECKER, BIFFAR, BREUER, BÜRKLIN-WOLF, CHRISTOFFEL, SCHLOSSGUT DIEL, DÖNNHOFF, GUNDERLOCH, FRITZ HAAG, HAART, HEYL ZU HERRNSHEIM, HEYMANN-LÖWENSTEIN, VON HÖVEL, JOHANNISHOF, JOST, KARLSMÜHLE, KARTHÄUSERHOF, KELLER, VON KESSELSTATT, KOEHLER-RUPRECHT, KÜNSTLER, LEITZ, LOEWEN, LOOSEN, MAXIMIN GRÜNHAUS, GEORG MOSBACHER, MÜLLER-CATOIR, MÜLLER-SCHARZHOF, J. J. PRÜM, REBHOLZ, MAX. FERD. RICHTER, ST. ANTONY, SCHAEFER, SCHLOSS REINHARTSHAUSEN, SELBACH-OSTER, WAGNER, WEIL, WOLF, FORSTMEISTER GELTZ-ZILLIKEN

Weißburgunder/Grauburgunder/Chardonnay Fritz Becker, BERCHER, BERGDOLT, FÜRST, HEGER, HEYL ZU HERRNSHEIM, HUBER, JOHNER, Franz Keller, Messmer, MÜLLER-CATOIR, REBHOLZ, Salwey, Wehrheim, WOLF

Spätburgunder BERCHER, HEGER, HUBER, JOHNER, Knipser, KOEHLER-RUPRECHT, Meyer-Näkel, REBHOLZ

DEUTSCHE WEINORTE VON A BIS Z

BACHARACH

Der wichtigste Ort am Mittelrhein für guten Riesling. Der trockene ist sehr gut, am meisten rassigen Charme besitzt aber der mit etwas Restsüße.

Spitzenlagen Hahn, Posten

Beste Erzeuger Toni Jost, Randolf Kauer, Helmut Mades, Jochen Ratzenberger

Gute Jahrgänge 1997, 94, 93, 92, 90, 89

BERNKASTEL-KUES

Mittelalterliches Städtchen an der mittleren Mosel mit Weinen von klassischer Eleganz, jedoch qualitativ sehr unterschiedlichen Lagen. Einige wenige Weine sind von großer Subtilität, die geringeren sind erdig und hart.

Spitzenlagen Alte Badstube am Doctorberg, Doctor, Graben, Lay

Beste Erzeuger Hansen-Lauer, LOOSEN, J. J. PRÜM, Selbach-Oster, Wegeler

Gute Jahrgänge 1997, 95, 93, 90, 88, 83, 76, 75, 71

BRAUNEBERG

Vor hundert Jahren galten die Weine von Brauneberg als die besten Mosel, mit gutem Grund. Sie vereinen mineralische Kraft mit runder Pfirsichfrucht und fester Struktur. Diese Rieslinge sind jung eindrucksvoll und haben ein enormes Reifungspotential.

Spitzenlagen Juffer, Juffer-Sonnenuhr

Beste Erzeuger Bastgen, FRITZ HAAG, WILLI HAAG, Max Ferd. RICHTER

Gute Jahrgänge 1997, 95, 94, 93, 92, 90, 88, 85, 83, 79, 76, 75, 71, 69

DEIDESHEIM

Die schöne alte Stadt im Herzen der Pfalz besitzt exzellente Weinberge, die volle, aromatische Rieslinge mit seidiger Säure liefern (daher trocken wie mit Restsüße gut). In heißen Jahren kann es Probleme mit Trockenheit geben.

Spitzenlagen Grainhübel, Hohenmorgen, Kalkofen, Leinhöhle

Beste Erzeuger Von Bassermann-Jordan, BIFFAR, von Buhl, J. L. WOLF

Gute Jahrgänge 1997, 96, 93, 92, 90, 89, 88, 86, 85, 81, 79, 76, 71

DORSHEIM

Hier liegen einige der besten Weinberge der unteren Nahe. Steiniger Boden an steilen Hängen ergeben Rieslinge, die man mit großen Moselweinen verwechseln könnte, jedoch etwas geradliniger und aggressiver sind.

Spitzenlagen Burgberg, Goldloch, Pittermännchen

Bester Erzeuger Schloßgut DIEL

GUTE JAHRGÄNGE 1997, 96, 95, 93, 90, 89, 86, 83, 79, 76, 75, 71

DURBACH

Weinort in der Ortenau mit exzellentem, für Baden ungewöhnlichem Klingelberger (Riesling) sowie Klevner (Traminer) und Scheurebe. Magerer Granitboden und steile Lagen geben dem Wein eine in dieser Region seltene Frische und Delikatesse.

Spitzenlagen Plauelrain, Schloßberg, Schloß Grohl

Bester Erzeuger Andreas LAIBLE

Gute Jahrgänge 1997, 96, 95, 94, 93, 92, 90, 89

ERBACH

Eine Lage, der Marcobrunn, hat Erbach im Rheingau berühmt gemacht, aber es gibt hier noch einige andere gute Weinberge. Die Rieslinge mit Restsüße, die jung noch etwas zugeknöpft sind, werden in 3–5 Jahren zu Klassikern (und halten noch einige Jahre länger).

Spitzenlagen Marcobrunn, Schloßberg, Siegelsberg

Beste Erzeuger Von Knyphausen, SCHLOSS REINHARTSHAUSEN

Gute Jahrgänge 1997, 96, 95, 92, 90, 89, 83, 79, 76, 71, 69

ERDEN

Die roten Schieferklippen von Erden heben

sich von den typischen grauen Schieferhängen der Mittelmosel ab. Boden und eine extrem günstige Sonnenexposition resultieren in stoffigen Weinen mit festem mineralischem Kern. Die Lage Prälat produziert den rundesten, exotischsten Wein aus Mosel-Saar-Ruwer.

Spitzenlagen Prälat, Treppchen
Beste Erzeuger J. J. CHRISTOFFEL, Robert Eymael, LOOSEN, Meulenhof
Gute Jahrgänge 1997, 96, 95, 94, 93, 90, 89, 88, 85, 83, 79, 76, 75, 71, 69

FORST

In Forst, das traditionell als der herausragende Weinort der Pfalz gilt, wachsen Rieslinge mit kraftvoller, fester Struktur und einer für die Region raren Eleganz. In den letzten Jahren wurde die Qualität sehr verbessert.

Spitzenlagen Jesuitengarten, Kirchenstück, Pechstein, Ungeheuer
Beste Erzeuger Von Bassermann-Jordan, BÜRKLIN-WOLF, Georg Mosbacher, Werlé, J. L. WOLF
Gute Jahrgänge 1997, 96, 94, 93, 92, 90, 89, 86, 85, 83, 81, 79, 76, 71

GRAACH

Die Kombination von tiefen Schieferböden und sehr steilen Hängen an der Mittelmosel ergibt Rieslinge mit Restsüße, kräftigem Schwarze-Johannisbeer-Aroma und sehr fester Struktur, die sehr gut altern.

Spitzenlagen Domprobst, Himmelreich, Josephshöfer (Monopollage von KESSELSTATT)
Beste Erzeuger VON KESSELSTATT, LOOSEN, J. J. PRÜM, WILLI SCHAEFER
Gute Jahrgänge 1997, 95, 94, 93, 90, 89, 88, 85, 83, 79, 76, 75, 73, 71, 69

HAARDT

Dieser kleine Ort bei Neustadt kann sich einiger der besten Lagen in der Pfalz und ihrer ausdrucksvollsten Rieslinge (trocken und süß) rühmen.

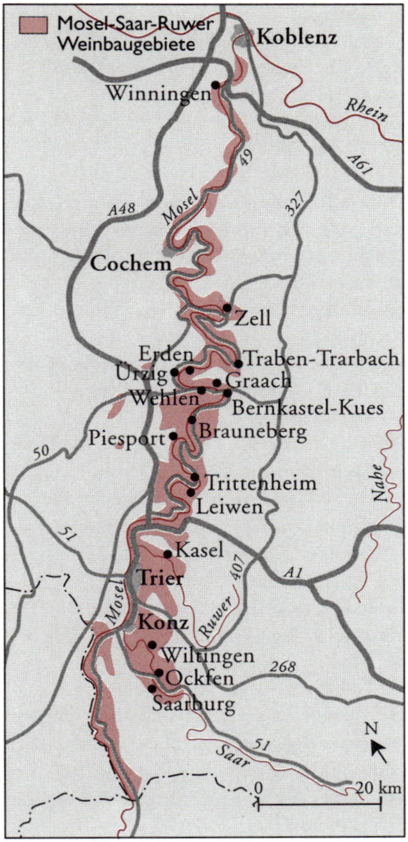

Spitzenlagen Bürgergarten, Herrenletten
Beste Erzeuger MÜLLER-CATOIR, Weegmüller
Gute Jahrgänge 1997, 96, 93, 92, 90, 89, 88, 85, 83, 79, 76

HATTENHEIM

Dieser berühmte Rheingau-Ort macht mit seinen exzellenten Lagen Wein von mittlerem Körper, großzügigen Aromen und klassischer Harmonie. Aufgrund der Neuanlage der Weinberge sind die meisten Reben jung, was das Potential gegenwärtig begrenzt.

Spitzenlagen Nußbrunnen, Pfaffenberg, Wisselbrunnen, Steinberg
Beste Erzeuger SCHLOSS REINHARTSHAUSEN, Schloß Schönborn
Gute Jahrgänge 1997, 96, 95, 93, 92, 90, 89, 88, 86, 76, 71

HOCHHEIM

Die kraftvollsten Rheingau-Riesling (trocken und süß) mit deutlicher Aprikosen-Zitrus-Frucht, oft prononcierter Erdigkeit und großem Alterungspotential.
Spitzenlagen Domdechaney, Hölle, Kirchenstück, Königin-Victoria-Berg
Beste Erzeuger Franz KÜNSTLER, DOMDECHANT WERNER

IHRINGEN

Hier im Kaiserstuhl verzeichnet man das wärmste Klima in Baden. Der vulkanische Boden ist ideal für die verschiedenen Pinots, die üppige, würzige Weine mit gutem Reifungspotential ergeben.
Spitzenlagen Winklerberg
Beste Erzeuger DR. HEGER, Stigler
Gute Jahrgänge 1997, 96, 93, 90, 89, 88, 86, 85

IPHOFEN

Die besten Lagen im fränkischen Bereich Steigerwald gehören zu Iphofen und liefern große, muskulöse, erdige Rieslinge und Silvaner, die 2–3 Jahre Reifung brauchen, um sich zu öffnen.
Spitzenlagen Julius-Echter-Berg, Kronsberg
Beste Erzeuger JULIUSSPITAL, Johann Ruck, Wirsching
Gute Jahrgänge 1997, 94, 93, 92, 90, 88, 83

JOHANNISBERG

Der berühmteste Weinort des Rheingaus macht Weine, die sehr edel sein und extrem lange reifen können, aber leider öfter enttäuschen.
Spitzenlagen Goldatzel, Hölle, Schloß Johannisberg
Beste Erzeuger JOHANNISHOF, SCHLOSS JOHANNISBERG (seit 1996)
Gute Jahrgänge 1997, 96, 95, 93, 90, 89, 88, 85, 85, 83, 76, 75, 71

KASEL

Der bedeutendste Weinort im Nahetal mit 2 hervorragenden Lagen, die restsüße Rieslinge mit der typischen Nahe-Stahligkeit und intensiven Brombeer-Schwarze-Johannisbeer-Aromen liefern; sie gehören zu den langlebigsten Ruwer-Weinen.
Spitzenlagen Kehrnagel, Nies'chen
Beste Erzeuger KARLSMÜHLE & PATHEIGER, VON KESSELSTATT
Gute Jahrgänge 1997, 95, 94, 93, 90, 89, 88, 85, 83, 76, 75, 71

KALLSTADT

Der Kalkboden des Weinbergs Saumagen – einst ein Steinbruch – ergibt die muskulösesten trockenen Rieslinge der Pfalz sowie sehr gute Weine aus allen Sorten der Pinot-Familie.
Spitzenlagen Annaberg, Saumagen
Bester Erzeuger KOEHLER-RUPRECHT
Gute Jahrgänge 1997, 96, 95, 93, 92, 90, 89, 88, 85, 83, 81, 79, 76, 71

ERSTES GEWÄCHS

Der Streit um die Klassifikation von Weinbergslagen in Deutschland ist in vollem Gange, und eine Reform des Weingesetzes scheint noch weit entfernt zu sein. Die Befürworter der Klassifikation vom Rhein haben Karten der »Grand-Cru-Lagen« in Rheingau und Pfalz veröffentlicht und Regeln für die Produktion ihrer Weine niedergelegt, die sie als »Erstes Gewächs« bezeichnen. Historische Karten mit Klassifikationen für Nahe und Mosel-Saar-Ruwer wurden nachgedruckt, und der harte Kern der Pro-Klassifikation-Winzer arbeitet bereits nach den von den Kollegen vom Rhein formulierten Regeln; allerdings verwenden sie nicht die Bezeichnung »Erstes Gewächs«. Unter der Rubrik »Spitzenlagen« werden hier Anwärter auf eine solche höchste Einstufung genannt.

KIEDRICH

Mit ihren Pfirsicharomen und ihrer dennoch schlanken Art ähneln die Weine des alten Rheingauorts denen der Mosel; inbesondere die restsüßen verfügen über mehr Körper und besitzen ein gutes Alterungspotential. Die steile Lage Gräfenberg ist eine der besten im Rheingau.

Spitzenlagen Gräfenberg, Wasseros
Beste Erzeuger Robert WEIL
Gute Jahrgänge 1997, 96, 95, 94, 93, 92, 90, 85, 83, 76, 71

LEIWEN

Dieser Ort an der Mittelmosel hat mittelmäßige und hervorragende Lagen und ist Heimat einer Handvoll ehrgeiziger, hart arbeitender junger Winzer. Das Schwergewicht liegt auf trockenen Rieslingen, besser sind die mit Restsüße.

Spitzenlagen Laurentiuslay
Beste Erzeuger GRANS-FASSIAN, LOEWEN
Gute Jahrgänge 1997, 96, 95, 93, 92, 90, 89, 88, 83

MÜNSTER

In diesem Ort an der unteren Nahe schöpfen heute noch wenige Weine ihr Potential aus, doch von 2 Lagen kommen substantielle, saftig-aromatische Weine, insbesondere trockene Rieslinge.

Spitzenlagen Dautenpflänzer, Pittersberg
Beste Erzeuger Krüger-Rumpf
Gute Jahrgänge 1997, 96, 94, 92, 90, 89, 88, 83

NACKENHEIM

Die schwindelerregend steile Lage Rothenberg direkt am Rhein produziert einige der körperreichsten trockenen und süßen Rieslinge von diesem Fluß. Sie brauchen 2–5 Jahre Reifung, halten aber noch viel länger.

Spitzenlage Rothenberg
Bester Erzeuger GUNDERLOCH
Gute Jahrgänge 1997, 96, 95, 94, 93, 92, 90, 89, 79, 76, 71

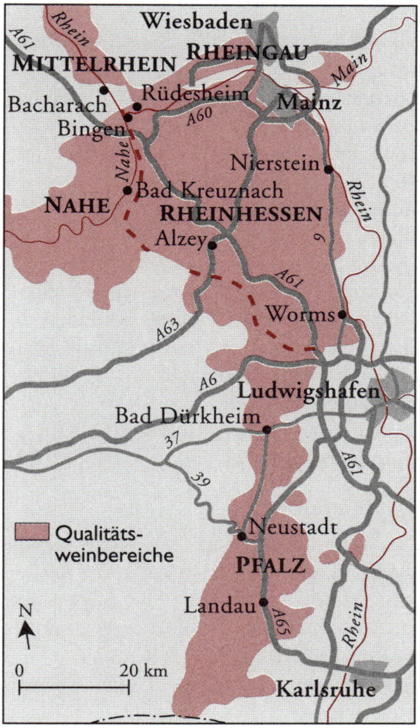

NIEDERHAUSEN

Hier sind die besten Weinberge der Nahe zu finden. Komplexe geologische Verhältnisse resultieren in intensiv mineralischen Weinen mit subtilen Aromen und Rasse. In Spitzenjahren sind die trockenen Rieslinge sehr gut, doch die restsüßen Weine sind Weltklasse.

Spitzenlagen Hermannsberg, Hermannshöhle, Kertz, Rosenheck, Steinberg
Bester Erzeuger DÖNNHOFF
Gute Jahrgänge 1997, 96, 95, 94, 93, 90, 89, 88, 83, 76, 75, 71, 69

NIERSTEIN

Nierstein, an der berühmten Rheinterrasse gelegen, wo die Weinberge vom Rhein aufsteigen, besitzt mehr gute Rebflächen als jeder andere Weinort Rheinhessens. Die

geschmeidigen, runden Rieslinge – trocken wie süß – sind zu großer Klasse und Rasse fähig.
Spitzenlagen Brudersberg, Glöck, Hipping, Oelberg, Orbel, Pettenthal
Beste Erzeuger HEYL ZU HERRNSHEIM, ST. ANTONY, Alex Sefter
Gute Jahrgänge 1997, 96, 94, 93, 92, 90, 88, 86, 85, 83, 76, 71

OCKFEN

Die Lage Bockstein kann einen der charmantesten Saarweine liefern, besonders in sonnenreichen Jahren, doch nützen noch wenige Winzer das Potential.
Spitzenlage Bockstein
Beste Erzeuger DR. WAGNER, ZILLIKEN
Gute Jahrgänge 1997, 95, 93, 91, 90, 89, 88, 85, 83, 79, 76, 75, 71

PIESPORT

Das Amphitheater des Weinbergs Goldtröpfchen, eine der besten Lagen der mittleren Mosel, produziert Rieslinge mit barocken Fruchtaromen und fester Sruktur, die Restsüße für die Balance benötigt.
Spitzenlagen Domherr, Goldtröpfchen, Kreuzwingert
Beste Erzeuger Reinhold HAART, Kurt Hain, VON KESSELSTATT, Weller-Lehnert
Gute Jahrgänge 1997, 95, 94, 93, 91, 90, 89, 88, 85, 83, 76, 75, 71

RAUENTHAL

Rauenthal im Rheingau ist mit einer Reihe von Toplagen gesegnet, doch haben heute leider wenige Rieslinge den intensiv würzigen, mineralischen Charakter, für die sie einst berühmt waren.
Spitzenlagen Baiken, Gehrn, Nonnenberg, Rothenberg, Wülfen
Beste Erzeuger J. B. BECKER, BREUER
Gute Jahrgänge 1997, 96, 95, 94, 93, 92, 90, 89, 88, 83, 76, 75, 71

RÜDESHEIM

Die steilen Rebhänge des Rüdesheimer Bergs, die am Rheinknie gegenüber von Bingen liegen, liefern Rieslinge, die aufgrund ihrer seidigen, runden Art hervorragend für den trockenen Ausbau geeignet sind.
Spitzenlagen Berg Roseneck, Berg Rottland, Bischofsberg
Beste Erzeuger BREUER, JOHANNISHOF, Josef LEITZ
Gute Jahrgänge 1997, 96, 94, 93, 90, 89, 86, 83, 79, 76, 75, 71

SAARBURG

Dieses Städtchen an der Saar verfügt über die exzellente Lage Rausch, deren mineralische Weine lange lagern können.
Spitzenlagen Rausch
Beste Erzeuger DR. WAGNER, ZILLIKEN
Gute Jahrgänge 1997, 95, 94, 93, 91, 90, 89, 88, 85, 83, 79, 76, 75, 71

SCHLOSSBÖCKELHEIM

Bekannter Nahe-Ort mit stahligen, ja abweisenden Rieslingen, die 2–5 Jahre brauchen, um sich von der besten Seite zu zeigen, und noch länger halten.
Spitzenlagen Felsenberg, Kupfergrube
Beste Erzeuger CRUSIUS, DÖNNHOFF
Gute Jahrgänge 1997, 96, 95, 94, 93, 90, 89, 88, 83, 79, 76, 75, 71

ÜRZIG

Hier an der Mittelmosel erhält man auf rotem Sandstein-Schiefer-Boden und mit hervorragendem Mesoklima intensiv würzige Rieslinge mit Restsüße und einer für die Region außergewöhnlichen Kraft.
Spitzenlagen Goldwingert, Würzgarten
Beste Erzeuger J. J. CHRISTOFFEL, Robert Eymael, LOOSEN, Mönchhof, Peter Nicolay
Gute Jahrgänge 1997, 96, 95, 94, 93, 92, 90, 89, 88, 85, 83, 79, 76, 75, 71, 69

WACHENHEIM

Bedeutender Weinort in der Pfalz mit vielen guten Rebflächen. Elegante trockene und süße Rieslinge mit mittlerem Körper, auch große Dessertweine.
Spitzenlagen Belz, Goldbächel, Rechbächel

Beste Erzeuger Josef BIFFAR, BÜRKLIN-WOLF, J. L. WOLF
Gute Jahrgänge 1997, 96, 94, 93, 92, 90, 89, 86, 85, 83, 76, 71

WEHLEN

Der großartige, steile Weinberg Sonnenuhr liefert die elegantesten und am feinsten nuancierten Mosel-Rieslinge. Sie können manchmal etwas leicht sein, doch die guten Exemplare sind rund und gut balanciert.
Spitzenlage Sonnenuhr
Beste Erzeuger HERIBERT KERPEN, LOOSEN, J. J. PRÜM, S. A. PRÜM, WEGELER, WEINS-PRÜM
Gute Jahrgänge 1997, 96, 95, 94, 93, 90, 89, 88, 85, 83, 79, 76, 75, 71

WILTINGEN

Bedeutender Ort an der Saar mit einem ausgezeichneten Weinberg, dem Scharzhofberg, dessen Weine den Adel und die Rasse demonstrieren, zu der der Saar-Riesling fähig ist.
Spitzenlagen Braune Kupp, Gottesfuß, Scharzhofberger (ohne Nennung des Orts)
Beste Erzeuger VON KESSELSTATT, MÜLLER-SCHARZHOF
Gute Jahrgänge 1997, 96, 95, 94, 93, 90, 89, 88

WINNINGEN

Großer Ort an der unteren Mosel, dessen Rebenterrassen für die Region ungewöhnlich gehaltvolle, weiche Weine (trocken und süß) liefern.
Spitzenlagen Im Röttgen, Uhlen
Bester Erzeuger HEYMANN-LÖWENSTEIN
Gute Jahrgänge 1997, 96, 95, 94, 93, 91, 90, 89, 88

WÜRZBURG

Die Weinhauptstadt Frankens mit ausgezeichneten Weinbergen – inklusive des berühmten Stein –, die die elegantesten fränkischen Weine liefern.
Spitzenlagen Abtsleite, Innere Leiste, Stein
Beste Erzeuger JULIUSSPITAL, Staatlicher Hofkeller
Gute Jahrgänge 1997, 94, 93, 92, 90, 88, 83, 79, 76, 71

EICHE VERSUS EDELSTAHL

Für viele Leute in der deutschen Weinwirtschaft war neue Technik synonym mit Fortschritt. Von den 1960er Jahren an ersetzte Edelstahl die großen traditionellen Fässer aus altem, neutralem Holz. Ihr Auftauchen war oft mit weiteren Neuerungen in der Weinbereitung verbunden; Resultat waren glatte Weine mit wenig Charakter.

Anfang der 1980er Jahre begannen die deutschen Weinmacher für den Ausbau weißer und roter Weine mit Barriques und kleinen Fässern aus neuer Eiche zu experimentieren. Die Ergebnisse waren zunächst katastrophal, in den letzten Jahren aber zunehmend gut. Heute stehen in einem typischen deutschen Weinkeller Tanks aus Edelstahl und alte Eichenfässer für Riesling sowie Barriques für trockene Weine der Pinot-Familie. Und Winzer, die ihre Weine ausschließlich in Holz ausbauen, werden nicht mehr als altmodisch abgetan.

DEUTSCHE ERZEUGER VON A BIS Z

J. B. BECKER, Walluf, Rheingau 06123 72523/75335

Eigenwilliges Gut, spezialisiert auf abweisende trockene Rieslinge, die lange reifen müssen; man macht aber auch elegante Riesling-Spätlesen und -Auslesen und sehr gute Dessertweine. Alte Reben liefern eine kleine Menge Spätburgunder.

Beste Weine ★★ Wallufer Walkenberg Riesling TBA ♀, ★ Wallufer Walkenberg Riesling Spätlese trocken ♀, Rauenthaler Wülfen Riesling Spätlese ♀

Gute Jahrgänge 1997, 96, 95, 94, 92, 90, 89, 88, 83, 76, 75, 71

BERCHER, Burkheim, Baden 07662 212/8279

Die Brüder Bercher, Rainer und Eckhardt, gehören zu den zuverlässigsten Winzern Badens und ihre üppigen, fleischigen Spätburgunder zu den besten in Deutschland. Eindrucksvoll sind auch die kräftigen, würzigen Weiß- und Grauburgunder, insbesondere die in neuer Eiche ausgebaute SE-Linie.

Beste Weine ★★ Burkheimer Feuerberg Spätburgunder Spätlese trocken SE 🍷, Burkheimer Feuerberg Weißburgunder Spätlese trocken SE ♀, Burkheimer Feuerberg Grauburgunder Spätlese trocken SE ♀, ★ Burkheimer Feuerberg Chardonnay Spätlese trocken SE ♀

Gute Jahrgänge 1997, 96, 94, 93, 92, 90, 89

BERGDOLT, Duttweiler, Pfalz 06327 5027/1784

Rainer Bergdolt hat sich auf dichte trockene Weißburgunder verlegt, die er sowohl nach traditioneller Art als auch in neuer Eiche ausbaut (letztere gehören zu den wenigen großen trockenen deutschen Weinen). Seit 1992 sind auch füllige, seidige Spätburgunder im Programm.

Beste Weine ★★ Kirrweiler Mandelberg Weißburgunder Spätlese trocken ♀, Weißburgunder Spätlese trocken (Eiche) ♀, Chardonnay Spätlese trocken (Eiche) ♀, Riesling Spätlese trocken ♀, Spätburgunder Spätlese trocken 🍷

Gute Jahrgänge 1997, 96, 94, 93, 92, 90, 88

JOSEF BIFFAR, Deidesheim, Pfalz 06326 5028/7697

Seit den 1990er Jahren produziert Biffar einige der besten trockenen und süßen Rieslinge der Pfalz. Lebhafte Fruchtaromen und kristalline Reinheit des Geschmacks vereinen sich mit beträchtlichem Stoff. Der trockene Weißburgunder ist gut, erreicht jedoch nicht den Rang des Rieslings.

Beste Weine ★★ Deidesheimer Grainhübel Riesling Spätlese trocken ♀, Wachenheimer Goldbächel Riesling Spätlese ♀, ★ Ruppertsberger Reiterpfad Riesling Spätlese trocken ♀

Gute Jahrgänge 1997, 96, 94, 93, 92, 90

GEORG BREUER, Rüdesheim, Rheingau 06722 1027/4531

In den letzten Jahren haben Bernhard Breuers Weine gewaltig an Tiefe und Finesse gewonnen. Mächtige, sich langsam entwickelnde trockene Rieslinge stehen im Zentrum, aber auch die Dessertweine gehören zur Spitze im Rheingau. Breuer ist ein rastloser Verfechter der Lagenklassifikation und verkauft seine Weine von Toplagen als »Erstes Gewächs« (siehe S. 188).

Beste Weine ★★ Rüdesheimer Berg Schloßberg Riesling Erstes Gewächs trocken ♀, Rauenthaler Nonnenberg Riesling Erstes Gewächs trocken ♀, Rüdesheimer Berg Schloßberg Riesling Auslese ♀, ★ Montosa Riesling trocken ♀

Gute Jahrgänge 1997, 96, 94, 93, 92, 90, 86, 83

DR. BÜRKLIN-WOLF, Wachenheim, Pfalz **06322 95330/953330**

Seit 1993 ist dieses große, berühmte Gut unter der Leitung von Christian von Guradze wieder zur Spitze zurückgekehrt. Heute liegt der Schwerpunkt bei kraftvollen trockenen Rieslingen sowie bei Riesling-Dessertweinen, die seit je die Spezialität des Guts sind. Und die Qualität ist immer noch im Steigen begriffen.

Beste Weine ★★★ Wachenheimer Gerümpel Riesling TBA ♀, Forster Pechstein Riesling Auslese ♀, ★★ Forster Kirchenstück Riesling Erstes Gewächs trocken ♀, ★ Ruppertsberger Reiterpfad Erstes Gewächs trocken ♀

Gute Jahrgänge 1997, 96, 95, 94, 90, 89, 83, 76, 71

J. J. CHRISTOFFEL, Ürzig, Mosel-Saar-Ruwer **06532 2176/1471**

Sehr kleines Mosel-Gut mit äußerst eleganten, feinen Weinen von der Spitzenlage Würzgarten und von der Lage Treppchen im benachbarten Erden. In Anbetracht der Qualität moderate Preise; die geringe Produktion ist immer rasch ausverkauft.

Beste Weine ★★★ Ürziger Würzgarten Riesling Eiswein ♀, ★★ Ürziger Würzgarten Riesling Auslese ♀, Erdener Treppchen Riesling Auslese ♀, ★ Ürziger Würzgarten Riesling Spätlese ♀

Gute Jahrgänge 1997, 96, 95, 94, 93, 92, 90, 88, 85, 83, 76, 75, 71

CRUSIUS, Traisen, Nahe **671 33953/28219**

Unter Hans Crusius war das Gut eines der besten in Deutschland. Die Weine seines Sohnes, Dr. Peter Crusius, haben noch nicht diesen Rang, dennoch sind seine Rieslinge mit Restsüße makellos gemacht, rein und rassig. Die normalen Weine können bis 5 Jahre lagern, Auslesen und darüber 10 Jahre und mehr.

Beste Weine ★ Schloßböckelheimer Felsenberg Riesling Auslese ♀ und Spätlese halbtrocken ♀

Gute Jahrgänge 1997, 96, 95, 94, 89, 85, 83, 79, 76

SCHLOSSGUT DIEL, Burg Layen, Nahe **06721 96950/45047**

Armin Diel ist das *enfant terrible* der deutschen Weinszene, doch das war seit Ende der 1980er Jahre nicht bloß Show. Heute gehören seine restsüßen Rieslinge zu den ausdrucksvollsten und elegantesten des Bereichs. Seit 1996 gibt es auch gute moderne, eichengereifte Weißburgunder und Grauburgunder.

Beste Weine ★★★ Schloßgut Diel Riesling Eiswein ♀, ★★ Dorsheimer Goldloch Riesling Spätlese ♀, Dorsheimer Pittermännchen Riesling Spätlese ♀, Dorsheimer Burgweg Riesling Spätlese ♀ **Gute Jahrgänge** 1997, 96, 95, 93, 90, 89, 83, 76, 71, 67

H. DÖNNHOFF, Oberhausen, Nahe **06755 263/1067**

Jahrein, jahraus macht das ruhige Weinmachergenie Helmut Dönnhoff Rieslinge, die zu den komplexesten und mineralischsten restsüßen Rieslingen in Deutschland gehören. Sie sind zu langer Reifung fähig und brauchen sie auch.

Beste Weine ★★★ Oberhäuser Brücke Riesling Eiswein ♀ und Auslese ♀, Niederhäuser Hermannshöhle Riesling Auslese ♀ und Spätlese ♀, ★★ Schloßböckelheimer Kupfergrube Riesling Spätlese ♀, ★ Norheimer Nellchen Riesling Spätlese trocken ♀

Gute Jahrgänge 1997, 96, 95, 94, 93, 90, 89, 88, 83, 79, 71, 69, 66

DOMDECHANT WERNER, Hochheim, Rheingau **06146 835037/8350367**

Die Qualität seiner Weine schwankt, daher den Jahrgang sorgfältig wählen. Sie können, bei diskreter Süße, rassig und elegant sein.

Beste Weine ★★ Hochheimer Domdechaney Riesling Spätlese ♀, ★ Hochheimer Kirchenstück Riesling Spätlese ♀, Hochheimer Hölle Riesling Kabinett ♀
Gute Jahrgänge 1997, 96, 94, 92, 90, 88, 85, 83, 76, 71

EMRICH-SCHÖNLEBER, Monzingen, Nahe 06751 2733/4864
Werner Schönlebers Weine fänden größere Resonanz, läge sein Gut nicht im wenig bekannten Monzingen an der Nahe. Doch das hat ihn in den letzten 10 Jahren nicht davon abgehalten, eine Reihe intensiver, rassiger trockener und süßer Rieslinge zu machen.
Beste Weine ★★ Monzinger Halenberg Riesling Auslese Goldkapsel ♀, Monzinger Halenberg Riesling Auslese trocken ♀, Monziger Frühlingsplätzchen Riesling Spätlese ♀
Gute Jahrgänge 1997, 95, 94, 93, 92, 90, 89, 83

FORSTMEISTER GELTZ-ZILLIKEN, Saarburg, Mosel-Saar-Ruwer 06581 2456/6763
Intensiv mineralische, stahlige Rieslinge, die 5 Jahre und länger reifen müssen, um ihre Qualität zu zeigen, und Jahrzehnte halten. In guten Jahrgängen vereinen sie Kraft und Delikatesse.
Beste Weine ★★★ Saarburger Rausch Riesling Eiswein ♀ und Auslese Goldkapsel ♀, ★★ Saarburger Rausch Riesling Auslese ♀ und Spätlese ♀
Gute Jahrgänge 1997, 95, 94, 93, 91, 90, 89, 85, 83, 79, 76, 75, 71

RUDOLF FÜRST, Bürgstadt, Franken 09371 8642/69230
Der neue Star in Franken macht in einer Region, die für Rustikales bekannt ist, eine Reihe bemerkenswert eleganter Weine. Seine trockenen Rieslinge sind körperreich und voller Frucht, der neue, in Eiche vinifizierte Weißburgunder ist der »burgundischste« Weißwein in Deutschland, die stilvollen Spätburgunder verfügen über ein subtiles Bukett.
Beste Weine ★★ Bürgstadter Centgrafenberg Riesling Spätlese trocken ♀, Spätburgunder Spätlese trocken ♥, Weißburgunder Spätlese trocken ♀
Gute Jahrgänge 1997, 94, 93, 92, 90, 89, 88

GRANS-FASSIAN, Leiwen, Mosel-Saar-Ruwer 06507 3170/8167
In den letzten Jahren haben Gerhard Grans' restsüße Rieslinge beträchlich an Feinheit gewonnen. Seine Trittenheimer sind die besten aus diesem berühmten Moselort.
Beste Weine ★★ Trittenheimer Apotheke Riesling Auslese ♀, Piesporter Goldtröpfchen Riesling Auslese ♀, ★ Trittenheimer Apotheke Riesling Spätlese ♀
Gute Jahrgänge 1997, 96, 95, 94, 90, 89

GUNDERLOCH, Nackenheim, Rheinhessen 06135 2341/2431
Das Ehepaar-Team Fritz und Agnes Hasselbach macht in seinem Gut in Nackenheim einige der rundesten, nobelsten Rieslinge des ganzen Rheins. Die restsüßen Weine, mit Frucht und Extrakt vollgepackt, brauchen 2–5 Jahre, um sich zu öffnen. Die monumentalen Dessertweine halten sich jahrzehntelang.
Beste Weine ★★★ Nackenheimer Rothenberg Riesling TBA ♀, BA ♀ und Auslese Goldkapsel ♀, ★★ Nackenheimer Rothenberg Riesling Spätlese ♀, ★ Jean Baptiste Riesling Kabinett ♀ **Gute Jahrgänge** 1997, 96, 95, 94, 93, 92, 90, 89, 76, 71

FRITZ HAAG, Brauneberg, Mosel-Saar-Ruwer 06534 410/1347
Wilhelm Haag macht die besten Rieslinge von den großartigen Lagen Braunebergs, Weine mit exzeptioneller Klarheit und Eleganz. Einige Kabinettweine und Spätlesen jüngster Jahre waren etwas leichtgewichtig, die Dessertweine von der Auslese aufwärts waren jedoch hervorragend.

Beste Weine ★★★ Brauneberger Juffer-Sonnenuhr Riesling BA ♀ und Auslese Lange Goldkapsel ♀, ★★ Brauneberger Juffer-Sonnenuhr Riesling Auslese ♀ und Spätlese (Auktionsabfüllung) ♀
Gute Jahrgänge 1997, 95, 94, 93, 92, 90, 88, 85, 83, 79, 76, 75, 71, 69

WILLI HAAG, **Brauneberg, Mosel-Saar-Ruwer** 06534 450/689
Seit Marcus Haag hier die Arbeit im Keller übernahm, bekamen die Mosel-Rieslinge des Guts zu ihrer überbordenden Frucht – für die sie schon immer bekannt waren – auch mehr Stil und Eleganz.
Beste Weine ★★ Brauneberger Juffer Riesling Auslese Goldkapsel ♀, Auslese ♀ und Spätlese ♀
Gute Jahrgänge 1997, 96, 95, 94, 93, 90, 88, 85, 83

REINHOLD HAART, **Piesport, Mosel-Saar-Ruwer** 06507 2015/5909
Theo Haarts Rieslinge aus der berühmten Lage Goldtröpfchen vereinen barocke Extravaganz mit der Eleganz der Mosel. Die schlankeren, jedoch nicht weniger dichten Weine vom Wintricher Ohligsberg sind ebenfalls sehr lange lagerfähig.
Beste Weine ★★★ Piesporter Goldtröpfchen Riesling Auslese ♀ und Spätlese ♀
Gute Jahrgänge 1997, 96, 95, 94, 93, 92, 91, 90, 89, 88, 83, 76, 75, 71

DR. HEGER, **Ihringen, Baden** 07668 205/9300
Dieses bedeutende Gut im badischen Kaiserstuhl macht auf der halsbrecherisch steilen Vulkanboden-Lage Winklerberg kraftvolle, würzige trockene Weißburgunder und Grauburgunder sowie feste, extraktreiche Spätburgunder. Einige der Weine werden in neuer Eiche ausgebaut.
Beste Weine ★★ Ihringer Winklerberg Grauburgunder Spätlese trocken ♀, Ihringer Winklerberg Weißburgunder Spätlese trocken ♀, ★ Ihringer Winklerberg Weißburgunder Spätlese trocken ♀, Ihringer Winklerberg Spätburgunder 🍷
Gute Jahrgänge 1997, 96, 94, 93, 90, 89, 86, 85

HEYL ZU HERRNSHEIM, **Nierstein, Rheinhessen** 06133 5120/58921
Das einzige große Gut in Nierstein, das zur Spitzenklasse des Rheinweins zählt. Auch die Rieslinge mit Restsüße tendieren zur trockenen Seite, ein für Rheinhessen völlig ungewöhnlicher Stil. Marcus Ahr, der die Leitung Anfang 1998 übernahm, macht auch eindrücklich würzige trockene Weißburgunder.
Beste Weine ★★ Niersteiner Brudersberg Riesling Spätlese ♀, ★ Niersteiner Brudersberg Riesling Erstes Gewächs trocken ♀, Niersteiner Pettenthal Riesling Auslese ♀ und Spätlese ♀, Niersteiner Ölberg Riesling Auslese ♀ und Spätlese ♀
Gute Jahrgänge 1997, 96, 94, 93, 92, 90, 89, 88, 86, 85, 83, 79, 76, 71

HEYMANN-LÖWENSTEIN, **Winningen, Mosel-Saar-Ruwer** 02606 1919/1909
Reinhard Löwenstein, der bei weitem beste Winzer der »Terrassen-Mosel« (untere Mosel), macht einige der wenigen aufregenden trockenen Rieslinge des Bereichs und wunderbare Dessertweine.
Beste Weine ★★★ Winninger Uhlen Riesling TBA ♀, ★★ Winninger Uhlen Riesling Auslese ♀, Winninger Uhlen Riesling Erstes Gewächs trocken ♀, ★ Winninger Röttgen Riesling Erstes Gewächs trocken ♀ **Gute Jahrgänge** 1997, 96, 95, 94, 93, 92, 91

VON HÖVEL, **Oberemmel, Mosel-Saar-Ruwer** 06501 15384/18498
Eberhart von Kunow macht seit je schöne Saar-Rieslinge, doch nach der Einführung einer

drastischen Ertragsbegrenzung 1993 stieg die Qualität in spektakulärer Weise. Die restsüßen Kabinette und Spätlesen sind für eine Region, deren Weine als abweisend bekannt sind, üppig und aromatisch.

Beste Weine ★★★ Oberemmeler Hütte Riesling Auslese Goldkapsel 🍷, ★★ Oberemmeler Riesling Spätlese 🍷, Scharzhofberger Riesling Spätlese 🍷, ★ Oberemmeler Hütte Riesling Kabinett 🍷, Scharzhofberger Riesling Kabinett 🍷

Gute Jahrgänge 1997, 95, 94, 93, 90, 88, 83, 76, 71, 69

BERNHARD HUBER, Malterdingen, Baden **07644 1200/8222**

Seit Anfang der 1990er Jahre verschafften Bernhard Hubers mächtige, dichte Spätburgunder ihm den Ruf als einer der führenden Rotweinproduzenten Deutschlands. Sein in neuer Eiche ausgebauter Chardonnay und sein traditioneller trockener Gewürztraminer sind ebenfalls hervorragend.

Beste Weine ★★ Spätburgunder Reserve 🍷, Chardonnay Reserve 🍷, ★ Spätburgunder 🍷

Gute Jahrgänge 1997, 96, 95, 94, 93, 92, 91

JOHANNISHOF/HANS HERMANN ESER, Johannisberg, Rheingau **06722 8216/6387**

Dieses Gut, lange Zeit die »Vertretung« für das schwächelnde SCHLOSS JOHANNISBERG, hat seine Rebflächen in Johannisberg, Geisenheim und Winkel durch umfangreiche Zukäufe in Rüdesheim erweitert. Die Rieslinge sind sehr reintönig und schlank mit verhaltener Süße und benötigen einige Jahre, um sich zu öffnen.

Beste Weine ★★ Johannisberger Goldatzel Riesling Spätlese 🍷, Rüdesheimer Berg Rottland Riesling Spätlese 🍷, Riesling Kabinett Charta 🍷

Gute Jahrgänge 1997, 95, 94, 93, 90, 89, 88, 86, 83, 76, 75, 71

KARL H. JOHNER, Bischoffingen, Baden **07662 6041/8380**

Das im Jahr 1985 aus dem Nichts gegründete Gut ist der zuverlässigste Erzeuger neuer, in Eichenholz ausgebauter Weiß- und Rotweine in Deutschland; alles wird hier tadellos gemacht.

Beste Weine ★★ Chardonnay SJ 🍷, Grauburgunder SJ 🍷, ★ Spätburgunder SJ 🍷, Spätburgunder 🍷, Weißburgunder & Chardonnay 🍷

Gute Jahrgänge 1997, 96, 95, 93, 92, 90, 89, 88, 86

TONI JOST, Bacharach, Mittelrhein **06743 1216/1076**

Das führende Gut des Mittelrheins macht Rieslinge mit der Eleganz von Spitzen-Moselweinen, jedoch mehr Körper und präsentem, üppigem Charakter. Am besten sind die süßen Weine vom Bacharacher Hahn, die die meisten Rheingau-Rieslinge in den Schatten stellen.

Beste Weine ★★ Bacharacher Hahn Riesling Auslese 🍷 und Spätlese 🍷, ★ Bacharacher Hahn Riesling Kabinett 🍷

Gute Jahrgänge 1997, 96, 94, 93, 92, 90, 89, 88, 83

JULIUSSPITAL, Würzburg, Franken **0931 3931400/3931414**

Direktor Hans Kolesch hat das Juliusspital zu Frankens führendem Gut der 1990er Jahre gemacht. Mit reichem, doch sehr sauberem und schön balanciertem Charakter beweisen trockene und Dessertweine aus Riesling und Silvaner, daß Franken große Weine machen kann.

Beste Weine ★★★ Würzburger Stein Riesling TBA 🍷, ★★ Würzburger Stein Riesling

Spätlese trocken 🍷, Iphöfer Julius-Echter-Berg Riesling Spätlese trocken 🍷, Silvaner Spätlese trocken 🍷 **Gute Jahrgänge** 1997, 94, 93, 92, 90, 89, 88

KARLSMÜHLE & PATHEIGER, Mertesdorf, Mosel-Saar-Ruwer **0651 5123/52016**

Aus Peter Geibens Kellern kommen klassische Ruwer-Rieslinge von kristallener Klarheit. Am besten sind die Weine mit Restsüße, doch ist alles aus Geibens zwei Gütern hervorragend gemacht.

Beste Weine ★★★ Lorenzhöfer Riesling Auslese Lange Goldkapsel (Karlsmühle) 🍷, ★ Kaseler Nies'chen Riesling Spätlese (Karlsmühle) 🍷

Gute Jahrgänge 1997, 95, 94, 93, 90, 89, 88

KARTHÄUSERHOF, Eitelsbach, Mosel-Saar-Ruwer **0651 5121/53557**

Dieses berühmte Gut ist alleiniger Besitzer der Lage Karthäuserhofberg, deren restsüße Rieslinge über eine hinreißende, rassige, aromenreiche Brillanz verfügen. Es ist der einzige Erzeuger in Mosel-Saar-Ruwer, der seine Weine mit einem Halsetikett versieht.

Beste Weine ★★★ Eitelsbacher Karthäuserhofberg Riesling Auslese Goldkapsel 🍷, ★★ Eitelsbacher Kathäuserhofberg Riesling Spätlese 🍷 und Kabinett 🍷

Gute Jahrgänge 1997, 95, 94, 93, 90, 89, 88, 86, 71, 69, 66, 64, 59

KELLER, Flörsheim-Dalsheim, Rheinhessen **06243 456/6686**

In den 1990er Jahren hat das Gut von Klaus und Hedwig Keller diesem wenig bekannten Winkel von Rheinhessen große Aufmerksamkeit verschafft. Besonders bemerkenswert sind für diesen Bereich die exzellenten Dessertweine.

Beste Weine ★★★ Dalsheimer Hubacker Riesling TBA 🍷, ★★ Dalsheimer Hubacker Riesling Auslese 🍷, ★ Dalsheimer Hubacker Riesling Spätlese 🍷

Gute Jahrgänge 1997, 95, 94, 93, 90, 89

HERIBERT KERPEN, Wehlen, Mosel-Saar-Ruwer **06531 6868/3464**

Das Gut ist zu Recht für seine restsüßen Rieslinge von der berühmten Lage Sonnenuhr bekannt. Sie sind voller Charme und Frucht, jedoch – außer in großen Jahrgängen – nicht sehr alterungsfähig.

Beste Weine ★★ Wehlener Sonnenuhr Riesling Auslese 🍷, ★ Wehlener Sonnenuhr Riesling Spätlese 🍷, Graacher Domprobst Riesling Spätlese 🍷

Gute Jahrgänge 1997, 95, 93, 90, 89, 88, 85, 83

REICHSGRAF VON KESSELSTATT, Trier, Mosel-Saar-Ruwer **0651 75101/73316**

Das für deutsche Verhältnisse sehr große Gut macht mit einer Reihe erstklassiger Lagen in allen 3 Teilen des Bereichs herrliche trockene und süße Rieslinge. Im besten Sinn moderne Weinbereitung resultiert in Weinen mit überbordender Frucht und guter Struktur.

Beste Weine ★★★ Josephshöfer Riesling Auslese Goldkapsel 🍷, Scharzhofberger Riesling Auslese 🍷, Josephshöfer Riesling Spätlese 🍷, Piesporter Goldtröpfchen Riesling Spätlese 🍷, Kaseler Nies'chen Riesling Spätlese 🍷

Gute Jahrgänge 1997, 96, 95, 94, 93, 92, 90, 89, 88

KOEHLER-RUPRECHT, Kallstadt, Pfalz **06322 1829/8640**

Bernd Philippi macht außerordentlich konzentrierte Rieslinge mit der Power und Üppigkeit großer weißer Burgunder, die mehrere Jahre brauchen, um ihr Bestes zu zeigen; seit 1991 kommen von ihm auch höchst eindrucksvolle Spätburgunder. Diese werden wie die guten, in neuer Eiche ausgebauten Weißburgunder und Grauburgunder unter dem Namen »Philippi« verkauft.

Beste Weine ★★★ Kallstadter Saumagen Riesling Auslese trocken ♀, ★★ Kallstadter Saumagen Riesling Spätlese trocken ♀, Philippi Spätburgunder ♥, ★ Philippi Grauburgunder ♀, Philippi Weißburgunder ♀

Gute Jahrgänge 1997, 96, 95, 93, 92, 90, 89, 88, 85, 83, 81, 79, 76, 71, 69

FRANZ KÜNSTLER, Hochheim, Rheingau 06146 82570/5767

Seit Gunter Künstler auf seinem Familiengut in Hochheim 1988 die Weinbereitung übernahm, gehört es zu den führenden Erzeugern von Rheingau-Riesling. Während seine restsüßen Rieslinge schon jung beeindrucken, benötigen und lohnen die trockenen Weine eine 3–10jährige Reifung. 1996 kaufte er die Rebflächen des heruntergewirtschafteten Guts Aschrott, die ersten Ergebnisse sind großartig.

Beste Weine ★★★ Hochheimer Hölle Riesling Auslese ♀ und Auslese trocken ♀, ★★ Hochheimer Hölle Riesling Spätlese trocken ♀, Hochheimer Domdechaney Riesling Spätlese ♀

Gute Jahrgänge 1997, 96, 95, 94, 93, 92, 90, 89, 88, 76, 71

ANDREAS LAIBLE, Durbach, Baden 0781 41238/38339

Das Stargut der badischen Ortenau macht auf den Granithängen von Durbach sehr elegante, aromatische trockene und süße Rieslinge, Traminer und Scheureben.

Beste Weine ★★ Durbacher Plauelrain Clevner (Traminer) Auslese ♀, Durbacher Plauelrain Klingelberger (Riesling) Spätlese ♀, ★ Durbacher Plauelrain Scheurebe Spätlese ♀

Gute Jahrgänge 1997, 96, 95, 94, 92, 90

JOSEF LEITZ, Rüdesheim, Rheingau 06722 2293/47658

Der Autodidakt Josef Leitz wurde mit dem Jahrgang 1992 seiner konzentrierten, trockenen Rieslinge von den Rüdesheimer Spitzenlagen prominent. Heute hat er auch die Herstellung von komplexen Rheingauweinen mit Restsüße im Griff.

Beste Weine ★★ Rüdesheimer Berg Schloßberg Riesling Erstes Gewächs trocken ♀, Rüdesheimer Berg Rottland Riesling Erstes Gewächs trocken ♀, ★ Rüdesheimer Bischofsberg Riesling Kabinett ♀

Gute Jahrgänge 1997, 96, 94, 93, 92, 90, 89, 76, 71

CARL LOEWEN, Leiwen, Mosel-Saar-Ruwer 06507 3094/802332

Karl Josef Loewen, der steigende Stern der Mittelmosel, macht extraktreiche, aber sehr schöne Rieslinge mit Restsüße. Auslese und Eiswein sind seine Spezialität und hervorragend.

Beste Weine ★★★ Leiwener Klostergarten Riesling Eiswein ♀, Leiwener Laurentiuslay Riesling Auslese ♀, ★★ Leiwener Laurentiuslay Riesling Spätlese ♀, ★ Detzeimer Maximiner Klosterlay Riesling Spätlese ♀

Gute Jahrgänge 1997, 96, 95, 94, 93, 92

DR. LOOSEN, Bernkastel, Mosel-Saar-Ruwer 06531 3426/4248

Seit dem Jahrgang 1990 hat Ernst Loosen, einer der führenden Verfechter organischer Anbaumethoden, einige der größten Weine der Nation gemacht. Nicht veredelte, bis 100 Jahre alte Weinstöcke und minimale Eingriffe bei der Vinifikation resultieren in extrem dichten restsüßen Rieslingen. Die Prälat-Weine vereinen üppige Aromen mit monumentaler Konzentration. Dem Gut gehören Parzellen in den berühmtesten Lagen der Mosel, und alle Weine mit Angabe der Lage halten mindestens ein Jahrzehnt.

Beste Weine ★★★ Erdener Prälat Riesling Auslese Goldkapsel ♀ und Auslese ♀, Ürziger Würzgarten Riesling Spätlese ♀, Auslese Goldkapsel ♀ und Auslese ♀, Wehlener Sonnenuhr Riesling Auslese ♀, Erdener Treppchen Riesling Spätlese ♀, ★★ Wehlener Sonnenuhr Riesling Spätlese ♀

Gute Jahrgänge 1997, 96, 95, 94, 93, 92, 90, 89, 88, 85, 76, 71, 69, 67, 64

MAXIMIN GRÜNHAUS/VON SCHUBERT, Mertesdorf, Mosel-Saar-Ruwer **0651 5111/52122**

Das berühmte Gut macht auf 3 Monopollagen – in aufsteigender Reihenfolge: Bruderberg, Herrenberg und Abtsberg – höchst vornehme Rieslinge. Die Dessertweine von den Auslesen aufwärts können Jahrzehnte reifen, und auch die Kabinette profitieren von 5jähriger Lagerung.

Beste Weine ★★★ Maximin Grünhäuser Abtsberg Riesling Eiswein ♀, Auslese ♀ und Spätlese ♀, ★★ Maximin Grünhäuser Herrenberg Riesling Spätlese ♀, Maximin Grünhäuser Abtsberg Riesling Kabinett ♀

Gute Jahrgänge 1997, 96, 95, 94, 93, 92, 90, 89, 88, 85, 83, 79, 76, 75, 71, 69, 64, 59

MILZ-LAURENTIUSHOF, Trittenheim, Mosel-Saar-Ruwer **06507 2300/5650**

Dieses Mosel-Gut macht leichte, aber charaktervolle Rieslinge im traditionellen Stil, meist mit etwas Restsüße.

Beste Weine ★ Trittenheimer Leiterchen Riesling Auslese ♀, Trittenheimer Felsenkopf Riesling Spätlese ♀, Trittenheimer Apotheke Riesling Spätlese ♀

Gute Jahrgänge 1997, 96, 95, 90, 89, 85, 79, 76, 71

MÜLLER-CATOIR, Neustadt, Pfalz **06321 2815/480014**

Mit kompromißlosem Qualitätsbewußtsein haben Besitzer Heinrich Catoir und Weinmacher Hans-Günther Schwarz dieses Gut zu einem der renommiertesten in Deutschland gemacht. Die Weine vereinen explosive Aromen mit Saft und Kraft, aber auch mit rassiger Klarheit. Die Auslesen, Beeren- und Trockenbeerenauslesen sind außergewöhnlich alterungsfähig.

Beste Weine ★★★ Mußbacher Eselshaut Rieslaner TBA ♀, BA ♀ und Auslese ♀, Haardter Herzog Riesling Spätlese ♀, ★★ Haardter Mandelring Scheurebe Kabinett ♀, Haardter Herrenletten Riesling Spätlese trocken ♀

Gute Jahrgänge 1997, 96, 94, 93, 92, 90, 89, 88, 86, 85, 83

EGON MÜLLER-SCHARZHOF, Wiltingen, Mosel-Saar-Ruwer **06501 17232/150263**

Dies ist nicht nur ein großartiges Weingut, sondern ein Kulturdenkmal. Von hier kommen Saar-Rieslinge (Kabinette, Spätlesen) von klassischer Eleganz und Raffinement und darüber hinaus Dessertweine, die zu den größten der Welt zählen. Die Spitzenweine haben häufig bei Jungweinauktionen Weltrekordpreise erzielt. Ihre ganze Glorie zeigen Spätlesen und Auslesen nach mindestens 10 Jahren Lagerung. Die Beerenauslesen, Trockenbeerenauslesen und Eisweine sind von sensationeller Qualität und verdienen lange Reifung.

Beste Weine ★★★ Scharzhofberger Riesling TBA ♀, Eiswein ♀, Auslese Goldkapsel ♀ und Auslese ♀, ★★ Scharzhofberger Riesling Spätlese ♀, ★ Scharzhofberger Riesling Kabinett ♀

Gute Jahrgänge 1997, 96, 95, 94, 93, 91, 90, 89, 88, 83, 79, 76, 75, 71, 66, 64, 59

PFEFFINGEN-FUHRMANN-EYMAEL, Bad Dürkheim, Pfalz **06322 8607/8603**

Das von Doris Eymael geleitete Gut, eines der besten der Pfalz, ist seit 1995 wieder in Form. Trockene und restsüße Rieslinge und Scheureben zeigen eine moselähnliche Schlankheit und Delikatesse. Die Scheurebe-Beerenauslesen sind spektakuläre Dessertweine.

Beste Weine ★★★ Ungsteiner Herrenberg Scheurebe BA ♀, ★★ Ungsteiner Herrenberg Riesling Spätlese ♀, ★ Ungsteiner Herrenberg Riesling Spätlese trocken ♀, Scheurebe Spätlese ♀ **Gute Jahrgänge** 1997, 96, 95, 90, 89, 88, 85, 83, 81, 79, 77, 76

J. J. PRÜM, Wehlen, Mosel-Saar-Ruwer **06531 3019/6071**

Das legendäre Mittelmosel-Gut besitzt Lagen wie die Sonnenuhr in Wehlen und macht herausragende, langsam reifende und langlebige traditionelle Rieslinge mit Restsüße. Jung getrunken können sie noch etwas hefig sein, mit wachsendem Alter gewinnen sie Raffinesse und Rasse. Die Dessertweine sind praktisch unsterblich – sie sollten mindestens 5 Jahre reifen und halten für Jahrzehnte.

Beste Weine ★★★ Wehlener Sonnenuhr Riesling TBA ♀ und Auslese Lange Goldkapsel ♀, ★★ Wehlener Sonnenuhr Riesling Auslese ♀ und Spätlese ♀, Graacher Himmelreich Riesling Auslese ♀ und Spätlese ♀

Gute Jahrgänge 1996, 94, 93, 90, 89, 88, 86, 85, 83, 82, 79, 76, 75, 71, 69, 59

S. A. PRÜM, Wehlen, Mosel-Saar-Ruwer **06531 3110/8555**

Auch wenn die Qualität in den letzten Jahren schwankte, so kann Raimund Prüm in guten Jahrgängen doch elegante, sehr typische Moselweine mit Restsüße machen.

Beste Weine ★★ Wehlener Sonnenuhr Riesling Auslese ♀, ★ Riesling Spätlese ♀

Gute Jahrgänge 1997, 95, 93, 90, 88, 86, 85, 83, 76, 71

REBHOLZ, Siebeldingen, Pfalz **06345 3439/7954**

Das Spitzengut der südlichen Pfalz macht seit Ende der 1940er Jahre erstklassige trockene und süße Weine. Hans-Jörg Rebholz hat das Programm jüngst um eindrucksvolle, in neuer Eiche ausgebaute Rotweine erweitert.

Beste Weine ★★ HJR Spätburgunder 🍷, Birkweiler Kastanienbusch Riesling Spätlese trocken ♀, Siebeldinger Im Sonnenschein Weißburgunder Spätlese trocken ♀

Gute Jahrgänge 1997, 96, 94, 93, 92, 90, 89, 86, 85, 79, 76, 71

MAX. FERD. RICHTER, Mülheim, Mosel-Saar-Ruwer **06534 704/933003**

Dr. Dirk Richters Rieslinge sind klassische Moselweine mit Restsüße und viel Charakter, die jung oder aber nach längerer Flaschenreife zu genießen sind. Ungewöhnlich ist, daß er fast jedes Jahr Eiswein machen kann.

Beste Weine ★★★ Mülheimer Helenenkloster Riesling Eiswein ♀, ★★ Graacher Domprobst Riesling Auslese ♀, Brauneberger Juffer-Sonnenuhr Riesling Spätlese ♀

Gute Jahrgänge 1997, 95, 94, 93, 90, 89, 88, 85, 83, 76, 71

ST. ANTONY, Nierstein, Rheinhessen **06133 5482/59139**

Das führende Gut in Nierstein konzentriert sich auf gehaltvolle, mineralisch trockene Rieslinge mit ausgezeichnetem Reifungspotential. Direktor Dr. Alexander Michalsky ist ein Vorreiter der Lagenklassifikation und verkauft seine besten Weine als Erstes Gewächs. In den letzten Jahren hat er auch beeindruckende Dessert-Rieslinge gemacht.

Beste Weine ★★ Niersteiner Ölberg Riesling Erstes Gewächs trocken ♀, Niersteiner Pettenthal Riesling Spätlese trocken ♀, Niersteiner Ölberg Riesling BA ♀, ★ Niersteiner Orbel Riesling Spätlese trocken ♀

Gute Jahrgänge 1996, 94, 93, 92, 90, 89, 86, 85, 83, 76

WILLI SCHAEFER, Graach, Mosel-Saar-Ruwer **06531 8041/1414**

Dieses sehr kleine Mittelmosel-Gut macht die besten und mineralischsten Weine in Graach. Sie entwickeln sich überaus langsam und sollten entweder jung oder nach einem

Jahrzehnt Flaschenreifung getrunken werden. Die besten Weine sind die von der Erstes-Gewächs-Lage Domprobst.

Beste Weine ★★★ Graacher Domprobst Riesling BA ♀, Auslese Goldkapsel ♀ und Auslese ♀, ★★ Graacher Domprobst Riesling Spätlese ♀

Gute Jahrgänge 1997, 96, 95, 94, 93, 90, 88, 85, 83, 79, 76, 75, 71, 69, 66, 64, 59

SCHLOSS JOHANNISBERG, Johannisberg, Rheingau 06722 70090/700933

Nach einer langen Periode geringer Leistung scheint Deutschlands berühmtestes Weingut wieder vor der Topform zu stehen; seit 1996 hat sich die Qualität dramatisch verbessert. Die Weine sollten der Inbegriff für Rheingau-Eleganz sein – nie süß, nie von Säure dominiert, nie oberflächlich – und können 10 Jahre und länger reifen. Die Stern-Auszeichnungen spiegeln die ungleichmäßige Qualität.

Beste Weine ★★ Schloß Johannisberg Riesling Eiswein ♀ und Auslese ♀, ★ Spätlese ♀ und Kabinett ♀ **Gute Jahrgänge** 1997, 96, 90, 89, 88, 83, 76, 75, 71, 67, 64, 59

SCHLOSS LIESER, Lieser, Mosel-Saar-Ruwer 06531 6431/1068

Das einst berühmte Weingut sah schlechte Zeiten, bis es von Thomas Haag, Sohn von Wilhelm Haag (siehe Fritz HAAG), gerettet wurde. Seine Weine ähneln mit ihrer rassigen Reinheit denen seines Vaters, die alten Reben in der Lage Lieserer Niederberg-Helden geben extra Power.

Beste Weine ★★★ Lieserer Niederberg-Helden Riesling Auslese ♀, ★★ Lieserer Niederberg-Helden Riesling Spätlese ♀

Gute Jahrgänge 1997, 96, 95, 94, 93

SCHLOSS REINHARTSHAUSEN, Erbach, Rheingau 06123 676333/4222

Das große Gut mit erstklassigen Lagen – darunter der Erbacher Marcobrunn – hat seit 1989 eine Serie großer Erfolge aufzuweisen. Die Rieslinge, ein Bild klassischer Eleganz, brauchen oft 2–5 Jahre, um sich von der besten Seite zu zeigen, und können lange lagern.

Beste Weine ★★★ Hattenheimer Wisselbrunnen Riesling TBA ♀ und Auslese ♀, Erbacher Siegelsberg Riesling Auslese ♀, ★★ Erbacher Marcobrunn Riesling Spätlese ♀

Gute Jahrgänge 1997, 96, 95, 94, 92, 90, 89

SCHLOSS SAARSTEIN, Serrig, Mosel-Saar-Ruwer 06581 2324/6523

Saar-Rieslinge im modernen Stil, blankpoliert und sehr sauber; sie könnten allerdings manchmal ein wenig mehr Charakter aufweisen. Dann und wann gibt es einen spektakulär üppigen, kraftvollen Eiswein.

Beste Weine ★★★ Serriger Schloß Saarstein Riesling Eiswein ♀ und Auslese Goldkapsel ♀, ★★ Spätlese ♀

Gute Jahrgänge 1997, 95, 93, 90, 88, 83, 82, 76, 75, 71

SELBACH-OSTER, Zeltingen, Mosel-Saar-Ruwer 06532 2081/4014

Ein sehr gutes Mittelmosel-Gut – leider das einzige von Spitzenqualität in Zeltingen – mit ausgezeichneten Weinbergen in Zeltingen sowie in Bernkastel, Graach und Wehlen. Johannes Selbachs elegante Mosel-Rieslinge sind höchst zuverlässig, wobei die Weine der verschiedenen Lagen ihre eigene Persönlichkeit haben.

Beste Weine ★★★ Zeltinger Sonnenuhr Riesling TBA ♀, ★★ Zeltinger Sonnenuhr Riesling Auslese ♀ und Spätlese ♀, Graacher Domprobst Riesling Spätlese ♀, Wehlener Sonnenuhr Riesling Spätlese ♀

Gute Jahrgänge 1997, 96, 95, 94, 93, 92, 90, 89, 88, 85, 83, 76, 75, 71

DR. WAGNER, Saarburg, Mosel-Saar-Ruwer 06581 2457/6093

Unprätentiöses Gut mit eindrucksvollen traditionellen Saar-Rieslingen, trocken und mit Restsüße, die jung genossen werden oder auch lange reifen können. Üppige Aromen umkleiden häufig die für die Saar typische stahlige Säure.

Beste Weine ★★ Ockfener Bockstein Riesling Auslese ♀ und Spätlese ♀, Saarburger Rausch Riesling Spätlese ♀ und Kabinett ♀

Gute Jahrgänge 1997, 96, 95, 94, 93, 92, 90, 89, 88, 86, 85, 83, 76

J. WEGELER ERBEN, Oestrich-Winkel, Rheingau 06723 7031/1453

Bis Ende 1997 war dieses Gut unter dem Namen Wegeler-Deinhard bekannt. Dann verkaufte die Familie Wegeler ihre Mehrheitsbeteiligung an Deinhard und übernahm die drei Deinhard-Güter an der Mosel, in der Pfalz und im Rheingau. Diese Güter, deren Leitung Anja Wegeler-Driesberg gegenwärtig übernimmt, sind seit langem zuverlässige Erzeuger hochwertiger Rieslinge im klassischen Stil und seit den 1980er Jahren auch einer Palette guter trockener Weine. In den letzten Jahren hat sich das Mosel-Gut dramatisch verbessert und die Güter in Pfalz und Rheingau überholt.

Beste Weine ★★★ Bernkasteler Doctor Riesling Auslese ♀, ★★ Bernkasteler Doctor Riesling Spätlese ♀, Wehlener Sonnenuhr Riesling Spätlese ♀, Oestricher Lenchen Riesling Auslese ♀, ★ Geisenheimer Rothenberg Riesling Spätlese ♀, Forster Ungeheuer Riesling Spätlese ♀

Gute Jahrgänge 1997, 96, 95, 94, 93, 90, 89, 83, 76, 71

ROBERT WEIL, Kiedrich, Rheingau 06123 2308/1546

In gerade mal einem Jahrzehnt hat Wilhelm Weil dieses seinem Potential nicht entsprechende Gut im Rheingau zu einem der besten Riesling-Erzeuger Deutschlands gemacht, von modernen Weinen (trocken und süß) im besten Sinn. Die Auktionsabfüllungen und die höheren Prädikatsweine tragen die Goldkapsel.

Beste Weine ★★★ Kiedricher Gräfenberg Riesling TBA ♀, BA ♀, Auslese ♀ und Spätlese ♀, ★★ Riesling Spätlese ♀ und Kabinett ♀

Gute Jahrgänge 1997, 96, 95, 94, 93, 92, 90, 89, 83, 76, 71, 64, 59

DR. WEINS-PRÜM, Wehlen, Mosel-Saar-Ruwer 06531 2270/3181

Das kleine Gut an der Mosel macht delikate Rieslinge mit Restsüße, die voller Charme, wenn auch etwas leicht sind. Ihr Alterungspotential ist nicht groß.

Beste Weine ★★ Wehlener Sonnenuhr Riesling Spätlese ♀, ★ Ürziger Würzgarten Riesling Spätlese ♀, Erdener Prälat Riesling Auslese ♀ **Gute Jahrgänge** 1997, 95, 94, 93, 90, 88

J. L. WOLF, Wachenheim, Pfalz 06322 989795/989796

Star-Weinmacher Ernst Loosen hat dieses Gut vor dem Untergang gerettet. Die Weine von alten Reben sind kraftvoll, erinnern aber trotzdem mit ihrer Reinheit und Lebhaftigkeit an die Mosel.

Beste Weine ★★ Forster Jesuitengarten Riesling Auslese trocken ♀, Wachenheimer Gerümpel Riesling Spätlese ♀, Wachenheimer Belz Riesling Auslese ♀ **Gute Jahrgänge** 1997, 96

KLAUS ZIMMERLING, Dresden, Sachsen 0351 2618752

Der führende Winzer in Ostdeutschland macht für diese nördliche, kontinental geprägte Gegend überraschend kraftvolle Weine, die auch altern können.

Beste Weine ★★ Pillnitzer Königlicher Weinberg Traminer trocken ♀, ★ Pillnitzer Königlicher Weinberg Riesling trocken ♀, Pillnitzer Königlicher Weinberg Grauburgunder trocken ♀ **Gute Jahrgänge** 1997, 95, 93, 92

JAHRGÄNGE IN DEUTSCHLAND

Das kühle Klima Deutschlands bewirkt beträchtliche Unterschiede zwischen den Jahrgängen in Charakter und Qualität. Verbesserter Weinbau und rigorose Selektion bedeuten – zumindest bei den Spitzengütern –, daß wirklich schlechte Jahrgänge beim Riesling der Vergangenheit angehören. Die Pinot-Sorten sind viel fäuleanfälliger, und ungnädige Wetterbedingungen zur Lesezeit können immer noch eine Ernte vernichten, wie es 1995 in fast ganz Deutschland der Fall war.

Lagerfähigkeit

Ein hoher Gehalt an Weinsäure und Restzucker vom Traubensaft sind wesentliche Faktoren für das große Alterungspotential des deutschen Rieslings. Trockene Weine und Weine aus säurearmen Jahrgängen reifen im allgemeinen schneller. Aber auch andere Faktoren wie Alter der Reben, Ertrag und Weinbereitung haben großen Einfluß. Daher ist es wichtig, den Erzeuger zu kennen. Viele machen den Fehler, eine junge, lebhafte Riesling-Spätlese zu verkosten und aufgrund ihrer aromatischen Frucht anzunehmen, daß sie nicht reifen kann. Eiswein ist jung viel charmanter als eine BA/TBA, da er nicht oder kaum botrytisiert ist. Nur wenn die Bedingungen optimal waren, kann ein Eiswein jahrzehntelang reifen (z. B. 1996, 93, 91, 90, 83).

Rieslinge mit Restsüße verändern ihren Charakter im Lauf der Reifung dramatisch. Die strahlenden primären Fruchtaromen der Jugend verschwinden langsam und werden durch mineralische, wachsige und nussige Sekundäraromen ersetzt. Die Weine schmecken auch immer weniger süß, so daß ein ausgereifter Riesling schon fast trocken ist (und daher ein idealer Tafelwein, insbesondere für Fischgerichte). Die Säuren, die den Fruchtaromen in den ersten Jahren des Weins ihre Lebendigkeit verleihen, werden zunehmend seidiger.

Die erfolgreichsten trockenen Rieslinge sind mit 2–5 Jahren am besten. Herausragende Exemplare, von denen immer mehr gemacht werden, halten wesentlich länger. Trockene Weißburgunder (Pinot Blanc) und Grauburgunder (Pinot Gris) reifen generell schneller, Weine von Spitzenwinzern können aber auch so lange reifen wie trockene Rieslinge. Die ersten wirklich eindrucksvollen Spätburgunder gab es Anfang der 1990er Jahre, und ihr Alterungspotential ist noch nicht bekannt.

Reifediagramme

Die meisten guten deutschen Rieslinge unter BA/TBA machen eine Latenzphase (»stumme« oder »verschlossene« Phase) durch, die mit 2–3 Jahren beginnt und 5–10 Jahre lang andauert; je höher der Säuregehalt, desto länger. BA/TBA und Spitzenauslesen mit intensivem Botrytis-Charakter fehlt eine solche Latenzphase, sie brauchen aber noch länger, um die ideale Balance und ihr volles Bukett zu entwickeln.

1996 Pfalz Riesling Spätlese

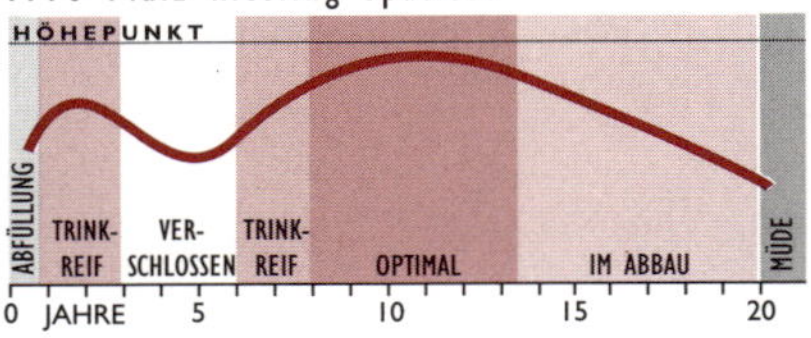

Mosel-Saar-Ruwer Riesling Auslese

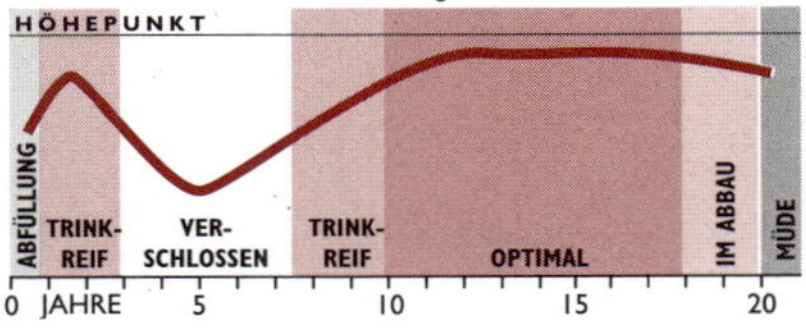

JAHRGANGSÜBERSICHT

MOSEL	**97**	**96**	**95**	**94**	**93**	**92**	**91**	**90**	**89**	**88**	**86**
QbA, Kabinett, Spätlese	7○	6○	9○	7◑	9◑	6●	6◑	10○	7●	9◑	7●
Auslese, BA/TBA	8○	8○	9○	8○	9○	7◑	6◑	10○	8◑	9◑	6◑
RHEINGAU, RHEINHESSEN	**97**	**96**	**95**	**94**	**93**	**92**	**91**	**90**	**89**	**88**	**86**
QbA, Kabinett, Spätlese	7○	8○	7○	7◑	8◑	8◑	6◑	9◑	7●	8●	6●
Auslese, BA/TBA	8○	9○	8○	9○	8○	8◑	6◑	10◑	9◑	8◑	6●
PFALZ	**97**	**96**	**95**	**94**	**93**	**92**	**91**	**90**	**89**	**88**	**86**
QbA, Kabinett, Spätlese	7○	6○	5●	7◑	9○	8◑	6◑	10◑	7●	7●	7●
Auslese, BA/TBA	8○	9○	5○	9○	8○	8○	6○	9○	9◑	8◑	7●

ERLÄUTERUNG ○ = braucht noch Zeit ◑ = trinkreif, gewinnt noch ● = optimal ◐ = in Abbau oder abgebaut

Die einzelnen Jahrgänge

1997 ★★ Erste Verkostungen zeigen große Qualitätsunterschiede zwischen den Erzeugern bei Spätlesen und höheren Stufen, von üppig-fleischig bis schlapp. Riesling-QbAs und -Kabinette kaum aufregend, jedoch gutes Jahr für trockene weiße Pinots.

1996 ★-★★ Die einfachen Qualitätsweine sind recht dünn (bes. Mosel), Weine von Spitzenerzeugern haben genug Frucht und Stoff, um die hohe Säure auszubalancieren. Riesling wird bald verschlossen sein und sich erst mit 10 Jahren öffnen. Aufregende Rotweine.

1995 ★-★★ Die Pfalz schrammte am Desaster vorbei, ihre Weine haben öfter einen Fäule-Stich. An der Mosel fast ein großer Jahrgang mit runden und rassigen, langlebigen Weinen.

1994 ★★ Einfache Qualitätsweine sind etwas leicht, aber oft auch bereits zugänglich. Gehaltvolle BA/TBA mit Botrytis-Charakter und Säure für lange Reifezeit.

1993 ★★ Ein guter Jahrgang für stoffige Weine mit seidiger Säure. Beinahe großes Jahr an der Mosel.

1992 ★-★★ Am Rhein fiel dieser Jahrgang viel besser aus als an der Mosel; hier recht gehaltvoll und jetzt gut zu trinken, dort häufig dünn.

1991 ★ Eindeutig der schwächste Jahrgang in den 1990ern mit dünnen, harten Weinen. Die besten brauchen noch einige Jahre in der Flasche, um weich zu werden.

1990 ★★★ Der letzte wirklich große Jahrgang. Mächtige, dichte Rieslinge mit idealer Säure für lange Reifung.

1989 ★★ Die einfachen Weine sind oft etwas bitter und rasch reif geworden. BA/TBA sind gehaltvoll, aber selten groß.

1988 ★★ Wenige Knüller, aber viele Weine mit mittlerem Körper und klassischer Eleganz. Die besten sind jetzt auf ihrem Höhepunkt.

1986 ★-★★ Harmonischer, jetzt ausgereifter Jahrgang.

JAHRGÄNGE AUF EINEN BLICK

Das vergangene Jahrzehnt hat eine Reihe guter Jahrgänge gesehen, aber nur einen wirklich großen, 1990. Weine anderer Jahrgänge von Spitzenerzeugern können ihm aber aufgrund von Ertragsreduzierung und strikterer Selektion gleichkommen.

Große Jahre ★★★	1990, 71, 59, 49, 37, 21, 20, 1893
Gute Jahre ★★	1997, 96, 95, 94, 93, 92 (Rhein), 89, 88, 85, 84, 83, 79, 76, 75, 69
Mittelmäßige Jahre ★	1996 (Mosel), 95 (Pfalz), 92 (Mosel), 91, 87, 86, 81, 77, 73
Schlechte Jahre (keine Sterne)	1984, 82, 80, 78, 74, 72

Österreich

Die Qualität der trockenen Weine Österreichs ist erst seit kurzer Zeit international anerkannt. Gute Rieslinge und Grüne Veltliner verbinden den Körper und die Dichte großer weißer Burgunder mit der überströmenden Frucht deutscher Weine. Auch die österreichische Tradition des Dessertweins lebt wieder auf, und inzwischen werden auch einige aufregende Rotweine gemacht.

Trockene Weine

Sie bilden seit je das Gros der österreichischen Weinproduktion. Grüner Veltliner, die weiße Haupttraube, ergibt Weine mit einem Bukett von weißem Pfeffer, oft mit Noten von grünem Apfel oder Gras. Die meisten sind von mittlerem Gewicht und knackig-frisch, für den alltäglichen Genuß gedacht; Spitzenlagen in der Wachau, im Kamptal und im Kremstal liefern kraftvolle, stoffige Weine mit bis zu 14% Alkohol. Riesling wird in Österreich wenig angebaut, stellt aber viele der besten trockenen Weine der Nation. Sie haben 12–13% Alkohol und ein Pfirsich-Aprikosen-Bukett, sind rund und elegant. Chardonnay kam wie der Riesling im 19. Jahrhundert nach Österreich, er wird als Morillon v. a. in der Steiermark angebaut. Sauvignon Blanc wird für elegante, aromatische Weine ohne durchdringende Grasigkeit verwendet. Weißburgunder (Pinot Blanc), Grauburgunder (Pinot Gris) und Neuburger sind weitere wichtige Rebsorten für körperreiche, trockene Weißweine.

Süße Weißweine

Das Burgenland hat eine lange Tradition in edelfaulen Weinen, die in den 1990er Jahren ihre Renaissance erlebte. Verwendet werden verschiedene Trauben, vom einheimischen Welschriesling (nicht mit Riesling verwandt und meist sehr bescheiden) bis Chardonnay, vom alten Traminer bis zur deutschen Scheurebe. Heute wird der Ausbau in neuer Eiche für Ausbruch und BA/TBA oft verwendet, doch da es dafür keine vorgeschriebene Bezeichnung gibt, ist es wichtig, den Winzer zu kennen.

Rotwein

Im Burgenland werden traditionell auch Rotweine erzeugt. Seit kurzem werden große Anstrengungen unternommen, mit einheimischen Trauben wie Blauer Zweigelt und Blaufränkisch ebenso wie mit importierten Sorten, z. B. Cabernet Sauvignon und Pinot Noir.

Klassifikation

Zunächst erscheint das österreichische Weingesetz als mit dem deutschen identisch. Der größte Unterschied ist, daß hier einige Prädikate mit bestimmten Stilen verbunden und Obergrenzen für den Alkoholgehalt festgelegt werden.

Qualitätswein Mindestens 9% Alkohol, tatsächlich oft viel mehr; meist trocken. Maximalertrag 60 hl/ha (auch für höhere Stufen). In der Wachau heißen nichtangereicherte Weine dieser Stufe Steinfeder.

Kabinett Mindestens 11%, maximal 12,7% Alkohol, immer trocken. In der Wachau heißen diese Weine Federspiel.

Spätlese Mindestens 12,5% Alkohol, meist trokken. In der Wachau heißen diese Weine Smaragd.

Auslese Meist ein leichter Dessertwein, auch trokken.

Beerenauslese (BA) Dessertwein, meist vom deutschen, edelfaulen Typ.

Ausbruch Traditioneller Dessertwein in Rust mit Sauternes-ähnlicher Balance (ohne neues Holz). Heute oft vom deutschen Typ, schwerer als BA.

Trockenbeerenauslese (TBA) Dessertweine im schweren, betont edelfaulen deutschen Stil.

GROSSE ÖSTERREICHISCHE WEINE

Oz Clarkes Auswahl

Scheurebe TBA ♀ (Kracher) Wunderbares »Maulvoll« Wein mit Pfeffer, Grapefruit und Honig am Gaumen.

Langenloiser Steinmassel Riesling ♀ (Bründlmayer) Österreichische Rieslinge können den deutschen gleichkommen, doch der Stil ist anders: herrlich füllig, beinahe fett, und voller Duft.

Ruster Ausbruch Cuvée Pinot ♀ (Feiler-Artinger) Herrlich öliger Wein mit attraktiver Note von neuer Eiche, würziger Attacke und malziger Leichtigkeit, die an Sauternes erinnert.

Tiglat Chardonnay ♀ (Velich) Weltklasse-Chardonnay, füllig und reif mit Pfirsich-und-Apfel-Frucht, dahinter würzig-warme Haselnußtöne von neuer Eiche.

Schilfwein ♀ (Nekowitsch) Bemerkenswert intensiver, exotischer Süßwein, der Gewürze, Pfirsich und Honig mit frischer Zitronenschale durcheinanderwirbelt.

Steven Spurriers Auswahl

Sekt Brut Vintage ♀ (Bründlmayer) Ein schöner Sekt vom besten Gut in Langenlois.

Zöbinger Heiligenstein Riesling Alte Reben ♀ (Bründlmayer) Einer der allerbesten trockenen österreichischen Rieslinge.

Spitzer Singerrriedel Riesling Smaragd (Hirtzberger) Herrliche, komplexe Rieslinge von einem der Spitzenwinzer der Wachau.

Muskat-Ottonel BA ♀ (Kracher) Österreichs größter Erzeuger von Süßwein zeigt, wie ein mächtiger Muskat sein sollte.

Grüner Veltliner BA ♀ (Opitz) Willi Opitz macht aus der spritzig-würzigen Sorte einen außerordentlich köstlichen Wein.

Grüner Veltliner Smaragd von den Terrassen ♀ (Pichler) Eines der schönsten Beispiele für die heimische Traube, vom Loibner Berg.

Österreichische Spitzenerzeuger

Trockene Rieslinge und Grüne Veltliner BRÜNDLMAYER, HIRTZBERGER, Högl, Emmerich KNOLL, Fred Loimer, NIGL, Nikolaihof, PICHLER, PRAGER, FREIE WEINGÄRTNER WACHAU
Sauvignon Blanc, Chardonnay/Morillon Gross, Lackner-Tinnacher, POLZ, TEMENT, VELICH
Süßweine BRÜNDLMAYER, FEILER-ARTINGER, KRACHER, Nekowitsch, OPITZ, PRAGER, Salomon, VELICH
Rotwein Gesselmann, Gernot Heinrich, Krutzler, Nittnaus, TRIEBAUMER, UMATHUM

ÖSTERREICHISCHE ERZEUGER VON A BIS Z

BRÜNDLMAYER, Langenlois, Kamptal 02734 2172/3748

Großes Gut mit einer großen Palette makelloser trockener Rieslinge und Grüner Veltliner, die Kraft und Eleganz verbinden.

Beste Weine ★★★ Zöbinger Heiligenstein Riesling Alte Reben ♀, Langenloiser Steinmassel Riesling ♀, Ried Lamm Grüner Veltliner ♀, ★★ Zöbinger Heiligenstein Riesling ♀, Langenloiser Burg Vogelsang Grüner Veltliner ♀, Sekt Brut Vintage ♀

Gute Jahrgänge 1997, 96, 95, 94, 93, 92, 91, 88, 86

FEILER-ARTINGER, Rust, Neusiedler See/Hügelland 02685 237/6552

Das historische Gut macht seit 1993 spektakuläre Dessertweine in modernem Stil (mit etwas neuer Eiche), außerdem gute trockene Weiß- und Rotweine.

Beste Weine ★★★ Ruster Ausbruch Pinot Cuvée ♀, Ruster Ausbruch ♀

Gute Jahrgänge ♀ süß 1996, 95, 93, 91, 89, 81

FREIE WEINGÄRTNER WACHAU, Dürnstein, Wachau 02711 371/37113

Die beste (und sehenswerte) Winzergenossenschaft Österreichs hat mit der Übernahme der Direktion durch Willi Klinger und Fritz Miesbauer 1995 einen großen Schritt nach vorne getan.

Beste Weine ★★ Spitzer Singerriedel Riesling Smaragd ♀, Weißenkirchener Achleiten Riesling Smaragd ♀, Dürnsteiner Kellerberg Grüner Veltliner Smaragd ♀
Gute Jahrgänge 1997, 95, 93, 90, 88, 86

FRANZ HIRTZBERGER, Spitz, Wachau **02713 2209/2405**
Franz Hirtzberger ist Vorsitzender der Vinea Wachau, der Erzeugervereinigung der Wachau, und macht die elegantesten Weißweine der Region. Pluris ist ein Weißburgunder-Grauburgunder-Verschnitt mit einem Hauch Eiche. Alle können gut altern (wenn Sie warten können!).
Beste Weine ★★★ Spitzer Singerriedel Riesling Smaragd ♀, Spitzer Honivogl Grüner Veltliner Smaragd, ★★ Spitzer Hochrain Riesling Smaragd ♀, Pluris Smaragd ♀
Gute Jahrgänge 1997, 95, 94, 93, 92, 90, 89, 88, 86

EMMERICH KNOLL, Loiben, Wachau **02732 79355/793555**
Emmerich Knolls intensiv würzige, mineralische Weine sind in jungen Tagen recht zugeknöpft, blühen aber nach einigen Jahren in der Flasche wunderbar auf.
Beste Weine ★★★ Dürnsteiner Schütt Riesling Smaragd ♀, Loibner Loibenberg Riesling Smaragd ♀, Loibner Loibenberg Grüner Veltliner Smaragd ♀, ★★ Dürnsteiner Kellerberg Riesling Smaragd ♀
Gute Jahrgänge 1997, 96, 95, 94, 93, 92, 90, 89, 88, 86

ALOIS KRACHER, Weinlaubenhof, Burgenland **02175 3377/33774**
Kracher macht nicht nur die schönsten Dessertweine des Burgenlands, er ist auch ein unermüdlicher Propagandist für die Weine seiner Region und Nation. »Zwischen den Seen« heißen seine Weine im deutschen Stil, »Nouvelle Vague« die in neuer Eiche ausgebauten Weine. »Grand Cuvée« ist ein Verschnitt von beiden.
Beste Weine ★★★ Chardonnay-Welschriesling Nouvelle Vague TBA ♀, Scheurebe Zwischen den Seen TBA ♀, Grand Cuvée BA ♀, Muskat-Ottonel Zwischen den Seen BA ♀, ★ Bouvier BA ♀ **Gute Jahrgänge** 1996, 95, 94, 93, 91, 89, 83, 81

NIGL, Senftenberg, Kremstal **02719 2609/26094**
Als die Familie Nigl 1986 die lokale Genossenschaft verließ, um allein zu wirtschaften, war ein neuer Stern geboren. Die trockenen Grünen Veltliner und Rieslinge gehören zu den mineralischsten und elegantesten Weinen des Kremstals.
Beste Weine ★★★ Senftenberger Hochäcker Riesling ♀, ★★ Kremsleiten Riesling ♀, Senftenberger Piri Riesling ♀, Senftenberger Piri Grüner Veltliner ♀
Gute Jahrgänge 1997, 95, 94, 93, 92, 90, 88, 86

WILLI OPITZ, Illmitz, Neusiedler See **02175 2084**
Der fortschrittliche Vermarkter Willi Opitz ist auch ein innovativer Winzer. Auf nur 2,5 ha macht er ein bemerkenswertes Programm von Dessertweinen, darunter roten Eiswein und Schilfmandl (aus Trauben, die auf Neusiedler-See-Schilf getrocknet werden). Blauburger ist eine lokale Traubensorte.
Beste Weine ★★ Opitz One TBA ♀, Muskat Ottonel Schilfmandl ♀, Blauburger Schilfmandl ♀, Grüner Veltliner BA ♀ **Gute Jahrgänge** 1996, 95, 94, 91, 89

F. X. PICHLER, Loiben, Wachau **02732 85375**
Kaum ein österreichischer Winzer riskiert auf der Suche nach Qualität mehr als Franz Xaver Pichler; Resultat sind unglaublich dichte Rieslinge und Grüne Veltliner von majestätischer Statur, die zu den besten Weinen Österreichs gehören.

Beste Weine ★★★ Dürnsteiner Kellerberg Riesling Smaragd ♀, Loibner Steinertal Riesling Smaragd ♀, Dürnsteiner Kellerberg Grüner Veltliner Smaragd ♀, ★★ Loibner Loibenberg Grüner Veltliner Smaragd ♀ und Von den Terrassen ♀
Gute Jahrgänge 1997, 95, 94, 93, 92, 88

ERICH & WALTER POLZ, Spielfeld, Steiermark 03453 23010/23016
Die Brüder Polz sind die zuverlässigsten Winzer der Steiermark mit einer großen Palette trockener Weißweine von großer Reinheit und Tiefe. Eiche wird zurückhaltend und nur beim Ausbau der Lagenweine eingesetzt.
Beste Weine ★★ Sauvignon Blanc Hochgrassnitzberg ♀, Morillon Hochgrassnitzberg ♀, ★ Sauvignon Blanc Steirische Klassik ♀, Weißburgunder Steirische Klassik ♀
Gute Jahrgänge 1997, 95, 94, 93, 92, 90

FRANZ PRAGER, Weißenkirchen, Wachau 02715 2248/2532
Spitzengut der Wachau mit überschwenglich fruchtigen, aromatischen trockenen Rieslingen und Grünen Veltlinern, die jung sehr schön sind und wunderbar reifen.
Seit Anfang der 1990er jahre ist Prager Dessertwein-Pionier in der Wachau.
Beste Weine ★★★ Weißenkirchener Achleiten Riesling TBA ♀, Weißenkirchener Achleiten Riesling Smaragd ♀, ★★ Weißenkirchener Klaus Riesling Smaragd ♀
Gute Jahrgänge 1997, 96, 95, 94, 93, 91, 90, 86

E. & M. TEMENT, Berghausen, Steiermark 03453 4101/410130
In chaotischen Kellern macht Manfred Tement die imposantesten Weine der Steiermark, darunter einige der besten österreichischen Sauvignons Blancs und Chardonnays. Die Zieregg-Weine werden zurückhaltender in neuer Eiche ausgebaut als vor 5 Jahren.
Beste Weine ★★ Sauvignon Blanc Zieregg ♀, Morillon Zieregg ♀, Roter Traminer ♀, ★ Sauvignon Blanc Steirische Klassik ♀
Gute Jahrgänge 1997, 95, 94, 93, 92, 90

ERNST TRIEBAUMER, Rust, Neusiedler See/Hügelland 0285 528
Die Spezialität des führenden Rotweinproduzenten am westlichen Ufer des Neusiedler Sees sind kraftvolle Blaufränkische mit opulenter Brombeerfrucht und gutem Alterungspotential. Er macht auch zunehmend bessere trockene Weißweine, insbesondere Weißburgunder und Ausbruch.
Beste Weine ★★ Blaufränkisch Mariental 🍷, ★ Cabernet Sauvignon-Merlot 🍷, Blaufränkisch 🍷
Gute Jahrgänge 1997, 95, 94, 93, 92, 90

UMATHUM, Frauenkirchen, Neusiedler See 02172 2173/21734
Josef Umathums Rotweine könnte man aufgrund ihrer Eleganz leicht für Burgunder halten. In heißen Jahren bekommen sie aber auch eine für Burgenländer Rotweine typische Kraft und Rundheit. Die Topweine sind Verschnitte französischer und einheimischer Trauben.
Beste Weine ★★ Hallebühl 🍷, ★ Haideboden 🍷, St-Laurent 🍷
Gute Jahrgänge 1997, 95, 94, 93, 92, 90

VELICH, Apetlon, Neusiedler See 02175 3187
Auf diesem winzigen Gut machen der Croupier Roland Velich und sein Bruder Heinz, ein gestandener Winzer, die allerbesten österreichischen Chardonnays und seit wenigen Jahren auch beeindruckende Dessertweine.
Beste Weine ★★★ Tiglat Chardonnay ♀, Welschriesling TBA ♀, ★★ Muskat Ottonel TBA ♀
Gute Jahrgänge 1997, 95, 94, 93, 92, 90

JAHRGÄNGE IN ÖSTERREICH

Für die Festlegung von österreichischen Spitzenjahrgängen gibt es keine einfache Regel, da die Bedingungen für Dessertweine andere sind als für trockene Weiß- und Rotweine; erstere brauchen Feuchtigkeit für die Edelfäule, letztere Trockenheit für reife, gesunde Trauben.

Lagerfähigkeit

Hoher Alkoholgehalt und solide Säure verleihen den trockenen Weinen ein großes Alterungspotential. Ein Spitzen-Riesling oder -Grüner-Veltliner kann im Jahr nach der Abfüllung aufgrund seiner jugendlichen Frische genossen werden, oder nach 3–5 Jahren, wenn er harmonisch gereift ist. Erstklassige Weine behalten 20–30 Jahre lang ihre gute Form.

Für einige moderne Weine gilt dies nicht, da entweder die Gärung für ein knochentrockenes Ergebnis forciert wird oder weil moderne Weinbauverfahren zu schwacher Struktur führen können. Österreichische Dessertweine sollte man jünger trinken als Sauternes und deutsche Süßweine der Spitzenklasse. Sie können schon 1 Jahr nach der Abfüllung Freude machen, ihre volle Reife haben sie mit 5 Jahren oder wenig mehr. Da vor 20–30 Jahren Weine, die der heutigen Spitzenklasse entsprechen, selten waren, ist es sehr schwierig, das Alterungspotential dieser modernen Weine über 20 Jahre hinaus zu beurteilen.

Noch unsicherer sind die Reifungseigenschaften österreichischer Rotweine, da die ersten bedeutenden Exemplare erst in den hervorragenden Jahrgängen Anfang der 1990er Jahre gemacht wurden.

JAHRGANGSÜBERSICHT

	97	96	95	94	93	92	91	90	89	88	86
Riesling, Grüner Veltliner trocken	10○	5○	10○	8◑	8◑	6●	5◐	9●	7●	8●	8●

	97	96	95	94	93	92	91	90	89	88	83
Beerenauslese, Trockenbeerenauslese	5○	8○	10○	9◑	8◑	6●	9●	7●	8●	6●	7◐

ERLÄUTERUNG ○ = braucht noch Zeit ◑ = trinkreif, gewinnt noch ● = optimal ◐ = in Abbau oder abgebaut

JAHRGÄNGE AUF EINEN BLICK

Große Jahrgänge für alle Weintypen sind in Österreich sehr selten. Im allgemeinen trockene Lesebedingungen geben Spitzenerzeugern die Möglichkeit, spät und selektiv zu ernten, um einen schlechten Sommer auszugleichen. Rundum schlechte Jahrgänge sind heute sehr selten.

Große Jahre ★★★
1997 (trocken) 95, 91 (Dessertwein), 90 (trocken), 81 (Dessertwein), 77 (trocken), 71 (trocken), 69 (Dessertwein)

Gute Jahre ★★
1994, 93, 89, 88, 86, 85, 79, 71 (Dessertwein)

Mittelmäßige Jahre ★
1997 (Dessertwein), 96, 95 Rotwein), 92, 91, 90 (Dessertwein), 83, 82, 76, 75, 73, 70

Schlechte Jahre (keine Sternes)
1987, 84, 80, 78, 74, 72

SCHWEIZ

Der größte Teil des Schweizer Weins ist leichter Rot- und Weißwein für den alltäglichen Genuß, denn aufgrund des kühlen Klimas müssen Reben für hochwertige Weine an den wenigen klimatisch besonders begünstigten Plätzen gepflanzt werden. Ambitionierte Erzeuger nützen Ertragsbegrenzungen und Ausbau in Eiche, um interessante Weine zu machen.

Weißwein

Die meisten Schweizer Reben stehen im französischsprachigen Westen, wo sie sich an die Felswände des Wallis klammern und die Hänge nördlich von Genfer See und Neuenburger See zieren. Hier ergibt die Fendant (Chasselas, Gutedel) leichte, spritzige trockene Weißweine, die in den besten Gemeinden – Aigle, Dézaley, Yvorne – auch einen nussig-mineralischen Charakter annehmen können. Die weißen Traditionstrauben, Amigne und Arvine, liefern körperreichere trockene Weine, erstere nussig, letztere pfirsichwürzig und langlebig. Versuche mit barriquevergorenem Chardonnay und Marsanne (meist Ermitage genannt) müssen sich noch bewähren.

Das Wallis macht traditionell Süßweine aus Malvoisie (Pinot Gris) und Johannisberg (Silvaner), doch nur die besten sind international konkurrenzfähig.

Rotwein

Dôle, ein Verschnitt von Gamay und Pinot Noir, ist der typische Rotwein des Westens. Hier und in der deutschsprachigen Ostschweiz haben reine Pinots Noirs (Blau-, Spätburgunder) deutlich mehr Körper; die besten, die man für einen Côte de Beaune halten könnte, sind mittelgewichtig und besitzen eine Schwarzkirschfrucht und großzügige Tannine. Der Alltagswein für das italienischsprachige Tessin ist der leichte, etwas schroffe Merlot, aber auch hier machen Topwinzer seit den 1990ern einige kraftvolle, tanninreiche Weine. Die Versuche mit Syrah im Wallis stehen noch am Anfang. Vorsicht ist bei einigen teuren Rotweinen von angesehenen Erzeugern geboten, die durch grüne, vegetale Noten beeinträchtigt sein können.

Jahrgänge in der Schweiz

Bei den meisten Weinen ist der letzte Jahrgang auch der beste, da sie nicht das Zeug zu langer Reifung haben. Bei den Spitzenweinen ist es oft so, daß ein im Westen guter Jahrgang im Osten bescheiden ist und umgekehrt, denn die Berge trennen häufig gutes Wetter von schlechtem. Das häufigste Problem ist ungenügende Traubenreife.

Lagerfähigkeit

Die meisten Schweizer Weine können nicht altern, da sie zu wenig Körper und Struktur haben. Die hohen Erträge, die hier die Norm sind, helfen nicht, und ehrgeizige junge Winzer, die das Problem lösen wollen, erschlagen häufig ihre Weine mit zuviel neuer Eiche. Gute Schweizer Weine beeindrucken mit ihrer strahlenden Frucht und ihrem feinen Bukett, weniger durch Körper und Opulenz. Die Rotweine aus Blauburgunder (Pinot Noir) erhalten ihren Charme am längsten, aber auch nicht über 5–6 Jahre hinaus.

Schweizer Spitzenerzeuger

Weißwein Badoux, Michel Clavien, Conne, J. D. Delarze, Fonjallaz, Gantenbein, J. Germanier, Gilliard, Grognuz, Caves Imesch, Mathier, Mont d'Or, Pinget, Raymond, Testuz, Zufferey

Rotwein Gantenbein, Daniel Huber, Werner Stucky, Christian Zündel

TOKAJI

An den Hügeln, die das Tal des Bodrog im Nordosten Ungarns säumen, wächst einer der größten Dessertweine der Welt, der Tokaji (Tokajer), ein öliger, rosinensüßer und würziger Saft von heller Bernsteinfarbe, der etwas weniger Alkohol enthält als Sauternes. Die Spitzentokajer haben mehr Säure und Süße als ein Sauternes und können 100 und mehr Jahre alt werden. Seit dem Zusammenbruch des Kommunismus in Ungarn 1989 hat die Tokaji-Weinindustrie eine Renaissance erlebt. Geld und Know-how kamen von außen und haben zu einer Reihe neuer Kellereien geführt.

Typen des Tokajers

Szamorodni (»wie gewachsen«) ist die einfachste Art des Tokajers, er kann trocken oder leicht süß sein und wird aus demselben Trio von Traubensorten gemacht wie die Dessertweine: Furmint, Hárslevelü und Sargamuskotály (Gelber Muskateller).

Der eigentliche Stolz sind die Aszú-Weine (Ausbruch), die mit 3–6 Puttonyos gekennzeichnet sind, d.h. der Anzahl von Butten von edelfaulen, rosinierten Trauben, die einem Göncer Faß Grundwein beigemischt werden. Je höher die Zahl, desto süßer, üppiger und alkoholärmer der Wein. Die höchst seltene Aszú Eszencia schließlich, eine Ambrosia mit wenig Alkohol und eher Honig als Wein, wird nur aus dem Saft edelfauler Trauben gemacht, den sie unter ihrem eigenen Gewicht abgeben. Sie alle benötigen etliche Jahre Reifung im Faß.

Heute verwenden führende Kellereien ein gewisses Maß neuer Eiche für den Ausbau; die Oxidation, die zu kommunistischen Zeiten so viele Weine ruinierte, ist Vergangenheit.

Das Hauptproblem ist heute, was man mit den nicht-botrytisierten Weinen anfangen soll. Man experimentiert weiterhin, bisher waren die Ergebnisse nicht überzeugend.

Spitzenerzeuger von Tokajer

Bodvin, Disznókö, Hétszölö, Ch. Megyer (5 Puttonyos), Oremus, Ch. Pajos (5 Puttonyos), Royal Tokaji Wine Co. (5 und 6 Puttonyos Nyula'szó und Szt Tamas, 6 Puttonyos Betsek), Istvan Szepsy (5 Puttonyos).

Jahrgänge bei Tokajer

Vorsicht ist beim Kauf von Tokajern der 1960er bis 1980er Jahre angebracht. Die Qualität der Vinifikation war im Vergleich mit heutiger Professionalität sehr prekär. Vorkriegsjahrgänge können wunderbar sein, sind aber selten. In jüngster Zeit waren 1991 und 1993 die besten Jahre.

GROSSE TOKAJER

Oz Clarkes Auswahl

Danczka Eszencia ♀ (Szepsy) Aufregende Weine mit Herbstfrüchten und Honig vom führenden Tokaji-Erzeuger.

Tokaji Aszú 5 Puttonyos Szt Tamas ♀ (Royal Tokaji Wine Co.) Ölige Weine mit Aromen aller denkbaren tropischen Früchte in Sirup.

Tokaji Aszú 5 Puttonyos ♀ (Ch. Megyer) Moderner Erzeuger mit ungewöhnlich frischen, trotzdem überwältigend üppigen Weinen.

Steven Spurriers Auswahl

Tokaji Aszú 5 Puttonyos ♀ (Ch. Megyer) Klassisch gehaltvoller und pikanter Tokajer.

Tokaji Aszú 6 Puttonyos (Disznókö) Unglaubliche Süße, doch gebändigt durch eine quittenartige Säure.

Tokaji Aszú 5 Puttonyos Szt Tamas ♀ (Royal Tokaji Wine Co.) Von einer schon um 1700 als erstklassig eingestuften Lage.

ITALIEN

Es ist noch nicht lange her, da galten »Italien« und »guter Wein« als Widerspruch. Nur ungern gestand man ein, daß aus der Toskana und dem Piemont der eine oder andere hochwertige Wein kam. Dies hat sich in den letzten 20 Jahren radikal geändert, und nicht nur in diesen beiden Regionen gibt es außergewöhnliche klassische und moderne Weine aus heimischen und internationalen Rebsorten. Auch andere klassische Regionen wie Valpolicella haben die Ärmel aufgekrempelt. Dank moderner Vinifizierungstechniken und verbesserter Anbaumethoden treten inzwischen auch Regionen ins Blickfeld, die früher niemand ernsthaft mit Qualitätsweinen verband. Und diese Entwicklung beschränkt sich nicht auf die steigende Zahl kleiner Nobelerzeuger, vielmehr sind einige der besten Produzenten große Konzerne oder riesige Genossenschaften.

Klassifikation

Die offizielle Qualitätsbezeichnung DOC (»Denominazione di Origine Controllata«) garantiert geographische Herkunft, Traubenmischung und bestimmte Herstellungsdetails wie die Dauer der Reifung in Holz. Nur die höherstufige DOCG (G für »Garantita«) soll auch geschmackliche Qualität garantieren, doch darauf ist nicht unbedingt Verlaß.

Hersteller, die Topweine erzeugen wollen, ohne sich den gesetzlichen Regelungen zu unterwerfen, haben ihre Weine in den letzten 25 Jahren bewußt in die niedrigste Kategorie Vino da Tavola eingestuft und damit das Phänomen der »Supertoskaner« und anderer Spitzenweine begründet.

Um diese Weine wieder in das offizielle System zurückzuführen, schuf der Gesetzgeber neue, erweiterte DOCs sowie die höherstufige IGT (»Indicazione Geografica Tipica«), Kategorien, in die die Abtrünnigen wieder integriert werden sollen.

Der Vermerk »Riserva« auf dem Etikett verweist auf eine höhere Qualität, zumeist eine längere Reifung, »Superiore« hingegen zeigt lediglich einen höheren Alkoholgehalt an. Sogenannte »Crus« oder Weinbergbezeichnungen haben nur bei Barolo und Barbaresco tatsächlich geographische Bedeutung, woanders sind es meist schlicht Markennamen. Die einzige, überall zuverlässige Qualitätsgarantie ist daher der Name des Erzeugers.

Italienische Spitzenbereiche

Rotwein Aglianico del Vulture, Alto Adige/Südtirol (Cabernet, Lagrein, Pinot Nero), Barbaresco, Barbera d'Alba, Barbera d'Asti, Barolo, Bolgheri, Brindisi, Brunello di Montalcino, Carmignano, Chianti Classico, Chianti Rufina, Cirò, Colli Orientali del Friuli (Cabernet), Collio (Cabernet), Dolcetto d'Alba, Gattinara, Montepulciano d'Abruzzo, Roero, Sagrantino di Montefalco, Salice Salentino, Taurasi, Teroldego Rotaliano, Torgiano Riserva, Valpolicella (Classico Superiore, Recioto, Amarone), Valtellina Superiore

Weißwein Alto Adige/Südtirol (Chardonnay, Sauvignon), Asti (Schaumwein), Collio und Colli Orientali del Friuli (Chardonnay, Sauvignon, Tocai Friulano), Gavi, Franciacorta, Frascati Superiore, Isonzo (Chardonnay, Sauvignon), Gavi, Moscato d'Asti (Schaumwein), Orvieto, Roero Arneis, Soave (Classico, Recioto), Verdicchio dei Castelli di Jesi, Vernaccia di San Gimignano

Gespritete Weine Marsala

Wichtige DOCG/DOC-Bereiche

1 Gattinara
2 Barbera d'Asti, Asti, Moscato d'Asti
3 Roero, Roero Arneis, Barbera d'Alba
4 Barbaresco, Barbera d'Alba, Barolo, Dolcetto d'Alba
5 Gavi
6 Franciacorta
7 Valtellina Superiore
8 Valpolicella Classico, Amarone, Recioto
9 Soave Classico, Recioto
10 Breganze
11 Teroldego Rotaliano
12 Alto Adige
13 Colli Orientali del Friuli, Collio, Isonzo
14 Carmignano
15 Chianti Rufina
16 Vernaccia di San Gimignano
17 Chianti Classico
18 Bolgheri
19 Brunello di Montalcino
20 Vino Nobile di Montepulciano
21 Orvieto
22 Sagrantino di Montefalco
23 Torgiano Riserva
24 Verdicchio dei Castelli di Jesi
25 Montepulciano d'Abruzzo
26 Frascati Superiore
27 Taurasi
28 Aglianico del Vulture
29 Brindisi
30 Salice Salentino
31 Cirò
32 Marsala
33 Moscato di Pantelleria

WICHTIGE REBSORTEN

Aglianico
Heute zumeist in den Hochlagen Kampaniens und der Basilikata anzutreffende Rotweintraube griechischen Ursprungs. Liefert eher elegante als kräftige Weine.

Barbera
In ganz Italien verbreitete Rotweintraube, die fruchtige Weinen mit zumeist hohem Säure- und niedrigem Tanningehalt ergibt. Hervorragend für den Ausbau im Barrique geeignet. Die besten sortenreinen Weine kommen hauptsächlich aus dem Piemont.

Cabernet Sauvignon
Weniger angebaut als Cabernet Franc, wird vom Piemont bis Sizilien zunehmend beliebter, sei es reinsortig oder im Verschnitt mit anderen Trauben. Liefert elegante Weine, die mit Bordeaux konkurrieren können.

Cannonau
In Sardinien die Haupt-Rotweintraube, vermutlich mit Grenache verwandt. Ergibt füllige, würzige Weine.

Chardonnay
Erstmals vor 150 Jahren im Norden angebaut und immer noch im Norden am besten, vor allem wenn sie im Eichenfaß ausgebaut wird.

Dolcetto
Nahezu ausschließlich im Piemont anzutreffen, wo es 7 Dolcetto-DOCs gibt (die besten sind Alba und Dogliani). Zumeist fruchtig und leicht, kann der Wein aber auch beachtlichen Körper zeigen und sehr langlebig sein.

Gaglioppo
Kalabriens Haupt-Rotweintraube tendiert zu hellen, relativ tanninreichen Weinen, deren Aromen an Barolo erinnern und ein ähnliches Finale süßer Früchte aufweisen.

Garganega
Wichtigste weiße Rebsorte im Soave. Kann sehr fade sein, wenn sie aus der Massenproduktion in der Ebene kommt, aber auch raffiniert und intensiv, wenn sie von einem Spitzenhersteller stammt. Ihre Säure gibt dem süßen Recioto di Soave gute Balance.

Greco
Hauptsächlich im Süden, besonders in Kampanien, angebaute Weißweintraube griechischen Ursprungs. Als Greco di Tufo liefert sie Weine mit zartem Zitruston.

Grechetto
Interessante Weißweintraube aus Umbrien, sowohl reinsortig als auch in Verschnittweinen wie Orvieto verwendet.

Inzolia
Vornehmlich auf Sizilien (und an der toskanischen Küste als Ansonica) angebaute Sorte mit gutem Körper und jeder Menge Aromen, die zahlreichen sizilianischen Weißweinen ihren besonderen Charakter verleiht.

Lagrein
Eine unterschätzte, sehr charaktervolle Rotweintraube in Südtirol. Sie liefert dunkle, sehr aromatische Weine mit einem typischen adstringierenden Abgang, aber nicht übermäßigem Tanningehalt.

Malvasia
Zahlreiche Spielarten dieser griechischen Sorte werden in Italien angebaut, insbesondere im Friaul, wo sie leichte und aromatische Weine ergibt, in Frascati und auf den Liparischen Inseln.

GROSSE ITALIENISCHE WEINE

Oz Clarkes Auswahl

Barolo Bricco Bussia Vigna Cicala (Aldo Conterno) Der außergewöhnliche Wein eines Spitzenerzeugers, kraftvoll und mit dem himmlischen Aroma von Schwarzkirschen und Pflaumenblüten.

Sassicaia (Tenuta San Guido) Sensationeller toskanischer Cabernet Sauvignon, der in den 1970ern das Bild der italienischen Weine total umkrempelte. Noch immer einer der weltbesten Rotweine.

Ghiaie della Furba (Capezzana) Ein weiterer bahnbrechender Rotwein aus der Toskana: wunderbar reines Fruchtaroma von Schwarzer Johannisbeere und Schattenmorelle, eingehüllt in Wildnoten.

Cepparello (Isole e Olena) Strenger, aber schöner Ausdruck der Sangiovese: bittersüßer Geschmack von der Traube, dazu kommen der Duft und das Aroma reifer Kirschen.

Tassinaia (Terriccio) Innovativer Cabernet-Verschnitt von der Küste bei Livorno mit dem Aroma süßer Schwarzkirschen und Johannisbeeren, akzentuiert mit Minze.

Copertino Eloquenzia (Monaci) Rotwein von einem der neuen Spitzenerzeuger im tiefen Süden, reifes Dattel-und-Feigen-Aroma mit einer Schlußnote von kandierten Früchten.

Capitel San Rocco (Tedeschi) Sensationelles aus dem Veneto: Pfeffer, Kirsche, Bitterschokolade und Zedernholz in schier unglaublicher Harmonie.

Amarone Classico (Allegrini) Ein weiteres großes Original aus den Valpolicella-Hügeln nördlich von Verona: wunderbar süß-saures Fruchtaroma schwarzer Kirschen, unterlegt mit feinem Parfum.

Torcolato (Maculan) Von einem der innovativsten Weinmacher ein sagenhaft mollig-üppiger Weißwein mit dem Aroma in Sirup eingelegter Pfirsiche und Quitten.

Monferrato Alteserre (Bava) Vollmundig, intensiv und mit hohem Säuregehalt, der die Frucht freisetzt, begleitet von einem weichen Eichenton.

Steven Spurriers Auswahl

Brunello di Montalcino Riserva (Frescobaldi) Castelgiocondo ist das Juwel unter den zahlreichen Rebflächen Frescobaldis.

Chianti Classico (Castello di Fonterutoli) Die jüngste Tat der Familie Mazzei, innerhalb des DOCG-Systems einen »Château«-Wein zu kreieren, signalisiert die außerordentliche Qualität ihrer Chianti.

Solaia (Antinori) Eine stilvolle Cuvée aus Cabernet und 20 % Sangiovese, rund und von stattlicher Struktur.

Barolo Vigneto Arborina (Altare) Elio Altare gehört zur absoluten Spitze der modernen Barolo-Erzeuger. Seine Weine aus Einzellagen besitzen aufgrund geringer Erträge ein immenses Fruchtbukett.

Barolo Granbussia (Aldo Conterno) Der Wein wird nur in sehr guten Jahrgängen hergestellt und verbindet das Beste aus Fortschritt und Tradition.

Barbaresco Sorì Tildin (Gaja) Von Piemonts bekanntestem Hersteller kommt dieser wunderbar im Eichenfaß gereifte, stilvolle Barbaresco.

Ornellaia (Tenuta dell'Ornellaia) Die ausgezeichnete Cabernet-Merlot-Cuvée gehört zweifellos zu den führenden Supertoskanern.

Vino Nobile di Montepulciano (Avignonesi) Dieser Wein der Falco-Brüder kann sich durchaus mit dem berühmteren Brunello di Montalcino messen.

Franciacorta Brut Dosage Zero (Ca' del Bosco) Nur Schaumweine höchster Qualität wie dieser erlauben eine Dosage zéro.

Soave Classico Calvarino (Pieropan) Der elegante, fast mineralische Soave setzt Maßstäbe für die Region.

Merlot

Merlot ist die in Italien am weitesten verbreitete französische Rebsorte. Insbesondere in Friaul, Venetien und Südtirol erzeugte man bis vor kurzer Zeit daraus nur einfache Trinkweine, dann kamen einige außergewöhnlich konzentrierte, elegante Weine wie Masseto (ORNELLAIA), Vigna l'Apparita (CASTELLO DI AMA) und Redigaffi (Tua Rita) aus der Toskana auf den Markt. Häufig mit Cabernet Sauvignon verschnitten.

Montepulciano
Eine an der Ostküste weitverbreitete rote Rebsorte, insbesondere im DOC-Bereich Montepulciano d'Abruzzo. Ursprünglich ein angenehm fruchtiger, tiefdunkler Trinkwein, kann er auch sehr körperreich, komplex und langlebig sein. Garofoli in den Marken erzeugt einen hervorragenden Rosso Conero (Grosso Agontano).

Moscato
In Italien werden verschiedene Spielarten dieser aromareichen Traube angebaut. Am bekanntesten ist die Moscato Bianco oder di Canelli, die für Asti und Moscato d'Asti verwendet werden – einen alkoholarmen, leicht schäumenden und intensiv duftender Wein, der im Piemont häufig ein üppiges Essen krönt. Die etwas schwerere, pikantere Moscato Giallo findet man in Südtirol, wo sie als trockener oder süßer Stillwein ausgebaut wird. Von Südtirol bis Rom trifft man auf den nach Rosen duftenden Rosé Moscato Rosa. Auf der vor Sizilien liegenden Insel Pantelleria wird die Tafeltraube Moscato di Alessandria, Zibibbo genannt, für den kraftvollen Likörwein Passito verwendet (der Bukkuram von BARTOLI ist ein hervorragendes Beispiel).

Nebbiolo
Diese Rotweintraube aus dem Piemont ist sowohl die interessanteste als auch die schwierigste Rebsorte Italiens. Sie hat einen relativ hohen Gerbstoff- und Säuregehalt und zugleich das faszinierendste und komplexeste Aroma (»Teer und Rosen«). Im Weinberg fordert sie den besten Standort und im Keller unendliche Sorgfalt, will man das Beste aus ihr machen. Man verwendet sie reinsortig in Barolo, Barbaresco, Gattinara, Carema und Valtellina Superiore. Junge Weine sind bisweilen fest wie Leder, aber mit modernen Techniken ist man dabei, dieses Problem zu überwinden.

Negroamaro
Die wörtliche Bedeutung »schwarz und bitter« tut dieser Rebsorte Unrecht. Im südlichen Apulien, wird sie auf unzähligen Hektar ebener Rebflächen angebaut, häufig noch immer in Buschform trotz größter Bemühungen der EU, die Qualität im Süden auszurotten. Die Weine (wie Salice Salentino) sind kraftvoll, fruchtig-vegetal im Aroma, weich und mit geringen Tanninen.

Nero d'Avola
Siziliens beste Rotweintraube hat eine tiefdunkle Farbe und hohen Säure, die aber von der Fruchtigkeit der Traube gebändigt wird. Cantina la Elorina bringt einen köstlichen Eloro Rosso heraus, der wie der berühmte Rosso del Conte von Tasca d'Almerita aus 100% Nero d'Avola besteht.

Pinot Bianco
Die in Italien am weitesten verbreitete Pinot-Traube, vielleicht auch die beste. Sie dominiert insbesondere im Friaul und Südtirol, bringt aber auch in der Toskana gute Ergebnisse.

Pinot Grigio
Italiens wohl bekannteste Weißweintraube zeigt bei ihrer Reife eine kupferfarbene Färbung, was gelegentlich auch im Wein durchschlägt. In der Regel wird der Wein großindustriell erzeugt, doch sind einige Erzeuger im Friaul in der Lage, daraus ähnlich reichhaltige, fette Weine zu gewinnen wie im Elsaß. Auch aus Südtirol, wo ein leichterer Stil vorherrscht, kommen einige hervorragende Weine.

Pinot Nero
In Norditalien wird diese Rebsorte seit mindestens 150 Jahren angebaut. Sie ist vor allem im Osten Südtirols, rund um Mazzon, beheimatet, man experimentiert mit ihr aber auch anderswo, etwa in der Toskana, inzwischen recht erfolgreich.

Sagrantino

In sehr geringen Mengen ausschließlich rund um die umbrische Stadt Montefalco angebaut, gehört sie wohl zu Italiens außergewöhnlichsten Rotweintrauben mit Potential für tiefdunkle, explosiv-aromatische Weine von hervorragender Persönlichkeit..

Sangiovese

Sangiovese ist nicht nur die Königin Mittelitaliens mit berühmten Weinen wie Chianti, Brunello di Montalcino, Vino Nobile di Montepulciano und vielen anderen, sondern auch die in Italien am häufigsten angebaute Sorte überhaupt und die einzige heimische Sorte, die sich weltweit mit überzeugenden Ergebnissen etablieren konnte. Es gibt zahlreiche Klone und Spielarten sowie Untersuchungen darüber, welche nun wo am erfolgreichsten ist. Die Skala der Weine reicht von leichten Trinkweinen bis hin zu fülligen, komplexen, feinen und langlebigen Weinen.

Sauvignon Blanc

Sauvignon ist in Italien nicht sehr verbreitet; wo sie angebaut wird (vornehmlich im Norden, aber auch in der Toskana und sogar in Apulien), wird sie aber immer besser, so daß man einige Weine (Vieris oder Pière von VIE DI ROMANS im Friaul und Sanct Valentin aus San Michele di Appiano in Südtirol) mit den weltweit besten in eine Reihe stellen kann.

Teroldego

Nahezu ausschließlich auf den Campo Rotaliano im Norden des Trentino beschränkt, liefert sie in den Händen eines guten Erzeugers wie FORADORI gut strukturierte Weine von bemerkenswerter Eleganz und Langlebigkeit.

Tocai Friulano

Die von einigen als mit Sauvignon Vert oder Sauvignonasse identisch betrachtete, vornehmlich im Friaul angebaute Traube liefert charaktervolle Weine mit zartem Kräuteraroma. In Collio erzeugt Schiopetto eine vorbildliche Version.

Trebbiano

Italiens meistverbreitete Weißweintraube findet man überall in Mittel- und Süditalien, die besten Weine kommen aber aus der Lugana im Norden (Ca' dei Frati). Die Trebbiano di Soave, ein Klon aus dem Veneto, ähnelt mehr dem Verdicchio als der ergiebigen Trebbiano di Toscano.

Vernaccia di San Gimignano

Dieser Weißwein ist vor allem durch die berühmte, bei Touristen sehr beliebte Stadt in der Toskana bekannt. Von ein paar Ausnahmen abgesehen, zeigen die Weine zwar eine gewisse Substanz, aber wenig Charakter. Es gibt keine Verwandtschaft zu anderen Vernaccia-Rebsorten.

Verdicchio

Gegenwärtig häufig als Italiens beste heimische Weißweinrebe angepriesen, was, wie einige sagen werden, nicht viel heißen will. Vornehmlich in den Marken verbreitet, mit den beiden DOCs Castelli di Jesi und Matelica, kann sie durchaus körperreiche, gut lagerfähige Weißweine von beeindruckender Komplexität hervorbringen (z.B. bei Coroncino, wo sie eine Offenbarung sind).

Vermentino

Vermentino, ein weiterer Bewerber um den Titel der besten italienischen Weißweinrebe, wird auf Sardinien und entlang der Tyrrhenischen Küste, von der ligurischen Ponente bis zur toskanischen Maremma, angebaut. Im Süden Sardiniens fehlt es ihr bisweilen an Substanz, aber Weine aus der Gallura im Norden zeigen mehr Körper und Gehalt als die besten Toskaner.

ITALIENISCHE WEINREGIONEN VON A BIS Z

AGLIANICO DEL VULTURE DOC

Einige der besten Rotweine des Südens mit gutem Reifungspotential stammen von den Hängen des erloschenen Vulkans Monte Vulture.

Beste Erzeuger D'ANGELO, Paternoster

Gute Jahrgänge 1997, 96, 94, 91, 90.

ALTO ADIGE DOC

Riesiges DOC-Gebiet mit über 50 Subregionen und Sorten, das praktisch alle Qualitätsweine der Provinz Bozen umfaßt. Zu den herausragenden gehören Chardonnay, Gewürztraminer, Pinot Grigio, Sauvignon, Moscato Rosa, Cabernet, Merlot, Lagrein und Pinot Nero.

Beste Erzeuger Casòn Hirschprunn, Dipoli, Haas, Hofstätter, LAGEDER, Muri-Gries, Niedermayr, Tiefenbrunner, Walch; Genossenschaften Kaltern, Schreckbichl, Kurtatsch, Gries, St. Michael-Eppan, St. Magdalena

Gute Jahrgänge 1997, 96, 95, 93

ASTI/MOSCATO D'ASTI DOCG

Aus Imagegründen hat man den alten Namen Asti Spumante durch Asti ersetzt. Der Moscato d'Asti hat mehr Duft und weniger Alkohol und wird aus Trauben besserer Qualität hergestellt. Trinken Sie ihn möglichst jung.

Beste Erzeuger Asti: Ascheri, Cinzano, Fontanafredda, Gancia, Martini; Moscato: BRAIDA, Cascina, Caudrina, Icardi, Perrone, Saracco, La Spinetta, Viticoltori dell'Acquese

BARBARESCO DOCG

Einer der großen Rotweine Italiens und ebenso wie sein berühmter Nachbar Barolo jenseits von Alba aus 100% Nebbiolo hergestellt. Spitzenerzeuger liefern Weine mit jahrzehntelanger Lagerfähigkeit. Obwohl das Anbaugebiet relativ geschlossen ist, differieren die Weine je nach Lage und Erzeuger mitunter beträchtlich.

Beste Erzeuger Ceretto, Cigliuti, CISA ASINARI, GAJA, BRUNO GIACOSA, CANTINA DEL Glicine, Moccagatta, Paitin, PRODUTTORI DEL BARBARESCO, Prunotto (ANTINORI), Albino Rocca, Bruno Rocca

Gute Jahrgänge 1997, 96, 95, 93, 90, 89, 88, 85

BARBERA D'ALBA DOC

Neben Barolo, Barbaresco und Roero tauchen inzwischen auch andere wunderbare, im Barrique ausgebaute Rotweine von Albas Spitzenerzeugern auf. In guten Jahren kann der Barbera vollmundig, weich und fleischig sein, mit jeder Menge Fruchtaromen und einem schönen Säurerückgrat.

Beste Erzeuger ALTARE, Domenico CLERICO, Aldo CONTERNO, Giacomo CONTERNO, CONTERNO FANTINO, Correggia, Elio Grasso, MASCARELLO, Moccagatta, Parusso, Prunotto (ANTINORI), SANDRONE, SCAVINO, Vajra, Viberti, Roberto VOERZIO

Gute Jahrgänge 1997, 96, 95, 93, 90, 89, 88, 85

BARBERA D'ASTI DOC

Die Region um Asti im Piemont ist nicht nur die Heimat des Barbera, sondern auch Ursprungsort des ersten und berühmtesten der modernen Weine, des Bricco dell'Uccellone von Giacomo Bologna (BRAIDA). Die Weine sind etwas rustikaler als der Barbera d'Alba, Frucht und Säure sind jedoch gut balanciert und werden vom Holzton angenehm gestützt.

Beste Erzeuger Araldica, La Barbatella, BRAIDA, CASCINA CASTLET, CHIARLO, COPPO, IL Mangetto, C. S. Vinchio e Vaglio, Viticoltori dell'Acquese

Gute Jahrgänge 1997, 96, 93, 90

BAROLO DOCG

Italiens berühmtester Rotwein, aus 100% Nebbiolo, wird südwestlich von Alba gemacht. Anfang des 20. Jahrhunderts häufig süß, vor 30 Jahren häufig zu tanninhaltig

BAROLO-GEMEINDEN UND LAGEN

Diese Liste ist nicht erschöpfend, zudem existieren eine Reihe von Teillagen unter anderem Namen.
Barolo Bricco delle Viole, Brunate, Cannubi, Cannubi Muscatel, Cerequio, Coste di Rose, Fossati, La Villa, Sarmassa
Castiglione Falletto Bricco Boschis, Codana, Fiasco, Monprivato, Montanello, Parussi, Rocche, Scarrone, Villero
La Morra Arborina, Brunate, Conca dell'Annunziata, Cerequio, Case Nere, Gattera, Monfalletto, Rocche, Rocchette, La Serra
Monforte Bussia, Dardi, Gavarini, Ginestra, Gremolere, Le Coste, Manzoni Soprani, Pianpolvere, Pressenda, Santo Stefano, Visette
Serralunga Cascina Francia, Cerretta, Falletto, Marenca-Rivette, Gabutti, Gattinera, Lazzarito, Ornato, Prapò, Vigna Rionda

und durch überzogene Mazerierung und Lagerung im Holzfaß oxidiert, nahm er, dank junger Önologen, in den vergangenen Jahrzehnten eine erstaunliche Entwicklung hin zu fruchtigen, kraftvollen Weinen mit intensivem, komplexem Aroma, mit Länge und Persönlichkeit. Eine weitere Neuerung ist die Angabe der Reblage (s.o.), so daß es den allgemeinen Begriff Barolo bald nicht mehr geben wird.

Beste Erzeuger ALTARE, Azelia, Boglietti, Bongiovanni, Ceretto, Chiarlo, Domenico CLERICO, Aldo CONTERNO, Giacomo CONTERNO, CONTERNO FANTINO, Corino, Riccardo Fenocchio, GAJA, Bruno GIACOSA, Elio Grasso, Gromis, Bartolo Mascarello, Giuseppe MASCARELLO, Pio Cesare, Principiano, Prunotto (ANTINORI), Ratti, Rocche dei Manzoni, SANDRONE, Paolo SCAVINO, Vajra, Viberti, VIETTI, Roberto VOERZIO

Beste Jahrgänge 1997, 96, 95, 93, 90, 89, 88, 85, 82, 78, 71, 70, 64, 55, 47

BOLGHERI DOC

Der kleine Ort nahe der Tyrrhenischen Küste wurde vor allem durch den Sassicaia bekannt, Italiens Pendant zum Bordeaux Grand Cru, aber auch einige andere hochklassige und hochpreisige Cabernet-Weine sind auf den Zug aufgesprungen. Nicht zu vergessen auch Merlot sowie Sangiovese. Vernaccia, Chardonnay und Sauvignon liefern herrliche Weißweine.

Beste Erzeuger ANTINORI, Grattamacco, Le Macchiole, ORNELLAIA, Tenuta SAN GUIDO, Satta, Tenuta del TERRICCIO

Gute Jahrgänge 1997, 96, 94, 90, 88, 85

BREGANZE DOC

Dominiert von einem Hersteller, MACULAN, hat sich dieser DOC-Bereich im Veneto mit Spitzencabernets und Dessertweinen (Torcolato) einen Namen gemacht.

Gute Jahrgänge 1997, 96, 95, 90

BRINDISI DOC

Die Hafenstadt, das »Tor zu Griechenland«, gibt ihren Namen einem DOC-Bereich, dessen ebene Rebflächen von Negroamaro beherrscht werden. Unterstützt durch Montepulciano-Trauben gewinnt der Wein etwas mehr Klasse als sein Nachbar aus Salice Salentino.

Beste Erzeuger Agricole Valone, TAURINO

Gute Jahrgänge 1997, 94, 93, 92, 90

BRUNELLO DI MONTALCINO DOCG

Neben dem Barolo Italiens international angesehenster Wein. Aus 100% Sangiovese, muß er 4 Jahre gereift sein, davon 3 (bald 2) im Eichenfaß. Der Wein ist unglaublich lagerfähig, und tatsächlich ist der 1964er von BIONDI-SANTI immer noch erstaunlich frisch. Heute will man jedoch schneller trinkreife Weine, und einige kleine Betriebe leisten da hervorragende Arbeit.

Beste Erzeuger ARGIANO, Altesino, BANFI, BIONDI SANTI, La Campana, Caparzo, Casanova di Neri, Camigliano, Case Basse, Castelgiocondo (FRESCOBALDI), La Cerbaiola,

Cerbaiona, Ciacci Piccolomini, Col d'Orcia, Costanti, Fuligni, Maurizio Lambardi, Lisini, Mastroianni, Siro Pacenti, Pertimali, Pieve Santa Restituta, Poggio Antico, Il Poggiolo, Il Poggione, RUFFINO, Talenti, Val di Suga, Valdicava

Gute Jahrgänge 1997, 95, 93, 90, 88, 85, 82, 75, 71, 64, 55, 45

CARMIGNANO DOCG

Kleine Region westlich von Florenz. Der Wein basiert seit den 1970er Jahren auf Sangiovese unter Beigabe von Cabernet und anderen Sorten. Der Riserva, nur in guten Jahren produziert, zeigt für einen eher eleganten als kraftvollen Wein bemerkenswert große Lagerfähigkeit.

Beste Erzeuger Ambra, Artimino, Bacchereto, CAPEZZANA, Il Poggiolo

Gute Jahrgänge 1997, 95, 94, 90, 85

CHIANTI CLASSICO DOCG

Die Classico-Zone erstreckt sich genau zwischen Florenz und Siena über die bezaubernde Hügellandschaft der Toskana und hat inzwischen ihre eigene DOCG. Alle anderen Weine mit der Bezeichnung Chianti sind in ihren Augen Hochstapler. Nach zahlreichen Debatten sind für die Mischung nun keine weißen Trauben mehr nötig, französische Rebsorten sind erlaubt, und der Wein darf sogar aus 100% Sangiovese bestehen. Der Riserva muß nur mehr 2 Jahre reifen.

Beste Erzeuger ANTINORI, Badia a Coltibuono, Carobbio, Carpineto, Casa Emma, Casa Sola, CASTELLARE, Castell'in Villa, CASTELLO DI AMA, Castello di Brolio, Castello di Cacchiano, CASTELLO DI FONTERUTOLI, Castello di Querceto, CASTELLO DEI RAMPOLLA, Castello di Vicchiomaggio, Castello di Volpaia, Cennatoio, Le Cinciole, FATTORIA DI FELSINA, FONTODI, ISOLE E OLENA, Lilliano, La Massa, MONSANTO, Monte Bernardi, MONTEVERTINE, Il Palazzino, Poggerino, Poggiopiano, QUERCIABELLA, Riecine, Rocca di Montegrossi, RUFFINO, San Felice, SAN GIUSTO A RENTENNANO, Terrabianca, Vecchie Terre di Montefili, Vignamaggio, Villa Cafaggio

Gute Jahrgänge 1997, 95, 93, 90, 88, 85

CHIANTI DOCG

Außerhalb des Classico firmieren alle übrigen Chianti (Colli Aretini, Colli Fiorentini, Colli Senesi, Colline Pisane, Montalbano, Rufina und einfach Chianti) unter diesem Banner. Rufina hat dabei wohl die herausragendsten Weine.

Beste Erzeuger (Rufina) Basciano, Bossi, FRESCOBALDI, SELVAPIANA, Villa di Vetrice

Gute Jahrgänge 1997, 95, 93, 90, 88, 85

CIRÒ DOC

Kalabriens einzige Qualitäts-DOC. Die aus der Gaglioppo-Traube gemachten Rotweine können eine dem Barolo ähnliche Dichte und Struktur annehmen.

Beste Erzeuger Librandi, San Francesco

Gute Jahrgänge 1997, 94, 93, 91

COLLI ORIENTALI DEL FRIULI DOC

Eine der beiden wichtigsten DOC-Bereiche Friauls mit vielen Unterzonen. Auch wenn Bordeaux- und Burgund-Sorten noch immer dominieren, tendiert man hier zu heimischen Rebsorten wie Ribolla Gialla und Tocai Friulano, Pignolo und Schioppettino.

Beste Erzeuger Abbazia di Rosazzo, Dario Coos, Dorigo, Dri, Le Due Terre, Livio Felluga, Miani, Rodaro, Ronchi di Cialla, Ronchi di Manzano, Ronco del Gnemiz, Specogna, Torre Rosazza, La Viarte, Vigna dal Leon, Zamò & Zamò

Gute Jahrgänge 1997, 95, 93, 90

COLLIO DOC

In Friauls vermutlich bekanntestem DOC-Bereich nahm die italienische »Weißweinrevolution« der 1970er und 80er Jahre ihren Anfang. Die Dach-DOC umfaßt Weine verschiedenster Rebsorten, vornehmlich weiße und französische. Französische rote Sorten, insbesondere Cabernets, zeigen enorme Fortschritte.

Beste Erzeuger Borgo del Tiglio, La Castellada, Marco Felluga, Gradnik, Gravner, JERMANN, Edi Kante, Edi Keber, Livon, Princic, Puiatti, Russiz Superiore, SCHIOPETTO, Tercic, Venica, Villa Russiz.
Gute Jahrgänge 1997, '95, '93, '90.

DOLCETTO D'ALBA DOC

Dieses DOC-Gebiet ist weitgehend mit dem des Barbera d'Alba identisch. Der Dolcetto hat hier sein früheres Aschenputtel-Image nahezu überwunden und zeigt sich zunehmend robust, farbkräftig und fruchtbetont, dennoch gut strukturiert.
Beste Erzeuger ALTARE, Azelia, Boglietti, Brovia, Cà Viola, Domenico CLERICO, Aldo CONTERNO, CONTERNO FANTINO, Gastaldi, Marcarini, Bartolo Mascarello, Giuseppe MASCARELLO, Nada, Prunotto (ANTINORI), Albino Rocca, SANDRONE, Vajra, Roberto VOERZIO.
Gute Jahrgänge 1997, 96, 93, 90, 88

FRANCIACORTA DOCG

Italiens überzeugendste Antwort auf den Champagner, hergestellt aus denselben (aber reiferen) Trauben und in demselben Verfahren.
Beste Erzeuger Bellavista, CA' DEL BOSCO, Gatti, Uberti
Gute Jahrgänge 1997, 95, 93, 90

FRASCATI SUPERIORE DOC

Berühmter, aber meist überschätzter italienischer Weißwein. Die besten sind körperreich und von intensivem Aroma.
Beste Erzeuger Castel de Paolis (Vigna Adriana aus Viognier), Colli di Catone (Colle Gaio)
Gute Jahrgänge 1997, 95

GATTINARA DOCG

Aus dem Norden Piemonts kommender, früher hochgeschätzter Rotwein aus der Nebbiolo, der in den 1980er Jahren einen Tiefstand erreichte und nun ein Comeback erlebt.
Beste Erzeuger Antoniolo, Nervi, Travaglini
Gute Jahrgänge 1997, 95, 93, 90

GAVI DOC

Einst als Italiens bester heimischer Weißwein eingestuft, wurde er, zum Teil wegen seines hohen Säuregehalts, von Verdicchio, Arneis und sogar Soave überholt. Inzwischen tauchen einige gut balancierte, häufig im Barrique ausgebaute Weine auf. Jung zu trinken.
Beste Erzeuger Nicola Bergaglio, La Giustiniana, La Scolca, Villa Sparina

ISONZO DOC

Aus diesem an Collio angrenzenden Teil Friauls kommen einige erstaunliche Weiß- sowie recht anständige Rotweine.
Beste Erzeuger Lis Neris-Pecorari, Pecorari, Ronco del Gelso, VIE DI ROMANS
Gute Jahrgänge 1997, 95, 93, 90

LANGHE DOC

Eine neue DOC in den Langhe-Hügeln um Alba. Die Liste der sortenreinen Weine aus Chardonnay, Barbera und Nebbiolo schließt diverse ehemalige Vini da Tavola ein. Einige im Barrique gereifte Chardonnays und Nebbiolos erreichen Spitzenqualität; der sortenreine Arneis ist ein ansprechender leichter Weißwein.
Beste Erzeuger ALTARE, Castello di Neive, Aldo CONTERNO, CONTERNO FANTINO, Domenico Clerico, GAJA, Giuseppe MASCARELLO, Pio Cesare, Vajra.
Gute Jahrgänge 1995, 94, 93, 90, 89

MARSALA DOC

Früher das Pendant zum Sherry, erreichte der Marsala im 20. Jahrhundert durch industrielle Fertigung seinen Tiefstand. Seit gut 10 Jahren versuchen einige Hersteller sein Image wieder aufzupolieren, vornehmlich durch den trockenen Topwein Vergine, dessen Vanille-Karamel-Aroma durch Säure balanciert wird.
Beste Erzeuger de BARTOLI, Florio

MONTEPULCIANO D'ABRUZZO DOC

Eine Handvoll herausragender Erzeuger beweist, daß diese DOC (die leider mit dem toskanischen Montepulciano verwechselt werden kann) trotz einer Flut mittelmäßiger

Weine auch Spitzenweine hervorbringenkann.
Beste Erzeuger Cornacchia, Illuminati, Masciarelli, Elio Monti, VALENTINI
Gute Jahrgänge 1997, 95, 94, 90

MOSCATO DI PANTELLERIA DOC

Einer der großen italienischen Dessertweine, hergestellt aus sonnengetrockneten Moscato-di-Alessandria-Trauben (im Dialekt Zibibbo), die auf dem dunklen Boden der Vulkaninsel wachsen.
Beste Erzeuger de BARTOLI, Murana

ORVIETO DOC

Dieser Weißwein aus Umbrien ist einer der interessantesten Tischweine Italiens, wenn Sie sich an Lagenweine halten. Er sollte jung getrunken werden.
Beste Erzeuger Barberani, Bigi, Castello della Sala (ANTINORI), Decugnano dei Barbi, Palazzone

ROERO DOC

Die Weinregion im Piemont besitzt Kalkboden für die weißen Trauben Arneis und Favorita und Lehm-Sand-Boden für Nebbiolo und Barbera. Der Roero Arneis ist einer der charaktervollsten Weißweine Italiens. Die Qualität der Barberas und Nebbiolos kann es mit denen aus Alba aufnehmen.
Beste Erzeuger 🍷 Correggia, Deltetto, Malvirà; Arneis: Malvirà, Bertini
Gute Jahrgänge 🍷 1997, 96, 95, 93, 90; Arneis: Nehmen Sie den letzten Jahrgang

SAGRANTINO DI MONTEFALCO DOCG

Die Sagrantino-Rebe wird ausschließlich in der mittelumbrischen Gemeinde angebaut und liefert reichhaltige, kräftige Rotweine sowie überwältigend gute Passito-Weine.
Beste Erzeuger Adanti, CAPRAI
Gute Jahrgänge 1997, 95, 94, 93, 90

SALICE SALENTINO DOC

Aus den Ebenen des Südens kommt dieser weiche, nach dunkler Schokolade und Backpflaumen schmeckende Rotwein. Am besten nach 3–5jähriger Reife.
Beste Erzeuger Candido, Leone de Castris, TAURINO, Vallone
Gute Jahrgänge 1997, 94, 93, 90

SOAVE CLASSICO DOC

Top-Soave aus der Classico-Zone, der beweist, daß der Wein elegant, intensiv und raffiniert sein kann und im Gegensatz zu Soave aus dem Flachland mehrjährige Lagerung verträgt. Zudem gibt es einen köstlichen süßen Recioto.
Beste Erzeuger ANSELMI, Cantina del Castello, Ca Rugate, Gini, Inama, MASI, PIEROPAN, PRA, SUAVIA
Gute Jahrgänge 1997, 95, 93

TAURASI DOCG

Galt in der Vergangenheit als der beste Rotwein aus dem Süden. Er besitzt die Finesse und Struktur für eine 12–20jährige Reife.
Beste Erzeuger Feudi di San Gregorio, Mastroberardino, Struzziero
Gute Jahrgänge 1997, 96, 94, 91, 90

TEROLDEGO ROTALIANO DOC

Angebaut in den flachen, kiesigen Weingärten des Trentino, vielleicht der beste Rotwein Italiens aus heimischen Trauben.
Beste Erzeuger Barone de Cles, FORADORI
Gute Jahrgänge 1997, 95, 93, 90

TORGIANO ROSSO RISERVA DOCG

Lungarotti ist der einzige bedeutende Erzeuger dieses Sangiovese-Rotweins, der vor dem Verkauf mindestens 8 Jahre im Faß bzw. auf der Flasche reifen muß.
Gute Jahrgänge 1995, 90, 86

VALPOLICELLA DOC

Dieser historische Wein aus den Hügeln nördlich von Verona wird in drei Typen gemacht, basierend auf Corvina-Rondinella-Verschnitten: »normal« leicht und fruchtig, »vollmundig« mit mehr Alkohol und durch getrocknete Trauben sehr üppig (süßer Recioto oder trockener Amarone). Dazwischen liegt der Ripasso, bei dem der Normalwein nochmals auf den ungepreßten Schalen des Recioto vergoren wird.

Beste Erzeuger Accordini, ALLEGRINI, Bertani, Brigaldara, Brunelli, Bussola, Cecilia Beretta, dal FORNO, Le Ragose, MASI, Mazzi, Montresor, QUINTARELLI, Speri, Tedeschi, Viviani
Gute Jahrgänge 1997, 95, 93, 90, 83

VALTELLINA SUPERIORE DOC

Diese auf Nebbiolo basierenden Weine aus der Lombardei sind weniger gehaltvoll als Barolo und Barbaresco, mit Ausnahme der als Sfursat/Sforzato bezeichneten Passito-Version.
Beste Erzeuger Enologica Valtellinese, Nera, Negri, Rainoldi
Gute Jahrgänge 1997, 95, 93, 90, 88

VERDICCHIO DEI CASTELLI DI JESI/MATELICA DOCs

Der Wein hat sich rasch den Ruf als Italiens bester Weißwein aus heimischen Trauben erworben. Er ist trocken, pikant und von leicht öliger Textur, balanciert von einer festen Säure.
Beste Erzeuger Brunori, Bucci, Coroncino, GAROFOLI, La Monacesca, Monte Schiavo/La Vite, Umani Ronchi
Gute Jahrgänge 1997, 95, 94, 92

VERNACCIA DI SAN GIMIGNANO DOCG

Die beste heimische Rebsorte der Toskana liefert einen Wein mit nussigem Aroma und relativ kräftigem Gaumen. Er braucht eine solide Säure, die in heißen Jahren manchmal fehlt. Für lokale Rotweine gibt es eine neue San Gimignano DOC.
Beste Erzeuger Cesani, Le Colonne, Falchini, Guicciardini Strozzi, Montenidoli, Panizzi, Terruzzi e Puthod
Gute Jahrgänge 1997, 96

VIN SANTO (VERSCHIEDENE DOCs)

Er wird aus getrockneten Trauben (Trebbiano, Malvasia, Sangiovese) hergestellt und kann unter einer Vielzahl von DOCs aus der ganzen Toskana kommen – die besten sind aus Montepulciano. Die Palette reicht von trockenen und sherryähnlichen bis hin zu süßen, fruchtigen Versionen. Der herausragendste stammt von AVIGNONESI und reift 11 Jahre in kleinen *caratelli* aus Eiche, wird aber nur in kleinsten Mengen hergestellt.
Beste Erzeuger CAPEZZANA, FATTORIA DI FELSINA, ISOLE E OLENA, MONSANTO, Pieve Santa Restituta, POLIZIANO, Le Pupille, SAN GIUSTO A RENTENNANO

VINO NOBILE DI MONTEPULCIANO DOCG

Der aus Sangiovese gemachte Wein galt lange Zeit als der klassische Rotwein der Toskana. Nach einer Durststrecke erlebt er nun ein Comeback mit sanfteren und paradoxerweise länger lagerfähigen, da weniger oxidativ ausgebauten Weinen.
Beste Erzeuger AVIGNONESI, Bindella, BOSCARELLI, Contucci, Dei, La Braccesca (ANTINORI), Le Casalte, poliziano, Salcheto, Trerose, Valdipiatta
Gute Jahrgänge 1997, 95, 93, 90, 88, 85

SUPERTOSKANER

Diese herausragenden Weine, viele im Barrique gereift, wurden ursprünglich außerhalb der DOC-Bestimmungen erzeugt. Inzwischen wurden sie vom Gesetzgeber in neue, eigens zu diesem Zweck eingerichtete DOC- und IGT-Bereiche wieder eingegliedert. Zu den Topweinen gehören:
Sangiovese und andere toskanische Rebsorten Boscarelli, Carbonaione, Cepparello, Coltassala, La Corte, Elegia, Flaccianello della Pieve, Fontalloro, La Gioia, Palazzo Altesi, Percarlo, Le Pergole Torte, Sangioveto, I Sodi di San Niccolò
Sangiovese-Cabernet-Verschnitte Avvoltore, Balifico, Camartina, Concerto, Grifi, Nardo, Sammarco, Tignanello
Cabernet Collezione de Marchi, Olmaia, Il Pareto, Solaia, Le Stanze
Sangiovese-Merlot-Verschnitte Luce, Siepi
Merlot Masseto, Redigaffi, Toro Desiderio, Vigna L'Apparita
Cabernet-Merlot-Verschnitte Federico Primo, Il Fortino, Ghiaie della Furba, Lupicaia, Ornellaia, Saffredi, Tassinaia

ITALIENISCHE ERZEUGER VON A BIS Z

ALLEGRINI, Fumane in Valpolicella, Venetien 045 7701138/7702306

Walter (Weinberg), Marilisa (Vermarktung) und Franco (Kellermeister) Allegrini haben die modernen Prinzipien ihres Vaters Giovanni übernommen und produzieren Valpolicella von Spitzenqualität. Einige der besten stammen aus Einzellagen; La Poja ist in Eiche gereift.

Beste Weine ★★★ La Poja 🍷, ★★ La Grola Valpolicella Classico Superiore 🍷, Amarone Classico 🍷 und Recioto Classico Giovanni Allegrini 🍷, ★ Palazzo della Torre 🍷

Gute Jahrgänge 1997, 95, 93, 90, 88, 85

ALTARE, La Morra, Piemont 0173 50835

Dieser Erzeuger ist der Guru einer ganzen neuen Generation von Barolo-Winzern. Er kämpft gegen lange Maischgärung und zu lange Reifung in großen Eichenfässern. Seine in Eiche gereiften Langhe-Weine sind Knüller: Arborina (Nebbiolo) und Larigi (Barbera).

Beste Weine ★★★ Langhe Arborina 🍷 und Langhe Larigi 🍷, ★★ Barolo Vigneto Arborina 🍷

Gute Jahrgänge 1997, 95, 93, 90, 89, 88

D'ANGELO, Rioneroin, Basilikata 0972 721517/723495

Die führende Kellerei der Basilikata verdankt ihren Ruf dem Aglianico del Vulture. Canneto, der im Barrique gereifte Aglianico, ist in Qualität und Stil ähnlich, aber moderner und holzbetonter.

Beste Weine ★★ Aglianico del Vulture Riserva Vigna Caselle 🍷, Canneto 🍷

Gute Jahrgänge 1993, 90, 88, 85

ROBERTO ANSELMI, Monteforte d'Alpone, Venetien 045 7611488/7611490

Mit diesem Mann begann die Revolution im Soave Classico, die das Image dieses Weines wieder aufwertete, indem er französische Trauben (Chardonnay), französische Anbaumethoden (niedrige Drahtrahmen) und Barriques einführte.

Beste Weine ★★★ Recioto di Soave I Capitelli 🍸, ★★ Soave Classico Capitel Foscarino 🍸

Gute Jahrgänge 1997, 95, 93, 90

ANTINORI, Florenz, Toskana 055 23595/2359884

Piero Antinori gebührt mehr Anerkennung als jedem anderen für den Wandel der italienischen Weine in den letzten 50 Jahren. Zu seinen Spitzenweinen gehören ein voller, fleischiger Chianti Classico Riserva, der wunderbare, im Faß gereifte Solaia aus Cabernet, Tignanello aus Sangiovese-Cabernet, Guado al Tasso aus einer innovativen Cabernet-Merlot-Cuvée sowie Cervaro aus Chardonnay und Grechetto. Antinori gehören auch Castello della Sala (Orvieto), La Braccesca (Vino Nobile di Montepulciano) und Prunotto (im Piemont).

Beste Weine ★★★ Solaia 🍷, Cervaro della Sala 🍸, ★★ Tignanello 🍷, Chianti Classico Riserva Tenute Marchese Antinori 🍷, Guado al Tasso, Bolgheri 🍷

Gute Jahrgänge 1997, 95, 93, 90, 88, 85

ARGIANO, Montalcino, Toskana 0577 864037/864210

In diesem Gut, das Noemi Cinzano gehört und vor kurzem deutlich verbessert wurde, erzeugt Sebastiano Rosa relativ reife, weiche und früh trinkfertige, dennoch körperreiche Brunellos. Der Solengo ist eine dynamische Cuvée aus Cabernet, Merlot, Sangiovese und Syrah.

Beste Weine ★★ Brunello di Montalcino 🍷, Solengo 🍷 **Gute Jahrgänge** 1997, 96, 95, 93, 90

ARGIOLAS, Serdiana, Sardinien — **070 740606/743264**

Unterstützt von dem berühmten Önologen Tachis ist dies wohl einer der zuverlässigsten Erzeuger Sardiniens für rote (Turriga aus Cannonau), weiße und süße (Angialis) Weine.

Beste Weine ★★ Turriga, Angialis

Gute Jahrgänge 1997, 96, 95, 91, 90

AVIGNONESI, Montepulciano, Toskana — **0578 757872/757847**

Ettore und Alberto Falvo haben das Gut in 20 Jahren zu einem der Sterne am italienischen Weinhimmel gemacht. Herausragend sind nicht nur die klassischen Weine von Montepulciano, sondern auch der Chardonnay Il Marzocco und der Sangiovese-Cabernet Grifi sowie viele experimentelle Weine.

Beste Weine ★★★ Vin Santo, ★★ Vino Nobile di Montepulciano, Il Marzocco

Gute Jahrgänge 1997, 95, 93, 90, 88, 85

BANFI, Montalcino, Toskana — **0577 840111/840444**

Mit über 800 ha Weinbergen, davon die Hälfte Sangiovese, das größte Weingut Italiens. Ezio Rivellas Herausforderung hieß hohe Qualität trotz Quantität, was nach Anfangsschwierigkeiten auch erreicht wurde. Zu den Spitzenweinen zählen der beeindruckende Brunello Riserva Poggio all'Oro und der Supertoskaner Excelsus aus Cabernet/Merlot.

Beste Weine ★★ Brunello di Montalcino Riserva, Excelsus, ★ Brunello di Montalcino

Gute Jahrgänge 1997, 95, 93, 90, 88

DE BARTOLI, Marsala, Sizilien — **0923 962093/0923 962910**

Die Wiedergeburt des guten Marsala ist zum Großteil ein Verdienst des couragierten Marco de Bartoli. Seine besten Weine, im trockenen Vergine-Stil, haben keine DOC, da nicht gespritet, übertreffen aber alle anerkannten Marsalas.

Beste Weine ★★ Vecchio Samperi Riserva 10, 20, 30 Jahre, Marsala Superiore Riserva 20 Jahre, ★ Moscato Passito di Pantelleria Bukkuram

BIONDI SANTI, Montalcino, Toskana — **0557 847121/847131**

Dieses Weingut trug maßgeblich zum internationalen Ansehen des Brunello di Montalcino bei. In den letzten 20 Jahren schwankte die Qualität, aber der kraftvolle, tanninreiche und teure Riserva lohnt eine mindestens 10jährige Lagerung mit vollem, tiefem Aroma.

Beste Weine ★★★ Brunello di Montalcino Riserva, ★★ Brunello di Montalcino

Gute Jahrgänge 1990, 88, 85, 82, 75, 71, 64, 55, 25

BOSCARELLI, Montepulciano, Toskana — **0578 767277**

Paolo de Ferrari und seine Söhne erzeugen einige der gehaltvollsten und markantesten Rotweine Montepulcianos, angeführt vom Vino Nobile Riserva del Nocio sowie dem Barrique-Supertoskaner Boscarelli auf Sangiovese-Basis. Unterstützt werden die Ferraris durch Maurizio Castelli, einen der profiliertesten Önologen Italiens.

Beste Weine ★★★ Boscarelli, ★★ Vino Nobile di Montepulciano, Vino Nobile di Montepulciano Riserva del Nocio

Gute Jahrgänge 1997, 96, 95, 94, 93, 91, 90, 88, 85

BRAIDA, Rocchetta Tanaro, Piemont — **0141 644113/644584**

Giacomo Bologna war einer der Antriebsmotoren der italienischen Weinrenaissance, insbesondere mit seinem epochemachenden Barrique-Barbera Bricco dell'Uccellone, der auch unter seinen Erben zu den führenden Barberas gehört. Monferrato Rosso Il Bacialé ist eine Pinot-Nero-Barbera-Cuvée.

Beste Weine ★★ Bricco dell'Uccellone 🍷, Barbera d'Asti Ai Suma 🍷, ★ Dolcetto d'Alba Serra dei Fiori 🍷, Monferrato Rosso Il Bacialé 🍷
Gute Jahrgänge 1997, 96, 95, 94, 93, 92, 91, 90

CA' DEL BOSCO, Erbusco, Lombardei 030 7760600/7268425

Maurizio Zanella, Italiens führender Hersteller von Schaumweinen im Champagner-Verfahren unter der DOC Franciacorta, macht auch andere erfolgreiche Weine im französischen Stil, allen voran den Maurizio Zanella (Bordeaux-Stil) und Pinero (Burgunder-Stil).
Beste Weine ★★★ Franciacorta Cuvée Annamaria Clementi 🍸, ★★ Terre di Franciacorta Chardonnay 🍸, Maurizio Zanella 🍷, Franciacorta Brut Dosage Zero 🍸, ★ Pinero 🍷
Gute Jahrgänge Maurizio Zanella: 1997, 96, 95, 93, 91, 90, 88

TENUTA DI CAPEZZANA, Carmignano, Toskana 055 8706005/8706673

Conte Ugo Contini Bonacossi ist einer der Pioniere der toskanischen Weinrevolution, blieb aber, anders als andere, bei den DOC-Vorgaben. Sangiovese, verschnitten mit einer oder mehreren Bordeaux-Trauben, prägen den Stil des Hauses. Ghiaie della Furba ist ein im Bordeaux-Stil ausgebauter Rotwein aus Cabernet Sauvignon, Merlot und Cabernet Franc. Der Riserva wird nur in sehr guten Jahrgängen hergestellt und ist gut lagerfähig.
Beste Weine ★★ Carmignano Riserva 🍷, Carmignano Vin Santo 🍸, Ghiaie della Furba 🍷
Gute Jahrgänge 🍷 1997, 95, 94, 90,88, 85

CAPRAI, Montefalco, Umbrien 0742 378802/378422

Marco Caprai zeigt Kreativität sowohl bei seinen wunderbaren Sagrantinos als auch im Weinberg, wo er mit zahlreichen italienischen und französischen Rebsorten experimentiert. Der 93er Sagrantino Riserva sorgte bei seinem Erscheinen für ziemliches Aufsehen.
Beste Weine ★★★ Sagrantino di Montefalco Riserva 25 Anni 🍷, ★★ Sagrantino di Montefalco Passito 🍷 **Gute Jahrgänge** 1997, 95, 94, 93, 90

CASTELLARE, Castellina in Chianti, Toskana 0577 740490

Die jüngsten Investitionen in die Kellertechnik beginnen bereits Früchte zu zeigen. Dazu kommen die Beratung durch den Top-Önologen Maurizio Castello und gutes Material (Trauben von steinigen Hochlagen). Castelli ist auch bekannt für seinen I Sodi di San Niccolò (mit dem unüblichen Zusatz von 10% Malvasia Nera zum Sangiovese) und reinsortige Weine wie den Canonico (Chardonnay).
Beste Weine ★★ Chianti Classico Riserva 🍷, Canonico 🍸, I Sodi di San Niccolò 🍷
Gute Jahrgänge 🍷 1997, 96, 95, 94, 93, 91, 90, 88, 86, 85

CASTELLO DI AMA, Gaiole, Toskana 0577 746031/746117

Nach Meinung einiger Fachleute hat Castello di Ama mit seinen Lagenweinen Bellavista (mit Malvasia Nera) und La Casuccia (mit Merlot) das Beste aus dem Chianti Classico herausgeholt, und beim Merlot, mit dem Supertoskaner Vigna l'Apparita, sogar noch mehr.
Beste Weine ★★★ Vigna l'Apparita 🍷, ★★ Chianti Classico La Casuccia 🍷, Chianti Classico Bellavista 🍷 **Gute Jahrgänge** 1997, 96, 95, 94, 93, 91, 90, 88, 86, 85

CASTELLO DI FONTERUTOLI, Castellina in Chianti, Toskana 0577 740476/741070

Die seit Jahrhunderten hier ansässige Familie Mazzei hat sich vor kurzem dazu entschlossen, ihre beiden Topweine – Concerto (Sangiovese-Cabernet) und Ser Lapo (Chianti Classico) – einzustellen, um einen neuen »Superchianti«, einfach Castello di Fonterutoli genannt, auf den Markt zu bringen. Der Siepi ist eine elegante Sangiovese-Merlot-Cuvée.
Beste Weine ★★ Castello di Fonterutoli 🍷, Siepi 🍷 **Gute Jahrgänge** 1997, 95, 93, 90, 88, 85

CASTELLO DEI RAMPOLLA, Panzano, Toskana 055 852001/852533

Großartig gelegenes Chianti-Gut mit einem eleganten Classico und dem Supertoskaner Sammarco (Cabernet Sauvignon mit etwas Sangiovese).

Beste Weine ★★★ (in Spitzenjahren) Sammarco 🍷, ★★ Chianti Classico 🍷

Gute Jahrgänge 1997, 96, 95, 94, 93, 90, 89, 86

CISA ASINARI, Barbaresco, Piemont 0173 635222/635187

Die Marchesi di Gresy sind, hinter GAJA, der wichtigste Erzeuger in dieser Gemeinde und liefern zuverlässig gute Weine, insbesondere aus Nebbiolo.

Beste Weine ★★ Barbaresco Camp Gros 🍷, ★ Barbaresco Martinenga 🍷, Barbaresco Gaiun 🍷

Gute Jahrgänge 1997, 95, 93, 90, 89, 88

DOMENICO CLERICO, Barolo, Piemont Tel 0173 78171

Clerico ist einer der besten Barolo-Winzer der jüngeren Generation. Sein beeindruckender Barolo und die guten Dolcetto und Barbera sind wunderbar ausbalanciert. Der Arte ist ein im Barrique gereifter Nebbiolo mit etwas Barbera.

Beste Weine ★★★ Barolo Ciabot Mentin Ginestra 🍷, ★★ Barolo Pajana 🍷, Langhe Arte 🍷, ★ Barbera d'Alba Clerico 🍷 **Gute Jahrgänge** 1997, 96, 95, 93, 92, 91, 90, 89, 88, 85

ALDO CONTERNO, Monforte d'Alba, Piemont 0173 78150/787240

Der sympathische Aldo Conterno ist die vielleicht am meisten geschätzte und beliebteste Persönlichkeit unter den Winzern um Alba und gilt zu Recht als Meister des Barolo (mit Tendenz zum Traditionellen), aber auch anderer, modernerer Weine.

Beste Weine ★★★ Barolo Granbussia 🍷, Barolo Vigna Colonello 🍷, Barolo Vigna Cicala 🍷, ★★ Barbera d'Alba Conca Tre Pile 🍷

Gute Jahrgänge 1997, 96, 95, 93, 90, 89, 88, 85, 82

GIACOMO CONTERNO, Monforte d'Alba, Piemont 0173 78221/787190

Mit seinem Monfortino aus dem Weinberg Cascina Francia in Serralunga erzeugt Giovanni Conterno (Sohn von Giacomo und Bruder von Aldo) den wohl mächtigsten, langlebigsten Barolo, zumindest unter den traditionell ausgebauten (lange Mazerierung, lange Faßreifung). Sohn Roberto tritt bereits in seine Fußstapfen.

Beste Weine ★★★ Barolo Riserva Monfortino 🍷, ★★ Barolo Cascina Francia 🍷

Gute Jahrgänge 1997, 96, 95, 93, 90, 88, 85, 82, 71, 70

CONTERNO FANTINO, Monforte d'Alba, Piemont 0173 78204/787326

Guido Fantino gehört zur Schule der »Modernisten«. Seine Weine, bei denen die Reifung im Barrique eine wichtige Rolle spielt, sind sehr fruchtbetont und relativ früh trinkfertig. Der Monprà ist ein Nebbiolo-Barbera-Verschnitt.

Beste Weine ★★ Monprà 🍷, Barolo Sorì Ginestra 🍷, Barolo Vigna del Gris 🍷, Barbera d'Alba Vignota 🍷, Dolcetto d'Alba Bricco Bastia 🍷

Gute Jahrgänge 1997, 96, 95, 90, 89

COSTANTI, Montalcino, Toskana 0577 848195/849349

Das Gut ist eine der großartigen Konstanten in Montalcino. Unterstützt von dem Önologen Vittorio Fiore macht Andrea Costanti in jedem Jahrgang das Beste aus seinen Trauben.

Beste Weine ★★★ Brunello di Montalcino Riserva 🍷, ★★ Brunello di Montalcino 🍷

Gute Jahrgänge 1997, 95, 90, 88, 85, 83

FATTORIA DI FELSINA, Castelnuovo Berardenga, Toskana 0577 355117/355651

Mit dem Önologen Franco Bernabei hat Giuseppe Mazzocolin seinen schweren, tiefgründigen Sangiovese zu den führenden in der Welt gemacht. Auch mit seinem Cabernet Sauvignon erzielte das recht große Gut am südlichen Rand des Chianti Classico diesen Erfolg. Fontalloro ist der beste Sangiovese, Maestro Raro der beste Cabernet Sauvignon.

Beste Weine ★★★ Chianti Classico Riserva Rancia 🍷, Fontalloro 🍷, ★★ Maestro Raro 🍷

Gute Jahrgänge 1997, 95, 93, 90, 88, 85

FONTODI, Panzano, Toskana 055 852005/852537

Das Gut liegt auf einem beeindruckenden Hügel im Herzen des Chianti Classico. Mit Hilfe von Franco Bernabei macht Giovanni Manetti einige sehr elegante, dennoch konzentrierte Weine aus Sangiovese, Cabernet Sauvignon, Pinot Nero und Syrah. Flaccianello della Pieve ist ein herausragender Sangiovese aus einer Einzellage mit alten Rebstöcken.

Beste Weine ★★★ Flaccianello della Pieve 🍷, ★★ Chianti Classico Vigna del Sorbo Riserva 🍷, ★ Pinot Nero Case Via 🍷

Gute Jahrgänge 1997, 95, 93, 90, 88, 85

FORADORI, Mezzolombardo, Trentino 0461 601046/603447

Elisabetta Foradori ist eine couragierte Dame, die nach dem Tod ihres Vaters aus den Teroldego-Trauben ihres kleinen Gutes Spitzenergebnisse holte (Sgarzon und Granato) und hier als erste mit der Syrah-Traube (Ailanpa) experimentierte.

Beste Weine ★★ Teroldego Rotaliano Vigneto Sgarzon 🍷 und Granato 🍷, ★ Ailanpa 🍷

Gute Jahrgänge 1997, 95, 94, 93, 91

DAL FORNO, Illasi, Venetien 045 7834923

Auf seinem kleinen Gut bei Illasi und außerhalb der Valpolicella-Classico-Region erzeugt Romano Dal Forno die wohl beeindruckendsten Weine dieser Herkunftsbezeichnung.

Beste Weine ★★★ Amarone di Valpolicella Vigneto di Monte Lodoletta 🍷, ★★ Recioto della Valpolicella Monte Lodoletta 🍷, Valpolicella Superiore Monte Lodoletta 🍷

Gute Jahrgänge 1995, 93, 91, 90, 88, 86, 85

FRESCOBALDI, Florenz, Toskana 055 280205/836077

Die international bekannteste Firma für preiswerten Chianti besitzt auch Weinberge in Chianti Rufina, wo hervorragende Riservas hergestellt werden, sowie das bemerkenswerte Weingut Castelgiocondo – ein interessantes Joint-venture mit Robert Mondavi –, aus dem beeindruckender Brunello, ein geschätzter Merlot (Lamaione) sowie ein Sangiovese-Merlot-Verschnitt (Luce) kommen.

Beste Weine ★★ Brunello di Montalcino Riserva 🍷, Luce 🍷, Lamaione 🍷, Chianti Rufina Riserva Castello di Nipozzano 🍷, Chianti Rufina Montesodi 🍷

Gute Jahrgänge 1997, 96, 95, 94, 93, 91, 90, 88, 85

ANGELO GAJA, Barbaresco, Piemont 0173 635255/635256

Dieser außergewöhnliche Mann strotzt vor Energie und gilt als einer der weltbesten Weinhersteller. Neben dem Barbaresco gilt sein Interesse zunehmend auch anderen italienischen Spitzenregionen wie Barolo, Montalcino und Bolgheri sowie dem Handel (Gläser von Riedel und internationale Spitzenweine). Darüber hinaus zeichnet er verantwortlich für die Einführung großer französischer Rebsorten wie Cabernet Sauvignon (Darmagi) und Chardonnay (Gaja e Rey).

Beste Weine ★★★ Barbaresco Sorì Tildin 🍷, Barbaresco Costa Russi 🍷, Barbaresco Sorì San Lorenzo 🍷, Barolo Sperss 🍷, ★★ Langhe Darmagi 🍷, Gaja e Rey 🍸

Gute Jahrgänge 1997, 95, 93, 90, 89, 88, 85, 82, 78

GAROFOLI, Loreto, Marken 071 7820162/821437

In den Marken führend mit Verdicchio dei Castelli di Jesi, insbesondere mit dem Macrina aus einer Einzellage und dem im Faß gereiften Serra Fiorese. Der Rosso Conero gehört stets zu den besten der Region.

Beste Weine ★★ Rosso Conero Grosso Agontano 🍷, Verdicchio dei Castelli di Jesi Classico Serra Fiorese 🍸, ★ Verdicchio dei Castelli di Jesi Classico Macrina 🍸

Gute Jahrgänge Grosso Agontano: 95, 94, 93, 92, 90, 88

BRUNO GIACOSA, Neive, Piemont 0173 67027/677477

Obwohl bis vor kurzem nur Besitzer einiger weniger Weinberge, hat sich Giacosa den Ruf eines Nebbiolo-Genies erworben. Seine stets zuverlässigen Barbarescos und Barolos sind bisweilen geradezu magisch und zeigen vortrefflich, weshalb die Nebbiolo zu den weltweit führenden Rebsorten zählt.

Beste Weine ★★★ Barbaresco Santo Stefano di Neive 🍷, Barolo Collina Rionda Riserva 🍷, ★★ Barbaresco Gallina di Neive 🍷, Barolo Falletto 🍷

Gute Jahrgänge 1997, 96, 95, 93, 90, 89, 88, 85, 82, 78, 71

ISOLE E OLENA, Barberino Val d'Elsa, Toskana 055 8072763/8072236

Paolo de Marchi ist einer der wenigen Chianti-Classico-Besitzer, die auf die Hilfe eines Önologen verzichten. Er experimentiert ständig, sowohl im Weinberg (mit dem L'Eremo führte er die Syrah in der Toskana ein) als auch im Keller. Seinen Perfektionismus zeigt sich in den stets gelungenen Weinen. Sein Spitzenwein Cepparello ist ein reinsortiger Sangiovese.

Beste Weine ★★★ Cepparello 🍷, Vin Santo 🍸, ★★ Chianti Classico 🍷, Cabernet Sauvignon Collezione de Marchi 🍷, L'Eremo 🍷, Chardonnay Collezione de Marchi 🍸

Gute Jahrgänge 🍷 1997, 96, 95, 94, 93, 90, 88

JERMANN, Farra d'Isonzo, Friaul 0481 880080/888512

Silvio Jermann gehört zu den Herstellern, die dem friaulischen Wein und generell dem italienischen Weißwein zu einem neuen Image verholfen haben. Er macht mehrere Lagenweine, etwas Besonderes aber sind sein Vintage Tunina (eine Chardonnay-Cuvée), sein Chardonnay Where the Dreams Have No End und die Pinot-Bianco-Cuvée Capo Martino.

Beste Weine ★★ Vintage Tunina 🍸, Where the Dreams Have No End 🍸, ★ Capo Martino 🍸

Gute Jahrgänge 1997, 96, 95, 94, 93

ALOIS LAGEDER, Magreich Südtirol 0471 809500/809500

Lageder, wohl der beste private Erzeuger Südtirols, bietet eine breite Palette an typischen Rot- und Weißweinen, darunter auch einige hochwertige Erzeugnisse.

Beste Weine ★★ Alto Adige Cabernet Sauvignon Cor Romigberg 🍷, Alto Adige Cabernet Sauvignon Löwengang 🍷, Alto Adige Chardonnay Löwengang 🍸, Alto Adige Pinot Grigio Benefizium Porer 🍷 **Gute Jahrgänge** 🍷 1997, 96, 95, 93, 90

MACULAN, Breganze, Venetien 0445 873733/300149

Auch wenn Fausto Maculan französische Rebsorten nach französischen Methoden anbaut und zu den führenden Frankophilen der italienischen Weinrenaissance zählt: Seine eindruckvollsten Ergebnisse erzielt er mit süßen Weinen aus heimischen Rebsorten, wie Acininobili und Torcolato.

Beste Weine ★★★ Acininobili 🍸, ★★ Breganze Cabernet Sauvignon Ferrata 🍷, Breganze Cabernet Ferrata 🍷, Torcolato 🍸, ★ Breganze Merlot Marchesante 🍷

Gute Jahrgänge 🍷 1997, 95, 94, 91, 90; 🍸 1997, 95, 93, 92, 91, 90

FATTORIA DI MANZANO, Cortona, Toskana 0575 618667/618411

Relativ niedrig liegende Weingärten im Osten der Toskana, unweit von Cortona, scheinen nicht gerade der ideale Ort für ein Weingut, aber umfangreiche Investitionen, die beste Beratung und – genauso wichtig – die Freiheit, unbeschwert mit neuen Sorten experimentieren zu können, führten zu einer weltweiten Nachfrage nach toskanischem Syrah (Podere Il Bosco), Viognier und sogar Gamay (Podere Il Vescovo), aber auch nach Chardonnay (Podere Fontarca) und der Sauvignon-Cuvée Podere Le Terrazze.

Beste Weine ★★ Podere Fontarca ♀, Podere Il Bosco 🍷, ★ Podere Le Terrazze ♀

Gute Jahrgänge ♀ 1997, 96, 95, 94

GIUSEPPE MASCARELLO, Castiglione Falletto, Piemont 0173 792126/792124

Giuseppes Enkel Mauro erzeugt einen wunderbar intensiven Barolo aus der Lage Monprivato sowie einen Dolcetto mit reichem Kirsch-Brombeer-Aroma und großartigem Finale.

Beste Weine ★★★ Barolo Monprivato 🍷, ★★ Dolcetto d'Alba Bricco 🍷

Gute Jahrgänge Monprivato: 1997, 96, 95, 93, 91, 90, 89, 88, 85, 82, 78, 74, 70

MASI, Sant'Ambrogio, Venetien 045 6800588/598066

Seit über 30 Jahren bringt Masi, unter Leitung von Sandro Boscaini, klassischen Amarone und Valpolicella auf den Markt, aber auch bahnbrechende Weine wie den *Ripasso* Campo Fiorin und den Toar, einen Verschnitt aus heimischen Rebsorten. Daneben macht man hier die Weine des Guts Serègo Alighieri.

Beste Weine ★★ Amarone Mazzano 🍷, Sèrego Alighieri Amarone Vajo Armaron 🍷, Serègo Alighieri Recioto Casal dei Ronchi 🍷, ★ Campo Fiorin 🍷, Toar 🍷

Gute Jahrgänge 1997, 95, 93, 90, 88

MONSANTO, Barberino Val d'Elsa, Toskana 055 8059000/8059049

Seit über drei Jahrzehnten produziert Fabrizio Bianchi einen der renommiertesten Chianti Classico. Darüber hinaus liefert das Gut einen ordentlichen Vin Santo (La Chimera) und eine Reihe erstklassiger, im Barrique gereifter Rotweine wie den Fabrizio Bianchi (Sangiovese).

Beste Weine ★★ Chianti Classico Riserva Il Poggio 🍷, Fabrizio Bianchi 🍷

Gute Jahrgänge 1997, 95, 93, 90, 88, 86, 85

MONTEVERTINE, Radda in Chianti, Toskana 0577 38009/738265

Dieses Gut liegt zwar im Herzen des Chianti Classico, ist aber berühmt für seine Weine ohne DOC, insbesondere Le Pergole Torte, einer der ersten Supertoskaner, die nur aus Sangiovese gemacht wurden, und noch immer einer der besten. Der Sodaccio ist eine raffinierte Mischung aus Sangiovese und Canaiolo, ebenso der Montevertine Riserva.

Beste Weine ★★★ Le Pergole Torte 🍷, ★★ Il Sodaccio 🍷, Montevertine Riserva 🍷

Gute Jahrgänge 1997, 95, 93, 90, 89, 68

ORNELLAIA, Bolgheri, Toskana 0565 762140/762144

Das große Weingut in Italiens »Kalifornien« gehört Lodovico Antinori, dem jüngeren Bruder von Piero. Die Cabernet-Merlot-Cuvée Ornellaia ist ein echter Rivale des Sassicaia, der auf Merlot basierende Masseto erinnert an einen Pomerol und zeigt beeindruckende Frucht und Struktur. Poggio ist ein intensiver Sauvignon Blanc.

Beste Weine ★★★ Masseto 🍷, Ornellaia 🍷, ★★ Poggio alle Gazze ♀

Gute Jahrgänge 🍷 1997, 94, 93, 92, 90, 88

PIEROPAN, Soave, Venetien 045 6190171/6190040

Auch in den Jahren, als die industriellen Erzeuger von Verona den Namen Soave kaputtmachten, konnte man bei Leonildo Pieropan, wie bereits bei seinem Vater, auf Qualität zählen. Seine Weine sind subtil und nachhaltig, und der Lagenwein La Rocca beweist, daß ein Soave kräftig genug ist, um 10 Jahre und länger zu halten. Die Süßweine sind wunderbar ausbalanciert.

Beste Weine ★★★ Soave Classico La Rocca ♀, ★★ Soave Classico Calvarino ♀, Recioto di Soave Le Colombare ♀, Passito della Rocca ♀

Gute Jahrgänge 1997, 95, 93, 90, 88

POLIZIANO, **Montepulciano, Toskana** 0578 738171/738171

Innerhalb von 20 Jahren machte Federico Carletti, unterstützt von dem Önologen Carlo Ferrini, mit klassischen Sangioveses (u.a. dem Elegia) und einem hervorragenden Cabernet Sauvignon (Le Stanze) aus seinem Gut ein Juwel von Montepulciano.

Beste Weine ★★ Vino Nobile di Montepulciano Vigna Asinone 🍷, Elegia 🍷, Le Stanze 🍷

Gute Jahrgänge 1997, 95, 94, 93, 90, 88

PRODUTTORI DEL BARBARESCO, **Barbaresco, Piemont** 0173 635139/835130

Einer der Spitzengenossenschaften Italiens mit großem Anteil an der Gesamtproduktion von Barbaresco. Spezialisiert auf Nebbiolo, bietet man eine beeindruckende Palette an Lagenweinen.

Beste Weine ★★ Barbaresco Riserva Asili 🍷, Barbaresco Riserva Montestefano 🍷, Barbaresco Riserva Rio Sordo 🍷, ★ Barbaresco 🍷 **Gute Jahrgänge** 1997, 95, 90, 88, 85

QUERCIABELLA, **Greve in Chianti, Toskana** 055 853834/8544657

Liebevoll von Guido di Santi geführt, liefert der wunderschön renovierte Betrieb gekonnt vinifizierten Sangiovese. Sein vielleicht überraschendster Erfolg ist jedoch der im Barrique ausgebaute, auf Pinot Bianco basierende Weißwein Batàr.

Beste Weine ★★★ Camartina 🍷, ★★ Batàr ♀, Chianti Classico 🍷

Gute Jahrgänge 🍷 1997, 95, 94, 93, 90

QUINTARELLI, **Negrar, Venetieno** 045 7500016/7500016

Giuseppe Quintarelli ist inzwischen eine Institution im Valpolicella. Er verwendet nur beste Trauben und überläßt den Rest, so weit wie möglich, der Natur.

Beste Weine ★★★ Amarone della Valpolicella Monte Cà Paletta 🍷, ★★ Alzero Passito 🍷, Recioto della Valpolicella Monte Cà Paletta 🍷, Valpolicella Classico Superiore Monte Cà Paletta 🍷 **Gute Jahrgänge** 1997, 95, 90, 86, 85, 83

REGALEALI, **Vallelunga Pratameno, Sizilien** 0921 542522/542783

Seit Jahrzehnten Siziliens bester Erzeuger, bietet Regaleali – neben einer hervorragenden Auswahl an Weinen aus heimischen Rebsorten wie Nero d'Avola (für Rosso del Conte) und Inzolia – seit kurzem auch Knüller-Versionen internationaler Rebsorten (Cabernet Sauvignon, Chardonnay).

Beste Weine ★★ Rosso del Conte 🍷, Cabernet Sauvignon 🍷, Chardonnay ♀

Gute Jahrgänge 1995, 94, 93, 92, 90, 89

RUFFINO, **Pontassieve, Toskana** 055 83605/8313677

Das Weinimperium der Familie Folonari erstreckt sich über diverse italienische Regionen, hauptsächlich aber auf die Toskana. Ihre Chiantis sind mitunter hervorragend, dazu kommen einige Supertoskaner wie Il Pareto, ein intensiver, fülliger, reinsortiger Cabernet Sauvignon, Cabreo Il Borgo, ein würziger Sauvignon-Cabernet-Verschnitt, und der in Eiche gereifte Nero del Tondo aus Pinot Noir.

Beste Weine ★★ Il Pareto (Nozzole) 🍷, Cabreo Il Borgo 🍷, Chianti Classico Riserva Ducale Oro 🍷, ★ Nero del Tondo 🍷, Brunello di Montalcino Greppone Mazzi 🍷
Gute Jahrgänge 1997, 95, 93, 90, 88

SANDRONE, Barolo, Piemont 0173 56239/56239

Auch wenn er als Star der neuen Generation gefeiert wird, macht Luciano Sandrone klassische Weine mit kräftigen, reifen Tanninen fur jahrzehntelange Lagerung.
Beste Weine ★★★ Barolo Cannubi Boschis 🍷, Barolo le Vigne 🍷, ★★ Dolcetto d'Alba 🍷
Gute Jahrgänge 1997, 96, 95, 90, 89, 86, 85

TENUTA SAN GUIDO, Bolgheri, Toskana 0565 762003/762017

Hier steht die Wiege des legendären Sassicaia, des Pendants zum Bordeaux Grand Cru Classé, der in den 1970er Jahren die Weinwelt im Sturm eroberte. Mit Giacomo Tachis und dem Bordeaux-Experten Émile Peynaud kreierte der Vater des jetzigen Marchese den auf Cabernet Sauvignon basierenden Wein mit einer eigenen DOC.
Beste Weine ★★★ Sassicaia 🍷 **Gute Jahrgänge** 1990, 88, 85, 82, 81, 78, 75, 71, 68

SAN GIUSTO A RENTENNANO, Gaiole in Chianti, Toskana 0577 747121/747109

Mit seiner Familie macht Francesco Martini di Cigala auf seinem kleinen Gut außergewöhnlich kraftvolle Weine wie den Supertoskaner Percarlo aus 100 % Sangiovese. Auch der normale Chianti Classico zeigt ungewöhnlich viel Power und Stehvermögen, übertroffen noch vom Riserva, der nach 10 Jahren seinen Höhepunkt erreicht. Der Vin Santo gehört zu den besten in der Toskana.
Beste Weine ★★★ Percarlo 🍷, Vin Santo Toscana 🍸, ★★ Chianti Classico Riserva 🍷
Gute Jahrgänge 🍷 1997, 95, 94, 93, 92, 91, 90, 88, 86, 85

PAOLO SCAVINO, Barolo, Piemont 0173 62850

Enrico Scavino erzeugt einen der erotischsten Weine Albas, seine Frucht ist wie ein dicker Kuß. Weiche Tannine und soviel Eiche, wie es dem internationalen Gaumen gefällt, wenn auch nicht immer dem Puristen. In guten Jahren kann sein Barbera äußerst verlockend sein.
Beste Weine ★★★ Barolo Cannubi 🍷, Barolo Bric del Fiasc 🍷, ★★ Barbera d'Alba Affinato in Carati 🍷 **Gute Jahrgänge** 1997, 96, 95, 93, 91, 90, 89, 88, 86, 85, 82

SCHIOPETTO, Capriva del Friuli, Friaul–Julisch-Venetien 0481 80332/808073

Mario Schiopetto war einer der Vorreiter für guten Wein im Friaul. Seine reinsortigen, nicht in Holz ausgebauten Weißweine sind sauber und ausdrucksstark. Blanc des Rosis ist ein Pinot-Bianco-Verschnitt, Rivarossa ein guter Roter im Bordeaux-Stil.
Beste Weine ★★ Collio Pinot Bianco 🍸, Collio Tocai 🍸, Blanc de Rosis 🍸, ★ Rivarossa 🍷
Gute Jahrgänge 1997, 95, 93, 90

SELVAPIANA, Rufina, Toskana 055 8639848/8316840

Francesco Giuntini ist eine der Großen in der Toskana, geistreich und weise. Mit Kellermeister Federico Masseti und Berater Franco Bernabei erzeugt er Weine von kompromißloser Reinheit und großem Charakter, die 50 Jahre und länger gelagert werden können (er wird Ihnen eine alte Flasche als Beweis verkaufen).
Beste Weine ★★★ Chianti Rufina Riserva Bucerchiale 🍷, ★★ Chianti Rufina Riserva Fornace 🍷, ★ Chianti Rufina 🍷 **Gute Jahrgänge** 1995, 93, 90, 88, 85, 70, 68

TAURINO, Guagnano, Apulien 0832 706490/706242

Cosimo Taurino gehört zum Kreis der aufstrebenden Selbstvermarkter im südlichen Apulien, die dem Önologen Severino Garofano einiges verdanken. Taurinos Spezialitäten sind

der fleischige, langlebige und immer berühmter werdende Patriglione aus Negroamaro und Malvasia Nera sowie der Notarpanaro aus denselben Rebsorten.
Beste Weine ★★ Brindisi Rosso Patriglione 🍷, ★ Rosso del Salento Notarpanaro 🍷
Gute Jahrgänge 1993, 90, 88, 85

TENUTA DEL TERRICCIO, Castellina Maritima, Toskana 050 699709/699789

Der toskanische Superstar produziert Rotweine in internationalem Stil und trockene Weißweine. Am bemerkenswertesten ist der teure, nach Eukalyptus duftende Lupicaia aus Cabernet und Merlot. Tassinaia ist ebenfalls eine Cuvée aus Bordeaux-Sorten, aber früher trinkreif.
Beste Weine ★★ Lupicaia 🍷, Tassinaia 🍷 **Gute Jahrgänge** 1997, 95, 94, 93

VALENTINI, Loreto Aprutino, Abruzzen 085 8291138/8291138

Edoardo Valentini ist Herr über ein ausgedehntes Landgut, zu dem 130 ha Rebland gehören. Die besten 5% davon wandern in selbst abgefüllte Weine, die wegen ihrer Fruchtigkeit, des komplexen Aromas und ihrer Langlebigkeit für jeden eine Offenbarung sind, der die Massenweine aus den Abruzzen kennt.
Beste Weine Montepulciano d'Abruzzo 🍷, Trebbiano d'Abruzzo 🍸
Gute Jahrgänge 🍷 92, 90, 88, 85, 77

VIE DI ROMANS, Mariano del Friuli, Friaul–Julisch-Venetien 0481 69600/69600

Gianfranco Gallo steht exemplarisch für das ernsthafte Streben der sogenannten »Jungen von Isonzo« nach perfekter Qualität. Er läßt seine Weine länger reifen, das tiefe Aroma und die sahnige Textur machen seine reinsortigen Weine konkurrenzlos. Der Flors di Uis ist eine Cuvée aus Malvasia, Riesling und Chardonnay.
Beste Weine ★★★ Isonzo Sauvignon Vieris 🍸, ★★ Isonzo Sauvignon Pière 🍸, Isonzo Chardonnay 🍸, Flors di Uis 🍸
Gute Jahrgänge 1997, 95, 93, 92, 91, 90

VIETTI, Castiglione Faletto, Piemont 0173 62825/62941

Für ihre tadellosen Weine wählen Alfredo Currado und seine Familie Trauben aus den besten Lagen um Alba. Die Weine, die Viettis aufgeklärt-traditionellen Stil am besten zeigen, kommen aus den Weingärten der nächsten Umgebung.
Beste Weine ★★★ Barolo Riserva Villero 🍷, ★★ Barbera d'Alba Scarrone Vigna Vecchia 🍷, Dolcetto d'Alba Lazzarito 🍷
Gute Jahrgänge 1997, 96, 95, 93, 90, 89, 88, 86, 85, 82

ROBERTO VOERZIO, La Morra, Piemont 0173 509196/509196

Der Schlüssel zum Erfolg dieses ewig jungen Erzeugers ist die äußerste Sorgfalt im Weinberg. Im Herzen ein Modernist, will er nichts anderes als einen guten Barolo machen.
Beste Weine ★★★ Barolo Cerequio 🍷, ★★ Barolo Brunate 🍷, Barolo La Serra 🍷
Gute Jahrgänge 1997, 96, 95, 93, 90, 89, 88

ZERBINA, Marzeno, Romagna 0546 40022/40275

Es gibt einige *donne del vino* in Italien, aber nur wenige wie Cristina Geminiani. Sie repräsentiert die südöstliche Ecke der Romagna, die zweifellos mehr Aufmerksamkeit erlangen wird, wenn sich der Ruf ihrer exzellenten Weine einmal herumgesprochen hat.
Beste Weine ★★ Sangiovese di Romagna Riserva Pietramora 🍷, Sangiovese di Romagna Superiore Torre di Ceparano 🍷, Marzieno di Marzieno 🍷, Albana di Romagna Passito Scacco Matto 🍸
Gute Jahrgänge 🍷 1997, 95, 94, 93, 91, 90

JAHRGÄNGE IN ITALIEN

Eine große Auktion bei Christie's ließ 1996 italienischen Wein, genauer die klassischen und neuen Regionen in Toskana und Piemont, auch für Anleger interessant werden. Es wäre jedoch ein Fehler, Weine aus dem Friaul und Südtirol, einen Valpolicella und diverse andere weniger renommierte Rotweine – und auch Weiß-, Dessert- und Aperitifweine – außer acht zu lassen, die man in allen Ecken des Landes finden kann.

Lagerfähigkeit

Tannine, Säuren, Alkohol und Zucker sind für das Alterungspotential eines Weins verantwortlich. Dazu kommt die richtige Lagerung. Nebbiolo-Trauben, d.h. Barolo und Barbaresco, haben einen hohen Tanningehalt und somit der Winzer das Problem, die potentiell aggressiven Tannine akzeptabel oder sogar angenehm zu machen, was einigen der modernen Erzeuger auch gelungen ist – allerdings mit noch ungewissem Ausgang, was die Langlebigkeit betrifft. Es wird jedoch versichert, daß das Alterungspotential des neuen, weicheren Stils wegen der geringeren Oxidation ebenso gut, wenn nicht besser sei. Die Nebbiolo ist auch hinsichtlich Säure und Al-

Reifediagramme

Barolo, Amarone und Brunello hatten 1993 ein gutes Jahr, während 1995 für Chianti hervorragend war, allerdings nur dort, wo früh gelesen wurde.

1993 Barolo

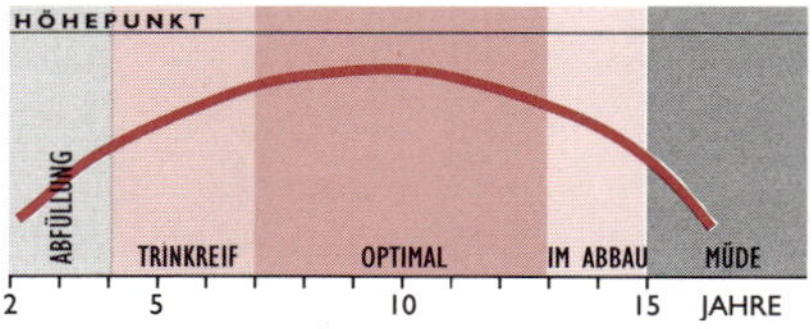

1993 Amarone della Valpolicella

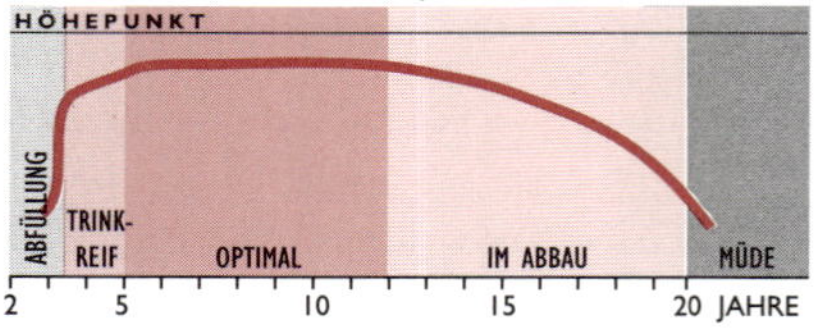

1995 Chianti Classico und Chianti Rufina

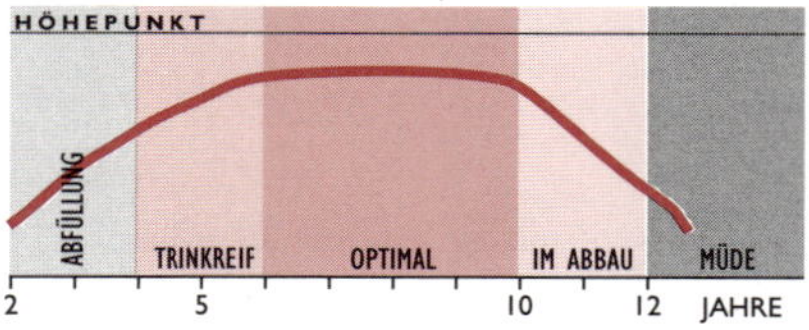

1993 Brunello di Montalcino

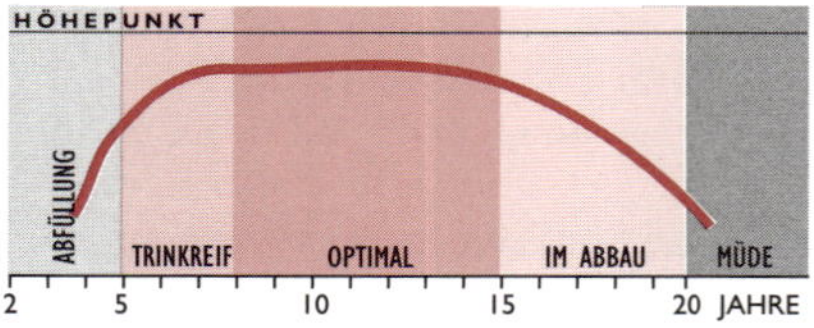

JAHRGANGSÜBERSICHT

	97	96	95	94	93	92	91	90	89	88	86	85
Barolo, Barbaresco	10○	8○	9○	6○	7○	4○	6◑	10○	9○	8◑	7●	7●
Barbera	10○	7○	8○	6◑	7◑	4○	7●	10●	9●	8◑	6◑	7●
Amarone, Recioto, Ripasso	10○	7○	9○	7○	8◑	5●	6○	10◑	6●	9◑	8●	7●
Chianti Riserva (Classico, Rufina), Carmignano Riserva	9○	8○	9○	7○	8○	5●	7●	10◑	6●	9◑	8●	7●
Vino Nobile di Montepulciano	10○	8○	9○	7○	7○	5●	7●	10◑	6●	9◑	8●	7●
Brunello di Montalcino	10○	8○	9○	8○	8○	5◑	8○	10○	6○	9◑	8●	7●

ERLÄUTERUNG ○ = braucht noch Zeit ◑ = trinkreif, gewinnt noch ● = optimal ◐ = in Abbau oder abgebaut

kohol nicht von schlechten Eltern. Ein Spitzen-Barolo oder -Barbaresco aus einem guten Jahrgang kann daher ohne weiteres bei richtiger Lagerung mehrere Jahrzehnte überstehen.

Recioto und Amarone sind alkoholreich und haben einen ordentlichen Tannin- und Säuregehalt, im Falle von Recioto auch Restzucker, was für ein ausgezeichnetes Alterungspotential spricht. Ein Problem ist die Neigung zu Oxidation.

Beim Sangiovese gibt es große Qualitätsunterschiede, aber Weine aus den Spitzenlagen in Montalcino, Montepulciano, Chianti Classico oder Rufina können eine hervorragende Struktur besitzen und entwickeln interessante Tertiäraromen.

Weitere italienische Rotweine mit gutem bis hervorragendem Alterungspotential sind Sagrantino di Montefalco, Taurasi, Montepulciano d'Abruzzo sowie einige Spitzen-Cabernets und -Merlots aus der Toskana und Norditalien.

Lagerfähige, trockene Weißweine sind selten, da es in Italien keine Nachfrage dafür gibt. Pieropan aber hat gezeigt, wie köstlich ein 10 Jahre alter Soave sein kann; Gravner, Radikon sowie La Castellada in Oslavia (Friaul) stellen sich vehement gegen den Trend zu frischen, jugendlichen Weinen. Hervorragende Dessert- und Aperitifweine mit Alterungspotential sind Moscato di Pantelleria, Brachetto d'Acqui und Marsala Vergine.

JAHRGÄNGE AUF EINEN BLICK

Barolo/Barbaresco/Barbera d'Alba

Die Erzeuger von Alba werden mit guten Jahrgängen verwöhnt, wie ein Blick in die Tabelle zeigt. Hagel kann totale Verwüstung verursachen, schlimm für diejenigen, die in einem Weinjahr wie 1997 alle Trauben verloren haben.

Große Jahrgänge ★★★	1997, 95, 90, 89, 88, 85, 82, 78, 74, 71, 70, 67, 64, 61, 55, 47
Gute Jahrgänge ★★	1996, 93, 86, 83, 79
Mittlere Jahrgänge ★	1994, 91, 87, 81, 80
Schwache Jahrgänge (kein Stern)	1992, 84

Amarone/Recioto/Valpolicella Superiore

Für diese Weine, die aus getrockneten Beeren hergestellt werden, zählen zwei Faktoren: das Wetter bis zur und während der Lese und das Wetter während der Trocknung, dem *appassimento*. Die künstliche Trocknung der ersten 10 % Feuchtigkeit hat die Wetterabhängigkeit inzwischen verringert.

Große Jahrgänge ★★★	1997, 95, 90, 88, 85, 81
Gute Jahrgänge ★★	1993, 86, 83
Mittlere Jahrgänge ★	1996, 94, 91, 89
Schwache Jahrgänge (kein Stern)	1992, 87, 84 (für Valpolicella Superiore), 82 (für Amarone)

Chianti Classico und Rufina

Im allgemeinen waren die 1990er ziemlich gut, was vielleicht den dramatischen Preisanstieg toskanischer Weine in jüngster Zeit erklärt.

Große Jahrgänge ★★★	1997, 95, 90, 88, 85, 75, 71, 58
Gute Jahrgänge ★★	1996, 93, 86, 83, 82, 79, 70, 68
Mittlere Jahrgänge ★	1994, 91, 87
Schwache Jahrgänge (kein Stern)	1992, 89, 84

Brunello di Montalcino

Italiens vermutlich lagerfähigster Rotwein ist von diversen Faktoren abhängig, um sein ganzes Potential ausschöpfen zu können, so wie es 1997 und 1990 der Fall war.

Große Jahrgänge ★★★	1997, 95, 90, 88, 85, 75, 64, 55, 45
Gute Jahrgänge ★★	1996, 93, 86, 83, 82
Mittlere Jahrgänge ★	1994, 91, 87, 81, 80
Schwache Jahrgänge (kein Stern)	1992, 89, 84

Die einzelnen Jahrgänge

Barolo/Barbaresco/Barbera d'Alba

1997 ★★★ Sommer und Herbst mit wenig, aber ausreichend Regen, hervorragendes Wetter in früher Erntezeit. Weine von intensiver Farbe und Konzentration.

1996 ★★ Kühle Temperaturen und heftige Regenschauer Ende September/Anfang Oktober machten es den Winzern schwer. Insgesamt blieben die Trauben frei von Fäule. Die Gewinner begannen früh mit der Lese oder warteten bis Ende Oktober.

1995 ★★★ Ein schöne Ernte schien durch einen regnerischen Septemberanfang gefährdet, dann schien nur noch die Sonne. Spätreifende Sorten wurden wunderbar reif und ausgewogen, also hervorragender Nebbiolo und guter Barbera, aber dürftiger Dolcetto.

1994 ★ Regnerisch vom späten September bis in die zweite Hälfte des Oktobers, damit gut für Frühreife wie Weißwein und Dolcetto, aber ein totaler Ausfall für klassischen Nebbiolo und Barbera.

1993 ★★ Nach 1991 und 92 fragten sich die Winzer, ob es wohl jemals wieder ordentliches Lesewetter geben würde und waren schon mit Schauern zufrieden. Die Trauben waren insgesamt reif und lieferten Weine mit Farbe und Körper.

1992 Nur rigorose Selektion konnte dem außerordentlich widrigen, kalt-feuchten Wetter während der Ernte begegnen. Die Weine waren im allgemeinen, aber nicht überall, schwach.

1991 ★ Besseres Jahr als verkündet. Nach 3 Spitzenjahren waren die Erzeuger ein wenig übermütig geworden, aber die seriösen brachten einige ordentliche Barberas und Nebbiolos zustande.

1990 ★★★ Der dritte Spitzenjahrgang in Folge mit perfekten Bedingungen. Eines jener Jahre, von denen man sagt, nur ein Verrückter könne etwas verderben. Einige Verrückte brachten es fertig, die besten übertrafen sich selbst.

1989 ★★★ Ein schöner Sommer, gekrönt von einem Herbst, in dem der Regen jeden in Italien davonschwemmte, aber wunderbarerweise vor dem Schlimmsten verschonte. In einigen Fällen sind die Weine sogar besser als 1990.

1988 ★★★ Frühreife Sorten hatten Erfolg. Oktoberregen drohten die vielversprechende Nebbiolo zu verderben, die jedoch relativ unversehrt blieb. Eher elegante als kräftig Weine.

1986 ★★ Ordentlicher, unproblematischer Jahrgang, jetzt zu trinken.

1985 ★★★ Hervorragende Bedingungen und eine ausgezeichnete Ernte. Kraftvolle Weine, die sich noch weiterentwickeln.

1982 ★★★ Im Augenblick der beste der älteren, voll ausgereiften und trinkfertigen Jahrgänge.

Weitere gute Jahrgänge 1978, 74, 71, 70, 67, 64, 61, 55, 47. Jeder Jahrgang hatte seine Spitzenweine. Heute noch einen zu bekommen, dürfte schwierig sein, noch mehr in tadellosem Zustand.

Amarone, Recioto, Valpolicella Superiore

1997 ★★★ Trotz großer Trockenheit ein herausragendes Jahr. Hoher Zuckergehalt läßt große Superiore- und schwere Amarone-Weine mit hohem Alterungspotential erwarten.

1996 ★ Ein regnerisches Jahr führte zu hohem Säuregehalt. Einige gute Weine von Erzeugern, die Zeit in die Selektion reifer Beeren investierten.

1995 ★★★ Regen Anfang September dämpfte ein wenig die Hoffnungen der Winzer, aber 6 wunderbare Wochen ab Mitte September brachten ideale Bedingungen für Lese und *appassimento*. Volle, gut balancierte Weine.

1994 ★ Einer der vielversprechenden Jahrgänge der 1990er, die den Herbstregen zum Opfer fielen. Einige gute, sonst dünne Weine.

1993 ★★ Oktoberregen bedeutete Glück für frühreife Sorten, vorausgesetzt man konnte zu Beginn des *appassimento* Fäulnis vermeiden. Einige ausgezeichnete *Ripasso*-Weine.

1992 Wieder ein verregneter, angeblich schrecklicher Jahrgang, aber es gibt eine Reihe von Ausnahmen.

1991 ★ Ein weiterer Jahrgang, der unter den Herbstregen litt.

1990 ★★★ Ausnahmejahr, herausragend sowohl für Tafel- als auch Passito-Weine. Die besten mit hohem Alterungspotential.

1989 ★ Kleiner Jahrgang, der abzubauen beginnt.

1988 ★★★ Kraftvolle, wunderbar ausgeglichene Weine von Spitzenerzeuger beginnen nun sich zu entfalten.

1986 ★★ Noch erhältliche Weine sind gut entwickelt oder beginnen bereits abzubauen.

1985 ★★★ Große, gehaltvolle und körperreiche Weine sowie kraftvolle, langlebige Amarone.

1983 ★★ Für manche ein großes Jahr, andere fanden es zu heiß. Kraftvolle Weine; wenn ausgewogen, jetzt wunderbar zu trinken.

1982 Ein sehr gutes Jahr für Tafelweine, aber nach der Lese war das Wetter so furchtbar, daß es die Passito-Weine ruiniert hat.

1981 ★★★ Wie 1983 einige herausragende Weine, andere ein wenig unterbelichtet.

Chianti Classico, Chianti Rufina, Brunello di Montalcino, Vino Nobile di Montepulciano

1997 ★★★ Das potentiell wunderbare Jahr wurde für viele durch schlimme Spätfröste verdorben. Andererseits führte große Trockenheit zu hervorragender Farbe und hohem Alkoholgehalt.

1996 ★★ Trotz vereinzelter Schauer während der Lese gab es wenig Fäulnis, die meisten Trauben waren reif und gesund. Die Weine haben eine gute Farbe, viel Frucht und sind bereits gut entwickelt.

1995 ★★★ Ein gutes Jahr nur für spätreife Sorten. Weine aus echten spätreifen Trauben sind sehr fein und langlebig.

1994 ★ Die Regenfälle während der Lese reichten nicht aus, den Jahrgang zu vernichten, aber aus einem potentiell herausragenden Jahr wurde nur ein relativ gutes. Besser in Montalcino und Montepulciano als im Chianti.

1993 ★★ Oktoberregen bedeutete Glück für die, die früh gelesen hatten. Weine von mittlerem Gewicht und Alterungspotential, können früh getrunken werden.

1992 Ein ziemlicher Reinfall. Die besten Trauben, die sich dem Durchschnitt näherten, ergaben einige mittelmäßige Leistungen. Sollte früh getrunken werden.

1991 ★ Chianti war im allgemeinen eher mittelmäßig, Brunello und Vino Nobile bedeutend besser als von den Experten eingeschätzt.

1990 ★★★ Ein »Jahrhundertjahrgang«, bei dem neue Techniken in Weinberg und Keller auf prächtigstes Wetter trafen. Einige große Weine mit hohem Alterungspotential.

1989 Ein Jahr zum Vergessen.

1988 ★★★ In diesem Jahr kamen einige wunderbare moderne Crus auf den Markt. Feste Tannine sorgen für Langlebigkeit bei Weinen mit ausreichend Frucht, die eine Lagerung lohnen.

1987 ★ Ein für leichte Weine bekanntes Jahr. Gute Brunellos sind jetzt wunderbar reif.

1986 ★★ Ein insgesamt guter Jahrgang, der seinen Höhepunkt erreicht hat.

1985 ★★★ Kraftvoller, körperreicher Sangiovese für die Lagerung. Einige haben ihren Höhepunkt erreicht, die besten können noch feiner werden.

1983 ★★ Ein heißes Jahr. Viele Weine zeigen mehr Körper als Charme.

1982 ★★ Harmonischer, aber weniger strukturiert als der 1983er.

Weitere gute Jahrgänge Brunello: 1975, 64, 55, 45; Chianti: 1979, 71, 70, 68, 58

SPANIEN

Zuerst war der Sherry da, doch er kam aus der Mode, obwohl sein trockener, eleganter Geschmack ihn für einen erfolgreichen modernen Wein prädestiniert. Dann wurde der Rioja bekannt, aber sein Erfolg stieg vielen Produzenten zu Kopf, und so verdarben riesige Erträge in den 1970er Jahren den Wein; Spanien, das Land mit der größten Weinanbaufläche der Welt und vielfältigen Böden, zu einer Randfigur in der Welt des Spitzenweins. Das legendäre Weingut Vega Sicilia hielt die Stellung, doch nur wenige in Spanien und noch weniger im Ausland haben je seine Weine genießen können. Heute ist die Ära der billigen Zechweine vorbei, und mit dem Aufbruch zu besserer Qualität fand das Weinland Spanien in den 1980er und noch mehr in den 1990er Jahren zu seinen Wurzeln zurück. Vom grünen Galizien bis ins heiße Katalonien entstanden ganze Regionen mit Qualitätsweinen neu oder wurden wiedergeboren.

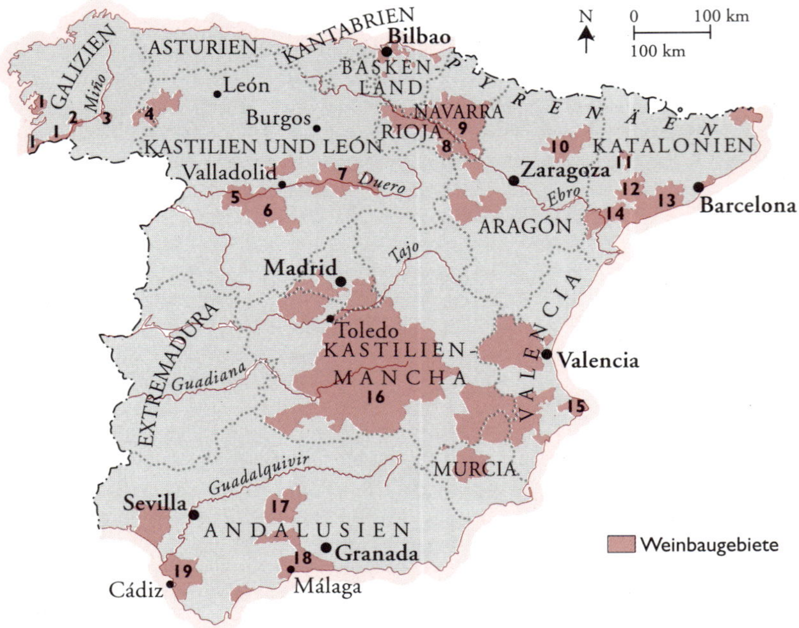

Wichtige DOC/DO-Bereiche

1 Rías Baixas
2 Ribeiro
3 Ribeira Sacra
4 Valdeorras
5 Toro
6 Rueda
7 Ribera del Duero
8 Rioja
9 Navarra
10 Somontano
11 Costers del Segre
12 Conca de Barberá
13 Penedès
14 Priorato
15 Alicante
16 Valdepeñas
17 Montilla-Moriles
18 Málaga
19 Jerez-Xérès-Sherry

GROSSE SPANISCHE WEINE

Oz Clarkes Auswahl

(Rívola 🍷 (Abadía Retuerta) Erstaunlicher neuer Rotwein aus Tempranillo und Cabernet von einer Spitzenlage bei Ribera del Duero.

Fleur de Pingus 🍷 (Dominio de Pingus) Ein moderner Ribera del Duero, wie er sein sollte, mit reichem Brombeeraroma und Veilchenduft.

Valdepusa Syrah 🍷 (Marqués de Griñon) Innovativer Rotwein von unbekannten Weinbergen aus neu angepflanzter Syrah. Volle, sahnige Aromen von Karamel und würzigen Pflaumen.

Rioja 🍷 (Remelluri) Spitzenreiter der jungen Wilden in Rioja: intensive Farbe, dicht gestrickte, aromatische Frucht und deutliche, dennoch attraktive Tannine.

Priorato Dolç de l'Obac 🍷 (Costers del Siurana) Verblüffend reifer Rotwein; an Port erinnernde schwere, dunkle Fruchtaromen mischen sich mit Myrte und Eukalyptus.

Chardonnay Milmanda 🥂 (Torres) Spaniens erster Weltklasse-Chardonnay aus kühlem Klima, und immer noch der beste.

Inocente Fino 🥂 (Valdespino) Dieser trockene Fino ist eines der großartigsten Beispiele für einen der großen Weinstile der Welt.

Coliseo 🍷 (Valdespino) Ein unvergleichlicher, komplexer, hinreißender alter Oloroso.

Solera India 🥂 (Osborne) Ein weiterer großartiger Oloroso. Deutliche Süße befindet sich mit der Säure in schönem Gleichgewicht.

Steven Spurriers Auswahl

Priorato L'Ermita 🍷 (Alvaro Palacios) Hochkonzentrierte Weine von alten Weinstöcken mit sehr geringen Erträgen.

Pesquera Reserva Ribera del Duero🍷 (Alejandro Fernández) Starkfarbiger, fester, intensiv duftender Wein aus 100% Tempranillo, wohldosiertt in Eiche ausgebaut.

Penedès Chardonnay 🥂 (Jean Léon) Ein gut strukturierter Chardonnay mit nicht zu intensivem Eichenholzton, der von Lagerung profitiert.

Rioja Reserva Barón de Chirel 🍷 (Marqués de Riscal) Riojas älteste Bodega bringt einen modernen Rioja auf der Basis von Cabernet Sauvignon.

Ribera del Duero Gran Reserva 🍷 (Hermanos Pérez Pascuas) Elegante Weine mit noblem Eichenholzton und fruchtiger Tiefe.

Penedès Gran Coronas Mas la Plana 🍷 (Torres) Miguel Torres' preisgekrönter, konzentrierter Cabernet-Sauvignon.

Manzanilla La Gitana 🥂 (Hidalgo) Der erfrischendste, charakteristischste und meistverkaufte Manzanilla-Sherry in Spanien.

Don Gonzalo Old Dry Oloroso 🥂 (Valdespino) Eines der Sherry-Wunder aus einem nahezu 100 Jahre alten Solera-System.

Matusalem Oloroso 🥂 (Gonzáles Byass) Vollmundiger reifer und dichter Sherry, kräftig, nussige Aromen, große Wärme, langer Abgang.

Herkunftsbezeichnung und Klassifikation

Spaniens Version der geschützten Herkunftsbezeichnung ist die »Denominación de Origen« (DO) mit gegenwärtig über 50 Bereichen. Einzig Rioja erhielt die höhere junge »Denominación de Origen Calificada« (DOC), was in der Theorie strengere Qualitätskontrollen bedeutet.

Die Größe der meisten DOs schmälert jedoch die Aussagekraft vieler Ursprungsbezeichnungen. Anstelle kleinerer Unterappellationen beruht das spanische System auf einer Klassikation nach Alter – beim Rioja »Joven«, »Crianza«, »Reserva«, »Gran »Reserva«. Dieses System, bei dem eine längere Reifung in Faß und Flasche mit Qualität gleichgesetzt wird, verliert rasch an Bedeutung.

Spanische Spitzenweinregionen

Rotwein Alicante, Costers del Segre, Navarra, Penedès, Priorato, Ribera del Duero, Rioja, Somontano, Toro

Weißwein Conca de Barberá, Costers del Segre, Navarra, Penedès, Rías Baixas, Ribeiro, Rioja, Rueda, Somontano, Valdeorras.

Gespriteter Wein Jerez-Xérès-Sherry y Manzanilla de Sanlúcar, Montilla-Moriles, Fondillón (Alicante), Ranci (Priorato)

SPANISCHE WEINREGIONEN VON A BIS Z

ALICANTE DO

Diese DO umfaßt zwei sehr unterschiedliche Anbauregionen. Die an der Küste gelegene Marina Alta erzeugt duftige Muscat-Trauben, im Landesinneren liefert die heimische Monastrell (Mourvèdre) kräftige Rotweine sowie den seltenen gespriteten Fondillón.

Beste Erzeuger Bocopa (Genossenschaft), GUTIÉRREZ DE LA VEGA, Enrique Mendoza

Gute Jahrgänge 1996, 95, 94

CONCA DE BARBERÁ DO

Der Großteil der Trauben aus diesem kühlen Tal westlich von Tarragona wird zu Cava verarbeitet, dem im Champagner-Verfahren hergestellten Schaumwein (mit eigener DO). Die Hänge gehören zu den besten spanischen Chardonnay-Lagen.

Beste Erzeuger Concavins-Ryman, Sanstravé

Gute Jahrgänge 1996, 95

COSTERS DEL SEGRE DO

Das in mehrere Teile zersplitterte Anbaugebiet in Kataloniens trockenem Westen gruppiert sich um das riesige Weingut Raïmat des Schaumweingiganten CODORNÍU. Internationale Rebsorten dominieren.

Beste Erzeuger Castell del Remei, Raïmat

Gute Jahrgänge 1996, 95, 93, 92, 91

JEREZ-XÉRÈS-SHERRY MANZANILLA DE SANLÚCAR DO

Der Kreideboden *(albariza)* und die feuchten, kühlen Winde vom Atlantik sind der Schlüssel zu dieser historischen Region, in der die neutrale Palomino zu einem der besten gespriteten trockenen Weine der Welt verarbeitet werden. Trotz seines leichten, pikanten Geschmacks sank die Popularität von Sherry in neuerer Zeit, was zu Fusionen und drastischen Verringerung der Anbauflächen führte – in einer Region, die vom Weinbau abhängig ist. Die an der Küste gelegene Teilregion Sanlúcar produziert den eigenständigen, etwas salzigen Manzanilla.

Beste Erzeuger BARBADILLO, Delgado Zuleta, Díez Mérito, DOMECQ, Garvey, GONZÁLEZ BYASS, Harveys, Herederos de Argüeso, Hidalgo, LUSTAU, OSBORNE, Sánchez Romate, Sandeman, José de Soto, Williams & Humbert

MONTILLA-MORILES DO

Dieses große Anbaugebiet ist die Heimat der Pedro-Ximénez-Traube. Die Weinberge verlieren den Kampf gegen die Olivenbäume, aber es werden noch immer einige herausragende Weine im Sherry-Stil erzeugt, die in der Regel nicht gespritet werden.

Beste Erzeuger TORO ALBALÁ, Alvear, Pérez Barquero

NAVARRA DO

Dieses »politische« DO umfaßt die gesamte autonome Region Navarra und erlebt geradezu einen Boom, seit man ausländische Rebsorten und neue Techniken einführte und die heimischen Trauben (Garnacha, Moscatel de Grano Menudo) wiederentdeckte. Man beklagt den Verlust an »Persönlichkeit«, aber die gut gemachten, in der Regel qualitätvollen Weine erzielen große kommerzielle Erfolge.

Beste Erzeuger Camilo Castilla, CHIVITE, GUELBENZU, Irache, Magaña, Marco-Real, Alvaro Marino, Castillo de Monjardín, Nekeas (Genossenschaft), Ochoa, Palacio de la Vega, Piedemonte (Genossenschaft), Príncipe de Viana, Senorío de Sarría, Vinícola Navarra

Gute Jahrgänge 1996, 95, 94, 91, 89

PENEDÉS DO

Kataloniens größte Anbauregion teilt ihre Rebflächen mit der DO Cava (eine nichtgeographische Appellation, die zum Großteil in Penedès hergestellt wird). Es gibt drei Unterregionen von der Küste bei Tarragona bis zu den hohen, kühlen Hügeln des Penedès Superior im Landesinneren. Die Region erzeugt auch Stillwein, und nach einem fulminanten Start scheint man sich mit guten, aber nicht außergewöhnlichen Weinen eingerichtet zu haben. Den meisten Rotweinen haftet ein leicht grasiges Aroma an, die Weißweine sind elegant und vielversprechend.

Beste Erzeuger Albet i Noya, CAN FEIXES, CAN RÀFOLS DELS CAUS, Chandon, CODORNÍU, Ferret, Freixenet, Gramona, Joan Raventós Rosell, Masía Bach, Masía Vallformosa, Olivella Sadurní, Parxet, Puig & Roca, Josep Maria Raventós i Blanc, Rovellats, Signat, Agustí Torelló, TORRES

Gute Jahrgänge 1996, 93, 91, 88

PRIORATO DO

Als die alkoholreichen, gespriteten Garnacha-Rotweine aus der Mode kamen, geriet diese schöne Berglandschaft im Süden Kataloniens in Vergessenheit. In den 1980er Jahren wurde sie von einer Gruppe junger Winzer wieder zum Leben erweckt. Sie änderten den Stil und führten ausländische Rebsorten ein, um die lokalen Sorten Garnacha und Cariñena zu stützen. In den späten 1990ern begann man sich für die charaktervollen, mineralischen und gut strukturierten Rotweine zu interessieren.

Beste Erzeuger CLOS MOGADOR, Clos i Terrasses, COSTERS DEL SIURANA, MAS MARTINET, Alvaro PALACIOS, Rotllan Torra, Scala Dei

Gute Jahrgänge 1995, 94, 93, 92, 90

RÍAS BAIXAS DO

Diese grüne Region ist die Heimat der Albariño, der elegantesten und aromatischsten Rebsorte Spaniens. Trotz Exzessen (hohe Erträge und übertriebener Technikeinsatz) kann sie ungeheuer duftige Weine liefern, die jung zu trinken sind. Beachten Sie, daß sich Jahrgänge deutlich unterscheiden.

Beste Erzeuger Adegas Galegas, Agro de Bazán, Aldea de Abaixo, Castro Martín, Granxa Fillaboa, Lagar de Fornelos, LUSCO DO MIÑO, Morgadío, Palacio de Fefiñanes, Pazo de Barrantes, Pazo de Señorans, Pazo San Mauro, Quinta de Couselo, Salnesur, Santiago Ruiz, TERRAS GAUDA, Vilariño-Cambados

Gute Jahrgänge 1997, 95

RIBEIRO DO

Die traditionell edelste Weinregion Galiziens ließ sich Zeit mit der Rückkehr zu hochwertigen heimischen Rebsorten wie Torrontés und Treixadura. Inzwischen wurde die Qualität der Weißweine wurde spürbar besser.

Beste Erzeuger Ribeiro (Genossenschaft), Emilio Rojo, Vilerma, Viña Meín

Gute Jahrgänge 1997, 95, 94

RIBERA DEL DUERO DO

Der bekannten Weinbaugegend am Oberlauf des Duero fehlten der Name und die Professionalität; die meisten Weine wurden primitivst verarbeitet und nur im Umkreis verkauft. Die Professionalität schaute man sich bei der legendären Vega Sicilia ab, man folgte dem Beispiel ihrer qualitätvollen, in Eiche gereiften Weine. Der Name kam 1982, als Ribera del Duero DO-Status erlangte, und

DIE NEUEN »SUPERSPANIER«

Neben aufsehenerregenden Weingütern innerhalb bestehender DO-Regionen sind in den letzten Jahren in ganz Spanien auch neue Bodegas außerhalb der anerkannten DOs entstanden, die oft ganz neue Weinbautechniken verwenden. So wurde Richard Smarts System der Laubdachbearbeitung in Europa zuerst im Weingut Valdepusa von Marqués de Griñon bei Toledo eingesetzt. Frei von den DO-Bestimmungen und unterstützt von Leuten wie Pascal Delbeck und Michel Rolland, haben die »Superspanier« schnell die Spitzenklasse erreicht. Die besten sind: (Kastilien und León) Abadía Retuerta, Alta Pavina, Duratón, Mauro; (Kastilien-Mancha) Dehesa del Carrizal, Dominio de Valdepusa, Manuel Manzaneque; (Katalonien) Celler Mas Gil; (Andalusien) Las Monjas-Principe Alfonso; (Mallorca) Miguel Olivier.

heute gibt es hier über 70 Erzeuger. Ihren vollen, pikanten Geschmack, der zu dem einmaligen Erfolg führte, erhalten die Rotweine aus der Tinto Fino (Tempranillo) durch die extremen klimatischen Bedingungen im schmalen Duero-Tal.

Beste Erzeuger Alión, ARROYO, Balbás, Félix Callejo, Carraovejas, Condado de Haza, Dehesa de los Canónigos, DOMINIO DE PINGUS, Emina, Alejandro FERNÁNDEZ, Finca Villacreces, HERMANOS PÉREZ PASCUAS, Hermanos Sastre, Navarro, Peñalba López, Protos, Emilio Rojo, Señorío de Nava, Teófilo REYES, Tionio, Valduero, Valtravieso, VEGA SICILIA, Viñedos y Bodegas, Winner Wines

Gute Jahrgänge 1996, 95, 94, 91, 90, 89, 86, 85, 82

RIOJA DOC

Die seit Mitte des 19. Jahrhunderts Spaniens bedeutendste Region für Tafelweine vereint mehrere recht unterschiedliche Anbaugebiete. Rioja Alta und Alavesa mit ihren kühleren, kalksteinreichen Lagen eignen sich besser für qualitätvollen Wein als die warme Rioja Baja und ihre Lehmböden. Die großflächige Rodung alter Weinberge seit den 1970er Jahren und explodierende Erträge sind weitere Gründe dafür, daß der Hersteller mehr über Qualität aussagt als der Name Rioja. Das Auftauchen kleiner, ambitionierter Bodegas und die sich wandelnde Einstellung einiger großer Betriebe führte in den 1990ern zu einer Revolution, man kehrte zu der nahezu vergessenen Kraft und Konzentration zurück. Die Kluft zwischen diesen »neuen« Riojas und den kommerziellen Produkten ist inzwischen enorm.

Beste Erzeuger ALLENDE, Amézola de la Mora, ARTADI, Beronia, Bilbaínas, Bretón, Campillo, Contino, CVNE, Domecq, Faustino, Herencia Lasanta, Marqués de Cáceres, Marqués de Murrieta, MARQUÉS DE RISCAL, Marqués de Vargas, MARTÍNEZ BUJANDA, Montecillo, MUGA, Ondarre, PALACIO, REMELLURI, Remírez de Ganuza, LA RIOJA ALTA, Riojanas, RODA, SAN VICENTE, Sierra Cantabria, Torre de Oña, VIÑA IJALBA

Gute Jahrgänge 1995, 94, 91, 89, 87, 85, 82, 81

RUEDA DO

Die hochgelegene, trockene Region gehört zu denen, die mit der Wiederentdeckung heimischer Rebsorten – hier der charaktervollen weißen Verdejo, die nach einem Reblausbefall fast ausgestorben war – zu neuem Leben erwachten. Auch die Sauvignon Blanc gedeiht hier bestens.

Beste Erzeuger Alvarez y Díez, ANTAÑO, BELONDRADE Y LURTON, Angél Lorenzo Cachazo, Castilla la Vieja, Hermanos Lurton, MARQUÉS DE RISCAL, Nieva co-op, Sanz, Vega de la Reina, Ángel Rodríguez Vidal

Gute Jahrgänge 1996, 95, 94

SOMONTANO DO

Die Weinrevolution in Aragóns kühlster Anbauzone, am Fuße der Pyrenäen, wurde von 3 großen Betrieben herbeigeführt, die sich weitgehend auf neue gepflanzte internationale Rebsorten stützen.

Beste Erzeuger ENATE, Pirineos, VIÑAS DEL VERO

Gute Jahrgänge 1995, 94, 93, 92, 91, 89

TORO DO

Im Schatten seiner beiden berühmten Nachbarn Port und Ribera del Duero fast vergessen, hat diese Region das Potential für gut strukturierte Rotweine aus der Tinta de Toro.

Beste Erzeuger Fariña, Frutos Villar, Vega Saúco

Gute Jahrgänge 1996, 95, 94, 93, 91, 89

VALDEORRAS DO

Die warme und trockene Region gewann an Bedeutung, als man die vom Aussterben bedrohten heimischen Trauben Godello (weiß) und Mencía (rot) wiederentdeckte.

Beste Erzeuger Godeval, Joaquín REBOLLEDO, LA TAPADA

Gute Jahrgänge 1996, 94, 91.

ABADÍA RETUERTA, Sardón de Duero 983 68 03 14/68 02 86

in neuer Weinberg auf historischem Gelände. Das Spitzenweingut, geplant von dem Önologen Pascal Delbeck und finanziert vom Schweizer Pharma-Konzern Novartis (der 20 Millionen Dollar investierte) kam sofort zu Ruhm.

Beste Weine ★★★ Cuvée El Palomar 🍷, Cuvée El Campanario 🍷, ★★ Abadía Retuerta 🍷, Rívola 🍷 **Gute Jahrgänge** 1996, 95

ALLENDE, Rioja DOC 941 49 90 19

Miguel Angel de Gregorio verließ Bretón, um in Briones – eine hervorragende Lage in der Rioja Alta – seinen eigenen Betrieb zu gründen. Alte Weinstöcke und modernisierte Rioja-Tradition (Kohlensäuremaischung, danach Reifung im Eichenfaß) liefern einen charaktervollen Wein.

Beste Weine ★★ Allende 🍷 **Gute Jahrgänge** 1996, 95

ANTAÑO, Rueda DO 983 86 85 33/86 85 14

In dem erstaunlichen jahrhundertealten Keller in Rueda (5 km wiederhergestellte Gänge) erzeugt José Luis Ruiz Solaguren umwerfende Verdejo-Weißweine.

Beste Weine ★★ Viña Mocén Rueda Superior 🍷

Gute Jahrgänge 1996, 95

ISMAEL ARROYO, Ribera del Duero DO 947 53 23 09

Kühlste Reifekeller in Ribera del Duero sind einer der Schlüssel für den großen Erfolg, der dem winzigen Betrieb der Familie Arroyo zuteil wurde, die für ihre langlebigen, tanninreichen Weine bekannt ist.

Beste Weine ★★★ Val Sotillo Gran Reserva 🍷, ★★ Val Sotillo Reserva 🍷, ★ Val Sotillo Crianza 🍷

Gute Jahrgänge 1994, 91, 90, 89, 86, 85

ARTADI, Rioja DOC 941 60 01 19/60 08 50

In fünf Jahren wurde aus der unbekannten kleinen Genossenschaft einer der führenden Betriebe in Rioja. Juan Carlos López de la Calle ist ein Meister des kräftigen, langsam vergorenen Weins.

Beste Weine ★★★ Grandes Añadas 🍷, ★★ Viñas de Gain Fermentando en Barrica 🍷, Viña El Pisón 🍷, Pagos Viejos 🍷, ★ Viñas de Gain 🍷 **Gute Jahrgänge** 1995, 94, 92, 91

ANTONIO BARBADILLO, Jerez DO 956 36 02 41/36 51 03

Die größte und zugleich einer der besten Bodegas der Küstenstadt Sanlúcar de Barrameda. Erstklassige Palette guter bis hervorragender Weine, insbesondere salzig schmeckende, trockene Manzanillas und nussige, dennoch trockene Amontillados und Olorosos.

Beste Weine ★★★ Amontillado Príncipe 🍷, ★★ Manzanilla Pasada Solear 🍷, Manzanilla Fina Eva 🍷, Dry Oloroso Cuco 🍷

BELONDRADE Y LURTON, Rueda DO (France) 01 45 43 98 38/01 45 41 12 63

Brigitte Lurton pendelt zwischen Paris, Sauternes (Ch. CLIMENS) und Rueda und findet Zeit, in Spanien mit Ehemann Didier Belondrade und Cousin Jacques Lurton einen im Burgunder-Stil ausgebauten Weißwein herzustellen.

Bester Wein ★★ Belondrade y Lurton 🍷 **Gute Jahrgänge** 1996, 95, 94

CAN FEIXES, Penedés DO, Cava DO 937 71 82 27/771 80 31

Josep-Maria Huguets gut geführtes Weingut erzeugt Cava-Schaumweine sowie delikate

Stillweine, angeführt von einem eleganten Weißwein aus Parellada, Macabeo und Chardonnay.
Beste Weine ★★ Can Feixes Blanc Selecció ♀, ★ Can Feixes Negre Selecció 🍷, Cava Huguet Brut Nature Vintage ♀, Can Feixes Chardonnay ♀
Gute Jahrgänge 1996, 95, 94, 93, 91

CAN RÀFOLS DELS CAUS, Penedés DO **938 97 00 13/897 03 70**
Charles Esteva produziert auf seinem rustikalen Weingut in Penedès gutes Olivenöl und sehr charaktervolle Weine.
Beste Weine ★★ Caus Lubis 🍷, ★ Gran Caus 🍷 **Gute Jahrgänge** 1991, 90, 87, 86

JULIÁN CHIVITE, Navarra DO **948 81 11 00/81 14 07**
Seit über 300 Jahren Weinhändler und lange Zeit führend im Export von Navarra-Weinen, hat die Familie Chivite mit eigenen neuen Weingärten in Arínzano, im Westen Navarras, das Unternehmen entscheidend nach vorn gebracht.
Beste Weine ★★ Colección 125 Reserva 🍷, Colección 125 Chardonnay ♀, Colección 125 Vendimia Tardía ♀ **Gute Jahrgänge** 🍷 1994, 92, 90, 88; ♀ 96, 95, 94

CLOS MOGADOR, Priorato DO **977 83 91 71/83 94 26**
Bei der Arbeit im Weinberg nur von seinem Sohn unterstützt, erzeugt René Barbier einen faszinierenden, modernen roten Priorato. Beachten Sie, daß dieses Weingut nichts mit den bekannten, preiswerten Weinen zu tun hat, auf deren Etikett René Barbier steht. Clos Erasmus ist eine angrenzende Lage.
Beste Weine ★★★ Clos Mogador 🍷, Clos Erasmus 🍷

CODORNÍU, Cava DO, Costers del Segre DO **938 18 32 32/317 48 88**
Die riesige, qualitätsorientierte Cava-Kellerei (der weltweit größte Hersteller von Schaumweinen im traditionellen Verfahren) und das große Spitzenweingut Raïmat in Costers del Segre verdienen gleichermaßen Aufmerksamkeit. Alle Schaumweine sind hochwertiger als der durchschnittliche Cava.
Beste Weine ★★ Cava Jaume Codorníu Brut ♀, ★ Cava Anna de Codorníu Brut ♀, Raïmat Cabernet Sauvignon Mas Castell 🍷 **Gute Jahrgänge** 🍷 1991, 90

COSTERS DEL SIURANA, Priorato DO **977 83 92 76/83 93 71**
Der eigenwillige, sehr individualistische Carles Pastrana geht auch weiterhin seine Wege im Priorato und erzeugt unter anderem einen einzigartigen süßen Rotwein.
Beste Weine ★★★ Dolç de l'Obac 🍷, Clos de l'Obac 🍷, ★★ Miserere 🍷, ★ Usatges ♀
Gute Jahrgänge 1995, 94, 92, 90

CVNE, Rioja DOC **941 31 06 50/31 28 19**
Die Compañía Vinícola del Norte de España, besser bekannt als CVNE, steht für traditionellen Rioja, war aber auch stets offen für Neues. Ihr Monopole gehört zu den besten im Faß ausgebauten Weißweinen der Region. Der Zweitlinie Contino erlebt ein Comeback.
Beste Weine ★★ Imperial Gran Reserva 🍷, Monopole Fermentado en Barrica ♀, ★ Viña Real Gran Reserva 🍷, Contino Graciano 🍷, Contino 🍷
Gute Jahrgänge 🍷 1994, 91, 90, 89, 87, 85, 82; ♀ 94, 93

PEDRO DOMECQ, Jerez DO **956 36 07 36/36 10 27**
Der Betrieb gehört mittlerweile zu dem Firmenriesen Allied Domecq, dennoch hält man an einigen edlen, im Solera-System ausgebauten Weinen fest. Darüber hinaus produziert der weltgrößte Branntweinhersteller leichte, elegante Riojas aus eigenem Anbau.

Beste Weine ★★★ Amontillado 51-1A ♀, Palo Cortado Sibarita ♀, ★★ Fino La Ina ♀, ★ Pedro Ximénez Venerable ♀

DOMINIO DE PINGUS, Ribera del Duero DO 939 83 38 54

Diese winzige, von dem dänischen Önologen Peter Sisseck gegründete Kellerei ist eigentlich nur ein umgebauter Schuppen. Das Geheimnis ist der extrem konzentrierte Saft von uralten Rebstöcken, der langsam in neuen französischen Eichenfässern reift.

Beste Weine ★★★ Pingus ♥, ★★ Fleur de Pingus ♥

Gute Jahrgänge 1996, 95

DOMINIO DE VALDEPUSA, Malpica de Tajo 925 87 72 92/87 71 11

Marqués de Griñón tat sich mit dem australischen Weinbauer Richard Smart und dem französischen Önologen Michel Rolland zusammen, um in der sonnigen, trockenen Hochebene von Toledo ein Weingut im New-World-Stil aufzubauen.

Beste Weine ★★ Petit Verdot ♥, Syrah ♥, ★ Cabernet Sauvignon ♥, Chardonnay ♀

Gute Jahrgänge 1994, 92, 91, 86

ENATE, Somontano DO 974 30 23 23/30 00 46

Eines der Weingüter im New-World-Stil in der wiedererwachten Region Somontano nahe den Pyrenäen, geführt von dem intelligenten Önologen Jesús Artajona.

Beste Weine ★★ Enate Reserva ♥, ★ Enate Chardonnay Fermentado en Barrica ♀

Gute Jahrgänge ♥ 1994, 93, 92

ALEJANDRO FERNÁNDEZ, Ribera del Duero DO 983 87 00 37/87 00 88

Alejandro Fernández war in der Region Ribera del Duero der erste echte Konkurrent von VEGA SICILIA. In den 1980er Jahren eroberten seine äußerst konzentrierten, reinsortig aus Tempranillo hergestellten Weine Spanien im Sturm, heute zählen sie zu den teuersten, aber auch besten des Landes.

Beste Weine ★★★ Pesquera Gran Reserva ♥, Pesquera Janus ♥, ★★ Pesquera Crianza ♥, Pesquera Reserva ♥, Condado de Haza ♥

Gute Jahrgänge 1995, 94, 92, 91, 90, 86, 85, 82

GONZALEZ BYASS, Jerez DO 956 34 00 00/33 20 89

Diese Bodega in Familienbesitz hat die im 19. Jahrhundert übliche Praxis der Jahrgangs- (d.h. nicht im Solera-System erzeugten) Sherrys wiederaufleben lassen und bietet ein einmaliges Programm an trockenen und süßen Spitzenweinen.

Beste Weine ★★★ Oloroso Viejo de Añada ♀, Amontillado del Duque ♀, Oloroso Matusalem ♀, Pedro Ximénez Noé ♀, ★★ Fino Tío Pepe ♀, Oloroso Apósteles ♀

Beste Jahrgangssherrys 67, 66, 64, 63

GUELBENZU, Navarra DO 948 85 00 55/85 00 97

Das wiederaufgebaute Gut im Süden Navarras wird von den zahlreichen Guelbenzu-Brüdern gut geführt und erzeugt phantastische, in Eiche gereifte Cuvées sowie gut strukturierte, nicht in Holz ausgebaute Garnachas.

Beste Weine ★★ Evo ♥, ★ Guelbenzu ♥, Jardín Garnacha ♥

Gute Jahrgänge 1995, 94, 92, 91, 89

GUTIERREZ DE LA VEGA, Alicante DO 966 40 52 66/640 52 27

Im Land der Orangenhaine, an der Küste von Alicante, erzeugt Felipe Gutiérrez de la Vega verschiedene beachtenswerte Rot- und Weißweine sowie einen großartigen süßen Muscat.

Bester Wein ★★ Moscatel Casta Diva ♀

HERMANOS PÉREZ PASCUAS-VIÑA PEDROSA, 947 53 01 00/53 01 02
Ribera del Duero DO

Eine der wenigen Kellereien in Ribera del Duera mit gut strukturierten Rotweinen, deren Lagerung wirklich lohnt.

Beste Weine ★★ Pérez Pascuas Reserva Especial 🍷, Viña Pedrosa Gran Reserva 🍷, Viña Pedrosa Reserva 🍷, ★ Viña Pedrosa Crianza 🍷 **Gute Jahrgänge** 1995, 94, 92, 91, 89

LUSCO DO MIÑO, Rías Baixas DO 986 65 85 19

José Antonio López gewinnt im dem Weinberg Pazo Piñeiro einen wirklich originellen, weißen Albariño, körperreicher und mit weit weniger Restzucker als üblich.

Beste Weine ★★ Lusco 🍸 **Gute Jahrgänge** 97, 96

EMILIO LUSTAU, Jerez DO 956 34 15 97/34 77 89

Die Bodega gehört seit 1990 zur großen Firmengruppe Caballero, was die Detailgenauigkeit aber offensichtlich nicht beeinträchtigt hat. Berühmt ist insbesondere die Almacenista-Reihe: sehr individuelle trockene Sherrys kleiner Privaterzeuger.

Beste Weine ★★★ Almacenista (Sherrys verschiedener Winzer) 🍸, ★★ Oloroso Emperatriz Eugenia 🍸

MARQUÉS DE RISCAL, Rioja DOC, Rueda DO 941 10 60 00/10 60 23

Das Unternehmen, das in Rioja (seit 1860) und in Rueda (seit 1970) Pionierarbeit leistete, besitzt einen einzigartigen Flaschenvorrat alter Jahrgänge und zeigt wieder Engagement für Qualität.

Gute Jahrgänge ★★ Barón de Chirel Reserva 🍷, Marqués de Riscal Gran Reserva 🍷, ★ Marqués de Riscal Sauvignon 🍸, Marqués de Riscal Reserva 🍷, Marqués de Riscal Reserva Limousin Fermentada in Barrica 🍸 **Gute Jahrgänge** 🍷 1994, 91, 89, 88, 86; 🍸 97, 95, 94, 90

MARTÍNEZ BUJANDA, Rioja DOC 941 12 21 88/12 21 11

Die Brüder Martínez Bujanda produzierten den ersten EinzellagenWeißwein im modernen Rioja (inzwischen auch einen Lagen-Rotwein), dazu kommen traditionelle Garnachas und Cabernet Sauvignons.

Beste Weine ★★ Finca Valpiedra 🍷, ★ Garnacha Reserva 🍷, Conde de Valdemar Gran Reserva 🍷, Vendimia Seleccionada Gran Reserva 🍷, Conde de Valdemar Fermentado en Barrica 🍸 **Gute Jahrgänge** 🍷 1994, 92, 89; 🍸 95, 92, 90

MAS MARTINET, Priorato DO 977 83 05 77/83 05 77

Josep-Lluís Pérez ist der führende Erneuerer im Weinbau der wiederentdeckten und neuerwachten Region Priorato, seine Weine gehören zu den beständigsten der Region.

Beste Weine ★★★ Mas Martinet 🍷, ★★ Martinet Bru 🍷 **Gute Jahrgänge** 1995, 94, 93, 92, 90

MAURO, Tudela de Duero 983 68 02 65/68 10 72

Mit Partner Mariano García, dem ehemaligen Önologen von Vega Sicilia, produziert das kleine Unternehmen außerhalb der Ribera del Duero DO saftige, konzentrierte Rotweine.

Beste Weine Mauro 🍷, Mauro Seleccíon Especial 🍷 **Gute Jahrgänge** 1995, 94, 91, 90

MUGA, Rioja DOC 941 31 18 25/31 28 67

Jeder Behälter in dieser Rioja-Kellerei ist aus Eiche, und ebenso traditionsbewußt sind die Brüder Muga auch in allen anderen Dingen. Der moderne Torre Muga markiert einen Stilwechsel.

Beste Weine ★★ Prado Enea Gran Reserva 🍷, ★ Torre Muga Reserva 🍷, Muga Fermentado en Barrica 🍸 **Gute Jahrgänge** 🍷 1991, 90, 87; 🍸 96, 95, 94

OSBORNE, Jerez DO 956 85 52 11/85 72 02

Das große alte Unternehmen in Jerez ist bekannter für Weinbrand und andere Spirituosen als für Sherry, doch die neue Reihe Rare Sherry gehört zur Spitzenklasse.

Beste Weine ★★★ Palo Cortado PP 🍷, Oloroso Bailén 🍸, ★★ Oloroso India 🍸, Amontillado AOS 🍸, ★ Fino Quinta 🍸, Amontillado Coquinero 🍸

PALACIO, Rioja DOC 941 60 00 57/60 02 97

Die über 100 Jahre alte Kellerei wurde in den späten 1980ern komplett erneuert. Die Trauben kauft man von Spitzengütern rund um Laguardia. Ihr Paradepferd Cosme Palacio wurde in Spanien zum Kultwein.

Beste Weine ★★ Cosme Palacio 🍷, ★ Glorioso Reserva 🍷, Cosme Palacio Fermentado en Barrica 🍸 **Gute Jahrgänge** 1995, 94, 92, 91, 90, 89

ALVARO PALACIOS, Priorato DO 977 83 13 61

Gewissenhafte Arbeit und ein mit 70 Jahre alten L'Ermita-Reben bestockter Weinberg führten diesen jungen Mann aus Rioja an die Spitze im Priorato.

Beste Weine ★★★ L'Ermita 🍷, Fina Dofí 🍷, ★★ Les Terrasses 🍷

Gute Jahrgänge 1995, 94, 93, 92, 90

JOAQUÍN REBOLLEDO, Valdeorras DO 988 37 23 07/37 14 27

Der Jurist und Winzer Joaquín Rebolledo führte Merlot in Südgalizien ein und war auch treibende Kraft bei der Wiedergeburt der beinahe verschwundenen heimischen Sorte Godello.

Beste Weine ★★ Joaquín Rebolledo Godello 🍸, ★ Joaquín Rebolledo Mencía 🍷, Joaquín Rebolledo Reserva 🍷 **Gute Jahrgänge** 1997, 96, 94, 90

REMELLURI, Rioja DOC 941 33 12 74/33 14 41

Telmo Rodríguez, ein Rebell im Keller wie im Weinberg, ist Herz und Seele dieses am höchsten und kühlsten gelegenen Weinguts von Rioja nahe Laguardia.

Beste Weine ★★ Remelluri Gran Reserva 🍷, Remelluri Reserva 🍷, Remelluri Crianza 🍷

Gute Jahrgänge 1994, 91, 90, 89

TÉOFILO REYES, Ribera del Duero DO 983 48 40 19

Mit 70 gründete der Weinmacher Reyes, früher für Protos und PESQUERA tätig, mit seinen Kindern eine eigene Kellerei. Schon seine ersten Rotweine fanden weltweit Beifall.

Beste Weine ★★ Téofilo Reyes 🍷 **Gute Jahrgänge** 1995, 94

LA RIOJA ALTA, Rioja DOC 941 31 03 46/31 28 54

La Rioja Alta hat sich auf Reservas und Gran Reservas spezialisiert, die 5 bzw. 10 Jahre und mehr gelagert werden können.

Beste Weine ★★★ Gran Reserva 890 🍷, ★★ Gran Reserva 904 🍷, Viña Ardanza Reserva 🍷, ★ Viña Arana Reserva 🍷, Viña Ardanza Blanco Reserva 🍸

Gute Jahrgänge 1990, 89, 87, 85, 82, 78

RODA, Rioja DOC 941 30 30 01/31 27 03

Ein weiteres revolutionäres Rioja-Unternehmen – diesmal in hatalanischem Besitz –, das mit seinen Rotweinen von alten Reben die hergebrachten Hierarchien erschütterte.

Beste Weine ★★ Roda I 🍷, ★ Roda II 🍷 **Gute Jahrgänge** 1994, 92

SEÑORIO DE SAN VICENTE, Rioja DOC 941 30 80 40/33 43 71

Die Familie Eguren, bereits sehr erfolgreich mit ihrer Kellerei Sierra Cantabria, hat sich mit diesem Ein-Lagen-Gut übertroffen.

Beste Weine ★★ San Vicente 🍷 **Gute Jahrgänge** 1994, 91

LA TAPADA, Valdeorras DO 988 32 41 95/32 41 97

Ein außergewöhnlicher Weinberg und José Hidalgos Können sind die Schlüssel für die Entdeckung eines aufregenden, im Barrique ausgebauten Weißweins aus diesem Anbaugebiet Galiziens, wo man die ausgezeichnete, beinahe ausgestorbene lokale Rebsorte Godello wieder anpflanzt.

Beste Weine Guitián Godello Fermentado en Barrica ♀, ★ Guitián Godello ♀

Gute Jahrgänge 1996, 95, 94

TERRAS GAUDA, Rías Baixas DO 986 62 10 01/62 10 84

Ein großer Hersteller, der sich auf einen sehr originellen, konzentrierten Weißwein spezialisiert hat, einen Verschnitt aus klassischen lokalen Rebsorten anstatt des reinsortigen Albariño.

Beste Weine ★★ Terras Gauda Etiqueta Blanca ♀, ★ Terras Gauda Etiqueta Negra Fermentado en Barrica ♀

Gute Jahrgänge 1996, 95, 94

TORO ALBALA, Montilla-Moriles DO 957 66 00 46/66 00 46

Antonio Sanchez ist zweifellos der kreativste Winzer dieser traditionsbewußten Region im Zentrum Andalusiens.

Beste Weine ★★★ Pedro Ximénez Don PX 1939 ♀, ★★ Pedro Ximénez Eléctrico ♀

MIGUEL TORRES, Penedés DO 938 17 74 00/817 74 44

Trotz eines Ausstoßes von über 24 Mio. Flaschen pro Jahr bietet dieser große, innovative Betrieb mehrere hochwertige Produktreihen aus heimischen und französischen Rebsorten, angeführt von Mas la Plana sowie Fransola aus Sauvignon Blanc und etwas Parellada. Lagern Sie den Mas la Plana mindestens 10 Jahre, den Gran Coronas 5–6 Jahre.

Beste Weine ★★ Gran Coronas Mas La Plana Cabernet Sauvignon 🍷, Milmanda Chardonnay ♀, Fransola ♀, ★ Gran Sangre de Toro 🍷, Mas Borrás Pinot Noir 🍷, Las Torres Merlot 🍷

Gute Jahrgänge 🍷 1990, 89, 85, 78; ♀ 96, 95, 93, 91, 89

VEGA SICILIA, Ribera del Duero DO 983 68 01 47/68 02 63

Als Vega Sicilia, Spaniens Spitzenkellerei mit den teuersten Rotweinen, in den Besitz der Familie Alvarez überging, wurde die Technik behutsam modernisiert, ohne jedoch die Qualität zu beeinträchtigen. Die traditionelle 10jährige Faßreifung des Spitzenweins Vega Sicilia Unico wurde reduziert. Auf dem neuen Gut Alión pflegt man einen moderneren Stil mit Weinen aus 100% Tempranillo verschiedener Lagen.

Beste Weine ★★★ Vega Sicilia Unico Reserva NV 🍷, Vega Sicilia Unico 🍷, ★★ Valbuena 🍷, Alión 🍷

Gute Jahrgänge 1994, 92, 91, 90, 89, 86, 85, 83, 79, 78, 75, 70, 62

VIÑA IJALBA, Rioja DOC 941 26 11 00/26 11 28

Eine der innovativsten neuen Kellereien in Rioja hat sich der Renaissance der heimischen Graciano-Traube verschrieben, die traditionell stützend in Verschnittweinen verwendet wurde.

Beste Weine ★★ Viña Ijalba Reserva Especial 🍷, ★ Ijalba Graciano 🍷

Gute Jahrgänge 1995, 94, 91, 90

VIÑAS DEL VERO, Somontano DOC9 974 30 22 16/30 20 98

Das größte neue Unternehmen in Somontano hat sich bereits einen Ruf für Qualität erworben und sucht nun Anschluß an die Spitze.

Beste Weine ★ Viñas del Vero Chardonnay Fermentado en Barrica ♀, Gran Vos 🍷, Val de Vos 🍷

Gute Jahrgänge 🍷 1994, 92, 91; ♀ 96, 95, 94

JAHRGÄNGE IN SPANIEN

An dem Mythos, in Spanien sei der Jahrgang weniger relevant als in Nordeuropa, war die jahrzehntelange Gewohnheit schuld, Weine aus den unterschiedlichsten Anbaugebieten innerhalb einer DO-Region, teilweise sogar aus verschiedenen Jahrgängen, miteinander zu verschneiden. Bessere Kontrollen und wachsendes Vertrauen der Kellereien in die eigenen Weinberge lassen die Unterschiede deutlich werden. So ist z.B. die Kluft zwischen einem 93er und einem 94er Ribera del Duero kaum zu übersehen.

Lagerfähigkeit

Neben den gespriteten Weinen aus Jerez und Montilla (bei denen Frische für Finos und Manzanillas unabdingbar ist, während andere Sorten nahezu ewig leben) ist lagerfähiger Wein aus Spanien normalerweise gleichbedeutend mit in Eiche gereiften Weinen aus Rioja oder Ribera del Duero sowie einigen Cabernet Sauvignons aus Katalonien und Navarra.

Traditionell glaubt man in Rioja, daß Reserva und Gran Reserva die größte Lagerfähigkeit besitzen. Häufig ist dies aber nur auf die Auslese der wirklich besten Trauben zurückzuführen, die man für die Herstellung dieses klassischen Stils verwendet, und nicht auf die vorgeschriebene lange Mindestreifung im Faß. In Spanien, wie überall sonst auch, gilt, daß das Alterungspotential seinen Ursprung im Weinberg hat und auf der Balance von Säure, Tannin, Alkohol und Extrakten beruht.

Viele Hersteller in Ribera del Duero kämpfen noch immer gegen den niedrigen Säuregehalt ihrer Trauben, die der Lagerfähigkeit ihrer Weine im Wege steht. Rioja Alta und Alavesa erreichen häufig das Alterungspotential eines Spitzen-Bordeaux. Neueren Anbaugebieten, einschließlich Priorato, fehlt es häufig noch an Leistungsnachweisen.

Reifediagramme

Zwei klassische spanische Rotweine sind der Rioja Reserva (mit 1 Jahr Mindestreifung im Faß und 2 Jahren auf der Flasche) und der Crianza aus Ribera del Duero (1 Jahr im Faß, 1 Jahr auf der Flasche). Ribera-Weine reifen generell schneller als Riojas, insbesondere in heißen Jahrgängen wie 1994, wo es kraftvolle Weine mit weniger Säure gab. 1991 war nur ein durchschnittlicher Jahrgang, aber nicht ohne Alterungspotential.

1991 Rioja Reserva

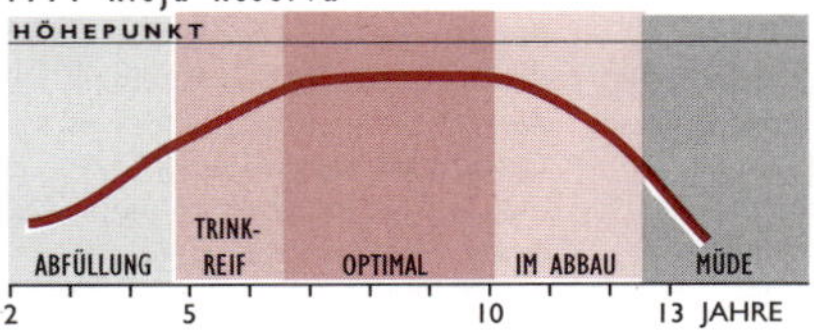

1994 Ribera del Duero Crianza

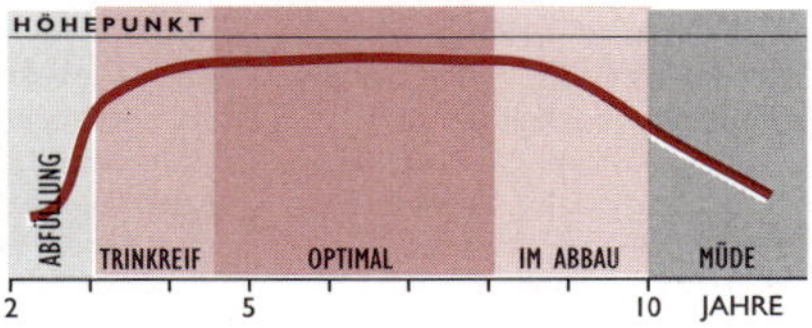

JAHRGANGSÜBERSICHT

	97	96	95	94	93	92	91	90	89	88	87	86
Rioja rot	6○	8○	8○	9○	7◑	7◑	8◑	8◑	7●	6●	8●	7●
Ribera del Duero	6○	9○	8○	9◑	5●	6●	8●	8●	9●	6●	6●	8●
Penedès, Conca de Barberá weiß	9○	8○	7◑	7◑	6●	6●	7●	8●	6●	8◐		

ERLÄUTERUNG ○ = braucht noch Zeit ◑ = trinkreif, gewinnt noch ● = optimal ◐ = in Abbau oder abgebaut

PORTUGAL

Portwein gehört zu den großen klassischen Weintypen der Welt, aber Portugal ist auch für den geschichtsträchtigen Madeira berühmt und genießt zunehmend besseren Ruf für gute Tafelweine. Die 1990er Jahre sahen eine Qualitätsrevolution – ausgelöst durch den Beitritt zur EU im Jahr 1986 –, lange vernachlässigte Regionen wie Dão erlebten eine Wiedergeburt. Daß die Weine aus dem Douro-Tal lange Zeit zu Porto aufgespritet wurden, hat historische Gründe; zwar werden die besten Trauben noch immer für Port reserviert, doch nimmt die Zahl hervorragender Tafelweine von Douro ständig zu.

GROSSE PORTUGIESISCHE WEINE

Oz Clarkes Auswahl

Douro Quinta do Crasto Reserva 🍷 Fruchtiges Aroma von Backpflaumen, Gewürznelken und Jasmin wie bei der normalen Version, aber nochmals intensiver und reicher.

Primum 🍷 **(J. M. da Fonseca)** Eine Spitzencuvée aus den großen portugiesischen Rotweintrauben voller Brombeeraroma und Noten von saurem Apfel.

Barca Velha $R (Ferreira) Der große traditionelle Tafelwein des Douro schlechthin ist mit seinem Stil eines trockenen Bordeaux immer noch beeindruckend.

Pegos Claros 🍷 **(Sociedade Agrícola de Pegos Claros)** Ein hervorragendes Beispiel für die heimische Periquita-Traube.

Taylor's Vintage 🍷 Alle Vintage-Ports der Spitzenklasse sind kraftvoll und von berauschender Fülle, aber die von Taylor besitzen eine besonders exotische Würze und ein aufregendes, süßes Waldbeeraroma.

Warre's Vintage 🍷 Ganz anders als der von Taylor: muskulöser, weniger verführerisch, aber bei seinem aggressiven, pfeffrigen Äußeren hat er ein Herz süßer dunkler Früchte.

Fonseca Guimaraens 🍷 Auch in nicht deklarierten Jahren bringt Fonseca einen Vintage-Port unter diesem Etikett heraus. Nicht ganz so gehaltvoll und duftend wie bei deklarierten Jahrgängen, besticht er durch sein samtig-süßes Aroma dunkler Früchte und den Zedernholzduft.

Quinta de Vargellas 🍷 Taylors bestes Gut erzeugt einen wunderbar üppigen, bereits nach 10 Jahren trinkreifen Wein, lediglich etwas weniger fleischig und sinnlich als ein echter Taylor's Vintage Port.

Niepoort Colheitas 🍷 Niepoort ist der Meister dieser Art von Jahrgangs-Tawny, bei dem sich der volle Geschmack des Tawny nach braunem Rohrzucker und Haselnuß mit dem tiefen, frischen Aroma dunkler Früchte verbindet.

Fonseca Tawny 20 Anos 🍷 Tawny-Portweine können jünger oder älter sein als dieser, bei den 20jährigen erscheint aber im allgemeinen das Verhältnis von süßer Frucht und milder Reife am besten ausbalanciert.

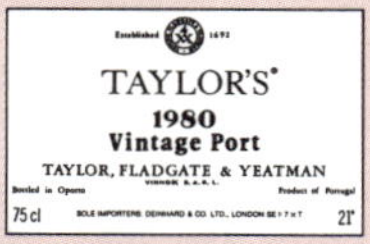

Steven Spurriers Auswahl

Bairrada Vinha Pan 🍷 **(Luis Pato)** Luis Pato, der innovativste Winzer Bairradas, ist von der Qualität der heimischen Baga-Traube überzeugt.

Douro Gran Escolha 🍷 **(Quinta do Côtto)** Ein neuer klassischer Tafelwein aus der Port-Region. Jung kräftig und eichenholzbetont, im Alter gehaltvoll und mit Zedernaroma.

Periquita 🍷 **(J. M. da Fonseca)** Einer der verläßlichsten Weine Portugals, kräftig und langlebig.

Cossart Gordon Bual 15 Anos 🥂 **(Madeira Wine Co)** Gehaltvoll, warm und nach 15 Jahren Faßreifung mit leichtem Rancio-Aroma.

Moscatel de Setúbal 🥂 **20 Anos (J. M. da Fonseca)** Wunderbare helle Bernsteinfarbe und am Gaumen ein Feuerwerk an Geschmackseindrücken.

Churchill's Crusted 🍷 Eine der wenigen Portweinfirmen, die diesen körperreichen, flaschengereiften Ruby noch herstellen.

Quinta de Vargellas 🍷 **(Taylor)** Die Grundlage für Taylors erstklassigen Vintage Port, hergestellt nur in nicht deklarierten Jahren.

Fonseca Vintage 🍷 Umwerfende Farbe und süße Frucht kennzeichnen diesen langlebigen Port.

Dow Vintage 🍷 Klassischer Port, eher elegant als kräftig.

Cockburn's Tawny 20 Anos 🍷 Ins Orangefarbene gehender Tawny, wunderbar süß am Gaumen und trocken im Finale.

KLASSIFIKATION

Nahezu alle guten Weine Portugals tragen das DOC-Gütezeichen. Jedoch fallen immer mehr aus den jeweiligen DOC-Bestimmungen heraus, sei es, daß der Wein aus Trauben eines größeren Anbaugebiets verschnitten wurde, oder daß unerlaubte Rebsorten (insbesondere internationale) verwendet werden. Aus diesem Grund gewinnt die Kategorie Vinho Regional zunehmend an Bedeutung.

Denominação de Origem Controlada (DOC)

Die seit 1990 in Portugal führende Klassifikation nach Anbaugebieten basiert auf den früher unter »Região Demarcada« (RD) bekannten Regionen, die um einige neue Qualitätsbereiche erweitert wurden.

Indicação de Proveniência Regulamentada (IPR) Vinho de Qualidade Produzido em Região Determinada (VQPRD)

Wie für die DOC gelten auch für diese niedrigere Stufe Kontrollen und Einschränkungen hinsichtliche Rebsorten, Ertrag und Ausbau.

Vinho Regional

Das Anbaugebiet ist weiter gefaßt, außerdem gibt es beträchtlichen Spielraum bei Rebsorten und Ausbau. Die Rebsorte kann auf dem Etikett angegeben werden.

Wichtige DOC-Bereiche

1 Vinho Verde
2 Porto/Douro
3 Dão
4 Bairrada
5 Bucelas
6 Colares
7 Carcavelos
8 Setúbal
9 Portalegre
10 Borba
11 Redondo
12 Reguengos
13 Vidigueira
14 Madeira

Spitzenerzeuger von Tafelwein

Rotwein Boas Quintas (Fonte do Ouro), Gonçalves Faria, FERREIRA (Barca Velha), J. M. da FONSECA, Fundação Eugénio de Almeida (Pera Manca), LUIS PATO (Vinha Pan, Vinha Barrosa, Quinta do Ribeirinho), QUINTA DO CARMO, Quinta do Côtto (Grande Escolha), QUINTA DO CRASTO (Douro Reserva and Touriga Nacional), Quinta da Foz do Arouce, QUINTA DA GAIVOSA, Quinta dos Roques (Alfrocheiro Preto, Touriga Nacional), J. Portugal Ramos (Trincadeira, Vila Santa), RAMOS PINTO (Duas Quintas Reserva, Bon Ares Reserva), Sogrape.

Weißwein J. M. da FONSECA (Quinta da Camarate and Primum), Quinta da Foz do Arouce, Quinta do Valdoeiro, Sogrape.

Port und Madeira Siehe S. 252/253.

PORTUGIESISCHE WEINREGIONEN VON A BIS Z

ALENTEJO

Die große Region umfaßt eine Reihe neuer DOCs und IPRs, aber viele der Spitzenweine werden als Vinho Regional verkauft. Aufregende Rotweine aus heimischen Rebsorten wie auch aus Cabernet Sauvignon lassen ein erstaunliches Potential erkennen. Auch tauchen einige stilvolle Weißweine auf.

Beste Erzeuger Fundação Eugénio de Almeida, QUINTA DO CARMO, Esporão, J. M. da FONSECA, J. Portugal Ramos

Gute Jahrgänge 🍷 97, 96, 95, 94, 91, 90, 89

BAIRRADA DOC

Die Kombination von Lehmboden mit der erstaunlich tanninreichen heimischen Baga-Traube erfordert einen gekonnten Ausbau. Obwohl die Erzeuger ihren Nachbarn von Dão voraus sind, gibt es immer noch erschreckend tanninreiche Weine. Luis PATO zeigt den Weg: vollständiges Entrappen, niedrige Erträge, sanfte Vinifizierungsmethoden und in einigen Fällen die Beimischung von Touriga Nacional. So gibt es jetzt gehaltvolle, würzige und gut strukturierte Weine mit mächtigem Brombeer-Aroma und hervorragender Alterungsfähigkeit.

Beste Erzeuger Casa de Saima, Gonçalves Faria, Luis PATO, QUINTA DO CARMO, Caves São João

Gute Jahrgänge 🍷 97, 96, 95, 94, 92, 91, 90

DÃO DOC

Nach Jahren der Flaute führten neue Investitionen und neues Know-how zu einer bemerkenswerten Verbesserung der Weine. Interessant sind die Ergebnisse aus den neuen Anpflanzungen von Touriga Nacional und der zunehmende Gebrauch von französischen Barriques.

Beste Erzeuger Boas Quintas, Quinta da Pellada, Quinta dos Roques, Quinta de Saes, Sogrape (Quinta dos Carvalhais)

Gute Jahrgänge 🍷 97, 96, 95, 94, 92, 91

DOURO DOC

Eine kleine Zahl Hersteller erzeugen Rotweine, die zu den besten Portugals gehören. Bedenkt man, daß die besten Lagen noch immer für die großen Portweine vorgesehen sind, wäre das Potential für noch höhere Qualität gegeben, aber bis jetzt genießen noch immer die Portweinhersteller das Vorrecht auf die reifsten Trauben.

Beste Erzeuger FERREIRA (Barca Velha), NIEPOORT, QUINTA DA GAIVOSA, Quinta do Côtto, QUINTA DO CRASTO, QUINTA DE LA ROSA, RAMOS PINTO, Sogrape

Gute Jahrgänge 🍷 97, 96, 95, 94, 92, 91

MADEIRA

Im 19. Jahrhundert wurden Madeiras Weingärten durch die Reblaus verwüstet und unglücklicherweise statt mit den traditionellen edlen Rebsorten (Malvasia, Bual, Verdelho, Sercial) meist mit minderwertigen Hybriden bestockt. Daher war bis weit ins 20. Jahrhundert hinein ein Großteil der Weine Madeiras ein billiger, ziemlich übler Stoff, der zu Recht in Madeirasauce endete, statt im Glas eines Weinfreunds ein gepflegtes Abendessen zu beschließen.

Der winzige Anteil an Weinbergen, die noch mit edlen Reben bestockt waren, ist inzwischen wieder stark angestiegen; zweifellos wird sich die allgemeine Qualität schnell verbessern. Kleinste Mengen aus Einzellagen oder im Solera-System ausgebaute Weine repräsentieren die Spitze, aber mittlerweile werden auch einige hervorragende 10–15 Jahre alte Weine aus Sercial, Verdelho, Bual und Malmsey angeboten.

Beste Erzeuger Barbeito, HENRIQUES & HENRIQUES, MADEIRA WINE COMPANY (Cossart & Gordon, Blandy, Leacock, Rutherford & Miles), Pereira d'Oliveira

PORT DOC

Der berühmteste Wein Portugals kommt aus

dem Douro-Tal im Hinterland von Porto. Er kann aus über 80 verschiedenen Rebsorten als Rot- oder Weißwein gemacht werden. Der beste ist der Vintage Port, der nur aus besten Lagen und in herausragenden, »deklarierten« Jahren hergestellt wird. In der Regel geschieht dies in einem Jahrzehnt drei- bis viermal. Solche Jahrgangs-Portweine sollten eigentlich jeden normalen Port übertreffen, aber da man, unabhängig von der Qualität, nur selten aufeinanderfolgende Jahrgänge deklariert, gibt es auch einige hervorragende Weine aus nicht-deklarierten Jahren, insbesondere von den besten *quintas* (Güter), die ihre Weine dann nicht verschneiden.

Solche Single-Quinta-Weine werden von den Weingütern selbst oder von den größeren Handelshäusern hergestellt, und zwar in den meisten nicht-deklarierten Jahren. Die Qualität ist im allgemeinen exzellent, die Preise sind deutlich niedriger als beim Vintage Port.

Einige Häuser produzieren auch köstliche Late Bottled Vintages (spät abgefüllte Jahrgangsweine) und Crusted Ports, die bereits trinkreif sind, durch ein paar zusätzliche Jahre in der Flasche jedoch noch an Weichheit und Komplexität gewinnen. Colheitas und Aged Tawnys durchlaufen eine lange Faßreifung; die Besten zeigen, obwohl leichter als Vintage Ports, echte Finesse und Eleganz mit einem weichen, nussigen Aroma. Aber der Portwein ändert sich, wie es die Burgunder und Bordeauxweine in den letzten Jahren taten; viele Weine sind, bei reiferer Frucht und runderen Tanninen, jetzt viel früher trinkfertig.

Beste Erzeuger

Vintage Cálem, CHURCHILL, COCKBURN, CROFT, Delaforce, DOW, FERREIRA, FONSECA, Gould Campbell, GRAHAM, Martinez, NIEPOORT, Quarles Harris, Quinta do Côtto, QUINTA DO CRASTO, Quinta do Infantado, QUINTA DO NOVAL (Nacional eingeschlossen), QUINTA DE LA ROSA, QUINTA DO VESÙVIO, RAMOS PINTO, SMITH WOODHOUSE, TAYLOR, WARRE

Single Quinta (oder nicht deklarierte Jahrgänge) CHURCHILL (Agua Alta), COCKBURN (Quinta dos Canais), CROFT (Quinta da Roêda), Delaforce (Quinta da Corte), DOW (Quinta do Bomfim), FONSECA (Guimaraens, Quinta do Panascal), GRAHAM (Malvedos), Martinez (Quinta da Eira Velha), NIEPOORT (Quinta do Passadouro), QUINTA DO NOVAL (Quinta do Silval, Quinta do Roriz), RAMOS PINTO (Quinta da Ervamoira), TAYLOR (Quinta de Vargellas), WARRE (Quinta da Cavadinha)

Aged Tawny/Colheita Cálem, COCKBURN, DOW, FERREIRA, FONSECA, NIEPOORT, RAMOS PINTO, Sandeman, TAYLOR

Aged Tawny/Colheita Cálem, COCKBURN, DOW, FERREIRA, FONSECA, NIEPOORT, RAMOS PINTO, Sandeman, TAYLOR

Traditionell Bottled-Vintages CHURCHILL, FERREIRA, NIEPOORT, QUINTA DO CRASTO, QUINTA DE LA ROSA, RAMOS PINTO, SMITH WOODHOUSE, WARRE

Crusted CHURCHILL, COCKBURN, DOW, SMITH WOODHOUSE, WARRE

Gute Jahrgänge Vintage Port: 1994, 92, 91, 85, 83, 80, 77, 70, 66, 63, 60, 55, 48, 45, 35, 34, 27, 12, 08, 04, 00

TERRAS DO SADO

Die Region ist vor allem für ihre gespriteten Muscat-Weine bekannt, erzeugt aber auch zunehmend bessere rote und weiße Tafelweine. Top-Erzeuger ist der Großbetrieb von José Maria da FONSECA, der auch einen hervorragenden gespriteteten Moscatel de Setúbal (als Vintage und als 20 Jahre alte Version) produziert; man mischt die Traube aber auch einem wachsenden Anteil moderner, stilvoller Weißweine bei.

Beste Erzeuger J. M. da FONSECA, J. P. Vinhos

PORTUGIESISCHE ERZEUGER VON A BIS Z

CHURCHILL, Port DOC, Douro 02 370 3641/370 3642

Die Firma wurde erst 1981 von Johnny Graham gegründet, der der sie nach seiner Frau, Caroline Churchill, benannte. Das gesamte Angebot ist von hervorragender Qualität.
Beste Weine und Jahrgänge ★★ Vintage Port 🍷 (1994, 91), Quinta da Agua Alta 🍷 (1995, 92, 87, 85), ★ Tawny 10 Anos 🍷, Crusted 🍷

COCKBURN, Port DOC, Douro 02 379 4031/375 0550

Ein kommerziell bedeutender Hersteller mit einem einfachen, aber sehr beliebten Special Reserve. Nach einer lahmen Phase knüpfen die Vintage Ports der jüngsten Jahrgänge wieder an die großartigen Leistungen der Vergangenheit an.
Beste Weine und Jahrgänge ★★ Vintage Port 🍷 (1994, 91, 70, 67, 63, 55, 47, 35, 27, 12, 08), Tawny Port 20 Anos 🍷; ★ Quinta dos Canais 🍷 (1995, 92)

CROFT, Port DOC, Douro 02 375 5514/370 7166

Der über 300 Jahre alte Betrieb hat alles: riesige Lager in Vila Nova de Gaia, ein Mustergut in Quinta da Roêda und hervorragende Weinberge. Die schlanken Jahrgangsports sind mittelschwer und haben gegenüber den allerbesten lediglich weniger Tiefe und Struktur.
Beste Weine und Jahrgänge ★★ Vintage Port 🍷 (1994, 91, 77, 75, 70, 66, 63, 60, 45, 35), Tawny 20 Anos 🍷

DOW, Port DOC, Douro 02 377 6300/377 6301

Die Firma, eines der berühmtesten Portweinhäuser, das 1998 sein 200jähriges Bestehen feierte, ist inzwischen Teil des großen Symington-Konzerns. Man produziert einen deutlich trockeneren Stil von Vintage Ports, der häufig erst nach 30 und mehr Jahren voll ausgereift ist.
Beste Weine und Jahrgänge ★★★ Vintage Port 🍷 (1994, 91, 85, 83, 80, 77, 70, 66, 63, 60, 55, 45), ★★ Quinta do Bomfim 🍷 (1995, 92, 90, 87, 86, 84), Tawny 30 Anos 🍷

FERREIRA, Port DOC, Douro 02 370 0010/309 732

Ferreira gehört nicht unbedingt zur Elite der Portweinhersteller, produzierte aber lange Zeit einige der herausragendsten Tafelweine Portugals. Der Barca Velha (entstanden in den 1950er Jahren) war bis in die 1980er Jahre hinein der einzige überragende Douro-Rotwein. Er wird nur in Ausnahmejahren hergestellt und kommt erst auf den Markt, wenn er voll ausgereift ist. Die Jahrgangs-Portweine von Ferreira werden immer besser, der 20jährige Tawny ist seit je hervorragend.
Beste Weine und Jahrgänge ★★★ Barca Velha 🍷 (1991, 85, 83, 82, 81, 78), ★★ Vintage Port 🍷 (1995, 94, 91, 87, 85, 78, 77, 66, 63, 35), Reserva Especial 🍷 (1990, 86, 80), Duque de Bragança Tawny 20 Anos 🍷

FONSECA, Port DOC, Douro 02 371 9999/379 5570

Fonseca gehört zur selben Gruppe wie Taylor und ist auch ähnlich begehrt. Die Quinta da Panascal wurde kürzlich zum Mustergut ausgebaut, ist aber nur eines von drei Gütern, auf denen Spitzenweine erzeugt werden. **Beste Weine und Jahrgänge** ★★★ Vintage Port 🍷 (1994, 92, 85, 83, 77, 75, 70, 66, 63, 60, 55, 48, 45, 34, 27), ★★ Guimaraens 🍷 (1995, 91, 88, 87, 84, 78, 76, 72, 67, 65, 62, 61, 57), Tawny 20 Anos 🍷

JOSÉ MARIA DA FONSECA SUCCESSORES, Terras do Sado 01 219 1500/191 560

J. M. da Fonseca ist berühmt für seinen Moscatel de Setúbal (20jährig oder Vintage), erzeugt aber auch zunehmend besser werdende trockene Rot- und Weißweine. Die

Weißweine Quinta de Camarate und Primum setzen Qualitätsmaßstäbe in Portugal.
Beste Weine und Jahrgänge ★★ Moscatel de Setúbal Vintage ♀ (1966, 65), Moscatel de Setúbal 20 Anos ♀, Moscatel de Setúbal Roxo 20 Anos ♀

GRAHAM, Port DOC, Douro — **351 2 377 6300/2 377 6301**

Der Vintage Port von Grahams ist der herrlichste aus der Symington-Gruppe (dort seit 1970), voller und süßer als die von Dow oder Warre. Die Anpflanzungen der 1980er Jahre werden jetzt genützt und stellen nochmals bessere Weine in Aussicht.
Beste Weine und Jahrgänge ★★★ Vintage Port 🍷 (1994, 91, 85, 83, 80, 77, 75, 70, 66, 63, 60), ★★ Quinta dos Malvedos 🍷 (1995, 92, 90, 87, 86, 84)

HENRIQUES & HENRIQUES, Madeira — **09 194 1551/941 590**

Nach der Madeira Wine Company der zweitwichtigste Hersteller von Madeira. Henriques produziert unter eigenem Namen einige unglaublich üppige Madeiras, darunter die sehr verbreiteten 10jährigen, die wirklich beispiellos sind.
Beste Weine und Jahrgänge ★★ Sercial 10 Anos ♀, Verdelho 10 Anos ♀, Bual 10 Anos ♀, Malmsey 10 Anos ♀

MADEIRA WINE COMPANY, Madeira — **02 377 6300/377 6301**

Gehört zur Symington-Gruppe und vereint die Firmen Blandy, Cossart Gordon, Rutherford & Miles sowie Leacock. Man unternimmt einiges, um die Weinbaumethoden zu verbessern und die Rebflächen mit den hochwertigen Rebsorten Sercial, Verdelho, Bual und Malmsey auszuweiten. Zu den wenigen und teuren, exzellenten Jahrgangsweinen gehört auch die fünfte Edelrebsorte Terrantez.
Beste Weine und Jahrgänge ★★★ Blandy Vintage ♀ (Bual, Malmsey, Terrantez), Cossart Gordon Vintage ♀ (Sercial, Verdelho, Bual, Malmsey, Terrantez), Rutherford & Miles Vintage ♀ (Sercial, Malmsey), ★★ Blandy Malmsey 15 Anos ♀, Blandy Malmsey 10 Anos ♀, Cossart Gordon Bual 15 Anos ♀, Cossart Gordon Bual 10 Anos ♀

NIEPOORT, Port DOC, Douro — **02 200 1028/332 0209**

Von hier kommen einige der feinsten, elegantesten Portweine, sei es als Vintage, Single Quinta, Tawny oder Colheita. Darüber hinaus erzeugt Dirk van der Niepoort unter dem Label Redoma gute rote und weiße Tafelweine.
Beste Weine und Jahrgänge ★★★ Vintage Port 🍷 (1994, 92, 91, 87, 83, 82, 80, 77, 70, 66, 63, 55, 45, 42, 27), ★★ Quinta do Passadouro 🍷 (1995, 92), Colheita 🍷 (1988, 87, 85, 83, 78, 76, 70, 67, 63, 62, 60, 57, 37, 34), Tawny 10 Anos 🍷

LUIS PATO, Bairrada — **031 596432/528426**

Luis Pato hat seine Qualität seit 1995 nochmals deutlich verbessert. Dank niedriger Erträge und vollständigem Entrappen zeigen die Weine nun mehr Körper und Aroma bei erfreulich geringeren Tanninen. Pato ist mit seiner ausgezeichneten Palette an lagerwürdigen Weinen mittlerweile führend in der Region Bairrada.
Beste Weine und Jahrgänge ★★ Vinha Pan 🍷 (1997, 96, 95), Vinha Barrosa 🍷 (1997, 96, 95), Quinta do Ribeirinho Pé Franco 🍷 (1997, 96, 95), ★ Vinhas Velhas 🍷 (1997, 96, 95), Quinta do Ribeirinho Primeira Escolha 🍷 (1997, 96, 95)

QUINTA DO CARMO, Alentejo — **06 833 2024/833 2025**

Julio Bastos und Domaines Rothschild (Lafite) sind die Besitzer dieses Spitzenguts in Südportugal. Ein Kurswechsel in den letzten Jahren machte die Weine feiner, aber auch »internationaler« und weniger charaktervoll. Der Dom Martinho ist ein ordentlicher Zweitwein.

Beste Weine und Jahrgänge ★★ Quinta do Carmo 🍷 (1995, 94, 93, 92, 90, 89, 87, 86)

QUINTA DO CRASTO, Port DOC, Douro **02 610 8322/610 7845**

Das Gut der investitions- und experimentierfreudigen Familie Roquette liegt hoch an der Stelle einer alten römischen Festung und bietet einen atemberaubenden Blick in das Douro-Tal. Mit dem ideenreichen australischen Önologen David Baverstock produziert man hervorragende Vintage Ports und ist wegweisend bei duftenden, fruchtbetonten Rotweinen.

Beste Weine und Jahrgänge ★★ Vintage Port 🍷 (1995, 94), Douro Reserva 🍷 (1996, 95, 94), Touriga Nacional 🍷 (1995), ★ Late Bottled Vintage 🍷 (1992, 91)

QUINTA DA GAIVOSA, Douro **059 72440**

Zu den Douro-Weinen von Domingos Guilhermino Alves de Sousa gehören Quinta da Estação, Quinta do Vale da Raposa (Tinto, Tinta Cão, Tinta Roriz, Touriga Nacional) sowie der rote Quinta da Gaivosa, das Flaggschiff. In jüngster Zeit wurden große Fortschritte gemacht.

Beste Weine und Jahrgänge ★★ Quinta da Gaivosa 🍷 (1996, 95, 94)

QUINTA DO NOVAL, Port DOC, Douro **02 377 0270/375 0365**

Der Betrieb, einer der vielen in Besitz der Versicherungsgruppe AXA, hat jüngst die Qualität des gesamten Sortiments verbessert. Neben dem stattlichen Nacional und dem erheblich feineren Vintage Port gibt es hier auch eine Reihe guter Colheitas.

Beste Weine und Jahrgänge ★★★ Nacional Vintage Port 🍷 (1994, 87, 85, 78, 70, 67, 66, 63, 62, 60, 31) ★★ Vintage Port 🍷 (1995, 94, 91, 87, 85, 75, 70, 66, 63, 60, 55, 47, 45, 34, 31, 27)

QUINTA DE LA ROSA, Port DOC, Douro **054 72254/72346**

Die Familie Bergqvist belieferte früher eines der größten Portweinhäuser in Douro, bis man 1986 eine Quinta gründete und begann, feine Portweine, wunderbar duftende rote und weiße Tafelweine sowie schmackhaftes Olivenöl herzustellen. Die gesamte Herstellung (Gärung, Ausbau und Abfüllung) findet in der südlich von Pinhão gelegenen Kellerei statt.

Beste Weine und Jahrgänge ★★ Vintage Port 🍷 (1995, 94, 92, 91), ★ Douro Reserva 🍷 (1995), Finest Reserve 🍷

QUINTA DO VESÙVIO, Port DOC, Douro **02 377 6300/377 6301**

Die Symington-Gruppe hat dieses berühmte Gut aus dem 19. Jahrhundert wieder zum Leben erweckt. Auch wenn das Gut erst 1989 erworben wurde, sind bereits eine Reihe feiner Jahrgänge erschienen, die in 5–10 Jahren ihren Höhepunkt erreichen werden.

Beste Weine und Jahrgänge Vintage Port 🍷 (1995, 94, 92, 91, 90)

RAMOS PINTO, Port DOC, Douro **02 370 7000/379 3121**

Der Betrieb gehört seit 1990 zum Champagner-Haus ROEDERER. Der Önologe João Nicolau de Almeida entwickelte beeindruckende Rotweine zur Abrundung einer Reihe hervorragender Tawnys und stark verbesserter Vintage Ports.

Beste Weine und Jahrgänge ★★ Duas Quintas Reserva 🍷 (1995, 94, 92, 91), Quinta dos Bons Ares Reserva 🍷 (1995, 94, 92, 91), Vintage Port 🍷 (1995, 94, 85, 83), Quinta do Bom Retiro Tawny Port 20 Anos 🍷, ★ Quinta da Ervamoira Tawny Port 10 Anos 🍷

SMITH WOODHOUSE, Port DOC, Douro **02 377 6300/377 6301**

Die wunderbar traditionellen, intensiv fruchtigen Portweine dieses zur Symington-Gruppe gehörenden Herstellers werden seltsamerweise unterschätzt. Der komplexe, gehaltvolle Vintage Port altert sehr gut, und auch der feine, traditionelle Late Bottled Vintage gewinnt mit dem Alter. Beide Weine sind für ihre konstante Qualität bekannt.

Beste Weine und Jahrgänge ★★ Vintage Port 🍷 (1994, 91, 85, 83, 80, 77, 70, 63), ★ Late Bottled Vintage 🍷 (1984, 82, 79, 78)

TAYLOR, Port DOC, Douro **02 371 9999/370 8607**

Der Aristokrat unter den Vintage Ports wird auf Terra Feita und dem berühmten Weingut Vargellas erzeugt und ist der am häufigsten ausgezeichnete Jahrgangswein aus einer regulären Abfüllung. In nicht-deklarierten Jahrgängen kommt er als Vargellas etwas preiswerter auf den Markt, ist aber immer noch außergewöhnlich gut.

Beste Weine und Jahrgänge ★★★ Vintage Port 🍷 (1994, 92, 85, 83, 80, 77, 75, 70, 66, 63, 60, 55, 48, 45, 27), ★★ Quinta de Vargellas 🍷 (1995, 91, 88, 87, 82, 78, 67, 64, 61, 52, 47)

WARRE, Port DOC, Douro **02 377 6300/377 6301**

Warre, heute ebenfalls von der Symington-Gruppe kontrolliert, wurde 1670 gegründet und war das erste britische Portweinhaus. Der aromatische, nach Feigen schmeckende Vintage Port gehört stets zu den besten; der traditionelle Late Bottled Vintage ist einer der wenigen charaktervollen, konzentrierten LBVs.

Beste Weine und Jahrgänge ★★★ Vintage Port 🍷 (1994, 91, 85, 83, 80, 77, 70, 66, 63, 55, 47, 45, 34, 27), ★★ Quinta da Cavadinha 🍷 (1995, 92, 86, 82)

JAHRGÄNGE IN PORTUGAL

Mit Ausnahme von Ferreiras »Barca Velha«, Quinta do Côttos »Grande Escolha« und weniger anderer müssen Portugals Rotweine ihre Qualität erst noch beweisen, doch wird die Situation in 10 oder 20 Jahren zweifellos ganz anders sein. Bei Vintage Port und Madeira besitzt Portugal phantastische Jahrgänge. Beide unterliegen beträchtlichen Schwankungen, jedoch brachten Verbesserungen im Weinberg und mehr Sicherheit im Keller im vergangenen Jahrzehnt mehr Erfolge.

Lagerfähigkeit

Moderne, seriöse portugiesische Rotweine sollten nach 2–3 Jahren trinkreif sein, körperreichere Reservas profitieren von 3–5 Jahren Lagerung. Vieles hängt vom jeweiligen Wein ab, Spitzenweine sollten auch nach 5–10 Jahren noch bestens sein. Der traditionelle Barca Velha benötigt mindestens 10 Jahre Reife und gewinnt in weiteren 5–10 Jahren häufig noch.

Traditionelle LBVs und feine Single-Quinta-Ports (auch aus nicht deklarierten Jahrgängen) erreichen normalerweise nach 10–15 Jahren ihren Höhepunkt, können aber auch schon vorher ausgereift sein. Herausragende Exemplare werden über einen wesentlich längeren Zeitraum besser. Der Vintage Port hat zunehmend reifere, feinere Tannine, mittelschwere Exemplare sind nach nur 5–10 Jahren Reifung trinkfertig, auch in großen Jahrgängen. Bei den gehaltvollsten Versionen lohnt es sich jedoch, 30 Jahre und länger zu warten, und es braucht mindestens die Hälfte dieser Zeit, um sie wirklich einschätzen zu können. Häufig passieren die Weine bestimmter Jahre eine verschlossene Phase und werden dann zu Unrecht abgewertet. Ein bißchen Geduld zahlt sich hier aus.

Portwein und Madeira sind trinkreif, wenn sie mit einem bestimmten Alter, z.B. »10 Anos« (10 Jahre), gekennzeichnet sind. Jahrgangs-Madeiras sind sehr rar, sie werden erst auf Flaschen gezogen, wenn sie trinkfertig sind (nach ca. 20 Jahren im Faß), bleiben aber noch sehr lange in bester Verfassung.

Reifediagramme

1994 war zweifellos ein großer Jahrgang für den Vintage Port, alle führenden Häuser haben den 94er zum Vintage deklariert. Die Qualität der Frucht erlaubt eine Flaschenreifung von wenigen Jahren, aber die besten Weine, die einige Jahrzehnte reifen können, sind sehr gefragt.

1994 Vintage Port

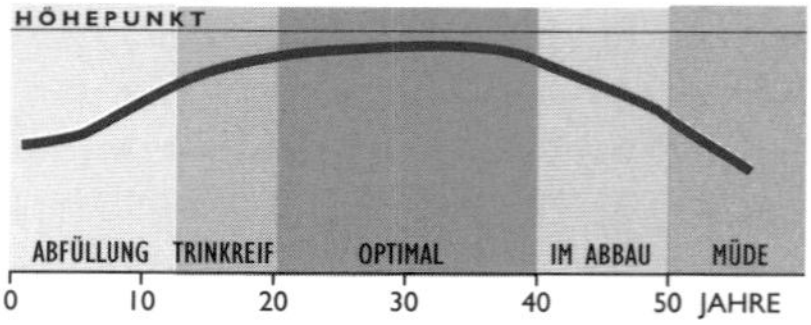

JAHRGANGSÜBERSICHT

VINTAGE PORT	**95**	**94**	**92**	**91**	**87**	**85**	**83**	**80**	**77**	**75**	**70**
	8○	10○	9○	8○	7◑	9○	8◑	7◑	9◑	5◐	8●
ROTWEIN	**97**	**96**	**95**	**94**	**93**	**92**	**91**	**90**	**89**	**88**	**87**
Douro	8○	7○	8◑	9◑	5●	8◑	7◑	7●	7●	5●	7●
Dão	8○	8○	7◑	7◑	4◐	7◑	7●	6●	6●	6●	7●
Alentejo	8○	6○	7◑	7◑	5●	6◑	7●	9●	8●	5●	7●

ERLÄUTERUNG ○ = braucht noch Zeit ◑ = trinkreif, gewinnt noch ● = optimal ◐ = in Abbau oder abgebaut

PORTWEIN UND MADEIRA-JAHRGÄNGE AUF EINEN BLICK

Port Einen wirklich schlechten Jahrgang gibt vielleicht einmal in 10 Jahren. Größere Sorgfalt im Weinberg führt selbst bei ungünstigen Bedingungen zu besseren Trauben. Geringe Erträge, strenge Auslese und Fortschritte beim Ausbau der Weine erlauben es den Winzern, auch aus bescheidenen Rohstoffen noch etwas Ordentliches herzustellen. Weichere Tannine und eine volle, reife Frucht garantieren den Weinen aus modernen Gütern eine frühere Trinkreife. Der Trend in bestimmten Märkten, Vintage Port nach nur 5 Jahren Reifung zu trinken, ist daher vielleicht nicht mehr so unsinnig, wie es früher der Fall gewesen wäre. Dennoch gilt weiterhin, daß man auf die wunderbar weiche Komplexität eines reifen Portweins 10 oder bisweilen 20–30 Jahre warten muß.

Madeira Jahrgangs-Madeira ist ungefähr 20 Jahre nach der Abfüllung trinkreif, große Exemplare halten nahezu ewig.

Große Jahre ★★★
Vintage Port 1994, 92, 85, 77, 70, 66, 63, 55, 48, 45, 35, 31, 27, 12, 08, 04, 00
Vintage Madeira 1994, 90, 83, 36, 34, 20, 10, 00
Gute Jahre ★★
Vintage Port 1995, 91, 87, 83, 80, 60, 47, 44, 34, 24, 22, 20, 17
Vintage Madeira 1992, 91, 88, 87, 68, 67, 57, 54, 52, 41, 40, 39, 27, 16, 15, 13
Mittelmäßige Jahre ★
Vintage Port 1990, 89, 88, 86, 84, 78, 75, 68, 67, 62, 61, 58, 42
Vintage Madeira 1993, 89, 86, 82, 81, 64, 60, 50, 33, 32
Schlechte Jahre (kein Stern)
Vintage Port 1993, 82, 81, 79, 76, 74, 73, 72, 71, 69, 65, 64

Die einzelnen Portwein-Jahrgänge

1997 (noch nicht deklariert) Nach einem frühen Start war die Wachstumsphase meist kühl und unbeständig. Die Ernte war daher durchschnittlich, aber späte Hitze und Trockenheit ergaben reife, konzentrierte Frucht, die Erwartungen sind hoch.

1996 (noch nicht deklariert) Hohe Erträge und unterschiedliche Meinungen zur Qualität. Optimistisch sind die, die spät lasen.

1995 ★★ Allgemein nicht deklariert (FERRIERA und QUINTA DO NOVAL sind Ausnahmen), was aber vor allem mit dem 1994er zusammenhängt. Einige ausgezeichnete Single-Quinta-Weine aus einem sehr guten Jahr.

1994 ★★★ Ein extrem gutes Jahr, das trotz niedriger Erträge die Jahrgänge 92 und 91 noch übertrifft. Alle führenden Häuser haben deklariert. Einige herausragende Weine haben bereits zu Vergleichen mit alten Klassikern angeregt und sind sehr gefragt.

1992 ★★★ Weniger deklarierte Weine als 1991 (Burmester, FONSECA, NIEPOORT, TAYLOR), doch ist die Qualität sogar noch besser. Viele herausragende Weine, sowohl Jahrgangs- als auch Single-Quinta-Weine.

1991 ★★ Die meisten Häuser brachten einen Vintage, wegen der Rezession allerdings nur in relativ geringen Mengen. Die Qualität ist sehr gut bis hervorragend.

1987 ★★ Vintages nur aus 4 Häusern (FERREIRA, Martinez, NIEPOORT). Eine gute, aber kleine Ernte. Die meisten Firmen zogen es vor, den 85er zu deklarieren. Einige ausgezeichnete Single-Quinta-Weine.

1985 ★★★ Ein ausgezeichneter Jahrgang, der nahezu einstimmig deklariert wurde. Die Weine besitzen eine überwältigende Frucht und gute Struktur.

1983 ★★ Mächtige, kräftige Weine, die mindestens 20 Jahre reifen müssen. Wahrscheinlich werden aber nur wenige ihr Potential auch umsetzen.

1982 Ein Jahrgang, der die Erwartungen nicht erfüllte. Mit Ausnahme von Sandeman sollte man die meisten Portweine schon getrunken haben

1980 ★★ Ein allgemein deklariertes Jahr mit köstlichen, ziemlich trockenen Weinen, die nun erst ihren Höhepunkt erreichen, aber problemlos weitere 5 Jahre überstehen. DOW Gould Campbell und GRAHAM sind die besten.

1977 ★★★ Ein herausragendes Jahr mit kräftigen, würzigen Weinen. Viele sind jetzt trinkreif, ein paar kann man gut ins nächste Jahrtausend hinübernehmen.

1975 ★ Nur die Besten kann man jetzt noch gut trinken, denn dieser Jahrgang versprach in jungen Jahren mehr, als er halten konnte. Viele Weine sind zu leicht, TAYLOR allerdings ist super.

1970 ★★★ Ein wunderbar harmonischer, reifer Jahrgang, der jetzt hervorragend schmeckt, aber auch noch weiter gelagert werden kann.

1966 ★★★ Ein zunächst unterschätzter Jahrgang, der inzwischen aber als Klassiker gilt. Die Weine werden bis zum neuen Jahrtausend den Gipfel erreichen. Sie dürfen Kraft und Gewicht, aber nicht die Eleganz eines 1963ers erwarten

1963 ★★★ Ein klassisches Weinjahr, das beste der letzten Jahrzehnte und nur zu vergleichen mit dem 1945er. Weine von wirklich bemerkenswerter Struktur, überwältigender Finesse und Harmonie, die bereits vorzüglich sind; aber es besteht keine Eile! COCKBURN, DOW, FONSECA, GRAHAM und TAYLOR sind alle über die Maßen gut.

Weitere gute Jahrgänge 1960 war gut und wurde weithin deklariert, die meisten Weine haben ihren Höhepunkt aber bereits überschritten. 55 und 48 waren ebenfalls sehr gute Jahrgänge, obwohl letzterer nur von 9 Häusern deklariert wurde. 1945 war trotz geringer Erträge großartig, 35 war ein guter Jahrgang mit geringen Erträgen. Auch wenn 31 nicht allgemein deklariert wurde, ist das Jahr durch den wunderbaren Quinta do Noval Nacional berühmt. 1927 war ein klassischer, 1912 ein üppiger Jahrgang. Weitere große Jahrgänge waren 1908, 1904 und 1900. Die ältesten Jahrgänge haben ihren Höhepunkt möglicherweise überschritten, können aber immer noch betörend sein.

USA

Kalifornien ist mit vielen hervorragenden Weinen der bei weitem wichtigste Weinproduzent der Vereinigten Staaten. Aber auch aus den Bundesstaaten Washington, Oregon und New York kommen inzwischen ausgezeichnete Rot- und Weißweine.

Klassifikation

Das US-System für Ortsnamen auf Weinetiketten wurde erst in den frühen 1970er Jahren eingeführt und steckt noch in den Kinderschuhen. Die »American Viticultural Area« (AVA, Amerikanische Weinbauregion) entspricht im Ansatz einer Appellation. Sie definiert nur die Grenzen des Anbaugebiets und setzt fest, daß mindestens 85% des Weins aus dieser AVA kommen müssen. Viele der ursprünglichen AVAs waren Täler oder Berghänge, inzwischen konzentriert man sich auf kleinere Regionen rund um Städte und Gemeinden. Führt ein Wein den Namen eines Weinbergs, muß er zu 100% von diesem stammen.

GROSSE ROTWEINE DER USA

Oz Clarkes Auswahl

Cabernet Sauvignon Monte Bello (Ridge)

Cabernet Sauvignon Monte Bello (Ridge) Regelmäßig einer der besten kalifornischen Cabernets, wunderbar tiefgründig und mit sensationeller Frucht.

Syrah Bien Nacido Reserve (Qupé) Aufregend wilder Syrah im klassischen Rhône-Stil, aber runder.

Merlot (Leonetti) Merlot mit üppiger Textur von Washingtons Spitzenerzeuger.

Merlot (Hargrave) Bemerkenswerter Wein von Long Island mit wundervoll runder, doch trockener Frucht und Zedernholzton.

Pinot Noir Selleck Vineyard (Calera) Mein Favorit unter einer Handvoll himbeerduftender Pinots Noirs.

Cabernet Sauvignon (Spottswoode) Beeindruckender Rotwein, der »Napa-Power« mit süßem Cassisaroma und Minzduft vereint.

Cain Five (Cain) Dunkle, aufregende Mischung aus den 5 Bordeaux-Sorten. Mächtige Frucht, dennoch hervorragende Balance für eine lange Lagerung.

Pinot Noir Laurène (Domaine Drouhin) Wunderbar duftender Pinot Noir, der einige Spitzenburgunder von Drouhin übertrifft.

La Provençale (Jade Mountain) Einer der hervorragenden Weine im Rhône-Stil. Hier eine Syrah-Mourvèdre-Cuvée mit dem Aroma von Brom- und Loganbeeren.

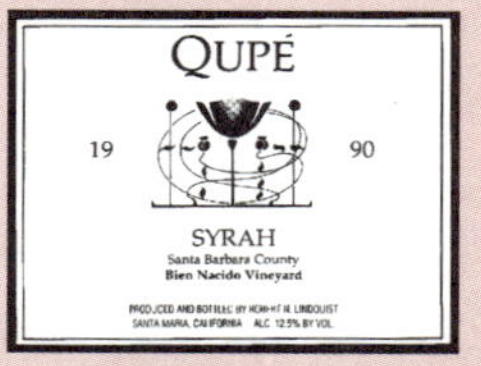

Steven Spurriers Auswahl

Pinot Noir Jensen Vineyard (Calera) Ein Pinot Noir von geringtragenden, auf Kalkboden wachsenden Reben, mit der Tiefe und dem Alterungspotential eines Burgunders.

Cabernet Sauvignon (Diamond Creek) Der große Al Brounstein macht mit unerschütterlichem Engagement Kaliforniens konzentrierteste Cabernets.

Pinot Noir (Domaine Drouhin) Von Véronique Drouhin, Mitglied der Burgunder Weinfamilie, kommt Oregons bester Pinot Noir.

Syrah (Jade Mountain) Dieser großartige Syrah stammt von derselben Lage in Mount Veeder (Paras) wie der Viognier.

Cabernet Sauvignon Reserve (Robert Mondavi) Ein für seine Tiefe und Kraft berühmter Wein, Jahr für Jahr einer der besten Cabernets aus dem Napa Valley.

Opus One Ausgezeichneter Wein aus dem 20jährigen Jointventure des verstorbenen Barons Philippe de Mouton-Rothschild und Mondavi.

Insignia (Joseph Phelps) Exzellente Cuvée aus Cabernet Sauvignon, Merlot und Cabernet Franc, charaktervoll und mit immensem Bukett.

Zinfandel Lytton Springs (Ridge) Der robuste, überaus aromatische Zinfandel stammt von sehr alten, ertragsarmen Reben. Ein kalifornischer Klassiker.

GROSSE WEISSWEINE DER USA

Oz Clarkes Auswahl

Viognier (Calera) Herausragendes Beispiel für eine der weltweit seltensten und anspruchvollsten Trauben. Intensive Aromen von Aprikosen und Orangenschale, Noten von Crème fraîche.

Unfiltered Chardonnay (Newton) Ein echter ungefilterter Chardonnay, üppige Röst- und überbordende Aprikosenaromen.

Talley Vineyard Chardonnay (Au Bon Climat) Runder, nussiger und wundervoll balancierter Chardonnay mit leichten Wildnoten in der Mitte.

Chardonnay (Ridge) Kraftvoller, nahezu wilder Chardonnay, jedoch im Kern wunderbar weich und nussig.

Chardonnay Reserve (Saintsbury) Trotz seines schweren Eichentons behält dieser außergewöhnliche Carneros Chardonnay sein reiches Pfirsicharoma und eine strahlende zitronige Säure.

Chardonnay (Pellegrini) Delikat balancierter Long Island Chardonnay, der kräftige Aprikosenaromen, röstige Eichenholztöne und zarte Säure verbindet.

Steven Spurriers Auswahl

Pinot Blanc (Chalone) Der erste gute Pinot Blanc aus Kalifornien ist heute noch der beste.

Dolce (Far Niente) Höchst aromatischer und üppig süßer Dessertwein.

Dutton Ranch Chardonnay (Kistler) Jeder Chardonnay aus den 4 verschiedenen Lagen von Kistler ist ein Wunder an Frucht, Komplexität und harmonischem Eichenton.

Chardonnay Reserve (Mondavi) Der klassische kalifornische Chardonnay kann mit den besten weißen Burgundern mithalten.

Don Miguel Chardonnay (Torres) Der unlängst angelegte Weinberg liefert einen der elegantesten Chardonnays Kaliforniens.

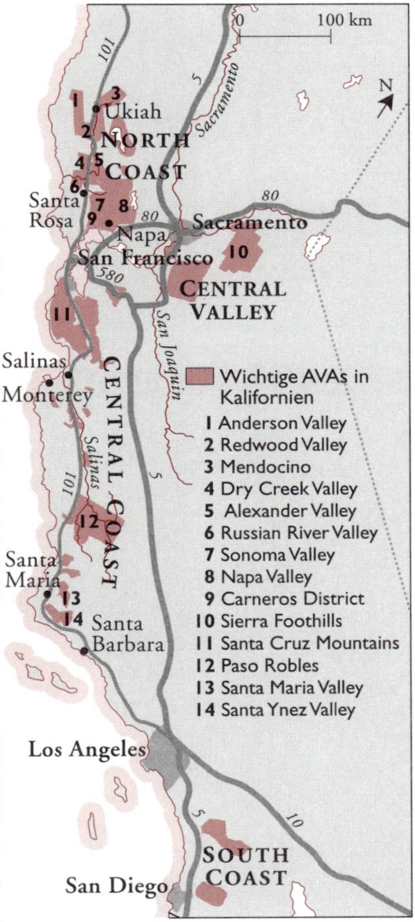

KALIFORNIEN

Die besten Weinbaubereiche Kaliforniens sind in mehreren küstennahen Tälern nördlich und südlich von San Francisco zu finden. Sonnenschein im Überfluß wird hier durch tagesperiodische Nebel und kühle Winde vom Meer gemildert, was ein langsames Heranreifen der Trauben ermöglicht. In den Bergregionen sorgen Exposition und Höhenlage für eine Temperierung.

Weintypen

Mit kleinen handwerklichen Betrieben als Pionieren war das Napa Valley schon früh die führende Region, aber da auch anderswo qualitätsbewußte Winzer ihre Rebsorten dem jeweiligen Mesoklima anpaßten, hat die Auswahl an guten kalifornischen Weinen zugenommen. Ist Napas Stärke noch immer der Cabernet Sauvignon, bewiesen das Sonoma County und andere Küstentäler mit Chardonnay und weiteren Edelrebsorten ähnliche Qualität. Selbstbewußt und fruchtbetont gaben die kalifornischen Weine noch vor kurzem vor allem der Rebsorte Ausdruck, mittlerweile versucht man, der Lage gerecht zu werden. Mit einer Palette unterschiedlicher Lagen – an Hängen oder entlang der Flußufer – bietet das Napa Valley Cabernets, Chardonnays und Merlots von fein und geschmeidig bis hin zu rustikal und konzentriert, während das Sonoma County gute Cabernets, Merlots und Zinfandels liefert. Gegenwärtig konkurrieren das Russin River Valley und Carneros mit Napa nicht nur um die Spitze beim Chardonnay, sondern festigen auch ihren Vorrang bei gehaltvollen, samtigen Pinots Noirs. Begeisterung ruft auch der Chardonnay aus Santa Barbara und dem Monterey County hervor.

KALIFORNISCHE REBSORTEN UND WEINE

Bordeaux-Cuvées (*red meritage*)

Typischerweise aus Cabernet Sauvignon, Merlot, Cabernet Franc und einem Schuß Malbec gemacht und oft in den besten, ganz neuen Eichenfässern gereift. Im allgemeinen sehr kraftvoll und fruchtbetont, mit üppigem Extrakt und einem Alterungspotential von 10 Jahren und mehr.

Cabernet Sauvignon

Die Aromapalette von Kaliforniens bestem Wein reicht von roten Früchten (Pflaumen, Kirschen) bis zu Kräutern, Gewürzen und Blüten. In der Regel kräftig und mundfüllend, können Cabernets aus ertragsarmen Lagen sehr konzentriert und alkoholisch sein, bei kühleren Bedingungen geschmeidiger und weicher im Tannin. Die besten können ein Jahrzehnt und länger gelagert werden.

Chardonnay

Chardonnay, der mittlerweile in größeren Mengen verkauft wird als Weißer Zinfandel, ist heute weit überwiegend nur ein einfacher Weißwein. Die Ausnahmen sind jedoch noch immer Weltklasse. Kalifornische Chardonnays sind fast immer füllig und fruchtbetont (reife Äpfel, Pfirsiche und Birnen), aber es gibt auch einige mit der exotischen Mischung tropischer Früchte. Da die meisten Spitzenweine in kleinen Fässern ausgebaut werden und mehrere Monate *sur lie* reifen, nehmen gute Chardonnays gerne röstige Getreidearomen und eine buttrige, weiche Textur an.

Gewürztraminer

Hier wurde alles ausprobiert, von der Faßgärung bis zur Spätlese. Heute kommen die Spitzenexemplare aus kühlen oder ertragsarmen Lagen. Die Weine sind sind trocken ausgebaut, die besten besitzen ein exotisches Aroma orientalischer Gewürze und Blumen.

Merlot

Wegen seines weichen, blumigen Charakters wurde der Merlot rasch zu einem Wein für jeden Tag. Einige Winzer erzeugen aber auch ernsthafte Weine. Die besten kommen meist von der Nordküste und verfügen über eine mundfüllende Textur sowie dichte Aromen von Gewürzen, Pflaumen und Schwarzkirschen. Hervorragende Merlots sind facettenreich und vielschichtig. Sie können jung getrunken werden, gewinnen aber in 3–5 Jahren Flaschenreifung noch hinzu. Schlechte Varianten sind fade oder zu krautig.

Pinot Noir

Pinot Noir wird v. a. in kühleren Gegenden angebaut. Die Palette reicht von nicht in Holz ausgebauten Weinen bis zu solchen, deren Eichenröstton und dichter, reifer Charakter sich am Burgunder orientiert. Die besten Weine kommen aus Carneros, Russian River und Santa Maria Valley.

Rhône-Cuvées

Man experimentiert mit verschiedenen Kombinationen aus Syrah, Grenache und Mourvèdre mit sehr interessanten Ergebnissen. Die Weine zeigen in der Regel mittleren Körper und sollten früh getrunken werden.

Sangiovese

Die Stilpalette ist sehr umfangreich, da die Rebsorte für die Winzer noch neu ist und zudem verschiedene Klone verwendet werden. Einige Winzer schwören auf 100% Sangiovese, andere halten eine Unterstützung durch Cabernet Sauvignon, Syrah oder sogar Zinfandel für notwendig. Reinsortiger Sangiovese verfügt über ein stromlinienförmiges, strahlendes Beeren-und-Kirsch-Aroma, würzige Noten und einen rassig-herben Abgang. Durch intelligenten Verschnitt fülliger gemacht, wird er zu einem eleganten Wein mit der Tiefe eines Supertoskaners.

Sauvignon Blanc/Fumé Blanc

Durch den Entschluß der Winzer, den krautigen, grasigen Charakter zugunsten von mehr Frucht (Melone und Birne) und würzig-blumigem Aroma zu verlassen, wurde Sauvignon Blanc zur Edelrebsorte. Allerdings zeigen die guten Weine durch zunehmenden Gebrauch von Eichenfässern immer weniger Sortencharakter. Seriöse Hersteller gehen dazu über, Sauvignon im Faß zu vergären und einen Schuß Sémillon oder Viognier beizugeben, um den Wein aromatischer und runder zu machen.

Die Bezeichnung Fumé Blanc bezeichnet die in Eiche ausgebauten Weine.

Schaumweine

Kalifornischer Schaumwein ist schon lange kein sprudelnder Fruchtsaft mehr. Mehrere Champagnerhäuser haben in Kalifornien eine Dépendance. Die auf Chardonnay und Pinot Noir basierenden Spitzenexemplare sind ein Hochgenuß.

Syrah

Nach zähem Start in Kalifornien holt die Syrah rasch auf. Sie hat das Potential für äußerst kraftvolle Weine mit gewaltigen Aromen. Trauben aus kühlen Küstenlagen entwickeln ein Aroma von Himbeeren und Blaubeeren mit einem leichten Lakritzton. In warmen Gegenden zeigt die Sorte vielschichtige Gewürz- und Pfeffertöne und Spuren von Rauchfleisch, Leder und Wild.

Viognier

Eine weitere neue Rebsorte an der Westküste, deren Stil noch stark variiert. Die populären Weine setzen auf eine massive, an Obstsalat erinnernde Fruchtigkeit, die seriösen Varianten verfügen über ein Aprikosen- und Pfirsicharoma, gepaart mit dem zarten, wundervollen Duft von Wiesenblumen.

Zinfandel

Zinfandel verbesserte sich gewaltig, nachdem die Winzer sie als Edelrebsorte zu behandelten. Normalerweise in amerikanischer Eiche oder in einer Kombination aus amerikanischen und französischen Fässern gereift, reicht die Palette der Zinfandel von überaus fruchtbetonten Weinen mit jeder Menge Brombeer- und Erdbeeraroma bis hin zu stromlinienförmigen, beerig-würzigen Weinen mit leichter Pfeffernote. Nach 5 und mehr Jahren Reifung können Zinfandels den Stil eines Bordeaux entwickeln.

KALIFORNISCHE WEINREGIONEN VON A BIS Z

ALEXANDER VALLEY AVA

Ein weites, üppiges Tal im Landesinneren, wärmer als seine Nachbarn im Sonoma County, mit Hanglagen und Uferterrassen, auf denen erstklassiger Cabernet Sauvignon, Merlot und Chardonnay wachsen. Die erwarteten Erfolge mit Zinfandel erzielte man in den warmen Talsohlen und den alten Weingärten am Flußufer. Trotz allgemeiner Tendenz zu Fülle und hohem Alkoholgehalt sind Weine wie die Cabernets samtig, rund und mundfüllend. Die Chardonnays verfügen immer über genügend Frucht, um die Kraft auszubalancieren. Dazu kommen einige außergewöhnliche, großartige Sauvignons Blancs.

Beste Erzeuger Chateau Souverain, Clos du Bois, Estancia, Field Stone, GALLO SONOMA, GEYSER PEAK, JORDAN, Murphy Goode, SILVER OAK, SIMI, STONESTREET.

Gute Jahrgänge 🍷 1997, 95, 94, 91, 90; 🍸 1996, 95, 94, 92

ANDERSON VALLEY AVA

Der Großteil der Anbauflächen liegt im kühlen Westteil, und so ist das Anderson Valley im Mendocino County bekannt für Pinot Noir, Schaumwein und Gewürztraminer. Auch Chardonnay erzielt gute Ergebnisse, ist aber unbeständig. Auf den Höhen einiger Hügelketten wächst in über einhundert Jahre Rebgärten Zinfandel, der einen dichten, exotischen Wein liefert, sowie Cabernet Sauvignon. Auch einige Schaumweine der Spitzenklasse (ROEDERER, Handley, Scharffenberger) sind hier zu Hause.

Beste Erzeuger Edmeades, Greenwood Ridge, Handley, Lazy Creek, Navarro, ROEDERER, Scharffenberger

Gute Jahrgänge 🍷 1997, 95, 94, 92; 🍸 1997, 95, 94, 93; Schaumwein 92, 91, 89

CARNEROS DISTRICT AVA

Carneros, am Nordufer der San Francisco Bay gelegen und von der natürlichen Kühlung im Sommer profitierend, umfaßt Teile von Napa und Sonoma County. Es ist eines der besten Anbaugebiete Kaliforniens mit kühlem Klima und hervorragend für Chardonnay und Pinot Noir geeignet, wobei Pinot Noir mehr regionalen Charakter zeigt – intensives Schwarzkirscharoma und fleischige, saftige Struktur; Chardonnay erwies sich als sehr langlebig.

Carneros nimmt auch in der Schaumweinherstellung eine führende Rolle in Kalifornien ein. In wärmeren Lagen wurden in den 1990er Jahren Merlot und Syrah neu angepflanzt.

Beste Erzeuger ACACIA, BEAULIEU, Buena Vista, CARNEROS CREEK, ETUDE, Havens, KISTLER (Chardonnay), Robert MONDAVI (Chardonnay, Pinot Noir), PINE RIDGE, SAINTSBURY, Truchard, ZD

Gute Jahrgänge 🍷 1997, 96, 95, 94, 92, 91, 90; 🍸 1997, 96, 95, 94, 92

DRY CREEK VALLEY AVA

Das unmittelbar westlich des Alexander Valley gelegene Tal ist echtes Zinfandel-Land; diese Traube zeigt hier ihren klassisch beerigen, würzig-pfeffrigen Charakter. Die nach Zinfandel inzwischen weit weniger angebaute Sauvignon Blanc liefert hier immer noch beeindruckende Weine mit deutlichem, aber genügend mildem Kräuterton und lebhaften Aromen. Cabernet Sauvignon und Merlot machen rasch Fortschritte, ein paar Betriebe befinden sich mit der Syrah auf bestem Wege.

Beste Erzeuger DRY CREEK VINEYARDS, FERRARI CARANO, GALLO SONOMA, Lambert Bridge, Meeker, NALLE, Pezzi King, Preston, QUIVIRA, RAFANELLI, Michel Schlumberger

Gute Jahrgänge 🍷 1997, 95, 94, 92; 🍸 1997, 95, 94, 93

HOWELL MOUNTAIN AVA

Howell Mountain liegt über der Nebel- und Frostgrenze und wurde praktisch zu einem Synonym für Weine aus Berglagen, was bedeutet: markant, ungezügelt und langsam reifend. Die Winzer haben jedoch gelernt, den Berg zu zähmen und die Tannine weicher zu machen, ohne die regionale Individualität zu opfern. Die jüngsten Cabernets, Merlots und Zinfandels sind so gut wie noch nie. Die besten brauchen immer noch Zeit und sind nach 5–10 Jahren auf dem Höhepunkt. Chardonnay und Viognier sind die bedeutenden Weißweine.

Beste Erzeuger BERINGER (Merlot), Chateau Woltner, Robert Craig, DUCKHORN, DUNN, La Jota, Lamborn Family, Liparita, PINE RIDGE, ST CLEMENT, VIADER

Gute Jahrgänge 🍷 1995, 94, 93, 92, 91, 90, 89, 87, 86; 🍸 1997, 95, 94, 92

MENDOCINO AVA

Die Mendocino AVA ist sehr gebräuchlich, sei es, weil kleinere Teilgebiete nicht anerkannt sind, oder weil der Wein aus mehr als einer Anbauregion im Mendocino County hergestellt wurde. Es ist durchaus üblich, daß die Hersteller Weine aus dem kühlen Anderson Valley mit solchen aus wärmeren Regionen im Landesinneren verschneiden, um eine größere Balance zu erreichen.

Beste Erzeuger Fetter, Husch, Jepson, Navarro, Parducci

Gute Jahrgänge 🍷 1996, 95, 94; 🍸 1997, 95, 94

MONTEREY AVA

Monterey, das größte Anbaugebiet der Central Coast, erfährt im Norden durch starke Winde Kühlung und wird nach Süden hin milder und wärmer. Chardonnay führt die Spitzenweine an, von einigen Herstellern kommen auch durchaus beeindruckende Pinots Blancs und Pinots Noirs. Einige kleine Subregionen wie Arroyo Seco, Santa Lucia Highlands und Chalone fallen ebenfalls unter die Monterey AVA.

Beste Erzeuger Bernardus (Chardonnay), CHALONE, Estancia, Lockwood, Mer & Soleil, Morgan, Talbott

Gute Jahrgänge 🍷 1997, 95, 94, 92; 🍸 1997, 95, 94, 93

MOUNT VEEDER AVA

Das rauhe Hügelland, das das Napa Valley im Westen begrenzt, scheint nach einigem Hin und Her mit Rotwein seine Bestimmung gefunden zu haben. Cabernet und Zinfandel haben eine lange und beeindruckende Geschichte, einige der langlebigsten kalifornischen Cabernets (Mayacamas, HESS COLLECTION, MOUNT VEEDER) stammen von hier. Auch Merlot wird angebaut, und man experimentiert im Augenblick ein wenig mit Syrah.

Beste Erzeuger Chateau Potelle, HESS COLLECTION, JADE MOUNTAIN, Mount Veeder

Gute Jahrgänge 🍷 1997, 95, 94, 92, 91, 87, 85, 84; 🍸 1997, 95, 94, 93

WEINE VON ALTEN REBEN

Viele Weinberge Kaliforniens wurden in der Zeit zwischen der ersten Reblausepidemie (1890) und dem Beginn der Prohibition (1920) angelegt. Zinfandel und andere Rotweinreben wurden auf resistente Wurzelstöcke aufgepfropft, nicht bewässert und im Kopfschnitt (Gobelet) erzogen. Eine Reihe dieser Rebstöcke sind an die 100 Jahre alt, manche sogar noch älter. Nachdem die Erzeuger die besonderen Eigenschaften dieser alten Reben erkannt hatten, begannen sie, sie individuell abzufüllen. So entstand in den 1990er Jahren die neue Weinkategorie »Old Vines« (Alte Reben) mit Dutzenden von Weinbergen in der North Coast, den Sierra Foothills, in Paso Robles und anderen Bereichen, die bei den Weinmachern sehr gefragt waren. Ob Zinfandel oder Petite Syrah, Old-Vine-Weine besitzen Körperreichtum, viel Alkohol, konzentrierte Aromen und eine samtweiche Textur, Ergebnis des Alters und niedriger Erträge.

NAPA VALLEY AVA

Mit gegenwärtig über 200 Erzeugern bleibt Napa Valley nach wie vor die bevorzugte Weinregion. Im Westen von den Mayacamas Mountains, im Osten durch die Coast Range geschützt, besitzt Napa Valley 14200 ha Rebfläche und ist führend im Anbau von Cabernet Sauvignon, Chardonnay, Merlot und Pinot Noir. Hart getroffen von der Reblausepidemie, hat man hier seit 1989 nahezu die Hälfte der Rebflächen neu bestockt und zugleich Sorten und Lagen besser aufeinander abgestimmt. Auch die Methoden im Weinbau – dichte Reihen, verschiedene Klone und Wurzelunterlagen sowie Drahtrahmenerziehung, um mehr Sonne zu bekommen und die Luftzirkulation zu verbessern – sind neu.

Napa Valley umfaßt viele wichtige Subregionen: Carneros District, Diamond Mountain, St Helena, Howell Mountain, Mount Veeder, Oakville, Rutherford, Spring Mountain und Stags Leap District.

Beste Erzeuger ATLAS PEAK, ARAUJO, BEAULIEU, BERINGER, Burgess, CAFARO, CAKEBREAD, CAYMUS, CAIN, CAYMUS, CHAPPELLET, CHATEAU MONTELENA, CLOS PEGASE, COLGIN, DALLA VALLE, DIAMOND CREEK, DOMINUS, DUCKHORN, ETUDE WINES, FAR NIENTE, FLORA SPRINGS, FORMAN, Frogs Leap, GRACE FAMILY, GRGICH HILLS, HEITZ, HESS COLLECTION, Charles Krug, LEWIS CELLARS, Markham, Mayacamas, MERRYVALE, MONDAVI, Mumm Napa Valley, NEWTON, PAHLMEYER, PARADIGM, Joseph PHELPS, ST CLEMENT, St Supery, SCHRAMSBERG, SILVER OAK, SILVERADO, Spottswoode, STERLING, Stony Hill, SWANSON, Trefethen, TURLEY, Whitehall Lane, ZD

Gute Jahrgänge 🍷 1997, 96, 95, 94, 92, 91, 90, 87, 86, 85, 84; 🍷 1997, 95, 94, 92, 90

OAKVILLE AVA

Ähnlich wie die Nachbarregion Rutherford zeigt Oakville eine gewisse Vorliebe für Cabernet, anders als in Rutherford müssen die

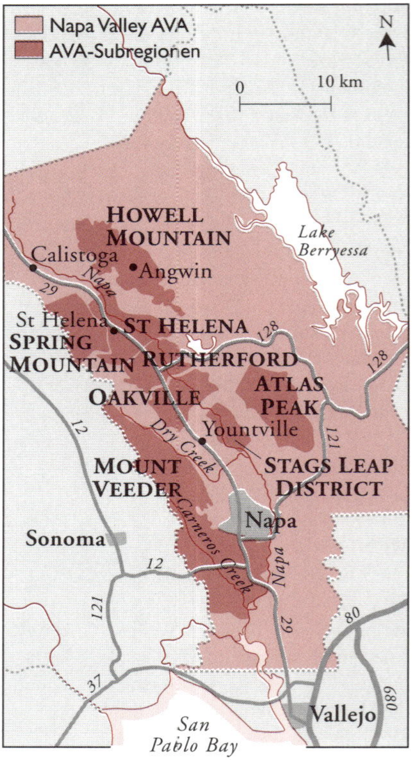

Weine hier ihre eigene Persönlichkeit aber erst noch entwickeln. Selbst die berühmtesten Lagen wie Martha (HEITZ), MONDAVIS To-Kalon und OPUS ONE bieten keinen gemeinsamen Nenner außer dem des hochwertigen, langlebigen Cabernet.

Beste Erzeuger FAR NIENTE, GROTH, HARLAN ESTATE, HEITZ, MONDAVI, OPUS ONE, PARADIGM, SCREAMING EAGLE

Gute Jahrgänge 🍷 1996, 95, 94, 93, 92, 91, 90, 87, 86, 85, 84, 81, 78

PASO ROBLES AVA

Dank beeindruckender Rotweine wie Zinfandel, Cabernet und Syrah ist dieses traditionelle Anbaugebiet wieder im Kommen.

Paso Roble liefert Trauben mit intensiven Aromen, die heute durch umsichtige Anbaumethoden gesteuert werden. Einige neue Weingüter, u. a. im Besitz von Ch. BEAUCASTEL aus Châteauneuf-du-Pape, sehen für die Syrah eine große Zukunft.

Beste Erzeuger Adelaida, Eberle, Justin, Meridian, Tobin James, WILD HORSE

Gute Jahrgänge 🍷 1996, 95, 94, 92; 🍸 1997, 95, 94, 93

REDWOOD VALLEY CALIFORNIA AVA

Dieses Anbaugebiet in Mendocino steckt in einer Übergangsphase, da hier erzeugte Trauben verstärkt in der Region bleiben und von den ansässigen Betrieben verarbeitet werden. Redwood Valley war lange Zeit für Zinfandel bekannt, der in den alten, nicht bewässerten Weinbergen wuchs. Heute scheint die Region auch für Syrah und Sangiovese erfolgversprechend.

Beste Erzeuger Fetzer Vineyards, Fife, Gabrielli, Hidden Cellars

Gute Jahrgänge 🍷 1997, 95, 94, 92; 🍸 1997, 95, 94, 93

RUSSIAN RIVER VALLEY AVA

Die wohl beste Anbauregion für Pinot Noir: Das kühle Klima liegt im Grenzbereich, die Rebstöcke kämpfen gegen Wind und Nebel. Die Weine zeigen ein tiefes Schwarzkirscharoma und einen vollen, weichen, erdigen Geschmack. Russian River Valley liefert aber auch hervorragenden, sehr konzentrierten Chardonnay und besitzt außerdem Dutzende kleiner Rebflächen, die an einige der besten alten Anbauflächen für Zinfandel in der North Coast angrenzen.

Beste Erzeuger DEHLINGER, FARRELL, IRON HORSE, KISTLER, ROCHIOLI, Rutz, Sonoma-Cutrer, Marimar TORRES, WILLIAMS SELYEM

GUTE JAHRGÄNGE 1995, 94, 91, 90, 85

RUTHERFORD AVA

Eine neue AVA für eine Region mit langer Tradition für guten Cabernet Sauvignon, der hier eine Kombination aus dunkler, reifer Frucht und einem als »Rutherford dust« bekannten, leicht tanninigem Charakter zeigt. Einige der besten Lagen Kaliforniens (Bosche, Bella Oaks) sind hier zu finden.

Beste Erzeuger BEAULIEU, CAKEBREAD, FLORA SPRINGS, Freemark Abbey (Bosche), HEITZ (Bella Oaks), NIEBAUM COPPOLA

Gute Jahrgänge 🍷 1997, 95, 94, 92, 90, 87, 86, 85, 84, 81, 78, 75, 71, 70, 69, 68

SANTA CRUZ MOUNTAINS AVA

Die südlich der San Francisco Bay gelegene Appellation umfaßt eine bescheidene Anzahl von Anbauflächen und mehrere hartnäckige, revolutionäre Winzer. Je nach Höhe, Exposition und Anbautechniken ist man mit einer ganzen Reihe von Weintypen erfolgreich. Die Weine aus Santa Cruz, ob Pinot Noir oder Cabernet Sauvignon, besitzen die Konzentration und Kraft, die man bei Weinen aus Berglagen erwartet.

Beste Erzeuger BONNY DOON, David BRUCE, Cinnabar, Cronin, MOUNT EDEN, RIDGE

Gute Jahrgänge 🍷 1997, 95, 94, 92, 90; 🍸 1997, 95, 94, 93

SANTA MARIA VALLEY AVA

Santa Maria ist das einzige kalifornische Weintal mit Ost-West-Ausrichtung und hat sich als besonderer Ort für Pinot Noir und Chardonnay erwiesen. Da nahezu alle guten Pinots aus dem gut 280 ha großen Bien Nacido Vineyard stammen, zeigen alle Pinots aus Santa Maria Valley ein Schwarzkirscharoma mit Spuren von Holz und Wild als ihr Markenzeichen. Mit der ständigen Ausweitung der Rebflächen entstanden etwas wärmere Lagen für Syrah und andere Rebsorten aus dem Rhône-Tal, die nun gute Ergebnisse erzielen.

Beste Erzeuger AU BON CLIMAT, BYRON, Foxen, Lane Tanner, QUPÉ

Gute Jahrgänge 🍷 1997, 95, 94, 92; 🍸 1997, 95, 94, 93

SANTA YNEZ VALLEY AVA

Santa Ynez, der wärmere Teil des Santa Barbara County, eignet sich hervorragend für Cabernet Franc, Sauvignon Blanc und Syrah, aber auch für Pinot Noir und Chardonnay. Kräftiger als ihre Nachbarn aus dem Santa Maria Valley altern die Chardonnays von Santa Ynez recht gut.

Beste Erzeuger BABCOCK, Firestone, SANFORD

GUTE JAHRGÄNGE PINot Noir: 1997, 95, 94, 92, 90; 🥂 1997, 95, 94, 93

SIERRA FOOTHILLS AVA

Südlich von Sacramento liegt das alte Goldminengebiet mit den Counties Amador, El Dorado und Calaveras. Die Winzer von Amador haben eine lange Tradition mit Zinfandel, der häufig sehr rustikal ausgebaut wurde; heute hat man durch die Arbeit mit Barbera, Sangiovese und Syrah an Fingerspitzengefühl hinzugewonnen. El Dorado ist mit seinen extrem hoch gelegenen Weinbergen vielseitiger, es besitzt ein großes Potential für die typischen Rhône-Sorten Syrah, Viognier und Roussanne.

Beste Erzeuger Boeger, Lava Cap, Montevina, Shenandoah Vineyards, Sierra Vista, Terre Rouge

Gute Jahrgänge 🍷 1997, 96, 95, 94, 91; 🥂 1997, 95, 94, 93

SONOMA COUNTY

Sonoma County, das größer ist als Napa, hat seine Anbauflächen auf 14175 ha vergrößert und ist immer noch nicht an seiner Grenze. Die wichtigsten Subregionen sind Alexander Valley, Carneros District, Dry Creek Valley, Green Valley, Sonoma Mountain, Sonoma Valley und Sonoma Coast. Da viele Erzeuger in mehreren dieser Regionen Anbauflächen besitzen, etikettieren sie häufig mit Sonoma County. Auch wenn er nicht präzise definiert ist und keinen AVA-Status besitzt, findet man diesen Namen auf zahlreichen Qualitätsweinen.

Gute Jahrgänge 🍷 1997, 95, 94, 92; 🥂 1997, 95, 94, 93

SONOMA MOUNTAIN AVA

Sonoma Mountain, Teil der Sonoma Valley AVA, umfaßt die westlich der Stadt Glen Ellen liegenden Berghänge. Es gehört zu den ersten AVA-Berglagen und vereinigt die nach Osten und Westen gehenden Hanglagen oberhalb der Nebelgrenze, die einen einheitlichen Boden besitzen. Das Gebiet zeichnet

sich durch ausgeglichene Temperaturen während der Wachstumsphase aus und besitzt das ideale Klima für Sorten wie Cabernet Sauvignon und Zinfandel, die warme Tage und kühle Nächte lieben.
Beste Erzeuger Benziger Family Winery, CARMENET, Paul Hobbs (Dinner Vineyard), LAUREL GLEN, Louis Martini, RAVENSWOOD (Pickberry)
Gute Jahrgänge 🍷 1996, 95, 94, 92, 91, 88, 87, 85

SONOMA VALLEY AVA

Auf der »Rückseite« von Napa gelegen, ist dieses Tal das verkleinertes Abbild von Napa Valley. Am kühleren südlichen Zipfel von Carneros und rund um Sonoma findet man Chardonnay und Pinot Noir. In den etwas weiter nördlich gelegenen Hang- und Hügellagen werden Cabernet und Zinfandel angebaut, mit vielen alten, noch gut erhaltenen Zinfandel-Rebflächen.
Beste Erzeuger ARROWOOD, CARMENET, CHATEAU ST JEAN, HANZELL, Kunde, LAUREL GLEN, MATANZAS CREEK, RAVENSWOOD, ST FRANCIS
Gute Jahrgänge 🍷 1997, 95, 94, 92, 90, 87, 85, 84; 🥂 1997, 95, 94, 93

SPRING MOUNTAIN DISTRICT AVA

Diese historische Region im westlichen Hügelland befindet sich nach Berg- und Talfahrten wieder im Aufwind. Ihre Rebflächen liegen geschützt in unterschiedlichen Höhen und sind sehr unterschiedlich exponiert, so daß eine ganze Palette von Rebsorten hier wachsen kann. Cabernet Sauvignon und Meritage-Verschnitte zeigen bei weitem die beständigsten Erfolge, aber auch Sauvignon Blanc, Viognier, Riesling, Chardonnay und Gewürztraminer sind recht gut.
Beste Erzeuger Barnett, CAIN, NEWTON, Pride Mountain, Spring Mountain Winery, Stony Hill
Gute Jahrgänge 🍷 1995, 94, 92; 🥂 1996, 95, 94

STAGS LEAP DISTRICT AVA

Der kleine Bezirk im südöstlichen Napa Valley besitzt roten Boden und ist bekannt für geschmeidige, elegante Rotweine, besonders Cabernet Sauvignon und Merlot. Er ist eine der bedeutenderen AVAs in Kalifornien mit einer längeren Wachstumsperiode als im unmittelbar westlich davon gelegenen eigentlichen Napa Valley. Die Rotweine besitzen gut eingebundene, weiche Tannine und altern überraschend gut. Das neue Interesse für Sangiovese zeigt schon erfreuliche Resultate.
Beste Erzeuger ANDERSON, CHIMNEY ROCK, CLOS DU VAL, PINE RIDGE, SHAFER, SILVERADO, STAG'S LEAP WINE CELLARS, Stags' Leap Winery
Gute Jahrgänge 🍷 1997, 95, 94, 92, 91, 90, 88, 87, 86, 85, 84, 81; 🥂 1997, 95, 94, 93

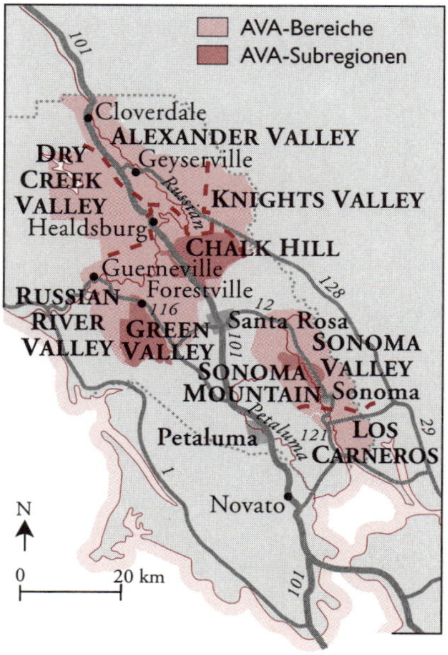

KALIFORNISCHE ERZEUGER VON A BIS Z

ACACIA, Carneros AVA 707 226 999/226 1685

Acacia gehörte zu den ersten, die mit Pinots Noirs und Chardonnays aus bestimmten Lagen von Carneros experimentierten. Inzwischen Teil der CHALONE-Gruppe, beschränkt man sich auf die Lagenweine St Clair Vineyard Pinot und Beckstoffer Vineyard Pinot, aber die Reserve-Weine sind nun absolut erstklassig.

Beste Weine ★★★ Pinot Noir Reserve 🍷, ★★ Chardonnay Reserve 🍸, ★ Pinot Noir Carneros 🍷 **Gute Jahrgänge** 🍷 1996, 95, 94, 93, 91, 90; 🍸 1997, 95, 94, 93, 92

S. ANDERSON VINEYARD, Stags Leap District AVA 707 944 8642/944 8020

Die Familie Anderson produziert inzwischen hervorragende Schaumweine und begrenzten Mengen von hochwertigen Sortenweinen. Die Trauben für die Schaumweine, darunter ein betörender Blanc de Noirs, stammen aus dem Familiengut in Carneros. Der Chardonnay kommt aus der Lage Stag's Leap.

Beste Weine ★★ Blanc de Noirs (Schaumwein) 🍸, Cabernet Sauvignon 🍷, ★ Brut (Schaumwein) 🍸, Cabernet Sauvignon 🍷, Chardonnay 🍸

Gute Jahrgänge 🍷 1995, 94, 92, 91, 90; 🍸 1995, 94, 92, 91, 90; Schaumwein 93, 92, 91

ARAUJO ESTATE, Napa Valley AVA 707 942 6061/942 6471

Seit Tony Soter von Etude die Produktion leitet, sind die Cabernets Sauvignons von Araujo Estate sehr gefragt. Der Betrieb hat außerdem einen hervorragenden, mit einem Schuß Viognier verschnittenen Sauvignon Blanc und Syrah ins Programm aufgenommen.

Beste Weine ★★ Cabernet Sauvignon 🍷, ★ Sauvignon Blanc 🍸

Gute Jahrgänge 🍷 1995, 94, 92, 91, 90; 🍸 1996, 95, 94, 93, 92

ARROWOOD VINEYARDS & WINERY, Sonoma Valley AVA 707 938 5170/938 5195

Die Cabernets und Merlots von Dick Arrowood waren bereits sensationell, und seit er für den Chardonnay Trauben aus Carneros verwendet, sind sowohl der Sonoma County Chardonnay als auch der Reserve Chardonnay von hoher Qualität. Auch Viognier, Pinot Blanc und Syrah von Saralee's Vineyard im Russian River Valley sind recht ordentlich.

Beste Weine ★★ Cabernet Sauvignon 🍷, Chardonnay 🍸, Merlot 🍷, ★ Viognier 🍸, Pinot Blanc 🍸 **Gute Jahrgänge** 🍷 1995, 94, 92, 91, 90, 87; 🍸 1997, 95, 94, 93, 92

ATLAS PEAK VINEYARDS, Atlas Peak AVA 707 252 7971/252 7974

Nach einigen Jahren der Unklarheit hat Atlas Peak, nach der Übernahme durch Antinori aus Italien, zu seinem Kurs zurückgefunden. Seine hügeligen Reblagen sind zugleich die größte Anbaufläche für Sangiovese in Kalifornien. Man bringt 3 Arten Sangiovese auf den Markt: einen normalen reinsortigen, eine Reserve-Abfüllung sowie den Concenso, einen mit Sangiovese verschnittenen Cabernet Sauvignon.

Beste Weine ★★ Sangiovese Reserve 🍷, ★ Sangiovese 🍷, Consenso 🍷

Gute Jahrgänge 🍷 1995, 94, 92, 91; 🍸 1997, 96, 94

AU BON CLIMAT, Santa Maria Valley AVA 805 688 8630/937 2539

Der als ABC bekannte wegweisende Betrieb wird von dem überaus fähigen Jim Clendenen geführt, der viel Zeit in den Weinkellern Burgunds und des Piemont verbringt. Gehaltvolle, kompakte Chardonnays und intensive Pinot Noirs sind die Spitzenweine. Für die vom Bordeaux inspirierten Weine benutzt Clendenen das Etikett Vita Nova, die zahlreichen, nicht selten betörenden italienischen Sorten sind mit Il Podere dell'Olivos etikettiert.

Beste Weine ★★★ Pinot Noir Sanford & Benedict Vineyard 🍷, ★★ Chardonnay 🍸, Chardonnay Le Bouge d'à Côté 🍸, Chardonnay Talley Vineyard 🍸, Pinot Noir La Bauge au Dessus 🍷 **Gute Jahrgänge** 🍷 1996, 95, 94, 92, 91, 90; 🍸 1997, 95, 94, 93, 92

BABCOCK VINEYARDS, Santa Ynez Valley AVA **805 736 1455/736 3886**

Phantastische Weine kommen aus diesem unprätentiösen Betrieb. Bryan Babcocks Weine Chardonnay Grande Cuvée und Eleven Oaks Sauvignon Blanc sind sehr direkt. Der Pinot Noir zeigt sich etwas leichter, bleibt aber dennoch relativ intensiv. Als Anhänger des Burgunder-Stils kann Babcock auch mit anderen Weinen gut umgehen.

Beste Weine ★★ Chardonnay Grande Cuvée 🍸, Sauvignon Blanc Eleven Oaks 🍸, ★ Riesling Dry 🍸, Pinot Noir Santa Barbara 🍷

Gute Jahrgänge 🍷 1995, 94, 92, 91, 90; 🍸 1997, 95, 94, 93, 92

BEAULIEU, Napa Valley AVA **707 967 5200/967 9149**

Der verstorbene André Tchelistcheff, der von den 1930ern bis in die frühen 1970er Jahre als Weinmacher tätig war, kreierte das Vorbild für den Cabernet Sauvignon des Napa Valley überhaupt und aus der Region Rutherford-Oakville im besonderen. Nachdem er weggegangen war, um als vielbeschäftigter Berater Karriere zu machen, erlitt Beaulieu Fehlschläge und zehrte von seinem guten Ruf, bis Tchelistcheff Anfang der 1990er zurückkehrte. Das Aushängeschild, der Private Reserve Cabernet, hat sein hohes Niveau wieder erreicht, auch mit den anderen Weinen kann man wieder zufrieden sein.

Beste Weine ★★ Cabernet Sauvignon Private Reserve 🍷, ★ Chardonnay Carneros Reserve 🍸, Pinot Noir Carneros Reserve 🍷, Tapestry 🍷

Gute Jahrgänge Private Reserve Cabernet: 1994, 92, 91, 90, 87, 85, 81, 78, 74, 71, 70, 69, 68; 🍷 1996, 95, 94, 92, 91; 🍸 1997, 95, 94, 92, 90

BERINGER VINEYARDS, Napa Valley AVA **707 963 7115/963 5054**

Auch wenn Beringer nur den Private Reserve Cabernet Sauvignon im Programm hätte, würde man immer noch zu den Spitzenerzeugern zählen. Die Reserve Cabernets, eine Cuvée aus 4–5 hervorragenden Reblagen, erwiesen sich sowohl jung als auch nach 10 und mehr Jahren als einige der besten. Beringer bietet mit seinen großen Rebflächen noch eine Reihe anderer guter Weine, besonders Chardonnay, Merlot, Pinot Noir, Syrah und Viognier.

Beste Weine ★★★ Cabernet Sauvignon Private Reserve 🍷, Cabernet Sauvignon Chabot Vineyard 🍷, Chardonnay Sbragia Limited Release 🍸, ★★ Chardonnay Private Reserve 🍸, Merlot Bancroft Vineyard Howell Mountain 🍷, ★ Cabernet Sauvignon Knights Valley 🍷

Gute Jahrgänge Private Reserve Cabernet: 1994, 92, 91, 90, 87, 86, 85, 84, 81, 78, 77; 🍷 1996, 95, 94, 92, 91, 90; 🍸 1996, 95, 94, 93, 91

BONNY DOON, Santa Cruz Mountains AVA **408 425 3625/425 3856**

Randall Grahm, Philosoph, Poet und hauptberuflich Revolutionär, liebt Überraschungen. Seine Hauptinteressen sind Weine im Rhône-Stil und italienische Rebsorten, häufig schweift er aber auch zu Zinfandel, Riesling und Pinot Noir ab. Seine besten »Italiener« firmieren als Ca del Solo, die »Rhône-Weine« als Bonny Doon, meist mit speziellen Namen wie Le Cigare Volant (eine rote Châteauneuf-du-Pape-Cuvée) oder Le Sophiste (Weißwein). Der Mouvèdre wird als Old Telegram bezeichnet, Syrah als Syrah.

Beste Weine ★★ Le Sophiste 🍸, Old Telegram 🍷, Ca del Solo Muscat Canelli 🍸, ★ Le Cigare Volant 🍷, Syrah 🍷, Ca del Solo Barbera 🍷, Ca del Solo Malvasia Bianca 🍸

Gute Jahrgänge 🍷 1996, 95, 94, 92, 91, 90; 🍸 1997, 95, 94, 93, 92

DAVID BRUCE WINERY, Santa Cruz Mountains AVA 408 354 4214

David Bruce, der Santa-Cruz-Pionier, produzierte Ende der 1960er bis in die 70er Jahre hinein gewaltige, legendäre Chardonnays. Mit der gleichen Besessenheit stürzte er sich auf die Pinot Noir, und in den 90ern trat er sofort wieder ins Rampenlicht. Der Pinot Noir vom Santa Cruz Estate ist gelegentlich sein bester Wein, aber er bekam Konkurrenz durch die Pinots Noirs vom Russian River Valley, Chalone Vineyard und Anderson Valley.
Beste Weine ★★ Pinot Noir Santa Cruz Mountains Reserve 🍷, Pinot Noir Russian River Valley 🍷 **Gute Jahrgänge** 🍷 1995, 94, 92, 91, 90; 🍸 1996, 95, 94, 93, 92

BYRON VINEYARD, Santa Maria Valley AVA 805 937 7288/937 1246

Byron, in Besitz von Robert MONDAVI, hat eine neue Kellerei bekommen und dazu die angesehene Lage Sierra Madre Vineyard. Beide Veränderungen sollten beitragen, die mit dem Pinot Noir Reserve (tiefes Aroma von Schwarzkirsche und Gewürzen) und Chardonnay Reserve (extraktreich mit erdig-mineralischen Noten) gezeigten Leistungen fortzusetzen. Die Weine sind jung zu genießen, können aber auch mehrere Jahre reifen.
Beste Weine ★★ Chardonnay Reserve 🍸, Pinot Noir Reserve 🍷
Gute Jahrgänge 🍷 1996, 95, 92, 91; 🍸 1997, 95, 94, 92

CAFARO, Napa Valley AVA 707 963 7181

Joe Cafaro, der Trauben aus 5-6 Lagen in 3-4 verschiedenen Mesoklimaten verschneidet, macht Cabernets, die sich langsam entwickeln. Seine Merlots lösen 4–5 Jahre nach der Lese ihre Versprechen ein. Beide Weine verfügen über kräftige Aromen und gute Struktur.
Beste Weine ★★ Cabernet Sauvignon 🍷, Merlot 🍷
Gute Jahrgänge 1996, 95, 94, 92, 91, 90, 88, 87, 86, 85

CAIN VINEYARDS, Spring Mountain AVA 707 963 1616/963 7952

Das Gut wurde gegründet, um einen Wein im Bordeaux-Stil zu produzieren. Nach einigen Abweichungen ist man nun wieder auf Kurs. Die Flaggschiff-Cuvée, Cain Five, entwickelt sich langsam, lohnt aber das Warten, ihr Stallgefährte Cain Cuvée ist wesentlich zugänglicher.
Beste Weine ★★ Cain Five 🍷, ★ Cain Cuvée 🍷
Gute Jahrgänge 1995, 94, 91, 90, 87, 86

CAKEBREAD CELLARS, Rutherford AVA 707 963 5221/963 1067

Cakebread gehörte zu den ersten Opfern der Reblaus und mußte in den 1990ern seine Rebflächen völlig neu anlegen. Trotzdem hat der Betrieb seinen erfolgreichen Weg fortgesetzt, sowohl mit dem aromatischen, behutsam in Eiche ausgebauten Sauvignon Blanc als auch mit dem profilierten Chardonnay, dem 2–3 Jahre Lagerung gut bekommen. Die noch neue Cabernet Sauvignon Reserve scheint das Aushängeschild des Betriebs zu werden.
Beste Weine ★★ Sauvignon Blanc 🍸, ★ Chardonnay 🍸, Cabernet Sauvignon Reserve 🍷
Gute Jahrgänge 🍷 1995, 94, 92, 91, 90; 🍸 1996, 95, 94, 93, 92

CALERA, Mount Harlan AVA 408 637 9170/637 9070

Josh Jensen machte Calera in den 1980ern zum Trendsetter für Pinot Noir und in den 90ern für Viognier. Seine komplexen Pinots Noirs aus den 4 Lagen Selleck, Reed, Jensen und Mills sind kraftvoll, ausgewogen und lagentypisch. Auch der üppige, sinnlich fruchtige Viognier zeigt genügend Kraft und Struktur, um als einer der besten Kaliforniens zu gelten.
Beste Weine ★★★ Pinot Noir Selleck Vineyard 🍷, Pinot Noir Jensen Vineyard 🍷, Viognier 🍸, ★★ Pinot Noir Reed Vineyard 🍷, Chardonnay Mount Harlan 🍸
Gute Jahrgänge 🍷 1996, 95, 94, 92, 90, 88; 🍸 1997, 95, 94, 92

CARMENET, Sonoma Valley AVA 707 254 4200/254 4202

Als Bordeaux-Kellerei der CHALONE-Gruppe geplant, wurde Carmenet mit zwei Meritage-Verschnitten, einem roten und einem faßgereiften weißen, zum Spitzenreiter. Moon Mountain, der rote Meritage, wird aus ertragsarmen Hügellagen gewonnen. Langlebigster Wein ist der Cabernet Sauvignon mit dem passenden Namen Vin de Garde Reserve.

Beste Weine ★★ Moon Mountain Reserve 🍷, Vin de Garde Reserve 🍷, Meritage 🍸, Chardonnay Sangiacomo 🍸

Gute Jahrgänge 🍷 1995, 94, 92, 91, 90, 88, 84; 🍸 1996, 95, 94, 92, 90

CARNEROS CREEK, Carneros AVA 707 253 9463/253 9465

Carneros Creek war an der Entwicklung von Carneros zur führenden Region für Pinot Noir beteiligt, die Weine sind seit Anfang der 1970er ein Wunder an Beständigkeit. Der Signature Reserve zeigt großartige Tiefe, üppige Textur und Alterungspotential.

Beste Weine ★★ Pinot Noir Signature Reserve 🍷, ★ Pinot Noir, Fleurs de Carneros 🍷

Gute Jahrgänge 1996, 95, 94, 92, 91, 90

CAYMUS VINEYARDS, Napa Valley AVA 707 963 4204/963 5958

Seit über 20 Jahren ein Star bei Cabernet Sauvignon, setzt Caymus auf tiefgründigen, reifen, intensiven und i. a. tanninreichen, eichenbetonten Stil. Die edle Special Selection ist nicht selten überragend. Der opulente, köstliche Weißwein Conundrum ist eine exotische Mischung aus Sauvignon, Viognier und weiteren Rebsorten.

Beste Weine ★★ Cabernet Sauvignon Special Selection 🍷, ★ Cabernet Sauvignon Napa Valley 🍷, Conundrum 🍸

Gute Jahrgänge 🍷 1995, 94, 92, 91, 90, 87, 86, 85, 84, 80, 78; 🍸 1996, 95, 94, 92

CHALONE VINEYARD, Monterey AVA 408 678 1717/678 2742

Mit ertragsarmen Rebflächen in abgelegenen, trockenen Lagen im Osten des Monterey County erwarb sich Chalone einen Ruf für intensive Chardonnays und Pinots Noirs. Chenin Blanc und Pinot Blanc sind extrem eigenwillig und genießen Kultstatus.

Beste Weine ★★★ Chardonnay Reserve 🍸, ★★ Pinot Noir Reserve 🍷, Pinot Noir 🍷, ★ Pinot Blanc 🍸, Chenin Blanc 🍸

Gute Jahrgänge 🍷 1995, 94, 93, 92, 91, 90; 🍸 1996, 95, 94, 92

CHAPPELLET VINEYARD, Napa Valley AVA 707 963 7136/967 9424

Mit schönen Hängen östlich von Santa Helena ist diese Kellerei ein weiterer Fixpunkt für Cabernet in etwas strenger Art, der 5–7 Jahre Entwicklung braucht. Ein noch verstecktes Juwel ist der intensive Chenin Blanc von alten Rebstöcken einer Einzellage.

Beste Weine ★★ Chenin Blanc Old Vines 🍸, ★ Cabernet Sauvignon 🍷

Gute Jahrgänge 🍷 1995, 93, 92, 91, 90, 87; 🍸 1996, 95, 94, 91

CHATEAU MONTELENA, Napa Valley AVA 707 253 9463/942 4221

Zunächst bekannt für ausgewogene, lagerwürdige Chardonnays, trumpft Montelana inzwischen mit kräftigen, langsam reifenden Cabernet Sauvignons auf. Auch der Calistoga Cuvée aus Cabernet-Trauben, die nicht für Estate-Abfüllung gebraucht werden, ist gut.

Beste Weine ★★ Cabernet Sauvignon Estate 🍷, Calistoga Cuvée 🍷, ★ Chardonnay 🍸

Gute Jahrgänge 🍷 1995, 94, 92, 91, 90, 87, 86; 🍸 1995, 94, 93, 92

CHATEAU ST. JEAN, Sonoma Valley AVA 707 833 4134/833 4200

Bekannt für oftmals superben Chardonnay, entwickelte St Jean in den späten 1980ern eine Reihe beeindruckender Rotweine. Die wunderbar fruchtbetonten Weine Reserve

Cabernet, Merlot und Cinq Cepages (roter Meritage) gehören zu den besten ihrer Art.
Beste Weine ★★ Cabernet Sauvignon Reserve 🍷, Chardonnay Robert Young Vineyard 🥂, ★ Chardonnay Sonoma County 🥂, Fumé Blanc 🥂, Cinq Cepages 🍷
Gute Jahrgänge 🍷 1996, 95, 94, 92, 91, 90, 89; 🥂 1996, 95, 94, 92, 90

CHIMNEY ROCK, Stags Leap District AVA — **707 257 2641/257 2036**

Mit ganz mit roten Bordeaux-Sorten bepflanzten Rebflächen trumpft die immer zuverlässige Kellerei mächtig auf. Sowohl der Reserve als auch der rote Meritage, Elevage, zeigen eine üppige Schwarzkirschfrucht und die charakteristischen Aromen von Stags Leap.
Beste Weine ★★ Cabernet Sauvignon Reserve 🍷, ★ Elevage 🍷, Cabernet Sauvignon 🍷
Gute Jahrgänge 🍷 1995, 94, 91, 90; 🥂 1996, 95, 94

CLOS DU VAL, Stags Leap District AVA — **707 259 2200/252 6125**

Dieser Spitzenerzeuger ist eine so feste Größe, daß er manchmal übersehen wird. Seine eleganten Cabernet Sauvignons und die extrem gehaltvollen, langlebigen Reserve Cabernets verdienen immer Beachtung. Der für das Haus typische ausgewogene und elegante Stil zeigt sich sehr schön beim Zinfandel.
Beste Weine ★★ Cabernet Sauvignon Reserve 🍷, ★ Cabernet Sauvignon 🍷, Zinfandel 🍷
Gute Jahrgänge 🍷 1996, 95, 94, 92, 91, 90, 87, 85; 🥂 1996, 95, 94, 93, 92

CLOS PEGASE, Napa Valley AVA — **707 942 4981/942 4993**

Sobald die Reblagen in Carneros entwickelt waren, entsprach Clos Pegasc der früh erlangten Popularität ihres Besitzers, des Kunstsammlers Jan Schram. Zu den besten Rotweinen gehören der füllige, aber gut strukturierte Merlot und der Meritage Hommage, der 3–5 Jahre lagern sollte. Der Chardonnay bezaubert durch elegante Frucht und hervorragende Balance.
Beste Weine ★★ Merlot 🍷, Hommage 🍷 **Gute Jahrgänge** 1996, 95, 94, 92, 91, 90

COLGIN, Napa Valley AVA — **707 963 0999/310 274 0899**

Colgin produziert ausschließlich Cabernet Sauvignon, jährlich 6000 bis 8500 Flaschen. Die seit ihrem Debüt 1992 bei Sammlern begehrten Weine werden von Helen Turley (MARCASSIN) gemacht. Der Colgin Cabernet ist extrem aromatisch, dennoch zugänglich.
Bester Wein ★★ Cabernet Sauvignon 🍷 **Gute Jahrgänge** 1995, 94, 93, 92

DALLA VALLE, Napa Valley AVA — **707 944 2676/944 8411**

Maya, ein prächtiger, gehaltvoller Verschnitt aus Cabernet Sauvignon und Cabernet Franc, ist der Star. Aus den guten Hanglagen kommen auch anständiger Cabernet Sauvignon und hervorragender reinsortiger Sangiovese, genannt Pietre Rosse.
Beste Weine ★★★ Maya 🍷, ★★ Cabernet Sauvignon 🍷, ★ Sangiovese Pietre Rosse 🍷
Gute Jahrgänge 1995, 94, 92, 91, 90, 89

DEHLINGER WINERY, Russian River Valley AVA — **707 823 2378**

Körperreicher, wunderbar gemachter Pinot Noir in mehreren Ausführungen (Goldridge Vineyard, Octagon Vineyard, Russian River Valley, Reserve) sind die Spezialität von Dehlinger, aber auch die Chardonnays können in der Spitze mithalten. Der 1992 in rundem Hermitage-Stil erstmalig produzierte Syrah gehört bereits zu den besten.
Beste Weine ★★★ Pinot Noir Reserve 🍷, ★★ Pinot Noir Goldridge Vineyard 🍷, Chardonnay Russian River Valley 🥂, Syrah Russian River Valley 🍷
Gute Jahrgänge 🍷 1995, 94, 92, 91, 90; 🥂 1996, 95, 94, 93, 92, 91

DIAMOND CREEK VINEYARDS, Diamond Mountain AVA — **707 942 6926/942 6936**

Diamond Creek produziert 3 verschiedene Cabernet Sauvignons – Red Rock Terrace,

Gravelly Meadow, Volcanic Hill –, die ihren Lagencharakter wahren und dennoch echte Knüller sind. Man sollte ihnen genügend Zeit (10 Jahre und mehr) einräumen, rund zu werden. Der Lake Cabernet wird nur in bestimmten Jahrgängen hergestellt und ist der rarste und teuerste.

Beste Weine ★★★ Cabernet Sauvignon Volcanic Hill, Cabernet Sauvignon Gravelly Meadow, Cabernet Sauvignon Red Rock Terrace

Gute Jahrgänge 1996, 95, 94, 92, 91, 90, 89, 87, 86, 85, 84, 82, 80, 78, 75

DOMINUS, Napa Valley AVA 707 944 8954/944 0547

Das Gut im Besitz von Christian Moueix (CH. PÉTRUS) erzeugt seinen roten Dominus aus einer Reblage, die früher dem legendären Weingut Inglenook gehörten. Die ersten Jahrgänge waren sehr tanninreich und umstritten, ab 1990 etablierte sich die Qualität, die Moueix seitdem trotz wechselnder Kellermeister stabil gehalten hat.

Beste Weine ★★★ Dominus **Gute Jahrgänge** 1995, 94, 92, 90, 86

DRY CREEK VINEYARDS, Dry Creek Valley AVA 707 433 1000/433 5329

Besitzer David Stare, der in der Aufbauphase von Dry Creek Valley zu den treibenden Kräften gehörte, war auch ein Verfechter des frischen, rassigen Fumé Blanc. Die Weine sind auch heute noch knackig und dem Original treu; inzwischen sind aber Rotweine die Stärke der Kellerei, insbesondere der Old Vine Zinfandel.

Beste Weine ★★ Merlot Reserve, Zinfandel Old Vine, ★ Cabernet Sauvignon, Fumé Blanc **Gute Jahrgänge** (rot) 1996, 95, 94, 92, 91, 90, 87; (weiß) 1997, 95, 94, 93, 92

DUCKHORN, Napa Valley AVA 707 963 7108/963 7595

Duckhorn produzierte viele Jahre lang Kaliforniens meistgeschätzten Merlot. Auch wenn die Konkurrenz inzwischen zugenommen hat, hat der körper- und tanninreiche Three Palms Merlot noch immer seine Fans. Kenner ziehen allerdings oft den sauber gemachten Cabernet Sauvignon vor. Neuer Favorit ist der schön strukturierte Howell Mountain Merlot.

Beste Weine ★★ Merlot Howell Mountain, ★ Merlot Three Palms Vineyard, Cabernet Sauvignon Napa Valley **Gute Jahrgänge** 1995, 94, 92, 91, 90, 87, 86, 85

DUNN VINEYARDS, Howell Mountain AVA 707 965 3642

Der wuchtige, konzentrierte und langsam reifende Howell Mountain Cabernet ist das Markenzeichen von Randy Dunn. Sein Napa Valley Cabernet Sauvignon ist in jungen Jahren zahmer und leichter zugänglich, aber auch weniger beeindruckend.

Beste Weine ★★★ Cabernet Sauvignon Howell Mountain, ★ Cabernet Sauvignon Napa Valley **Gute Jahrgänge** 1996, 95, 94, 92, 91, 90, 87, 86, 85, 84, 82

EDMUNDS ST. JOHN, Contra Costa 510 654 1230

Steve Edmunds, eine wichtige Figur bei der Wiederentdeckung von Weinen im Rhône-Stil, bezieht Trauben aus zahlreichen Weinbergen, aber bei seinem schweren, intensiven und beeindruckenden Syrah hat er sich für Durell in Carneros entschieden. Auch sein Zinfandel zeugt von großem Können.

Beste Weine ★★★ Syrah Durell Vineyard, ★★ Zinfandel

Gute Jahrgänge 1996, 95, 94, 92, 91

ETUDE WINES, Napa Valley AVA 707 257 5300/257 6022

Tony Soter berät zwar auch andere Kellereien (DALLA VALLE, NIEBAUM COPPOLA, Spottswoode), legt sich aber für Etude mächtig ins Zeug. Seine Pinots Noirs aus Carneros

sind mit lebhafter, aber schön balancierter Frucht vollgepackt. Konzentriert, jedoch elegant gezeichnet sind auch die Cabernets im klassischen Napa-Valley-Stil. Die Weine von Soter sind von Schwächen des Jahrgangs meist wenig betroffen.
Beste Weine ★★ Cabernet Sauvignon 🍷, Pinot Noir 🍷
Gute Jahrgänge 1996, 95, 94, 93, 92, 91, 90

FAR NIENTE WINERY, Napa Valley AVA — **707 944 2861/944 2312**
In dieser schön restaurierten Kellerei spart man an nichts. Seit 1990 ist die Qualität in Ordnung, die Cabernets sind nun harmonischer und weniger vom Tannin dominiert, aber immer noch sehr langlebig. Die Chardonnays gewinnen in 2–3 Jahren an Weichheit und Komplexität. Der beliebte Dolce im Sauternes-Stil ist ein Gedicht.
Beste Weine ★★ Cabernet Sauvignon 🍷, Dolce 🥂, ★ Chardonnay 🥂
Gute Jahrgänge 🍷 1995, 94, 92, 91, 90, 86; 🥂 1996, 95, 94, 93, 92, 90

GARY FARRELL WINES, Russian River Valley AVA — **707 433 6616**
Farrell, Weinmacher bei Davis Bynum, beschränkt sich bei seiner eigenen Marke auf kleine Erntemengen aus Einzellagen. Sein Merlot Ladi's Vineyard ist angenehm weich und der Zinfandel ordentlich, aber im Kern ist Bynum ein Burgunder-Fan, sein Russian River Valley Pinot Noir zeigt eine Geschmacksvielfalt und Eleganz, wie man sie nur bei den besten Russian Rivers findet.
Beste Weine ★★ Pinot Noir Allen Vineyard 🍷, Pinot Noir Rochioli Vineyard 🍷, Merlot Ladi's Vineyard 🍷, ★ Zinfandel 🍷 **Gute Jahrgänge** 1995, 94, 92, 91, 90, 88

FERRARI CARANO WINERY, Dry Creek Valley AVA — **707 433 6700/431 1742**
Die dynamische Kellerei besitzt große Rebflächen in ausgesuchten Lagen in Sonoma. Seit dem ersten Jahrgang bietet man verlockend saftige Chardonnays. Auch der kräftige Merlot bekommt gute Noten, achten sollte man auf den roten »Supertoskaner« Siena.
Beste Weine ★★ Chardonnay 🥂, Merlot 🍷, Siena 🍷
Gute Jahrgänge 🍷 1996, 95, 94, 92, 91, 90; 🥂 1996, 95, 94, 93, 92

FLORA SPRINGS, Napa Valley AVA — **707 963 5711/963 7518**
Der ehemalige Spezialist für Weißweine präsentierte sich nach einer umfassenden Neuanlage der Rebflächen als Erzeuger von Rotwein. Dennoch bleibt der Chardonnay Reserve Spitzenklasse, und der rassige Sauvignon Blanc Soliloquy hat nichts an Qualität eingebüßt. Das neue Angebot an Rotweinen wird angeführt von der Bordeaux-Cuvée Trilogy und einem umwerfend konzentrierten, vielschichtigen Rutherford Cabernet Sauvignon Reserve.
Beste Weine ★★★ Cabernet Sauvignon Reserve 🍷, ★★ Chardonnay Reserve 🥂, Trilogy 🍷
Gute Jahrgänge 🍷 1995, 94, 92, 91, 90, 87, 85; 🥂 1997, 95, 94, 92

FORMAN, Napa Valley AVA — **707 963 0234**
Bevor er mit seiner eigenen Marke begann, war der brillante junge Weinmacher Ric Forman am Aufbau von STERLING und später NEWTON beteiligt. Seine Chardonnays sind sehr extraktreich, aber immer angenehm zurückhaltend. Die von einem Schuß Merlot und Cabernet Franc unterstützten Cabernets sind intensiv mit guter Balance von Eichenholz und reifer Frucht, sie dürften mit 10 Jahren auf dem Höhepunkt sein.
Beste Weine ★★ Cabernet Sauvignon 🍷, Chardonnay 🥂
Gute Jahrgänge 🍷 1995, 94, 92, 91, 90, 87, 85, 84; 🥂 1995, 94, 93, 92

GALLO SONOMA, Dry Creek Valley AVA — **707 526 1293/526 9199**
Gute Weine aus der größten Kellerei der Welt? Sie dürfen es ruhig glauben, denn Gallo hat

über 800 ha Rebflächen in den besten Subregionen von Sonoma County erschlossen. Angeführt wird die Produktreihe von der Cabernet-Sauvignon-Gutsabfüllung. Andere bemerkenswerte Weine sind preisgünstiger, aber immer noch unheimlich gut; zu ihnen gehören der Dry Creek Zinfandel, der Chardonnay Laguna Vineyard mit großartigen Aromen und leichtem Eichenton und der Cabernet Sauvignon Alexander Valley Barelli Ranch. Ein Pinot Noir vom Russian River ist noch in Arbeit.

Beste Weine ★★ Cabernet Sauvignon Northern Sonoma 🍷, Chardonnay Laguna Vineyard 🍸, ★ Cabernet Sauvignon Alexander Valley 🍷, Chardonnay Sonoma County 🍸

Gute Jahrgänge 🍷 1995, 94, 92; 🍸 1995, 93, 92

GEYSER PEAK VINEYARDS, Alexander Valley AVA **707 857 9463/857 3545**

Das neue, verbesserte Weingut erzeugt einen unglaublichen Syrah mit dem Etikett Shiraz und dazu einen der besten Cabernet Sauvignons aus dem Alexander Valley. Auch der innovative Sangiovese und ein Lagen-Cabernet-Sauvignon, die unter dem Venezia-Etikett laufen, verdienen Beachtung. Der Chardonnay Reserve ist ebenfalls stark im Kommen.

Beste Weine ★★ Cabernet Sauvignon Reserve 🍷, Shiraz Reserve 🍷, ★ Chardonnay Reserve 🍸, Venezia Sangiovese 🍷 **Gute Jahrgänge** 🍷 1996, 95, 94, 92, 91, 90; 🍸 1997, 95, 94, 93

GRACE FAMILY, Napa Valley AVA **707 963 0808/963 5271**

Mit einem winzigen Keller und knapp 1 ha manikürter Rebfläche rund ums Haus ist dieser Familienbetrieb alles andere als typisch. Einen Großteil der geringen Produktion spenden Dick und Ann Grace für wohltätige Zwecke. Ihr intensiver, sinnlicher Cabernet Sauvignon – jährlich maximal 2400 Flaschen – wird komplett in neuen französischen Eichenfässern ausgebaut.

Beste Weine ★★ Cabernet Sauvignon 🍷

Gute Jahrgänge 1995, 94, 93, 92, 91, 90, 87, 86, 85, 84, 82, 78

GRGICH HILLS CELLARS, Napa Valley AVA **707 963 2784/963 8725**

Mike Grgich ist mit einem festen, eichenbetonten Chardonnay erfolgreich, aber mindestens genauso beliebt ist sein kräftiger, leicht rustikaler Sonoma County Zinfandel. Gerne unterschätzt wird der Napa Valley Cabernet Sauvignon, der sich wunderbar entwickelt, ein Wein mit viel runder Frucht und genügend Tannin, um 10 und mehr Jahre reifen zu können.

Beste Weine ★★ Chardonnay 🍸, Zinfandel 🍷, Cabernet Sauvignon 🍷

Gute Jahrgänge 🍷 1995, 94, 92, 91, 90, 86, 84; 🍸 1996, 95, 94, 93, 92

GROTH VINEYARDS, Oakville AVA **707 944 0290/944 8932**

Cabernet Sauvignon ist die Stärke von Groth. Bei schwankenden Leistungen erhob sich der kräftige, ungestüme Reserve Cabernet gelegentlich weit über die Hitliste. Wenn der Eichenton nicht dominiert, ist auch der Napa Valley Cabernet ordentlich.

Beste Weine ★★★ Cabernet Sauvignon Reserve 🍷, ★ Cabernet Sauvignon Napa Valley 🍷, Chardonnay 🍸 **Gute Jahrgänge** 🍷 1995, 94, 92, 91, 90, 86, 84; 🍸 1996, 95, 94, 92

HANZELL VINEYARDS, Sonoma Valley AVA **707 966 3860/996 3862**

Hanzell kämpfte als einer der ersten für den Ausbau in französischen Barriques und befürwortete den Ausbau des Pinot Noir in kleinen Mengen. In den letzten 40 Jahren hatte die Kellerei ein paar Pechsträhnen, aber mit kräftigem, fülligem Pinot Noir ist man wieder auf dem richtigen Weg. Die jung noch zurückhaltenden Chardonnays haben sich als sehr langlebig erwiesen.

Beste Weine ★★ Chardonnay ♀, Pinot Noir 🍷
Gute Jahrgänge 🍷 1995, 94, 92, 91, 90, 88, 85; ♀ 1995, 94, 92, 90

HARLAN ESTATE, Oakville AVA 707 944 1441/944 1444

Bill Harlan, Mitbegründer von MERRYVALE, erzeugt einen Bordeaux-Verschnitt aus Cabernet Sauvignon, Cabernet Franc und Merlot, der für die Ewigkeit gemacht scheint. Tiefe und Konzentration deuten auf rigorose Selektion, klassischen Ausbau und jede Menge neuer französischer Eiche; die ersten Jahrgänge erlangten über Nacht Ruhm. Hochpreisig schon bei ihrem Debüt, erzielten die Weine auf Auktionen inzwischen Wahnsinnsgebote.
Bester Wein ★★★ Harlan Estate 🍷 **Gute Jahrgänge** 1996, 95, 94, 93

HEITZ WINE CELLARS, Napa Valley AVA 707 963 3542/963 7454

Cabernet aus der Reblage Martha's Vineyard war in den 1960er, 1970er Jahren der Hit, als Sammler nach diesem makellosen, harmonischen und langlebigen Wein mit charakteristischen Minz-Eukalyptus-Tönen Schlange standen. In den 80ern gab es Kontroversen über die ungewöhnlichen Aromen, aber Heitz überlebte. Man erzeugt Cabernet Sauvignon von den Reblagen Bella Oaks, Trailside und (mit Ausnahme von 1993-96, als man neu pflanzte) Martha's Vineyard. Eine überraschende Spezialität ist der spritzige Grignolino Rosé.
Beste Weine ★★ Cabernet Sauvignon Martha's Vineyard 🍷, ★ Cabernet Sauvignon Bella Oaks 🍷, Cabernet Sauvignon Napa Valley 🍷
Gute Jahrgänge Martha's Vineyard: 1992, 91, 86, 85, 75, 74, 70, 69, 68; andere Cabernets: 95, 94, 92, 91, 87, 86, 80, 78

HESS COLLECTION WINERY, Mount Veeder AVA 707 255 1144/253 1682

Markenzeichen des Cabernet Sauvignon sind die äußerst reife, in Hügellagen gewachsene Frucht und die eleganten Untertöne von Limone und Schwarzkirsche. Der Cabernet Reserve bietet ein unglaubliches Cassis-Kirsch-Aroma. Mit dem Wechsel in kühlere Lagen wurde der Chardonnay wesentlich spritziger.
Beste Weine ★★ Cabernet Sauvignon Reserve 🍷, Cabernet Sauvignon Napa Valley 🍷, Chardonnay ♀
Gute Jahrgänge 🍷 1995, 94, 93, 91, 90, 89; ♀ 1996, 95, 94, 92

IRON HORSE VINEYARDS, Russian River Valley AVA 707 255 1144/253 1682

Iron Horse kümmert sich gleichermaßen erfolgreich um Schaum- wie um Tafelweine. Herausragend unter den Schaumweinen sind der elegante, zitruspikante Blanc de Blanc und der langlebige, leichtfruchtige Jahrgangssekt Vrais Amis. Unter den Tafelweinen ist der delikate, fein duftende Pinot Noir im Kommen, der wundervoll frische Chardonnay ist nach 3–4 Jahren Reifung ein echter Genuß.
Beste Weine ★★ Blanc de Blanc ♀, Vrais Amis ♀, ★ Chardonnay ♀, Pinot Noir 🍷
Gute Jahrgänge 🍷 1995, 94, 92, 91, 90, 88, 87; ♀ 1996, 95, 93, 92, 91, 90; Schaumwein 1993, 92, 91

JADE MOUNTAIN, Mount Veeder AVA 707 965 3048/257 7922

Jade Mountain, spezialisiert auf Weine im Rhône-Stil aus Carneros, Mount Veeder und anderen Teilen der North Coast, hat sich fast unbemerkt zu einem Marktführer entwickelt. Seine Rhône-Cuvées La Provençale und Les Jumeaux sind superb. Der Mourvèdre zählt regelmäßig zu den besten, der Syrah besitzt Kraft und Reife mit Wildnoten.
Beste Weine ★★★ Syrah 🍷, ★★ Les Jumeaux 🍷, La Provençale 🍷, ★ Merlot 🍷, Mourvèdre 🍷
Gute Jahrgänge 1995, 94, 92, 91, 90

JORDAN WINERY, Alexander Valley AVA **707 431 5250/431 5259**

Der Ölunternehmer Tom Jordan trat an, Cabernet von internationalem Format zu produzieren, und gegenwärtig bietet sein Kellerei beständig gute, manchmal sehr gute Cabernets in einem würzigen, blanken Stil und mit leichtem Zedernaroma. Der Champion der Familie wird letzten Endes aber wohl Tochter sein Judy, deren Schaumwein »J« seit seinem Debüt 1990 rasche Fortschritte machte. »J« wird aus Trauben vom Russian River Valley gemacht und verbindet das Beste aus der Champagne mit dem fruchtigen Profil Kaliforniens.

Beste Weine ★★ Cabernet Sauvignon 🍷, »J« 🍸

Gute Jahrgänge 🍷 1995, 94, 90, 87, 86, 81, 78; Schaumwein 93, 92, 91

KISTLER VINEYARDS, Russian River Valley AVA **707 823 5603/823 6709**

Kistler produziert den vermutlich besten Chardonnay in den USA. Lange vor allen anderen fand er die besten Lagen heraus und wie man aus jeder hohe Komplexität und Langlebigkeit herausholt. Seine Chardonnays aus den Lagen Dutton Ranch, Durell Vineyard, McCrea Vineyard, Kistler Estate und Vine Hill Vineyard waren stets erfolgreich. Inzwischen hat sich das Interesse von Cabernet Sauvignon zu Pinot Noir verlagert; Kistler vollbringt seine Wunder nun an Pinots aus dem Vine Hill Vineyard und neuen Reblagen im Russian River Valley.

Beste Weine ★★★ Chardonnay Kistler Estate 🍸, Chardonnay Dutton 🍸, ★★ Chardonnay Durell 🍸, Chardonnay McCrea 🍸, Chardonnay Vine Hill Road 🍸, Pinot Noir Vine Hill Road 🍷 **Gute Jahrgänge** 🍸 1996, 95, 94, 93, 91, 90, 88, 87, 86, 85

LANE TANNER WINERY, Santa Barbera **805 929 1826 9**

Lane Tanner, einer der vorzüglichsten Weinmacher in Kalifornien, konzentriert sich ganz auf zarte, elegante Pinots Noirs. Seit kurzem beschränkt man sich auf Trauben aus dem Bien Nacido Vineyard und gelegentlich vom Sanford & Benedict Vineyard.

Bester Wein ★★ Pinot Noir Bien Nacido 🍷 **Gute Jahrgänge** 1995, 94, 93, 91

LAUREL GLEN VINEYARDS, Sonoma Mountain AVA **707 526 3914/526 9801**

Weinmacher und Eigentümer Patrick Campell produziert ausschließlich Cabernet Sauvignon. Sein Spitzenwein kommt aus Hanglagen und wird mit Merlot und Cabernet Franc verschnitten. Der Wein ist gehaltvoll und sehr konzentriert, mit dem Alter entwickelt er einen an Bordeaux erinnernden Charakter. Counterpoint ist der preiswerte Zweitwein.

Beste Weine ★★ Cabernet Sauvignon Estate 🍷, ★ Cabernet Sauvignon Counterpoint 🍷

Gute Jahrgänge 1995, 94, 93, 92, 91, 90, 87, 86, 85, 84

LEWIS CELLARS, Oakville AVA **650 342 8017/342 8018**

Randy Lewis, ehemaliger Indianapolis-Rennfahrer und Mitbesitzer von Oakville Ranch Vineyard, lenkt nun Lewis Cellars. Seine Cabernet Sauvignons, Merlots und Chardonnays sind vollgepackt mit runder Frucht und konzentrierten Aromen. Sein Syrah wird vermutlich in dieselbe Richtung gehen. Der Cabernet kann 7–10 Jahre und länger reifen.

Bester Wein ★★ Chardonnay Reserve 🍸 **Gute Jahrgänge** 🍷 1995, 94; 🍸 1996, 95, 94

MARCASSIN VINEYARD, Sonoma County **707 794 5633**

Die als Beraterin tätige Önologin Helen Turley hat jetzt auch einen eigenen Weinberg im kühleren Teil von Sonoma County, wo neben dem üblichen Chardonnay auch Pinot Noir vorgesehen ist. Turley bevorzugt mächtige, kraftvolle Aromen, die manchmal etwas übertrieben sind. Herausragende Lagen-Chardonnays sind Gauer Ranch, Lorenzo, Hudson und Marcassin.

Beste Weine ★★★ Chardonnay Gauer Ranch 🍷, ★★ Chardonnay Hudson 🍷, Chardonnay Lorenzo 🍷, Chardonnay Marcassin 🍷 **Gute Jahrgänge** 1996, 95, 94, 93

MATANZAS CREEK VINEYARDS, Sonoma Valley AVA 707 528 6464/571 0156

Von hier kommen beständig hochwertige, im Faß gereifte und mit Sémillon gestützte Sauvignon Blancs, aber seit den 1990ern haben auch die Merlots an Bedeutung gewonnen. Von Journey, der Marke für teure, limitierte Weine, gibt es nun auch opulenten Chardonnay und Merlot, jeder eine Verführung.

Beste Weine ★★★ Merlot 🍷, Sauvignon Blanc 🍷, ★★ Chardonnay Journey 🍷, Chardonnay Sonoma Valley 🍷

Gute Jahrgänge 🍷 1995, 94, 92, 91, 90, 88, 87; 🍷 96, 95, 94, 93, 92, 90

MERRYVALE, Napa Valley AVA 707 963 2225/963 4441

Nach 10 Jahren guter Arbeit im stillen legte Merryvale seine Rebflächen neu an und änderte die Denkweise. Inzwischen sind die Chardonnays regelmäßig ein Volltreffer. Der Starmont Chardonnay ist harmonisch und ausbalanciert, der limitierte, unglaublich aromatische Silhouette greift nach den Sternen. Der Merlot wird besser, der beste Rotwein aber ist der Meritage Profile, den man mit einem eleganten Pauillac verwechseln könnte. Auch die letzten Jahrgänge des Cabernet Sauvignon überzeugen.

Beste Weine ★★ Chardonnay Silhouette 🍷, Profile 🍷, ★ Chardonnay Starmont 🍷

Gute Jahrgänge 🍷 1995, 94, 92, 91; 🍷 1996, 95, 94, 92

PETER MICHAEL WINERY, Knights Valley AVA 707 942 4459/942 0209

Der in Großbritannien geborene Peter Michael erweiterte ein Feriendomizil zu einem kleinen Weingut und machte schon bald mit einem spektakulären Chardonnay auf sich aufmerksam. Inzwischen bietet die Kellerei den Cabernet-Merlot-Verschnitt Les Pavots aus eigenen Trauben, den sensationell intensiven Chardonnay Mon Plaisir sowie einen Sauvignon Blanc mit überdurchschnittlich vielschichtigem Aroma. Dazu kommen die raren, exquisiten Cuvée Indigne und Pinot Rouge Chardonnay.

Beste Weine ★★ Chardonnay Mon Plaisir 🍷, Les Pavots 🍷

Gute Jahrgänge 🍷 1995, 94, 92, 91, 90, 88; 🍷 1996, 95, 94, 93, 90, 88

ROBERT MONDAVI WINERY, Napa Valley AVA 707 259 9463/963 1007

Als Publizist und Winzer war Bob Mondavi Wegbereiter für den Qualitätswein in Kalifornien. Seit seinem Debütjahrgang 1966 liegt der Schwerpunkt seiner Kellerei auf Cabernet Sauvignon. Heute gehört zu seinen Cabernets ein bemerkenswerter Reserve aus der Lage To-Kalon. Er führte auch den Sauvignon Blanc als Fumé Blanc wieder ein; die derzeitigen Versionen Napa Valley und Reserve sind besser als je zuvor. Sein Chardonnay Reserve aus der Kellerei in Carneros könnte gut und gern als großer Bâtard-Montrachet durchgehen, und der Pinot Noir Reserve ist so gut, wie er in Kalifornien nur sein kann. Zu seinen anspruchsvollen Joint-ventures zählen OPUS ONE und Luce mit FRESCOBALDI.

Beste Weine ★★★ Cabernet Sauvignon Reserve 🍷, Chardonnay Reserve 🍷, ★★ Pinot Noir Reserve 🍷, ★ Fumé Blanc

Gute Jahrgänge Cabernet Reserve: 1994, 92, 91, 90, 88, 87, 86, 85, 84, 82; Pinot Reserve: 1995, 94, 92, 91, 90, 88, 87, 85; Chardonnay Reserve: 1995, 94, 92, 91, 88; Fumé Blanc: 1997, 95, 94, 93, 92

MOUNT EDEN VINEYARDS, Santa Cruz Mountains AVA 408 867 5832/867 4329

Mount Eden, einer der großen Pioniere, kam Mitte der 1980er Jahre wieder auf die Beine.

Der große, sehr fruchtige Pinot Noir ist gut, der Cabernet Sauvignon entwickelt sich langsam und nimmt nach 8–10 Jahren ein angenehmes, tiefes Brombeeraroma an. Beide Chardonnays – Estate und MacGregor – altern sehr schön.

Beste Weine ★★ Cabernet Sauvignon Estate 🍷, Chardonnay MacGregor 🍸, ★ Chardonnay Estate 🍸 **Gute Jahrgänge** 🍷 1994, 92, 90, 86, 84; 🍸 1996, 95, 94, 93, 92

NALLE WINERY, Dry Creek Valley AVA 707 433 1040/433 6082

In den 1980er Jahren war Besitzer und Weinmacher Doug Nalle maßgeblich an der Entwicklung des jetzt so beliebten Dry Creek Zinfandel beteiligt. Mit älteren Reblagen und amerikanischer Eiche erzeugt Nalle einen mustergültigen Zinfandel.

Bester Wein ★★ Zinfandel 🍷 **Gute Jahrgänge** 1996, 95, 94, 92, 91, 90, 89

NEWTON VINEYARDS, Spring Mountain District AVA 707 963 9000/963 5408

Newton, in herrlicher Hügellandschaft gelegen, hatte lange Zeit ein gutes Händchen für gehaltvollen, opulenten und dennoch gut balancierten Cabernet Sauvignon, Merlot und den am Bordeaux orientierten roten Claret. Von gleicher Qualität sind auch die neueren Chardonnays: üppige Frucht, aber gut strukturiert für lange Lagerung. Newtonian heißen die für den Export bestimmten eleganten Cabernets und Chardonnays. Die Qualität ist besser denn je, auch wenn die Weinmacher in letzter Zeit wechselten.

Beste Weine ★★★ Cabernet Sauvignon 🍷, Unfiltered Chardonnay 🍸, Merlot 🍷, ★★ Cabernet Sauvignon Newtonian 🍷, Chardonnay Newtonian 🍸

Gute Jahrgänge 🍷 1995, 94, 92, 91, 90; 🍸 1995, 94, 93, 92

NIEBAUM COPPOLA ESTATE, Rutherford AVA 707 963 9099/963 9084

Der wichtigste Wein bei Niebaum Coppola ist der rote Meritage Rubicon, der schon immer gehaltvoll und fest war; frühere Jahrgänge waren aber auch häufig rauh und vom Tannin dominiert, während die jüngsten Jahrgänge eine schöne Tiefe und größere Eleganz zeigen, so daß sie inzwischen als Sammlerwein gelten. Edizione Pennino ist ein großer, starker Zinfandel mit ordentlicher Frucht.

Beste Weine ★ Rubicon 🍷, Zinfandel 🍷 **Gute Jahrgänge** Rubicon: 1994, 93, 92, 91, 87, 86, 82

OPUS ONE, Oakville AVA 707 944 9442/944 9357

Opus One, das erste von mehreren Joint-ventures mit MONDAVI, ist eine Partnerschaft mit MOUTON-ROTHSCHILD. Der Wein aus dem Napa Valley ist eine Cuvée aus Cabernet Sauvignon, Cabernet Franc und Merlot, die lange in französischen Eichenfässern reift. Opus One ist inzwischen nicht mehr der teuerste, aber noch immer ein zuverlässig hochwertiger Wein; vielleicht nicht ganz so gut wie Mondavis Reserve Cabernet.

Bester Wein ★★ Opus One 🍷

Gute Jahrgänge 1995, 94, 93, 92, 91, 90, 87, 86, 85, 84, 81, 80

PAHLMEYER, Napa Valley AVA 707 255 2321/255 6786

Jason Pahlmeyers roter Meritage ist ein massiver, formidabler Wein mit gut eingebundenen Tanninen, die Langlebigkeit garantieren. Der ungefilterte Chardonnay zeigt sich äußerst konzentriert, der neue, mit Frucht, Gewürzen und Eiche vollgepackte Merlot komplettiert ein bemerkenswertes Weintrio.

Beste Weine ★★ Chardonnay 🍸, Merlot 🍷, Pahlmeyer Meritage 🍷

Gute Jahrgänge 🍷 1996, 95, 94, 92; 🍸 1997, 96, 95, 94

PARADIGM WINERY, Napa Valley AVA 707 944 1683/944 9328

Ren und Marilyn Harris erzeugen in ihrem hochangesehenen Weinberg im Herzen von

Oakville eine bescheidene Menge an Weinen. Hauptattraktion ist der Cabernet Sauvignon, der 10 Jahre und länger reifen kann.
Beste Weine ★★ Cabernet 🍷, ★ Merlot 🍷 **Gute Jahrgänge** 1995, 94, 92

JOSEPH PHELPS VINEYARDS, Napa Valley AVA 707 963 2745/963 4831

Der rote Meritage Insignia gehört seit je zu den besten kalifornischen Weinen, auch die beiden anderen Cabernets sind recht ordentlich. Der Napa Valley zeigt gefällige Frucht bei mittlerem Körper, der Backus Vineyard ist intensiver, aber ebenfalls gut balanciert. Ovation, der neue Chardonnay von Phelps, besitzt üppige, tiefe Frucht mit Rösttönen. Phelps arbeitet länger mit Rhône-Sorten als sonst jemand in Kalifornien und macht mit seinen Vin du Mistral Syrah große Fortschritte.
Beste Weine ★★★ Insignia 🍷, ★★ Cabernet Sauvignon Backus Vineyard 🍷, ★ Cabernet Sauvignon Napa Valley 🍷, Chardonnay Ovation 🍸, Syrah Vin du Mistral 🍷
Gute Jahrgänge Insignia und Cabernets: 1995, 94, 93, 91, 90, 87, 86, 85, 84, 81, 78, 77

PINE RIDGE WINERY, Stags Leap District AVA 707 253 7500/253 1493

Pine Ridge hat zwar in Stags Leap seinen Sitz, ist aber auch in anderen AVAs stark vertreten. Zwei sehr schön strukturierte Cabernet Sauvignons kommen aus Stags Leap und Rutherford, dazu ein beeindruckender, gehaltvoller Cabernet aus Howell Mountain. Auch die Chardonnays aus Stags Leap (saftige Frucht, gute Balance) und Carneros (Mineralien- und Zitrusnoten) sind dicht gestrickt.
Beste Weine ★★ Cabernet Sauvignon Stags Leap 🍷, Cabernet Howell Mountain 🍷, Chardonnay Stags Leap 🍸, Merlot Selected Cuvée 🍷, ★ Chenin Blanc 🍸
Gute Jahrgänge 🍷 1995, 94, 92, 91, 90, 86, 85, 81

QUIVIRA VINEYARDS, Dry Creek Valley AVA 707 431 8333/431 1664

Ein extrem weicher Zinfandel, vollgepackt mit strahlender Frucht von Dry Creek, sowie ein ernsthafter Sauvignon Blanc kommen regelmäßig aus diesem kleinen Weingut. Der Zinfandel ist früh trinkfertig, kann aber auch gut 5–6 Jahre gelagert werden.
Beste Weine ★★ Zinfandel 🍷, ★ Sauvignon Blanc Reserve 🍸
Gute Jahrgänge 🍷 1997, 96, 95, 94

QUPÉ, Santa Maria Valley AVA 805 688 2477/937 9801

Energiebündel Bob Lindquist hat für den Syrah in Kalifornien Standards gesetzt. Sein opulenter Reserve Syrah und der fruchtbetonte Los Olivos (eine Syrah-Mourvèdre-Cuvée) sind so angesehen, daß er gebeten wurde, für ein Weingut im Rhône-Tal als Berater tätig zu werden. Auch der Chardonnay Santa Maria mit seinem würzigen Apfel- und Limonenaroma erhielt phantastische Kritiken.
Beste Weine ★★★ Chardonnay Santa Maria Valley 🍸, Syrah Bien Nacido Reserve 🍷, ★ Los Olivos Cuvée 🍷 **Gute Jahrgänge** 1995, 94, 92, 90

A. RAFANELLI WINERY, Dry Creek Valley AVA 707 433 1385

Der klassische Dry Creek Valley Zinfandel von alten Reben läßt die Käufer bei jedem neuen Jahrgang Schlange stehen. Nicht weniger schlecht ist der Cabernet Sauvignon mit ähnlich reifer Frucht, solider Struktur und schöner Balance durch den überlegten Einsatz von Eiche. Beide Weine können gelagert werden; der Zinfandel erreicht seinen Höhepunkt nach 3–5 Jahren, der Cabernet braucht etwa doppelt so lange.
Beste Weine ★★★ Zinfandel 🍷, ★★ Cabernet Sauvignon 🍷
Gute Jahrgänge 1996, 95, 94, 92, 91, 90, 87

RAVENSWOOD WINERY, Sonoma Valley AVA 707 938 1360/938 9459

Zinfandel in 15 Versionen pro Jahrgang sind typisch für den Zin-Fanatiker Joel Peterson, der bereits auf geschmacksintensive Zinfandel setzte, als man noch White Zinfandel trank. Peterson bezieht Trauben von den besten, normalerweise ertragsarmen alten Zinfandel-Rebgärten in Napa, Sonoma und den Sierra Foothills und ist bekannt für seine gehaltvollen, konzentrierten und kräftigen Weine. Sowohl seine Lagen-Zinfandel als auch die Cuvées sind schön und mächtig. Ravenswood erzeugt außerdem einen guten Merlot sowie den roten Meritage Pickberry.

Beste Weine ★★★ Zinfandel Old Vines 🍷, ★★ Zinfandel Dickerson Vineyard 🍷, Zinfandel Old Hill Vineyard 🍷, Zinfandel Cooke Vineyard 🍷, Pickberry 🍷, ★ Merlot North Coast 🍷, Zinfandel Vintners Blend 🍷

Gute Jahrgänge Zinfandel: 1996, 95, 94, 92, 91, 90, 87, 86, 85

RIDGE VINEYARD, Santa Cruz Mountains AVA 707 433 7721/433 7751

Bereits lange bevor es Mode wurde, versorgte sich der Weinmacher Paul Draper mit herausragenden alten Zinfandel-Flächen. Später kreierte er den großartigen, unverwechselbaren Cabernet Monte Bello, dessen Trauben von einer alten Hügellage stammen. Seit 1970 haben die Monte Bello Cabernets eine sagenhafte Erfolgsserie; diese Weine, teils inzwischen 20 oder 25 Jahre alt, sind immer noch sehr elegant und lebendig. Die derzeit am höchsten geschätzten Zinfandels sind Geyersville, Lytton Springs und Dusi aus Paso Robles. York Creek ist Drapers bester Petite Sirah.

Beste Weine ★★★ Cabernet Sauvignon Monte Bello 🍷, Zinfandel Geyersville 🍷, ★★ Zinfandel Lytton Springs 🍷, Zinfandel Dusi Ranch 🍷, Zinfandel Pagani Ranch 🍷, Chardonnay 🍸, ★ Merlot Bradford Mountain 🍷, Petite Sirah York Creek 🍷

Gute Jahrgänge Monte Bello: 1994, 92, 91, 90, 87, 84, 81; Zinfandel: 1996, 95, 94, 93, 92, 91, 90, 88, 86, 84

ROCHIOLI VINEYARDS, Russian River Valley AVA 707 433 2305/433 2258

Mit sorgfältigst gepflegten Weinbergen erzeugt die Familie Rochioli sehr individuellen Pinot Noir, Chardonnay und Sauvignon Blanc. Der einfache Pinot Noir glänzt durch ein prächtiges Schwarzkirscharoma und eine samtige Textur. Der Reserve ist gehaltvoller und intensiver, der West Block Reserve ist schlicht superb. Der Chardonnay Reserve ist komplex und zeigt gutes Reifungspotential, der Sauvignon Blanc strotzt vor Aroma.

Beste Weine ★★★ Pinot Noir West Block Reserve 🍷, ★★ Pinot Noir Estate 🍷, Chardonnay Reserve 🍸, ★ Sauvignon Blanc

Gute Jahrgänge 🍷 1996, 95, 94, 92, 91, 90; 🍸 1996, 95, 94, 93, 92

ROEDERER ESTATE, Anderson Valley AVA 707 895 2288/895 2120

Der kalifornische Ableger des Champagnerhauses ROEDERER führte sich mit einem eleganten, etwas strengen Brut (exportiert als Quartet) ein, bei dem nur ein Hauch des fruchtigen kalifornischen Charakters zu spüren ist. Die Luxuscuvée L'Ermitage, die 4 Jahre reift und nur in geringen Mengen hergestellt wird, ist üppig und betörend, vielleicht der beste Schampus aus der Neuen Welt.

Beste Weine ★★ L'Ermitage 🍸, Estate Rosé 🍷, ★ Brut Quartet 🍸

Gute Jahrgänge L'Ermitage: 1991, 90, 89

ST CLEMENT, Napa Valley AVA 707 963 7221/963 9174

Clement, bekannt für ausgewogene, wunderbar charaktervolle Weine, hat eine lange

JAHRGÄNGE IN KALIFORNIEN

Die Jahrgänge in Kalifornien variieren so weit, daß generalisierende Jahrgangscharakteristiken durchaus hilfreich sind. Früh reifende Trauben wie Chardonnay und Pinot Noir treffen in der Regel auf andere Bedingungen als spät reifende, insbesondere Cabernet Sauvignon und Zinfandel. Die Qualität der Trauben wird von den Wetterverhältnissen beeinflußt, die normalerweise zwischen North Coast und South Coast bis zu einem gewissen Grad differieren.

Lagerfähigkeit

Da in den USA der schnelle Genuß die Nachfrage bestimmt, besitzen die meisten kalifornischen Weine einen sehr fruchtbetonten, weichen Stil. Ausnahme unter den Weißweinen ist der Chardonnay aus ertragsarmen Lagen, der von 3–5jähriger Lagerung profitiert. Bei den Rotweinen erreichen Merlot und Zinfandel nach 3–4 Jahren, Zinfandel nach 5–7 Jahren ihren Höhepunkt. Die konzentrierten Cabernets aus Napa Valley lohnen eine Lagerung von 10 Jahren und mehr, die meisten schmecken aber nach 4–6 Jahren am besten.

Reifediagramme

1995 brachte dichten Cabernet Sauvignon mit einem Reifungspotential von 10 Jahren. Elegante Pinots aus Carneros sind mit 2–4 Jahren am besten, die intensivere Version aus Santa Barbara benötigt 5–7 Jahre.

1995 Napa Cabernet Sauvignon (premium)

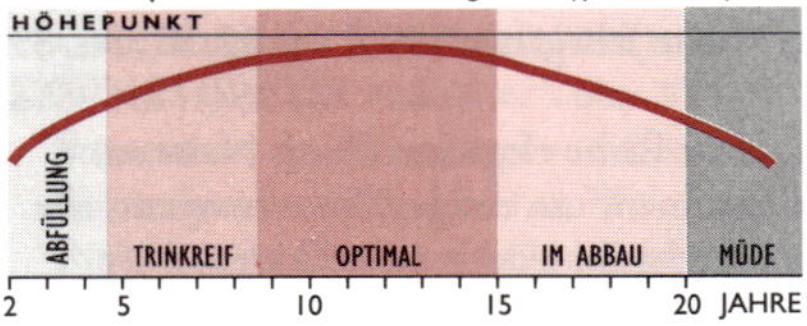

1995 Santa Barbara/Carneros Pinot Noir

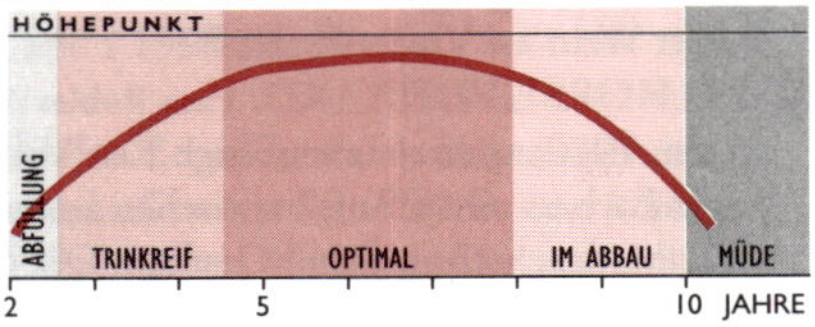

JAHRGANGSÜBERSICHT

	97	96	95	94	93	92	91	90	89	88	87
NAPA VALLEY	**97**	**96**	**95**	**94**	**93**	**92**	**91**	**90**	**89**	**88**	**87**
Cabernet/Merlot	8○	7○	9○	9○	7◑	8◑	8◑	9◑	6●	6●	8●
Zinfandel	9○	7○	8○	9◑	7◑	8●	9●	9●	7●	6●	9●
SONOMA COUNTY	**97**	**96**	**95**	**94**	**93**	**92**	**91**	**90**	**89**	**88**	**87**
Cabernet/Merlot	8○	6○	8○	8○	7◑	8◑	8◑	9◑	8●	7●	8●
Zinfandel	9○	7○	7○	9◑	7◑	8●	8●	9●	8●	7●	8●
NAPA/SONOMA	**97**	**96**	**95**	**94**	**93**	**92**	**91**	**90**	**89**	**88**	**87**
Chardonnay	8○	7○	8◑	9◑	7●	8●	7◐	9●	5◐	8◐	9◐
CARNEROS/RUSSIAN RIVER	**97**	**96**	**95**	**94**	**93**	**92**	**91**	**90**	**89**	**88**	**87**
Pinot Noir	7○	8○	9◑	9◑	7◑	8●	9●	8●	8◐	7◐	6◐
CENTRAL COAST	**97**	**96**	**95**	**94**	**93**	**92**	**91**	**90**	**89**	**88**	**87**
Pinot Noir	8○	8○	8◑	9◑	7◑	8●	9●	9●	8●	7◐	7◐
Chardonnay	8○	7○	9◑	9◑	7●	8●	9●	9●	8◐	8◐	

ERLÄUTERUNG ○ = braucht noch Zeit ◑ = trinkreif, gewinnt noch ● = optimal ◐ = in Abbau oder abgebaut

JAHRGÄNGE AUF EINEN BLICK

Diese Tabelle ist nach Sorten geordnet und in Zusammenhang mit der Jahrgangsübersicht auf S. 288 zu sehen.

Cabernet Sauvignon, Merlot und Zinfandel	
Große Jahre ★★★	1995, 94, 90, 86, 85, 81, 78, 74, 70, 68, 59
Gute Jahre ★★	1997, 92, 91, 87, 84, 79, 75, 71, 69, 66, 64, 58
Mittelmäßige Jahre★	1996, 93, 88, 77, 73, 67, 65
Schlechte Jahre (kein Stern)	1989, 83, 76, 72
Carneros, Central Coast – Pinot Noir und Chardonnay	
Große Jahre ★★★	1995, 94, 91, 85
Gute Jahre ★★	1997, 92, 90, 89, 86
Mittelmäßige Jahre ★	1996, 93, 88, 87, 84
Schlechte Jahre (kein Stern)	1983

Die einzelnen Jahrgänge

1997 ★★ Ein warmer Frühling, ein nicht zu heißer Sommer und neue Rebflächen brachten eine Rekordernte. Gelegentliche Herbstregen führten zu Problemen bei übermäßigen Ernten von Chardonnay und einigen Zinfandels. Allgemein gute Qualität, Cabernet und Zinfandel nahezu herausragend. Bei begrenzten Erträgen erwies sich Chardonnay als überdurchschnittlich.

1996 ★ Ungleichmäßiger als vorangegangene Jahre. Nur die besten Erzeuger werden vermutlich erfolgreich sein. Cabernet Sauvignon dürfte etwas zurückhaktend ausfallen, Pinot Noir und Chardonnay von Carneros und Central Coast sollten jedoch sehr gut sein.

1995 ★★★ Gut bis sehr gut, trotz des schlechten Frühlingswetters, das zu einer geringen Blüte führte und die Erträge schmälerte, sowie einer kühlen Vegetationsperiode bis in den November, so daß die Trauben langsam, aber voll ausreifen konnten. Cabernet Sauvignon ist ungleichmäßig, aber viele Weine haben hervorragende Struktur. Chardonnay von der Central Coast ist am besten, die North Coast kommt nicht an den Gehalt und die Balance der 94er heran.

1994 ★★★ Zinfandel und Cabernet Sauvignon sind hervorragend. Die Erträge waren niedrig, dennoch zweifellos ein großer Jahrgang. Chardonnay und Pinot Noir von Spitzenerzeugern sind herausragend. Mehr Chardonnays als sonst können 5–7 Jahre lagern.

1993 ★ Trotz schlechten Wetters kein ganz schwacher Jahrgang. Die Weißweine sind elegant und stilvoll, die Rotweine besitzen gute Anlagen. Sogar Zinfandel schien den Umständen zu trotzen. Pinot Noir von der südlichen Central Coast ist gut, aus Carneros und Russian River Valley aber nur guter Durchschnitt. Die besten Cabernets aus Napa und Sonoma zeigen Eleganz und eine schöne Frucht.

1992 ★★ Eine große, dennoch hochwertige Ernte. Die Cabernets sind etwas frühreif und vordergründig, zeigen aber meist gute Lagerfähigkeit. Die langlebigsten und einige der Jahrgangsbesten stammen aus AVAs in Hügellagen.

1991 ★★-★★★ Stilvolle, gute strukturierte Weine, darunter viele außergewöhnlich gute. Die besten Cabernets sollten noch reifen.

1990 ★★-★★★ Insgesamt hervorragender Jahrgang mit gehaltvollen, konzentrierten Cabernets und Zinfandels sowie Chardonnays. Nur die besten halten noch 3–4 Jahre.

1989 0-★★ Ein feuchter Herbst verdarb das bis dahin gute Jahr. Regionen, die von dem schlechten Wetter verschont blieben (z.B. Santa Barbara), erbrachten sehr gute Weine, aber auch die meisten engagierten Winzer im übrigen Kalifornien. Einige sehr gute Merlots.

1988 ★ Ein attraktiver, früh trinkreifer Jahrgang. Bis auf die Spitzenrotweine sind alle leicht und haben ihren Höhepunkt überschritten. Cabernets aus Sonoma hatten etwas mehr Tiefe und hielten sich länger.

1987 ★★-★★★ Hervorragende Zinfandel. Cabernet war qualitativ unbeständiger, aber selten schlechter als gut – dank einer heißen und besonders trockenen Anbauregion.

1986 ★★-★★★ Körperreiche Rotweine mit hohem Tanningehalt. Chardonnay war kräftig und opulent und sollte bereits getrunken sein. Die Cabernets stehen kurz vor ihrem Höhepunkt.

1985 ★★★ Ein für Cabernet nahezu perfekter Jahrgang mit großen Weinen, die sich gut hielten und jetzt vielfach optimal sind.

1984 ★★-★★★ Der erste von drei guten Jahrgängen Mitte der 80er. Nur die besten sind noch gut.

1983 Viele Rotweine sind hart und unzugänglich und scheinen sich auch nicht zu entwickeln.

1982 Viel Regen führte zu wäßrigen Weinen.

1981 Einige sehr gute Weine, aber nur wenige Rotweine sind noch trinkbar.

1980 Erst als großer Jahrgang eingestuft, dann schrittweise abgewertet. Dennoch gibt es einige noch sehr gute Weine.

Weitere gute Jahrgänge 1978, 74 und 70 waren herausragend, insbesondere für Cabernet. Auch 75, 73 und 71 gab es ein paar große Weine. Ältere Klassiker stammen aus den Jahren 69, 68, 66, 59, 58, 54, 51, 47 und 46.

PAZIFISCHER NORDWESTEN

Der Erfolg ließ nicht lange auf sich warten, als man in den ältesten Anbaugebieten von Washington und Oregon Mitte der 1960er Jahre mit der Produktion reinsortiger Weine begann. Inzwischen erzeugen die beiden Bundesstaaten Rot- und Weißweine, die mit den besten der Welt konkurrieren können.

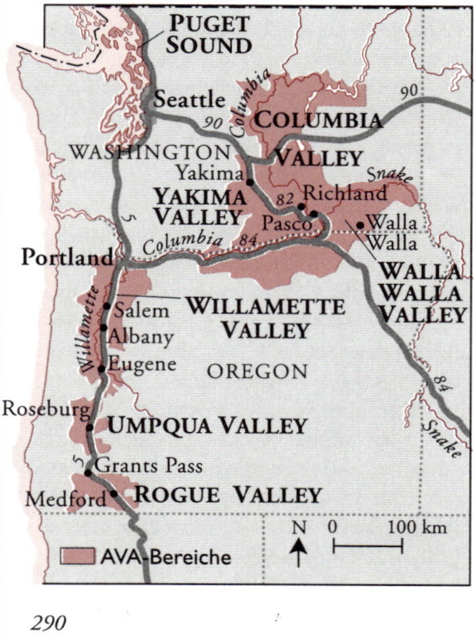

Weintypen in Oregon

Das Willamette Valley ist das größte und wichtigste Weinbaugebiet in Oregon und kann sich einer wachsenden Zahl von Spitzenerzeugern rühmen. Das Klima ist warm genug, um die Trauben voll ausreifen zu lassen, aber zugleich ausreichend kühl, um hervorragenden Pinot Noir und Gewürztraminer hervorzubringen. In großen Jahrgängen besitzen die Pinots Noirs eine Vielschichtigkeit und Tiefe wie guter roter Burgunder. Mit neuen Klonen von Chardonnay und Pinot Noir begegnet man dem Problem der durch häufig feuchtes Herbstwetter hervorgerufenen Qualitätsschwankungen.

Das Umpqua Valley hat eine Marktlücke entdeckt und verkauft heimischen Wein an Touristen, daneben findet man einige bemerkenswerte Flaschen. Die Bedingungen sind vielversprechend, und künftige Experimente werden die richtige Kombination von Sorten und Boden entdecken. Das Rogue Valley besitzt mehrere Anbauzonen, die es ermöglichen, Trauben für kühles Klima und solche für wärmeres Klima anzubauen.

Weintypen in Washington

Den wüstenähnlichen Anbauregionen Columbia Valley, Yakima Valley und Walla Walla Valley fehlt das Flair von Oregons Willamette Valley oder Kaliforniens Napa Valley; die meisten Rebflächen wurden von Unternehmern, nicht von Romantikern angelegt. Columbia Valley ist die meistverwendete AVA, da sie alle Subregionen bis auf Western Washington einschließt. Die Subregion Yakima Valley ist für gut strukturierte Merlots und Cabernet Sauvignons bekannt, im Gegensatz zu den fruchtbetonten Rotweinen aus dem Walla Walla Valley. Spritzige Weißweine aus Chardonnay, Riesling und Sauvignon Blanc finden sich im gesamten Bundesstaat.

REBSORTEN UND WEINE

Rotwein im Bordeaux-Stil

Im Bordeaux-Stil gehaltene Rotweine aus Washington sind *en vogue*. Der intensive Sortencharakter von Merlot und Cabernet Sauvignon aus dem Columbia Valley kann durch das Verschneiden gedämpft werden.

Spätlesen

In Washington und Oregon werden hervorragende Spätlesen erzeugt, bei denen eine außergewöhliche Säure den hohen Zuckergehalt ausgleicht. Das kühle Spätherbstwetter im östlichen Teil Washingtons ermöglicht des öfteren die Herstellung von Eiswein.

Cabernet Sauvignon

Cabernet Sauvignon aus Washington verbindet die pralle kalifornische Frucht mit der festen Säure und Struktur eines edlen Bordeaux. Cabernet Sauvignon aus Oregon ist etwas erdiger und rauher, hat sich aber dank besserer Lagen und Weinbergsarbeit gesteigert.

Chardonnay

Neue Klone haben die Qualität des Chardonnay aus Oregon erheblich verbessert, der nun zu runden, körperreichen Weinen ausgebaut wird. In Washington hat man mit kleinen Eichenfässern und einer sorgfältigeren Auslese der Trauben den Chardonnay ebenfalls ständig verbessert.

Gewürztraminer

Hervorragender Gewürztraminer kommt aus Washington und aus Oregon. Leider geht der größte Teil davon in billige, frischfruchtige Weine mit wenig Charakter.

Merlot

Merlot aus Washington profitiert von dem erneuten, gesundheitsbewußten Interesse an Rotwein. Die Traube entwickelt im trockenen Columbia Valley Fülle und Komplexität. Ein fruchtiger, ansprechender Merlot wird in geringen Mengen auch im Süden Oregons hergestellt.

Pinot Gris

Pinot Gris ist der Liebling der Weinproduzenten von Oregon: er ist jung am besten, muß nicht in Eiche reifen und läßt sich schnell verkaufen. Frische und Spritzigkeit machen ihn zu einem guten Tischwein. Wächst in geringen Mengen auch in Washington.

Pinot Noir

Pinot Noir ist vermutlich die erfolgreichste Rebsorte des pazifischen Nordwestens, internationalen Ruf genießen die Weine aus dem Willamette Valley in Oregon. Sie ist allerdings sehr empfindlich, und nur wenige Lagen in Washington, vornehmlich im Westen, sind für sie geeignet.

Beste Weine ★★ Pinot Noir Arcus Estate 🍷, Pinot Noir Red Hills Estate 🍷, Vireton 🍸
Gute Jahrgänge 🍷 1997, 96, 95; 🍸 1997

ARGYLE /DUNDEE WINE COMPANY, 503 538 8520/538 2055
Willamette Valley AVA, Oregon

Argyle produziert mit nahezu 200 000 Flaschen jährlich eine relativ große Menge an hervorragenden Schaumweinen. Das kühle Klima von Oregon ist perfekt für Pinot Noir und Chardonnay mit hohem Säuregehalt geeignet. Weinmacher Rollin Soles verwendet Hefesorten der Champagnerfirma BOLLINGER und fertigt einen lebendigen, hefebetonten Jahrgangs-Brut, der zu den besten Amerikas gehört.

Bester Wein ★★ Vintage Brut 🍸 **Gute Jahrgänge** 1994, 93

BEAUX FRÈRES, Willamette Valley AVA, Oregon 503 537 1137/537 2613

Der bekannte Weinexperte Robert M. Parker ist ein Teilhaber dieser kleinen Kellerei im Willamette Valley. Anfängliche Diskussionen über diese Tatsache verstummten schnell nach einigen intensiven, körperreichen Pinots Noirs. Der Pinot Noir zeigt heute eine mächtige Brombeerfrucht und deutliche Aromen von neuen Eichenfässern.

Bester Wein ★★ Pinot Noir 🍷 **Gute Jahrgänge** 1996, 94

CAMERON WINERY, Willamette Valley AVA, Oregon 503 538 0336

Der umgängliche Weinmacher John Paul spielt gerne den Spaßvogel, allerdings nicht bei der Arbeit. Um seine Chardonnays und Pinots Noirs schöner zu machen, verwendet er neue Eichenfässer. Der Pinot Noir Clos Electrique erhielt seinen Namen vom elektrischen Zaun, der das Weingut umgibt, und ist ein komplexer, vielschichtiger Wein, der sehr schön altert.

Beste Weine ★★ Pinot Noir Clos Electrique 🍷 **Gute Jahrgänge** 1996, 95, 94

CHATEAU STE MICHELLE, Columbia Valley AVA, Washington 425 488 1133/488 3340

Der internationale Beifall, den diese große Kellerei bekam, hat den Markt für Weine aus dem Bundesstaat Washington geöffnet. Unter der Leitung von Weinmacher Mike Januik macht man individuelle Lagenweine, die die Böden widerspiegeln.

Beste Weine ★★ Chardonnay Reserve 🍸, Cabernet Sauvignon Cold Creek Vineyard 🍷, Chardonnay Cold Creek Vineyard 🍸, White Riesling Icewine 🍸, ★ Merlot Indian Wells Vineyard 🍷 **Gute Jahrgänge** 🍷 1996, 95, 94; 🍸 1996, 95

CHINOOK WINES, Yakima Valley AVA, Washington 509 786 2725/786 2777

Mit Kay Simon und Clay Mackay ergänzen sich die Fähigkeiten zweier Spezialisten für Weinbau und Vinifikation in Washington. Chardonnay und Sauvignon Blanc sind technisch einwandfrei und zuverlässig gut. Der Cabernet Sauvignon reift zusätzlich auf der Flasche, bevor er auf den Markt kommt, und ist einer der besten Rotweine Washingtons.

Beste Weine ★★ Cabernet Sauvignon 🍷, ★ Chardonnay 🍸
Gute Jahrgänge 🍷 1994, 93, 92; 🍸 1996, 95

COLUMBIA WINERY, Columbia Valley AVA, Washington 425 488 2776/488 3460

Unter der Leitung von *Master of Wine* David Lake macht die Columbia Winery eine komplette Linie preisgünstiger Sortenweine. Der Syrah Red Willow Vineyard hat einen rauchigen Charakter, der an Rotweine aus dem nördlichen Rhône-Tal erinnert, hervorragend aber ist der Cabernet Sauvignon Red Willow Vineyard mit komplexem Sortencharakter.

Beste Weine ★★★ Cabernet Sauvignon Red Willow Vineyard 🍷, ★ Syrah Red Willow Vineyard 🍷, Sauvignon Blanc 🍸
Gute Jahrgänge 🍷 1995, 94, 93; 🍸 1997, 96

DELILLE CELLARS, Yakima Valley AVA, Washington 425 489 0544/402 9295

Der Weinmacher Chris Upchurch fertigt mächtige, holzbetonte Rotweine mit warmem Kirscharoma, die vielen zusagen. Von Trauben aus mehreren Spitzenlagen im Yakima Valley wählt er die besten für seine Bordeaux-Cuvée Chaleur Estate aus. Der Zweitwein, D2, wird vorwiegend aus Merlot-Trauben gemacht.

Beste Weine ★ Chaleur Estate 🍷, D2 🍷 **Gute Jahrgänge** 1996, 95, 94

DOMAINE DROUHIN, Willamette Valley AVA, Oregon 503 864 2700/864 3377

Der französische Weinhändler Robert DROUHIN überraschte 1987 die Weinwelt mit dem Erwerb von gut 70 ha Land in Yamhill, das er mit Pinot Noir und Chardonnay bestockte, um in Oregon rote und weiße Burgunder von Spitzenqualität zu erzeugen. Heute sind die von seiner Tochter Véronique erzeugten Weine überragend. Ihr Pinot Noir gehört zu den geschmeidigsten von Oregon, der Pinot Noir Laurène kann mit den besten von der Côte d'Or konkurrieren. Ein exzellenter 96er Chardonnay kam 1998 auf den Markt.

Beste Weine ★★★ Pinot Noir Laurène 🍷, ★★ Pinot Noir 🍷

Gute Jahrgänge 🍷 1996, 94

THE EYRIE VINEYARDS, Willamette Valley AVA, Oregon 503 472 6315/472 5124

David Lett ist ein Visionär, den viele als den Architekten der Weinindustrie Oregons betrachten. 1996 legte er in den kühlen Hügeln bei Dundee einen Weinberg mit Pinot Noir an und begründete damit einen ganzen Wirtschaftszweig. Seine erfolgreichen Experimente mit Pinot Gris und Pinot Noir wurden stilbestimmend für Weine aus Oregon. Sein Chardonnay Reserve ist köstlich.

Beste Weine ★★ Pinot Gris 🍸, Pinot Noir Reserve 🍷, ★ Chardonnay Reserve 🍸

Gute Jahrgänge 🍷 1996, 94, 93; 🍸 1996, 95

HEDGES CELLARS, Columbia Valley AVA, Washington 425 391 6056/391 3827

Hedges erwarb sich seinen Ruf mit einem international erfolgreichen, preiswerten Cabernet-Merlot-Verschnitt. Der im Faß ausgebaute Red Mountain Reserve ist in Qualität und Preis eine Stufe höher angesiedelt und gehört zu den besten im Bundesstaat.

Bester Wein ★ Red Mountain Reserve 🍷 **Gute Jahrgänge** 1996, 95, 94

L'ÉCOLE #41, Walla Walla AVA, Washington 509 525 0940/525 2775

Auch ein merkwürdiger Name (französisch für das ehemalige Schulhaus von Walla Walla, in dem die Kellerei untergebracht ist) und ein ungewöhnliches Etikett (von einem Schulkind gemalt) konnten die Käufer nicht abschrecken. Der Merlot und der Cabernet Sauvignon aus der Lage Seven Hills sind eine Kostprobe wert. Besonders beliebt ist ein holzbetonter, kräuteriger Sémillon, aus dem alles herausgeholt wurde. Der Apogee ist eine neue Cuvée aus Merlot und Cabernet Sauvignon.

Beste Weine ★★ Merlot Seven Hills Vineyard 🍷, Apogee 🍷, ★ Sémillon 🍸, Merlot 🍷, Cabernet Sauvignon Seven Hills Vineyard 🍷

Gute Jahrgänge 🍷 1996, 95, 94; 🍸 1996, 95

LEONETTI CELLAR, Walla Walla AVA, Washington 509 525 1428/525 4006

Leonetti Cellar ist berühmt für Merlots, die mit ihrem Röstaroma weltweit bei Sammlern begehrt sind. Der Weinmacher Gary Figgins verwendet jede Menge neuer, würziger Eiche, um die Frucht zu unterstreichen. Gefällige Rotweine mit Schokoladennote sind das Markenzeichen. Der Cabernet Sauvignon reift in 3–5 Jahren sehr schön.

Beste Weine ★★★ Merlot 🍷, ★★ Cabernet Sauvignon 🍷 **Gute Jahrgänge** 1995, 94

McCREA CELLARS, Columbia Valley AVA, Washington 360 458 9463

Doug McCrea arbeitet ausschließlich mit Chardonnay und Rhône-Sorten und produziert sehr geschmacksintensive Weine. Sein hervorragender, buttriger Chardonnay mit Apfelduft gehört zu den besten in Washington. Syrah, der nur in besten Jahrgängen hergestellt wird, ist sehr beeindruckend.

Beste Weine ★★ Syrah 🍷, ★ Chardonnay Elerding Vineyard 🍸

Gute Jahrgänge 🍷 1994; 🍸 1996, 95

PONZI VINEYARDS, Willamette Valley AVA, Oregon 503 628 1227/628 0354

Auf Ponzi wurde 1970 der erste Weinberg angelegt, die Kellerei erwarb sich schnell einen guten Ruf für Pinot Gris und Pinot Noir. Auch heute noch sind sie die besten, und die Suche nach dem Pinot Noir Reserve lohnt sich.

Bester Wein ★★ Pinot Noir Reserve 🍷 **Gute Jahrgänge** 1995, 94

QUILCEDA CREEK, Washington State 425 568 2389

Aus der winzigen Kellerei im Westen Washingtons kommt ein Weltklasse-Cabernet-Sauvignon. Durch geschicktes Verschneiden verschiedener Lagen in Washington gewinnen Alex und Paul Golitzen einen dichten und gut balancierten Wein, der wunderbar altert.

Bester Wein ★★★ Cabernet Sauvignon 🍷 **Gute Jahrgänge** 1997, 96, 95, 94

REX HILL VINEYARDS, Willamette Valley AVA, Oregon 503 538 0666/538 1409

Unter den vielen Weinen von Rex Hill Vineyards verdienen vor allem Pinot Gris und Pinot Noir Reserve Beachtung. Weinmacherin Lynn Penner-Ash zeigt eine geschickte Hand und selektiert Trauben von über 100 ha, die von der Kellerei bewirtschaftet werden.

Beste Weine ★★ Pinot Noir Reserve 🍷, ★ Pinot Gris 🍸

Gute Jahrgänge 🍷 1994, 93, 92; 🍸 1997, 96

WILLAKENZIE ESTATE, Willamette Valley AVA, Oregon 503 662 3280/662 4829

Ein hochmodernes Gut, dessen Weinberge dicht mit traditionellen Klonen und neueren, früh reifenden Rebsorten bestockt sind. Das Ergebnis sind feine, von Laurent Monthelieu vinifizierte Pinots, darunter ein außergewöhnlicher, fein duftender roter Pinot Meunier. Der Pinot Gris ist ölig und intensiv, der Pinot Blanc gehört zu den besten von Oregon. Alle Weine sollten nur kurz gelagert und jung getrunken werden.

Beste Weine ★★ Pinot Blanc 🍸, Pinot Meunier 🍷, ★ Pinot Gris 🍸

Gute Jahrgänge 🍷 1995, 94; 🍸 1996, 95

WOODWARD CANYON WINERY, Walla Walla AVA, Washington 509 525 4129/522 0927

Chardonnay ist die Hauptrebsorte dieser bekannten Kellerei im Bundesstaat Washington, ihr bester Wein ist die Cuvée Celilo Vineyard von Trauben, die 300 m über dem Meeresspiegel wachsen.

Beste Weine ★★ Chardonnay Celilo Vineyard 🍸, Cabernet Sauvignon Old Vines 🍷, Chardonnay 🍸 **Gute Jahrgänge** 🍷 1995, 94; 🍸 1996, 95

KEN WRIGHT CELLARS, Willamette Valley AVA, Oregon 503 852 7070

Ken Wright macht eine breite Palette von Sorten- und Lagen-Weinen in kleinen Mengen, die manchmal schwer zu finden sind. Viele Weine werden bereits verkauft, während sie noch im Faß reifen. Sein Chardonnay Celilo Vineyard aus Trauben, die in Washington wachsen, ist erstklassig, auch der Pinot Noir Carter Vineyard ist zuverlässig und gut.

Beste Weine ★★ Chardonnay Celilo Vineyard 🍸, Pinot Noir Carter Vineyard 🍷

Gute Jahrgänge 🍷 1994, 93; 🍸 1996, 95

JAHRGÄNGE IM PAZIFISCHEN NORDWESTEN

Die Jahrgänge in Washington und Oregon zeigen erhebliche Unterschiede. Während das Wetter im Bundesstaat Washington nur geringen Schwankungen unterliegt, variieren in Oregon die Niederschläge von Jahr zu Jahr erheblich. Selbst wenn unmittelbar vor der Ernte Regen fällt, können die Winzer in Washington ein paar Tage warten, bis er vorüber ist. Oregons Weinmacher stellen sich mit neuen Techniken und geeigneten Klonen auf die klimatischen Bedingungen ein.

Lagerfähigkeit

Spritzige Weißweine aus Riesling und Sauvignon Blanc aus dem Nordwesten sind jung am besten. Nur wenige, außer den Dessertweinen, können mehr als 3 Jahre gelagert werden. Chardonnays aus Washington und Oregon werden in 3–5jähriger Reifung weicher, ein paar besitzen genug Balance für eine längere Entwicklung. Pinot Noir aus Oregon gibt es in vielen verschiedenen Ausprägungen. Frucht- und holzbetonte, gehaltvolle Weine erreichen ihren Höhepunkt 5–7 Jahre nach der Lese, während feinere, gut balancierte Weine häufig mehr als 10 Jahre reifen können. Auch die Rotweine aus Washington, besonders Cabernet Sauvignon, variieren, die meisten können aber 8–10 Jahre reifen. Um den Holzton von neuen Fässern weicher werden zu lassen, sollte man mindestens 2–3 Jahre abwarten.

Reifediagramme

Niedrige Ernten und warmes Wetter sorgten 1994 für runde, mächtige Rotweine in Washington, in Oregon für dunkle, opulente Pinots Noirs. 1996 ergaben geringe Ernten in Washington wie auch in Oregon gute Weine, einschließlich Chardonnay.

1994 Washington State Cabernet Sauvignon

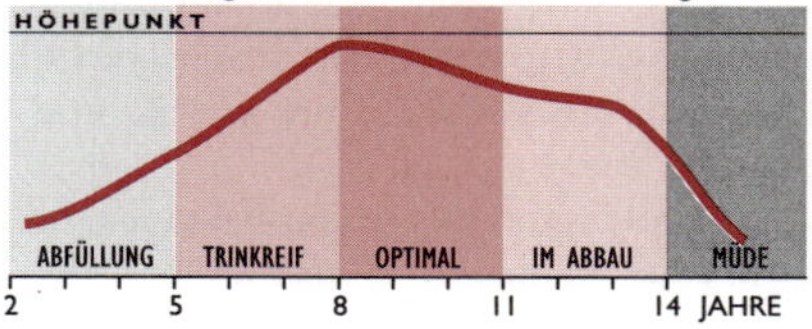

1996 Washington State/Oregon Chardonnay

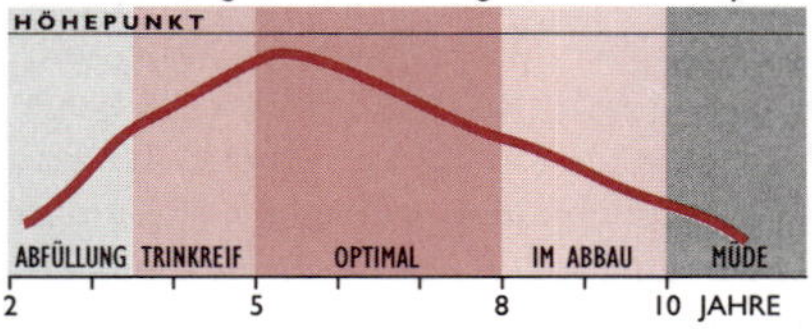

1994 Oregon Pinot Noir

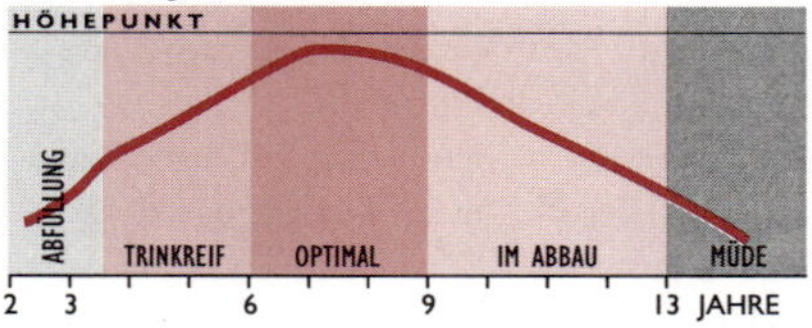

JAHRGANGSÜBERSICHT

OREGON	97	96	95	94	93	92	91	90	89	88	87
Pinot Noir	8○	6○	6○	9◑	7◑	9●	8●	9●	8◐	8◐	5◐
Chardonnay	7○	7○	7○	8◑	7●	8●	7◐	8◐	8◐	8◐	6◐
WASHINGTON STATE	**97**	**96**	**95**	**94**	**93**	**92**	**91**	**90**	**89**	**88**	**87**
Cabernet (oder Merlot)	8○	8○	7○	9○	7◑	9●	8●	7●	9◐	7◐	8◐
Chardonnay	7○	8○	8◑	8●	7●	8◐	7◐	6◐	9◐	8◐	6◐

ERLÄUTERUNG ○ = braucht noch Zeit ◑ = trinkreif, gewinnt noch ● = optimal ◐ = in Abbau oder abgebaut

JAHRGÄNGE AUF EINEN BLICK

Neue Klone und eine bessere Wahl der Lagen heben die Qualität der Trauben in Oregon und Washington. Man kann inzwischen auch die Wetterbedingungen leichter voraussagen, und die Winzer können besser auf sie eingehen.

Große Jahre ★★★
Washington 1994, 89, 88, 87, 85, 83
Oregon 1994, 91, 85, 80
Gute Jahre ★★
Washington 1996, 95, 93, 92, 91, 90, 81, 80
Oregon 1996, 92, 90, 89, 88, 83, 82, 81
Mittelmäßige Jahre ★
Washington 1997, 93, 86, 84, 82
Oregon 1997, 95, 93, 88, 86
Schlechte Jahre (keine Sterne)
Oregon 1984, 87

Die einzelnen Jahrgänge

1997 ★ In Washington hatte man vom frühen September bis in den November eine lange, späte Ernte. In Oregon blieben nur die Trauben von früh reifenden Klonen vom Regen verschont.

1996 ★★ Früh einsetzender starker Frost reduzierte die Erträge in Washington erheblich. Die Weine zeigen eine intensive Farbe und sind recht gerbstoffreich. In Oregon beeinträchtigte Regen die Ernte, aber es wurden gute Weine erzeugt.

1995 Washington ★★ **Oregon** ★ Washington hatte einen kühlen, feuchten Sommer, aber sonniges, warmes Herbstwetter. Merlot und Cabernet Sauvignon sind sehr harmonisch und komplex. In Oregon herrschte feuchtes, schwieriges Erntewetter. Die Pinots Noirs sind fein und früh trinkreif.

1994 ★★★ In beiden Staaten führte Regen während der Blüte zu niedrigen Erträgen. Vom Frühsommer bis zur Ernte warmes Wetter. In Washington erzeugte man gehaltvolle, extraktreiche Rotweine, in Oregon gab es dunkle, opulente Pinots Noirs mit kräftigem Brombeeraroma. Viele Chardonnays lohnen eine Lagerung.

1993 ★ Washington erging es besser als Oregon. Das kühle Frühjahr führte zu einer verzögerten Ernte. Warmes Wetter rettete das schwierige Jahr. In Oregon machte Regen Schwierigkeiten; geschickte Weinmacher erzeugten dennoch gute Weine, aber viele sind sehr tanninreich und ohne die Säure für eine lange Reifung.

1992 ★★ Frühe Lese sowohl in Washington als auch in Oregon. Trockenes, warmes Wetter und zwischendurch Regen brachte hohe Erträge. Rotweine aus Washington sind fruchtbetont und früh reif, Pinots Noirs aus Oregon sind rund, fruchtig und von intensiver Farbe, werden aber bald ihren Höhepunkt erreichen.

1991 Washington ★★ **Oregon** ★★★ In Washington führte ein kalter Winter zu erheblich reduzierten Erträgen und attraktiven Weinen. Pinots aus Oregon haben sich unerwartet gut entwickelt.

1990 ★★ Die Weine sind rund und weich, besitzen aber nicht genügend Säure, um noch länger zu reifen. Ein paar erstklassige Pinots aus Oregon werden sich noch halten.

1989 Washington ★★★ **Oregon** ★★ Niedrige Erträge und eine lange, trockene Erntezeit brachten hervorragende Weine. Die Rotweine aus Washington haben sich hervorragend entwickelt und halten auch weiterhin. Pinots Noirs aus Oregon sind auf dem Höhepunkt.

1988 Washington ★★★ **Oregon** ★★ Die Rotweine aus Washington sind gut balanciert. In Oregon gab es nach kühlem Sommer einen warmen Herbst und mittelgewichtige Weine.

NEW YORK STATE

Der New York State vereint drei Weinbaugebiete: das schnell wachsende Gebiet Long Island, die weitläufigen Finger Lakes und das historische Hudson River Valley. Das milde Klima von Long Island (North Fork, The Hamptons) eignet sich sehr gut für Bordeaux-Sorten; Merlot und Cabernet Franc sind hier exzellent. Die besten Weingärten in der kühlen Region Finger Lakes liegen bei Seneca, Keuka und Cayuga. Riesling, Chardonnay, hybride Rebsorten und Schaumweine sind die Spezialität, in letzter Zeit kam verstärkt Pinot Noir hinzu. Im Hudson River Valley, lange bekannt für Seyval Blanc und Baco Noir, erzeugt man inzwischen beeindruckenden Cabernet Franc und Chardonnay.

WEINTYPEN UND JAHRGÄNGE

Aufgrund der großen Entfernungen zwischen den Anbauregionen gibt es erhebliche klimatische Unterschiede. Allgemeine Aussagen über Jahrgänge lassen sich kaum treffen. Darüber hinaus führt das wechselhafte Wetter an der Ostküste bisweilen zu Problemen bei der Reifung. Kalte Winter und langsames Wachstum können an den Finger Lakes alles ruinieren, während ihre Kollegen auf Long Island und im Hudson River Valley von extremer Nässe oder Hitzewellen während der Wachstumsphase geplagt werden. Dazu kommen Hurrikane, die bereits einige Jahrgänge auf Long Island vernichtet haben, ein Problem, von dem nur wenige Weinbaugebiete betroffen sind.

Jüngste Jahrgänge

Obwohl 1997 ein sich langsam entwickelndes Jahr mit geringen Erträgen war, erwies es sich als Ausnahmejahrgang mit hervorragenden, spritzigen Weißweinen von den Finger Lakes und gehaltvollen Rotweinen von Long Island. Das milde Septemberwetter machte 1997 zu einem prächtigen Jahrgang, der als der beste der letzten 20 Jahre gilt. 1996 gab es eine große Ernte, die meisten 96er sind ordentlich und solide.

Gute Jahrgänge 1997, 94, 93, 92

Riesling

Rieslinge von den Finger Lakes, besonders die trocken ausgebauten, können hervorragend sein. Die schlanken, rassigen Weine gewinnen in 2–3 Jahren, verführen aber zu vorzeitigem Genuß.

Beste Erzeuger Dr. Konstantin Frank, Hermann J. Wiemer, Heron HILL, LAMOREAUX LANDING, Peconic Bay

Gute Jahrgänge 1997, 95, 93

Chardonnay

Die Typen reichen von körperreichen, meist buttrigen, eichenbetonten Weinen von North Fork bis zu spritzigen Versionen mit mittlerem Körper von den Finger Lakes.

Beste Erzeuger Bedell, Fox Run, GLENORA, HARGRAVE, Heron Hill, Knapp, LAMOREAUX LANDING, MILLBROOK, PALMER, Peconic Bay, Pellegrini, Pindar

Gute Jahrgänge 1997, 95, 94

Merlot

Eine Serie erfolgreicher Merlots von North Fork brachte dem Bundesstaat New York in den 1980er Jahren weltweite Aufmerksamkeit. Die besten Weine können mit ihren würzigen, vollen Heidelbeer- und Kirscharomen ohne weiteres in der internationalen Weinwelt bestehen.

Beste Erzeuger Bedell, HARGRAVE, Lenz, PALMER, Pamanok, Peconic Bay, Pellegrini, Pindar

Gute Jahrgänge 1997, 95, 94

ERZEUGER IN NEW YORK STATE VON A BIS Z

GLENORA WINE CELLARS, Finger Lakes District AVA 607 243 5511/243 5514

Einer der größten und besten Erzeuger von Weinen aus europäischen Reben im Osten der USA, mit Weinbergen in den vom Lake Seneca aufsteigenden Steilhängen. Chardonnay, Riesling und Seyval Blanc sind Jahr für Jahr ein Erfolg, der komplexe Brut Reserve (traditionelle Methode) gehört zu den besten der Neuen Welt. Der opulente, wunderbar harmonische Riesling ist kaum zu schlagen, und auch Cayuga, eine in New York entwickelte weiße Hybride, ist hervorragend.

Beste Weine ★ Pinot Gris 🍷, Seyval Blanc 🍷, Brut Reserve 🍷

Gute Jahrgänge 1997, 95, 94, 92

HARGRAE VINEYARD, North Fork AVA 5116 734 5111/734 5485

Hargrave – man legte die Weingärten in den 1970ern an – gehört zu den Pionieren des guten Weins auf Long Island. Auch heute bietet Hargrave in den meisten Jahren noch immer einen außergewöhnlichen Chardonnay sowie Merlot und Cabernet Franc. Inzwischen konzentriert sich Alex Hargrave auf Pinot Noir, den man nicht ignorieren sollte.

Beste Weine ★ Chardonnay 🍷, Merlot 🍷, Cabernet Franc 🍷

Gute Jahrgänge 1997, 95, 94, 93

LAMOREAUX LANDING, Finger Lakes District AVA 607 582 6011/582 6010

Mark Wagner, der sehr schöne Kellereigebäude im neogriechischen Stil sein eigen nennt, ist Sproß einer Winzerfamilie und nutzt sein Wissen für eine Reihe faszinierender, häufig erstklassiger Weine. Gegenwärtig hat er ca. 55 ha Weinberge, und obwohl die Produktion noch in den Kinderschuhen steckt, wurde man schnell zu einer der wichtigsten Kellereien an der Ostküste. Das Programm enhält einen kräftigen, eichenbetonten Chardonnay Reserve, einen festen, aber gefälligen Dry Riesling und ständig besser werdende Pinots Noirs und Cabernet Francs.

Beste Weine ★★ Chardonnay Reserve 🍷, ★ Dry Riesling 🍷, Pinot Noir 🍷

Gute Jahrgänge 1997, 95, 94

MILLBROOK VINEYARDS, Hudson River Valley AVA 914 677 8383/677 6186

Da Millbrook in der Hauptsache die gehobene Gastronomie und Weingeschäfte in New York City beliefert, entwickelte sich der Name schon früh zu einem Gütesiegel. Auf 20 ha Rebfläche erzeugt man einen seidenweichen Cabernet Sauvignon und einen gut profilierten Cabernet Sauvignon. Als Miterfinder des Smart-Dyson-Spaliersystems besitzt Teilhaber John Dyson einige Erfahrung in der Rebenzucht. Dyson besitzt auch Weinberge in Kalifornien und erwarb 1998 die Kellerei Williams Selyem in Sonoma.

Beste Weine ★ Cabernet Franc 🍷, Cabernet Sauvignon 🍷

Gute Jahrgänge 1997, 96, 95, 94, 92

PALMER VINEYARDS, North Fork AVA 516 722 9463/722 5364

Relativ modern, hochtechnisiert und für Long Island groß, verfügt Palmer über 20 ha Reblagen auf einem alten Landgut. Als einer der ersten brachte man aufsehenerregenden Cabernet Sauvignon und Merlot, in jüngster Zeit wendet man sich Cabernet Franc zu und begann damit eine neue Erfolgsstory.

Beste Weine ★ Merlot 🍷, Cabernet Franc 🍷, Cabernet Sauvignon 🍷

Gute Jahrgänge 1997, 96, 94, 93, 92

KANADA

Auch wenn man es kaum glauben mag: Kanadas schneebedeckte, sturmgepeitschte Landschaft taut Jahr für Jahr auf, und in zwei Regionen, die über 3000 km weit auseinander liegen, ist der Anbau von Wein ein rentabler und prosperierender Wirtschaftszweig. Im Westen ist dies Britisch-Kolumbien mit seiner Hauptanbauregion Okanagan Valley, die knapp 300 km von der Küste entfernt liegt, im Zentrum ist es Ontario mit dem Bereich Niagara Peninsula am Südufer des Ontario-Sees, 50 km Luftlinie südlich von Toronto.

WEINTYPEN

Sowohl Okanagan Valley als auch Niagara Peninsula besitzen ein außergewöhnliches Klima mit einer Reihe weiterer Mesoklimate in der Bereichen. Eiswein ist Kanadas Spezialität; anders als in Deutschland ermöglicht das Klima in jedem Jahr die Herstellung dieses konzentrierten Dessertweins.

Weißwein

Britisch-Kolumbien Pinot Blanc, Chardonnay, Riesling, Pinot Gris
Gute Jahrgänge 1996, 95, 93
Ontario Chardonnay, Riesling (süß und trocken), Vidal für Eiswein
Gute Jahrgänge 1997, 95, 94, 93, 90

Rotwein

Britisch-Kolumbien Pinot Noir, Merlot, Cabernet Sauvignon, Cabernet Franc
Gute Jahrgänge 1995, 94, 92
Ontario Cabernet Franc, Merlot, Cabernet Sauvignon, Pinot Noir
Gute Jahrgänge 1995, 93, 91

Kanadische Spitzenerzeuger

BLUE MOUNTAIN VINEYARDS AND CELLARS, BURROWING OWL VINEYARDS, CAVE SPRING CELLARS, CedarCreek, CHATEAU DES CHARMES, Domaine de Chaberton, Domaine Combret, Gehringer Brothers, Gray Monk, Hainle Vineyards, HENRY OF PELHAM, Hillebrand (Andrès Wines), INNISKILLIN OKANAGAN, INNISKILLIN WINES, Kettle Valley, Konzelmann, Lakeview Cellars, Marynissen, MISSION HILL, Pillitteri, QUAILS' GATE, Pelee Island, Reif, Southbrook Farm, Stoney Ridge Cellars, SUMAC RIDGE ESTATE WINERY, Summerhill Estate Winery, THIRTY BENCH WINERY, Tinhorn Creek Vineyards, Venturi-Schulze, Vineland Estates, Willow Heights.

GROSSE KANADISCHE WEINE

Oz Clarkes Auswahl

Chardonnay ♀ (Mission Hill) Kanadas erster Weltklasse-Chardonnay aus dem sich rasant verbessernden Okanagan Valley in Britisch-Kolumbien.

Late Harvest Riesling ♀ (Chateau des Charmes) Kanada hat sich mit seinen süßen Weinen rasch einen Namen gemacht. Ein hervorragend üppiger Wein mit dem verführerischen Duft weißer Pfirsiche.

Framboise ♀ (Southbrook Farm) Ein prächtiger Süßwein mit der Essenz reifer Himbeeren. Kein Wunder: Er wird aus Himbeeren gemacht!

Steven Spurriers Auswahl

Dry Riesling ♀ (Hainle Vineyards) Hervorragendes Beispiel für den lebhaften, mineralischen Stil des Rieslings.

Vidal Icewine ♀ (Inniskillin Wines) Dieser bahnbrechende, ölige Eiswein brachte Inniskillin (und Kanada) in den späten 1980ern internationale Beachtung.

Gewürztraminer Private Reserve ♀ (Sumac Ridge) Einer der besten Gewürztraminer außerhalb des Elsaß, mit intensiven würzigen und blumigen Aromen.

KANADISCHE ERZEUGER VON A BIS Z

BLUE MOUNTAIN, Okanagan Valley, British Columbia 250 497 8244/497 6160

Innerhalb weniger Jahre machten Ian und Jane Mavety den Betrieb zu einem der führenden Kanadas. Die größten Anstrengungen Blue Mountains gelten Vinifera-Reben, angeführt von Pinot Blanc, Pinot Gris und Pinot Noir.

Beste Weine ★★ Pinot Blanc ♀, Pinot Noir Reserve 🍷, ★ Pinot Gris ♀

Gute Jahrgänge 🍷 1995, 91; ♀ 1997, 95

BURROWING OWL VINEYARDS, Oliver, British Columbia 250 498 6020

Eine neue Kellerei mit 11 ha Rebfläche, in Besitz mehrerer Partner, die mit Calona Wines zusammenarbeiten. Man beschränkt sich auf Pinot Gris, Chardonnay, Merlot und Cabernet Sauvignon. Berater Bill Dyer, ehemals bei STERLING VINEYARDS in Napa Valley, hat bei seinem Debütjahrgang hervorragende Arbeit geleistet, insbesondere beim Pinot Gris.

Beste Weine ★★★ Pinot Gris ♀, ★★ Chardonnay ♀, ★ Merlot 🍷

Guter Jahrgang 1997

CAVE SPRING CELLARS, Niagara Peninsula, Ontario 905 562 3581/562 3232

Gründer und Direktor Leonard Pennachetti erzeugt mit dem Weinmacher Angelo Pavan erstklassige Rieslinge, Chardonnays und Spätlesen, darunter auch einen der besten Riesling-Eisweine der Region.

Beste Weine ★★ Late Harvest Chardonnay Musqué ♀, Late Harvest Riesling Indian Summer ♀, Riesling Icewine ♀, ★ Chardonnay Reserve ♀

Gute Jahrgänge 1996, 95, 94

CHATEAU DES CHARMES, Niagara Peninsula, Ontario 905 262 4219/262 5548

Besitzer Paul Bosc ist einer der Väter der heutigen Weinindustrie Ontarios. Die beiden wichtigsten Reblagen, Paul Bosc Estate und St David's Bench, sind der Schlüssel zu vielen hervorragenden Leistungen.

Beste Weine ★★★ St David's Bench Cabernet Franc 🍷, St David's Bench Chardonnay ♀, ★★ Cabernet Franc Paul Bosc Vineyard 🍷, Chardonnay Paul Bosc Vineyard ♀, Riesling Icewine ♀, ★ Merlot 🍷, Late Harvest Riesling ♀

Gute Jahrgänge 🍷 1995, 91; ♀ 1997, 95

HENRY OF PELHAM FAMILY ESTATE WINERY, Niagara Peninsula, Ontario 905 684 8423/684 8444

Weinmacher Ron Giesbrecht ist ein Fan dichter Weine von ertragsarmen Rebstöcken. Unter den Weißweinen glänzen Chardonnay und Riesling, bei den Roten die Cabernet-Merlot-Cuvée.

Beste Weine ★★★ Riesling Icewine ♀, ★★ Proprietor's Reserve Chardonnay ♀, Cabernet-Merlot 🍷, ★ Barrel-Fermented Chardonnay ♀, Select Late Harvest Riesling ♀

Gute Jahrgänge 🍷 1995, 91; ♀ 1997, 95

INNISKILLIN OKANAGAN, Oliver, British Columbia 250 498 6663/498 4566

Die Ontario-Winzer Donald Ziraldo und Karl Kaiser, die Iniskillin Okanagan 1994 gründeten, arbeiten eng mit der Önologin Christine Leroux zusammen. Ihr 10 ha großer Dark Horse Vineyard liefert Trauben für gute Meritages, Chardonnay, Pinot Blanc und Icewine.

Beste Weine ★★ Dark Horse Vineyard Meritage Red 🍷, Pinot Blanc ♀, ★ Chardonnay ♀

Gute Jahrgänge 🍷 1995, 91; ♀ 1997, 95

INNISKILLIN WINES, Niagara-on-the-Lake, Ontario 416 468 2187/468 5355

Donald Ziraldo und Karl Kaiser gründeten mit Inniskillin 1975 die erste Gutskellerei Kanadas. Weinmacher Karl Kaiser hat sich auf Pinot Noir, Chardonnay und einen hervorragenden Eiswein spezialisiert, der Ontario zum erstenmal weltweite Aufmerksamkeit bescherte. Die Trauben stammen von 48 ha eigener Rebflächen oder von ausgewählten Winzern auf der Halbinsel Niagara. Zu den erfolgreichsten Weinen zählen Alliance Chardonnay und Alliance Pinot Noir.

Beste Weine ★★★ Vidal Icewine, ★★ Alliance Chardonnay ♀, ★ Pinot Noir Reserve 🍷, Alliance Pinot Noir 🍷

Gute Jahrgänge 🍷 1995, 91; ♀ 1997, 95

MISSION HILL WINERY, Okanagan Valley, British Columbia 250 768 5125/768 2044

Mit dem Eintritt des neuseeländischen Weinmachers John Simes hat sich die Qualität auf Mission Hill geradezu dramatisch verbessert. Simes entwickelte eine Reihe intensiver, aromareicher Rebsortenweine, darunter hervorragenden Chardonnay, Merlot-Cabernet und Pinot Noir.

Beste Weine ★★ Grand Reserve Chardonnay ♀, Grand Reserve Merlot-Cabernet 🍷, ★ Grand Reserve Pinot Noir 🍷

Gute Jahrgänge 1996, 95, 94

QUAILS' GATE ESTATE WINERY, 250 769 4451/769 3451
Okanagan Valley, British Columbia

Der australische Weinmacher Jeff Martin ist die treibende Kraft dieser angesehenen Kellerei in der Mitte Okanagans. Martin hat sich für Pinot Noir und Chardonnay im Burgunder-Stil entschieden, die er unter der Marke Limited Release und in geringen Mengen unter der neuen Bezeichnung Family Reserve herausbringt.

Beste Weine ★★ Family Reserve Chardonnay ♀, Family Pinot Noir 🍷, ★ Limited Release Chardonnay ♀

Gute Jahrgänge 1996, 95, 94

SUMAC RIDGE ESTATE WINERY, 250 494 0451/494 3456
Summerland, British Columbia

Sumac Ridge ist bekannt für seine Sortenweine, angeführt von einem der feinsten Gewürztraminer Reserve der Gegend sowie dem landesweit besten im traditionellen Verfahren hergestellten Schaumwein, dem spritzigen, nach Apfel und Zitronen duftenden Steller's Jay Brut. Eine Erweiterung in jüngster Zeit ins wärmere südliche Okanagan Valley brachte vielversprechende rote und weiße Meritages und einen hervorragenden Merlot.

Beste Weine ★★★ Merlot 🍷, ★★ Meritage Red 🍷, Meritage White ♀, Steller's Jay Brut, ★ Gewürztraminer Reserve ♀

Gute Jahrgänge 🍷 1996, 95; ♀ 1996, 95, 94

THIRTY BENCH WINES, Ontario 905 583 1698/564 6909

Thirty Bench ist noch ein Neuling in Ontario, aber kleinste Mengen seriöser Rotweine im Bordeaux-Stil sicherten einen Platz unter den besten Erzeugern der Region. Niedrige Erträge und der geschickte Einsatz neuer Eichenfässer lohnen es, diese Kellerei im Auge zu behalten.

Beste Weine ★★★ Cabernet Franc 🍷, ★★ Merlot 🍷, Reserve Blend 🍷

Guter Jahrgang 1995

SÜDAMERIKA

Sowohl Chile als auch Argentinien produzieren schon einige Zeit Weine von außergewöhnlicher Preiswürdigkeit, aber erst jetzt tauchen auch erstklassige Weine von internationalem Format auf. Aufgrund der größeren politischen Stabilität können mittlerweile beide Staaten Investoren und Fachleute aus führenden Weinländern, insbesondere aus Frankreich und den USA, für sich gewinnen.

Chile

Chiles geographische Isolation und reblausfreie Umweltbedingungen werden häufig als Gründe für sein außergewöhnliches Potential genannt, das man allerdings bis vor kurzem wenig nutzte. Inzwischen wird auf vielen Gütern kräftig in die Verbesserung von Weinbergsarbeit und Weinbereitung investiert.

Argentien

Die Weinproduktion Argentiniens – fünftgrößter Erzeuger der Welt – übersteigt die seines Nachbarn erheblich. Auch die meisten Betriebe sind riesig, ihr Ruf basiert auf einfachen Weinen für jeden Tag. Wie Chile ist Argentinien für die Bewässerung auf Schmelzwasser aus den Anden angewiesen, wie dort sind die Erträge für herausragende Aromen zu hoch, für propere, fruchtige Tafelweine jedoch gut.

Weintypen

Chile hat einen beträchtlichen Teil seines Anbaugebiets auf Cabernet Sauvignon, Merlot, Chardonnay und Sauvignon Blanc umgestellt und erzeugt nahezu all seine guten Weine aus diesen internationalen Sorten. Im Gegensatz hierzu besitzt Argentinien das Po-

GROSSE SÜDAMERIKANISCHE WEINE

Oz Clarkes Auswahl

Privada 🍷 (Norton) Ein Spitzenwein unter den Roten aus einer der besten argentinischen Kellereien. Kräftig, zart duftend, mit prächtiger seidiger Textur; auf jeden Fall lagern.

Cadus Malbec 🍷 (Nieto y Senetiner) Herausragender Rotwein aus Argentiniens Spitzentraube, berstend vor dunkler Kirsch- und Pflaumenfrucht und himmlisch duftend.

Fabre Montmayou Grand Vin 🍷 (Dom. Vistalba) Ein französisch inspirierter Rotwein mit unglaublicher Power und köstlicher Frucht, mit bezauberndem Minze- und Zederndugt.

Malbec Reserva 🍷 (Valdivieso) Herrlich kräftiger, duftender Rotwein mit dem Aroma reifer Pflaumen und Noten von Flieder.

20 Barrels Pinot Noir 🍷 (Cono Sur) Chiles bester Pinot Noir mit wunderbar glyzerinreicher Textur und dem Duft von Erdbeeren.

Santa Isabel Barrel-fermented Chardonnay 🍸 (Viña Casablanca) Exzellenter Chardonnay aus dem kühlen Casablanca-Tal mit fast sirupartiger Textur, Eichenrösttönen und erfrischender Säure.

Steven Spurriers Auswahl

Montes Alpha Chardonnay 🍸 (Discover Wine) Ein faßgereifter Lagenwein von 50 Jahre alten Rebstöcken.

Sauvignon Blanc Santa Isabel Estate 🍸 (Viña Casablanca) Chiles erster Sauvignon Blanc, der runde Frucht und lebhafte Säure verbindet.

Merlot Cuvée Alexandre 🍷 (Casa Lapostolle) Alte Reben und Berater Michel Rolland aus Pomerol machten diesen dunklen, überbordenden Wein zu Chiles bestem Merlot.

Don Melchor Cabernet Sauvignon Private Reserve 🍷 (Concha y Toro) Ein dichter Cabernet, voller reifer Frucht und mit gutem Alterungspotential.

Casa Real Cabernet Sauvignon 🍷 (Santa Rita) Das elegante Etikett gehört zu einem sehr aromatischen Cabernet mit Minznoten und gut dosierter neuer Eiche.

Cabernet Sauvignon 🍷 (Weinert) Die vor über 100 Jahren gegründete Kellerei erzeugt noch immer den intensivsten, langlebigsten Cabernet Sauvignon Argentiniens.

tential für eine größere Palette seit langem eingeführter Sorten wie Malbec, Sangiovese, Tempranillo und Syrah, aber auch Cabernet Sauvignon, Chardonnay, Chenin und Torrontes.

Cabernet Sauvignon

Die meisten chilenischen Spitzenweine werden zweifellos aus Cabernet hergestellt, teils wegen der Rasse der Traube selbst, teils wegen ihrer Anpassungsfähigkeit. Bei Spitzenqualitäten zeigen die Weine das volle, reine Aroma Schwarzer Johannisbeeren und inzwischen auch Tiefe und Komplexität.

Chardonnay

Die Chardonnays sind heute komplexer, dichter und besser strukturiert als die frühen Produkte mit ihren Aromen tropischer Früchte.

Malbec

Diese Sorte ist eher in Argentinien als in Chile zu Hause, doch kommen aus beiden Ländern einige herausragende Rotweine mit dem würzigen Aroma dunkler Früchte.

Merlot

Viele der als Merlot verkauften Weine stammen von Carmenère-Trauben. Die Zahl der kräftigen, echten Merlots nimmt zu.

Pinot Noir

Einige Beispiele haben Chiles Potential bei dieser Traube bereits gezeigt. Aus den neuen Anpflanzungen in kühlen Regionen wie Casablanca werden weitere auftauchen.

Sauvignon Blanc

Lange Zeit war Sauvignon Blanc aus Chile miserabel, denn eigentlich waren die Weinberge mit Sauvignonasse bestockt. Der neue, echte Sauvignon Blanc aus Casablanca offenbart eine Palette intensiver, runder Aromen, die von einer prickelnden Säure gestützt werden.

Hauptweinbaugebiete

CHILE

1 Aconcagua-Tal	**5** Curicó-Tal
2 Casablanca-Tal	**6** Maule-Tal
3 Maipo-Tal	**7** Itata-Tal
4 Rapel-Tal	**8** Bio-Bio-Tal

Südamerikanische Spitzenerzeuger

Cabernet Sauvignon und Bordeaux-Verschnitte Caliterra, Canepa, CARMEN, CASA LAPOSTOLLE, CATENA (Alta), CONCHA Y TORO, Cousiño Macul, Dom. Paul Bruno, Echeverria, ERRÁZURIZ, Discover Wine (Montes Alpha), Norton (Privada), La Rosa, Santa Rita (Casa Real), Tarapaca, WEINERT

Andere rote Cuvées Tarapaca (Millenium), VALDIVIESO (Caballo Loco)

Chardonnay CASA LAPOSTOLLE, CATENA (Alta), CONCHA Y TORO, ERRÁZURIZ, Montes Alpha, VILLARD, VIÑA CASABLANCA

Malbec CATENA (Alta), Nieto y Senetiner (Cadus), VALDIVIESO, Dom. Vistalba (Fabre Montmayou Grand Vin), WEINERT

Merlot CARMEN, CASA LAPOSTOLLE, CONCHA Y TORO, ERRÁZURIZ, Tarapaca, VALDIVIESO.

Pinot Noir CONO SUR

Sauvignon Blanc CASA LAPOSTOLLE, VILLARD, VIÑA CASABLANCA

Jahrgänge in Südamerika

Eine Reihe erstklassiger Weine werden inzwischen aus Trauben gemacht, die aus Regionen mit schwierigeren, vielfältigeren Klimabedingungen stammen. Diese Weine sind zunehmend Jahrgangsunterschieden unterworfen. Allerdings bedeuten moderne Kellertechnik und stabileres Wetter in der Wachstumsphase als in den meisten europäischen Weinregionen, daß dem Erzeuger in der Regel größere Bedeutung zukommt als dem Jahrgang. Generell sollte man Sauvignon Blanc und Torrontes im Jahr nach der Lese trinken, Chardonnay benötigt zwei bis vier Jahre Reifung. Merlot und Malbec schmecken am besten nach zwei bis sechs Jahren. Erstklassiger Cabernet Sauvignon oder Cabernet-Verschnitte brauchen drei bis fünf Jahre Entwicklung und können zehn Jahre halten, auch wenn sie meist schon nach einem Jahr sehr verlockend sind.

SÜDAMERIKANISCHE ERZEUGER VON A BIS Z

CARMEN, Maipo-Tal, Chile — 02 331 5322/331 5324

Der hypermoderne Betrieb, der zu der großen Kellerei Santa Rita gehört, behauptet einen höheren Standard als diese. Am besten sind die Rotweine (besonders die Linien Medalla Real und Gold), doch zeigen auch die Weißweine stets ordentliche Qualität. Neue Anpflanzungen mit Syrah, Viognier und Sangiovese sind hinzugekommen.

Beste Weine ★ Reserve Merlot 🍷 und Gold Reserve Cabernet Sauvignon 🍷

Gute Jahrgänge 1996, 95, 94, 93, 92

CASA LAPOSTOLLE, Rapel-Tal, Chile — 02 242 9774/234 4536

Ein noch junges Joint-venture zweier etablierter Familien aus Frankreich und Chile. Mit Unterstützung des international renommierten Önologen Michel Rolland kreierte man intensive, gut strukturierte Weine (Cuvée Alexandre), die die Erwartungen an die Qualität chilenischer Weine nochmals steigerten.

Beste Weine ★★ Merlot Cuvée Alexandre 🍷, Chardonnay Cuvée Alexandre 🍸, Sauvignon Blanc 🍸, ★ Merlot 🍷 und Chardonnay 🍸

Gute Jahrgänge 🍷1997, 96, 95

CATENA, Mendoza, Argentinien — 01 723 0867/723 0869

Nicolas Catena hat in seine Spitzenweine gewaltig investiert, seine günstigeren Angebote sind allerdings weniger verläßlich. Alle 3 Vorzeigeweine sind sagenhaft konzentriert und versprechen noch einiges an Entwicklung.

Beste Weine ★★ Catena Alta Chardonnay (von 1995) 🍸, Catena Alta Malbec (von 1996) 🍷 und Catena Alta Cabernet Sauvignon (von 1994) 🍷

Gute Jahrgänge 1997, 96, 95

CONCHA Y TORO, Maipo-Tal, Chile — 02 556 7882/551 1961

Einer der Giganten unter den chilenischen Weinproduzenten und wohl auch qualitativ führend. Die erste Garde der Rot- und Weißweine mit der sehr preiswürdigen Serie Trio (Chardonnay, Cabernet Sauvignon, Merlot) und der neuen Serie Explorer (rauchiger Chardonnay/Syrah, köstlicher Pinot Noir und rustikaler Malbec) ist von bester Qualität. Der Don Melchor Cabernet Sauvignon zeigt eine Tiefe und Kraft, die man bei Rotweinen aus Chile öfter sehen möchte.

Bester Wein ★★ Don Melchor Private Reserve Cabernet Sauvignon 🍷

Gute Jahrgänge 1995, 93, 92, 91

CONO SUR, Rapel-Tal, Chile 02 203 6100/203 6732

Der Betrieb ist in Besitz von CONCHA Y TORO und steht für guten chilenischen Pinot Noir. Die Standardabfüllungen sind eher qualitätvolle Zechweine, die Reserve- und 20 Barrel-Versionen zeigen mehr Struktur, Komplexität und Aroma.

Beste Weine ★ Pinot Noir Casablanca Reserve 🍷 und Cabernet Sauvignon Special Selection 🍷

Gute Jahrgänge Pinot Noir 1996; Cabernet Sauvignon 1996, 95, 94, 93

ERRÁZURIZ, Aconcagua-Tal, Chile 02 203 6688/203 6689

Die Kellerei erwarb sich in den 1990er Jahren unter dem Neuseeländer Brian Bicknell guten Ruf und wird nun von dem fähigen Kalifornier Ed Flaherty (vormals CONO SUR) betreut. Man gehört zu den führenden Merlot-Erzeugern Chiles, der Cabernet Sauvignon Don Maximiano ist jedoch der beste Rotwein von Errázuriz. Der neue, überteuerte Seña ist das Ergebnis eines Joint-ventures mit dem kalifornischen Unternehmen MONDAVI.

Beste Weine ★★ Don Maximiano Cabernet Sauvignon 🍷 und Merlot Reserve 🍷, ★ Chardonnay Reserve la Escultura 🍸

Gute Jahrgänge Cabernet 1995, 94, 93 92; Merlot 1997, 96 95, 94; Chardonnay 1997, 96

VALDIVIESO, Curicó-Tal, Chile 02 238 2511/238 2383

Ein aufgehender Stern in Chile mit einer Vorliebe für saftige, fruchtbetonte Rotweine aus Cabernet Sauvignon, Merlot, Malbec und Cabernet Franc. Die Reservas scheinen etwas zu holzbetont, aber die intensive Frucht sollte in den meisten Fällen siegen. Zu den aufregenden neuen Weinen gehört der Caballo Loco, eine Cuvée mehrerer Rebsorten aus mehreren Jahrgängen.

Beste Weine ★ Malbec Reserva 🍷, Merlot Reserva 🍷, Cabernet Franc Reserva 🍷 und Caballo Loco 🍷

Gute Jahrgänge 1997, 96

VILLARD, Casablanca-Tal, Chile 02 220 2120/229 4459

Der Franzose Thierry Villard gehört zu den aufsehenerregenden neuen Weißweinerzeugern Chiles. Im Casablanca-Tal ansässig, produziert er auch guten Pinot Noir und Merlot aus dem Cachapoal-Tal in Maipo

Beste Weine ★ Sauvignon Blanc 🍸 und Chardonnay Reserve 🍸

Gute Jahrgänge 1997, 96

VIÑA CASABLANCA, Casablanca-Tal, Chile 02 238 2855/238 0307

Diese Kellerei wurde – zumindest z.T. dank des Weinmachers Ignacio Recabarren – zum Inbegriff für die Qualität und das Potential des Casablanca-Tals. Neben guten Versionen der gängigen chilenischen Sorten, insbesondere einem komplexen, vegetalen Sauvignon, gibt es hier auch den besten Gewürztraminer des Landes.

Beste Weine ★ Sauvignon Blanc Santa Isabel Estate 🍸, Cabernet Sauvignon El Bosque Estate 🍷 und Chardonnay Barrel-Fermented Santa Isabel Estate 🍸

Gute Jahrgänge 1997, 96

WEINERT, Mendoza, Argentinien 061 96 0409/01 812 1255

Nicolas CATENA ist inzwischen Teilhaber dieser Kellerei, die seit langem Argentiniens kräftigste Rotweine produziert. Die gehaltvollen, ein wenig altmodischen Weine sind extrem lagerfähig und lohnen die Suche nach älteren Jahrgängen.

Beste Weine ★★ Malbec 🍷, Cabernet Sauvignon 🍷 und Cavas de Weinert 🍷

Gute Jahrgänge 🍷1993, 91, 90, 89, 88, 85, 83, 79, 77

AUSTRALIEN

Australien kam mit runden, fruchtigen Sortenweinen, die durch eine den Mund füllende Süßigkeit und einen deutlichen Eichenholzton charakterisiert waren, auf den internationalen Markt. Als jedoch Firmen wie Rosemount den Weg zeigten, folgten bald andere, und es ist eine deutliche Hinwendung der Konsumenten zu Qualitätsweinen zu verzeichnen. Bessere Weinbereitungsmethoden brachten Weine hervor, die es durchaus mit großen europäischen Klassikern aufnehmen können. Wenn einst allein der Penfolds Grange Hermitage bei den Sammlern Beachtung fand, stößt man heute auf eine ganze Reihe von Highlights.

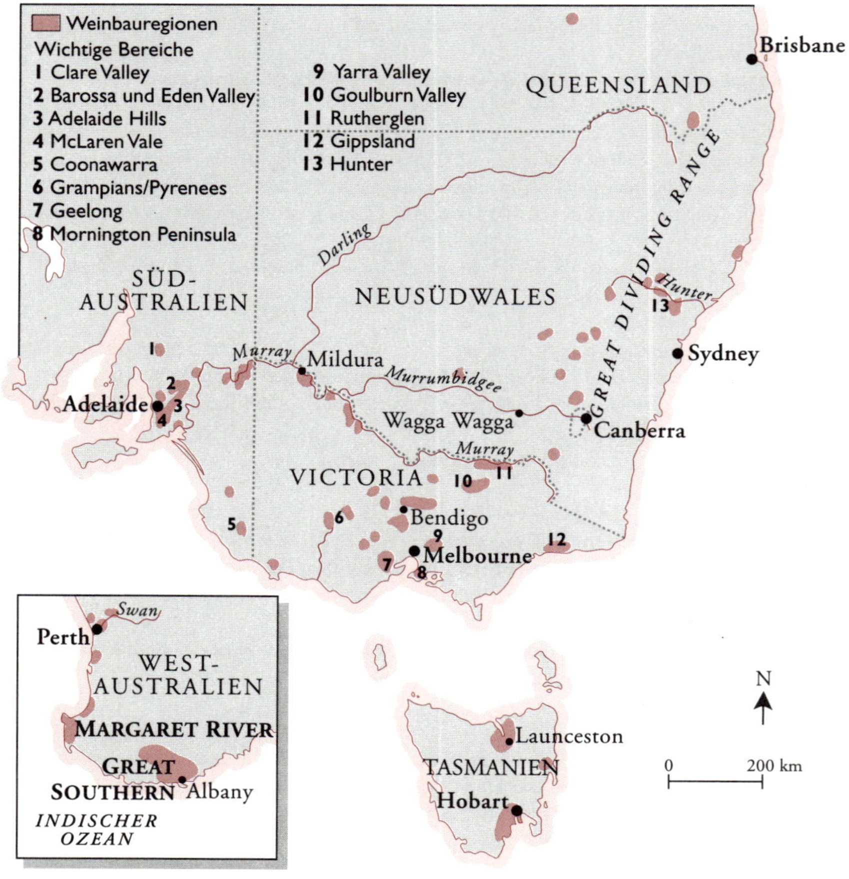

GROSSE AUSTRALISCHE WEINE

Oz Clarkes Auswahl

Grange (Penfolds) Der umwerfend komplexe, aufregend intensive Rotwein war nicht nur wegweisend für Australien, sondern auch für die meisten anderen Weinerzeuger der Neuen Welt.

Aberfeldy Shiraz (Tim Adams) Wuchtiger Shiraz von 100jährigen Rebstöcken im Clare Valley.

Mount Edelstone (Henschke) Die Familie Henschke besitzt einige der ältesten Rebgärten Australiens. Mit Shiraz vom Mount Edelstone erzeugt man üppig duftende Rotweine.

The Vicar (Chapel Hill) Hervorragende Cabernet-Shiraz-Cuvée aus McLaren Vale und Coonawara: tiefgründig, samtig und voll mit Aromen dunkler Früchte.

Stonewell (Peter Lehmann) Überströmender Shiraz aus einem der besten alten Rebgärten im Barossa Valley.

Noble One (De Bortoli) Exzellenter edelfauler Semillon, die sich mit allen großen Süßweinen der Welt messen kann.

Riesling (Piper's Brook) Sensationeller Wein aus Tasmanien, bei dem sich frische Säure, honigähnliche Weichheit und der berauschende Duft von Orangen- und Apfelblüten verbinden.

Vat One Semillon (Tyrrell's) Ein echtes Original aus dem Hunter Valley: zunächst schlank und zurückhaltend, entwickelt er nach 10jähriger Reifung eine ganze Reihe sahniger Quitten- und Nußaromen.

The Jim Jim Sauvignon (Hanging Rock) Bemerkenswerter Sauvignon mit dem prickelnden Aroma von Stachelbeeren, Limone und Passionsfrüchten.

Chardonnay (Mountadam) Weicher Chardonnay mit burgundischem Flair – Weinmacher Adam Wynn lernte in Burgund.

Semillon (Amberley) Klassischer, in jungen Jahren nach Nektarinen und Aprikosen duftender Semillon, mit zunehmender Reife gewinnen Vanille, Leder und Quitten die Oberhand.

Steven Spurriers Auswahl

Semillon-Sauvignon (Cape Mentelle) Eine wunderbar lebendige, reife Cuvée mit gutem Alterungspotential.

Chardonnay (Leeuwin Estate) Ein herrlich fruchtiger, komplexer Wein von einem Weingut, das sich absoluter Spitzenqualität verschrieben hat.

Chardonnay (Petaluma) Brian Croser ist (neben Len Evans) Australiens bester Botschafter in gutem Wein. Sein eigener ausgezeichneter Chardonnay kommt von Distinguished Vineyard Sites.

Riesling (Petaluma) Der trockene, sehr fruchtige Wein mit wundervoll langem Abgang hat eine wahre Riesling-Renaissance eingeleitet.

Old Liqueur Muscat (Chambers') Vielleicht der beste gespritete Muscat der Welt, Ambrosia aus uralten, holzgereiften Weinvorräten.

Shiraz (Cape Mentelle) Ein hervorragend dichter Wein, gestützt von der Eleganz, die alle Weine von David Hohnen auszeichnet.

Reserve Pinot Noir (Coldstream Hills) Der Einfluß Burgunds ist offenkundig bei James Hallidays glänzendem, komplexem Pinot Noir.

Eileen Hardys Shiraz (Hardy) Ein äußerst intensiver Shiraz mit großem Alterungspotential.

Cabernet Sauvignon (Leeuwin Estate) Ein mächtiger, fruchtiger Cabernet mit all der Eleganz und Klasse, die man von diesem hervorragenden Weingut erwartet.

Basket Press Shiraz (Rockford) Hervorragend intensiver, traditioneller Shiraz von 100jährigen Rebstöcken und vinifiziert wie vor 100 Jahren.

Dry Red No 1 (Yarra Yering) Der eigenwillige Wein auf Cabernet-Basis kommt aus dem außergewöhnlichen Weingut von Dr. Bailey Carrodus.

Herkunftsbezeichnung und Klassifikation

Es gibt heute starke politische Bestrebungen, Weinbauregionen festzulegen, denn ein Handelsabkommen mit der Europäischen Union forderte Verordnungen, die Begriffe wie Champagner auf australischen Weinetiketten untersagen. Die Beschränkungen haben in einer normalerweise freundlichen Branche zu Spannungen geführt. Als sinnvoller Ausweg erscheint das Konzept der »Distinguished Vineyard Sites«, mit dem ein australisches Pendant zum französischen Begriff des Terroirs etabliert werden soll.

LANGTONS KLASSIFIKATION

Diese Einstufung der besten australischen Weine wird vom Handel sowie von Investoren und Konsumenten weithin als nützliche und maßgebliche Leitlinie akzeptiert. Sie wurde 1990 erstmals als Hilfe für Weinauktionäre formuliert und wirkt inzwischen weltweit vertrauensbildend für australische Qualitätsweine. Weine, die in diese Klassifikation aufgenommen werden sollen, müssen einen Nachweis ihrer Qualität und Zuverlässigkeit über einen Zeitraum von mindestens 10 Jahren erbringen.

Herausragend (A) Penfolds Grange Bin 95 Shiraz 🍷; Henschke »Hill of Grace« Keyneton Shiraz 🍷; Mount Mary »Quintet« Yarra Valley Cabernets 🍷.

Herausragend Brokenwood »Graveyard Vineyard« Hunter Valley Shiraz 🍷; Henschke »Cyril Henschke« Keyneton Cabernet Sauvignon 🍷; Henschke »Mount Edelstone« Keyneton Shiraz 🍷; Leeuwin Estate »Art Series« Margaret River Chardonnay 🍸; Moss Wood Margaret River Cabernet Sauvignon 🍷; Mount Mary Yarra Valley Pinot Noir 🍷; Penfolds Bin 707 Cabernet Sauvignon 🍷; Petaluma Piccadilly Valley Chardonnay 🍸; Petaluma Coonawarra 🍷; Tyrrells Vat 47 Hunter Valley Chardonnay 🍸; Wynns Coonawarra Estate »John Riddoch« Cabernet Sauvignon 🍷; Yarra Yering »Dry Red No. 1« Yarra Valley Cabernet 🍷.

Sehr gut (A) Bannockburn Geelong Pinot Noir 🍷; Cape Mentelle Margaret River Cabernet Sauvignon 🍷; Craiglee Sunbury Shiraz 🍷; Cullen Margaret River Cabernet-Merlot 🍷; De Bortoli »Noble One« Griffith Botrytis Semillon 🍸; Jasper Hill »Emily's Paddock« Heathcote Shiraz-Cabernet Franc 🍷; Jim Barry »The Armagh« Clare Valley Shiraz 🍷; Lake's Folly Hunter Valley Cabernets 🍷; Mount Mary Yarra Valley Chardonnay 🍸; Penfolds »St Henri« Shiraz 🍷; Petaluma Clare Valley Riesling 🍸; Pipers Brook Vineyard Chardonnay 🍸; Redbank »Sally's Paddock« Dry Red 🍷; Tyrrell's Vat 1 Hunter Valley Semillon 🍸; Virgin Hills Kyneton Dry Red 🍷; Wolf Blass »Black Label« Dry Red 🍷; Yarra Yering Yarra Valley Pinot Noir 🍷; Yarra Yering »Dry Red No. 2« Yarra Valley Shiraz 🍷; Yeringberg Yarra Valley Cabernet 🍷.

Sehr gut Bannockburn Geelong Chardonnay 🍸; Bowen Coonawarra Cabernet Sauvignon 🍷; Chateau Reynella McLaren Vale Vintage Port 🍷, Chateau Tahbilk Goulburn Valley Shiraz 1860 Vines 🍷; Coldstream Hills »Reserve« Yarra Valley Chardonnay 🍸; Dalwhinnie Moonambel Cabernet 🍷; Dalwhinnie Moonambel Shiraz 🍷; Grosset »Polish Hill« Clare Valley Riesling 🍸; Grosset »Watervale« Clare Valley Riesling 🍸; Hardys »Eileen Hardy« Shiraz 🍷; Hardys McLaren Vale Vintage Port 🍷; Jasper Hill »Georgia's Paddock« Heathcote Shiraz 🍷; Lake's Folly Hunter Valley Chardonnay 🍸; Leconfield Coonawarra Cabernet 🍷; Lindemans »Limestone Ridge Vineyard« Coonawarra Shiraz-Cabernet 🍷; Lindemans »Pyrus« Coonawarra Cabernet 🍷; Lindemans »St George Vineyard« Coonwarra Cabernet Sauvignon 🍷; Mountadam Eden Valley Chardonnay 🍸; Orlando »St Hugo« Coonawarra Cabernet Sauvignon 🍷; Penfolds »Magill Estate« Magill Vineyard Shiraz 🍷; Penfolds Bin 389 Cabernet-Shiraz 🍷; Pierro Margaret River Chardonnay 🍸; Pipers Brook Vineyard Riesling 🍸; Rosemount »Show Reserve« Hunter Valley Chardonnay 🍸; St Hallett »Old Block Shiraz« 🍷; Wendouree Clare Valley Cabernet-Malbec 🍷; Wendouree Clare Valley Cabernet Sauvignon 🍷; Wendouree Clare Valley Shiraz 🍷; Wynn's Coonawarra Estate Cabernet Sauvignon 🍷.

KLASSISCHE AUSTRALISCHE WEINE

Die Entfernung zwischen den Weinbergen im Hunter Valley in Neusüdwales und denen im Margaret River in Westaustralien beträgt etwa 3900 km, und so ist inzwischen eine deutliche Tendenz zur Betonung der Regionen und zum Konzept der Distinguished Vineyard Sites festzustellen.

Neusüdwales

HUNTER VALLEY SEMILLON

Die Weine gehören zu den weniger alkoholischen Australiern; die besten sind ausnahmslos nicht in Eiche ausgebaut. Jung besitzen sie ein tropisches Fruchtaroma mit Kräuterton, sind relativ schlank am Gaumen und zeigen ein gutes Säurerückgrat. Mit zunehmendem Alter entwickeln sie sich bemerkenswert: die Primäraromen weichen einem komplexen Bukett mit Anklängen an Stroh und Honig, der Geschmack wird voller und zeigt Noten von Vanille und Gebäck, dazu kommen eine geschliffene Säure und ein langer Abgang. Häufig mißverstanden, findet der Wein großen Anklang bei passionierten Weinliebhabern und Individualisten im Weingeschäft.

Beste Erzeuger Brokenwood, LINDEMANS, McWILLIAMS, ROTHBURY ESTATE, TYRRELL'S

Gute Jahrgänge 1996, 95, 91, 89, 87, 86

HUNTER VALLEY SHIRAZ

Der Shiraz aus Hunter Valley galt lange Zeit als der große, klassische Wein Australiens, aber mit der zunehmenden Kommerzialisierung der Region verblaßte sein Ruf ein wenig. Brokenwood, TYRRELL'S, Tamburlaine, ROTHBURY ESTATE und andere Erzeuger unternehmen einiges, um das Vertrauen anspruchsvoller Käufer wiederzuerlangen. Auch die frühen Marktführer LINDEMANS und McWILLIAMS erleben, nach einer eher schwachen Vorstellung in den letzten 10 Jahren, ein Comeback. Der klassische Hunter Valley Shiraz zeigt ein komplexes Bukett von Leder und Erde und konzentrierte Aromen, eine üppige Frucht, reife Tannine und Länge. Alten Hunter Shirazes werden oft mit »verschwitzter Sattel« beschrieben. Jüngere Klassiker sind der 1986er Brokenwood Graveyard Shiraz sowie der 1987er und 1991er Tyrrell's Vat 9.

Beste Erzeuger Brokenwood, LINDEMANS, McWILLIAMS, ROTHBURY ESTATE, Tamburlaine, Tullochs, TYRRELL'S

Gute Jahrgänge 1996, 95, 93, 91, 89, 87

HUNTER VALLEY CHARDONNAY

Ein Übermaß an Stilrichtungen von schlicht bis raffiniert, von gehaltvoll, buttrig, farbkräftigen und holzbetonten Weinen bis zu einem fest strukturierten und wunderbar klar definierten TYRRELL'S Vat 47. Der Show Reserve von ROSEMOUNT ist ein eleganter Wein mit hervorragendem Rebsortencharakter, süßer Frucht und Balance. LAKE'S FOLLY ist bisweilen exzellent und burgunderähnlich. Anfang der 1990er hatte dieser Erzeuger Probleme mit schlechten Korken.

Beste Erzeuger Brokenwood, LAKE'S FOLLY, LINDEMANS, Peterson's, ROSEMOUNT, Scarborough, Tamburlaine, TYRRELL'S

Gute Jahrgänge 1996, 95, 94, 91, 87, 86

Victoria

GREAT WESTERN/PYRENEES SHIRAZ

Der Shiraz zeigt hier ein pfeffriges, würziges Aroma und eine üppige, konzentrierte Frucht mit schön strukturierten Tanninen. Er ist samtig und entwickelt häufig ein Wildbukett. Es gibt jedoch unterschiedliche Typen. Im Hügelland der Pyrenees liebt man zurückhaltende, klar strukturierte Weine.

Shiraz von Taltarni erinnert an Rhône-Weine und zeigt ein intensives, reifes Brombeer- und Himbeeraroma, anhaltende Säure und ausgeprägte Tannine. Mit der Zeit entwickelt er ein Bukett von Pflaume, Lakritze und Erde und wird am Gaumen weicher. Trevor Mast von MOUNT LANGI GHIRAN macht den Inbegriff eines australischen Shiraz aus kühlerem Klima mit intensiven Pfeffer-Gewürz-Aromen, feinen Tanninen, Extrakt und pflaumiger Frucht.

Beste Erzeuger Dalwhinnie, Mount Ida, MOUNT LANGI GHIRAN, SEPPELT, Summerfield, Taltarni

Gute Jahrgänge 1997, 96, 95, 94, 93, 92

HEATHCOTE/GOULBURN VALLEY SHIRAZ

Jasper Hill in Heathcote produziert einen dichten, eichenbetonten Shiraz. Die komplexen, füllig-fleischigen Weine zeigen eine üppige Frucht, reife Tannine und Festigkeit. Der 1820 Old Vines von Chateau Tahbilk wird nur in begrenzten Mengen hergestellt und zeigt ein erdiges Maulbeeraroma, gut strukturierte Tannine und ausgeprägte Säure. Beide Weine gewinnen mit zunehmendem Alter. Die Jasper-Hill-Weine sind jung durch ihre volle Frucht attraktiv, die 1820-Weine von Tahbilk sind jung hart und gerbstoffreich, werden aber mit der Zeit weicher.

Beste Erzeuger Chateau Tahbilk, Jasper Hill, Mitchelton

Gute Jahrgänge 1997, 96, 95, 94, 93, 92

RUTHERGLEN MUSCAT UND TOKAY (MUSCADELLE)

Die opulenten, sinnlichen Likörweine kommen aus Nordost-Victoria, wo die Trauben mangels Winden vom Meer buchstäblich in der Hitze kochen und häufig einen potentiellen Alkoholgehalt von 20-22% erreichen. Sie werden aus verschiedenen Jahrgängen verschnitten, wobei einige Grundweine nicht selten 50 oder 60 Jahre alt sind. Es sind phänomenale Weine, die jeden wahren Weinliebhaber mit üppigem Rancio und dekadent köstlichen Aromen erfreuen.

Beste Erzeuger All Saints, Bailey's, Brown Brothers, Buller and Son, Campbells, CHAMBERS, MORRIS, Rosewood

YARRA VALLEY CABERNET

Mit seinen Hügeln und den herrlichen Panoramen ist das schöne Yarra Valley eine Bilderbuchlandschaft. Bereits seit Mitte des 19. Jahrhunderts wird hier Wein angebaut. Nach etlichen schwachen Jahren ist man wieder eine wichtige Quelle für Cabernet Sauvignon. Das eigenwillige Trio Dr. John Middleton von MOUNT MARY, Dr. Bailey Carrodus von Yarra Yering sowie der jüngst hinzugekommene James Halliday von COLDSTREAM HILLS repräsentieren die heutige Palette von Cabernets in der Region.

Beste Erzeuger COLDSTREAM HILLS, DE BORTOLI, MOUNT MARY, Oakridge, Yarra Yering, Yeringberg

Gute Jahrgänge 1997, 94, 91, 90, 88, 86

YARRA VALLEY PINOT NOIR

Für australische Verhältnisse keineswegs heiß, entwickelt sich das Yarra Valley zu einer neuen klassischen Region für die empfindliche, kühles Klima bevorzugende Pinot Noir. Schon seit Jahren machen MOUNT MARY und Yarra Yering individuelle Pinot Noirs. Die gefälligeren von Mount Mary haben eine schön definierte Frucht und Reinheit, während Yarra Yering einen sehr konzentrierten Stil pflegt. COLDSTREAM HILLS, DE BORTOLI, Yarra Ridge und Tarrawarra erzeugen Pinots Noirs von beeindruckender Burgunder-Qualität.

Beste Erzeuger COLDSTREAM HILLS, DE BORTOLI, Diamond Valley, MOUNT MARY, Tarrawarra, Yarra Ridge, Yarra Yering

Gute Jahrgänge 1997, 96, 94, 92, 91, 90

MELBOURNE DRESS CIRCLE CHARDONNAY

Einige der verlockendsten und schönsten australischen Chardonnays kommen aus der

Umgebung von Melbourne: Yarra Valley, Geelong und Mornington-Halbinsel. Vergleiche mit den großen Weißweinen aus dem Burgund sind durchaus nicht übertrieben. Die klassisch proportionierten Chardonnays der Spitzenhersteller besitzen das Aroma von Cashewnüssen, tropischen Früchten und jeder Menge Vanille von neuen Eichenfässern. Am Gaumen reiche Textur mit vielschichtigen Geschmacksnoten. Die Könige des Chardonnay sind Bannockburn in Geelong und COLDSTREAM (insbesondere der Reserve) im Yarra Valley. MOUNT MARY bringt einen umstrittenen, weniger fruchtorientierten Wein mit hervorragendem Nachhall. Die Mornington-Halbinsel an der Ostseite der Port Phillip Bay gehört zu den kühlsten Anbauregionen Australiens und besitzt ein ähnlich »zuverlässiges« Klima wie Burgund, so daß die Trauben häufig nicht genügend reifen. Zuckern ist in Australien kein Ausweg, weshalb die Erzeuger gelegentlich zu kämpfen haben.

Beste Erzeuger Geelong: Bannockburn, Clyde Park, Scotchman's Hill; Mornington Peninsula: Mooruduc, Massoni, Main Ridge; Yarra Valley: COLDSTREAM HILLS, DE BORTOLI, MOUNT MARY, Tarrawarra, Yeringberg

Gute Jahrgänge 1997, 94, 93, 91, 88

Südaustralien

COONAWARRA CABERNET SAUVIGNON

Coonawarra gehört zu den klassischen Cabernet-Regionen und wurde schon als das Médoc der südlichen Hemisphäre beschrieben – zutreffend, ähneln die Weine doch in jungen Jahren verblüffend rotem Bordeaux: stark duftend, eindrucksvolle Aromen von Schwarzer Johannisbeere, Lakritze und Zeder, wunderschön strukturiert am Gaumen, feine Tannine. Zu dieser Kategorie zählen OWEN ESTATE, HOLLICK, Katnook, Leconfield, LINDEMANS, PENLEY ESTATE und PETALUMA. Der extrem körperreiche Stil von WYNNS »John Riddoch« ist nahezu der Inbegriff eines Cabernet.

Beste Erzeuger BOWEN ESTATE, HOLLICK, Katnook, Leconfield, LINDEMANS, Mildara, ORLANDO, PARKER ESTATE, PENLEY ESTATE, PETALUMA, WYNNS, Zema Estate

Gute Jahrgänge 1997, 96, 94, 93, 92, 90

COONAWARRA SHIRAZ

Der »Michael« vom Coonawarra-Gut WYNNS ist das Pendant zu dessen »John Riddoch«: ein sehr konzentrierter Wein mit ausgeprägt würzigem Brombeer-Lakritz-Aroma und deutlichem Eichenton. Die meisten Shirazes aus Coonawarra sind eleganter und feiner und können mit an Schwarze Johannisbeere erinnernden Aromen leicht mit einem Cabernet verwechselt werden. Am Gaumen zeigen sie jedoch vollere, weniger strukturierte Tannine.

Beste Erzeuger BOWEN ESTATE, Leconfield, WYNNS, Zema Estate

Gute Jahrgänge 1997, 96, 94, 91, 90

BAROSSA SHIRAZ

Der Barossa Shiraz ist der klassische Weintyp Australiens. Der PENFOLDS Grange sowie der HENSCHKE Hill of Grace (von den Barossa Ranges) sind Prototypen der ungewöhnlich lebendigen, intensiven und dichten Frucht, wie sie die besten Barossa Shirazes bieten. Häufig in Fässern aus amerikanischer Eiche (hergestellt in Australien) ausgebaut, besitzt der klassische Barossa Shiraz ein üppiges Aroma von Pflaumen, Lakritze, Schokolade und Vanille, am Gaumen ist er fruchtig und überaus konzentriert, mit reifen Tanninen und außergewöhnlich langem Abgang. Der Wein altert wunderbar. Reifer Barossa Shiraz zeigt häufig einen fleischigen Charakter und eine spektakuläre Vielfalt an Geschmacksnoten. PENFOLDS ist führend unter den größeren Firmen, unter einer Reihe hervorragender kleiner Erzeuger ragt HENSCHKE (mit Hill of Grace und Mount Edelstone) heraus.

Beste Erzeuger Barossa Valley Estate, Bethany, GRANT BURGE, HENSCHKE, Peter Lehmann, CHARLES MELTON, PENFOLDS, ROCKFORD, ST HALLETT, Torbreck, Turkey Flat, YALUMBA

Gute Jahrgänge 1997, 96, 95, 94, 91, 90

ADELAIDE HILLS CHARDONNAY

Adelaide Hills, von PETALUMA bei der Suche nach kühleren Reblagen entdeckt, entwickelt sich zu einer der klassischen Weinregionen Australiens. Viele der Chardonnays von hier zeigen Aromen tropischer Früchte und Grapefruits sowie ein komplexes Bukett mit Noten gerösteter Nüsse. Am Gaumen geschmeidig und würzig mit eleganter Säure.

Beste Erzeuger HENSCHKE, Knappstein, PENFOLDS, PETALUMA, SHAW & SMITH, Geoff WEAVER

Gute Jahrgänge 1997, 95, 94, 91, 90

McLAREN VALE SHIRAZ

Die Region wird häufig als der »Durchschnittsgaumen« von Australien bezeichnet, da Shiraz-Weine von hier besonders vollmundig sind. Die besten besitzen ein gewaltiges Brombeer-Lakritz-Aroma, das häufig durch amerikanische Eiche modifiziert wird; am Gaumen sind sie fleischig mit reifen Tanninen.

D'ARENBERG und CHAPEL HILL sind Bollwerke an Qualität. Shiraz von CLARENDON HILLS ist ein kontroverser, mundfüllender Wein, Hardys Eileen Hardy Shiraz bringt die superreife Frucht des McLaren Vale. Balmoral von ROSEMOUNT beeindruckt mit üppiger Frucht, amerikanischer Eiche und reifen Tanninen.

Beste Erzeuger CHAPEL HILL, CHATEAU REYNELLA, CLARENDON HILLS, Coriole, D'ARENBERG, Fox Creek, Hardy's, ROSEMOUNT

Gute Jahrgänge 1997, 96, 95, 94, 91, 90

CLARE VALLEY SHIRAZ

Shiraz aus dem Clare Valley erreicht selten die Opulenz eines Barossa Shiraz. Konzentriert, ja, aber mit würzigeren Pfeffer-Anis-Aromen über einer reifen, pflaumenartigen Frucht, am Gaumen etwas strukturierter und mit feineren Tanninen. Jim Barrys »The Armagh« ist eine gelungene Kombination von Intensität und Tiefe. WENDOUREE und TIM ADAMS erzeugen fleischige, wuchtige Weine von alten Reben. MITCHELL findet zu der Form zurück, die in den 1980er Jahren so erfolgreich war.

Beste Erzeuger TIM ADAMS, Jim Barry, Leasingham, MITCHELL, Pike's, WENDOUREE

Gute Jahrgänge 1997, 96, 95, 94, 91, 90

CLARE VALLEY RIESLING

Nach den Hunter Valley Semillons gehören die Rieslinge aus dem Clare Valley zu den charakteristischsten Weinen Australiens. In jungen Jahren zeigen sie ein kräftiges Limonen-Zitronen-Blüten-Aroma, unglaublich reine Frucht und anhaltende mineralische Säure. Mit der Zeit wird der Geschmack voller, und die zitruswürzige Frische vertieft sich zu einem bemerkenswert runden Aroma von Buttertoast und Honig.

Beste Erzeuger TIM ADAMS, GROSSET, Mount Horrocks, MITCHELL, Wilson Vineyard, PETALUMA, Skillogalee

Gute Jahrgänge 1997, 96, 95, 94, 91, 90

EDEN VALLEY RIESLING

Anfangs berühmt als Quelle der sagenhaften Rieslinge von Leo BURING, erzeugen hier inzwischen mehrere große und kleine Firmen gute, erfrischende Weine.

Beste Erzeuger HENSCHKE, Peter Lehmann, MOUNTADAM

Gute Jahrgänge 1997, 96, 95, 94, 91, 90

Westaustralien

MARGARET RIVER CABERNET

Bei der Anpflanzung von Cabernet Sauvignon in den 1960er Jahren ließ man sich wissenschaftlich beraten – die besten Weine können sich mit Cru Classés aus Bordeaux messen. Cabernets von Margaret River sind weniger opulent, dafür strukturierter als die aus Coonawarra. Markenzeichen sind ein Zedern-Cassis-Aroma, eine wunderbar reine Frucht, ausgeprägte, fein mineralische Tannine mit Säure und eine hervorragende Länge.

Anders als Coonawarra mit seiner großen Bandbreite an Cabernet-Stilen und Qualitäten scheinen die Erzeuger von Margaret River eine sehr genaue Vorstellung davon zu besitzen, wie ihr Cabernet sein sollte. Neue Eichenfässer werden nur sehr sparsam eingesetzt. Die Vorstellung, daß jede Lage einen unverwechselbaren Wein liefert, findet hier begeisterte Zustimmung. Man ist fest überzeugt, daß Cabernet aus der Gegend um Cowaramup sich durch einen reifen Stil auszeichnet.

Beste Erzeuger CAPE MENTELLE, CULLEN, Chateau Xanadu, Devil's Lair, LEEUWIN ESTATE, MOSS WOOD, PIERRO, VASSE FELIX

Gute Jahrgänge 1997, 96, 95, 94, 93, 91

LOWER GREAT SOUTHERN CABERNET

Mount Barker ist eine der ersten australischen Subregionen, der Cabernet von hier verspricht einiges. PLANTAGENET zeigt den Weg mit kräftigen Cassisaromen und fruchtigem, gut strukturiertem Gaumen. HOWARD PARK ist wohl die aufregendste Kellerei, wenngleich man eine ähnliche Philosophie vertritt wie PENFOLDS (s.u.). Howard Parks exzellente Cabernets werden zum Großteil mit Trauben aus dem Lower Great Southern hergestellt, ansonsten verwendet man Trauben aus dem ganzen Westen Australiens.

Beste Erzeuger HOWARD PARK, PLANTAGENET

Gute Jahrgänge 1997, 96, 95, 94, 93, 91

MARGARET RIVER CHARDONNAY

Chardonnay aus Margaret River hat viele Fans. LEEUWIN ESTATE zeigte mit seinem Art Series Chardonnay den Weg. Seine sahnige tropische Frucht mit der Säure von Limonenschale und grüner Melone und Noten von Cashewnüssen und warmem Toastbrot brachten dem Wein einen beneidenswerten Ruf.

CULLEN und MOSS WOOD erzeugen ähnlich verführerische Weine, die von PIERRO sind dem gegenüber etwas fleischiger und alkoholischer. Auch CAPE MENTELLE bringt seit kurzem einige wundervoll profilierte Chardonnays.

Beste Erzeuger Brookland Valley, CAPE MENTELLE, CULLEN, Devil's Lair, LEEUWIN ESTATE, MOSS WOOD, PIERRO, VASSE FELIX

Gute Jahrgänge 1997, 96, 95, 93, 91

ROTWEINE VON PENFOLDS

Penfolds, Teil der Firmengruppe Southcorp Wines, hatte enormen Anteil an der Entwicklung des Markts für australischen Wein und bewies, daß Qualität und Quantität sich nicht ausschließen. Seine Philosophie der multiregionalen Verschnittweine steht dabei klar gegen die auf Regionalität setzenden Bestrebungen. Der Stil des Hauses – reife Frucht, von der Faßreifung rührender fleischiger Charakter, reife Tannine und eine große Fruchtsüße – kam bei den Konsumenten so gut an, daß einige Sammler nur noch Penfolds-Weine kaufen wollten. Grange, Bin 707 Cabernet, St Henri, Bin 389 Cabernet Shiraz, Magill Estate und sogar die geringsten Weine aus dem Penfolds-Angebot erwiesen sich als unglaublich zuverlässig, trotz der unterschiedlichen Stile und Weinbereitung. Alle zwei Jahre bietet Penfolds Weinsammlern die Möglichkeit, Flaschen älterer Jahrgänge neu verkorken zu lassen – ein Service, der in den nächsten Jahren auch in den USA und Europa angeboten werden soll.

Beste Weine Grange, Bin 707 Cabernet, Magill Estate, St Henri, Bin 707 Cabernet, Bin 407, Bin 389 Cabernet Shiraz, Bin 28 Kalimna und Bin 128 Coonawarra Shiraz

AUSTRALISCHE ERZEUGER VON A BIS Z

TIM ADAMS, Clare Valley, SA 08 8842 2429/8842 3550

Ein kleiner, tatkräftiger Erzeuger, der vor allem Shiraz, aber auch ausgezeichneten Riesling und Semillon erzeugt. Aberfeldy ist ein Wein voller Parfum, hochkonzentriert und fruchtbetont, dem eine Reifung bis zu 10 Jahren gut bekommt. Der Shiraz ist großzügiger und weniger dicht gestrickt, aber immer noch vollgepackt mit Frucht.

Beste Weine ★★ Aberfeldy Shiraz 🍷, ★ Shiraz 🍷

Gute Jahrgänge 1996, 94, 92, 91, 90

BASS PHILLIP, Gippsland, Victoria 03 5664 3341/5664 3209

Ein eigenwilliger Pinot-Noir-Spezialist mit Kultstatus. Die Weine werden in kleinsten Mengen hergestellt, jede Flasche ist innerhalb weniger Tage nach Erscheinen verkauft. Der Reserve Pinot Noir mit seinem winzigen Etikett ist ein echtes Sammlerstück – und sehr teuer.

Beste Weine ★★★ Reserve Pinot Noir 🍷, ★★ Premium Pinot Noir 🍷

Gute Jahrgänge 1995, 94, 93, 92, 91

BOWEN ESTATE, Coonawarra, SA 08 8737 2229/8737 2173

Bowens Cabernet ist zuverlässig und preiswert, sein Shiraz mit üppigen Brombeeraromen ist ein gelungenes Beispiel für den Coonawarra-Typ.

Beste Weine ★★ Cabernet Sauvignon 🍷, Shiraz 🍷 **Gute Jahrgänge** 1996, 94, 91, 90, 86

GRANT BURGE, Barossa Valley, SA 08 8563 3700/8563 2807

Mit hervorragenden Reblagen, einer interessanten Familiengeschichte und ein wenig Show gelang es Grant Burge, seinen Meshach in die Nähe eines HENSCHKE Mount Edelstone oder Jim Barrys The Armagh zu rücken. Der Wein ist äußerst konzentriert, besitzt das süße Aroma amerikanischer Eiche und einen langen Abgang.

Beste Weine ★★★ Meshach 🍷 **Gute Jahrgänge** 1994, 93, 92, 91, 90, 88

LEO BURING, Clare Valley und Eden Valley, Sauvignon 08 8563 2184/8563 2804

Der Name gehört einem der Pioniere des australischen Qualitätsweins, der Betrieb inzwischen zu Southcorp. Trotz Querelen blieb der Leonay Watervale Riesling ein Vorbild an Qualität. Beim jungen Wein genießen Sie zarte florale Aromen und eine blitzende Säure, Sie können sich aber auch 20 Jahre Zeit lassen und auf seine Metamorphose warten.

Beste Weine ★★★ Watervale Riesling 🍸, ★★ Eden Valley Riesling 🍸

Gute Jahrgänge 🍸 1997, 96, 94, 92, 91, 90, 87

CAPE MENTELLE, Margaret River, WA 08 9757 3266/9757 3233

David Hohnen ist Gründer und Motor von Cape Mentelle. Sein Cabernet ist ein Trendsetter, sein Shiraz entwickelt sich zum Standard für Wein aus Westaustralien. Der Zinfandel ist ein eigenwilliger, aber sehr verführerischer Wein, Chardonnay und Semillon-Sauvignon gewinnen zunehmend und reihen sich in die Elite von Margaret River ein.

Beste Weine ★★★ Cabernet 🍷, ★★ Shiraz 🍷, ★ Semillon-Sauvignon 🍸

Gute Jahrgänge 1996, 95, 94, 92, 91, 90, 88, 86

CHAMBERS, Rutherglen, Victoria 03 6032 8641/6032 8101

In diesem leicht chaotischen Familienbetrieb finden sich Flaschen mit überaus gutem Old Liqueur Muscat und Tokay. Die erstaunlich konzentrierten, kraftvollen Weine gehören zu den besten ihrer Art.

Beste Weine ★★★ Old Liqueur Muscat 🍸, Old Liqueur Tokay 🍸

CHAPEL HILL, McLaren Vale, SA — 08 8323 8429/8323 9245

Pam Dunsford macht typischen McLaren Vale Shiraz, aber auch guten Cabernet, Chardonnay und seit kurzem Verdelho. Der üppig strukturierte Reserve Shiraz und der gehaltvolle, konzentrierte Shiraz werden sehr geschätzt.

Beste Weine ★★ The Vicar 🍷, ★ Reserve Shiraz 🍷, Shiraz 🍷

Gute Jahrgänge 1995, 94, 93, 91, 90

CHATEAU REYNELLA, McLaren Vale, SA — 08 8392 2222/8392 2202

Die Kellerei im Besitz von BRL Hardy ist die älteste Südaustraliens. Der einstige Ruhm wird durch die Basket Pressed Cabernet Sauvignon und Shiraz wieder aufpoliert: zwei sehr gehaltvolle, mundfüllende Weine, bei denen Preis und Qualität stimmen.

Beste Weine ★★ Basket Pressed Cabernet Sauvignon 🍷, Basket Pressed Shiraz 🍷

Gute Jahrgänge 1996, 94, 93, 92, 91, 90

CLARENDON HILLS, McLaren Vale, SA — 08 8364 1484

Der umstrittene Erzeuger kreiert hochkonzentrierte Rotweine wie den astronomisch teuren Astralis, einen Einzellagen-Shiraz. Ein Großteil der Produktion geht in die USA und nach Asien. Alle Weine sind üppig und sehr fruchtbetont.

Beste Weine ★★ Astralis Shiraz 🍷, Old Vine Grenache Blewitt Springs 🍷

Gute Jahrgänge 🍷 1996, 94, 93

COLDSTREAM HILLS, Yarra Valley, Victoria — 03 5964 9388/5964 9389

Reserve Chardonnay und Reserve Pinot Noir von Coldstream Hills spielten eine wichtige Rolle bei der Entwicklung dieser Rebsorten in Australien. Letzterer ist sehr beständig mit deutlichem, saftigem Kirscharoma und weich am Gaumen.

Beste Weine ★★★ Reserve Pinot Noir 🍷, Reserve Chardonnay 🍸

Gute Jahrgänge 🍷 1997, 96, 94, 92, 91; 🍸 1997, 96

CULLEN, Margaret River, WA — 08 9755 5277/9755 5550

Diana und Vanya Cullen bilden seit 12 Jahren ein tolles Team. Vanya tat einiges, um ihren Cabernet-Merlot in den internationalen Blick zu rücken. Der Chardonnay ist reich an tropischen Frucht- und komplexen Nußaromen, im Geschmack sehr konzentriert, fleischig und voller süßer Frucht.

Beste Weine ★★★ Cabernet Merlot 🍷, ★★ Chardonnay 🍸

Gute Jahrgänge 🍷 1996, 95, 94, 93, 92, 91, 90, 88; 🍸 1997, 96, 95, 94, 93, 92, 90

D'ARENBERG, McLaren Vale, SA — 08 8323 8206/8323 8423

Eine der Familien, die im McLaren Vale Pionierarbeit leisteten und in den letzen Jahrgängen Qualität und Zuverlässigkeit zeigten. Kräftige Rösttöne von amerikanischer Eiche, reifes, ausgezeichnetes Lakritzaroma, frucht- und holzbetont im Geschmack und lang im Abgang.

Bester Wein ★★ Dead Arm Shiraz 🍷 **Gute Jahrgänge** 1997, 96, 95, 94, 92, 91, 90

DE BORTOLI, Riverina, NSW und Yarra Valley, Victoria — 03 6964 9444/6964 9400

Diese große Kellerei in Familienbesitz ist bekannt für außergewöhnlichen Semillon aus edelfaulen Trauben. Darüber hinaus gute Yarra Valley Chardonnay, Shiraz und Pinot Noir.

Beste Weine ★★★ Noble One Semillon 🍸, ★★ Yarra Valley Chardonnay 🍸, Shiraz 🍷

Gute Jahrgänge 1996, 94, 92, 91, 90

ELDERTON, Barossa Valley, SA — 08 8862 1058/8862 2844

Der Pinot Noir von hier, ein Vorbild an Qualität, läßt darauf schließen, daß die Rebsorte

an der Ostküste Tasmaniens eine gute Heimat finden könnte, besonders in dem kurzen Abschnitt gut geschützten Küstenlands. Großartig herausgearbeiteter Rebsortencharakter, kräftiger Gaumen und Fruchtsüße zeichnen diesen Wein aus.
Bester Wein ★★ Pinot Noir 🍷
Gute Jahrgänge 1996, 95, 94, 93, 92, 91

FREYCINET, East Coast, Tasmanien — 03 6257 8574/6257 8454
Command Shiraz, das Vermächtnis des bekannten Weinmachers Neil Ashmead, ist ein körperreicher Wein mit deutlichem Brombeer- und Maulbeeraroma mit Anklängen an Vanille. Der Betrieb entwickelt sich zu einem wichtigen Spielmacher bei Shiraz aus Barossa.
Bester Wein ★ Command Shiraz 🍷 **Gute Jahrgänge** 1994, 92, 91, 90, 88

GIACONDA, Beechworth, Victoria — 03 5727 0246
Diese Kellerei ist der Liebling von Weinautoren und Konsumenten. Das Aroma gerösteter Nüsse und tropischer Früchte, Komplexität und Weichheit sind die Markenzeichen ihres Chardonnays. Der Pinot Noir ist gut, aber nicht ganz so blendend.
Beste Weine ★★ Chardonnay 🥂, ★ Pinot Noir 🍷
Gute Jahrgänge 🍷 1996, 93, 92; 🥂 1996, 95, 94, 93, 92

GROSSET, Clare Valley, Sauvignon — 08 8849 2175/8849 2292
Jeffrey Grosset ist bekannt für außergewöhnlich intensiv blumigen Riesling, aber seine weichen, holzbetonten Piccadilly Chardonnays von Trauben aus den Adelaide Hills sind kaum weniger gut. Der Grosset Gaia ist ein wunderbar feiner Cabernet-Verschnitt.
Beste Weine ★★★ Polish Hill Riesling 🥂, Watervale Riesling 🥂
Gute Jahrgänge 1998, 97, 95, 94, 93, 92, 90

HENSCHKE, Eden Valley, SA — 08 8564 8223/8564 8294
Liebe zum Detail zeichnet dieses Ehepaar-Team aus. Spitzenwein ist der prächtige Hill of Grace Shiraz von alten Reben, voller dunkler, exotischer Geschmacksnoten. Der jüngst dazugekommene Abbotts Prayer ist ein Cabernet-Merlot-Verschnitt aus den Adelaide Hills. Der Julius Riesling besitzt einen schönen Sortencharakter und eine geradlinige Säure.
Beste Weine ★★★ Hill of Grace Shiraz 🍷, Mount Edelstone Shiraz 🍷, Cyril Henschke Cabernet Sauvignon 🍷, Julius Riesling 🥂, ★★ Abbotts Prayer Cabernet Merlot 🍷
Gute Jahrgänge 🍷 1994, 93, 92, 91, 90, 88, 86, 84, 82, 78, 73; 🥂 1997, 96, 95, 94, 93, 92

HOLLICK, Coonawarra, SA — 08 8737 2318/8737 2952
Erzeuger klassischer Coonawarra Cabernets mit deutlichem Schwarze-Johannisbeer-Aroma, feinen Tanninen und schöner Balance. Das Label Ravenswood ist schon relativ lange auf dem Markt; früher bot man lediglich eine an Bordeaux erinnernde Geradlinigkeit, heute zeigen die Weine einen weitaus aufregenderen Duft und ein tiefes, dunkles Fruchtaroma.
Bester Wein ★★ Ravenswood 🍷 **Gute Jahrgänge** 1996, 94, 92, 91, 90, 88

HOWARD PARK, Great Southern, WA — 08 9848 2345/9848 2064
Der Cabernet Sauvignon von Howard Park ist einer der neuen stilbildenden Weine Westaustraliens. Der Wein bietet einen intensiven Wildrosenduft und braucht mehrere Jahre, um seine Komponenten zu verschmelzen. Auch der Chardonnay ist eine Glanzleistung und kann ein paar Jahre reifen. Der Riesling ist ein Juwel mit rassiger Säure.
Beste Weine ★★★ Cabernets 🍷, ★★ Chardonnay 🥂, Riesling 🥂
Gute Jahrgänge 🍷 1996, 95, 94, 92, 91, 90, 88, 86; 🥂 1997, 96, 95, 94, 93

LAKE'S FOLLY, Hunter Valley, NSW 02 4998 7507/4998 7322

Dr. Max Lake war als Exzentriker bekannt, Sohn Stephen ist etwas mehr *mainstream*. Der Chardonnay zeichnet sich durch lange Lagerfähigkeit aus und kann, was Intensität und Eleganz angeht, einen Spitzenburgunder erreichen. Der »Cabernets«, ein Verschnitt von vier Bordeaux-Trauben, kann hervorragend sein.

Beste Weine ★★ Cabernets 🍷, Chardonnay 🍸

Gute Jahrgänge 🍷 1994, 93, 92, 91, 89, 87; 🍸 1995, 94, 92, 91

LEEUWIN ESTATE, Margaret River, WA 08 9757 6253/9757 6364

Der Chardonnay ist einer der ersten Australier, die Stil und Komplexität eines Burgunders zeigen. Der Cabernet ist schlank und besitzt das Aroma Schwarzer Johannisbeeren. Zur hochwertigen Art Series gehört ein exzellenter Riesling. Lagern Sie den Chardonnay mindestens 5 Jahre, den Cabernet noch länger.

Beste Weine ★★★ Chardonnay 🍸, ★★ Cabernet Sauvignon 🍷, Riesling 🍸 (alle Art Series)

Gute Jahrgänge 🍷 1992, 91, 89, 87, 82; 🍸 1995, 93, 92, 91, 87, 85, 82

LINDEMANS, Murray Darling, Victoria 03 5051 3333/5051 3390

James Halliday soll die ehemals bedeutende Weinkellerei, heute das kränkelnde Flaggschiff von Hunter, wieder auf die Beine bringen. Der Bin 3100 Hunter River Burgundy war zweifelsohne einer der großen Weine der Region. Heute ist der Hunter River Shiraz bisweilen herausragend, der Semillon (früher Chablis genannt) sogar noch besser.

Beste Weine ★ Hunter River Shiraz 🍷, Hunter River Reserve Stephen Shiraz 🍷, Hunter River Semillon 🍸 **Gute Jahrgänge** 🍷 1995, 93, 92, 91, 89, 87; 🍸 1995, 94, 91, 90, 87, 86

McWILLIAMS MOUNT PLEASANT, Hunter Valley, NSW 02 4998 7505/4998 7761

Die Qualitätsweine von McWilliams blieben hinter den gespriteten und den kommerziellen Weinen (und deren Billigimage) versteckt. Dabei sind die Hunter Valley Semillons wunderbar gemachte, zuverlässige und angenehme Weine. Ein Stroharoma mit Honignuancen, ausgereifte Frucht und Vitalität sind die charakteristischen Stilmerkmale. Die Shiraz-Weine sind von bester »Abstammung«, werden sie doch von Maurice O'Shea gemacht, einem Pionier der australischen Weinwirtschaft. OP sowie OH Shiraz und Rosehill Shiraz sind die besten Rotweine. McWilliams produziert auch einen guten, kraftvollen Rutherglen Muscat von üppiger Konsistenz.

Beste Weine ★★★ Lovedale Semillon 🍸, ★★ Elizabeth Semillon 🍸, MCW11 Liqueur Muscat 🍸, ★ Rosehill Shiraz 🍷, OP Shiraz 🍷, OH Shiraz 🍷

Gute Jahrgänge 🍷 1995, 94, 93, 91, 90, 89, 87; 🍸 1995, 94, 93, 92, 91, 89, 87

CHARLES MELTON, Barossa Valley, SA 08 8563 3606/8563 3422

Ein begabter Weinmacher, der einige der hochwertigsten und am meisten unterschätzten Weine im Barossa Valley erzeugt. Nine Popes ist ein echter Australier, auch wenn er auf dem französischen Châteauneuf-du-Pape basiert: reife pflaumige Aromen und tiefe Frucht. Der Shiraz besitzt ein würziges Aroma mit Wild- und Brombeertönen, das von amerikanischer Eiche gestützt wird; am Gaumen mächtige Fruchtsüße und reife Tannine, gute Länge.

Beste Weine ★★★ Nine Popes 🍷, ★★ Shiraz 🍷 **Gute Jahrgänge** 1996, 94, 91, 90

MITCHELL, Clare Valley, SA 08 8843 4258/8843 4340

Ein Erzeuger von Spitzenriesling, der seine Vorrangstellung nach einer Schwächephase rasch wiedergewinnt. Der Watervale Riesling ist ein verführerischen Ausnahmewein. Der Peppertree Shiraz zeigt Aromen von Lakritze und Brombeere und runde Tannine.

Beste Weine ★★★ Watervale Riesling 🍷, ★ Shiraz 🍷
Gute Jahrgänge 🍷 1996, 94, 92, 91, 90; 🍷 1997, 96, 95, 94, 93, 92, 90

MORRIS, Rutherglen, Victoria 02 6026 7303/6026 7445

Wohl der bedeutendste Erzeuger gespriteter Weine in Australien. Der Old Premium Muscat besitzt eine wunderbare Frische und Vitalität mit süßen Rancioaromen und einer wunderbar üppigen, aber nie klebrigen Konsistenz. Die Old Premium Tokays sind fester, aber immer noch unglaublich köstlich.
Beste Weine ★★★ Old Premium Muscat 🍷, Old Premium Tokay 🍷

MOSS WOOD, Margaret River, WA 08 9755 6266/9755 6303

Ein außergewöhnlicher Weinberg, der den Enthusiasmus für Regionalisierung rechtfertigt. Der durftende, weiche Margaret River Pinot Noir ist vermutlich der beste der Region. Der Chardonnay zeigt, weshalb Margaret River zu den Spitzenregionen für diese Rebsorte zählt. Der aromatische Semillon besitzt frische, zitronige Aromen und eine mundwässernde Säure.
Beste Weine ★★★ Cabernet Sauvignon 🍷, ★★ Pinot Noir 🍷, Chardonnay 🍷, Semillon 🍷
Gute Jahrgänge 🍷 1996, 95, 94, 93, 92, 91, 90, 88, 87, 86, 83, 80, 76, 75; 🍷 1997, 96, 95, 94, 92, 91, 90

MOUNTADAM, Eden Valley, SA 08 8564 1101/8564 1064

Aus den Hochlagen von Mount Lofty Ranges kommen vollmundige, buttrige Chardonnays, üppige Pinot Noirs sowie der beeindruckende Cabernet-Merlot-Verschnitt The Red und ein gehaltvoller Shiraz. Die Weine besitzen ein Alterungspotential von mindestens 5 Jahren.
Beste Weine ★★ Chardonnay 🍷, Pinot Noir 🍷, Patriarch Red 🍷, ★ The Red 🍷
Gute Jahrgänge 🍷 1995, 94, 93, 91, 90, 88; 🍷 1996, 94, 93, 91, 90, 89

MOUNT LANGI GHIRAN, Grampians, Victoria 03 5354 3207/5354 3277

Mit seinem Langi Shiraz erzeugt Trevor Mast einen der besten Shirazes des Landes. Der Wein besitzt runde Brombeeraromen mit deutlichem Pfeffer-Gewürz-Charakter, eine süße Frucht, Eichentöne und kräftige, aber feine Tannine. Auch der Langi Cabernet Sauvignon ist bemerkenswert. Ein Überraschungserfolg ist der köstlich duftende, zitronige Riesling.
Beste Weine ★★★ Langi Shiraz 🍷, ★★ Langi Cabernet Sauvignon 🍷, Merlot 🍷
Gute Jahrgänge 🍷 1995, 94, 93, 92, 91, 90

MOUNT MARY, Yarra Valley, Victoria 03 9739 1761/9739 0137

Das klassische Weingut orientiert sich an Bordeaux. Man erzeugt einen weißen Triolet aus Sauvignon, Semillon und Muscadelle sowie einen Cabernets Quintet aus allen 5 roten Bordeaux-Trauben. Dazu kommt ein beeindruckender Pinot Noir.
Beste Weine ★★★ Cabernets Quintet 🍷, ★★ Pinot Noir 🍷, ★ Triolet 🍷
Gute Jahrgänge 1995, 94, 93, 92, 91, 90

ORLANDO, Barossa Valley, SA 08 8521 3111/8521 3102

Der außergewöhnliche Erfolg der Marke Jacobs Creek ist in der Welt des Qualitätsweins eine zweischneidige Sache, aber nach einer Phase in den 1990ern, als man die Qualität der Quantität opferte, ist man wieder auf dem richtigen Weg. Der St Hugo Coonawarra Cabernet Sauvignon ist sehr beständig, der Steingarten Riesling hatte mehrere brillante Jahrgänge in den 1990ern.
Beste Weine ★★ St Hugo Cabernet Sauvignon 🍷, Steingarten Riesling 🍷, ★ Jacaranda Ridge Cabernet Sauvignon 🍷, Lawson's Shiraz 🍷
Gute Jahrgänge 🍷 1996, 94, 92, 91; 🍷 1998, 97, 96, 95, 94, 91, 90

PARKER ESTATE, Coonawarra, SA 08 8737 2946/8737 2945

Wenn man mit John Parker über seinen Terra Rossa First Growth spricht, gerät er ins Schwärmen. Der Stil ist gekennzeichnet durch eine tiefe Frucht, Ausgewogenheit und Struktur. Der Wein ist nach 3 Jahren trinkreif, verspricht aber auch eine gute Lagerfähigkeit. Wenn er noch 10 Jahre diese Form hält, könnte er zu einer Legende werden.

Beste Weine ★★★ Terra Rossa First Growth 🍷 **Gute Jahrgänge** 1994, 91, 90, 88

PENFOLDS, SA 08 8560 9389/8560 9669

Diese Marke ist das Aushängeschild der Firmengruppe Southcorp Wines und genießt einen beneidenswerten Ruf für Qualität auf jedem Preisniveau. Die Kellerei existiert bereits seit 1844, aber erst in den späten 1940ern erwarb man sich einen Ruf als Rotweinproduzent (siehe Seite 315). Der Stil ist allgemein geprägt von deutlicher Frucht, reifen Tanninen, Noten von amerikanischer Eiche, Körper, Kraft und Konzentration. Penfolds Grange, Bin 707 Cabernet Sauvignon, St Henri, Magill Estate und Bin 389 sind als Investition sehr gefragt, wobei der Grange allgemein als Australiens bester Rotwein gilt. Der brillant gemachte Bin 407 Cabernet Sauvignon zeigt bereits jetzt beeindruckende Alterseigenschaften. Sowohl bei Weiß- als auch bei Rotwein wird viel experimentiert. In den letzten Jahren machte man sich auch einen Namen für Weißweine. Das jüngste Produkt, Yattarna, erntete eine Flut positiver Kritiken, doch sein Preis ist schlicht spekulativ. Unter den experimentellen Weißweinen ist der Bin 94A Chardonnay mit seinen komplexen, sahnigen Nußaromen der beste.

Beste Weine ★★★ Grange, Shiraz 🍷, Bin 707 Cabernet Sauvignon 🍷, ★★ St Henri Shiraz 🍷, Magill Estate Shiraz 🍷, Bin 389 Cabernet Shiraz 🍷, Bin 407 Cabernet Sauvignon 🍷, Bin 94A Chardonnay 🍸, ★ Bin 128 Shiraz 🍷, Bin 28 Shiraz 🍷, Bin 2 Shiraz Mourvedre 🍷

Gute Jahrgänge 🍷 1996, 94, 92, 91, 90, 86, 83, 82, 80, 78, 76, 71; 🍸 1996

PENLEY ESTATE, Coonawarra, SA 08 8736 3211

Produzent klassischer Coonawarra Cabernets mit Aromen von Zeder und Schwarzer Johannisbeere, reifen Tanninen, Frucht, Konzentration und Länge. Der Wein gehört zu den runderen Cabernets, besitzt aber genügend Struktur für eine Lagerung.

Bester Wein ★★ Cabernet Sauvignon 🍷 **Gute Jahrgänge** 1996, 94, 92, 91, 90

PETALUMA, Coonawarra, SA 08 8339 4122/8339 5253

Brian Croser hat ein Faible für Merlot. Zu Zeiten, als Cabernet-Shiraz-Verschnitte unbestritten Australiens Lieblinge waren, riß er seine Shiraz-Stöcke aus und pflanzte dafür Merlot, sehr zur Bestürzung seiner Teilhaber. Das Ergebnis sind Weine von schöner pflaumiger, reifer Frucht, elegant unterstützt von französischer Eiche und einer stilvollen, finessereichen Struktur. Der Wein gehört zu den wenigen australischen Weinen, die »en primeur« und in relativ kleinen Mengen verkauft werden. Dazu kommen hervorragende Weißweine.

Beste Weine ★★★ Chardonnay 🍸, ★★ Riesling 🍸, Merlot 🍷 **Gute Jahrgänge** 1994, 92, 91, 90

PIERRO, Margaret River, WA 08 9755 6220/9755 6308

Der Chardonnay von Pierro genießt einen außergewöhnlichen Ruf. Der klassisch gemachte Wein zeigt üppige Fruchtaromen und Komplexität und gehört zu den besten Australiern aus dieser Rebsorte. Der fruchtige, spritzige Verschnitt Semillon-Sauvignon Blanc ist sehr süffig, der im Bordeaux-Stil aus roten Trauben verschnittene Cabernets ist beeindruckend und lohnt eine Lagerung.

Beste Weine ★★★ Chardonnay 🍸, ★★ Cabernets 🍷, ★ Semillon-Sauvignon Blanc 🍸

Gute Jahrgänge 🍷 1995, 94; 🍸 1996, 95, 94, 93, 92, 91, 90, 87, 86

PIPERS BROOK, Pipers River, Tasmanien 03 6382 7197/6382 7226

Die gefragten Weine werden stilvoll präsentiert und zeigen Eleganz. Ein stahliger, doch duftreicher Riesling und ein klassisch zurückhaltender Chardonnay beeindrucken am stärksten, aber auch Pinot Noir, Gewürztraminer und der im Faß gereifte Sauvignon Blanc sind sehr attraktiv.

Beste Weine ★★ Chardonnay ♀, Riesling ♀, ★ Pellion Pinot Noir 🍷

Gute Jahrgänge 🍷 1995, 94, 92; ♀ 1996, 95, 93, 92, 91

PLANTAGENET, Great Southern, WA 08 9851 2150/9851 1839

Tony Smith, Mitglied der bekannten britischen Verlegerfamilie W. H. Smith & Sons, gründete zunächst eine Schaffarm in der abgelegenen Great Southern Region in Westaustralien, bis er merkte, daß die Zukunft nicht in feiner Wolle, sondern in feinem Wein lag. Der außergewöhnlich gekonnt vinifizierte Plantagenet Cabernet zeigt ein reifes Spektrum der Traube, mit Cassisaromen, Eichentönen, reifen, feinen Tanninen und großer Dichte. Shiraz und Pinot Noir sind rund und ausgewogen, der Chardonnay ist vielversprechend.

Beste Weine ★★ Cabernet Sauvignon 🍷, Shiraz 🍷

Gute Jahrgänge 1996, 94, 92, 91, 90, 88, 86

PRIMO ESTATE, Adelaide Plains, SA 08 8380 9442/8380 9696

Joe Grilli bewirkte Wunder, als er auf die traditionelle italienische Methode zurückgriff und für seinen Joseph Moda Amarone Cabernet Merlot teilrosinierte Trauben verwendete, wodurch sich das Verhältnis von Saft zu Haut erhöht und somit auch Geschmack und Konzentration. Der Wein ist reich an bitter-süßer Frucht, reifen Tanninen und mundfüllenden Aromen. Lagern Sie ihn bis zu 10 Jahre lang.

Beste Weine ★★★ Joseph Moda Amarone Cabernet Merlot 🍷

Guter Jahrgang 1996, 95, 94, 93, 92, 91, 90

ROCKFORD, Barossa Valley, SA 03 8563 2720/8563 3787

Rocky O'Callaghan erzeugt einen mustergültigen Barossa Shiraz. Die Kellerei ist das reinste Museum, bis hin zur funktionierenden Korbpresse aus den 1920er Jahren. Der Shiraz zeigt eine üppige Frucht mit rundem Brombeer-und-Pflaumen-Aroma, reifen Tanninen, Noten von amerikanischer Eiche und einen langen Abgang. Sehr beliebt ist auch der gewaltige Sparkling Shiraz.

Beste Weine ★★★ Basket Press Shiraz 🍷, ★ Sparkling Shiraz 🍷

Gute Jahrgänge 1996, 94, 92, 91, 90

ROSEMOUNT, Hunter Valley, NSW und McLaren Vale, SA 02 6547 2467/6547 2742

Der Balmoral McLaren Vale Shiraz wird zur Zeit zu einem australischen Super-Shiraz. Der Wein beweist das immense Geschick des von Phillip Shaw geführten Teams. Früher unter dem Etikett Rosemount Show Reserve Shiraz auf dem Markt, zeigt der Balmoral einen vielschichtigen Shiraz-Stil mit üppigem Brombeeraroma, fleischiger Komplexität und von amerikanischer Eiche gestützte Frucht. Die Chardonnays sind äußerst komplex und von eigenem Stil, mit reifen tropischen Fruchtaromen, kräftigen Eichenoten und kernig im Geschmack. Sie verdienen, zu den großen australischen Chardonnays gezählt zu werden, verbindet sie doch weit mehr mit einem weißen Spitzenburgunder als die meisten Brüder.

Beste Weine ★★ Balmoral Shiraz 🍷, Show Reserve Chardonnay ♀, Roxburgh Hunter Valley Chardonnay ♀

Gute Jahrgänge 🍷 1994, 92, 91, 90; ♀ 1996, 95, 94, 93, 92, 90, 89, 87

ROTHBURY ESTATE, Hunter Valley, NSW 02 4998 7555/4998 7553

Ursprünglich das Kind von Len Evans, das aber später durch eine Firmenübernahme geschluckt wurde. Die frühen Semillons waren legendär. Leider haben Mode, mangelhaftes Markenprofil, zu viele Etiketten und der Hang, zu jedem Preis zu verkaufen, den Glanz von Rothbury verblassen lassen. Der raffinierte Reserve Shiraz und die Marktstärke von Mildara Blass könnten dieses wichtige Weingut aber wieder interessant machen.

Beste Weine ★ Reserve Shiraz 🍷, Semillon 🍸

Gute Jahrgänge 🍷 1994, 93, 91, 89; 🍸 1996, 95, 93, 91

ST HALLETT, Barossa Valley, SA 08 8563 2319/8563 2901

Eine noch junge Firma, die schnell zu einem der Anführer der Neuen Welle in Barossa avancierte. Die Rebstöcke für den Old Block Shiraz sind 60–100 Jahre alt, was sich in der außergewöhnlichen Qualität der Weine mit ihren vollen, reifen Tanninen niederschlägt. Auch die im Stahltank ausgebauten Weißweine aus Sémillon, Sauvignon Blanc und Chardonnay hinterlassen einen starken Eindruck.

Beste Weine ★★★ Old Block Shiraz 🍷, ★★ Blackwell Shiraz 🍷, ★ Semillon/Sauvignon Blanc 🍸

Gute Jahrgänge 🍷 1995, 94, 93, 91, 90, 88, 86, 84; 🍸 1996, 95

SEPPELT, Grampians, SA 08 8562 8028/8562 8333

Seppeltsfield im Barossatal ist eine Augenweide mit seinen Palmenalleen, wunderschön erhaltenen Gebäuden und dem Familienmausoleum. Seine gespriteten Weine zählen zu den besten Australiens. Der DP 117 Show Fino, ein »Sherry«, den John Fornachon kreiert hat, nimmt es mit den besten Spaniern auf. Auch der DP 116 Show Amontillado ist hervorragend. Seppelt Para Liqueur Ports sind inzwischen mit Jahrgang versehen, wenngleich die frühen Jahrgänge (1947, 44, 39, 33, 30, 27, 22) nicht unbedingt gänzlich aus einem Jahrgang hergestellt wurden. Sie werden keine besseren Tawny Ports finden als diese.

Beste Weine ★★★ DP 117 Show Fino 🍸, DP 116 Show Amontillado 🍸, DP 38 Show Oloroso 🍸, Para Liqueur Port 🍷, Centenary Para Liqueur Port 🍷

SEPPELT, Great Western, Victoria

Das Gut ist Teil der Southcorp-Markengruppe. Great Western zeigte schon immer ein großes Potential für Shiraz, jedoch ist es hauptsächlich für seine Schaumweine bekannt. Der rote Sekt Show Shiraz ist Maßstab für diesen Weintyp, der bis zu 15 Jahre Lagerung verträgt.

Beste Weine ★★★ Sparkling Show Shiraz 🍷, ★ Great Western Shiraz 🍷

Gute Jahrgänge 1992, 91, 88, 86, 85

SHAW & SMITH, Adelaide Hills, SA 08 8370 9911/8370 9339

Die Cousins Martin Shaw und Michael Hill Smith haben den internationalen Markt schwer beeindruckt. Ihr zuverlässiger, klassisch proportionierter Reserve Chardonnay zeigt einen vorbildlichen, zurückhaltenden Stil mit komplexen Aromen tropischer Früchte und gerösteter Nüsse, gestützt von französischer Eiche. Außerdem gibt es einen in Stahl ausgebauten Chardonnay sowie einen pikanten Sauvignon.

Bester Wein ★★ Reserve Chardonnay 🍸 **Gute Jahrgänge** 1996, 95, 94

TYRRELL'S, Hunter Valley, NSW 02 4998 7509/4998 7723

Vat 9 ist wohl der wichtigste und zuverlässigste Shiraz aus dem Hunter Valley. Der Wein hat einen entschiedenen Regionalcharakter mit zurückhaltendem, aber deutlichem elegantem Lederbukett, süßen Tanninen und einer reifen Frucht. Obwohl sehr fruchtbetont, zeigt er am Gaumen die hervorragende Struktur für eine Lagerung.

Beste Weine ★★★ Vat 9 Shiraz 🍷, Vat 47 Chardonnay 🍸, Vat 1 Semillon 🍸

Gute Jahrgänge 🍷 1995, 94, 93, 91, 89, 87; 🍸 1997, 96, 95, 94, 93, 92, 91, 90

VASSE FELIX, Margaret River, WA 08 9755 5242/9755 5425

Nach einer Dekade eher enttäuschender Jahrgänge hat sich der Cabernet von Vasse Felix (unter dem wachsamen Auge von Clive Otto) wieder völlig erholt. Die letzten Jahrgänge zeigen mundfüllende Cabernets mit komplexen Aromen von Beeren, Maulbeerblättern und Eiche. Der Shiraz ist mit seinen üppigen Aromen und guter Balance ebenfalls schön und könnte zu einem Klassiker werden. Dazu kommen ein feiner Riesling aus edelfaulen Trauben und ein faßgereifter Semillon.

Beste Weine ★★ Cabernet 🍷, Shiraz 🍷 **Gute Jahrgänge** 🍷 1996, 94, 92, 91, 90, 88, 86

GEOFF WEAVER, Adelaide Hills, SA 08 8272 2105/8271 0177

Geoff Weaver ist ein vollendeter Weinmacher, der neben PETALUMA und Knappstein beweist, daß Chardonnay aus den Adelaide Hills zu einem klassischen Typ avanciert. Die Weine besitzen ein komplexes, intensives Grapefruitaroma. Auch Sauvignon Blanc und Riesling gefallen.

Bester Wein ★ Chardonnay 🍸 **Gute Jahrgänge** 1996, 94, 93

WENDOUREE, Clare Valley, SA 08 8842 2896

Alte Weinstöcke sind hier der Schlüssel für Qualität. Altmodische Vinifizierungsmethoden und limitierter Ertrag ergeben würzige und sehr extraktreiche Shiraz- sowie kraftvolle, langlebige Cabernet-Malbec-Weine. Exzellent ist auch der halbtrockene Muscat.

Beste Weine ★★★ Cabernet-Malbec 🍷, Shiraz 🍷, ★ Muscat of Alexandria 🍸

Gute Jahrgänge 🍷 1995, 94, 93, 92, 91, 90, 89, 86, 83, 80, 78; 🍸 1994, 92, 90, 89, 86

WYNNS, Coonawarra, SA 08 8736 3266/8736 3202

Cabernet Sauvignon und Shiraz sind stets von guter Qualität und besitzen großes Alterungspotential. Herausragend sind jedoch die Spitzencuvées, die in guten Jahrgängen gemacht werden, insbesondere die kraftvollen, langlebigen John Riddoch Cabernet und Michael Shiraz.

Beste Weine ★★★ John Riddoch Cabernet 🍷, Michael Shiraz 🍷

Gute Jahrgänge 1994, 93, 91, 90, 88, 86, 84, 82, 76, 66, 62, 55

YALUMBA, Barossa Valley, SA 08 8561 3200/8561 3393

Yalumba, bekannt für die Schaumweine Angas Brut und Oxford Landing sowie feine Muscat-Likörweine, erzeugt auch einige echte Qualitätsweine. Der bemerkenswerte, sehr kräftige Shiraz Octavius zeigt Töne amerikanischer Eiche und wird Ihrer Zunge schmeicheln. Er sollte mindestens 5 Jahre reifen. Signature Cabernet Shiraz ist im klassisch australischen Stil ausgebaut, wobei amerikanische Eiche noch vorhanden, aber doch etwas zurückhaltender ist. Eigentlich sollte dieser Wein Yalumba einen Platz in der Welt der absoluten Spitzenweine erobern. Ein über 30 Jahre hinweg bewiesenes Alterungspotential, immense Resourcen und ein sehr gutes Team von Weinmachern sind die Ingredienzen des Erfolgs. Der Menzies wurde nach dem großen australischen Premierminister im und nach dem 2. Weltkrieg benannt, dem sehr viel an den Weinen aus Yalumba lag. In der Tat war Yalumba für Menzies das, was Pol Roger für Churchill war. Weißweine spielen nur eine untergeordnete Rolle, aber es gibt einige herausragende Einzellagenweine im Gebiet von Barossa.

Beste Weine ★★ Octavius Shiraz 🍷, The Signature Cabernet Shiraz 🍷, ★ The Menzies Cabernet Sauvignon 🍷 **Gute Jahrgänge** 1994, 93, 92, 91, 90

JAHRGÄNGE IN AUSTRALIEN

Der riesige Kontinent Australien besitzt natürlich verschiedenste klimatische Bedingungen. Und so dreht sich inzwischen alles um die Idee, daß die Regionen charakteristische und einzigartige Weine erzeugen können. Ein Shiraz aus Barossa ist gänzlich anders als einer aus dem Hunter Valley, Cabernets aus Coonawarra unterscheiden sich von denen vom Margaret River. Auch die Jahrgänge innerhalb eines Bundesstaats zeigen enorme Unterschiede.

Lagerfähigkeit

Australiens Weinmacher sind an gute Reifebedingungen gewöhnt. So benötigt z.B. der Barossa Valley Shiraz einen Alkoholgehalt von 13–14%, um das Potential zu besitzen, im Alter an Komplexität zu gewinnen. Hunter Valley Semillon wird früher gelesen und besitzt weniger Alkohol, kann aber 20 Jahre und länger lagern. Vom Coonawarra Cabernet gibt es zwei Varianten: einen superkonzentrierten Wein, der beträchtliche Zeit reifen muß, sowie einen bereits nach 4 Jahren trinkfertigen. Margaret River Cabernet hat reife Tannine und Fruchtaromen, die nach 5 Jahren sehr schön sind, kann aber ebenfalls länger gelagert werden. Clare Valley Riesling besitzt genügend Säure zum Altern. Chardonnay ist i.a. trinkfertig, wenn er auf den Markt kommt, Weine aus kühleren Gegenden können aber durchaus 10 Jahre halten.

Reifediagramme

Hier zwei australische Weinsorten mit guten Reifungsnachweisen. Nur Spitzencabernets altern gut. Reifer Semillon ist im Vergleich mit jungem nicht wiederzuerkennen..

1996 Coonawarra Cabernet

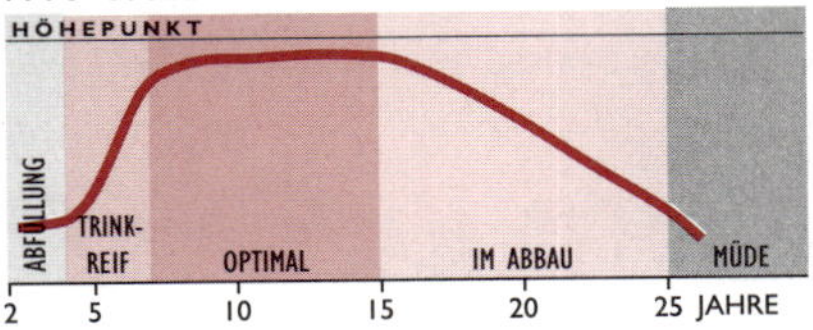

1996 Hunter Valley Semillon (ohne Eiche)

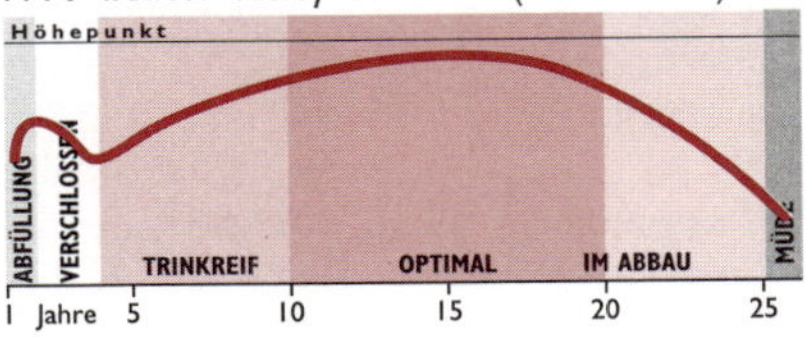

JAHRGANGSÜBERSICHT

	97	96	95	94	93	92	91	90	89	88	87
NEUSÜDWALES											
Hunter Valley Semillon (nicht in Eiche ausgebaut)	6○	8○	9○	7○	7○	6◑	9○	6●	8◑	3●	8●
SÜDAUSTRALIEN											
Barossa/Clare Shiraz	10○	9○	7○	9○	6◑	6◑	10●	10●	5●	8●	6●
Coonawarra Cabernet	9○	8○	4○	8○	7◑	6◑	10◑	10●	5●	7●	6●
Clare Valley Riesling	10○	9◑	9◑	8◑	8●	7●	7◑	10◑	6◐	7●	9●
VICTORIA											
Yarra Valley Cabernet Sauvignon	10○	7○	6◑	9◑	8●	7●	10◑	8●	3◐	8●	4●
WESTAUSTRALIEN											
Cabernet Sauvignon	7○	10○	8○	10◑	7◑	8◑	9◑	8●	6●	6●	7●

ERLÄUTERUNG ○ = braucht noch Zeit ◑ = trinkreif, gewinnt noch ● = optimal ◐ = in Abbau oder abgebaut

JAHRGÄNGE AUF EINEN BLICK

Jeder australische Bundesstaat besitzt Weinbaugebiete, deren natürliche Bedingungen sich erheblich unterscheiden. Jahrgangsbewertungen stellen daher nur grobe Verallgemeinerungen dar.

Große Jahre ★★★	NSW 1995, 91, 86; **Victoria** 1997, 94, 91; **SA** 1997, 96, 95, 94, 91, 90, 87; **WA** 1996, 94, 91, 86
Gute Jahre ★★	NSW 1996, 94, 93, 89, 87; **Victoria** 1996, 95, 93, 92, 90, 88, 86; **SA** 1996, 95, 94, 93, 92, 91, 88, 87, 86; **WA** 1997, 95,'93, 92, 90, 89, 87
Mittelmäßige Jahre ★	NSW 1997, 92, 90; **Victoria** 1996, 95; **SA** 1995, 93, 92, 89, 87; **WA** 1989, 88
Schlechte Jahre (keine Sterne)	NSW 1988; **Victoria** 1989; **SA** 1995

Die einzelnen Jahrgänge

Südwales

1997 ★ Nahezu perfekte Bedingungen während der Wachstumsphase, jedoch Herbstregen. Viele Weinberge wurden von Botrytis befallen, daher war Selektion notwendig.

1996 ★★ Ein sehr guter Jahrgang mit kühlem Sommer und idealen Lesebedingungen. Die Rotweine besitzen im allgemeinen kolossalen Körper und gute Säure.

1995 ★★★ Die Trockenheit 1994 sorgte für niedrigere Erträge als üblich. Ungewöhnlich kühle Witterung ließ die Trauben wunderbare Aromen entwickeln. Ein sehr gutes, teilweise sogar herausragendes Weinjahr.

1994 ★★ Nahezu perfektes Wetter in der Wachstumsphase, anschließend extreme Hitze und Streß für die Reben, was den meisten Rotweinen zu großer Intensität verhalf.

1993 ★★ Einer der kühlsten Jahrgänge der letzten Zeit im Hunter Valley. Semillon wurde mit relativ niedrigem Zuckergehalt geerntet, die hohe Säure erbrachte zurückhaltende Weine von ausgezeichneter Struktur.

1992 ★ Die Trockenheit 1991 sorgte für niedrige Erträge. Wenn Sie sichergehen wollen, wählen Sie Weine von Spitzenerzeugern.

1991 ★★★ Ideale Bedingungen während der Wachstumsphase ergaben Spitzenweine. Eine frühe Semillon-Ernte brachte höchst elegante Weine mit hoher Säure.

1990 ★ Nahezu perfekte Bedingungen bis auf starken Regen in der ersten Februarwoche. Nur wer früh las, brachte gute Weine zustande.

1989 ★★ Heißer Frühling und kühles Sommerwetter sicherten eine gleichmäßige Reife. Sehr intensive Semillons.

1988 Ein Jahrgang zum Vergessen. Starke Regenfälle ruinierten den Großteil der Trauben.

1987 ★★ Kühle Wachstumsbedingungen führten zu schöner Reife. Die Roten sind recht unterschiedlich, aber Semillon ist immer noch gut.

1986 ★★★ Ein hervorragendes Jahr für Hunter Semillon. Kühles Frühlingswetter und ein sehr heißer Sommer brachten eine optimale Reife.

Victoria

1997 ★★★ Hitzewelle während der Lese. Recht niedrige Erträge, besonders in den Anbaugebieten Yarra und Great Western, aber die Rotweine zeigen hervorragenden Körper.

1996 ★-★★ Sehr gut in warmen Regionen wie Rutherglen, weniger gut im Yarra Valley und Geelong. Kein Jahrgang zum Lagern.

1995 ★-★★ Wie überall eine recht kleine Ernte mit einigen sehr ansprechenden Weinen.

1994 ★★★ Gute Qualität, aber das späte kühle Wetter führte zu Ernteeinbußen. Die Weine sind jetzt trinkreif.

1993 ★★ Kühles Wetter und Regen erbrachten eine Menge leichter, süffiger Weine.

1992 ★★ Insgesamt gut, aber einigen Weinen fehlt es an Substanz und Reife.

1991 ★★★ Nach einem kühlen Jahr geringere

Erträge als üblich. Elegante, ausgewogene Weine; Rotwein ist jetzt trinkfertig

1990 ★★ Großartiges Jahr für Muscat und Tokay in Rutherglen. Auch im Yarra Valley hohe Erträge und sehr gute Weine.

1989 Ein schwaches Jahr.

1988 ★★ Intensive, ausgewogene und gehaltvolle Weine.

1986 ★★ Die Trauben reiften gut, die Lesebedingungen waren hervorragend und brachten gehaltvolle (teils überladene) Rotweine.

Südaustralien

1997 ★★★ Extreme Hitze im Februar bewirkte einigen Schaden an den Reben, aber die Weinqualität erwies sich als ausgezeichnet, besonders bei den gehaltvollen Rotweinen aus Barossa und Coonawarra.

1996 ★★-★★★ Kühle Wachstumsbedingungen ermöglichten optimale Reife bei den roten Trauben, somit Konzentration und Ausgewogenheit.

1995 0-★★★ Ein schwaches Jahr für Coonawarra, aber der Shiraz aus Barossa profitierte sehr von extremer Hitze, niedrigen Erträgen und hochwertigen Trauben.

1994 ★★-★★★ Überdurchschnittlicher Jahrgang, in dem viele Erzeuger spät ernteten. Klassische Weine mit reifen Tanninen.

1993 ★★-★★★ Eine schwierige Wachstumsphase mit feuchtem Frühjahr und Frühsommer. Einige Weinberge litten unter Mehltau. Das trockene Wetter kam spät, führte aber zu hervorragenden Weinen.

1992 ★★-★★★ Herbstregen und vereinzelt Fäule bedeuteten ein durchschnittliches Jahr.

1991 ★★-★★★ Hervorragende, frühe Ernte nach einem langen, heißen Sommer führte zu gehaltvollen, opulenten Rotweinen mit grosem Alterungspotential.

1990 ★★★ Einige halten dies für einen »Jahrhundertjahrgang«. Eine langer Sommer führte zu aroma- und säurereichen Trauben.

1989 ★ Wechselhaftes Wetter führte zu wenig Säure und durchschnittlicher Qualität.

1988 ★★ Auf Unwetter mit Hagel folgte eine kühle Wachstumsphase. Gute Erzeuger machten mit überlegtem Einsatz von Eichenfässern gute Rotweine.

1987 ★★-★★★ Kühles Sommerwetter führte zu schwachen Chardonnays in Padthaway, anderen Regionen, wie Coonawarra, erging es etwas besser. Bald trinken.

1986 ★★ Ein ausgezeichneter Jahrgang, aber die Weine fangen an, Alter zu zeigen.

Westaustralien

1997 ★★ Guter, teilweise ausgezeichneter Jahrgang. Alte Rebstöcke lieferten hervorragenden Margaret River Cabernet.

1996 ★★★ Perfekte Wachstumsbedingungen führten zu vollblütigen Rotweinen und großartigem Chardonnay.

1995 ★★ Ein heißer Sommer bedeutete gute Konzentration bei den Rotweinen. Es gab auch einige herausragende Weißweine.

1994 ★★★ Ein hervorragender Jahrgang für Rotweine aus Margaret River.

1993 ★★ Hagel während der Blütezeit im November verringerte die Erträge, aber der Sommer brachte dem Cabernet gute Reife.

1992 ★★ Harmonische Weine aus einem durchwachsenen Jahr. Jetzt trinkreif.

1991 ★★★ Ein Bilderbuchjahrgang mit hervorragenden Reifungsbedingungen, die sich bei allen Rebsorten positiv auswirkten.

1990 ★★ Mildes, trockenes Sommerwetter führte zu einem langsam reifenden, aber guten Cabernet, der jetzt trinkreif ist.

1989 ★ Schwierige Frühjahrsbedingungen brachten nicht gerade überreife Trauben, aber viele Rotweine sind elegant.

1988 ★ Regen und Hagel im Herbst führten zu Qualitätseinbußen.

1987 ★★ Kühle, trockene Wachstumsbedingungen brachten qualitätvolle, gut strukturierte Rotweine.

1986 ★★★ Aromareiche und gut strukturierte, klassische Rotweine, jetzt auf dem Höhepunkt.

NEUSEELAND

Neuseelands aufregendste Weine zeichnen sich durch brillante Fruchtaromen aus, die bei würzigen Sorten wie Sauvignon Blanc oder Riesling aus dem Glas zu hüpfen scheinen. Die Weine sind charakterisiert von einem kühlen Klima, das ihre pikante Säure verstärkt, sowie einer hochtechnisierten, für die »Neue Welt« typischen Weinbereitung, die Frische und Frucht betont. Die beeindruckendsten Weine zeigen eine subtile Kraft und Komplexität, was ebenso dem Geschick der Weinmacher als auch den idealen Reblagen und der sorgfältigen Weinbergsarbeit zu verdanken ist. Gute Weine kommen sowohl von den drei großen Kellereien Neuseelands – Montana, Corbans und der Gruppe Villa Maria/Vidals/Esk Valley (die nahezu 90% der Trauben Neuseelands verarbeitet) – als auch von den 260 kleineren Betrieben.

WEINTYPEN

Das Weinbaugebiet dehnt sich über nahezu 1600 km mit einer Reihe von Klimazonen und Bodenarten aus, was viele unterschiedliche Weintypen bedingt. Die roten Bordeaux-Sorten (Cabernet Sauvignon, Cabernet Franc, Merlot) fühlen sich auf der wärmeren Nordinsel wohl; Waiheke Island in Auckland Harbour sowie Hawke's Bay sind die beiden führenden Rotweinregionen des Landes. Sauvignon und Riesling passen besser in die kühleren südlichen Regionen, insbesondere Marlborough, Martinborough (in Wellington) und North Canterbury. Pinot Noir gedeiht hier und in Central Otago am besten. Gewürztraminer ist seltsamerweise in Gisborn auf der Nordinsel und in Central Otago im tiefen Süden angesiedelt. Chardonnay liefert in jeder Region guten Wein, jedoch in sehr unterschiedlichen Spielarten.

Cabernet Sauvignon

Frischer, strahlende Beerenfrucht mit Zedernaroma und oft Minze- oder Tabaknoten.

Chardonnay

Chardonnay von der Nordinsel ist mit köstlichen Pfirsich-, Melonen- und Grapefruitaromen in der Regel reifer und gehaltvoller als Chardonnay von der kühleren Südinsel. Hier ist Chardonnay leichter und würziger, mit pikanter Säure und Zitrusfrucht-Pfirsich-Aromen, unterstützt von einer Mineralien- oder Kräuternote.

Merlot

Pflaumen- und Himbeeraromen weichen im Alter einem pikanten Bukett von Leder und Wild.

Pinot Noir

Kräftiges Pflaumen- und Kirscharoma, bei den wirklich guten Weinen ein kraftvolles, nahezu animalisches Bukett sowie eine mundfüllende seidige Textur.

Riesling and Gewürztraminer

Würzig-blumige Weine, häufig mit der Dichte und Üppigkeit eines Elsässers, wenngleich die meisten halbtrocken ausgebaut werden. Es gibt aber auch sehr gute trockene und herausragende süße Weine.

Sauvignon Blanc

Blasser, leichter und frischer Wein mit einer pikanten Aromamischung aus reifen tropischen Früchten, Passionsfrucht und süßen roten Paprikaschoten. Er hat weniger von den grünen Aromen von Stachelbeeren, Paprika und Gras als der französische Sauvignon, trotz der prickelnden Säure.

GROSSE NEUSEELÄNDISCHE WEINE

Oz Clarkes Auswahl

Pelorus (Cloudy Bay) Großartiger Schaumwein mit prächtigem traditionellem Nuß-, Hefe- und Zedernholzaroma.

Sauvignon Blanc (Vavasour) Attackierendes Stachelbeer- und Zitronengrasaroma, eingebettet in runden, reifen Charakter.

Reserve Chardonnay (Seresin) Majestätisch im Stil eines Burgunders mit Hafer- und Nußaromen und langem, üppigem Nachhall.

The Terraces (Esk Valley) Einer von Neuseelands wenigen Weltklasse-Rotweinen mit umwerfendem Pfeffer- und Schwarzkirscharoma, aus Bordeaux-Trauben gemacht, die an einem sonnigen Plätzchen in Hawke's Bay wachsen.

Moutere Riesling (Neudorf) Unwiderstehliches Pfirsich-, Honig- und Zitronenschalenaroma in perfekter Harmonie.

Sauvignon/Sémillon (Selaks) Hervorragende, klassische Mischung von Gras-, Stachelbeer- und Vanillearomen.

Steven Spurriers Auswahl

Sauvignon Blanc (Cloudy Bay) Neuseelands berühmtester Sauvignon Blanc und weltweit Vorbild für diese Traube.

Chardonnay (Kumeu River) Der höchst aromatische, klassische Chardonnay stammt von dem brillanten Michael Brajkovich, Neuseelands führendem *Master of Wine*.

Moutere Riesling (Neudorf) Geringe Mengen hochwertigster Trauben ergeben diesen Bilderbuch-Riesling.

Pinot Noir (Ata Rangi) Ein Weltklasse-Pinot-Noir, der hinter seinem Pflaumen-und-Kirsch-Aroma Individualität und Charakter zeigt.

Cabernet Blend (Goldwater Estate) Außergewöhnlich gehaltvoller und komplexer Rotwein aus streng selektierten Trauben aus einem einzigartigen Mesoklima.

Coleraine Cabernet Merlot (Te Mata) Reife Frucht und sehr gekonnter Einsatz von Eichenfässern sichern diesem Wein einen Spitzenplatz unter den neuseeländischen Cabernets.

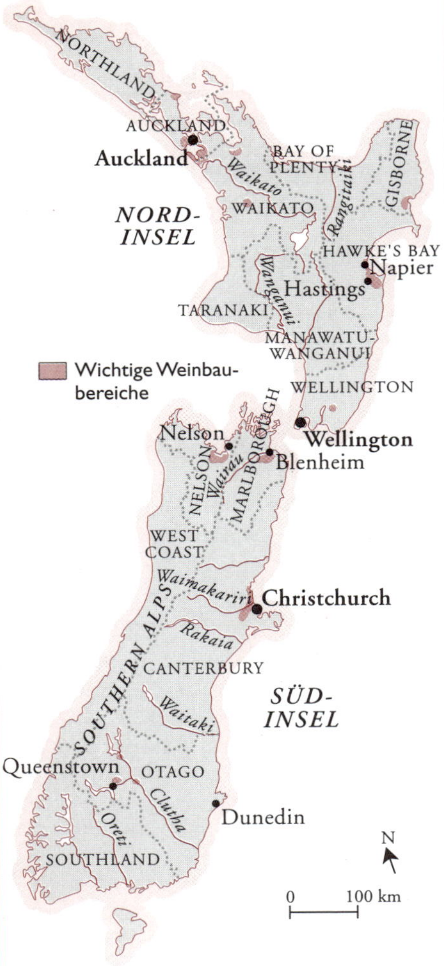

Neuseeländische Spitzenerzeuger

Cabernet Sauvignon, Merlot, Cabernet Franc und »Bordeaux-Cuvées« Clearview, Esk Valley, Fenton Twin Bays Vineyard, GOLDWATER, Providence, St Nesbit, STONYRIDGE, TE MATA, Waiheke Vineyard, Vidal, VILLA MARIA, Waitakere Vineyards

Chardonnay Clearview, CLOUDY BAY, KUMEU RIVER, MARTINBOROUGH VINEYARD, MORTON ESTATE, NEUDORF, Pegasus Bay, Seresin, TE MATA, The McDonald Winery (Church Road).

Pinot Noir Ata Rangi, Dry River, Fromm, MARTINBOROUGH VINEYARD, NEUDORF

Sauvignon Blanc CLOUDY BAY, HUNTER'S, Jackson Estate, Seresin, VAVASOUR, VILLA MARIA

NEUSEELÄNDISCHE WEINREGIONEN VON A BIS Z

AUCKLAND

Großes Anbaugebiet um Auckland auf der Nordinsel. Waiheke Island in Auckland Harbour macht viele der besten Rotweine des Landes. Auch im Gebiet von Kumeu/Huapai, nördlich von Auckland, werden gute Rotweine hergestellt, insbesondere Merlot, sowie hervorragender Chardonnay (KUMEU RIVER). Matakana nördlich von Auckland hat das Potential für Spitzenrotweine, vor allem Merlot und Cabernet Franc.
Beste Erzeuger Collards, Fenton Twin Bays, GOLDWATER, KUMEU RIVER, MONTANA, MORTON ESTATE, Providence, St Nesbit, Selaks, STONYRIDGE, VILLA MARIA, Waiheke Vineyards, Waitakere Vineyards
Gute Jahrgänge 1996, 94, 93, 91, 89, 87

CANTERBURY

Die kühle Region an der Ostküste der Südinsel besitzt 3 Anbaugebiete: Canterbury Plains, Banks Peninsula und Waipara, die wertvollste. Es ist klar, daß Rebsorten, die in kühlerem Klima gedeihen, hier die besten Ergebnisse liefern; allen voran Pinot Noir. Die meist sehr kleinen Betriebe erzeugen aber auch feinen Riesling, pikanten Sauvignon Blanc und eleganten Chardonnay. Die trockenen, geschützten Waipara Plains nördlich von Christchurch sind ein relativ neues, äußerst vielversprechendes Anbaugebiet.
Beste Erzeuger Giesen, Pegasus Bay, St Helena, Sherwood, Waipara West
Gute Jahrgänge 1998, 96, 95, 91, 89

CENTRAL OTAGO

Neuseelands einzige Anbauregion mit eher kontinentalem als maritimem Klima. Sehr kalte Winter, kühle Sommernächte und sehr heiße Tage liefern Weine mit feinen Aromen und einer frischen Säure. Ein hohes Frostrisiko hält die Winzer während der Vegetationsperode auf Trab. Nahezu regelmäßig kommen exquisite Pinots Noirs und Gewürztraminer auf den Markt, während die spät reifende Riesling-Traube in kühlen Jahren kämpfen muß. Attraktiv ist auch der elegante, würzige Chardonnay.
Beste Erzeuger Black Ridge, Chard Farm, Gibbston Valley, Rippon Vineyard
Gute Jahrgänge 1998, 96, 95, 91, 90

GISBORNE

Einst Neuseelands Region für Massenweine mit riesigen Flächen Müller-Thurgau-Reben. Während der letzten 10 Jahre wurden bessere Rebsorten neu gepflanzt und hochwertige Reblagen bestimmt. Gisbornes angesehenste Weintypen sind ein besonders weicher und charmanter Chardonnay mit üppigem Pfirsich- und Ananasaroma sowie ein kräftiger, pikanter Gewürztraminer.
Beste Erzeuger Collards, Coopers Creek, CORBANS, Matawhero, Matua Valley, The Millton Vineyard, MONTANA, Revington
Gute Jahrgänge 1998, 96, 95, 94, 91, 89

HAWKE'S BAY

Eine große Sonnenscheindauer und eine große Bandbreite an Bodensorten, Expositionen und Höhen zogen viele kleine »Lifestyle«-Winzer an, die die unterschiedlichsten Qualitätsweine machen. Hawke's Bay ist vor allem bekannt für kräftigen, runden Cabernet Sauvignon und Merlot sowie intensiven, gehaltvollen Chardonnay. Alle besitzen ein gutes Reifungspotential. Aus heißen, trockenen Lagen tauchen inzwischen intensive, pfeffrige Syrahs auf, während Pinot Noir aus den kühlen Hochlagen sehr vielversprechend ist. Der Sauvignon ist zuweilen ein bißchen glanzlos, aber verschnitten mit aufregenden neuen Sémillon-Klonen erhält er Rückgrat und erinnert an trockenen weißen Bordeaux.

Beste Erzeuger Alpha Domus, BABICH, Brookfields, Clearview, CORBANS, Delegats, Esk Valley, The McDonald Winery, Matua Valley, Mills Reef, MORTON ESTATE, Ngatarawa, C. J. Pask, Sacred Hill, Stonecroft, TE MATA, Vidal
Gute Jahrgänge 🍷 1998, 97, 96, 95, 94, 91, 89; 🍸 1998, 96, 95, 94, 91, 89

MARLBOROUGH

Neuseelands größte und bekannteste Weinregion mit langer Sonnenscheindauer, kühlen Nächten, relativ trockenen Reifungsbedingungen und gut drainierten steinigen, wenig bis mittelmäßig fruchtbaren Böden. 1973 erstmals mit Reben bestockt, ist die Weinproduktion inzwischen einer der wichtigsten Industriezweige der Region.

Aus Marlborough kommt der weltweit eigenwilligste Sauvignon Blanc mit kräftigen, pikanten Aromen von Passionsfrucht und Kräutern, ein Typ, der der Region zu weltweitem Ruhm verhalf. Die kühlen Wachstumsbedingungen sind ideal für hochwertige, im traditionellen Verfahren hergestellte Schaumweine, aber auch für feinen, aromatischen Riesling und eleganten Chardonnay. Jüngster Triumph ist der Pinot Noir, während Cabernet Sauvignon und Merlot fast jedes Jahr Probleme haben, voll auszureifen.

Beste Erzeuger Allan Scott, Cellier le Brun, CLOUDY BAY, CORBANS, Fromm, Grove Mill, HUNTER'S, Isabel, Jackson Estate, Lawson's Dry Hills, MONTANA, Nautilus, St Clair, Selaks, Seresin, VAVASOUR, VILLA MARIA, Wairau River, Whitehaven, Wither Hills
Gute Jahrgänge 1998, 97, 96, 94, 91 und 89

NELSON

Die kühle, sanft hügelige Region liegt zwar an der feuchten Westseite der Nordspitze der Südinsel Neuseelands, wird aber zu einem gewissen Grad durch die Tasman Mountains geschützt. Man produziert hier hervorragenden Chardonnay, Sauvignon und Riesling sowie in guten Jahrgängen auch guten Pinot Noir.

Beste Erzeuger NEUDORF, Greenhough, Seifried, Spencer Hill
Gute Jahrgänge 1997, 94, 91

WELLINGTON

Wellington heißt jetzt offiziell die Anbauzone an der Südspitze der Nordinsel, einschließlich Wairarapa mit der Subregion Martinborough. Niedrige Erträge, gute Entwässerung und relativ unfruchtbare Böden liefern einige der gehaltvollsten Weine des Landes.

Martinborough ist berühmt für beeindruckend kraftvollen Pinot Noir, der früher als Neuseelands bester galt, inzwischen aber starke Konkurrenz aus Marlborough, Canterbury und Central Otago bekommen hat. Gut sind auch die üppigen, buttrigen Chardonnays, pikanter Sauvignon Blanc, intensiver Riesling und tintige Cabernet-Sauvignon-Merlot-Verschnitte.

Beste Erzeuger Ata Rangi, Benfield & Delamare, Dry River, MARTINBOROUGH VINEYARD, Nga Waka, Palliser, Te Kairanga
Gute Jahrgänge 1996, 94, 91, 89.

SCHAUMWEIN VON WELTKLASSE

Neuseeland ist dabei, sich einen Ruf für hochwertige, im traditionellen Verfahren (Méthode Traditionelle) hergestellte Schaumweine zu erwerben. In der Regel sind es Verschnitte aus Chardonnay und Pinot Noir, manchmal unter Zugabe von Pinot Meunier. Die Weine sind etwas runder und fruchtiger als Champagner, besitzen aber noch das charakteristische hefige Aroma von Biskuit oder Brot.
Beste Erzeuger Cellier Le Brun, Cloudy Bay (Pelorus), Corbans (Amadeus), Hunter's (Miru Miru), Mills Reef, Montana (Deutz, Lindauer), Morton Estate

NEUSEELÄNDISCHE ERZEUGER VON A BIS Z

BABICH, Auckland 09 833 7859/833 9929

Der Familienbetrieb bezieht seine Trauben aus Hawke's Bay, Gisborn und Marlborough. Er ist groß genug, um wettbewerbsfähige Preise zu erzielen, aber noch klein genug, um einige Leidenschaft in die Entwicklung hochwertiger, individueller Weine zu investieren.

Beste Weine ★★ Irongate Chardonnay ♀, Irongate Cabernet Merlot 🍷, Mara Estate Syrah 🍷, ★ Marlborough Sauvignon Blanc ♀, Hawkes Bay Chardonnay ♀

Gute Jahrgänge 🍷 1998, 97, 96, 95, 94; ♀ 1998, 96, 95, 94

CLOUDY BAY, Marlborough 03 572 8914/572 8065

Neuseelands Superstar für Spitzenweine aus Marlborough wurde vom australischen Weinmacher David Hohnen gegründet und ist inzwischen im Besitz von VEUVE CLICQUOT. Gute Reblagen, eine strikte Auslese und eine gekonnte Vinifizierung führen in jedem Jahrgang zu Spitzenweinen.

Beste Weine ★★★ Sauvignon Blanc ♀, Chardonnay ♀, Late-Harvest Riesling ♀, Pelorus Méthode Traditionelle ♀, ★ Pinot Noir 🍷

Gute Jahrgänge 1998, 97, 96, 94, 91

CORBANS, Auckland, Gisborne und Marlborough 09 837 3390/837 6778

Neuseelands zweitgrößter Hersteller besitzt Kellereien in Auckland, Gisborne, Hawke's Bay und Marlborough und produziert eine große Palette an Weinen aller Preisklassen, darunter viele Prachtstücke. Zu den Markennamen zählen Cooks, Longridge, Stoneleigh und Robard & Butler.

Beste Weine ★★ Corbans Noble Riesling ♀, Corbans Private Bin Marlborough Chardonnay ♀, Stoneleigh Riesling ♀, ★ Corbans Private Bin Merlot 🍷, Stoneleigh Sauvignon Blanc ♀, Cottage Block Pinot Noir 🍷, Cottage Block Chardonnay ♀, Cottage Block Sauvignon Blanc ♀ **Gute Jahrgänge** 1998, 97, 96, 94, 91

GOLDWATER ESTATE, Waiheke Island, Auckland 09 372 7493/372 6827

Die Kellerei war Pionier in Waiheke Island, dem Spitzenanbaugebiet für Rotweine. Seit 1994 macht Goldwater auch Chardonnay und Sauvignon Blanc mit Trauben, die in Marlborough wachsen und im Auftrag verarbeitet werden.

Beste Weine ★★ Cabernet Sauvignon/Merlot/Cabernet Franc 🍷, Dog Point Marlborough Sauvignon Blanc ♀, ★ Marlborough Chardonnay ♀

Gute Jahrgänge ♀ 1998, 97, 96; 🍷 1998, 96, 94, 93, 91, 90, 89, 87

HUNTER'S, Blenheim, Marlborough 03 572 8489/572 8457

Etablierte Kellerei in Marlborough, in Besitz und unter Leitung der Winzerin Jane Hunter. Selektion in Weinberg und Kellerei sorgt für die Beständigkeit und Integrität der Spitzenweine. Hunter's profitierte von der Unterstützung durch Dr. Tony Jordan, den Generalmanager von Domaine Chandon im australischen Yarra Valley.

Beste Weine ★★ Sauvignon Blanc ♀, Oak-Aged Sauvignon Blanc ♀, Chardonnay ♀

Gute Jahrgänge 1998, 97, 96, 94, 91

KUMEU RIVER, Auckland 09 412 8415/412 7627

Kleine Familienkellerei, die mit spektakulärem Erfolg nur lokal erzeugte Trauben verwertet (was unüblich ist). Weinmacher ist der überaus talentierte *Master of Wine* Michael Brajkovich. Der Chardonnay gilt weithin als Neuseelands bester.

Beste Weine ★★★ Chardonnay ♀, ★★ Sauvignon Blanc/Sémillon ♀, ★ Merlot/Cabernet Sauvignon 🍷 **Gute Jahrgänge** 1998, 96, 94, 93, 91

MARTINBOROUGH VINEYARD, Martinborough, Wellington 06 306 9955/306 9217

Seit 1986 ist dies Neuseelands zuverlässigster Erzeuger von erstklassigem Pinot Noir, wenngleich es heute gleichwertige Konkurrenten wie Ata Rangi gibt. Inzwischen kamen ein beeindruckender Chardonnay, der wie der Pinot Noir mit der ganzen Palette burgundischer Kellerkunst gemacht wird, sowie ein sehr würziger Riesling hinzu. Alle drei Weine zeigen ein beeindruckendes Reifungspotential und sollten mindestens 3 Jahre lagern.

Beste Weine ★★★ Pinot Noir Reserve 🍷, ★★ Chardonnay ♀, ★ Riesling ♀

Gute Jahrgänge 1998, 96, 94, 91, 89

MONTANA, Auckland 09 570 8400/570 8440

Neuseelands größte Weinfirma besitzt Kellereien in Auckland, Gisborne, Hawke's Bay und Marlborough, wo man in den 1970ern Pionierarbeit leistete. Montana läßt sich bei der Entwicklung erstklassiger Rotweine im Bordeaux-Stil vom Bordeaux-Erzeuger Cordier unterstützen und steht mit dem Champagner-Haus DEUTZ in Verbindung, um seinen hervorragenden Schampus (Méthode Traditionelle) weiter zu verfeinern.

Beste Weine ★★ Deutz Marlborough Cuvée Blanc de Blancs Vintage ♀, Deutz Marlborough Cuvée Brut Non-Vintage ♀, Montana »F« Fairhall Estate Cabernet Sauvignon 🍷, Montana »O« Ormond Estate Chardonnay ♀, Montana »R« Renwick Estate Chardonnay ♀

Gute Jahrgänge Marlborough 98, 97, 96, 94, 91, 89

MORTON ESTATE, Auckland 09 300 5053/300 5054

Die Kellerei erwarb sich einen Ruf als Erzeuger hochwertiger Weine aus Hawke's Bay, insbesondere von kräftigem, komplexem Chardonnay sowie von Jahrgangssekten. Man sollte die Weißweine aus der Serie »Black Label« nach 2–4 Jahren, die Rotweine nach 4–6 Jahren Reifung trinken.

Beste Weine ★★★ Black Label Hawkes Bay Chardonnay ♀, ★★ Black Label Hawkes Bay Cabernet/Merlot 🍷, Brut Vintage ♀, ★ Black Label Fumé Blanc ♀, White Label Chardonnay ♀

Gute Jahrgänge 🍷 1998, 96, 95, 94, 91; ♀ 1998, 97, 96, 95, 94, 91

NEUDORF, Nelson 03 543 2643/543 2955

Nelsons Spitzenkellerei mit stilvollen, häufig innovativen Weinen, ist einer der besten neuseeländischen Erzeuger von Chardonnay, der in guten Jahrgängen einem Puligny-Montrachet ähnelt. Auch Pinot Noir und Riesling sind exzellent. Chardonnay und Pinot Noir können bis zu 5 Jahre reifen, während Riesling und Sauvignon jung köstlich schmecken.

Beste Weine ★★★ Neudorf Moutere Chardonnay ♀, ★★ Neudorf Moutere Pinot Noir 🍷, Neudorf Moutere Riesling ♀, ★ Neudorf Moutere Sauvignon Blanc ♀

Gute Jahrgänge 1998, 96, 94, 91

STONYRIDGE, Waiheke Island, Auckland 09 372 8822

Neuseelands teuerster Wein, »Larose«, eine Cuvée im Bordeaux-Stil, stammt von diesem kleinen Rotweinspezialisten. Niedrige Erträge aus organischem Anbau in einer warmen, geschützten Lage auf Waiheke Island in Auckland Harbour verleihen dem langlebigen Rotwein, der in guten Jahren ein Reifungspotential von 5–10 Jahren besitzt, Konzentration und Komplexität.

Bester Wein ★★★ Larose Cabernet 🍷

Gute Jahrgänge 1998, 96, 94, 93, 91, 89, 87

TE MATA, Hawke's Bay 06 877 4399/887 4397

Der Star von Hawke's Bay und einer der Spitzenerzeuger Neuseelands. In den frühen 1980er Jahren brachte Te Mata Rotweine auf Cabernet-Basis, die den anderen um Lichtjahre voraus waren. Dazu kommen ein hervorragender Chardonnay sowie ein stilvoller Syrah. Herausragende Jahrgänge aller Weine können sich 5–10 Jahre halten.

Beste Weine ★★★ Coleraine Cabernet Merlot ❢, ★★ Awatea Cabernet Merlot ❢, Elston Chardonnay ♀ **Gute Jahrgänge** ❢ 1998, 95, 94, 91, 89; ♀ 1998, 97, 96, 95, 94, 91, 89

VAVASOUR, Marlborough 03 575 7481/575 7240

Vavasour leistete Pionierarbeit im Awatere Valley, einer neuen, aufregenden Anbauregion von Marlborough, die seit ihrem Debütjahrgang 1989 sehr in Mode ist. Der Chardonnay gehört zu Neuseelands besten. Die Zweitmarke »Dashwood« hilft, die Qualität des Erstweins »Vavasour« zu stärken und zu halten.

Beste Weine ★★ Vavasour Chardonnay ♀, Sauvignon Blanc ♀, Cabernet Sauvigon ❢
Gute Jahrgänge 1998, 97, 96, 94, 91, 89

VILLA MARIA, Auckland 09 275 6119/275 6618

George Fistonich, dem Besitzer von Villa Maria, gehören auch die Kellereien Vidal und Esk Valley in Hawke's Bay, die alle selbständig arbeiten. Die Produktion der drei Güter zusammengenommen macht die Gruppe zu Neuseelands drittgrößter Kellerei. Die Trauben für Villa Maria stammten bisher hauptsächlich aus Hawke's Bay, Marlborough gewinnt aber an Bedeutung.

Beste Weine ★★★ Reserve Cabernet Sauvignon ❢, ★★ Reserve Noble Riesling ♀, Reserve Marlborough Chardonnay ♀, Clifford Bay Marlborough Sauvignon Blanc ♀, Reserve Cabernet Merlot ❢, Esk Valley The Terraces ❢
Gute Jahrgänge Marlborough 1998, 97, 96, 94, 91; Hawke's Bay 1998, 96, 95, 94, 91, 89

JAHRGÄNGE IN NEUSEELAND

Im kühlen Neuseeland fallen die Jahrgänge sehr unterschiedlich aus. Dies ist besonders naheliegend bei Sorten wie Cabernet Sauvignon auf der kühleren Südinsel, aber auch die spätreifende Sauvignon Blanc unterliegt Schwankungen.

Lagerfähigkeit

Die Qualität der neuseeländischen Weine hat sich in den letzten Jahrzehnten so rasch entwickelt, daß nur wenige einen Gedanken an ihre Lagerfähigkeit verschwendet haben. Für bestimmte Regionen und Sorten typische Weinstile beginnen jedoch Form anzunehmen, und zweifellos werden einige Weine eine gute Lagerqualität zeigen. Trotzdem ist der persönliche Geschmack entscheidend. Wer Sauvignon aus Marlborough mehr als ein paar Jahre lagern will, sollte die Aromen von Büchsenspargel und Stachelbeeren in Sirup mögen, denn man sollte diesen Weißwein jung trinken. Einfacher, nicht in Holz ausgebauter neuseeländischer Chardonnay kann mit 2 Jahren reif sein, während die ambitionierte und konzentrierte klassische Variante auch 10 Jahre halten kann. Pinot Noir sollte im allgemeinen innerhalb von 5 Jahren getrunken werden, Cabernet Sauvignon und Merlot-Verschnitte erreichen ihren Höhepunkt meist innerhalb von 5–10 Jahren. Die meisten Rieslinge profitierten von einer 4–5jährigen Lagerung, Dessertweine aus edelfaulen Trauben halten 5–10 Jahre.

JAHRGANGSÜBERSICHT

	97	96	95	94	93	92	91	90	89	88	87
HAWKE'S BAY	97	96	95	94	93	92	91	90	89	88	87
Cabernet Sauvignon	8○	8○	8○	9○	8○	6●	9●	7●	10●	5◐	8◐
Chardonnay	8○	8○	9○	8◑	8◑	7●	9●	7●	9●	5◐	9◐
MARTINBOROUGH	97	96	95	94	93	92	91	90	89	88	87
Pinot Noir	8○	9○	6○	9○	8◑	7●	9●	6●	9◐	8◐	5◐
MARLBOROUGH	97	96	95	94	93	92	91	90	89	88	87
Sauvignon Blanc	8○	9◑	5◑	9◑	8●	7●	9◐	8◐	9◐	8◐	7◐
Chardonnay	8○	8◑	6◑	9◑	7◑	6●	9●	8◐	9●	8◐	7◐
AUCKLAND, KUMEU	97	96	95	94	93	92	91	90	89	88	87
Cabernet Sauvignon	8○	8○	6○	9○	10◐	7●	9◑	7●	9●	5◐	9◐
Chardonnay	8○	8○	6◑	9○	7◑	7●	9●	6●	8●	5◐	8◐

ERLÄUTERUNG ○ = braucht noch Zeit ◑ = trinkreif, gewinnt noch ● = optimal ◐ = in Abbau oder abgebaut

JAHRGÄNGE AUF EINEN BLICK

Die Sorgfalt im Weinberg (bzw. der Mangel an dieser) und verschiedene Mesoklimate in einer Anbauregion können von Erzeuger zu Erzeuger erheblich unterschiedliche Ergebnisse zeitigen.

Große Jahre ★★★ Auckland 1994, 93, 91, 87; Hawke's Bay 1994, 91, 89; Martinborough 1996, 94, 91, 89; Marlborough 1994, 91, 89

Gute Jahre ★★ Auckland 1997, 96, 89; Hawke's Bay 1997, 96, 95, 87; Martinborough 1997, 93, 92, 88; Marlborough 1997, 96, 90, 88

Mittelmäßige Jahre ★ Auckland 1995, 92, 90; Hawke's Bay 1993, 92, 90; Martinborough 1995, 90; Marlborough 1993, 92

Schlechte Jahre (keine Sterne) Auckland 1988; Hawke's Bay 1988; Martinborough 1987; Marlborough 95

Die einzelnen Jahrgänge

1998 ★★★ Das überdurchschnittlich heiße und trockene Wetter läßt viele Winzer annehmen, daß dies der größte und beste Jahrgang Neuseelands wird. Man erwartet in Marlborough hervorragenden Sauvignon und in Hawke's Bay feinen Chardonnay.

1997 ★★ Ein mäßig kühles Jahr mit einem langen, warmen Altweibersommer, der den spätreifenden Sorten zugute kam. Zu den konzentrierten Aromen trugen auch die unterdurchschnittlichen Erträge bei.

1996 ★★ Eine große Ernte mit guter Qualität, allen voran in Martinborough.

1995 **0-**★★ Ein kühler und (teilweise) feuchter Jahrgang mit überwiegend schwachen Ergebnissen in Marlborough, besonders bei Sauvignon Blanc, aber hervorragenden Ergebnissen in Canterbury. Chardonnays aus Hawke's Bay und Gisborne fallen unterschiedlich aus, können aber dennoch sehr gut sein.

1994 ★★★ Gute Ergebnisse in allen Regionen und viele herausragende Weine in Gisborn und Hawke's Bay. Nur Canterbury und Central Otago erreichten kein sehr gutes Niveau.

1993 ★ Im allgemeinen glanzloser Jahrgang. Bemerkenswerte Ausnahmen waren Auckland, wo man eines der besten Jahre hatte, und einige gute Rieslinge von der Südinsel.

1992 ★ Ein kühler Jahrgang mit teilweise feuchtem Herbstwetter. Die Weißweine fallen besser aus als die Rotweine.

1991 ★★★ Für alle Regionen ein hervorragender Jahrgang. Für Marlborough war dies sicher der beste Jahrgang aller Zeiten.

1990 ★ Etwas kühler Jahrgang. Späte Sorten, insbesondere rote, reiften nicht voll aus.

1989 ★★★ Ein hervorragender Jahrgang, doch schöpften viele Weine ihr Potential nicht aus.

SÜDAFRIKA

Für den siebtgrößten Weinproduzenten der Welt war die Produktion von Qualitätswein bisher eher Nebensache. Südafrikas politische Isolation verhinderte den wichtigen Austausch von Ideen und Erfahrungen, wie man ihn bei der Konkurrenz in Australien und Kalifornien erleben konnte. Erst mit dem Ende der Apartheid und der Aufhebung der wirtschaftlichen Sanktionen in den 1990er Jahren wurde ein echter Qualitätsschub möglich. Neue Anbaugebiete mit kühlem Klima wurden erschlossen, und ein großes Programm zur Neuanpflanzung besserer Klone und einer größeren Sortenvielfalt ist auf den Weg gebracht.

WEINTYPEN

Rotwein

Rotweine im Bordeaux-Typ sind seit langem Südafrikas Stärke. Die meisten dieser langlebigen, jedoch altmodischen und immer weniger geschätzten Rotweine wurden grundlegend verändert. In letzter Zeit geht der Trend in Richtung moderner Weine mit guter Struktur und Frucht, einige bemerkenswerte Exemplare zeigen echte Eleganz und Finesse. Südafrikas heimische Rebsorte Pinotage ist, neben Pinot Noir und Shiraz, auf dem Weg zur Weltklasse.

Weißwein

Mit dem Eintreffen neuer Eichenfässer in den 1980er Jahren veränderten sich die Weißweine mindestens sosehr wie die Rotweine. Der Ausbau der Weißweine wurde differenzierter, und man achtete verstärkt auf die Auswahl qualitätvoller Trauben, um Struktur und Komplexität der Weine zu verbessern.

Sauvignon Blanc, häufig im Stahltank ausgebaut, ist von der Dualität zwischen den Aromen reifer Melonen und messerscharfen Grapefruit- und Limettenaromen geprägt. Die Ansicht, das Kap eigne sich nicht für Chardonnay, wurde schon vor längerer Zeit über den Haufen geworfen, als eine Reihe hervorragender Exemplare aus kühlen und aus warmen Klimazonen auftauchten.

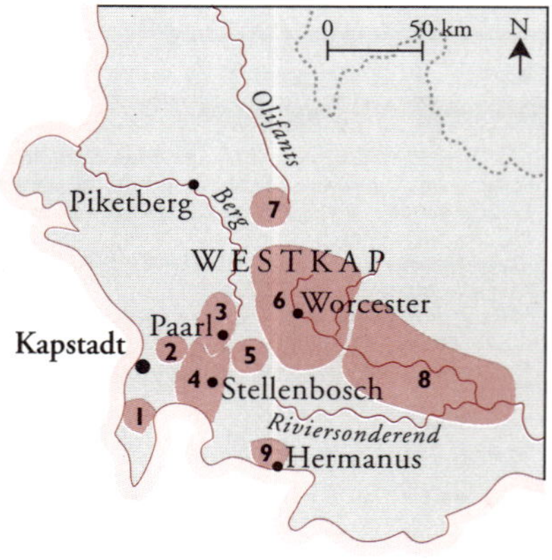

Wichtige Weinbaubereiche im Westkap

1 Constantia
2 Durbanville
3 Paarl Wellington
4 Stellenbosch
5 Franschhoek
6 Worcester
7 Tulbagh
8 Robertson
9 Hermanus/Walker Bay

Dessertweine

Der historische, aus Muscat gewonnene Dessertwein Constantia wurde von KLEIN CONSTANTIA wieder aufgelegt und ergänzt damit das herausragende Angebot an Dessertweinen von Herstellern wie NEETHLINGSHOF, STELLENZICHT und NEDERBURG vorwiegend aus Riesling, Sémillon und Chenin Blanc.

GROSSE SÜDAFRIKANISCHE WEINE

Oz Clarkes Auswahl

Cabernet Reserve (Thelema) Herausragender Cabernet mit Schwarze-Johannisbeer-Minze-Aroma von einem der modernen Qualitätspioniere.

Merlot (Plaisir de Merle) Intensiver, runder Rotwein mit Pflaumen-Beeren-Aroma und Eukalyptusduft, kreiert von Paul Pontallier, dem großartigen Weinmacher von Château Margaux.

Pinotage (Clos Malverne) Exotischer Aromamix aus Pflaumen, Kokosnuß und gegrillten Marshmallows, von einem Spitzenerzeuger der heimischen Rebsorte.

Kaimansgaat Chardonnay (Bouchard Finlayson) Südafrika kann großartige faßgereifte Chardonnays erzeugen, wie dieser Wein von unbewässerten, kühlen Weingärten beweist.

Sémillon (Fairview Estate) Anführer einer wachsenden Zahl von Sémillon-Erzeugern mit faßgereiften Weinen, deren Aroma an Quitten, Melonen und Vanillesauce erinnert.

Sauvignon (Buitenverwachting) Einer von mehreren Sauvignons mit pikanten Passionsfrucht- und Limonenaromen aus der kühlen Region Constantia.

Steven Spurriers Auswahl

Shiraz (Fairview Estate) Eine fein herausgearbeitete Frucht ist Kennzeichen dieses hervorragenden Shiraz von Charles Back.

Pinotage (Kanonkop) Weinmacher Beyers Truter ist führend auf dem Gebiet dunkler, geschmeidig-kräftiger Pinotages.

Pinot Noir (Hamilton-Russell) Südafrikas erster großer Pinot Noir ist trotz einiger ernstzunehmender Konkurrenz immer noch führend.

Rubicon (Meerlust) Der klassischste Bordeaux-Verschnitt aus einer der schönsten Kellereien am Kap, inzwischen in der 8. Generation im Besitz der Familie Myburgh.

Trilogy (Warwick Estate) Ein komplexer Bordeaux-Verschnitt nach europäischem Vorbild mit runder Frucht und Charme.

Vin de Constance (Klein Constantia Estate) Die Wiederauflage eines intensiv süßen Weins aus rosinierten Trauben, der den Weinbergen am Kap bereits vor mehr als 300 Jahren Ruhm einbrachte.

Gespritete Weine

Weine im Port-Stil sind seit langem erfolgreich. Die weitverbreitete Tinta Barocca wird inzwischen durch die Touriga Nacional, der Königin der Portweintrauben, ergänzt. Die kräftigen, robusten Weine sollten nach wie vor mehr Finesse und Komplexität bekommen.

Klassifikation

Ein Siegel auf dem Flaschenhals bestätigt die Einhaltung der Bestimmungen des »Wine of Origin« bezüglich Herkunft, Jahrgang und Rebsorte. Die Herkunft ist in Regionen und Subregionen mehrfach untergliedert. Wie auch in anderen Weinländern der Neuen Welt legt man großen Wert auf die Angabe der Rebsorten, allerdings muß der Wein nur 75% bzw. bei Exportweinen 85% der angegebenen Sorte enthalten.

Südafrikas Spitzenerzeuger

Cabernet Sauvignon/Bordeaux-Stile BEYERSKLOOF, KANONKOP, MEERLUST, NEDERBURG, RUSTENBERG, SAXENBURG, THELEMA

Chardonnay BOUCHARD FINLAYSON, De Wetshof, GLEN CARLOU, HAMILTON RUSSELL, MEERLUST, MORGENHOF, MULDERBOSCH, RUSTENBERG, THELEMA, VERGELEGEN

Merlot MEERLUST, MORGENHOF, SAXENBURG, THELEMA, VERGELEGEN

Pinot Noir BOUCHARD FINLAYSON, CABRIÈRE, HAMILTON RUSSELL

Pinotage KANONKOP, WARWICK

Sauvignon Blanc KLEIN CONSTANTIA, MORGENHOF, MULDERBOSCH, RUSTENBERG, SAXENBURG, THELEMA

Shiraz SAXENBURG, STELLENZICHT

Dessertweine KLEIN CONSTANTIA, NEDERBURG, NEETHLINGSHOF, STELLENZICHT

Gespritete Weine Boplaas.

SÜDAFRIKANISCHE ERZEUGER VON A BIS Z

BEYERSKLOOF, Stellenbosch 021 8822135/8822683

Kleine, junge Kellerei, die sich auf die führenden Rotweinsorten Südafrikas, Cabernet Sauvignon und Pinotage, spezialisiert hat. KANONKOP's bekannter Weinmacher Beyers Truter hat den Cabernet Sauvignon rasch als einen der besten des Landes etabliert. Auch der etwas leichter angelegte Pinotage entwickelte sich rasch zu einem seriösen Wein.

Beste Weine ★★ Cabernet Sauvignon 🍷, ★ Pinotage 🍷

Gute Jahrgänge Cabernet: 1995, 94, 93, 92, 90, 89

BOUCHARD FINLAYSON, Walker Bay 0283 23515/22317

Die Vorliebe für Chardonnay und Pinot Noir sollte nicht überraschen, tat sich Peter Finlayson doch mit dem erfahrenen Paul Bouchard aus Burgund zusammen. Aus gekauften Trauben hat man einiges gemacht, aber die neuen Gutsweine von den inzwischen reifen Weinbergen sind noch vielversprechender. Neueste Weine sind ein gehaltvoller, in Eiche ausgebauter Chardonnay sowie ein kräftiger, fester Pinot Noir, der mindestens 3–5 Jahre reifen sollte.

Beste Weine ★★ Pinot Noir Galpin Peak 🍷, Chardonnay Kaimansgaat 🍸

Gute Jahrgänge 🍷 1996, 95; 🍸 1996, 95, 94

BUITENVERWACHTING, Constantia 021 7945190/7941351

Dieses Weingut ist qualitativ führend in dem aufregenden, relativ kühlen Anbaugebiet Constantia. In weniger als 20 Jahren wurde das heruntergekommene Gut schön restauriert und hat ebenso schöne Weine kreiert. Die sortenbetonten Weine zeigen stets hohen Standard.

Beste Weine ★★ Christine (vorwiegend Cabernet) 🍷, ★ Cabernet Sauvignon 🍷, Chardonnay 🍸, Sauvignon Blanc 🍸

Gute Jahrgänge Christine: 1994, 93, 92, 91, 89; Chardonnay: 1996, 95, 94, 93

CABRIÈRE ESTATE, Franschhoek 021 8762630/8763390

Achim von Arnim ist einer der legendären Weinmacher vom Kap. Besessen von großartigem Pinot Noir, gelingen ihm aber auch hervorragende Schaumweine.

Beste Weine ★★ Haute Cabrière Pinot Noir 🍷, ★ Pierre Jourdan Blanc de Blancs 🍸

Gute Jahrgänge 🍷 1997, 96, 94; 🍸 1995, 94, 93, 91

GLEN CARLOU, Paarl 021 8755528/8755314

Walter Finlayson, einer der besten Weinmacher Südafrikas, hat inzwischen in seinem Sohn David einen fähigen Nachfolger gefunden. Chardonnay ist hier der Star, die Reserve-Abfüllungen gelten bei vielen als die besten vom Kap. 1995 kaufte sich Donald Hess von der kalifornischen HESS COLLECTION ein, was die Perspektiven weiter verbessern dürfte.

Beste Weine ★★ Chardonnay 🍸, Chardonnay Reserve 🍸 **Gute Jahrgänge** 1997, 96, 94, 93, 91

GRANGEHURST WINERY, Stellenbosch 021 8553625/8552143

Jeremy Walker etablierte diese Marke erst 1992. Er kauft das Traubenmaterial, dennoch sind die Ergebnisse beeindruckend. Derzeit gibt es zwei dichte Rotweine, die nach 5 Jahren (und mehr) am besten sind.

Beste Weine ★★ Cabernet Sauvignon-Merlot 🍷, Pinotage 🍷 **Gute Jahrgänge** 1996, 95, 94, 93

HAMILTON RUSSELL VINEYARDS, Walker Bay 0283 23595/21797

Bereits seit Jahren eine Spitzenadresse für Pinot Noir vom Kap, und der Wein wird immer noch besser aufgrund neuer Klone und zunehmender Perfektion in Weinberg und Keller. Die 1997er und 96er sind ein echter Fortschritt im Vergleich zu den bewundernswerten,

aber doch einfacheren Leistungen von früher. Auch der Chardonnay ist sehr gut.
Beste Weine ★★ Pinot Noir Ashbourne 🍷, Chardonnay 🍸
Gute Jahrgänge 🍷 1997, 96; 🍸 1997, 96, 95, 94, 92

KANONKOP ESTATE, Stellenbosch 021 8844656/8844719
Mit überwiegend alten Buschreben macht Kanonkop seit langem den besten Pinotage des Landes, doch die Bordeaux-Cuvée Paul Sauer (überwiegend Cabernet Sauvignon) ist manchmal noch besser. Beide Weine zeigen die Handschrift des großartigen Weinmachers Beyers Truter, der auch bei BEYERSKLOOF arbeitet.
Beste Weine ★★ Pinotage Auction Reserve 🍷, Paul Sauer 🍷, Cabernet Sauvignon 🍷, Auction Reserve (Cabernet) 🍷, ★ Pinotage 🍷 **Gute Jahrgänge** 1995, 94, 92, 91, 89, 86

KLEIN CONSTANTIA ESTATE, Constantia 021 7945188/7942464
Dieses sehr schön restaurierte Mustergut hat nicht nur den berühmten Dessertwein von Constantia (aus nichtbotrytisierten Muscat-Trauben) wieder zum Leben erweckt, sondern erwies auch das Potential dieses relativ kühlen Anbaugebiets. Die Qualität des Sauvignon Blanc und anderer Weißweine verdankt man nicht zuletzt dem neuseeländischen Know-how von Weinmacher Ross Gower.
Beste Weine ★★ Sauvignon Blanc 🍸, Vin de Constance 🍸, ★ Chardonnay 🍸
Gute Jahrgänge Vin de Constance: 1993, 92, 91, 90, 89, 88, 87, 86

MEERLUST ESTATE, Stellenbosch 021 8433275/8433513
Dieses bezaubernde Gut, das seit acht Generationen von der Familie Myburg gepflegt wird, ist bekannt für den Rubicon, einen der ersten Bordeaux-Verschnitte am Kap, der lange an der absoluten Spitze der südafrikanischen Rotweinhierachie stand. Der italienische Önologe Giorgio Dalla Cia macht auch sehr guten Merlot sowie kräftigen Chardonnay mit Röstaromen.
Beste Weine ★★ Rubicon 🍷, Chardonnay 🍸, ★ Merlot 🍷
Gute Jahrgänge 🍷 1994, 92, 91, 89, 87; 🍸 1996, 95

MORGENHOF, Stellenbosch 021 8895510/8895266
Das 300 Jahre alte Gut in französischem Besitz engagiert sich für absolute Qualität. Spitzenwein ist der Merlot, der nach längerer Reifung auf den Markt gebracht wird. Unter den jüngsten Weinen finden sich aufregender Chardonnay und Sauvignon Blanc sowie Chenin Blanc von seltener Qualität.
Beste Weine ★★ Merlot 🍷, ★ Sauvignon Blanc 🍸, Chardonnay 🍸
Gute Jahrgänge 🍷 1995, 94, 93; 🍸 1997

MULDERBOSCH VINEYARDS, Stellenbosch 021 8822488/8822351
Der Weinmacher Mike Dobrovic setzt Maßstäbe in Südafrika mit seinem wunderbar dichten, gehaltvollen und reich strukturierten Sauvignon Blanc aus niedrigen Erträgen. Die Bordeaux-Cuvée Faithful Hound und der Chardonnay unterstreichen die Qualität des Weinguts. Darüber hinaus gibt es noch einen guten Chenin Blanc (Steen-op-Hout) von alten Weinstöcken.
Beste Weine ★★ Sauvignon Blanc 🍸, ★ Chardonnay 🍸, Faithful Hound 🍷
Gute Jahrgänge 🍷 1995, 94, 93; 🍸 1997, 96, 95, 94, 93

NEDERBURG (AUCTION WINES), Paarl 021 8623104/8624887
Das Gut gehört zur großen Stellenbosch Farmers Winery, arbeitet aber völlig selbständig. Hauptaugenmerk liegt auf den Weinen, die bei der jährlichen Nederburg-Auktion verkauft werden, dem wichtigsten Datum im Kalender der südafrikanischen Weinindustrie.

Beste Weine ★★ Edelkeur 🍷, Noble Late Harvest Private Bin S316 (Riesling) 🍷, ★ Cabernet Private Bin R163 🍷

Gute Jahrgänge Edelkeur: 1994, 93, 92, 91, 90, 89; Noble Late Harvest Private Bin S316 Riesling: 1995, 92, 91, 90; Cabernet Private Bin R163: 1987, 86, 84

NEETHLINGSHOF ESTATE, Stellenbosch 021 8838988/021 8838941

Das Schwestergut von STELLENZICHT erzeugt wohl den hervorragendsten Dessertwein aus edelfaulen Trauben am Kap. Die trockenen Weiß- und Rotweine erreichen nicht ganz diesen Standard, aber nun schon über 12 Jahren währende Investitionen des neuen Besitzers Hans-Joachim Schreiber führten zu einer beeindruckenden Palette an Weinen.

Beste Weine ★★ Noble Late Harvest (Riesling) 🍷, ★ Cabernet Sauvignon 🍷

Gute Jahrgänge Cabernet: 1994, 93, 91, 90, 88, 87; Noble Late Harvest: 1997, 96, 95, 94, 93, 92, 91, 90

RUSTENBERG ESTATE, Stellenbosch 021 8873153/8878466

Die Weine dieses großen alten Weinguts mußten dringend renoviert werden. Der neuseeländische Weinmacher Rod Easthope hat dementsprechend Keller und Weinberg neu eingerichtet, und die Ergebnisse sprechen für sich. Das Programm ist nun wieder sehr gut, hinter jedem Etikett findet man hervorragende Weine.

Beste Weine ★★ Peter Barlow 🍷, ★ Chardonnay Barlow Vineyards 🍷, Brampton Sauvignon Blanc 🍷, Rustenberg 🍷

Gute Jahrgänge 🍷 1996; 🍷 1997

SAXENBURG, Stellenbosch 021 9036113/9033129

Der kräftig duftende, stämmige Private Collection Shiraz ist der Spitzenwein dieser renommierten Rotweinkellerei, aber auch Cabernet Sauvignon und Merlot aus dieser Serie sind rund und kraftvoll.

Beste Weine ★★ Shiraz Private Collection 🍷, Cabernet Sauvignon Private Collection 🍷, ★ Merlot Private Collection 🍷

Gute Jahrgänge 🍷 1995, 94, 92, 91

STELLENZICHT VINEYARDS, Stellenbosch 021 8801103/8801107

Das Gut am Helderberg hat denselben Besitzer wie NEETHLINGSHOF auf der gegenüberliegenden Seite des Tales. Auch hier liegt die Stärke bei den Dessertweinen aus edelfaulen Trauben, es gibt aber auch einen hervorragenden, würzigen Syrah und exzellente trockene Weißweine, insbesondere Sauvignon Blanc.

Beste Weine ★★ Syrah 🍷, Noble Late Harvest 🍷, ★ Sauvignon Blanc 🍷, Sémillon Reserve 🍷

Gute Jahrgänge 🍷 1995, 94; Noble Late Harvest: 1997, 96, 95

THELEMA MOUNTAIN VINEYARDS, Stellenbosch 021 8851924/021 8851800

Niemand sonst in Südafrika scheint so besessen vom Weinbau wie Gyles Webb von Thelema. Jede Rebsorte, die hier erzeugt wird, ist von bester (oder beinahe bester) Qualität.

Beste Weine ★★ Cabernet Sauvignon 🍷, Merlot 🍷, Chardonnay 🍷, ★ Sauvignon Blanc 🍷

Gute Jahrgänge 🍷 1995, 94, 93, 92, 91; 🍷 1997, 96, 95, 94

VERGELEGEN, Stellenbosch 021 8471334/8471608

Der Wechsel André van Rensburgs (zuvor bei STELLENZICHT) zu diesem historischen Weingut verspricht eine weitere Qualitätssteigerung des umfassenden Weinangebots. Ein im Faß gereifter Chardonnay Reserve und ein dichter, opulenter Merlot sind die Spitzenweine. Sie sind bereits jetzt beeindruckend intensiv und konzentriert.

Beste Weine ★★ Chardonnay Reserve ♀, Merlot 🍷
Gute Jahrgänge ♀ 1996, 95; 🍷 1995, 94

WARWICK ESTATE, Simonsberg 021 8844410/8844025

Norma Ratcliffe gehört zu den renommiertesten Weinmachern Südafrikas. Der sortenreine Cabernet Franc ist nicht nur ungewöhnlich, sondern auch sehr erfolgreich. Auch der Pinotage ist sehr gut.

Beste Weine ★★ Old Bush Vine Pinotage 🍷, ★ Trilogy 🍷, Cabernet Sauvignon 🍷, Cabernet Franc 🍷
Gute Jahrgänge 1995, 92, 91, 90

JAHRGÄNGE IN SÜDAFRIKA

Jahrgangsbewertungen sind nur auf eine kleine Zahl südafrikanischer Weine anwendbar, im wesentlichen auf Spitzenrotweine. Traditionell sind das Weine aus der Region Stellenbosch auf Cabernet-Basis, aber es gibt auch Shiraz und sogar Pinot Noir aus anderen Regionen, die eine Lagerung lohnen.

Lagerfähigkeit

Die jüngeren Jahrgänge lassen eine Trendwende zu einem modernen Rotweinstil erkennen, der bereits früh trinkbar ist. Flaschen mit einem älteren Jahrgang als 1990 enthalten meist »altmodische« Weine: schwer, mächtig und mit ausgeprägten Tanninen. Ungeachtet dessen sind viele dieser Weine noch immer voller Leben. Pinot Noir sowie eine Handvoll außergewöhnlicher Pinotage-Weine zeigen zunehmend gute Lagerfähigkeit. Shiraz besitzt seit je ein beachtliches Reifungspotential, bereitet heute aber – wenn er von einem Spitzenerzeuger kommt – viel mehr Genuß. Merlot scheint im Verschnitt mit Cabernet Sauvignon an Lagerfähigkeit zu gewinnen. Die meisten der konzentrierten, körperreichen Rotweine auf Cabernet-Basis halten mindestens 10 Jahre, können aber bereits nach 4–5 Jahren genossen werden.

Sauvignon Blanc und Chardonnay schmecken in der Regel jung am besten, aber eine wachsende Zahl im Faß vergorener und in Eiche gereifter Chardonnays ist mit 3–4 Jahren besser und kann über 5 Jahre halten.

JAHRGÄNGE AUF EINEN BLICK

Das mediterrane Klima am Kap verhindert große Jahrgangsschwankungen. Es gibt kein Problem mit zuwenig Sonne, jedoch mit übermäßiger Hitze, die zu einem hohen Zuckergehalt, aber auch zu grünen Tanninen führt. Viele Lagen besitzen den richtigen Boden, um eine langsame, gleichmäßige Reifung zu fördern und hochwertige Früchte zu gewährleisten. Die südafrikanischen Winzer suchen mit großem Engagement nach der idealen Kombination von Rebsorte und Lage und arbeiten energisch daran, die Qualität des Rebenmaterials zu verbessern

Große Jahre ★★★	Cape Cabernet 1997, 95, 91, 82; Cape Chardonnay 1997, 91
Gute Jahre ★★	Cape Cabernet 1994, 93, 92, 90, '89, 88, 87, 86, 84 83; Cape Chardonnay 1996, 95, 93, 92
Mittelmäßige Jahre ★	Cape Cabernet 1996, 85, 84; Cape Chardonnay 1994, 90
Schlechte Jahre (keine Sterne)	Keine

REGISTER

A

B

T

DANKSAGUNG

Redaktion: Fiona Holman; **Herstellungsleitung:** Nigel O'Gorman; **Redaktionsassistentin** Ingrid Karikari; **Karten:** Andrew Thompson; **Register:** Naomi Good; **Produktion:** Kâren Smith.